中国文化遗产研究院 CHINESE ACADEMY OF CULTURAL HERITAGE • 文物保护工程系列 • 2023 年

河北省赵县安济桥修缮工程（1952—1958 年）

上

中国文化遗产研究院 余鸣谦 编著
顾军 永昕群 崔明 整理

文物出版社

图书在版编目（CIP）数据

河北省赵县安济桥修缮工程：1952-1958年 / 中国文化遗产研究院，余鸣谦编著；顾军，永昕群，崔明整理. -- 北京：文物出版社，2023.9

ISBN 978-7-5010-8029-8

Ⅰ. ①河… Ⅱ. ①中…②余…③顾…④永…⑤崔… Ⅲ. ①赵州桥—修缮加固 Ⅳ. ① K928.78
Ⅳ. ① K877.404

中国国家版本馆 CIP 数据核字（2023）第 070944 号

河北省赵县安济桥修缮工程（1952—1958年）

编　　著：中国文化遗产研究院　余鸣谦
整　　理：顾　军　永昕群　崔　明

责任编辑：李　睿
封面设计：王文娴
责任校对：陈　婧
责任印制：张　丽

出版发行：文物出版社
地　　址：北京市东城区东直门内北小街 2 号楼
网　　址：http://www.wenwu.com
经　　销：新华书店
印　　刷：北京墨阁印刷有限公司
开　　本：889mm × 1194mm　1/16
印　　张：38.5
版　　次：2023 年 9 月第 1 版
印　　次：2023 年 9 月第 1 次印刷
书　　号：ISBN 978-7-5010-8029-8
定　　价：800.00 元（全二册）

图 1　赵州安济桥（民国初年摄）

图 2　安济桥俯视远景（1958 年 9 月摄）

图 3　安济桥（1959 年 3 月陈明达摄）

图 4　安济桥（1979 年摄）

图 5　安济桥（2018 年永昕群摄）

图 6　安济桥券顶“龙门石”和栏板（2018 年永昕群摄）

图 7　安济桥桥底石券（2018 年永昕群摄）

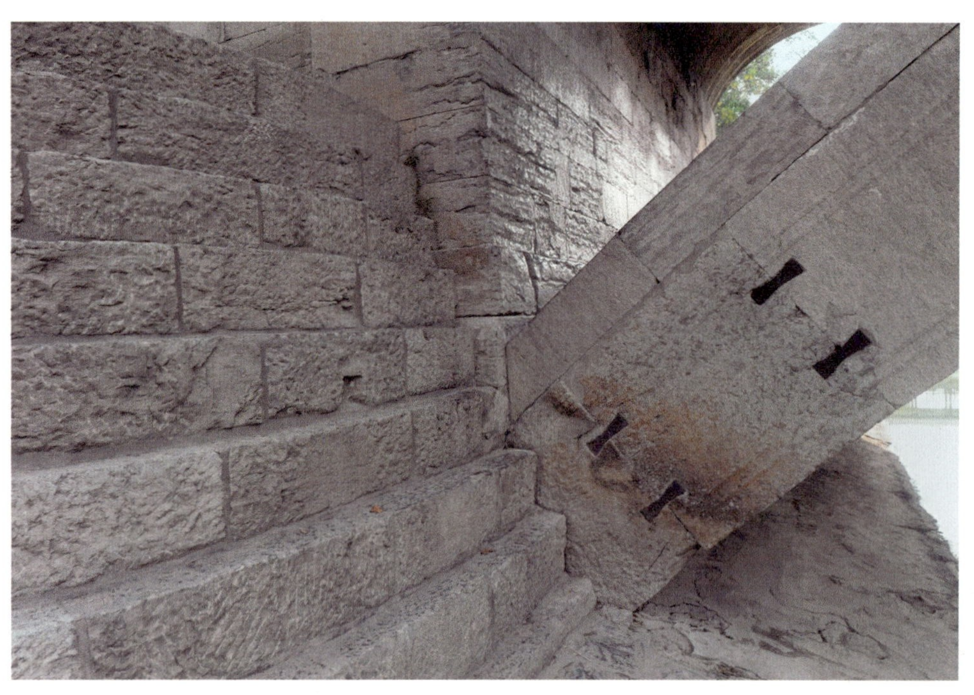

图 8　安济桥主拱拱脚（2018 年永昕群摄）

图 9　安济桥展览室（2018 年永昕群摄）

图 10　1952 年 11 月参加安济桥现场勘查人员留影

图 11　1955 年罗哲文（左二）和余鸣谦（左三）在施工现场

图 12　1955 年罗哲文在施工现场

图 13　1956 年 11 月安济桥修缮委员会人员在现场验收工程

图 14　1956 年 11 月安济桥修缮委员会人员现场验收工程后合影

图 15　1958 年安济桥栏板工程竣工后施工人员合影

图 16　1958 年安济桥修缮工程竣工后施工人员获锦旗合影

序

河北省赵县安济桥自20世纪30年代营造学社调查发现后，其作为中国古代科学技术卓越成就的代表，很快在国内外声誉鹊起。有鉴于此，新中国成立初期，在开展大规模工业化建设的同时就实施了对赵县安济桥的全面修缮，体现了高度重视文物保护的开国气象。这项国家级重大文物保护工程，从1952年起，由中国文化遗产研究院前身北京文物整理委员会全程参与，相继开展了现状勘查、修缮工程初步设计、河床发掘、桥栏研究与复原设计，制定工程实施计划，并参加“赵县安济桥修缮委员会”，协调河北省公路局开展桥体的施工组织和负责实施栏板安装工程。中国文化遗产研究院老一代古建筑专家俞同奎、祁英涛、余鸣谦、王世襄等多位先生为安济桥修缮工程付出了大量心血。

赵县安济桥修缮工程于1958年11月竣工。在修缮过程中，我院老一代古建筑专家分类整理工程资料，认真总结工程得失，形成了完整、珍贵的工程档案，包括各类公文、报告、计划、方案、书信、协议等文字档案，及大量的图片、图纸、测稿和拓片等。其中技术管理方面的文字档案分不同时期并按时间顺序编目装订归档，脉络清晰。1974年，我院的专家们专项整理和编写了“安济桥科学记录档案”，这是一部完整和系统的修缮工程技术总结，在多年来完成的保护工程中实属少见。这批档案70年来一直妥善收藏于我院图书馆及古建部门。余鸣谦先生作为赵县安济桥修缮工程的技术负责人，在归纳、总结已有工程档案的基础上，于1980年编撰完成提纲挈领的《安济桥工作报告》，但一直未能如愿出版。

近年来，中国文化遗产研究院顾军、永昕群和崔明同志，依托我院自主科研业务费课题项目，协助余鸣谦先生重新编撰工程报告，并在我院图书馆同志的帮助下，对1952年至1974年间院藏有关安济桥修缮工程的档案资料进行全面搜集和整理、录入。通过对档案资料的研读把握，搭建了以余鸣谦先生所撰报告为经，院藏工程档案为纬的整体框架，以期最大程度将前辈的工作成果原状呈现，服务于当前学术研究。在此过程中，整理人员通过深入学习和综合分析，回应在工程完工后至今的各方面评价，包括梁思成先生对修缮效果和技术方法提出的各种看法，强调了应从历史角度认识赵县安济桥修缮工程的见解，相应专文也一并编入本书。

余鸣谦先生作为技术负责人不但全程参与修缮实施工程，并在不同时期几度编撰工程报告，年过九十仍然亲自撰写和修改“回忆安济桥”书稿和审定全书框架，思路清晰、记忆准确，其睿智、谦和彰显我院老一辈专家的学者风范。参加本书整理的同志能够在承担繁忙保护工程设计任务同时，多年塌下心来认认真真地研读、整理这部内容丰富且包含大量手写档案的书稿，最终将这项影响深远的国家级重大文物保护工程的资料档案完整、全面、准确地呈现于学界，也是他们古建情怀和学术能力的体现。文物保护工程档案是我院宝贵的财富，保护好、利用好这些档案是我们的职责，也是对我院老一代文物专家负责，更是对文物负责、对历史负责。我们愿继续鼓励积极开展对院藏文物保护工程档案的整理、研究和出版，更好地继承我院自旧都文物整理委员会创建以来长达 90 年的学术薪传，是为序。

遗憾的是，余鸣谦先生已于 2021 年仙逝，未能看到本书付梓。值此书出版之际，谨向余鸣谦先生及为中国古建筑保护事业做出贡献的老一代古建筑专家们致以崇高的敬意！

中国文化遗产研究院院长　李六三

2022 年 10 月

缘　起

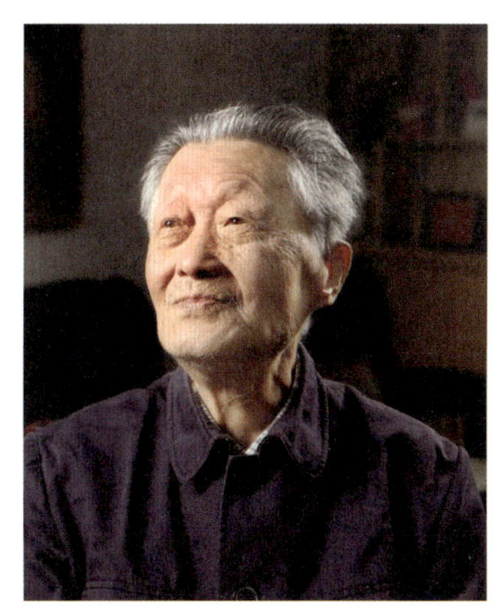
余鸣谦先生

我国历史文化遗产地上部分包括宫殿、陵墓、石窟寺……很多类型，桥梁是其中的一大类。按《说文解字》云："桥，水梁也。从木、乔声。乔，高而曲也。桥之为言趫也，矫然也。"作为水梁，使用石材自然是最为方便和耐久。

从构造形式区分，我国石桥可分两大类，一类称石梁桥，以石柱石梁支搭而成，如西安灞桥。另一类是石拱（券）桥，水中立桥墩，墩间用规整块石发券而成，如北京卢沟桥。

无论是拱桥，还是梁桥，遗物数量都很多，就中，最古老的石拱桥，当属安济桥。

安济桥，又称赵州桥或大石桥，在河北省赵县城南五里，跨洨河上。桥建于隋代，迄今已一千四百多年。安济桥桥身采用敞肩拱结构，主拱拱背上覆四小拱，外观秀逸轻灵；其主拱净跨达 37 米以上，这不但是我国，在世界桥梁遗物中亦属空前。近百年来，年久失修，桥身东部坍塌，桥面残破不堪。1955 年，中央文化部拨专款对这座危桥进行复原性质的修理，工程在 1958 年完成，迄今又过五十年。

这份文稿写于 20 世纪 70 年代末。当时，文物保护科学技术研究所曾组织人力对安济桥修理工程资料进行整理，研究其如何古为今用，在蔡学昌、姜锡爵两位所长的指点下，我有幸看到许多材料，勉力写成《安济桥工作报告》初稿，并交文物出版社准备修改补充后出版，但因故搁置。

在同志们敦促下，近来对《安济桥工作报告》初稿又做了一次修订。考虑到安济桥保护工作的特点，即河床遗物发掘的工作量占了很大比重，发掘遗物内容丰富也是其他古建筑工程中所罕见，因之就改依调查与发掘、桥史、施工三个单元分别编写。文稿名称改为《河北省赵县安济桥修缮工程》。

文中所附图片，除少数自有关书刊转载外，均为中国文化遗产研究院旧存。

1979 年，撰写初稿时，在照片资料整理中贾瑞广、张放二同志曾大力协助。初稿交出版社后，陈明达同志提了一些宝贵的建议。目前，中国文化遗产研究院建筑所又为我收集资料、整理图纸，对他们的热情帮助，统此表示诚恳的谢意。

2009 年秋

整理和编辑说明

河北省赵县安济桥修缮工程是新中国成立后开展的一项重大文物保护工程项目，在我国的文物保护史上具有重要的影响力。新中国成立初期，在中央人民政府文化部的支持和领导下，指派北京文物整理委员会开展安济桥修缮工程前期勘察、保护修缮设计和河床发掘工作。为配合工程的实施，赵县人民政府成立了“赵县安济桥修缮委员会”，负责组织实施安济桥修缮工程的施工，此阶段由河北省公路局负责桥体加固技术设计和施工，北京文物整理委员会负责栏板的调研和设计，余鸣谦先生作为北京文物整理委员会的技术负责人全程参加赵县安济桥修缮委员会的工作，并担任副主任。安济桥的桥体修缮工程于1956年11月完工，栏板安装工程于1958年11月完工。

安济桥修缮工程完工后，我院老一代文物保护工作者对工程实施过程中的文件资料进行了严谨的整理归档，包括各类文字材料、图纸、照片和拓片等，余鸣谦先生完成了《回忆安济桥》初稿，曾多次计划出版，但因种种原因未能实现。2009年起，中国文化遗产研究院的专业人员依托院自主科研业务费项目，对安济桥修缮工程的历史资料再次进行了整理、汇总，并请余鸣谦先生完善了修缮工程的手稿，在对院藏资料不断搜集、整理、校对和完善的基础上，完成了《河北省赵县安济桥修缮工程（1952—1958年）》书稿，本书分为正文、图片和图纸档案、文字资料和工程技术探讨等四个部分。

一、河北省赵县安济桥修缮工程

第一部分“河北省赵县安济桥修缮工程”是本书的核心部分，是由余鸣谦先生主笔完成的对安济桥及其修缮工程的全面介绍和总结，并附由王世襄先生选录的铭文碑刻和“有关安济桥的传说”两个附录。

本次整理按照原稿格式编录。

（一）文稿的形成

1956年3月余鸣谦先生撰写了《赵州桥记》，这是在北京文物整理委员会的专家对安济桥进行详细的勘察和发掘基础上，用翔实的数据系统地介绍安济桥的建筑艺术和建筑形制。1980年11月，余鸣谦先生又在对大量文献材料的研究，及对工程实施过程全面回顾和总结的基础上，撰写了《安济桥工作报告》，但一直未如愿出版。

《河北省赵县安济桥修缮工程》的正文部分，正是在《安济桥工作报告》的基础上，经过余鸣谦先生多次修改，并最终定稿，最初定名为《回忆安济桥》，以此命名充分体现了余先生对安济桥和当年这项维修工程的深刻眷恋和永远的记忆，但考虑到与本书主题不太贴切，经余鸣谦先生与整理人员商量，同意以《河北省赵县安济桥修缮工程》定名。正文部分包括安济桥历史沿革及艺术成就、安济桥的调查与发掘和安济桥修缮工程实录等三个章节。

（二）主要构成内容

第一章“安济桥历史沿革及艺术成就”中包含桥史纪略和安济桥的艺术成就两个内容。在“桥史纪略”中，通过对大量历史文献的梳理，详细介绍了安济桥建造的历史背景、历代加固和修缮情况等。文章分析了安济桥的建造背景，认为其建于隋开皇年间，是“在群众支持下，以李春为代表的能工巧匠们开始建桥于洨河上”。关于安济桥的历代维修情况，主要引述唐、宋和明三个朝代的文献记载，记述了历代对勾栏、马头、桥面和关帝阁的建造和修缮等。关于安济桥的艺术成就，文章分析了安济桥所处自然环境，是建于连年洪水泛滥的洨河上，此处地基持力层为轻亚黏土层，且地处多地震地区。从建筑构造上，文章引用了大量数据，介绍了安济桥的“两涯嵌四穴”的创新桥型，有利于排洪、降低自重、减少建材，且造型优美；稳固的桥基使安济桥经受了抵御自然灾害的考验；并列式拱券砌筑方式，便于石桥的建造和维修，但也存在横向联系不足的缺陷。

在第二章“安济桥的调查与发掘”中，详细介绍了历年对安济桥的调查和对河床开展的发掘工作，1933年11月中国营造学社对安济桥及周边同类型古桥进行考察，梁思成先生撰写了《赵县大石桥即安济桥》，这是近代以来对安济桥最早的专业考察工作；1952年，安济桥修缮工程启动，同年11月文化部社管局罗哲文秘书约请刘致平、卢绳二教授，并北京文物整理委员会余鸣谦等七位专家到赵县安济桥勘察，并由刘致平教授执笔完成了《赵县安济桥勘察记》。从1953年至1956年期间，在安济桥修缮工程的勘察和施工过程中，北京文物整理委员会的专家对安济桥底河床范围内开展了持续的发掘和清理工作，发掘出落入河床中的历代题刻、栏板、望柱、仰天石、帽石和券石等的碎块，并对这些发掘构件进行了分析和研究。1955年，北京文物整理委员会和河北省交通厅公路局开展施工前的勘测工作，分别对安济桥的金刚墙、主拱、小拱、铁件、桥栏桥面和关帝阁的尺寸及其残损变形情况进行详细的勘测，详细地记录在文章中。

在第三章“安济桥修缮工程实录”中，以1955年6月由“赵县安济桥修缮委员会”提交的“修缮纲要”为基本设计框架，记录了安济桥修缮工程的分结构施工方法，包括石料加工、木拱架及砖墩、主拱安装、压力灌浆、钢筋混凝土盖板、铁梁、防水层、桥面栏杆、仰天石和桥面及石桥仙迹等的施工工艺，这是修缮工程报告的核心内容，对施工中的材料选择、尺寸型号、施工器具、工艺步骤等的记载较为全面和翔实。经与余鸣谦先生商定，本书整理人员以《安济桥工作报告照片图版》为主，并从院藏有关安济桥的档案资料中，选择与文字内容对应的其他照片插入到文章中。（在本书最后的《赵县安济桥修缮工程回顾和工程技术探讨》一文中，将详细分析修缮工程的措施方法，及探讨相关工程技术问题。）

（三）附录部分

余鸣谦先生所撰的《河北省赵县安济桥修缮工程》有两个附录。其中，附录一《安济桥保护工程整理铭文碑刻选录》，是由王世襄先生以北京文物整理委员会旧存档案为基础，整理的有关安济桥的铭文碑刻。其原始手稿收录在文物保护科学技术研究所1974年编《安济桥科学纪录档案七·附录》中（影印件见本书第十二章“王世襄先生编录安济桥铭文碑刻手稿”），本附录是王世襄先生对其原手稿的选录，共计61条。选录参考的文献包括明隆庆和清光绪年间的《赵州志》、同治年间的《赵州石刻全录》、梁思成先生在《赵县大石桥即安济桥》中抄录的桥券壁刻、余鸣谦先生的调查记录、安济桥修缮过程中的桥石目录、光绪刊本的《畿辅通志》、孙贯文先生整理的史料和俞同奎先生的《安济桥的补充文献》等，对于引用的铭文碑刻，都著有名称、时代和内容，其中有一部分带有拓片和释读。王世襄先生的原稿包括繁体字和简体字，本书统一采用繁体字编录。

附录二《有关安济桥的传说》，是余鸣谦先生整理的关于民间对安济桥建造的三种传说，为张果老和柴荣与鲁班建桥的神话故事。

二、图片和图纸档案

第二部分“图片和图纸档案”包括院藏安济桥修缮工程的图片资料、工程图纸、测稿和拓片等，均为中国文化遗产研究院藏资料。

（一）图片资料

图片资料是安济桥修缮工程从勘察、施工和竣工过程中的完整工程记录，在院藏图档资料中多数图片未注明具体拍摄人，除特殊说明外，本书选取的主要图片均为北京文物整理委员会的工程技术人员拍摄。1952年，北京文物整理委员会的专家在对安济桥的勘察和修缮工程初步设计的过程中，拍摄了部分残损照片，但明显数量和反映的细节不够。1954年7月，文化部社会文化事业管理局致函北京文物整理委员会，认为所报初步设计方案中“尚缺详细的破坏现状测量和摄影”，要求尽快安排专人开展安济桥“破坏现状测量和摄影”，同月余鸣谦和罗哲文先生赴赵县对安济桥开展测量和摄影工作，大量的修缮前的残损照片应是在这个阶段拍摄的，此后余、罗两位先生在勘察和施工过程中多次前往工程现场进行拍摄，留下大量珍贵的工程记录。1974年1月10日至16日，文物保护科学技术研究所（即原北京文物整理委员会和古代建筑修整所）的李竹君、贾瑞广、姜怀英等先生赴赵县开展安济桥勘测工作，对维修后的安济桥进行测绘和拍照，并编制完成《安济桥科学记录档案》，其中第九部分内容为《安济桥科学记录档案图片集》，并在此基础上于1980年5月整理和汇总《安济桥工作报告照片图版》。1980年7月余鸣谦、黄克忠等先生再次到赵县对现场堆放的文物进行了拍照，整理和编排了《赵县安济桥文物校核勘查照片——安济桥陈列室后院堆放文物》。由于各册照片重复内容比较多，本书整理人员已经将《安济桥工作报告照片图版》中的大部分照片和其他一些院藏图片，插入到《河北省赵县安济桥修缮工程》正文中，并以1974年整理的照片为主，又对中国文化遗产院图书馆所藏的照片资料进行了选取，舍去了与工程报告相同的内容，重新进行了编排，分为勘察记录、施工记录和文物校核勘察等三个部分，以期能更多地展现修缮工程的情况。

1. 勘察记录图片

勘察记录分为维修前勘察、河道清理和发现栏板和望柱等内容。维修前勘察的图片，多数是从中国文化遗产研究院藏图片档案中选出，补充了《安济桥科学记录档案》的图片档案，从不同的细部展示了安济桥在维修前的残损情况。从这些图片中可以看出，安济桥的西侧保存相对较好，桥身东侧和两端泊岸局部坍塌，石构件风化、破损严重，但主拱的基础基本稳定。在“河道清理”的照片内容中，记录了从1953年至1957年间对安济桥下的河道抽水和清淤工作，从这些图片中可以看到，桥下泥土淤积很厚，甚至淤埋了主拱基础，同时还堆积了许多石块，并挖出一只木船。“发现栏板和望柱”的图片，是补充正文中的栏板构件，反映了不同时代桥栏形式和保存状况。

2. 施工记录

施工记录分为便桥搭建工程、施工木拱架安装工程、拆落工程、石构件加工、安装工程、结构加固工程、桥面工程及栏板和望柱安装等内容。便桥的搭建记录了1953年二孔便桥建造过程，在遭受1956年洪水局部冲毁后，增建为三孔便桥。施工木拱架安装工程记录了在维修主拱前，实施拱架搭建工作的经过，包括砖墩砌筑和拱架局部搭建方式。安济桥修缮工程的施工过程，从拆落工程到望柱安装等7个环节，是对正文图片的补充，形象生动地记录工程的许多细节，具有重要的史料价值。

3. 文物校核勘察照片

1980年记录的《赵县安济桥文物校核勘查照片——安济桥陈列室后院堆放文物》，由黄克忠和余鸣谦先生勘察和整理，详细记录了摆放于安济桥管理和陈列用房后院内的石栏板的情况。由于陈列室的空间有限，已经堆放了许多重要的石构件，而这些栏板破碎严重，且是较晚时期的遗物，便摆放在院中。这些石构件反映了安济桥历史发展的过程，黄克忠和余鸣谦先生对其进行了信息采集、编目和拍照，同时还对安济桥因唐山地震出现的局部裂隙进行了记录和拍照。

（二）工程图纸

安济桥修缮工程的图纸分为维修前测绘图、维修设计图、竣工图、1974年重绘的修缮前实测图和竣工图、关帝阁和展览室设计图，以及三维激光扫描实测图。

1. 1934年绘制的实测图

最为珍贵的是梁思成先生带领营造学社勘测和绘制的实测图，图纸为蓝图，图框长177厘米、宽70厘米，纸边界宽2.5厘米。标注为民国22年11月（公元1933年11月）实测、民国23年10月（公元1934年10月）制图，但未标注测绘和制图人姓名。图面分为上下两部分，上面是安济桥西立面和关帝阁实测图，图纸比例1 : 50，可以看出桥的西侧在清代整修后保存较好，而且当年关帝阁尚存，从图纸的数据标注可以看出，技术人员已计算出大拱和四个小拱的圆弧半径并标注其圆心位置，桥上还绘有柴荣推车和张果老骑驴的形象，图面显得极为生动。图纸下半部从左至右依次为桥北端小拱纵剖面图、桥平面图和桥中间横剖面图，图纸比例1 : 100。

2. 维修前测绘图

维修前测绘图分别绘制于1955年和1956年，包括由古代建筑修整所（即原北京文物整理委员会）的工程技术人员绘制的3张安济桥建筑现状测绘图和11张挖出栏板大样图（均为硫酸图），由河北省交通厅公路局绘制的3张安济桥结构勘察图和1张河床地质断面图（除细部大样图为硫酸图，其余均为蓝图）。

建筑现状图3张，分别是安济桥东立面现状图、西立面现状图和“铁梁”位置图，绘制比例为1 : 50。东、西立面现状图是分别将立面图截成两段绘制，如实反映桥身和栏板的石构件分块形状和残损状况；安济桥主拱间是靠多道“铁梁”横向拉接，由于历史上经过多次局部塌毁和修缮，勘察时发现有8道不同长短的“铁梁”。11张栏板和望柱大样图，绘制的是从1953年至1956年间，在河道中挖掘出的历代构件遗物，绘制比例1：10或1：20，包括主券券脸的螭首、龙头（饕餮）、双龙、走马、飞鸟和斗子卷叶栏板，以及多个竹节望柱，线形流畅、表达准确。由于缺少标注，多数图纸无法确定绘制人员，只有一张望柱大样图标注是由杨玉柱先生绘制。

根据当年的工作分工，河北省交通厅公路局负责安济桥的结构加固和施工，因此公路局的工程技术人员又补充了一些桥体结构图，重点对桥基的构造、主拱与桥基的搭接方式、券石的尺度进行了详细测绘，除1张主拱基础、主拱详图是由古代建筑修整所的李全庆先生绘制，因此我院存留了硫酸图，其余构造图均为公路局绘制，中国文化遗产研究院存留的是蓝图。

3. 维修设计图

维修设计图包括2张总平面图、2张建筑设计图、7张栏板配置图、6张主拱拱架设计图、1张便桥设计图、1张望柱设计图，以及12张栏板、望柱设计图。其中，根据工作分工，主拱拱架设计图和1张便桥设计图由河北省交通厅公路局绘制，均为蓝图。主拱和小拱的拆砌工程是修缮工程的重要内容，主拱拱架主要安装在东侧需要恢复的5道拱券下，拱架设9排，由5道砖墩承托。北京文物整理委员会负责栏板的设计任务，根据挖掘出的栏板情况，前后制定了多个复原设计方案，绘制了多张栏板配置设计图。最终，以恢复隋代栏板的方案为基础，由律鸿年先生测量、杨烈先生绘制了10张栏板和望柱复原设计图，绘图比例1：5，在橡皮纸上绘制。

4. 竣工图

安济桥的竣工图由河北省交通厅公路局绘制，包括2张安济桥修缮工程竣工图和1张便桥竣工图。安济桥修缮工程竣工图包括平面、立面和多个剖面图，如实地反映了竣工后安济桥的构造情况、石构件分块配置和帽石的设计等，不含栏板和望柱，均为蓝图。

5. 1974年重绘的修缮前实测图和竣工图

1974年1月10日至16日，文物保护科学技术研究所李竹君、贾瑞广、姜怀英等先生赴赵县开展安济桥调查工作，并对当年安济桥修缮前的实测图和竣工图进行了重绘，图纸绘制于1974年4月至5月期间，包括1张比例1：500总平面图、6张比例1：50建筑实测图和8张比例1：10挖掘出的栏板、望柱和帽石的大样图，均为硫酸图。

6. 关帝阁和展览室设计图

在修缮安济桥的同时曾计划复原关帝阁，并在安济桥旁建一座展览室，用于存放和展示挖掘出的栏板等桥构件。关帝阁和展览室设计图为北京文物整理委员会绘制的硫酸图，均为铅笔绘图、未施墨线。其中关帝阁复原设计图为1953年绘制，但未予实施；展览室设计图为1958年绘制并于1959年建成。图纸设计和审核人为余鸣谦先生，制图为杨烈、梁超和李全庆等先生。

7. 2010年三维激光扫描测绘图

2010年，中国文化遗产研究院委托天津大学建筑学院吴葱教授带领的团队，对安济桥采用三维激光扫描技术进行实测，绘制出现状测绘图。测绘主要采用非接触测量技术，在尽可能减少对建筑本体扰动的情况下，综合运用各种技术手段对建筑及其周边环境进行测绘。测量工作中运用高精度全站仪、三维激光扫描、单片摄影纠正技术等方法，遵循“先控制，后碎部；从整体，到局部”的测量工作原则，在测量区域内布设临时控制点，以保证测绘成果的质量，并在必要时用手工测量作为补充手段，保证信息采集的完整性。最终完成二维线画图与正摄影像图各10张。

（三）测稿

极为珍贵的是北京文物整理委员会的工程技术人员在1955年绘制的安济桥建筑现状和挖掘出栏板、望柱的实测图，均为铅笔手绘图。这些测图绘制于坐标纸和橡皮纸上，绘图细致准确、线条流畅，充分反映了北京文物整理委员会技术专家深厚的测绘功底、对建筑保存状况的准确把握和对石刻艺术的深入理解。根据图纸上的记录，测图人员是余鸣谦、杨玉柱和律鸿年等先生，应该还有其他人员参加，但没有明确标注。

（四）题刻拓片

位于安济桥的桥身和金刚墙上刻有隋、唐、宋、金、明各个时期的题刻，内容主要为安济桥历代修缮记载和修桥主姓名等，由于安济桥在历史上出现多次局部崩塌、损坏，大量题刻落入水中，从1953年至1955年在配合安济桥修缮工程过程中，从河床中发掘出了大量题刻。本书选择的题刻拓片，一部分来自于《安济桥工作报告照片图版》，包括从河床中挖掘出的隋刻、南券南壁宋刻、唐刻石柱、金刻勾栏、北券北壁金明题刻和发掘出的明代碑刻等；另外一部分题刻拓片是余鸣谦先生提供的“修桥主李彦□等题石碑之一”“唐刘超然修石桥记”“宋安汝功诗刻石”和“职衔题名和布施勾栏题名石”（七通）等。

三、文字档案

“文字档案”包括安济桥科学记录档案、安济桥修缮工程技术资料、安济桥修缮工程工作计划和报告等内容，以及部分文件档案影印件等。

（一）安济桥科学记录档案

《安济桥科学记录档案》完成于1974年3月，由杜仙洲、何国基、姜怀英、祁英涛、余鸣谦、贾瑞广、王世襄、唐群芳、李竹君、孔祥珍、杨玉柱、李宗文、朱希元和赵杰等先生共同整理和编写。这部档案内容翔实、资料性强，包括历史沿革、工程技术上的成就、艺术上的造诣、安济桥修缮工程实况与工程的探讨、古为今用的安济桥，以及图纸、照片、拓片、碑刻文献和各类表格数据等。虽然其有关历史沿革、工程技术与艺术上的成就等内容，与余鸣谦先生所撰《河北省赵县安济桥修缮工程》的相关章节有重合之处，但其内容更为全面、翔实，具有丰富的知识性和珍贵的史料价值，是老一代文物工作者辛勤劳动的结晶，而余鸣谦先生的文章则是在此基础上的浓缩和提炼。由于安济桥修缮工程的图纸、照片和拓片已收录在第一部分《河北省赵县安济桥修缮工程》正文和第二部分的图档资料中，在《安济桥科学记录档案》中便予省略。而档案“附录”部分中，王世襄先生整理的安济桥铭文碑刻选录已作为正文的附录一，全部手稿影印件见本书第十二章，因此在此处仅收录了王世襄先生整理的唐张嘉贞《石桥铭序》原文和译文，以及安济桥的相关文献目录等。

（二）安济桥修缮工程技术资料

“安济桥修缮工程技术资料”收录了安济桥修缮工程的各类技术文件13篇，包括勘察报告、修缮计划、施工规范，以及历次不断完善的栏板工程方案等内容，以编制日期的先后顺序排列。

1. 勘察和设计报告

勘察和设计报告收录了北京文物整理委员会于1952年11月编制的《河北省赵县安济桥勘察工作日志》（含初步修缮计划），刘致平先生在本次勘察工作后主笔的《赵县安济桥勘察记》，和余鸣谦先生编撰的《赵州桥记初稿》。

1952年11月，文化部社会文化事业管理局罗哲文同志约请刘致平、卢绳二位教授，和北京文物整理委员会余鸣谦、李良姣、孔德垿、孔祥珍、王月亭、周俊贤、酒冠五等七位同志赴赵县开展安济桥勘测工作，编制了《河北省赵县安济桥勘察工作日志》。这篇工作日志从1952年11月5日考察组启程开始，到11月17日晨返回北京为止，记录了连同路上行程在内的共计13天工作情况。其中7日至10日在赵县工作4天，对安济桥开展了勘测工作，与赵县有关人员进行座谈。11日至13日在石家庄与文化局和省交通厅有关人员讨论了相关技术问题，基本确定了安济桥修缮方案和工程的初步估算，因此工作日志后附“赵县大石桥（安济桥）修缮计划”（含工程概算）。

根据这次勘察工作，由刘致平教授主笔完成了《赵县安济桥勘察记》一文，发表在《文物参考资料》1953年第三期，这是本书收录的唯一一篇已发表的技术文件。文章对安济桥的地理位置、历史和结构与现状进行了描述，特别提出了对安济桥的修葺方针，即“以极力保持桥的外观为主旨，风化残毁过甚石块需更换新石，东侧大券及小券倒塌三道单券须扶起，按原式加铁榫重砌”和“在石券背上（伏石）的地方，改做钢骨水泥的伏券”，这个方针奠定了安济桥修缮工程的技术基础。

在对安济桥型制构造的调查和河床发掘出栏板、望柱等构件的整理基础上，余鸣谦先生于1956年3月编撰了《赵州桥记初稿》，文中引用了大量勘测数据对安济桥的外形及主拱、桥面桥栏和铁活进行了详细的描述，同时还介绍了关帝阁和鲁班庙、柴王庙等简单情况，这是对安济桥构造最早的且较为全面的分析文章。

2. 修缮计划

这里收录的两个“修缮计划”是指对安济桥桥体，包括大拱、小拱、桥身、桥台和桥面的修缮设计，不包括栏板和望柱恢复工程。1955年6月，以新成立的“安济桥修缮委员会”名义提交了《赵县安济桥修缮计划草案》，在征求文化部文物事业管理局和交通部公路总局等方面专家意见的基础上，于1955年8月完成《赵县安济桥修缮计划》正式稿。“修缮计划”中明确了主要设计纲要，制定了安济桥桥体修缮工程的技术工艺及施工步骤。

3. 栏板挖掘与设计

从1953年至1957年，北京文物整理委员会的技术人员经过多年的发掘和整理，挖掘出大量隋代、唐代、宋代和清代等不同时期的石栏板和石望柱，这些栏板在发掘出来后已是支离破碎，技术人员对这些栏板进行了拼对和复原研究工作。如何恢复安济桥的栏板，一直以来是一项艰巨和存在争议的工作。1954年8月，北京古代建筑修整所制定了初步设计，计划将龙、马、狮、凤等题材的栏板均排列在桥面上。在不断挖掘工作之后，也在不断调整设计方案，前后共提出了4种设计意见，最终于1957年1月提出了《安济桥栏杆恢复第五方案》，并进一步完善和制定了《赵县安济桥挖掘栏板工作计划》和《安济桥试雕栏板工作计划》，1958年7月编制的《赵县安济桥栏板方案的说明》是最终版的设计方案，明确了以龙栏板和斗子卷叶栏板为主题，并确定了栏板数量、排列和制作材料。

4. 其他工程技术资料

在安济桥修缮工程中，制定的唯一规范是《安济桥修缮工程主拱灌浆施工规范》。主拱灌浆加固的技术较为复杂，需要有严格的操作规程和控制手段，为此“安济桥修缮委员会”专门制定了主拱灌浆施工的规范，包括材料规格、施工分段、工艺流程和技术指标等。

另一份技术文件是《赵县安济桥模型复原工程计划》，按照北京文物整理委员会的工作传统，在每次实施古建筑修缮工程的同时，要制作古建筑模型用于研究和教学使用。安济桥模型拟分成七段，计桥身分三段、四角驳岸各分别做，但由于种种原因未制作和安装栏板。目前，安济桥模型收藏于中国文化遗产研究院，并于2019年补配了木制栏板。

（三）安济桥修缮工程工作计划和报告

“安济桥修缮工程工作计划和报告”收录了在安济桥修缮工程实施过程中的会议记录和总结报告，以及工程实施阶段的月度、季度和年度的工作计划和总结，共收录14篇，按文件形成的先后时间排列。

1. 会议记录和总结报告

在安济桥修缮工程的筹备和实施过程中曾召开了几次重要会议，包括1955年1月召开的保护修缮安济桥座谈会和“赵县安济桥修缮委员会”的三次全体会议，这里收录了这几次会议的记录和报告。

保护修缮安济桥座谈会是由文化部社会文化事业管理局组织的，参加会议人员来自交通和文物方面的专家，在这次会议上出现了“全部重新修砌复原”和“现状保存”两种不同的意见，最终确定“以现状加固为主，予以适当的整理，尽可能地恢复原状，暂不全部重拆重砌”，会议决定，由公路总局和河北省交通厅负责安济桥修缮工程的具体设计和施工，而栏板设计由北京文物整理委员会负责，这次会议确定了安济桥修缮工程的基调和技术分工。此外，“赵县安济桥修缮委员会”先后召开了四次全体会议，由于在档案中未查到第三次会议情况，只有第一、二和四次全体会议报告，第一次会议是1955年6月委员会成立时召开的，报告内容是机构组成情况，并提交了《赵县安济桥修缮计划草案》；第二次全体会议于1955年10月召开，修缮工程已经开工三个月，会议汇报了工程进展情况、财务开支和劳力使用情况，以及经验教训和存在问题，形成了《安济桥修缮委员会第二次会议工作报告》，同时对存在问题提出的处理意见形成了《安济桥修缮委员会第二次全体会议总结报告》；第四次会议于1956年11月召开，会议讨论了在（桥体）修缮工程基本结束后，有关修缮委员会改组、工程验收、交通等问题，并同时提交了《赵县安济桥修缮工程工作报告》，全面总结了修缮工程的施工情况、财务开支、材料供应、劳动竞赛、安全卫生和经验教训，以及存在问题和解决意见等。

2. 工作计划和报告

从1955年6月安济桥修缮工程开始动工起，赵县安济桥修缮委员会以月报、季报、半年报和年报的形式，汇报阶段性的工作成果和下一阶段的工作计划。其中月报按照工程进度分几个阶段汇总，分别是 1955 年 6 月至 9 月、1955 年 10 月至 12 月、1956 年 3 月至 6 月和 1956 年 7 月至 10 月等四个汇总的月度工作报告和月度计划，在月报中比较详细地统计本月完成的施工内容和工程量。

赵县安济桥修缮委员会在 1955 年 6 月至 9 月的月报的基础上，完成了“1955 年第三季度工作总结”和“第四季度工作计划”，第三季度的工作总结也是“赵县安济桥修缮委员会第二次全体会议”有关文件的基础；在完成 1955 年 10 月至 12 月工作之后，连同第三季度工作情况编制了“一九五五年度工作总结报告”；在完成 1956 年 3 月至 6 月的月报基础上，编制了“一九五六年上半年工作总结”；在完成 1956 年 7 月至 10 月的工作后，由于桥体修缮工程全部结束，赵县安济桥修缮委员会编制完成《赵县安济桥修缮工程工作报告》，这也是“安济桥修缮委员会第四次全体会议”工作报告的基础文件。无论是季报、半年报还是工程报告，其内容均包括工程进展情况、人员动态、材料使用情况，以及有关经验教训和存在问题等，最后的“工程报告”还汇报了财务支出情况。

（四）安济桥修缮工程原始档案选编

在中国文化遗产研究院藏的安济桥修缮工程文件中，工程技术人员将所有相关各类文件归档，按时间顺序编目成册，包括中央人民政府文化部下发的批示和工作联系函，北京文物整理委员会的签报、工作计划和报告、调查报告、设计文件、会议记录和报告、收发的各单位信函、修缮工程阶段性计划和总结，以及与相关单位签订的合同等。通过对这些文献的研究，能够更加全面、深入地了解安济桥修缮工程的全貌，具有极其珍贵的史料价值。这些文件按不同的时间段分装在 5 个文件夹中，分别是 1952 年 5 月—1954 年 10 月 9 日、1955 年 1 月 4 日—1956 年 2 月 4 日、1956 年 3 月 10 日—1956 年 12 月 6 日、1957 年 1 月 21 日—1957 年 12 月 7 日和 1957 年 12 月 30 日—1959 年 4 月 6 日等五个时间段。

在工程项目的实施过程中，随时整理和建立工程档案，是早期开展文物保护工程的通常做法，为后人留下重要的历史文献，充分体现出了老一代文物保护工作者严谨的作风。由于篇幅有限，本书收录了部分重要的文献影印件，包括中央人民政府文化部的批示、1952 年安济桥勘察工作日志、北京文物整理委员会的部分签报和函件、赵县安济桥修缮委员会成立的有关材料、余鸣谦先生的工作汇报以及其他资料等。

（五）安济桥铭文碑刻编录手稿

安济桥铭文碑刻编录手稿是由王世襄先生以北京文物整理委员会旧存档案为基础加以整理的成果，收录在文化部文物保护科学技术研究所专家们于 1974 年 3 月编制完成的《安济桥科学纪录档案》第七部分附录中，共计收录 122 条。所有铭文碑刻条目均为手抄，列有碑刻题记的名称、时代、内容和部分注释，非常珍贵的是对大多数碑刻进行了释读，绘制出部分题刻的残存形状，如实地记录文字的布置和原状，生动真实。有关“安济桥保护工程整理铭文碑刻”已由余鸣谦先生选录一部分，并在本次整理中进行了数化，作为《河北省赵县安济桥修缮工程附录一》编入本书。考虑到王世襄先生手稿的珍贵性，本书将其影印一并呈现，以供研究。

四、工程技术探讨和大事记

本书最后为《赵县安济桥修缮工程回顾和工程技术探讨》和《赵县安济桥修缮工程大事记》。

《赵县安济桥修缮工程回顾和工程技术探讨》是由本书整理负责人顾军同志，在对安济桥修缮工程进行简要回顾的基础上，分析了安济桥修缮工程的技术方法（已发表于《中国文化遗产》2022 年 02 期）。其中，针对修缮工程引发的关于文物保护“新”与“旧”的争议，特别是梁思成先生为此提出了在古建筑修缮中要体现“整旧如旧”的思想，文章根据当时的工程实际，就相关的工程技术问题进行了探讨，认为安济桥修缮工程是在特定技术条件和历史背景下实施的一项重要的古建筑修缮工程，具有明显的时代特性，其得失与经验对当前的文物保护工程具有现实的借鉴意义。

《赵县安济桥修缮工程大事记》是本书整理人员在对中国文化遗产研究院藏文件档案的整理基础上汇总而成，同时还参考 1974 年编写的《安济桥科学记录档案》中对修缮工程重要事件的记录。大事记以 1933 年 11 月中国营造学社对安济桥的勘察为引，从 1952 年 1 月 29 日河北省人民政府文教厅报请中央人民政府文化部《关于赵县石桥的破坏情况并请派员勘测修整的报告》为起始，至 1979 年 5 月为编写《中国桥梁技术史》而对安济桥进行水文地质调查为结束，按时间顺序，记录了安济桥修缮工程的勘察、设计、施工、验收及相关研究总结工作的重要事件。

《河北省赵县安济桥修缮工程》整理编辑组

2022 年 10 月

目　录

第一部分　河北省赵县安济桥修缮工程

第一章　安济桥历史沿革及艺术成就……003

第一节　桥史纪略……003

第二节　安济桥的艺术成就……006

第二章　安济桥的调查与发掘……011

第一节　1933 年的调查……011

第二节　1952 年的调查……013

第三节　1953 年的发掘……014

第四节　1954 年的发掘……015

第五节　1955 年的调查与发掘……016

第六节　1957 年的发掘……027

第七节　1979 年的发掘……029

第三章　安济桥修缮工程实录……031

第一节　七点修缮纲要……031

第二节　桥体施工……032

附录一　安济桥保护工程整理铭文碑刻选录……046

附录二　有关安济桥的传说……081

第二部分　图片和图纸档案

第四章　图片资料……085

第一节　勘察记录……085

第二节　施工记录……094

第三节　赵县安济桥文物校核勘察照片……112

第五章　工程图纸……121
第一节　维修前测绘图……121
第二节　维修设计图……142
第三节　工程竣工图……174
第四节　1974 年重绘修缮前实测图和竣工图……177
第五节　关帝庙和展览室设计图……191
第六节　2010 年三维激光扫描实测图……199

第六章　测稿……205
第一节　河北赵县安济桥 1955 年实测图……205
第二节　赵县安济桥勾栏 1955 年测稿……275

第七章　题刻拓片……301

第一部分

河北省赵县安济桥修缮工程

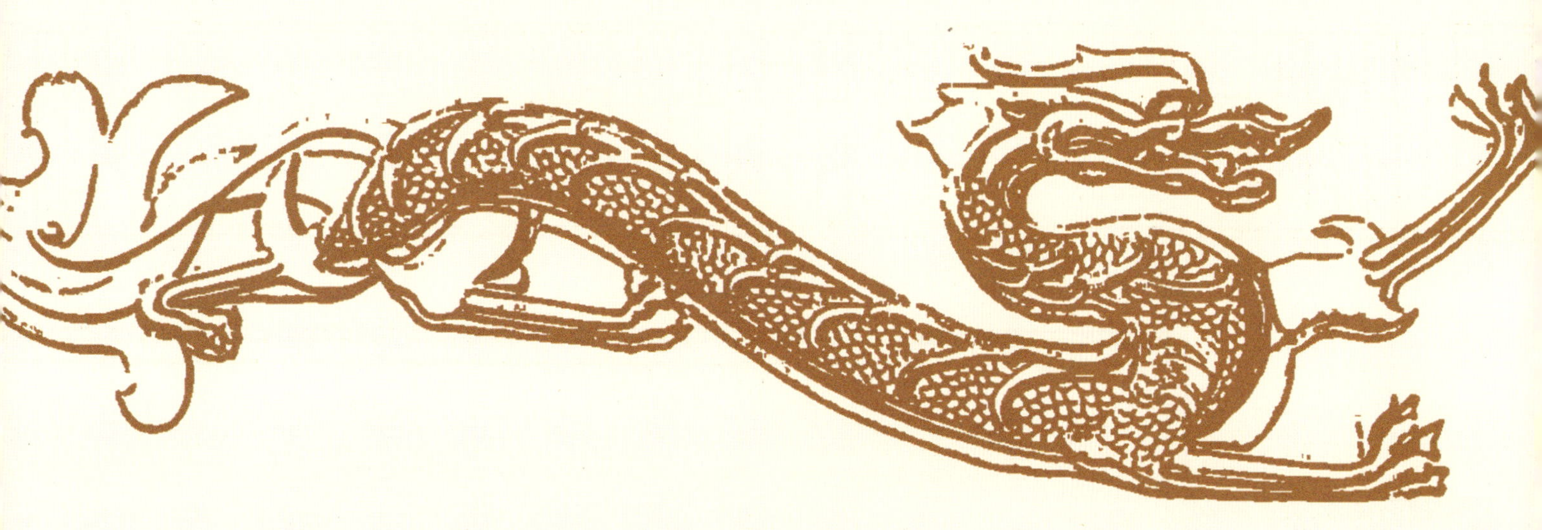

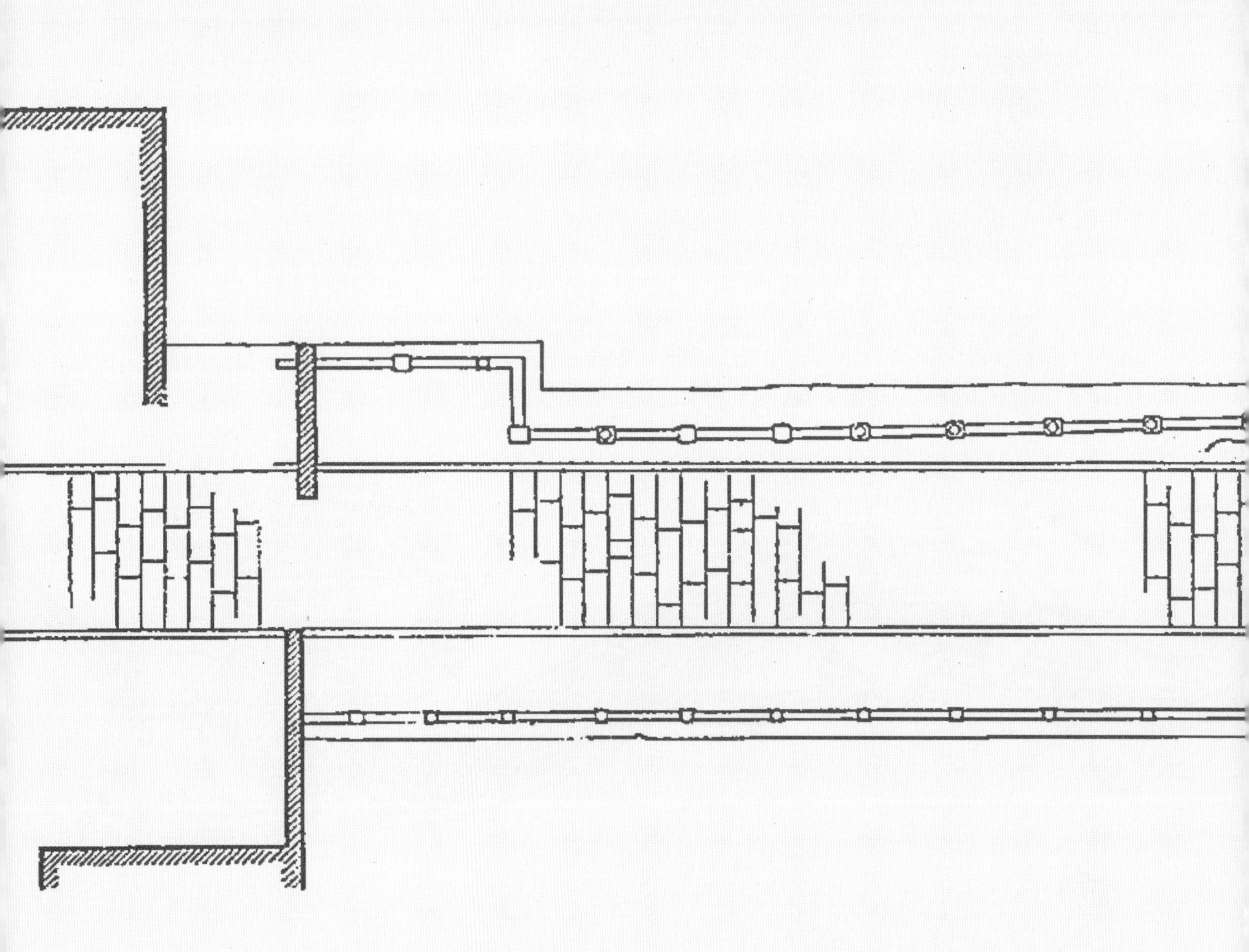

第一章　安济桥历史沿革及艺术成就

第一节　桥史纪略

关于安济桥的创建年代，近年来大多依据清光绪《赵州志》所录张嘉贞《安济桥铭》开头第一句话“赵州洨河石桥隋匠李春之迹也”，笼统地定为隋代。1955 年，当地掘出明代孙人学撰写的重修大石桥记碑，其碑文指出建桥时间是隋大业间（公元 605—618 年），清人陈钟祥《赵州石刻全录》也说桥是隋大业时修建，建桥年代似乎比较准确些。（图 1–1）

图 1–1　安济桥（1933 年梁思成考察安济桥时拍摄，中国文化遗产研究院藏）

然而，在北京大学藏《金石汇目分编》卷三补遗叶二十五又看到如下文字：

隋唐山石工李通题名	正书开皇十□ 年　安济桥下

这一资料虽不完备，但不仅指出另一工匠李通姓名，又有开皇年间修桥的暗示，因此，赵县安济桥的创建，目前只能概括地定为隋（公元 581—618 年）。

隋王朝统治天下近四十年。何以要兴建洨河石桥于赵州？依史书，文帝杨坚灭陈后，天下休养生息，农业、手工业都得到恢复和发展。炀帝杨广却大兴土木，营宫室、修驰道，他三次北巡，两征高句丽；同时，开凿永济渠，北达涿郡以通漕运。也许是在这种政治条件下，石桥才应运而生。

不过，安济桥是否即隋王朝官营工程，直接为杨广北巡服务，这还不能臆断。相反，从桥身石刻倒可证明是赵州村民众集资建造了这座净跨达十二丈的大石桥。

1955 年，从安济桥河床中发掘出 5 块修桥主题名石，他们有如下三个特点：

（1）部分修桥主人名是北魏、齐、周以来习惯用名，而为后代少见，如“李客子”“陈解脱”。又如女修桥主自称为妃的，如“赵躺妃”。

（2）题名石上标明修桥主所在村名，如陈村、赵村、李村等，应是为出行方便，位于安济桥附近之村庄。

（3）石料加工：只有看面（即刻字一面），打磨光平，其他五面均为粗加工。料石高 35~36 厘米，但长短不等，很可能原是嵌在拱脚两端金刚墙的墙面上。

在时代的影响下，在群众支持下，以李春为代表的能工巧匠们开始建桥于洨河上。从桥位选址、桥型设计直到施工大概用了十二年时间[1]，终于建成了好像“初月出云”的大石桥，便利了南北交通与运输。

唐德宗李适贞元九年，安济桥曾经大修，这是从 1955 年以河床中掘出的一根石柱上铭文得知的。残柱高 66 厘米，铭文刻在柱上部。文题是《新修石桥记》，刘超然撰文。摘记如次：

“州人建石梁几二百祀，……壬申岁七月大水方割陷于梁北之左趾下坟岸□崩落上排篴又嵌欹则修之为可……贞元九年四月十九日……刘超然”

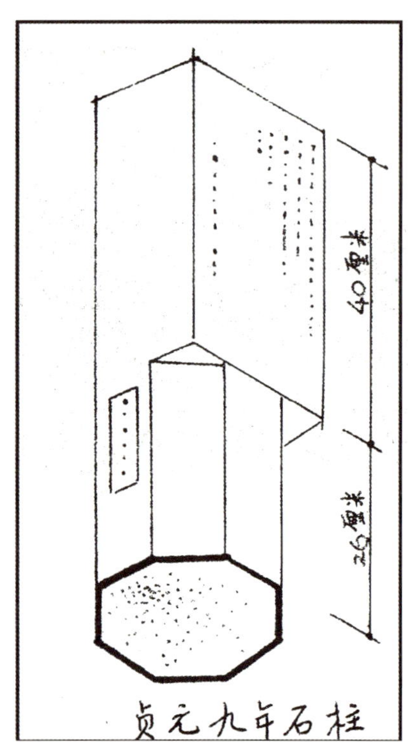

图 1–2　唐贞元九年石柱

铭文指出二百年的时间跨度，从隋开皇中（公元 581—604 年）到贞元九年（公元 793 年），正是二百年左右，这个资料极为重要，石柱下部右侧还刻有“检校僧释常乐”六字。在洛阳龙门石窟奉先寺“大卢舍那像龛记”中善道、惠陈也称检校僧，此处常乐也许是“方技”一类人物。（图 1–2）

在这以前，龙朔年间（公元 661—663 年）发生过安济桥勾栏被盗事件。唐人张鷟《朝野佥载》书中有如下描述：

“赵州石桥甚工，……上有勾栏，皆石也，勾栏并有石狮子，龙朔年中，高丽谍者盗二石狮子去，后复募匠修之，莫能相类者。”（见《隋唐嘉话　朝野佥载》1978 年中华书局点校本）

看来当时安济桥的石刻艺术已是远近驰名了。

北宋英宗治平三年（公元 1066 年），僧人怀丙曾对洨河石桥进行过一次保固工程。这时，由于桥体歪斜，怀丙“不役一人，以术正之，修复故状”。（事见《宋史・方技传》）

赵宋王朝和北方金国因边界纠纷，屡有战争，这几百年的安

〔1〕 唐人张彧在建中三年撰《石桥铭》，文中有“穷琛莫算，一纪方就”语，一纪是十二年。

济桥仍是交通冲要，南北往来的使臣、武官、文人多喜在这座名桥上题刻留念，桥的南北金刚墙上竟成为他们的题名簿。

宋人楼钥著有《北行日录》。他过赵州时书中记有下列文字：

“十八日己亥……去赵州五里，使副以下观石桥、桥有石栏、上分三道，下为洞，桥两马头，又各为二洞……题刻甚众，多是昔时奉使者。”

这时已是南宋乾道年间。此后直到明代前期，桥上除零星修补、更换勾栏外，没有大修的记载。

但是，同代另一篇周煇的文字中却指出安济桥名称乃“元祐间赐名”。(公元1086—1094年)周煇原文照录如下：

“未至城五里渡石桥，石桥从空架起，工极坚致，南北长十三丈，阔四之一，实隋人李春所造，元祐间赐名安济，有张果老驴迹。”(见陶宗仪《说郛》卷五十四，涵芬楼排印本)

明世宗嘉靖四十一年(公元1562年)，安济桥在赵州乡里的支持和太监赵公芬捐助下，曾经大修过一次，工期一年左右。从桥面石到勾栏，码头都被修整，范围较大。直到1955年修复工程时，在桥南端还保存下当时添配的两块栏板。

嘉靖年间大修是从安济桥北岸挖出的两块明碑得知的。第一块《重修大石仙桥记》，翟汝孝撰文。第二块《重修大石桥记》，孙人学撰文。第一块明碑对工程内容叙述较具体，试摘录部分碑文如下：

“……粤稽赵郡南五里许洨河大石桥，北通京师，南接梁楚。驿传旁午，悉□期间诚胜迹也……嘉靖甲寅，郡人御用太监西漳赵公芬祗奉敕命、香幡赴武当，道经此桥。见其圮坏，志欲重修□□□□遂捐赏赉及田产之赀，卜嘉靖壬戌冬十一月兴工，至次年癸亥四月十五日告成，所修南北马头及栏坎柱脚，锥斲龙兽，悉如旧制，且增崇故事，形象备极工巧，焕然维新，□内改观矣。”

第二块明碑，叙述简单，只是把桥面石被车压坏者换新平铺而已，比较两块碑的碑文都是嘉靖癸亥年(公元1563年)春完工，只是部位不同，却分别立碑记述。

明隆庆六年(公元1572年)，在桥南端建造了关帝阁。关帝阁的正殿，宽三间，歇山屋顶，布瓦造，内祀关羽。其下方有坚实的砖砌墩台承托。并开有门洞以便行旅通过。在墩台西马道女墙，原嵌有隆庆六年建阁碑刻。因战争原因丢失。

明神宗朱翊钧万历丁酉(公元1597年)，在张居敬兄弟倡议下，又对安济桥进行维修。依张居敬《重修大石桥记》所记：

“……余兄弟复谋请李县等规工而董之，令僧人明进缘募得若干缗，而郡守王公实先为督敕，经始于丁酉秋，而冬告竣，胜地飞梁，依然如故。……”

明崇祯二年(公元1629年)，在关帝阁城台上正殿之南还添建了三间卷棚顶前殿。

清王朝二百六十多年，留下有关石桥资料不多，经向当地群众访问，结合1955年大修前现状，可得下列四点：

(1)在28道并列的主拱券中，西侧5道，或许是清代中叶曾被修过，那石面是新加工的痕迹和中央20道黄锈色外貌，相差很远。同时，上部更换了一套勾栏。

(2)这以后东部三道主拱券又陆续崩倒，其上内侧，临时以砖砌女墙代替了石勾栏。

(3)清宣宗道光元年(公元1821年)，在桥南端增建鲁班庙、柴王庙，是较简陋的房屋，因战争早已无存。

(4)清末，可能桥面石破碎无法通车，在桥中央3.8米范围内，加铺红砂石板一层。这层石板比两侧桥面高起 15~20 厘米。

第二节　安济桥的艺术成就

一　自然环境

古代桥梁是我国物质文化遗存的一个重要类型。其发展每取决于生产力发展水平，因而古代桥梁对研究我国科技史而言实为很好的实物例证。

安济桥这类敞肩拱石桥的出现，可认为是我国中古时期生产力高度发展的说明。在探讨敞肩拱艺术成就之前，试对拱桥的产生略加考释。

在《水经注·谷水》条有下列记述：

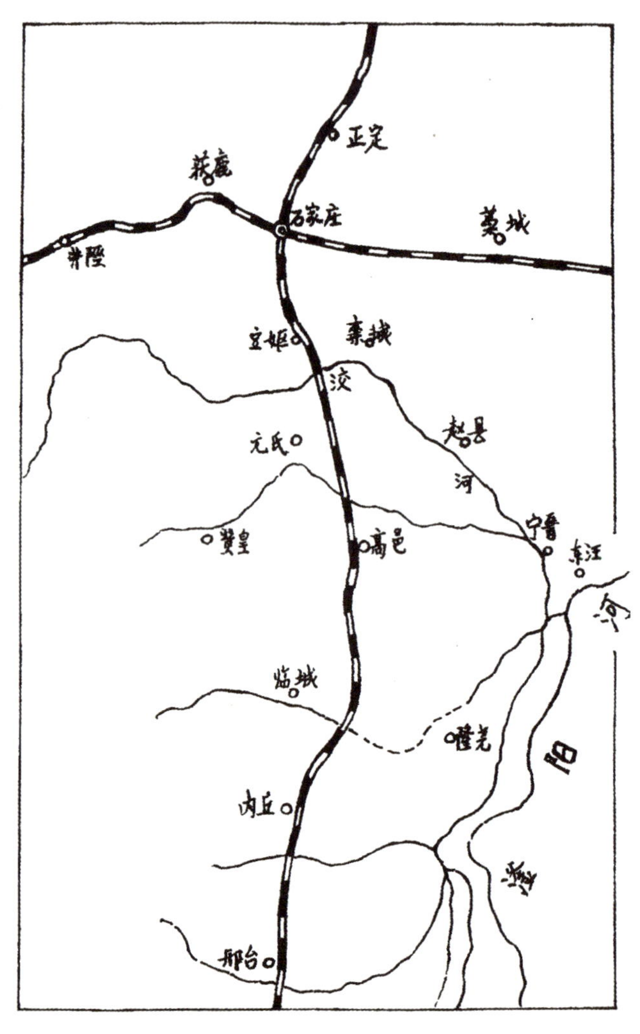

图 1–3　洨河位置图

“其水又东，左合七里涧。涧有石梁即旅人桥。桥去洛阳宫六七里，悉用大石下圆以通水，题太康三年十一月初就功。”

由这段引文看，西晋时已有了石拱桥。后来从河南新野县出土一批东汉画像砖上图像推测，拱桥出现也许在东汉后期[1]。

新野县出土的是一块空心砖，长 130 厘米左右。三面素平，一面的右半部刻出图像。同济大学编写组同志分析了这一图像：

“砖上刻有一座单孔裸拱桥。桥上有驷马，车前有骑马者，桥下还有若干艘船。……这幅图画明确无疑地提供了我国至迟在东汉已有拱桥的科学结论。”

以这一简单拱桥雏形为起点，经过五百年长期实践，乃使得安济桥的出现，具有可能性。

在分析安济桥艺术成就之前，应先了解其环境背景，即水文情况和地质条件。

（一）水文方面

洨河是华北平原滏阳河的一条支流。（图 1–3）它源于井陉西南，经赵县南流而入滏阳河。在《赵州志》可看到一些有关资料，如邑志云：

“按洨水自乐家庄导流至平同村，有金水

〔1〕 注 3：参见 桥梁史话编写组所写《秦汉桥梁考》一文，《桥梁史话》上海科技出版社，1979 年。

合普莲河来入之……至大石桥有冶河自栾城来入之。当时颇称巨川，今仅有涓涓细流。……”

又如张孝时《洨河考》云：

“洨河发源于封龙山之南寨村，两壁峰峦峭削，瀑布悬崖，水皆从石罅中流出……今考洨河实受西南诸水，每大雨时行，伏水迅发，建瓴而下，势不可遏。”

这伏水有多大？依《赵州志》所记：

（1）北宋神宗元丰八年（公元 1085 年）八月“赵州大水，坏城郭”。

（2）明神宗万历三十五年（公元 1607 年）“赵州大水”。

（3）清世祖顺治二年（公元 1645 年）“赵州大水，禾稼尽没，城郭损坏，四乡房屋漂泊甚多”。

此外，依赵县文物保管所记录：

（1）1956 年，洨河大水过安济桥，水面距龙门石下皮 1.76 米。（图 1–4）

（2）1963 年，洨河大水过安济桥，水面距龙门石下皮 0.93 米。

图 1–4　1956 年洨河洪水

（二）地质方面

1955 年，在桥址西侧钻探 6 孔，认为洨河河床是冲击性砂土。1979 年，北京建筑工程学院又加探测，提出不同意见，认为安济桥桥下持力层并非砂土而是轻亚黏土，层厚 7 米，承载力是 34 吨 / 平方米。

与地质有关的还有地震问题。赵州、恒州一带是多震区，据《真定府志》的两处记载：

（1）唐代宗大历十二年（公元 777 年）恒州地震，宁晋地区地裂数丈，震三日乃止。

（2）明世宗嘉靖十七年（公元 1538 年）深州地震，自西北震起，一月间凡数十次倾圮庐。

在宋元时期，真定府辖境较广，恒州、深州虽不在赵县安济桥，但有大震时必然波及。

1966 年春三月，河北省邢台地区两次发生地震，震级分别是 6.5 级和 7.2 级，属强震，其震中就在宁晋县东汪村（距安济桥约 25 公里）。笔者在 1974 年到现场观察了解，安济桥桥面及东西侧墙有细微裂缝，桥体未见破坏迹象。

二　建筑构造

横跨于洨河之上的安济桥，外观简素优美。前辈桥梁专家茅以升说它是“寓俊逸于稳重之中”，非常恰当。它确实是一千四百年前汉民族在华北地区的成功的艺术创作。

艺术创作与工程结构的设计存在着内在联系，试从工程结构若干特征剖析如次：

（一）优美的创新桥型：

无论是河南新野县出土的“裸拱桥”画像砖，还是晋太康三年的旅人桥，都没有看到大拱背上还有小拱的形象记载，唐中书令张嘉贞《石桥铭并序》中指出：

“赵郡洨河石桥，隋匠李春之迹也，制造奇特，人不知其所以为，……两涯嵌四穴、盖以杀怒水之荡突、虽怀山而固护焉……”

这段文字充分说明，“两涯嵌四穴”的敞肩拱是一次创新，首次出现在太行山东的赵州。

敞肩拱有三大优点为实肩拱所不能及。首先，由于小券的敞开，提高了泄洪功能。安济桥主拱过水面积是 210 平方米，四个小拱的过水面积是 32 平方米，增加了 15%。在夏秋洪水季节，这 15% 的过水面积有助于排洪，有助于减低洪水对石桥的冲击力，从而增大了桥身安全度。

其次，相应地减少了桥身的自重。安济桥所用石材属石灰岩，质地致密，容重每立方米 2.5 吨。依次计算，桥身为实肩拱时重量系 3200 吨，敞开四个小拱后，可减 740 吨，这就减低了桥基础所需承托力，保证安全。

另外，采取敞肩形式少用石料 290 立方米，节约了运输力，缩短了工期，从经济角度看也是可取的。

（二）稳固的桥基

过去传说，安济桥主拱券是一个整圆形。1955 年，曾在桥北侧金刚墙下挖深，承托主拱下的桥台由五层条石砌成，总高度 155 厘米。（图 1–5）

为更多了解桥基情况，1979 年 3 月，北京建筑工程学院会同北京市勘测处再度在桥下进行钻探，认为条石层往下只是天然亚黏土地基，并无人工加固迹象。

虽然是浅基础，但沉陷却没有不均匀现象。经用水准仪施测，桥西侧南、北拱脚高程只差 32 毫米。可以想象到，建桥初期的选址，勘察工作是细致周到的，正是李春及其他工匠正确的判断，安济桥乃能经受震害、洪水等诸种灾害考验，保存到今天。

图 1–5　主拱拱脚

（三）并列式砌法

安济桥工程结构特点还表现在拱圈石使用了并列砌法。（图 1–6）早期拱券实物多见于汉墓，或以青砖依纵联法砌筑，或以石条依并列方式砌成墓顶。推测安济桥或许是先修了28道主拱部分拱圈。例如先砌4道拱圈，在这4圈完成后，将其拱架拆除，再在相邻部位砌修另外4圈。如此反复使用拱架，使木材得到节约。

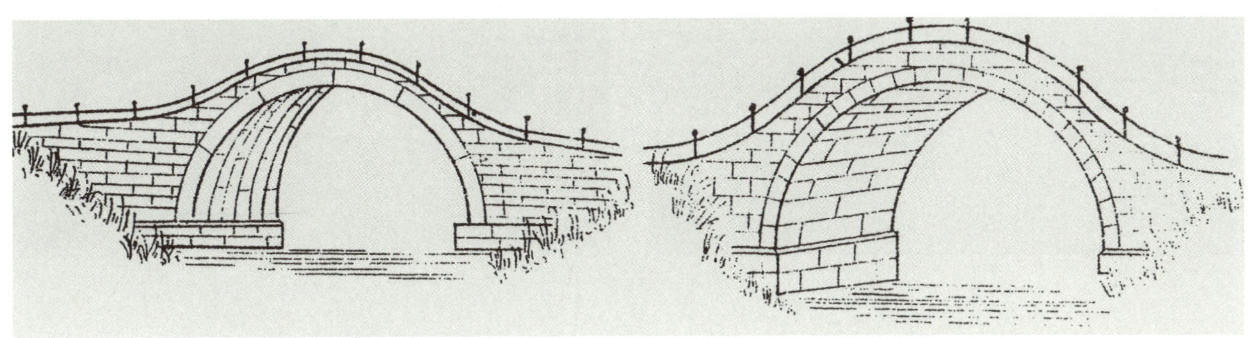

拱圈石并列砌置法　　拱圈石纵联砌置法

图1–6　砌筑方法

并列砌法也便于维修。拱石残缺坠落拱圈歪闪变形时，只需对这道拱圈局部补修不必牵动全桥。

然而，并列砌法是有缺点的，因横向联系不足，容易发生走动、外倾乃至崩塌，建造者采取了下列措施：

（1）在各道拱圈的相邻拱石之间，还有左右拱石之间，各用一或二块“腰铁”相连。这种银锭式腰铁两端大，中间缩小，在勾搭联聚方面很有效果。（图1–7）

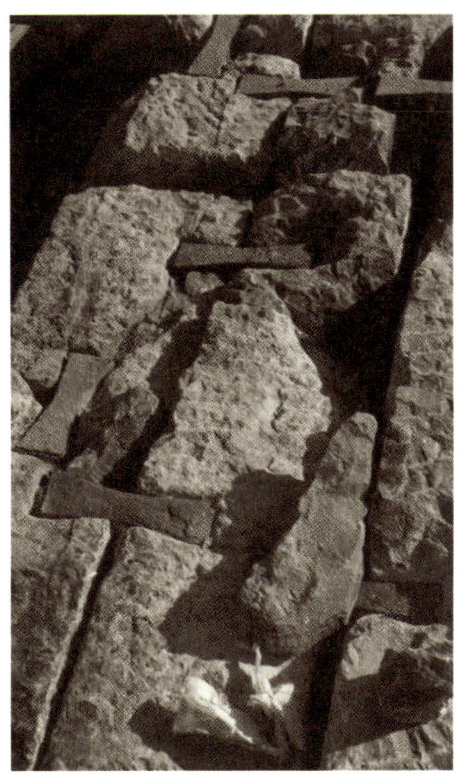

图1–7　拱石之间设“腰铁”

依《宋史·河渠志》，北宋建隆二年（公元961年）向拱修天津桥即用此法，原文节录如下：

“……建隆二年留守向拱重修天津桥成。甃巨石为脚，高数丈，锐其前以疏水势，石纵缝以铁鼓络之，其制甚固，四月具图来，上降诏褒美。”

看来，从安济桥到天津桥三百多年间，腰铁联结拱石一直是很重要的加固措施。

（2）在拱背使用通长铁梁是防止外闪，加强并列式砌拱的另一措施。安济桥所用铁梁是矩形断面（9厘米×6厘米），东西向嵌入主拱和小拱的拱顶处，东、西梁头做成圆帽把28道拱圈联结为一个整体。（图1–8、图1–9）

除了使用铁件之外，券（拱）上加伏也不失为一种防止拱圈外闪的方法。我国汉、晋以来，砖（石）墓拱顶常见此法。四川德阳某汉墓墓顶，砖券上施用两层伏砖，既加强券砖联系，也增加了拱券高度。安济桥的伏石厚30厘米，长、宽130~110厘米，一块伏石可以压住前后三道拱圈，其防止拱石走动作用，似不可低估。

有关安济桥桥体各部分名称详见图1–10。

图 1-8　主券铁梁

图 1-9　“铁梁”中部（修缮前）

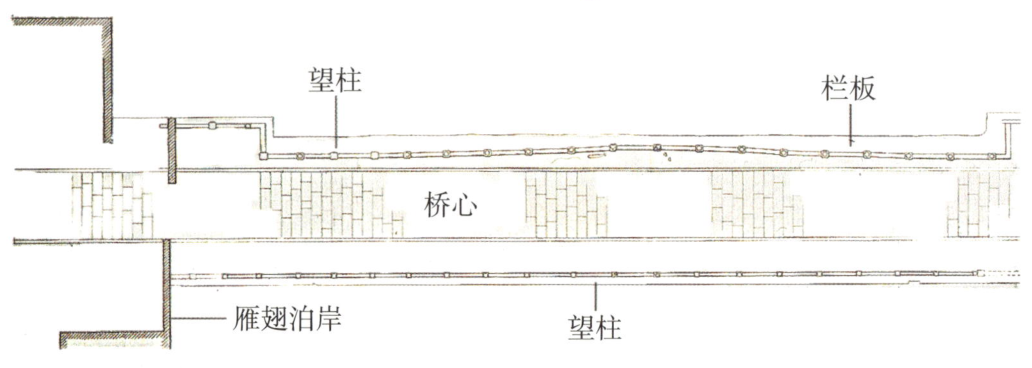

敞肩拱桥各部名称平面图

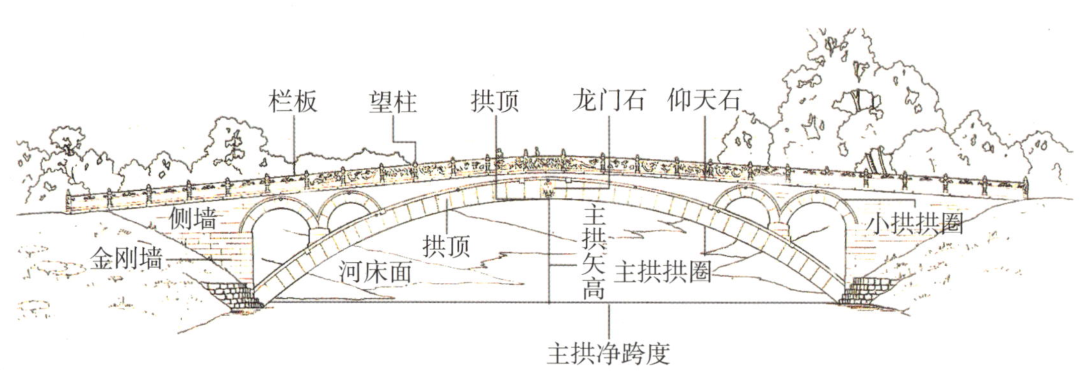

敞肩拱桥各部名称立面图

图 1-10　安济桥各部分结构名称

赵县安济桥的并列砌法，固有其不足之处，但桥拱净跨达 37.02 米，则是前所少见。欧洲古罗马建筑——万神庙，其圆顶净跨为 43.3 米，以李春为首的隋代匠师们敢于建造约略相近尺度的拱桥，大胆创新，为我国留下处一千四百年文化遗产，堪称奇迹。

第二章　安济桥的调查与发掘

一千四百年间，赵县安济桥经历了多次维修，保存至今，一直是华北平原上重要的古迹。“赵州桥鲁班爷修，玉石栏杆圣人留”的歌谣流传很广。早在1933年，中国营造学社即派人专程考察了这处古迹，写出调查报告。新中国成立后，文化部文物局多次邀请专家到安济桥勘察残毁状况，研究修复方案。试依时间先后把几次的调查、发掘遗物的经过分述如下。

第一节　1933年的调查

中国营造学社是1933年11月到河北省赵县对安济桥进行考察的，同时，也调查了赵县西门外的永通桥和宋村的济美桥。在梁思成先生撰写的《赵县大石桥即安济桥》（载《中国营造学社汇刊》5卷1期，1934年）一文中，可看到安济、永通二桥的实测图和许多照片。

一　安济桥的调查

在《赵县大石桥即安济桥》一文中，梁先生首先把光绪《赵州志》所看到文献材料和考察现状做一对比。唐代张嘉贞《石桥铭》所记“缄穹隆崇，豁然五楹”、“两涯嵌四穴”和现状基本一致，但是，“其栏槛𫐄柱、鎚斲龙兽之状……若飞若动”就和现状不一样。他说：“现在桥的西面，有石栏板，正中几片刻有龙兽之状，刀法布局，都不见得出奇，当为清代补葺。”

其次，梁先生依实测南北两墩壁的距离尺寸和欧洲古建筑做了比较。虽然罗马城万神庙圆顶的直径是42.5米，安济桥南北墩壁平距只有37.47米，“但是一个不可忽视的要点，乃是一个弧券（segmental arch），其半径约合二七·七零公尺；假使他完成整券，则跨当合五五·四零公尺，应是古代有数的大券了”。

对于安济桥敞肩拱券的做法，梁先生做了高度评价。文中说：“这长扁的大券上面，每端所负的两个小券，张嘉贞铭所说的‘两涯嵌四穴’真是可惊异地表现出一种极近代进步的工程精神。”梁文把欧洲一些古桥和安济桥做了比较之后，认为“这些桥计算起来，较安济桥竟是晚七百年乃至千二百余年”。

安济桥的砌券方法是巴比伦式的并列砌法由二十八道弧券砌成，每道宽约35厘米。梁文提出为防止弧券向外倒去的倾向，除去伏石可作为各道弧券的联络构件之外，还发现三点，也有防外倒的作用：（1）在小券券脚等部位有外端刻作曲尺形的向外伸出的石条；（2）有五处铁条供给石券间缺乏的张力；（3）有意将中部阔度减小，以防外闪。

最后，梁文指出：“……西面五道券经过千余年，到底于明末崩倒，修复以后，簇新的石纹还可以

看出。后来东面三道亦于乾隆年间倒了。”（图 2–1、图 2–2）

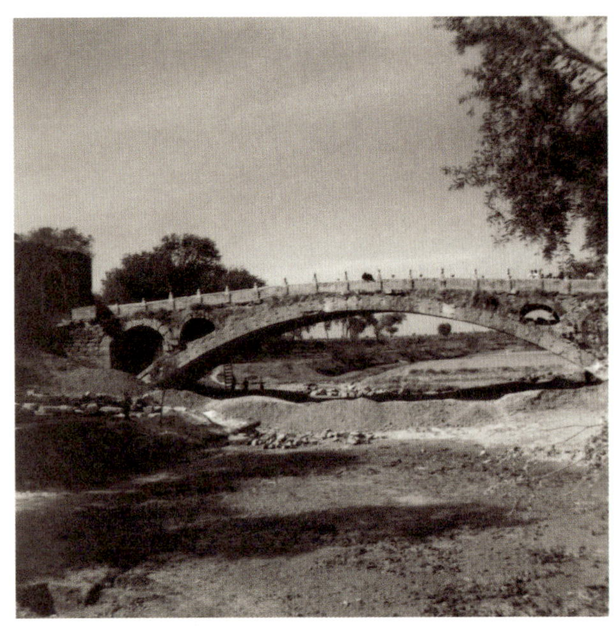

图 2–1　安济桥东侧（修缮前）

图 2–2　安济桥东侧北端残损情况（修缮前）

二　永通桥的调查

永通桥是这次考察意外的收获。梁思成先生查证了《赵州志》有关资料，认为：“这桥之重修，乃在大石桥重修之明年，戊戌至己亥，公元 1598 年秋动工，至公元 1599 年夏完成。”

永通桥桥身结构法和安济桥完全相同，大券之上两端各施两小券。东西墩壁间距 25.5 米。梁先生指出：“小券的墩壁及券的形式；券墩与大券的关系，与大桥完全一致。唯一不同之点，只在小券尺寸与大券尺寸在比例上微有不同……”

梁文指出该桥的桥面两侧栏板石雕值得注意。“现存的石栏板有两类，在建筑艺术上和雕刻艺术上，都显然表示不同的做法及年代。一类是栏板两端雕做斗子蜀柱，中间用驼峰托斗以承寻杖，华版长通全版并不分格；这类中北面有两版，南面有一版，都刻有正德二年（公元 1507 年）八月的年号。一类是以荷叶墩代替斗子蜀柱，华版分作两格的，年代显然较后，大概是清乾嘉间或更晚所作。”（图 2–3）

三　济美桥的调查

济美桥在赵县西南八里宋村附近。明万历年间建。依梁文介绍，“……共四孔，两大两小，大者居中，小者在两端；大券净跨约当小券四倍左右；而两大券之间复加小券，……”

济美桥的发券法与安济桥相同，也是由多道单券排比而成，券上加伏，但没有腰铁。梁先生认为：“大券撞券上的河神像，券面上的背驰图，都是雕刻中的上品。”

济美桥已在 1967 年被拆毁。（图 2–4）

图 2–3　永通桥

图 2–4　济美桥

第二节　1952 年的调查

1952 年 11 月，文化部社管局罗哲文秘书约请刘致平、卢绳二教授，北京文整会祁英涛、余鸣谦等七同志到赵县安济桥勘察。勘察中，大家发表了对石桥修理的一些意见、看法，并一致同意，由于石桥危险，不宜再走铁轮车，拟请河北省有关部门抓紧在石桥东 60 米处另修便桥，将交通道改线。（图 2–5）

事后，由刘致平先生执笔，写成《赵县安济桥勘察记》一文，发表在《文物参考资料》1953 年第三期。（测图由北京文整会绘成）

在文章前半部，刘先生阐述了石桥的历史价值和结构特征。刘先生提出："现在弧券，此端到彼端的跨度长三七・四七公尺。大券石的高是一・零三公尺，每块石重约一吨。……若拿现在一般工程上的石券算法来计算，那末大券石的高应在一・八到二・一公尺之间，也比它高了一倍左右。所以我们知道，大石桥券石的做法是如何的富有创造性了。"

图 2–5　建成后的便桥

刘文还说："这次调查发现单券与单券的券背上有铁银锭榫互相勾结联络，每隔五尺左右，由铁条一根横拉单券……这次并用经纬仪仔细观测桥券中段是否较两端稍窄，结果并不如此。单券是直的，并无细腰倾向，仅西侧新配的五道大券在南端出了毛病，券脚向外突出少许。"

刘文后半部谈到修缮工程方案。"修葺方针以极力保持桥的旧观为主旨。风化残毁过甚石块需更换新石，东侧大券及小券倒塌三道单券须扶起，按原式加铁榫重砌……东侧开裂欲坠之大小券石二道，须重新安砌，俱按原式用铁活。大小券石既是用二十八道单券组成，则在券背上必须加固使成一整体。最有效最易施工，最不伤大券石的方法即是在石券背上【伏石】的地方，改做钢骨水泥的伏券，不过要多加几道伸缩缝。……”

那么，桥面两侧栏板是否也按现存石雕样式修复呢？刘先生认为：“《朝野佥载》大致是唐人作品，所载石勾栏石狮子，或是像卢沟桥的狮子之类。栏板雕刻也可能像小石桥那样。不过原样如何，希望在动工时清理桥下积石里可以得到一些原来勾栏的片段残余，然后再行恢复原式。……”

第三节　1953 年的发掘

1953 年 11 月初，文化部文物局张珩处长邀请交通部公路总局何福照、中央设计院黄强、北京市建设局林是镇等专家再次勘察安济桥，工作三天。大家认为，石桥危险应从速修缮，何福照建议采用压力灌浆方法加固主拱。

这时，桥东 60 米处正修建一座两孔便桥为大修安济桥做准备。清理环境中，在安济桥下，清出一块两面刻马的石栏板，生动的雕刻形象，远非桥上清代石雕可比。依张珩处长意见，继续挖探半个月，挖出三种早期石栏板。

（1）马栏板：一面刻飞马，一面刻走马，飞马下腹有三朵云纹。（图 2–6、图 2–7）

图 2–6　走马栏板

图 2–7　飞马栏板

（2）斗子卷叶栏板：栏板布局，上部寻杖、盆唇，中间斗子三卷叶；下部华版雕出凤凰山石。栏板背面素平，但有下列题刻：“在州南城厢故通引高贵妻王氏施此勾拦石一间合家同增福寿”。（图 2–8、图 2–9）

（3）雕龙头栏板：板长 213 厘米。正面、背面都刻为龙头，其轮廓非常接近古铜器上饕餮纹样。在龙头两侧缀以波涛花叶。（图 2–10）

除栏板外，这次还挖出一块宋代安汝功题咏石。题诗内容：

天矫苍虬脊、横波百步长；
匪心坚不转、万古作津梁。

图 2-8　斗子卷叶栏板（正面）

图 2-9　五代石刻（卷叶栏板背面）

图 2-10　饕餮栏板（正面）

图 2-11　饕餮栏板（背面）

这和光绪《赵州志》所载安汝功诗是一致的，只是个别字误印；张处长认为字体楷而兼行，风度潇洒，而且诗序写得清楚，是安汝功在宣和乙巳岁（公元 1125 年）过平棘石桥留诗，其为北宋物无疑。从发掘场所观察，应是安济桥东三道主券坠落河床者。

第四节　1954 年的发掘

1954 年初夏，北京文整会派汪德庆同志到赵县安济桥继续 1953 年的发掘工作。因这年洪水来得早，工作不足一月便仓促中停。

短期工作只发掘出一些残缺的望柱和斗子卷叶栏板，后者数量稍多一些。以当年掘出斗子卷叶式栏板和 1953 年高贵妻王氏所施舍的同式栏板相比后发现：

（1）王氏栏板石质灰白，所刻斗子、卷叶接近线刻；1954 年栏板石质呈青色，所刻斗子、卷叶“起突”程度较大。

（2）二者布局相似，但 1954 年栏板的华版部位不作雕饰，只做錾码大约 20 道 /10 厘米。侧面用通高凸榫，从断面轮廓看，倒和 1953 年掘出的龙头栏板相一致，也许它时代较早？（图 2-12、图 1-13）

图 2-12　1954 年发掘的斗子卷叶栏板（一）

图 2-13　1954 年发掘的斗子卷叶栏板（二）

第五节　1955 年的调查与发掘

1955 年春，赵县安济桥修委会成立之前，北京文整会就和河北省交通厅公路局方面商量做些施工前准备工作。这包括两个内容分头进行：一是请有桥工经验的河北省交通厅工作组编制施工计划，筹备工程材料；二是由北京文整会小组到栾城、宁晋两地了解古桥情况。在这两项工作完成后，集中力量覆勘安济桥，完成桥下旧石的发掘。

一　两处敞肩式拱桥

依赵县群众反映的情况，北京文整会余鸣谦、律洪年、杨玉柱到栾城、宁晋了解情况，分述如次。

（1）凌空桥：在栾城县东关外，又叫东关桥。依县志，该桥建自金泰和年间（公元 1201—1208 年）。主拱上两端各有两小拱，主拱净距 25.62 米，由 22 道拱圈并列而成。桥面两侧石栏板各 16 间。

凌空桥的时代、规模都和永通桥相近，只是用料单薄，20 世纪 60 年代末已被拆除。（图 2-14）

（2）古丁桥：在宁晋县城关。主拱一孔，半圆形，其南北侧各有一小拱，可能被改造已是实心。（图 2-15）

图 2-14　凌空桥

图 2-15　古丁桥

二　施工复测

在施工准备期间，陆续做了些勘测，大概分为五部分。

（1）金刚墙

安济桥南北各金刚墙一座，以料石砌成。位于主拱拱脚上方的金刚墙有 11 层，砌石砍凿方正，看面长度不一但厚度均匀。经实测，南金刚墙上 9 层总高 304 厘米，北金刚墙上 9 层总高 315 厘米。（图 2–16、图 2–17、图 2–18）

图 2–16　南端桥台“金刚墙”拆除后

（2）主拱

安济桥主拱由 28 道弧券拱圈组成。每块拱石高 100~103 厘米，厚多为 33 厘米，也有 39 厘米者如西券脸石。宽度不等，在 90~120 厘米之间。拱石上通长又用伏石一层，伏石高度自下而上逐渐减少，主拱拱脚处是 30 厘米，到拱顶仅为 16 厘米。

图 2–17　南端金刚墙东侧（修缮前）

1955 年，对安济桥西北角基础进行挖探并将护坡基石摘除一部，看到承托主拱的桥台由厚度不同的五层条石砌成，总高为 155.4 厘米。主拱下皮和桥台的交点应是主拱的起拱点，依此推算，安济桥主拱净跨度是 37.02 米。

安济桥西侧南北金刚墙的水平距离，经复测是 37.37 米。

同年，对主拱西侧底边，每隔 1 米，测其垂距并绘出曲线，认为这道曲线是圆弧而非其他，圆弧半径是 27.7 米。（表 1）

28 道主拱拱脚上方露明处的东西长度：南拱脚 9.56 米，北部拱脚上方是 9.6 米。

通过测量数据可得到拱矢高度是

$$103.427-96.22=7.2 \text{ 米}$$

相应的矢跨比则是 7.2 : 37.02 ≈ 1 : 5.1，它是一座坦拱桥。对于安济桥而言，这种坡度比较适合车辆的上下。

仔细观察，现存 23 道拱体呈轻微扭曲，北端东倾，南部则向西偏斜。西侧第一道拱圈在

图 2–18　北端金刚墙东侧（修缮前）

表 1

水平点	高程（垂距）（米）	水平点	高程（垂距）（米）
0	96.212		
1	97	19	103.38
2	97.81	20	103.331
3	98.53	21	103.228
3.95	99.174	22	103.12
5	99.823	23	102.98
6	100.402	24	102.819
7	100.897	25	102.597
8	101.33	26	102.324
9	101.72	27	102.013
10	102.091	28	101.658
11	102.424	29	101.257
12	102.705	30	100.843
13	102.935	31.15	100.287
14	103.088	32	99.893
15	103.225	33	99.367
16	103.313	34	98.654
17	103.414	35	98.08
18	103.427	37.37	96.244

注：本表高程是以桥附近某点假定标高 100 而测出之数值。

两端 1/4 处，北端凹入 9 厘米，南端则凸出 8 厘米。在自西向东第 23 道拱圈的北端 1/4 处凸出 4 厘米，而拱顶偏南 6 米处凹入竟达 15 厘米。拱的最高点不在拱顶，西侧第一道拱圈最高点在拱顶南 1 米处，高出拱顶 0.4 厘米。

至于自西向东第 24 道、25 道拱圈裂缝明显，时时有崩塌之可能，已非一般扭曲。（图 2–19、图 2–20、图 2–21、图 2–22、图 2–23、图 2–24）

（3）小拱与铁件

主拱上方各有两个小拱。经实测，靠近金刚墙的两个外小拱的拱脚净跨 400 厘米，其半径是 230 厘米；两个内小拱的拱脚净跨是 275 厘米，半径是 150 厘米。小拱拱石高 65 厘米，上部伏石厚 16 厘米。北端两小拱和南内小拱均依 28 道拱圈并列砌成，只是南部外小拱用 27 道拱圈，或许为后代改修者。（图 2–25、图 2–26、图 2–27、图 2–28、图 2–29、图 2–30）

在主拱、小拱上可看到外露圆帽钉共 9 个，这是 9 根铁梁头，铁梁穿过主拱、小拱的拱背，起到

图 2-19　安济桥主拱底（修缮前）

图 2-20　安济桥西侧中部（修缮前）

图 2-21　北端主拱拱脚西侧（修缮前）

图 2-22　南端主拱拱脚西侧（修缮前）

图 2-23　北端主拱拱脚东侧（修缮前）

图 2-24　安济桥小拱底修缮前

图 2–25　南小拱东侧（修缮前）

图 2–26　北小拱东侧（修缮前）

图 2–27　北小拱西侧（修缮前）

图 2–28　南小拱西侧（修缮前）

图 2–29　南端小拱东侧细部（修缮前）

图 2–30　南端小拱西侧交接处（修缮前）

防止拱圈外倾的作用。另外，拱石之间均用 2 或 3 件腰铁相连，以防止上下错动；西 5 道拱圈伏石上皮也使用腰铁，而中央现存 20 道拱圈的伏石则未使用。（图 2–31、图 2–32、图 2–33、图 2–34）

图 2–31　主拱东侧的“腰铁”（修缮前）

图 2–32　主拱东侧“铁梁”断头（修缮前）

图 2–33　小拱顶部“铁梁”头

图 2–34　主拱顶部龙门石和“铁梁”头

（4）桥栏桥面

桥面分三道，中部行车，两侧走人，以条石铺墁。经实测，中部车道宽 380 厘米，右侧人行道宽 280 厘米（左侧已塌毁），南北总长为 50.82 米。由于行车铁轮的磨耗大，清末，把车道改以红砂岩石板铺设，比两侧人行道高出 10~20 厘米。（图 2–35）

图 2-35　桥面（修缮前）

多年来，桥栏也是屡坏屡修。1955年，西侧勾栏尚为石栏板石望柱，共20间。经实测，望柱高105厘米，断面28厘米见方；栏板高75厘米，厚20厘米，长185~203厘米不等。这一组石栏只在内侧有雕饰，无论是龙兽栏板、葫芦望柱头，其形象刀法都较平庸，应为清代物。东侧因东主拱三道拱圈塌毁，临时以条砖砌成栏墙，并以水泥饰面，但南端关帝阁墩台前还保存旧石栏板两间。

（5）关帝阁

关帝阁在安济桥南端。1933年，中国营造学社来此考察时，那歇山顶的三楹大殿还屹立于砖砌墩台上，1955年，大殿已毁，仅余墩台，也残缺不全了。经实测，墩台宽14.8米，深8.5米，残余高6米左右。台四角每隔20行砖以压砖木板联结，台中央辟门洞，宽3.8米；门洞上口作弧券形，上嵌石匾刻“輯宁”二字。

三　第三次河床发掘

依照河北省交通所郭瑞恒工程师拟写的大修工程计划，安济桥主体工程需在木拱架把主拱支托牢固后才能进行。主拱架由五个砖墩承托，要在当年秋汛前支搭完成。因之，从4月开始，首先在五个砖墩范围内进行发掘。由于河床水流不断，发掘工作分区进行。

①4月~7月上旬，把河水引到桥下北部，在南部抽水，打捞积石。

②7月上旬以后，改引河水于南部，工人移至桥下北部继续发掘。

这次发掘条件不同于前两次，有了抽水机具，大家抱有很大的信心。从暮春到秋初，河床积石越挖越多，其内容也愈加丰富起来。掘出遗物大体可分为题刻、勾栏构件、仰天石构件、其他四类，分述如次。

（一）题刻石件

最早挖出的是几块修桥主题铭石。是一些长方形条石，虽长度不同，高度都在35厘米左右，这尺寸和金刚墙每层砌石竟是十分相近。其次，所刻字体引人注意，字体属楷书，轮廓端正，但写法特殊，如“脩”改写成“修”，“毛”写成“乇”……这些异体字只有北朝魏齐墓志中多能看到。

有的修桥主还加上他们的官衔称呼。如李雄上加云骑尉，苏祖卿上加骁骑尉……这也许是当时的特定官职？后来经俞同奎老所长研究：“武骑、屯骑、骁骑、游骑、飞骑、旅骑、云骑、羽骑八尉”确为隋开皇六年设置之官职，而且“大业三年皆罢之”，然则，这一组题刻是安济桥建自隋代的有力佐证。

6月上旬，打捞出一根八角石柱，柱身已残，残长66厘米，正面刻贞元九年（公元793年）刘超然撰写的《新修石桥记》，这也是有关石桥的重要资料。（图2-36）

其后，不断发掘出残片、碎柱，需要仔细辨认，反复拼合。例如赵州长史崔恂的《石桥咏》刻石就是这样逐步认定。这一篇诗文除称赞石桥“今看结构奇”的语词之外，也较具体地描述其外形象如“□镌起花叶，模写跃蛟螭”。

（二）勾栏构件

在勾栏遗物中，应以六块雕龙栏板最有代表性。文物局陈滋德处长、罗哲文同志曾来工地拍照及指导工作，依局方指示，把这些支离破碎的石雕拼凑整合，实在费了不少精力，幸亏这些龙栏板具有古典作品中“形象相似，又不尽相同”的特点，1955 年下半年总算大体拼全（有很少部分，1957 年又拼上）。试择几例，稍加描述。

图 2–36　唐代刘超然撰写《新修石桥记》拓片

（1）雕龙栏板之二：长 204 厘米。正面刻两龙相缠，龙头位于栏板两侧，龙目下视，但龙尾反向以爪相抵，张嘉贞《石桥铭》中所述“蟠绕拏踞”就反映在这画面中。背面是二龙交缠，龙头相背，右边龙口中还吐出花叶。（图 2–37、图 2–38）

图 2–37　雕龙栏板之二（正面）：“二龙相缠”

图 2–38　雕龙栏板之二（背面）：“二龙交缠”

（2）雕龙栏板之三：长 210 厘米。正面刻两条游龙，龙头相背，前爪上下相抵。但龙身一部隐入板中，后身及后爪却又外露，龙身有鳞甲，龙尾细长，均其特殊之处。背面图案与雕龙栏板之二相似，也是龙身相绞纹，龙头位于两侧，只是龙身少了一圈。（图 2–39、图 2–40）

（3）雕龙栏板之四：长 212 厘米。正面刻两龙相向，龙尾也挺卷向上如天龙行空，右侧龙的右爪托火焰宝珠，左侧龙的左前爪托大花一朵，题材风格和北响堂山第七号窟窟壁雕饰有几分相似。

栏板背面所刻两龙也是龙头相向，但龙身一段隐入栏板内。正、背面两龙都是怒目而视，与张嘉贞铭中所称“眭盱翕歘”正相吻合。（图 2–41、图 2–42）

（4）雕龙栏板之五：长度 228.5 厘米。正面刻一条行龙，龙首昂视前方，龙身刻鳞甲，前身着地，

图 2-39　雕龙栏板之三（正面）："二龙钻孔"

图 2-40　雕龙栏板之三（背面）："二龙相缠"

图 2-41　雕龙栏板之四（正面）："二龙托宝珠花叶"

图 2-42　雕龙栏板之四（背面）："二龙戏水"

后尾腾空，姿态雄劲。尾部又有卷叶几片，似应与望柱大斗相连。背面刻两龙交缠，扭头相向凝视，是"眭盱翕欻"又一表现。（图 2-43、图 2-44）

图 2-43　雕龙栏板之五（正面）："行龙"

图 2-44　雕龙栏板之五（背面局部）："二龙交缠"

这些雕龙栏板的通高均在 89~91 厘米。断面上锐下丰，顶部寻杖，圆形，直径 12 厘米；底部地伏，方形，宽 24 厘米，高 12 厘米，板心收分明显。

此外还掘出一些“龙兽”栏板，但石质、尺寸极不统一，刻工都比不上雕龙栏板。

和龙栏板相比，能拼合成形的望柱却不多。有一根柱残高 88 厘米，柱脚 33 厘米见方，里外看面刻蟠龙，刻工圆到，和前述 6 块雕龙栏板相近。

除了雕龙栏板之外，1955 年还打捞出另一类勾栏构件，我们依其形状、题材名之为斗子卷叶栏板和竹节望柱。

这次发现的斗子卷叶栏板和 1954 年所见者相同，其布局仿木构栏杆形式，即以寻杖、盆唇、地栿分为上下两部：

①上部寻杖、盆唇之间打磨的较平整，隐起斗子卷叶，叶数 4、3、2 不等。

②下部华板部分只打出人字錾码，不作雕饰。

在为数众多的斗子卷叶栏板中，有的卷叶圆转如拳，也有的叶子修长尖挺，前者和山西太原天龙山第 9 窟隋代浮雕近似。听说寿阳地方某北齐墓木椁上有圆形叶、尖叶并用的装饰，这也许是当时的时尚。（图 2–45）

竹节式望柱，当年掘出不少，惜多残缺不全。结合后来 1957 年掘出的望柱比较后，认为典型的柱身是四节竹节，上第一节并呈上小下大的喇叭形状。柱头则为宝珠形，下有细颈，再下有覆盆与柱身大斗相连，通体呈现为流畅的曲线。（图 2–46）

图 2–45　卷叶栏板

图 2–46　竹节式望柱

还有一部分是故事栏板，有的刻作卧人形状，有的刻作两人对弈，大多尺寸偏小，恐是金、元补修物。

（三）仰天石构件

仰天石就是现代桥梁中的帽石（capstone），它位于栏板下方，侧墙之上，与桥面石在一个水平上，清官式做法称为仰天石。（图 2–27、图 2–28、图 2–29）

1955 年从河床掘出残缺的仰天石有二十多件。和桥上帽石矩形断面相比，隋代仰天石轮廓显得十分繁复。我们对这些构件实测之后，认为这种做法包括六点特征。凹槽宽：最小 22 厘米，最大 25 厘

图 2-47　仰天石一

图 2-48　仰天石二

图 2-49　仰天石三

米。与雕龙栏板和斗子卷叶栏板的底宽相比，它们最小 21 厘米，最大 24 厘米，恰好有 1 厘米安装缝隙，这凹槽应是承托这些栏板的位置。

①花饰：一部分仰天石带有八瓣团莲花饰，刻工圆到。花饰总是成双出现，在仰天石外垂面上使用八瓣花饰时，其外上皮平面上也必用一颗。大概带花饰者占仰天石遗物 77% 左右。

②仰天石外垂面和相邻下皮常常砍出交错方向的斜錾码，这和主拱石下皮做法是一致的。

③下颚高：最大 9 厘米，很少两端看不出有下颚凸出。产生不同下颚高的原因估计是侧墙砌体上皮不平，使用不同厚度的下颚，可令仰天石上皮调整得平滑些。

④长度：对较完整的仰天石遗物的长度做了比较，总长 1.06~1.19 米者 9 件，1.29~1.46 米者 6 件，1.57~1.67 米者 2 件，或许隋代铺砌桥面时，原来就是后尾长短不齐的与桥面条石咬接。

⑤外挑部分：实测结果都在 32~37 厘米范围之中。有一半是 34.5~35 厘米挑出长，出入不大。

（四）其他

1955 年 7 月，在安济桥西北角西外方 2.5 米处挖出沉船一只。沉船木质，宽 2.93 米，残长 3.3 米。经向北京反映，文物局请历史博物馆傅振伦先生来指导沉船清理工作。从船内外泥土中清出古代钱币 278 枚（宋币 147 枚），还清出残陶瓷片、生活用铁器，器物不大，也未见精品。

对于现场掘出题刻，如修桥主题铭石、《新修石桥记》、唐人刻石等，傅先生还指导赵县同志，买来白布、棉花、墨汁进行了传拓。

1955 年 11 月，安济桥主拱、小拱的木支架全部支搭牢固并拆除桥面勾栏和桥面，在小拱附近碎石灰土中陆续发现有旧栏板共计 12 件。这些栏板的尺寸较小，形状不规整，其雕刻题材，有的仍是龙兽，有的是人物故事。例如，有一块金刻栏板，高仅 50 厘米，雕刻的是流云异兽，并有题刻，4 行 31 字：

“本州西关刘皋等众关店维那另施勾栏两间，大定二年四月黄山石匠杨志造”

此处大定二年应是金世宗完颜雍的年号。这样矮小的栏板放在何处，不得而知。在 12 件栏板遗物中有同类小栏板 3 件。

同年，在拆除关帝阁城台当中，发现一块柱顶石，其顶背面刻有唐代张嘉贞、张彧、刘涣三人的石桥铭文。从不完整的碑文推测，这原是后人把张嘉贞等三人文章重刻的石碑，又被凿毁改成了关帝阁的柱顶石。（图 2–50、图 2–51）

图 2–50　关帝阁城台发掘出的柱顶石（刻有张家贞石桥铭文）

图 2–51　发掘出的刻花瓣券石

第六节　1957 年的发掘

为充实安济桥勾栏修复资料，1957 年 5 月北京文整会李全庆、单少康和赵县同志又组织了一次河床发掘工作。发掘范围是桥身上、下游各 15 米距离。共计约 1200 平方米。清理后，除大小拱石之外，还有雕龙栏板、斗子卷叶栏板、望柱、仰天石……勾栏构件，李全庆同志曾对此写出《赵县安济桥续发现的栏板及其他石刻》专文，登在 1959 年《历史建筑》刊物（古代建筑修整所内部刊物）上。简述如下。

一　望柱

从大小不同的残块中，整理出竹节式望柱、蟠龙望柱各三件。

（一）竹节式望柱

三件望柱遗物拼合后，外观轮廓大体相同。柱头由单宝珠和覆盆组成，两者之间刻出棱圆线角，覆盆之下前后看面刻大斗，斗底下刻四道竹节。第一节呈上小下大的喇叭状，其下的几节则是同等宽度。四道竹节之下为地栿，以与栏板地栿相连。望柱总高 122~124.5 厘米，另柱脚榫高 7.5 厘米；柱身上部面宽 24.5~29.5 厘米，下宽 29.5~33 厘米。（详见李全庆专文）

（二）蟠龙望柱

这一次掘到的蟠龙望柱完整度并不一致。有一根在覆盆之上又刻出三道竹节，顶部刻仰圆槽，周围绳纹环绕，算是比较完整的一根遗物。

经现场同志反复推敲，这三根再加 1955 年的一根蟠龙柱，应即安济桥中央两侧的隋代望柱原物。

李文对此，归纳了现场意见："……这四根望柱并没有做出随桥弧线的斜度，均为垂直的；而发掘的位置也是上游两根，下游两根，并每两根均是在河床的中间；望柱侧面嵌栏板榫头的榫槽轮廓线又恰好与先后发掘的饕餮纹栏板的榫头（即 1953 年初冬挖出的龙头栏板）又完全符合。更有趣的是这几根望柱在年深日久行人倚栏伫立时，对这精美的艺术雕刻的抚摸而形成的光滑面，就明确的示知了它当初在桥上排列的向背。将光滑面向里试安后，望柱上的两龙头正好相对凝视。由龙的姿态与雕刻技法看，都证明这蟠龙望柱与雕龙、雕饕餮纹栏板是同一时期的作品。"（图 2–52、图 2–53、图 2–54）

图 2–52　雕龙、竹节望柱

图 2–53　蟠龙望柱（正面）

图 2–54　蟠龙望柱（侧面）

二　栏板

这一年只掘出一块比较完整的栏板，但很重要。这块栏板正面、背面都是龙头图案，龙睛下视，张口露齿，呈现出严肃神态；头龙两侧刻出波涛花叶，刀法遒劲有力，和 1953 年出土的龙头栏板是同一风格。

经实测，栏板长 222 厘米，高 91 厘米。依掘出位置判断：1953 年的一块在河上游，应是桥中央西侧原置栏板，而新掘出的一块在河下游，应是桥中央东侧原物。（图 2–55）

1957 年，还掘出两小块栏板残片，恰好把 1955 年的"雕龙栏板之三"补齐。该图案为两条游龙，龙头相背，前爪相抵的布局，补齐后，左龙后尾部始得复原，这是这次发掘的一大收获。（图 2–56、图 2–57）

此外，还掘出两块龙门石和二十余件仰天石残片。（图 2–58、图 2–59）

图 2–55　发掘出的“饕餮”栏板

图 2–56　发掘出的“二龙托花饰”栏板

图 2–57　发掘出的“二龙托兽面”栏板

图 2–58　发掘出的龙首栏板

图 2–59　发掘出的“麒麟”栏板

第七节　1979 年的发掘

为了解安济桥地基情况，编写《中国桥梁技术史》专书；1979 年，北京建工学院市政工程系曾对安济桥河床和桥基进行过挖探、钻探。同年 9 月，该院随即写出了《安济桥考察报告》，其中，有一段文字叙述到有关勾栏遗物情况，照录如次：

“在南台探坑中，发现有平置栏板三块。其一为长 1.17 米，在基础西南角下，沿基底水平向里塞进 15 厘米深，与基础密贴且平行，其上刻有鳞甲蛟龙，雕凿精细生动，刚劲有力。第二块为长 1.10 米之斗子卷叶栏板，与基础约成 15 度之夹角，平放在基下，深入最大宽度约 40 厘米，并且低于基础 16 厘米，其间用碎石和砂黏土填紧。第三块与第一块紧接，且在同一水平位置，大部分深入桥台护坡之下，图案不详。根据三块栏板的尺寸、石质、光泽、刀法以及第一、二块的图案等进行分析比较，均为隋代栏板。经与有关部门商议，决定将外侧那块龙栏板挖出，清洗后已放入陈列馆展览。”（图 2–60、图 2–61）

图 2–60　1979 年发现栏板一

图 2–61　1979 年发现栏板二

第三章　安济桥修缮工程实录

第一节　七点修缮纲要

1955 年，赵县安济桥修缮委员会正式成立，由赵县人民委员会、赵县文化科、赵县公安局、赵县一区区公所、大石桥乡人民委员会、河北省文化局、河北省交通厅、北京文物整理委员会、交通部公路总局、文化部社会事业管理局十单位组成。

1955 年 6 月，赵县安济桥修缮委员会召开第一次会议，选出曹拔萃为主任委员，郭瑞恒为副主任委员，张同昌为秘书。会议决定由赵县人民委员会、北京文物整理委员会、赵县文化科、河北省交通厅、大石桥乡人民委员会五单位代表组成驻会委员会办理日常工作。

第一次修委会拟定并原则通过了七点修缮纲要：

第一：主券东侧裂开的两道拆除，连同已塌毁无存的三道一并修复，其构造形式参照现存物和河床中掘出旧物。券石砌筑砂浆采用 80 号水泥砂浆，现存 23 道主券采用压力灌浆法加固。

第二：伏石与盖板　原桥西侧主券及两个小券券顶上使用伏石，可酌情拆砌。东侧塌毁无存，可比照西侧新配伏石。在东西伏石之间，加用 140 号钢筋混凝土，浇筑成与伏石同厚之护拱券盖板以加强横向联系。

第三：小券　大部分小券的券石疏松破裂，无法再用，需换用新石依原做法砌筑。其上方东西伏石之间，也用 140 号钢筋混凝土盖板加强整体联系。

第四：侧墙　侧墙西面拆除，待灌浆加固主券之后，再以 80 号水泥砂浆砌筑复原，旧石应尽量利用。东面侧墙已无存，仍依西面做法修复。

第五：拱腔填料及防水　拱腔部分以 90 号素混凝土加 20% 块石作为填料，其上加铺亚麻布及沥青防水层。

第六：金刚墙上部的疏松断裂条石予以更换。下部基础，等木支架托实主券之后，调查并研定是否加固。

第七：雁翅泊岸　南北金刚墙之东、西侧做出石砌泊岸，其平面仍比照原来四分之一圆的轮廓布置。（图 3-1、图 3-2、图 3-3）

图 3-1　1957 年安济桥修缮后东侧全景（安装栏板前）

图3-2 1957年安济桥修缮后西侧全景（安装栏板前）

图3-3 1959年安济桥修缮后东侧全景

第二节 桥体施工

一 石料加工

安济桥工程用石料来自获鹿、元氏两地。获鹿石质绵性一致，颜色较深。元氏产石，色浅，易于雕刻加工。二者均属石灰岩，容重每立方米2.85吨。

工程用一般条石如桥台（金刚墙），侧墙等处加工方法与一般古建筑略同。也有些特殊加工方法，简介如下：

（1）护拱石（伏石）加工

护拱石上下面为曲面，在曲线部分需加套样板，其操作程序是，事先做出曲面样板，在前后曲面画墨线打荒。两侧隐蔽部分，做出并缝；然后放倒，两侧弹直线，做面。

（2）各处石件看面多做錾码，在表面剁斧平整后（比规定尺寸厚出5毫米），用扁子把四周剔平，再用錾子刷平行錾纹，錾深为3毫米。

（3）帽石（仰天石）则是依如下程序加工：

①把需并缝之两侧面先依尺寸要求放线及打荒，剁斧见平。

②再把其他各面一一加工见平。

③从帽石遗物观察，其前面，上面两处的八瓣花饰应属剔地起突做法，新帽石加工：在每面打荒后，先把花饰周围底盘落平，再对花饰雕作，要由上而下找模样，由下向上逐层加细，成型后以扁子刮亮。（参见《古建通讯》1956年第一期《谈赵县大石桥修复工程中的石料加工》一文）（图3-4、图3-5、图3-6）

图3-4 石构件加工中

图 3-5　加工后的券脸石

图 3-6　仰天石裂缝用“扒锔”加固

二　木拱架及砖墩

为保证安全施工，在对桥身加固之前要安装木质承重拱架并砌好下部砖墩。

（一）砌筑砖墩

1955 年 6 月开始砌砖墩，以青砖 1∶3 水泥砂浆砌。砖墩共 5 座，中部 3 墩高 3 米，南北边墩高 0.5 米。每座砖墩下面浇筑 0.5 米高的碎砖混凝土基础，顶部加筑 0.5 米高的 110 号混凝土墩帽。

（二）安装木拱架

1955 年 9 月，在应予加固的 23 道拱券下，在将要拆砌和恢复的 5 道拱券下全面安装了木制承重拱架。拱架设 9 排，西 6 排，东 3 排，其东 3 排最靠里一排互相紧靠，支托于 23 道拱券与东 5 道拱券的交缝处；这样，在重砌东 5 道时，西 6 排可以分离，不受因东部加重而沉降之影响。

9 排木拱架架立并支撑稳固后，要在顶部东西向密排横梁，横梁上皮要和主拱拱石靠实。然后，用油压千斤顶分三次起顶。

每次起顶，先顶北端砖墩上排架底拉梁，后顶南端砖墩上排架，最后顶中央部分。起顶目的在使拱架横梁把主拱拱石最大限度地托紧，避免上部石构件走动变形。（图 3-7、图 3-8、图 3-9、图 3-10）

图 3-7　主木拱架侧面

图 3-8　木拱架搭建完成（东侧）

图 3-9　北端小拱拱架东侧

图 3-10　南端小拱拱架东侧

三　主拱安装

依修缮纲要，东侧 5 道拱券需要重新安装，恢复桥身的完整，这一部分安装工作依下述步骤进行：

（1）为防止木拱架上部券胎的变形，特分为两个安装小组，他们将已加工好的券石自主券两端同时一块一块地向中央安装上去。注意每道中央留出锁口石。

（2）只有五道拱券都已安装完了才进行锁口石的安装。这需要富有经验的石工师傅试样板、核尺寸，再用倒链及三角承重架把锁口石吊装就位。自内而外，同时把 5 圈锁口石安好。（图 3-11、图 3-12、图 3-13、图 3-14、图 3-15、图 3-16、图 3-17、图 3-18）

图 3-11　主券拱石安装

图 3-12　主券东侧龙门石安装

图 3-13　主拱护拱石试样

图 3-14　主拱“勾石”

图 3-15　小券券石安装

图 3-16　小券券石错缝安装

图 3-17　安装小拱石

图 3-18　小券安装

四　压力灌浆

鉴于安济桥损坏十分严重，1953 年冬，文化部社会文化事业管理局敦请交通部公路总局、中央设计院、北京市建设局有关专家到安济桥现场查看之后，认为现存 23 道主券不必拆除重砌，而以使用压力灌浆法注入水泥砂浆加固为好。

在公路总局具体指导下，23 道主券的加固工作依下列顺序进行。

（一）勾缝

首先对主券的券底、券背面进行勾缝封闭。勾缝材料，以 200 号硅酸盐水泥和粗砂配制成的 80 号水泥砂浆。灰缝深度 10 厘米，构成凹入 1 厘米的阴缝。先做券底的勾缝。其次，用 8 号铅丝弯为许多 U 字形套子，依 20 厘米中距，卧入石缝中。套子底部放满纵向铁丝、依次铺一层碎石，灌一层稠砂浆，再做券背勾缝。（图 3-19、图 3-20、图 3-21、图 3-22、图 3-23、图 3-24）

图 3-19　主拱拱缝清除杂质

图 3-20　主券石缝清洗

图 3-21　主拱拱缝（宽缝）填碎石

图 3-22　主拱拱缝封闭

图 3-23　主券券底勾缝

图 3-24　主券养护

（二）设置注浆孔及注浆隔墙

压力灌浆的注浆孔均设置在主券券石缝的交接处，间距 1~2 米。备一批木栓塞，每灌注一孔，附近诸孔以木栓堵实以防浆体溢出。

压力灌浆不可能一次灌满，依交通部公路总局指导意见，把现存 23 道主拱券分成 8 个方区依次灌注。因此，要设定分区隔墙。分区隔墙做法与勾缝者相似，也是准备若干 U 字形套子，套子立柱之间以细铅丝编为密网，抹上稠灰浆，即为八区之间的隔墙。（图 3-25）

（三）夹木

为防灌浆中拱圈发生变形，在现存主券之东西两侧分别使用五道 Φ36/2 的半圆松木紧贴券面，两两相对。再在五道夹木位置，东西向设 Φ19 毫米钢筋两根，一在立券上皮，一在下皮，其两端与夹木绑紧拴牢。

图 3-25　主拱拱缝预留灌浆孔

（四）灌浆

每次灌浆前，先将胶管壁洇润充分，开动灰浆泵逐孔灌浆，并保持 1 个大气压半小时。根据具体情况，每道裂缝分两次灌，第一天只灌入一半，隔一天待多余水在分析出之后再灌一半。最后，对由于水分蒸发空出的小缝以人力注满之。（注：由于工人对注浆泵等机具的性能掌握不好，在发现因加压以致东南部券脸石有走动外闪情况后，即改为无压灌浆。）灌浆材料是 400 号硅酸盐水泥和无杂质细砂，依 1∶1 比例合成水泥砂浆。（图 3-26、图 3-27、图 3-28）

图 3-26　主券压力送浆

图 3-27　主券压力灌浆

图 3-28　压力送浆机具

五　钢筋混凝土盖板

安济桥自建桥千余年间，各道拱圈之间的横向连系一直依靠腰铁和铁梁。唯铁石之间的接触面究属有限，一遇外力影响，接触之处很容易引起石料破裂，因而整个拱圈发生外闪变形，终至崩塌，这是并列券结构一大弱点。在东、西两伏石之间加铺混凝土之后，现浇混凝土板与下方券石连为一体，二者之间由于接触面加大很多，则遇有震动外力时，将会有效地防止变形问题。

盖板范围：东西至伏石里皮，南北止于内小券券墩处，这一范围内的主券券背全部筑打混凝土一层。同样，四个小券券背也要筑打混凝土盖板。盖板成分依 140 号抗压强度标准配置。构造钢筋置于盖板上皮下 10 厘米处，其中横向钢筋 Φ19 毫米，纵钢筋 Φ12 毫米，间距均为 300 毫米。（图 3–29、图 3–30、图 3–31）

为加强盖板与伏石之间联结，施工中采取了如下措施：

（1）把伏石内侧打成倒齿形与盖板咬接，倒齿中距约 1 米左右。

（2）盖板横向钢筋两端插在伏石内侧预先打好的孔内，插深 10 厘米，孔眼空隙用 1 : 1 水泥砂浆灌严。

图 3–29　主券上钢筋绑扎

图 3–30　主券上钢筋网

图 3–31　盖板浇注混凝土

六　铁梁

1955年冬，桥面石拆除后，扫清主券券背积土和碎石，发现主券铁梁是8道，前此，大家都认为是5道。按5道还是8道修复，这是当时遇到的新问题。

驻会小组进一步勘测、分析之后，认为这8道铁梁反映了两个时期、两组铁梁的位置。一组铁梁是与露明在西侧五个铁梁头相对应的5道，每道并非通长，是由4道或5道短铁条铆接而成，断面宽约5~6厘米。其西起第一段铁梁都在第五道券石前后断开，从使用旧短料拼接情况分析，恐是清代修补第五道券时所加。另一组铁梁则是通长安放在中部20道主券券背上，嵌入券石较深，而且梁材断面均一，是9厘米高，6厘米宽，应属早期遗物。我们看到目前2、4号位置也许早先的铁梁就是通长的，把尺寸试为比较，其排列基本对称，因此，这次修复就改在主券南北约21米范围安放五道铁梁，恢复旧制。

至于四个小券顶的铁梁则不必改动，仍依现在位置安放。（图3–32、图3–33、图3–34）

图3–32　主拱顶部架铁梁一

图3–33　主拱顶部架铁梁二

图3–34　“铁梁”头

七　防水层

为防止因桥面漏水以致券石酥碱风化，本次大修，在桥面石下、填料之上，特加用两层亚麻布、三层沥青作为防水层。

（1）在2厘米厚的水泥砂浆垫层做好后，热铺第一层3号石油沥青。浇铺之前，沥青中掺入适量煤油，以免因天冷涂刷不开。（图3–35）

（2）亚麻布的铺放：底层横向铺，上层纵向铺。搭接宽度7厘米。因是冬季施工，随铺亚麻布随用火轧碾进行滚轧，至粘牢为止。（图3–36、图3–37）

（3）防水层在横向由两侧向中心汇水，坡度为1.5%，在纵向随桥面曲度向两端排水；排至路面铺砌层以外适当地点，用70厘米见方的盲沟引水入河中。

（4）防水层上方又铺筑200号豆粒石混凝土一道，厚8厘米，作为保护层。（图3–38）（参见《历史建筑》1959年第一期《赵县安济桥工程施工纪略》一文）

图3–35　混凝土盖板涂沥青

图3–36　沥青工铺亚麻布

图3–37　亚麻布层

图3–38　混凝土保护层

八　桥面栏杆及其他

桥面原分三道，中部红砂岩车道因系后加，改用方石；两侧部分依原制仍以完整条石铺墁。传说张果老的驴蹄印、柴王爷的车道沟印都无史可考，但赵县当地群众十分重视，因而也保留下这些仙迹。

安济桥两侧桥栏如何修复？一直是修缮工程中费斟酌的一道难题。

1955年以前，大家看到的只是桥西侧的石栏板和望柱，雕工很粗糙，其时代风格还是比永通、济美等桥的栏板差得多，如果依次恢复东侧桥栏，确实和号称隋修的安济桥名实不符。

刘致平教授曾表示："希望动工时清理桥下积石里，得到一些原来勾栏的片段残余，然后再行恢复原式。"

1956年，在《文物参考资料》第三期余哲德（余鸣谦、罗哲文、陈滋德合写）的一篇文章中，曾提出了几种桥栏方案，其目的正是为了集思广益选出较理想方案。事后搜集到的意见，却是多种多样，分歧较大。例如，有一种主张是，把历代遗物都放在桥栏部位，令其成为隋、唐、宋、清勾栏构件的陈列场所。也有专家认为，既然桥栏恢复条件远不够充分，何不设计一套新题材，代替现在的桥栏。一时意见颇难集中起来。

1957年，赵县安济桥修缮委员会在文化部文物局主持下，再度对此开会研究。会议认为安济桥桥身加固已于年前竣工，河北省交通所已退出修缮委员会，但桥身栏问题不宜久悬，会议责成古代建筑修整所再拟方案。（1956年北京文整会改名古代建筑修整所）

新方案首先考虑到两侧桥栏的栏板总长与间数。以掘出龙栏板为准，每间勾栏长度（相邻两根望柱中－中的距离）大约是240厘米，现在西侧清代桥栏长为5082厘米，每侧应该约21间，才能维持过桥行人之安全。

栏板题材问题，古建所再次做了遗物分析，自从发掘出雕龙栏板之后，无论是现场看过实物的同志，还是看到照片的专家，大家都认为是桥上的早期遗物。龙一直是作为灵物出现在古代雕刻、绘画等艺术作品中，用以象征吉祥，象征统治人物。龙又是水族动物的领袖，安济桥使用龙头、蛟龙……各种形式也许是对洪水加以精神上的控制，在艺术形象背后反映出当时人们崇拜自然的思想意识。可惜，几次发掘也只得到六块，其中一块已被调给北京历史博物馆，作为陈列品使用。五块栏板如何能摆满两侧桥栏，它只是需要量的八分之一。

因此，又考虑到能否把雕龙栏板和斗子卷叶栏板混合使用呢？

唐人崔恂的《石桥咏》是一块从河床中发掘出的刻石。崔恂，郑州人，唐玄宗开元八年任职赵州长史期间有《石桥咏》之作。这是一首五言卅二句的诗，其中有几句足以表示桥的原状。如诗的第7、8句："昔有鼋鼍异，今看结构奇。"又如诗的第21、22句："雕镌起花叶，模写跃蛟螭。"

前两句说明，敞肩券式是奇特的结构形式；后两句可认为是，在桥栏雕刻图案里，花朵、卷叶、蛟龙、螭首都是有的。

在龙与斗子卷叶混合使用的方案找到根据之后，又对栏板图案的排列做如下安排。

（1）安济桥东、西两侧桥栏均依对称排列，每侧21间，相应位置的板、柱采用同一图案、同一尺寸。

（2）每侧21间中分为三区：中央雕龙区共五间，券顶中央一间参照龙头式遗物制作，长228厘米。该区其南、北段依次的一间各参照一龙独行栏板遗物制作，长 230 厘米，其目的是把它后部卷叶和斗子卷叶联系起来。雕龙区剩余两间则参照蛟龙式遗物制作，长度 227 厘米。（图 3–39、图 3–40、图 3–41、图 3–42）

（3）除中央 5 间，排列如前，南 8 间，北 8 间拟安排为斗子卷叶区。斗子卷叶栏板遗物中的卷叶数不是很一致的，故而这两区的修复方案也把卷叶数稍加变化，具体说，自桥两端开始，第 1、2 间采用中三叶、边两叶的图案；第 3、4 间采用中四叶、边三叶的图案，而剩余的 5、6、7、8 间则全用四叶刻制。（图 3–43）

全桥望柱 44 根。分为东、西侧对称排列，每侧又分三区：（图 3–44）

图 3–39　桥上勾栏一

图 3–40　新栏板制作

图 3–41　桥上勾栏二

图 3–42　桥上勾栏三

图 3–43　桥上勾栏四

图 3–44　望柱加工

（1）中央雕龙区 5 间 12 根望柱。柱身前后看面为蟠龙题材，龙的风格尺寸以遗物为准；覆盆以上刻三道竹节，总高 137 厘米。（柱角榫不在内）

（2）南、北端斗子卷叶区的望柱使用较简单的竹节题材，覆盆之上做宝珠柱头，总高 122 厘米。

九　仰天石和桥面

仰天石也是桥面的一部分，但早期的仰天石与现存桥上两侧者相比，差别很大。早期仰天石挑出侧墙之外是 34~35 厘米，清式仰天石不过 20 厘米。早期遗物有五分之四都附有八瓣莲花饰于外侧看面上，而且后尾与桥面条石接口处是犬牙相错的。（图 3-45、图 3-46、图 3-47、图 3-48）

图 3-45　铺砌仰天石

图 3-46　铺砌桥面石

图 3-47　铺砌桥面石及仰天石

图 3-48　桥面修缮后

据此，仰天石部分也和勾栏一样，需依早期形式修复为好。具体做法是：

（1）两侧仰天石依两种尺寸成做，一种是 130 厘米（长）×60 厘米（宽），另一种是 90 厘米（长）×60 厘米（宽），后尾交错铺墁。

（2）仰天石看面和上皮依遗物所见到八瓣莲花饰。花饰中距约 90 厘米。

十　石桥仙迹

安济桥由于不断维修，保存了一千多年，民间留下一些传说，流传最广的说法是，“仙人张果老和柴荣路过石桥，用仙法加重于车、驴之上，把桥压得摇摇欲坠；建桥的鲁班迅速用手托桥，免于压坏”，这样就留下“驴蹄印石”“车沟印石”等等仙迹。明人鲍捷说，“世间奇巧险怪偶然近似者甚多，此盖石病，偶有形似，好事者附会为此说以欺人……”（引自安济桥北券北壁题刻《驴迹辨》）

鲍捷说得很正确，民间这些传说是荒诞的。本次大修中，车沟印石等仍保留原处，而已经丢失的“手印”……也就不恢复了。（图 3-49、图 3-50、图 3-51、图 3-52）

图 3-49　原桥面“仙迹”之一的“车轮印”

图 3-50　原桥面“仙迹”之一的“驴蹄印”

图 3-51　新雕仙迹石——“车轮印”

图 3-52　新雕仙迹石——“驴蹄印”

附录一　安济桥保护工程整理铭文碑刻选录

（王世襄辑考）

整理説明

王世襄先生以北京文物整理委员会旧存档案为基础，辑录整理了安济桥铭文碑刻[1]，1974 年 3 月列入“安济桥科学记录档案·七——附录”，含上、下两册。王世襄先生所辑录整理安济桥铭文碑刻内容包括：

甲 . 1949 年前部分

附　唐张嘉贞《石桥铭序》译文及注释

引用文献图书简称、全称对照

乙 . 1949 年后部分（目录）

丙 . 外文部分（目录）

其中，1949 年前部分辑录资料共 122 条，录明隆庆及清光绪《赵州志》、光绪《畿辅通志》、同治《赵州石刻全录》，以及时人孙贯文《赵州大石桥史料类考》和梁思成、俞同奎、余鸣谦诸先生对桥身石刻及发掘出石刻的记录，并做了相应的分析考证。1949 年以后部分辑录了当时学者发表的有关赵州桥的文章著作 17 篇篇目。外文部分辑录有关赵州桥的文章篇目 6 篇。

本次整理出版遵循余鸣谦先生编次原貌，依旧采用余先生在王世襄先生辑录整理成果基础上的选录本。王世襄先生整理铭文碑刻编录手稿见本书第十二章。

《河北省赵县安济桥修缮工程（1952~1958）》整理编辑组

简　介

这份材料是从北京文物整理委员会旧存档案中选出。它包括安济桥券壁题刻、出土石件题刻和有关安济桥文献材料三个内容，共六十一条。部分做了对照研究。

这份材料是王世襄先生选录，其参考文献如下表。

余鸣谦

〔1〕王世襄先生 1962 年起任职于文化部文物博物馆研究所、文物保护科学技术研究所，以及其后的中国文物研究所（前述机构均为现中国文化遗产研究院前身）。

安濟橋科學記録檔案選録標準

（二抄二不抄）

（1）有分析比較内容者選抄。
（2）文字過於簡略不完整，不説明問題者不抄。
（3）屬於橋身或發掘出石刻資料選抄。
（4）屬於封建社會晚期志書類文獻資料不抄（可直接查閲）。

附録文獻來源

簡　稱	全　稱
隆志	《趙州志》十卷，1962 年 11 月上海古籍書店據寧波天一閣藏明隆慶刻本影印
光志	《趙州志》十六卷，卷首卷末各一卷，光緒丁酉重修本
趙録	《趙州石刻全録》，陳鐘祥訂，蔡壽臻、查輅輯，同治間刻本
梁録	梁思成，安濟橋券壁刻字抄録，《趙縣大石橋即安濟橋》一文後附録，載中國營造學社彙刊五卷一期
余記	余鳴謙記録
趙目	1955 年修橋時所發現的趙州大石橋橋石目録
畿志	《畿輔通志》"金石略"，光緒刊本
孫貫文	趙州大石橋史料類考，稿本
俞文	俞同奎《安濟橋的補充文獻》，載《文物參考資料》1957 年第三期

編號（1）

隋唐山石工李通題名　正书开皇十□
年　安济桥下

吴式芬《金石彙目分編》卷三補遺葉二十五

①刻於開皇十幾年，不能肯定，年代當在公元 591（開皇十一年）至 599（開皇十九年）之間。

②原石及拓本均未見，據清吴式芬《金石彙目分編》卷三補遺葉 25 及趙之謙《寰宇訪碑録》卷二葉 21 著録。光緒畿輔通志卷 151 稱：續寰宇訪碑録李通題名所據為《趙州石刻全録》的"乙丑年堯山鎮杏"題名，但該題名既無開皇年號又無李通字樣，謂是一石，難令人信。原石及拓片仍待查訪，吴式芬所據也待進一步查考。關於大石橋現有的文獻材料，以此為最早。

編號Ⅱ（2）

修橋主題名之一（拓片）

據俞文考證當為修橋時刻（約 605）

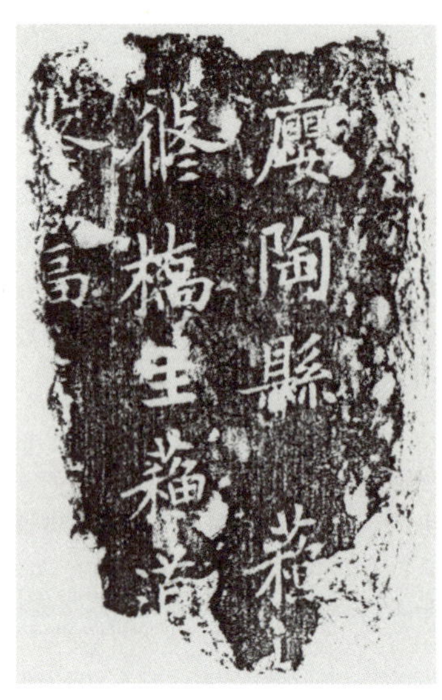

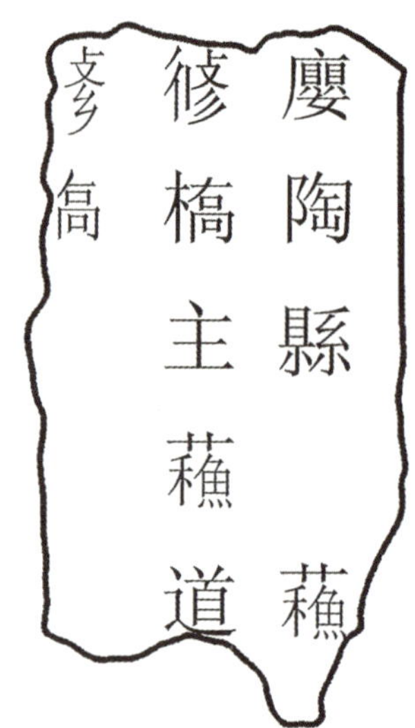

編號（4）

修橋主題名之三　拓片（約 605）

修橋主李产
修橋主大女馬
李村
修橋主李伏顒
修橋主孟武愛
修橋主成公旦
修橋主校尉李君永
修橋主禮海
修橋主李亶
修橋主李伏行
修橋主李祖
修橋主李立
修橋主雲騎尉李雄
修橋主大女趙舯妃

修橋主李颜工
修橋主校尉成僧念
修橋主李公弁
修橋主成義寛
修橋主李行徵
修橋主李薩埵
修橋主李阿毛
修橋主李演
修橋主李甘露
修橋主
修橋主君幹

編號（7）

慶陶縣令于瑾刻石　拓片

據俞文考證為唐景龍三年（709）

孫貫文考證：于瑾見唐書宰相世系表，為隋于翼曾孫。名下注云："駕部郎中"。計年代與景龍三年合。

城縣開
陶縣令于瑾
三季歲次己酉十
什元氏縣令屈
州使守左金吾
州使行右宗衛

編號（8）

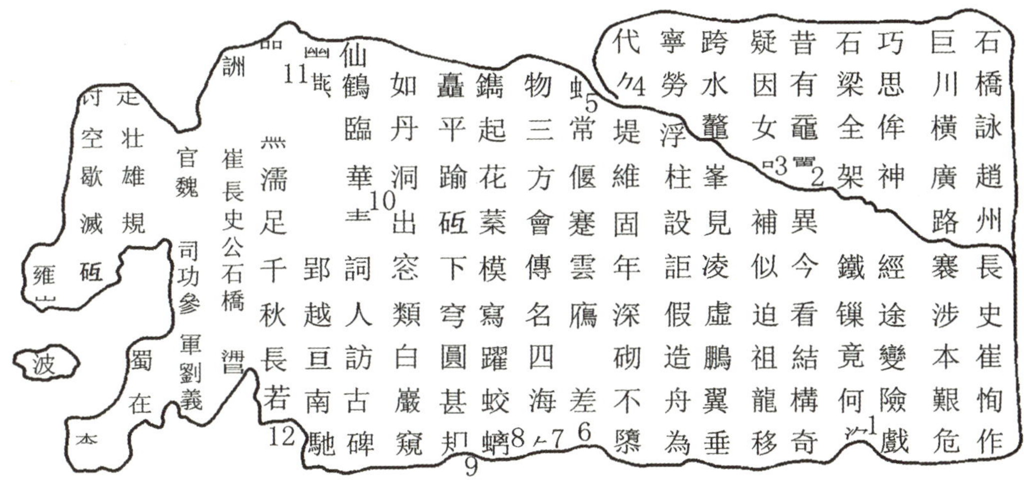

唐崔恂石橋詠刻石之一　　拓片　　俞文考證　刻於開元八年（720）

① 当爲"资"　② 当爲"鼉"　③ 当爲"娲"　④ 当爲"久"

⑤ 当爲"虹"　⑥ 当爲"池"　⑦ 当爲"知"　⑧ 当爲"螭"

⑨ 当爲"規"　⑩ 当爲"表"　⑪ 当爲"幽燕"　⑫ 当爲"斯"

編號（9）

唐崔恂石橋詠刻石之二　拓片

俞文考證刻於開元八年（720）

崔恂見唐林寶《元和姓纂》卷三：水部郎中，杭州刺史，鄭州人。

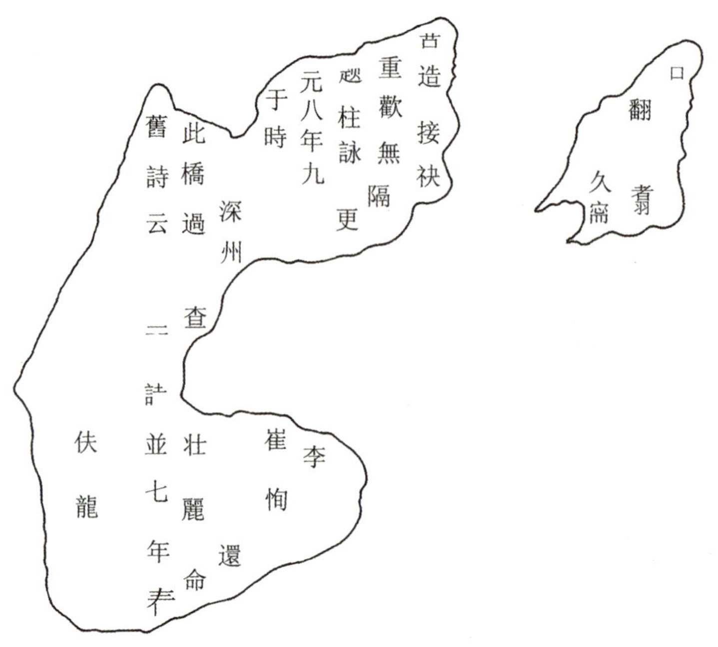

編號（10）

石橋銘 并序　　張嘉貞

趙郡洨河石橋，隋匠李春之跡也。製造奇特，人不知其所以為。試觀乎用石之妙，楞平碪鬬〔1〕，方版促郁，緘穹〔2〕隆崇，豁然無楹，籲（吁）可怪也。又詳乎乂插騈坒，磨礱緻密，甃百象一，仍餬灰璺，腰鐵鐵蹙〔3〕。兩涯嵌四穴，蓋以殺怒水之蕩突，雖懷山而固護焉。非夫深智遠慮，莫能lbs是。其欄檻華〔4〕柱鎚斲龍獸之狀，蟠繞拏踞，眭〔5〕盱翕欻〔6〕，若飛若動，又足畏乎？夫通濟利涉，三才一致。故辰象昭回，天江〔7〕臨乎析木；鬼神幽助，海石〔8〕到乎扶桑。亦有停杯〔9〕渡河，羽毛填塞；引弓擊水，鱗甲攢會者；徒聞於耳，不覯於目。目所覯者，工所難者，比於是者，莫之與京。敕河北道推勾租庸兼復囚使判官、衛州司功参軍、河東柳渙繼為銘曰〔10〕：

〔1〕“鬬”隆志作“斲”。
〔2〕“緘”隆志作“緘”；全唐文雙行注“一作鍼”。
〔3〕“腰鐵鐵蹙”隆志作“腰鐵栓蹙”；全唐文作“腰鐵栓蹙”。集成作“腰鐵栓蹙”。
〔4〕“華”全唐文雙行注“一作蕐”。集成作“楹”。
〔5〕“眭”全唐文作“睢”。集成作“睢”。
〔6〕“欻”隆志作“歘”。
〔7〕“江”隆志作“河”。全唐文作“河”。
〔8〕“石”隆志作“若”。
〔9〕“杯”全唐文雙行注“一作林”。
〔10〕隆志、全唐文均無“敕河北道推勾租庸兼復囚使判官衛州司忝軍河東柳渙繼為銘曰”28字。

於繹工妙，沖訊靈若。架海維河，浮黿役鵲。伊制或微，並[11]模蓋略。析[12]堅合異，超涯截壑[13]。支堂勿動，觀龍是躍。信梁而奇，在[14]啓為博。北走燕蒯，[15]南馳溫洛。騑騑壯轅，殷殷雷薄。攜斧拖繣，騫騘視鶴。藝入侔天，財豐頌閣。斲輪見嗟，錯石惟作。並固良球，人斯瞿鄽[16]。

《唐文粹》卷 67，四部丛刊初編縮本頁 460。以上據唐文粹

隆志 2/9

全唐文 299/15 張嘉貞石橋銘序

298/20 柳渙趙郡洨河石橋銘

古今圖書集成考工典 32

張嘉貞《唐書》、《新唐書》均有傳。柳渙事蹟見舊唐書祖柳亨傳後，開元初為中書舍人，後歷位潭州都督。

俞文考證張序作於開元十三年任定州刺史時，孫貫文認為定為十三年無確據，而當作於開元十三年為定州刺史至十七年就醫東都數年之中。

張柳為同時人，據《全唐文》的編次可知。《唐文萃》在張序末有“河東柳渙繼為銘曰”語，可見序、銘經兩人合作，分別撰寫，故亦可視為一篇。張序講到石橋為隋匠李春所作，後來文獻均以此為據。序對石橋有很詳細的描寫，是現存有關大石橋的最重要的文獻之一。

編號（12）

《朝野僉載》趙州石橋條

趙州石橋，其工磨礱密緻如削。望之如初月出雲，長虹飲澗。上有勾欄，皆石也。勾欄並為石獅子。龍朔中，高麗諜者盜二獅子去。後復募匠修之，莫能相類者。天后時，默啜破趙州，欲南下。至石橋，馬跪地不進，但見一青龍臥橋上，奮迅而怒，默啜乃遁去。

光志　末 /17 引唐張鷟《朝野僉載》

張鷟，唐玄宗時人，約公元 730。

〔11〕“並”隆志、全唐文均作“玆”。
〔12〕“析”隆志作“折”。
〔13〕“超涯截壑”隆志作“趍涯戴壑”。
〔14〕“在”隆志作“右”。
〔15〕“蒯”隆志作“薊”。
〔16〕“鄽”隆志作“聊”。

編號（13）

《趙郡南石橋銘并序》

張彧

閹茂歲，我御史大夫李公晟，奉詔總禁戎三萬，北定河朔。冬十月，師次[1]趙郡。郡南石橋者，天下之雄勝，乃揆厥績[2]，度厥功，皆合於自然，包我造化。僕，散客也，狀而銘曰：汶[3]水伊何[4]，諸川互[5]湊。秋霖夏潦，奔突延袤。杍材蔵[6]制，樸斲紛糅。幹[7]地[8]泉開，盤根玉甃。虹舒電拖[9]，虎步雲構。截險橫包，乘流迴透，坱軋[10]匠造，琳琅簇簉。敞作洞門，呀為石竇。窮琛莫筭[11]，盈[12]紀方就[13]。力將岸[14]爭，勢與空鬬。吞齊跨趙，警[15]夜防晝。月桂[16]虛蟾，星羅伏獸。謂之鈐鍵，攝我宇宙。謂之關梁，扼我戎寇。郡國襟帶，河山領袖。經途者安，逸軌者覆。東南一尉，西北一候。萬里[17]書傳，三邊檄奏。郵亭控引，事物殷富。夕發薊[18]壖，朝趨禁霤。質含冰碧，文輝[19]藻繡[20]。花影全芳，苔痕半舊。天啟大壯，神功罕究。勒銘巨橋，敢告豪右。

《文苑英華》卷788，中華書局編印本，頁4165。以上據文苑英華畿志151/42：謹案《唐書》無張彧傳。李晟傳有裨將張彧，晟表為劍州刺史，後假京兆少尹。又案：文苑英華載此銘全文，其序云“閹茂歲御史大夫李公晟奉詔總禁戎三萬，北定河朔，冬十月師次趙郡。郡南石橋，天下之雄勝，僕，散客也，狀而銘曰：云云。本傳稱建中二年魏博田悅反，晟為神策先鋒，攻之，乘冰度洺水，破悅。又戰洹水，悅大敗，遂進攻魏。朱滔、王武俊圍康日知於趙州，晟建言：“以兵趨定州，圖范陽，則武俊等當舍趙。帝壯之，授御史大夫。晟自魏引而北，武俊果引去。晟留趙三日。據此，事蹟與石刻同。唐德宗建中二年歲次辛酉，三年壬戌，石刻稱歲閹茂乃三年事，蓋列傳載出師之年月，以後事蹟連類及之，不暇詳其時也。又案彧假刺史在晟與李懷光合兵之後，立石時蓋尚為晟幕客未授職，故自稱散客也。……

---

〔1〕“次”唐文萃作“癸”。
〔2〕“績”唐文萃、隆志作“跡”，全唐文作“蹟”。
〔3〕“汶”唐文萃、隆志、全唐文均作“洨”。
〔4〕“何”隆志作“河”。
〔5〕“互”隆志作“牙”。
〔6〕“蔵”唐文萃全唐文作“蕆”。
〔7〕“幹”唐文萃全唐文作“斡”。
〔8〕“地”隆志作“也”。
〔9〕“拖”隆志作“施”。
〔10〕“軋”隆志全唐文作“圠”。
〔11〕“窮琛莫筭”隆志作“窮莫筭盈”；唐文萃作“賝莫筭盈”。
〔12〕“盈”唐文萃作“一”。
〔13〕“盈紀方就”隆志作“琛記萬就”。
〔14〕“岸”全唐文作“崖”。
〔15〕“警”唐文萃隆志作“儆”。
〔16〕“桂”唐文萃、隆志、全唐文均作“挂”。
〔17〕隆制無“襟帶河山領袖經途者安逸軌者覆東南一尉西北一候萬里”24字。
〔18〕“薊”唐文萃、隆志作“蒯”。
〔19〕“輝”唐文萃、隆志作“耀”。
〔20〕“绣”唐文萃、隆志、全唐文均作“繡”。

編號（14）

建中三年（782）

新修石橋記
[illegible]人建石梁幾二百祀壬申歲七月
大水方割陷於梁北之左趾下墳岸
以崩落上排簉又嵌欹則修之為可
成德節度叅谋侍御史知趙州事盧
公慮在往来利濟為事速攻石其葺
復仍累土以負兹補欄植柱靡不永
固俾壯名不墜於遠近敢書之貞元
九年四月十九日大理司直兼
史劉超然述

唐劉超然新修石橋記　拓片

唐貞元九年（793）

編號（16）

李翺趙州石橋銘

九津九星横河中，天下有道津梁通，石穹隆兮與天終。

唐李翺趙州石橋銘，隆志 2/9

李翺，貞元進士（約 785-804），趙州人。

編號（18）

太中大夫刻石

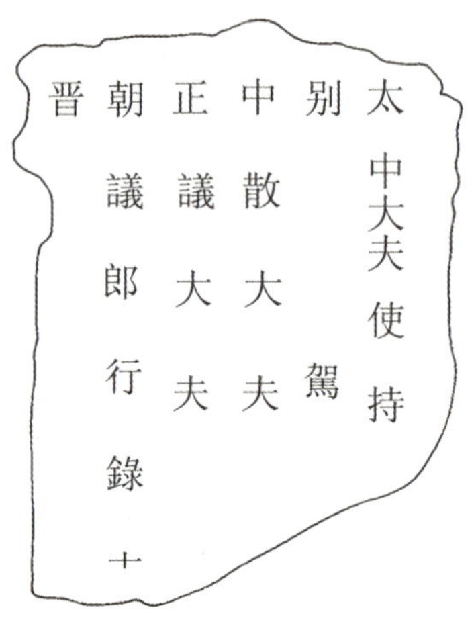

俞文考證當為唐代刻石

編號（19）

軍事上馬刻石

俞文考證為唐代刻石

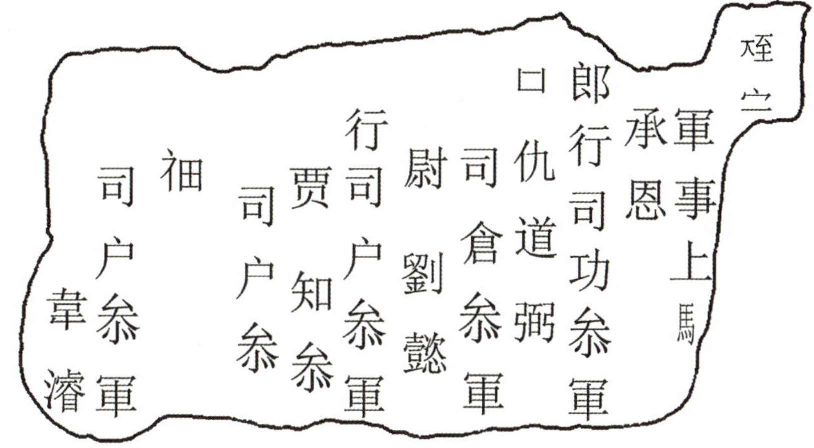

軍事上馬
承恩
郎行司功叅軍
口仇道弼
司倉叅軍
尉劉懿
行司户叅軍
賈知叅
司户叅
司户叅軍
韋濬

編號（20）

故通引高貴妻佈施勾欄刻石

在州南城厢故
通引高贵妻王氏
施此抅欄石一間
合家同增福壽

俞文考證為五代刻石

編號（21）

平棘縣西村李佐等佈施勾欄刻石

俞文考證為五代刻石

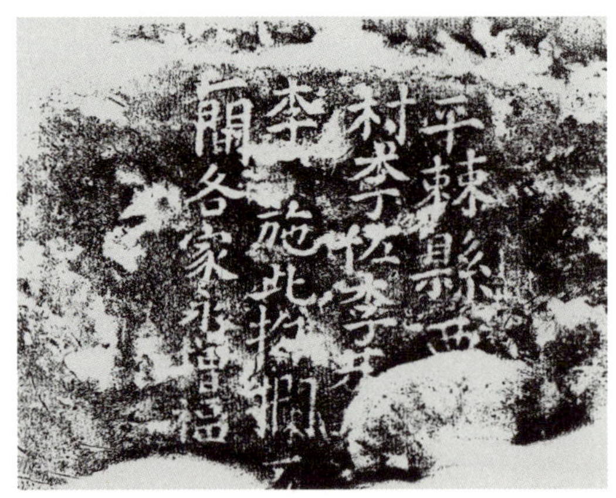

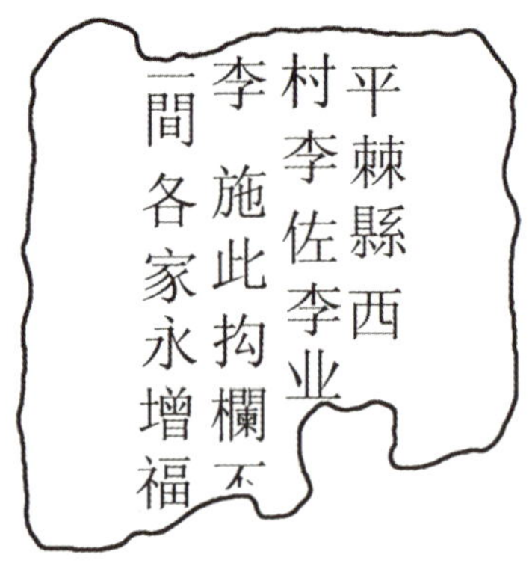
平棘縣西
村李佐李业
李施此拘欄不
一間各家永增福

編號（22）

王與安治平三年刻石

余記　自北小拱拱石中拆出

宋治平三年（1066）

随止至王翊
孟臣之與題
忠夏同安
良臻游公
正月二日
治平三年

編號（23）

堯山鎮杏乙丑年題名

石
石匠人趙
□臣
□□之尧山镇杏
□乙丑記
人趙卞乍勾刊

趙録下 /40“按此在橋北洞下，石為水所沖激，光滑可愛，字幾漫滅，惟存此數字。考州志橋乃隋時巧匠李春所建，此石有乙丑字，應是煬帝大業元年”（605）。

畿志　唐張嘉貞石橋銘云：趙郡洨河石橋，隋匠李春之跡也，州志之説，蓋本於此，而此刻既無隋時紀年，及李春姓氏，趙州石刻録僅據乙丑記三字，定為大業元年未免臆斷。

續訪碑録（按疑即補寰宇訪碑録）及碑目（按疑即畿輔碑目）以石中尚存李字之半，遂題為李通題名，開皇十□年立，尤屬牽強。今據石刻尚有趙卞非字，定為趙卞非題名，又以張嘉貞稱此橋為隋時所造，仍附在隋刻之後，以期核實。

孫貫文考證：此刻無紀年，畿志僅據石橋為隋時建，附之隋後，亦未免臆斷。此刻有堯山鎮字，據宋會要稿八冊一八八，方域五之卅四（7400 上闌）堯山縣，熙寧六年廢為鎮，隸内邱縣，元祐元年復。宋王存等元豐九域志卷二，邢州内邱，下小字注云州北七十里，五鄉，堯山一鎮。宋史地理志：内邱，熙寧六年四月堯山縣入焉，元祐元年複。然則此刻殆熙寧六年至元祐元年十三年中（1073–1086）所刻歟。

編號（25）
元祐四年刻石
是橋建於大業之間
元祐四年
石柱刻石
見趙目 154
原石拓片待補
元祐四年（1089）

編號（26）
嚴中行等題名
趙録下 /41“在石柱上”
紹聖三年（1096）

紹聖丙子九月旦
嚴中行陸明赤遊

編號（27）

本路走□□□□
崇題安濟□□
時甲申季秋旦□
從南[1]第一虹下□
僧居焉曰澄心□
謙[2]甫
安濟橋通官道□□
心洞裏有閑人長流□
不斷東西水□□□
馳南[3]北塵
前本路承受□公有□留□
全趙石橋之□心洞□孝□
調火[5]山掾時
公典是軍見遇頗厚□曰公
退從容舉此詩□已歎服
麗□而□識于[6]智□□□秩
□[7]東來□
外舅出□□邦□□之暇因
與訪
公具[8]績于壁□觀□[9]再三□
然若[10]把
□之聲采蓋□孝
恩獎知薦
以政和
諸
郎□火

趙录下 / 37　“在橋南洞南壁”
以上據趙录
拓片

梁录22-23空白較多，文字也有出入。

①“南”梁作“而”，疑誤。②“謙”梁作“譙”，疑誤　③“前本路”梁作“州人□”，誤。
④“孝”梁作“考”，誤　⑤“典”梁作“興”，疑誤。⑥“于智”梁作“丁丑”，誤
⑦“□”据拓片当为“满”字。⑧“具績”梁作“真蹟”　⑨“□”据拓片当为“誦”字。
⑩“若”梁作“石”，誤

趙录考證“考甲申一石，後有政和字并訪公具續等字，繹其文義，從政和前推之，應是宋徽宗崇寧三年”（1104）吳式芬金石彙目分編卷三補遺葉25著系大石橋十九種題刻中有“王謙甫詩”。謙甫姓王，不知何據。

俞文考證甲申為宋孝宗甲申隆興三年。

畿志 151/55：謹案：此在崇寧三年謙甫詩刻後。其文有云“□孝□調火山掾時，公典是軍，見遇頗厚，□日公退，從容舉□此詩‘又云’□秩□東來□外舅出□□邦□□之暇，因與訪公具績於壁。”又第十四行有“政和”字，末行題銜僅存“郎□大”字。案孝為其人之名，其姓已泐不可考。火山宋時軍名。馬端臨輿地考：劉崇雄勇鎮，本嵐州地，宋太平兴国七年，建为火山軍，属河東道。又职官考宋太祖命朝臣出守列郡，号權知軍州事，州为民政，軍为兵政，文称典軍，即此。又司功参军条载五官掾，宋無。又録事参軍条載政和三年尚书省言参軍之稱起於行軍之際，恐不當襲，奉聖旨参軍改為掾，文称火山掾，即火山录事参軍。此刻在政和间，故從新称，其时正符也。职官考又载崇甯初定选階，以通事郎换录事參軍，以登仕郎换知录事参軍，政和间改通事为從政，登仕为修职孝官，火山掾其階应从此二者，則郎字上泐当是從政修职等字。若火字下泐则为山掾及姓名無疑。地理志今釋宋火山軍今山西保德州河曲县東北。案保德为山西邊邑，東距趙州千里而近，此云東來，於地形亦合。據此測謙甫于甲申季秋過趙，題詩於前。比知火山軍，曾為僚屬誦述。政和間掾□孝秩滿東来過趙，訪其詩得之，複題記於後也。至外舅出□□邦句，既不傳名氏，不可復考矣。

編號（28）

王革大觀刻石

陈安文曾游
王革贾君文將
命迓客過此大觀
三年八月廿五日

趙録下 /39“在橋南洞北壁”

梁録 20。余記

①“革”梁、余均作“華”

大觀三年（1109）

畿志 151/52 謹案：此刻“王革，賈君文將命迓客過此，大觀三年八月二十五日“二十字，考大觀三年，宋遼無特遣使事。徽宗生辰在十月，遼史遣賀當在前一、二月，此王革所迓之客，蓋系生辰使也。又案王革政和七年為開封尹，與蔡攸、章、同加顯謨閣待制，見宋史。

畿志 151/53 謹案：趙州石刻録載王革題名之前有“陳安本曾遊”五字，雖同列一石，而字大小迴殊，況一過往，一遊觀，留題同而人異，未必一時也。石刻録不為分列，蓋誤。

按趙録為“陳安文”，畿志誤作“陳安本”。

編號（29）

君仁政和刻石

君
仁
政和元
七

趙録下 /37“在橋南洞南壁”

趙録考證為宋徽宗辛卯改元（1111）

編號（30）

筦城政和刻石

武城
筦餞
此時
冬至
季冬初
時政和甲
觀
奏
府

趙録下 /39“在橋南洞北壁”

趙録考證“考筦城一石有政和甲□字應是四年甲午（1114）”

畿志 151/53 謹案：此第三行仅存餞字，五行有冬至字。當是冬至日在此餞別之記。

編號（31）

陳隆壽政和刻石

彥　使
還
朝政和七
二
日過
温陵陳隆壽
知軍州事
催促
司户

趙録下 /39　“在橋南洞北壁”

政和七年（1117）

畿志 151/53 謹案：此刻存“彥使還朝政和七□日過溫陵陳隆壽知軍州事催促司戶”二十三字。彥下泐一字，盖其人名，使下泐一字，應是北字，七二下皆有泐字，則為年月及日無疑。其余泐字不可考。案是年金遼交構，至秋七月，金之苏州漢兒高藥師等始浮海為風漂至宋界，而通金之議起。此云北使，當是與遼往還。當时交聘之禮，自元旦、冬至、聖節之外，泛使甚多，史不載者，以非要故略之耶？又出使正副各一人，其下三节，僅從名目尤眾。此提名之彥□為何人不可考見。

孫貫文認為字跡大小不同，疑是二刻同在一石。陳隆壽見范成大《吳郡志》卷七提舉常平茶鹽司條。

編號（32）

安陽宣和刻石

俊儀向仲
安陽周施
□□□□
□□□□
□□□□
□□□□
□宣和甲□
秋十一日

趙録下 /39“在橋南洞北壁”

趙録考證：“考安陽一石，有宣和甲□字，應是六年甲辰。”（1124）

畿志 151/56 謹案：此刻僅存首尾各二行“俊儀向仲安陽周施宣和甲□秋十一日”共十六字，餘皆泐不可讀。又案浚儀此作俊儀。地理志今釋：浚儀自北魏以前屬陳留，隋屬滎陽，唐屬汴州，皆從浚，不從俊，其南北朝僑置在他郡者亦然。又《元豐九域志》稱大中祥符二年，改浚儀為祥符，是時又無浚儀之稱。此云云，蓋其人欲襲舊名，誤以浚為俊也。

編號（33）

天水趙延夫宣和刻石

天水趙延[1]
夫被
詔赴
闕過此時
宣和甲辰
季冬十八
日題

梁録 20 南券北壁 以上據梁録

余記與上相同。

趙録下 /39

①“延”趙作“□”。孫貫文據北京大學藏拓本認為系“正”

宣和六年（1124）

編號（34）

安汝功平棘石橋詩刻石

汲都安汝功出使
东路宣和乙己歲
重陽後三日携家
过平棘石橋漫留
廿字男持時诗婿
李勸侍行
夭矯蒼虬脊横波
百步長匪心堅不
□萬古作津梁

隆志 2/10

①“□”隆志作“轉”

宣和七年（1125）

孫貫文據樓钥《攻媿集》卷七十跋安光遠所藏祖廉訪詩跋、及沈與求龜溪集卷三安次山挽詞，認為次山即安汝功之字。出使東路乃真定府路，當時府帥為劉韐，安汝功系其屬官。

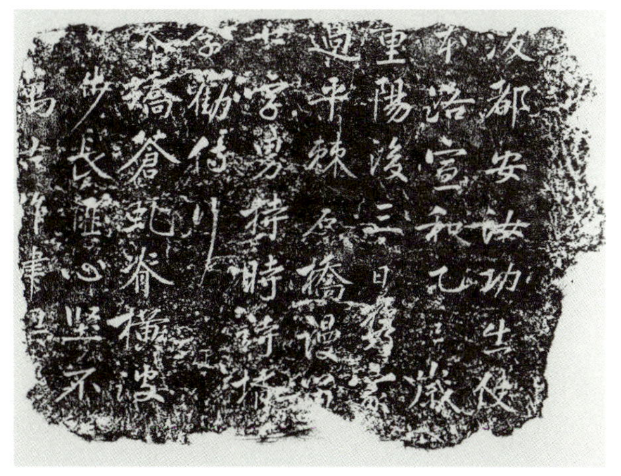

編號（35）

洪皓洨河石橋詩

洨河建石橋，可但驢馬渡，長耳留蹄涔，嗟我來何暮。四隅柱幹霄，停驂俯一顧。上鋟過客名，旁鐫海怪怖。開元雙柱析，隸畫尚堅固。神物久護持，趙人速驚呼。泉南應伯仲，松江無説處。引領渺煙波，恨不奮飛去。

洨河石橋詩 宋洪皓《鄱陽集》卷一 同治三瑞堂刊本

孫貫文考證：據建炎以來繫年要录、宋史高宗紀及鄱陽集後洪適跋，知此詩於建炎三年（1129）使金途中作。

按在現有的文獻中講到石橋驢跡的以此為最早。

編號（36）

通判趙州軍州刻石

俞文考證當為北宋人刻石

通判趙州軍州兼管內

夫知趙州軍州兼管內

悴扵遐陬陋壞而功利不及扵不如人之善得盛名扵世

刂橋也以石爲橋歷海內不少矣晉江之洛陽盧山之三峡偹物

編號（38）

回謝大齊[1]國信
使興義軍節度使完颜槩
副使游騎將軍知東上[2]門門使劉君詔
天會十四年十一[3]月二十八日過此

趙録下 /32“在橋北洞北壁”梁録 19

①梁録“大齊”作“天齊”

②梁録“東上門”作“東北門”。孫貫文作“東上閣門”

③梁録“十一月”作“十月”

金天會十四年（1136）

畿志 152/2 謹案：此刻“回謝大齊國信使興義軍節使度完顏概，副使遊騎將軍知东上門門使劉君詔天會十四年十一月二十八日過此”四十五字，字全存，無泐處。案興義軍節度與遊騎將軍，《金史》地理、百官兩志皆漏載。宣徽院屬有東上閣門使正五品，趙州石刻録載此全文，稱東上門門使，誤，蓋泐文也。完顏概、劉君詔皆未登列傳。本紀稱金始祖據有完顏部，遂為完顏氏，概殆其宗族。國語解完顏漢姓曰王。又案熙宗紀天會十四年十月甲寅，以蕭仲恭為齊豫回謝並生日正旦使，與此年月正符，而使人姓名迥然各別。但此為當時親題，史乃後來追述，當以此為確。又按熙宗嗣位第四年始改元，故稱天會十四年。

編號（39）

李德固天德刻石

司□□□□李德固昨自天德改元十二月二十有一
汴京平章行臺尚书省事道過趙郡今已罷省
平府總管乃本鄉也欣然廻歸復過是橋莭使度
柾今重記耳时天德辛未仲春中旬後一日紀

趙録下 /41“在石柱上”

天德三年（1151）

畿志 152/4 謹案：此刻共四行，行首皆有泐字，辭語不復貫串，案其殘句，知石刻者為李德固，以天德元年為汴京行台平章尚書省事過此，後以罷省改官□平總管，天德三年再過泐石題記。李德固金史無傳，惟海陵本紀天德四年有以咸平尹李德固為平章政事語，與此所謂天德三年為□平府总管，时事皆同，即其人也。□平府上泐为咸字無疑。金地理志咸平路，遼威州，天德二年八月升为咸平府，後为总管府，李德固以三年春为咸平总管，蓋升府後旋改总管也。又案金百官志都总管与府尹官職不同，乃此称为咸平府总管，本纪则称咸平尹可证其谬。

又案熙宗本紀皇統九年十二月己酉朔，海陵本紀是月己未改元為天德元年，以朔日己酉推之，則己未當是十一日。此稱李德固以是月二十一日為汴京平章行台省事，蓋亦預謀廢立因之得官者。又案本紀天德二年十二月罷行台尚書省，與此文稱辛未仲春因罷省回歸過趙，時事亦符。金百官志尚書省平章政事二員，屬尚書令，天眷三年複置行台尚書省于汴，而於天德二年罷省，絕不載及，本紀與石文所記皆同，足征志之闕漏。又案此刻有今重記一語，疑天德元年已有留題，故云然也。

編號（40）

劉阜等施勾欄刻石

本州西關劉阜等
衆關店维那　另施拘欄貳
間　大定二年四月
黄山石匠楊志造

余記　金代刻雲龍欄板題記，自撞券填土中掘出。

金大定二年（1162）

據孫貫文考證，維那本僧官，凡興造倡首之人，皆可稱維那，不盡為僧人（用清沈濤説，見常山貞石志卷一，白石神君碑跋）黄山在曲陽縣南十八里，一名少容山，出白石，村多石工。黄山楊姓石工，由宋迄元，屢見刻石，亦見常山貞石志。

編號（42）

樓钥北行日録

十八日己亥，晴，車行六十里，柏鄉縣，早頓，舊曰尭山，即柏人也。漢高祖心動不宿之地，六十里宿趙州。……去趙州五里，使副以下觀石橋。橋有石欄，高二尺餘，上分三道，下為洞，橋兩馬頭，又各為兩洞，傍為小亭，板閣以入。石理堅緻，題刻甚眾，多是昔時奉使者。有云連鵬舉，使大金至絕域，實居首選。宣和六年八月。亦有天會中回謝大齊使人留題，不能尽讀。橋上片石有張果老驢跡四。……

宋樓钥北行日録卷上葉廿六至廿七，知不足齋丛書本。

乾道五年（1169）

某頃以假吏過石橋，色深碧而累甃堅緻，中為大洞跨水，兩旁橋基，各為小洞，三若品字，洞中多前良題刻，不能詳記。

樓鑰《攻媿集》卷七十跋安光遠所藏祖廉訪詩跋。

編號（44）

周煇《北轅録》

未至城五里渡石橋，石橋從空架起，工極堅緻，南北長十三丈，闊四之一，實隋人李春所造，元祐間賜名安濟，有張果老驢跡。

宋 周煇《北轅録》周煇於淳熙四年（1177）至趙州。陶宗儀輯《説郛》卷五十四涵芬樓排印本按此條講到大石橋命名為安濟橋在元祐年間（1086—93）

編號（45）

趙録下 /34“在橋北洞南壁”

金大定廿六年 丙午（1186）

中山楊□
廣平张震
大定丙午歲
寓居洨川
暇日仝来

編號（46）

懷遠令□
行沃州平棘
縣令白霫
高國忠重
建□纪
旹□安□
六月

趙録下 /34“在橋北洞南壁”

趙録考證“考怀远令一石，有沃州字，乃金人手筆，有□安六月字。考章宗有承安年號，主永濟有太安年號，未知孰是？”（金 1196-1211）

孫貫文據拓片後三行為“建南北二司（洞），旹承安二年，六月望題”（1197）

畿志 152/7 謹案：此刻“怀远令□行沃州平棘縣令白霫高國忠重陽□纪時□安□六月望題”共存二十四字。考《金史》無高国忠傳。地理志東京路復州為遼懷遠軍，金明昌四年降為刺史。又鳳翔路德順州有懷遠寨而無所謂懷遠縣者。乃此明明刻作懷遠令，其非知軍知寨可知。疑志有闕漏處。白霫地名即大定縣故地，在遼屬中京道，在金屬北京路，見遼史地理志。然白霫之名，在遼時已改為大定，此猶沿其舊稱。又案懷遠令為平棘令，帶行字，又與百官志所載散官高於執事者帶行字例不合。

編號（47）

泰和刻石

壁上[1]
多我[2]避
津要[3]
磨
巍巍乎
泰和初
二日書

趙録 下 /32“在橋北洞北壁”梁録 19

①“壁上”梁作“至”

②“我”下梁有“再”字

③孫貫文據拓本“要”下有“他”字

趙録考證：“年號中泰和初□連寫，如系初元，歲次辛酉，即宋甯宗嘉泰元年（1201？）

編號（48）

泰和五年石橋詩刻石

近棠
上司委你相驗河水利□□
從第[illegible]□烏古論德銳道□[1]
川偶闻南来[2]遣使
贺
誕遐邇方
接伴副使者廼
家兄檢院同知也奉侍南游橋
下徘徊偶得一絕聊誌其來
州[3]信[illegible]縣令[illegible]古論忠武德隣司
吏董璞從行時泰和五年閏□
月十四日永紀
□石壘□跨潰流
[illegible]必□間濟舟
[illegible]溢驚湍雖拍岸
肯教使者勉為憂
德銳勉次
□□高韻
一見危[illegible]□□
猶疑瀑布半[illegible]□
天涯羈旅行無□
免得舟人來往□

趙録下 /34“在橋北洞南壁”梁録 21

金泰和五年（1205）

①孫貫文作“汶”

②孫貫文作“宋”

③孫貫文州上有“冀”字

畿志 152/7 謹案：此以泰和五年刻，前為烏古論德隣游石橋記，後刻七絕一首，最後烏古論德銳和詩七絕一首。考金史烏古論氏為金朝世戚，載入列傳者十有三人，而德鋭、德隣皆無其名。烏古論三合傳稱為曷懶路愛也窟河人，後徙真定，當即其族類也。又按國語解姓氏類稱烏古論漢姓曰商，次在完顔氏後。百官志尚書省吏部詳别氏族封號，吾古論列在白號之姓，蓋為金巨族也。又案章宗本紀泰和五年九月天壽節，宋、高麗、夏遣使來賀，與此南來遣使賀誕語正吻合。乃交聘表是年詳列夏及高麗使人，獨不載宋使，此可證其缺。第七行、八行云，接伴副使者廼家兄檢院同知稱官而不稱名。金百官志有同知登聞檢院，此稱檢院同知，蓋即是官。第十行烏古論德隣列銜□州信都縣令。金地理志信都屬東路冀州。此州字上泐，當是冀字。又第十行司吏董璞從行。金百官志諸縣令條下注中縣司吏八人，下縣六人。第十一行泰和五年閏月，閏下有泐字。章宗本紀有泰和五年閏八月朔，則是年閏月為閏八月也。

孫貫文考證：據宋史寧宗紀，開禧元年（泰和五年）六月己亥遣李壁賀金主生辰。畿輔通志失考。

編號（49）

劉百熙诗刻石

僕壯年嘗往来燕趙
間每過此橋未嘗不
周覽山川形勢徘徊
不忍去今老矣遭值
喪亂廼復過此慨然
有懷因作是詩以寓
意焉　房山劉百熙
誰知千古媧皇石解衤①
人間地不平半夜移来
山鬼泣一矼横絶海神
驚水從碧玉環中過人
在蒼龍背上行曰暮凭
欄望河朔不須擊楫壯
心生　癸卯歲六月中澣日
宣差真定等五路萬户史公命工刊

趙録下 /34 “在橋北洞南壁”

隆志 2/9 只收詩，無序及年月

梁録 20　余記

①“衤①”隆志作“補”

趙録考證：“考劉百熙詩——石記癸卯六月。按序中語，似是宋理宗淳祐三年。”（1243）元太宗后乃馬真氏稱制之二年。

畿志 152/12 謹案：此房山劉百熙七言詠橋律詩一首並序，後題“癸卯歲六月中澣日宣差真定等五路萬戶史公命工刊。”劉百熙無可考，史公當是史天澤。永靖縣有史秉直及史進道神道碑皆乙巳年立，後皆有題名曰“宣差真定等五路萬戶天澤立石”，又史進道神道碑首云：“歲在壬寅寓迹宣差鎮定等五路萬戶史侯門下。”壬寅即癸卯之前一年，乙巳即癸卯之後二年，則當癸卯年史天澤正官真定萬戶時也。又案癸卯乃六皇后稱制之二年。

元郝經陵川先生集卷卅五房山先生墓銘“先生諱伯熙，字善甫，漢中山靖王之後，唐盧龍節度使伻之裔孫也……先生年十六、七入國學，善為詩文，卓犖有聲，與雷御史希賢齊名，號曰“雷、劉”。崇慶之變，遂不就舉，…… 貞祐初，從乘輿入汴，金亡而復歸燕，往來燕趙之間廿餘年。歲丙辰復如汴，卒於旅次，年七十四。……房山其自號也。……其書法出於二王，尤善真行小楷。

編號（50）

柳城刻石

柳城石建中
水　漪石梁高搆
機半　月弦初上千　長
西山暮雨
何　為補
章　石晉之後
少工　時　喜
句學交遊皆
與真定
史公　尋東平每
里而至
呂　迷遇也天
樓詩　章有
識
吷服　去習
此甘尤
可貴也後　子章
之為人　士　河
東張肅子敬
宣差真定等五路
諸石　日
劉　刊

趙録 下 /35 “在橋北洞南壁”

趙録考證：“考柳城一石，年月已闕。中有真定史公字，似与劉百熙詩同時。”（1243？）

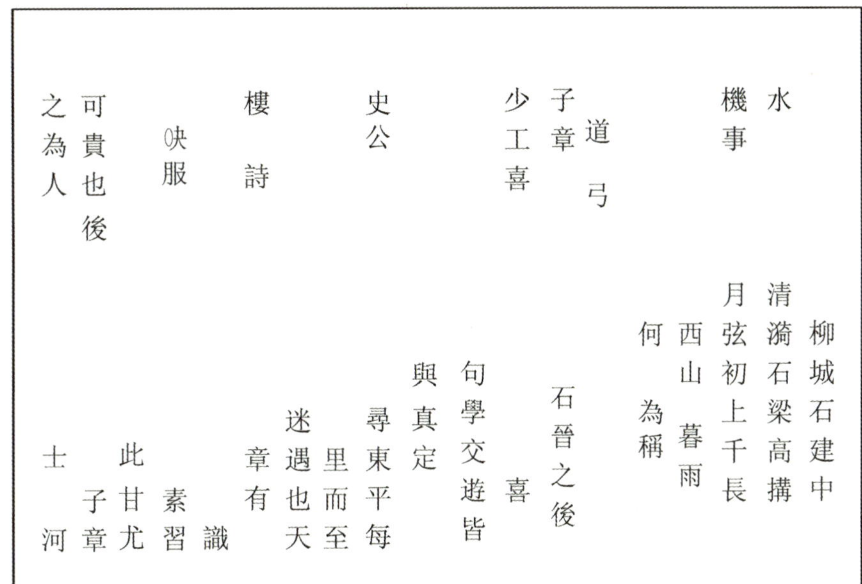
柳城石建中
水　清漪石梁高搆
機事　月弦初上千長
西山　暮雨
何　為稱
道　弓
子章　石晉之後
少工喜　喜
句學交遊皆
與真定
史公　尋東平每
里而至
迷遇也天
樓詩　章有
識
吷服　素習
此甘尤
可貴也後　子章
之為人　士　河

孫貫文據拓片釋録如上，與趙録不同。

畿志 152/12 謹案：此石剥蝕過甚，首行柳城石建中五字，石建中當是題詩人名。柳城今屬永平府，蓋其鄉貫也。二行以下皆斷缺，細玩其字義，前數行尚存叶韻字，當亦是題橋之詩。第七行以下有石晉之後少工（下缺）學交遊皆（下缺）與真定史公（下缺）此甘尤可貴也（下缺）子章之為人（下缺）河東張肅子敬等數十字，其辭雖不可貫串，然大半讚美之詞，疑前為石建中詩，後為張肅題跋，子章即建中之字也。後又有宣差真定等五路字，即為史天澤提衔，蓋即天澤命工刻石，與劉百熙詩同一事也。據孫貫文考證石建中即元曲家石子章，元曲選有竹塢聽琴雜劇一種，據此刻，知建中乃其名，柳城乃其籍，石晉乃其先。王國維宋元戲曲考元戲曲家小傳，始定其人與元遺山、李顯卿同時。元遺山集卷九有答石子章因送其行詩，李庭寓菴集卷二有送石子璋北上詩。

編號（51）

楊奐詩刻石

壬子秋九月被
召過此
□千[1]□[2]石極堅頑陌上行
人得往還月魄半輪沉水
底虹□[3]千尺駕□[4]間鄭卿
車渡心應愧秦帝鞭駈血
□[5]殷為問長江深幾許雪
風吹馬下天山
前河南漕長楊奐題
宣差真定等路万戶夫人姪渤海石□
宣差同知趙州節广
使事高添[6]祿命工刊[7]
洨川□石匠張顥□[8]

趙録下 /34“在橋北洞南壁”　　　梁録 20　余記

①“□千”余作“五丁”　　②“□”梁余均作“鑿”

③“□”梁，余均作“腰”　　④“□”梁余均作“雲”

⑤“□”余作“尚”　　⑥“添”梁、余均作“天”

⑦“刊”梁、余均作“判”　　⑧“□”梁、余均作“造”

趙録考證：“考壬子－石乃知趙州節度使事高添祿刊，考重建柏林寺碑有高題名，系壬寅年立。此記壬子應是金章宗明昌三年”

隆志 2/9 收此詩

安濟橋　　　　漕長楊奐

五丁鑿石極堅頑，陌上行人得往還，月魄半輪沉水底，虹腰千尺駕雲間。鄭卿車渡心應愧，秦帝鞭驅血尚殷，為問長江深幾許？雪風吹為下天山。

畿志 152/14 謹案：此首二行題壬子秋九月被召過此後刻七言律詩一首，詩後刻前河南漕長楊奐題宣差真定等路萬戶夫人姪渤海石□宣差同知趙州節度使高添祿命工刊，後又有石匠題名一行，不具录。楊奐不可考，永清縣史氏慶源碑史天澤夫人石抹氏，此石下泐文当是“抹”字，其名則亦不可考矣。高添祿兩見，陳時可柏林禪院碑及元好問州學記，其題銜正同。趙州石刻录以為見金柏林院碑，遂定為明昌年所刻，非也，壬子乃元憲宗二年，即理宗淳佑十二年。……

元憲宗二年（1252）

楊奐《元史》卷一百五十三有傳。元遺山文集卷廿三有神道碑，碑文見金石萃編卷一五九。元姚燧為楊奐婿，《牧庵集》卷卅一亦有關於楊奐的材料。嘉靖初宋廷佐曾輯刊楊氏還山遺稿。

編號（52）

青光祿大夫刻石

青光祿大夫試兵部尚書安東
年歲次丙辰正月　胡同
奉使官屬古趙北大虹　之
四年正月二十一日

趙録下 /41 “在石柱上”

趙録考證：“考光祿石中有四年及歲次丙辰字，考惟宋理宗寶祐四年系丙辰，殆是年歟（1256？）

畿志 151/58 謹案：……繹記中所列皆南朝官職，安東隸淮南東路，爲宋所屬地，其爲南朝出使人之題名無疑……

孫貫文認爲寶祐四年金亡已逾廿年，不可能再有遣使賀正事，而疑此丙辰爲慶元二年，但“二”又與“四”字不合，或因拓片容易致錯誤之故。

編號（53）

郝經趙州石橋詩

輪囷太古絲玉月，半插水面不掛天，
一矼一段數十丈，大業至今七百年。
深銜密匝無罅隙，嵌磨妥貼堅且圓。
仰視壓面勢飛動，勁欲拔起疑墜顛。
鬼功神力古未有，地維欲絕還鈎連。
蛟龍辟易浲水伏，細紋参錯如新鎸。
晴虹不散結亢氣，海搾飄渺纏蜚煙。
衝風倒景鯨背搖，金瀾混溠青環偏。
乾坤壯觀全趙雄，幾回笑殺秦人鞭。
往來細讀張相碑，直與北嶽相軽軒。
先君有詩不忍看，摩挲華表空泫然。

趙州石橋，元郝經《郝文忠公陵川集》卷十（北图藏顯微影片）詩作於憲宗八、九年間（1258—1259）

編號（54）

浦社男善人侯勛
男侯斌等布施拘欄
一間合　福壽
年十月

余記　五四年春掘出

編號（56）

金卜[1]　西
守镇邢台　歲餘
真定[2]　全
[3]亭盤但
二年歲
休前[4]

梁録21　余記　　以上據梁録

①余記在“金”“西”兩字之間有“上將”兩字。

②孫貫文類考“定”下有“公”字。

③孫貫文類考此行作“此亭盤桓少憇”。

④孫貫文類考前下有“一日”二字。

編號（58）

栢鄉縣道德鄉西
维那□友平
王卞
功德维那

趙録下 /41 “在石柱上”

宋金時人?

畿志 151/48 謹案：此有“維那□友平”“功德維那”等字，當為鄉民助修石橋題名。

編號（69）

良工刻石

良工範化工匠成橋
龍鱗篷低含
高躍空壓
檢會客順
朝適輪蹄便從
此舟不通
歲權臨城縣令張公說游

趙録下 /37 在橋南洞南壁

孫貫文據拓本審視末行為“張説述遊”。張説事蹟見宋會要稿冊 90 职官 51 之 22 曾充接伴金國報問使副。

江範化□匠成橋
繼□篷□含
高□壓
會客□□順
斬何從
舟□□不□
歲□臨城縣令張□□

梁録 23　余記

梁、余所記基本相同，與趙録有出入。

編號（83）

趙
李也大夫
日[1]有予於庚
寅春來牧是州謾為賦[2]
晦齋雪[3]中□直源彥□題
駕石飛粱儘一虹蒼龍驚
蟄背摩空坦途箭直千□
過驛使風馳万[4]國通雲吐
月輪高拱北雨添春水去□
東休誇世俗遺仙跡自□
神丁役此工
燕南貢士許□[5]志道司[6]
太清觀王[7]于道□[8]命工刊
杜工之子如璋至治改元
來尹隆平民服廉政
本□石匠戴瑄刊

趙録下／32“在橋北洞北壁” 梁录 18 余記

①“日”梁、余均作“甘”

②余在“賦”下有“此”字

③“雪”梁、余均作“雲”

④“万”梁、餘均作“萬”

⑤“許□志”梁、余均作“許子志”

⑥“司”余作“同”

⑦“王”梁、余均作“玉”

⑧“□”梁、余均作“判”

⑨“瑄”梁作“垣”

按從至治改元（1321）上推庚寅當為至元廿七年（1290）。

畿志 152/9：考杜德源題詩之庚寅為元太宗二年（1230），去至治元年太遠，誤。

孫貫文考證：前詩乃杜德源於庚寅春牧趙時所作，至至治元年，德源子如璋來尹隆平，趙人既刻父詩，又頌子政。庚寅為前至元二十七年，至至治元年，其子尹隆平時，前後相距卅一年。石刻第五行：有“晦斎雲中□悳源彥□題”因知晦齋乃其号，雲中乃其籍，彥□乃其字，趙彔之所以作直源者，當由德作悳而誤也。此刻主題為杜德源題詩所謂“民服廉政”，乃因父及子，遂併刻于石。如專為頌杜如璋之政事，其辭不應如是簡略，亦不應刻之於趙而不在其所治之地。

編號（85）

趙州洨河鑿石為橋，鎔鐵貫其中，自唐以來，相傳數百年，大水不能壞。歲久，鄉民多盜鑿鐵，橋遂欹倒，計千夫不能正。懷丙不役眾工，以術正之，使復故。

《宋史》卷 462《方技下》記釋懷丙修大石橋事，見開明書店影印本頁 1176。

宋史，元托克托等撰，約 1343。

吳曾《能改齋漫录》卷十三：“英宗時有真定僧懷昺。”

編號（86）

納新（廼賢）《河朔訪古記》

趙州城南平棘縣境通津有大石橋曰安濟，長虹高跨，通衢上分作三道，下為環洞，兩堍復各為兩洞，製作精偉，闌楯刻蹲獅，細巧奇絕。華表柱上，宋臣使金者，題刻甚多，不能盡讀。有刻曰連鵬舉使大金，至絕域，實居首選，宣和八年八月壬子題。橋上片石有驢足跡四，所世傳神仙張果老之跡。或云當時匠者之戲。匠者曰李春，隋時人也。張果老列仙傳云：果，真定蒲吾人，隱封龍山，唐高宗召不起，明皇迎入禁中，賜號通玄先生，後不知所終。今真定平山縣東十三里有蒲吾古城，即果老居也。

——元納新《河朔訪古記》卷上葉六 守山閣丛書本　至正五年（1345）

按此條部分字句似録自宋樓钥北行日録。

趙州西門外平棘縣境有永通橋，俗謂之小石橋，方之南橋差小，而石工之制，華麗尤精。清洨二水，合流橋下，此則金明昌間趙人裒錢而建也。建橋碑文中憲大夫致仕王革撰，左復有小碣刻橋之圖，金儒題詠並刻於下。

——元納新河朔訪古記卷上（1345）

孫貫文據此考證："可知小石橋者，乃對大石橋而言，以一地有形制相同之二橋，易滋混淆，故于南門外之石橋，加大字以別之。是大石橋之名乃始於明昌間。"

編號（87）

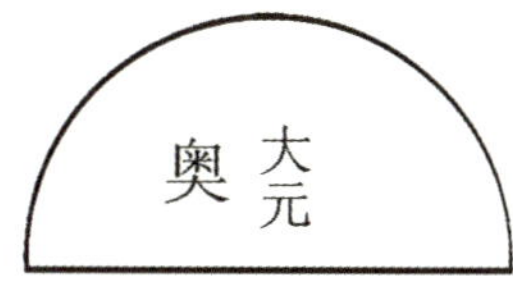

余記　橋面石中掘出

編號（88）

題　姚鳳（户部員外）

□□□橋意詩成
在□人□時雲氣
濕何處□聲頻坐
□三更月行嗟萬
里塵荒唐不足道
孔氏有餘津

余記"在橋北券北壁"　梁録 18　以上據余記

姚當為元、明時人

編號（91）

趙州永安社李敬同室
共施石柱
天順六年
1956 年 6 月挖出，見趙目 68
天順六年（1462）

編號（97）

游石橋偶成　舒城鮑捷
洨河之水清且瀰□[1]往征人
急於蟻誰移雲根□[2]掌平
穹窿礱密如生成一□[3]長虹
何處墮偃蹇蒼龍□[4]潛
臥嗟哉溱洧乘輿勞濘沱
舟子頻呼招任渠車馬紛
於織往□[5]來續無病涉百
代奇勛誰為鐫區區驢跡今
浪傳　□□戊寅正月既望

梁録 18　余記　以上據余記　在北券北壁
光志 16/13　收此詩，無末行年月。
①“□”光志作“來”　②“□”光志作“一”
③“□”光志作“飛”　④“□”光志作“水”
⑤“□”光志作“過”
戊寅為正德十三年（1518）

編號（98）

千載□□□蹟阅盡
古今□□〻程塗迴
駢〻□□□割雲通
綠□□□絕紅塵
如□□□□何需更
問津　舒城鮑捷忭

余記　在北券北壁　梁録 18　以上據余記光志 16/13 收鮑詩如下：

安濟橋　　　　鮑捷

千年留石磧，閱盡古今人。坦坦程塗迴，駢駢車馬頻。

割雲通綠水，補地絕紅塵。如矢堂堂去，何須更問津？

約 1518？

編號（99）

驢跡辨
石橋片石上有驢足跡四前有
石坑凹一處世傳張果老在此
□驢其坑凹處蓋其笠跡也嗟
老乘驢當几前經歷處皆
何獨立於一石而止果老
果僊必不乘驢乘驢必不至墜
乘驢　着地俱有形跡
石橋□於隋匠李春果
在□□□□隐於中條往來汾
開终於□□往来此橋屢矣
更再無一跡□留於他處耶夫
□間奇巧險怪偶然近似者甚多
此蓋石病偶有形似好事者附
會為此说以欺人雖明智達者
□□經自取信也噫
□□中隐鮑捷辯

梁録 19

約 1518？

編號（102）

孫人學重修大石橋記

重修大石橋記

大石橋在趙郡南五里許隋大業間石工李春所造也余少聞其規制奇特上有石凹世傳爲張果老騎跡難據而恒山制陽言橋之勝槩者必以大石為特異嘗欲觀其跡而不可得嘉靖辛酉□余由大理謫□郡一觀之然後知橋之奇特焉以仙跡得名者非誣而李春創構之功若有神授其機者果為趙郡之勝槩不虛地勢接恒嶽之雄湍流吞洨清之水南運諸省東注漕河北達燕冀爲京西一上遊且用石結構之妙縣□聯洞門敞豁石竇穹窿月輪沉霽虹架飛雲舟楫輿馬輻輳交馳於其間自隋至今越數千百年餘矣不知水之□ □衝突也

之經歷磨礱者何限而橋之堅密無暇如初焉非神機糾結恐不至此抑亦仙跡所留必有陰爲之呵護□余于是益信李春創構之功爲奇特矣哉橋之上轍跡深處積三十餘年爲一易石以利馳驅餘仍故製無事修　其期矣生員田錦張時泰鄉人魏賓馮蒼等俾僧悟成募緣重為修飾以永其勝余亦捐俸助工經始□于壬□□夏落成癸亥之春適余稍遷順德廼重趙人之來請遂記之以為玆橋彰往跡　功云

嘉靖四十二年歲次癸亥四月朔旦

賜進士第前大理寺右評事判順德府事承直郎山陰孫人學撰

编号（103）

重修大石仙橋記

重修大石仙橋記

賜進士出身戶部廣東清吏司政北海樓村翟汝孝撰

奉直大夫工部屯田清吏司員外郎螺川南山李明篆

修職郎鴻臚寺主簿直內閣姑蘇徐繼申書

易曰地險山川丘陵也茲利涉大川履險如夷匪資橋梁曷濟哉是故公孫僑濟人於溱洧光於史冊尤所以成天地之能順兆人之欲而收弘濟之勲也何其偉哉粵稽趙郡南五里許洨河大石橋北通京師南接梁楚驛傳旁午悉由其間誠勝跡也按

皇明一統誌并州誌重修碑記始為隋李春所建唐仙人張果老墮驢之跡今存焉唐文粹所載中書令張嘉貞司功參軍柳渙散客張彧之銘可考也近歲轍跡所蹂已逮橋之鐵梁矣曩橋之穹窿處懸一石約丈余一道人曾謀修未有施者忽一日黑霧覆其上且聞橋下有錐斲聲頃之云霧開霽好事者入視之所懸石已完端整灰跡尚濕道人跡隱去噫嘻百世永賴神亦相之嘉靖己未郡守沈公應元勒文於石注意郡人修緝魏中丞子太學生遂緝其橋之中路得八尺許嘉靖甲寅郡人

御用監太監西漳趙公芬祗奉

敕命香幡赴武當道經此橋見其圯壞志欲重修甫歸即使朝鮮事完還京後有守備鳳陽之

命暇日與兄東瀛公登談及梓里事聞魏君力竭遂捐

賞及田產之貲卜嘉靖壬戌冬十一月興工至次年癸亥四月十五日告成所修南北碼頭及檻檻柱腳錐斲龍獸悉如舊制且增崇故事形象備極工巧煥然維新□內改觀矣噫嘻建功立業弘濟艱難孰謂古今人不相及哉　維杏商高宗命傳說□相曰若濟巨川用汝做舟楫誠望其建爕理之□施博濟之仁也西漳公讀書秉禮為

天子內輔相仰體

聖懷惠施重修仙橋俾兆人利涉誠出舟楫之上矣康時相業寧不與傳說并美哉茲徵文于予以紀盛舉歲月且勒石冀垂不朽予忝

賢昆季通家之末何敢以不能文辭遂為之銘曰

辰星璀璨通地靈洩為河海分坤精□彼交河梗征人中常侍者□ □ 情烏鵲助役杳天京海神驅石來蓬瀛虹跨飛梁瞻青冥中流砥柱功平成當年仙跡留芳名長途此日坦然行華夷驛使忻

王程商旅不憚風波驚陰功必逮子孫榮安車駟馬傳崢嶸

嘉靖甲子歲孟夏之吉

編號（107）

余記　在北券墩

萬曆十年（1582）

欲題仙跡圖
登涉到趙城
工功皆玄妙
華夷盡馳名
萬曆十年正月初九日
陝西三原李國信书
寧夏正千户石□□□

編號（109）

趙州在城社信士施石柱題名

趙州在城社信士男………

施此石柱

1956 年 6 月挖出 見趙目 69

編號（110）

何祐妻郭氏施勾闌題名

贊皇縣清河村何祐妻郭氏………

施此勾闌一間

1957 年 6 月挖出 見趙目 27

附录二　有关安济桥的传说

一般传说总是富于浪漫色彩的，人们把想象、希望寄托于传说之中。有时，对一些在当时条件下人力难以完成的事情，归功于神，创造出不少神话，安济桥也是这样。

在参观安济桥时，当地群众总要津津有味地告诉游人，那是车沟印石，那是膝印石，那里又是驴蹄印石。

和戏曲小放牛里一段歌词相比，这些印记的浪漫色彩也就更为浓厚，这段歌词说：

赵州桥鲁班爷爷修，
玉石的栏杆圣人留。
张果老骑驴桥上走，
柴王爷推车就压了一道沟。

稍有历史常识的人，都能看出鲁班、张果老、柴荣分别是春秋、唐和五代时人，时代相差很多，不会同时和安济桥的修建发生联系。明人鲍捷也早已批驳了“驴迹”一说，他认为所谓一个笠迹四个驴足迹，只是石材损坏的痕迹偶有大小之不同，不足凭信，这只是个传说，神话式传说。

然而，这种神话式传说流行已久，在南宋时代，已有张果老驴迹的说法。依《北辕录》，周辉在淳熙四年（公元 1177 年）到了赵州，他除了记下驴迹问题，还提出安济桥命名的时间，记载了桥的尺寸。

或者可以这样说，人类发展史的一个侧面也反映了人与神的力量消长变化的过程，科学愈发达，神的力量也就愈减小了，神话的研究，整理的意义是否在此。

大概，安济桥的神话传说搜集有三种。

第一种：

赵州城南石桥，是鲁班所造，坚固甲于天下。州城有个姓张的神仙，听到鲁班造桥，就骑驴来访，并且说：“这座桥虽然坚固，但如我过桥，恐要震垮。”这个姓张的神仙上桥之后，石桥果然晃动剧烈，像要倾倒。这时，鲁班在桥下急以两手上托，才免于倾倒之危。现在，桥面有张神仙所乘驴的头尾四足印痕，桥底皮有鲁班手印。

第二种：

鲁班修完石桥，十分高兴，正好张果老骑驴，柴荣推车，来到桥头，二人问鲁班：“我们过桥，能经得起吗？”鲁班并未在意，认为没有问题。张、柴两个神仙就和鲁班开个玩笑，运用仙法，把五岳名山的重量加在车上和驴上，在走到桥中央偏南地点，把桥压得摇摇欲坠，鲁班看情况不妙，用力在桥东侧托撑，桥才没有垮。由于重量巨大，后来桥上就留下驴蹄印、车沟印和手印。

此外，柴荣推车，曾跪在桥上，一膝着地处留下了膝印；张果老戴的斗笠曾掉在桥上，留下斗笠印。

第三种：

鲁班和他妹妹鲁姜，分别建造大石桥和小石桥，一夜之间，两桥修造成功。八仙之一的张果老不相信鲁班修桥的本领，约了柴荣、赵匡胤去看大石桥。张果老骑驴、柴荣推车、赵匡胤步行，走到桥头，遇见鲁班，三人说要借桥渡河，向鲁班打了招呼，走到桥顶，忽用仙法运来太阳、月亮装在张果老的褡裢袋里，运来五岳名山放在柴荣的车上，一时桥身大动，摇摇欲坠！鲁班赶紧跳入河中，托住桥底，才免于坠毁，这使得张、柴等三位神仙也很吃惊。事过后，桥上留下了驴蹄印、车沟印、斗笠印、膝印和手印。

第一种传说是从元代的《湖海新闻夷坚续志》转译而来，至今也已是五六百年了。群众中的传说，主要还是由于安济桥自身是一个奇特的桥梁工程。几百年来，宣传驴迹神话的人们，不一定不知道安济桥是李春所造，何以要加以夸张，加上若干浪漫色彩，其目的恐怕还是为了突出安济桥在工程上的成就。安济桥是个奇迹，是隋代劳动人民的成就。一千年前我们的祖先能取得奇迹般的成就，一千年后，相信也一定能创造今天的奇迹。

第二部分

图片和图纸档案

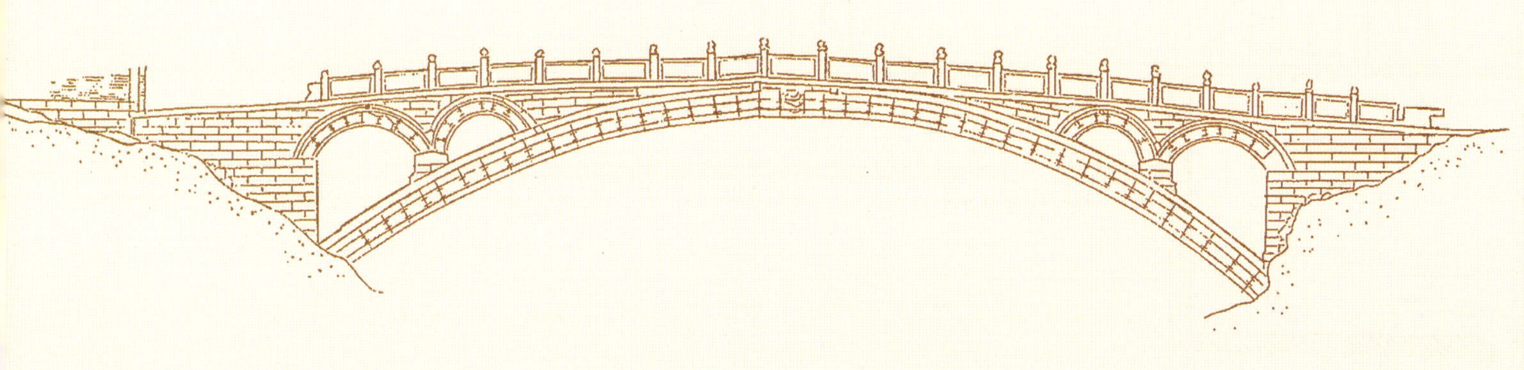

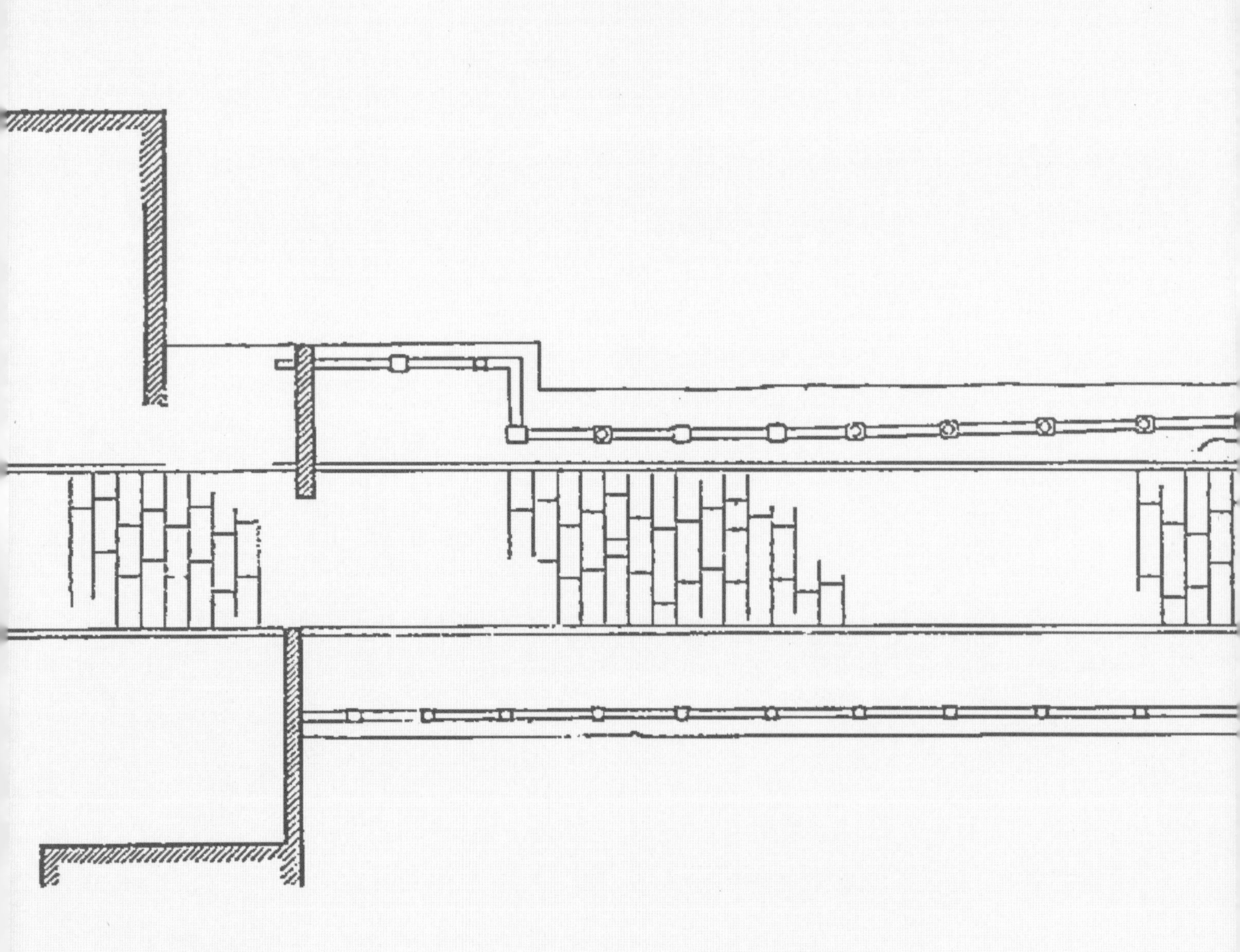

第四章　图片资料

第一节　勘察记录

1. 维修前勘察

01. 安济桥西侧全景（修缮前）

02. 东立面远景（修缮前）

03. 东北角泊岸（修缮前）

04. 雁翅泊岸（修缮前）

05. 东北角主拱细部残状（修缮前）

06. 维修前的桥台（修缮前）

07. 东北角起拱线处的桥台（修缮前）

08. 主拱拱底南视（修缮前）

09. 大券北端西面券根挖掘后情况

10. 大券南端东面券根挖掘

11. 东立面南端小拱细部

12. 东面主券残状

13. 东立面北端小拱细部

14. 小拱拱石

15. 东立面小拱中墩

16. 东立面北端小拱拱墩

17. 东立面南端小拱拱墩

18. 东立面南端小拱细部

19. 西立面北端小拱拱石

20. 西立面北端小拱之间

21. 西立面北端小拱拱石

22. 西立面北南端小拱拱石

23. 西立面南端主拱上部条石

24. 西立面南端主拱上部条石

25. 西立面北端主拱上部条石

26. 西立面北端主拱上部条石

27. 东立面主拱上部桥面

28. 东立面主拱上部桥面

29. 东立面主拱“腰铁”细部

2. 河道清理

01. 桥东安装抽水机协助打捞积石

02. 修缮前河道内堆石情况

03. 1956 年清理河底打捞积石

04. 清理河底积土

05. 河底挖出木船

06. 拦水挡堤

3. 发现栏板和望柱

01. 斗子卷叶栏板

02. 隋代雕龙栏板

03. 历代更换栏板之一

04. 历代更换栏板之二

05. 修复前栏板之一

06. 修复前栏板之二

07. 雕龙望柱之一

08. 雕龙望柱之二

09. 雕龙望柱之三

10. 竹节望柱之一

11. 竹节望柱之二

12. 后代更换望柱

13. 狮身之一

14. 狮身之二

第二节　施工记录

1. 便桥搭建工程

01. 南桥台基础砌石础槽

02. 筑打便桥基础

03. 便桥南桥台打筑混凝土

04. 二孔便桥建成后

05. 1954 年洪水造成便桥一侧冲毁

06. 改砌便桥中墩（1956 年）

07. 重新建成便桥并改为三孔

08. 1956 年便桥修成第一次通车

2. 施工木拱架安装

01. 砌筑砖墩及挖土方

02. 砖墩上安装锚栓

03. 砌筑主拱拱架砖墩台

04. 筑打混凝土主拱拱架之墩帽

05. 安装东侧主拱拱架

06. 主拱拱架安装中

07. 主拱拱架内侧安装

08. 主拱拱架东侧

09. 安装主拱拱架横梁

10. 主拱安装东面之工作架

11. 安装西侧主拱拱架

12. 栏板安装工作架

3. 拆落工程

01. 揭除桥面条石

02. 桥面石拆落中

03. 桥面下的填土层清理

04. 揭除第二层桥面石

05. 拆落小拱

06. 小拱拆落后运料

07. 中墩拆落

08. 拆落主拱护拱石

09. 在主拱上铺御寒遮席

10. 主拱标高测量

11. 工程之水准基点

4. 石构件加工

01. 元氏山石料开采现场

02. 石料运抵工地

03. 石料加工前进行“装线”

04. 用槌在石料表面“找平”

05. 石料加工“剁斧”

06. 石料看面“筑纹”

07. 雕刻撞拱石“水兽”

08. 券脸石加工完成

5. 安装工程

01. 修缮南桥台

02. 砌桥台基准线杆

03. 桥砌筑的灌浆工作

04. 安装桥台基础

05. 安装北桥台

06. 砌筑北桥台东面角石

07. 桥台安装完成后局部调整

08. 桥台安装每砌完一层后找平

09. 桥台新砌部分与原有部分对比

10. 雁翅泊岸修缮后

11. 修补西侧撞拱石

12. 主拱石安装

13. 向拱胎上运料准备安装主拱

14. 利用倒链进行安装

15. 主拱安装后检查调试

16. 主拱拱石安装后

17. 安装券脸石

18. 主拱之锁口石正在进行安装

19. 安装撞拱石

20. 安装护拱石

21. 护拱石安装调试后

22. 安装和调试小拱中墩

23. 安装小拱券脸石

24. 小拱护拱石之倒刺榫

25. 东立面北端安装小拱中墩

26. 勾石安装前在新砌主券面层涂胶泥

27. 仰天石安装

28. 主拱拱架拆除

6. 结构加固工程

01. 冲刷拱背石缝间积土

02. 在灌浆区域做隔墙

03. 压力灌浆

04. 在主拱拱背处绑扎盖板钢筋

05. 主拱盖板钢筋绑扎完成

06. 小拱拱背处帮扎盖板钢筋

07. 拱腔填料

08. 主拱拱缝（宽缝）准备填料

09. 支搭模板

10. 浇筑混凝土

11. 主拱拱底修缮后

7. 桥面工程

01. 盖板上铺亚麻布

02. 亚麻布上涂刷沥青

03. 铺砌桥面石

04. 铺砌桥面路牙石

05. 安装仰天石

06. 仰天石安装后的尾端

8. 栏板和望柱安装

01. 用点线机复制栏板

02. 新雕栏板之一

03. 新雕栏板之二

04. 新雕栏板之三

05. 竹节望柱

06. 雕龙望柱

07. 安装栏板

08. 打光栏板工序

09. 竣工后桥栏板

10. 栏板安装工程的工作架

11. 饕餮一

12. 饕餮二

13. 二龙钻孔

14. 二龙相缠

15. 二龙戏珠

16. 二龙托兽

17. 二龙相缠

18. 二龙相绞

19. 二龙托叶

20. 二龙戏水

21. 行龙

22. 二龙相绞

第三节　赵县安济桥文物校核勘察照片（整理日期 1980 年 7 月）
——安济桥陈列室后院堆放文物

序　号	照片名称	备　注
堆放文物（一）		
01	荷花栏板	1#
02	重修桥碑	2#、3#
03	院内堆放文物现状	
04	卷叶栏板等三块	4#、5#、12#
05	栏板及望柱	6#、7#、8#
堆放文物（二）		
06	栏板及望柱	9#、10#、11#、15#、16#、17#
07	云头、苦修佛栏板	11#
08	卷叶栏板	13#、14#
09	拱角石	18#
10	卷叶栏板	19#、20#、21#
堆放文物（三）		
11	卷叶栏板	22#、23#
12	卷叶栏板	24#、25#、26#
13	卷叶栏板	27#、28#、29#
14	麒麟栏板	33#
15	斗子卷叶栏板之三	35#
堆放文物（四）		
16	卷叶栏板	34#、36#、37#、38#、39#
17	斗子卷叶栏板之九	41#
18	斗子卷叶栏板之四	42#
19	卷叶栏板	40、41、42、43、44、45、46
20	卷叶栏板及望柱	51#、52#、53#
21	安济桥全景（东立面）	1980 年 7 月摄
22	安济桥全景（东立面）	1980 年 7 月摄
23	1979 年从安济桥下新挖出的龙栏板	陈列室内
24	安济桥陈列室内橡树栏板	
25	大元冀 碑头（残）	元
26	张题刻字石碑（残）	元

续表

序 号	照片名称	备 注
27	太和五年金代刻字碑	分裂两块之一
28	太和五年金代刻字碑	分裂两块之二
安济桥现状（1980 年）		
29	安济桥桥北东侧裂缝及渗水残痕	
30	安济桥桥北东侧裂缝（最宽达 14cm）	
31	安济桥桥北西侧拱角新旧拱石接缝处	
32	安济桥桥北西侧桥北端裂缝（最宽达 15cm）	
33	安济桥桥北西侧桥身砌石裂缝切过新砌石	
34	安济桥桥北西侧小拱顶部裂缝及漏水	
35	安济桥桥南东侧细微裂缝	
36	安济桥桥南东侧小拱顶部裂缝	
37	安济桥桥南东侧上部裂缝	
38	安济桥桥南西侧小拱顶部裂缝	
39	安济桥桥南西侧裂缝及渗水	
40	安济桥桥南西侧拱角新旧拱石接缝处	

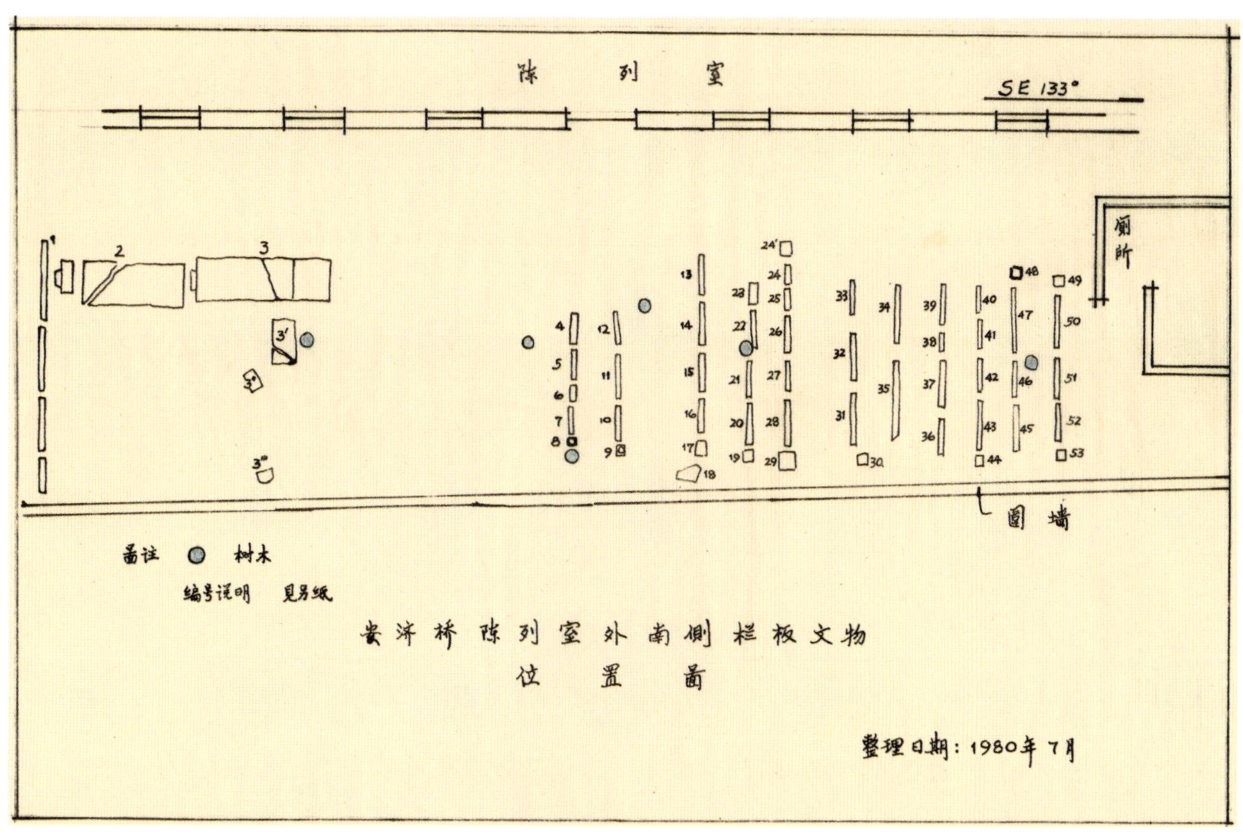

赵县安济桥陈列室外南侧栏板文物位置图（1980 年 7 月）

01. 荷花栏板

02. 重修桥碑

03. 院内堆放文物现状

04. 卷叶栏板等三块

05. 栏板及望柱

06. 栏板及望柱

07. 云头、苦修佛栏板

08. 卷叶栏板

09. 拱角石

10. 卷叶栏板

11. 卷叶栏板

12. 卷叶栏板

13. 卷叶栏板

14. 麒麟栏板

15. 斗子卷叶栏板之三

16. 卷叶栏板

17. 斗子卷叶栏板之九

18. 斗子卷叶栏板之四

19. 卷叶栏板

20. 卷叶栏板及望柱

21. 22. 安济桥全景（东立面）两张照片拼接

23. 1979 年从安济桥下新挖出的龙栏板

24. 安济桥陈列室内橡树栏板

25. 大元冀 碑头（残）

26. 张题刻字石碑（残）

27. 太和五年金代刻字碑

28. 太和五年金代刻字碑

29. 安济桥桥北东侧裂缝及渗水残痕

30. 安济桥桥北东侧裂缝（最宽达 14cm）

31. 安济桥桥北西侧拱角新旧拱石接缝处

32. 安济桥桥北西侧桥北端裂缝（最宽达 15cm）

33. 安济桥桥北西侧桥身砌石裂缝切过新砌石

34. 安济桥桥北西侧小拱顶部裂缝及漏水

35. 安济桥桥南东侧细微裂缝

36. 安济桥桥南东侧小拱顶部裂缝

37. 安济桥桥南东侧上部裂缝

38. 安济桥桥南西侧小拱顶部裂缝

39. 安济桥桥南西侧裂缝及渗水

40. 安济桥桥南西侧拱角新旧拱石接缝处

第五章　工程图纸

第一节　维修前测绘图

序号	图纸名称	勘察人员	勘察单位	绘制年代	图纸质地
01	河北省赵县安济桥现状实测图		中国营造学社	民国 23 年 10 月	蓝图
02	河北省赵县安济桥现状图（平面图、东侧立面图）	测绘：卞锦根，校核：刘海鹏，队长：郭瑞恒	河北省交通厅公路局	1955 年 4 月	蓝图
03	河北省赵县安济桥现状图（大样图）	测绘：刘海鹏，校核：卞锦根，队长：郭瑞恒	河北省交通厅公路局	1955 年 4 月	蓝图
04	河北省赵县安济桥现状图（平面图、主拱基础、西侧主拱看面图）	测量：卞锦根、李全庆，绘图：李全庆	河北省交通厅	1956 年 11 月	硫酸图
05	赵县安济桥西面现状图			1955 年测记，1956 年制图	硫酸图
06	赵县安济桥东面现状图			1955 年测记，1956 年制图	硫酸图
07	安济桥主拱铁梁位置图			1955 年测记，1956 年制图	硫酸图
08	河北赵县安济桥栏板石柱实测图		北京文物整理委员会	1955 年 10—12 月	硫酸图
09	河北赵县安济桥望柱实测图	测量、绘图：杨玉柱		1955 年 6 月 21 日	硫酸图
10	河北赵县安济桥栏板、望柱实测图		古代建筑修整所	1955—1956 年	硫酸图
11	河北赵县安济桥实挖出栏板、望柱、帽石大样图		古代建筑修整所	1956 年 1 月	硫酸图
12	赵县安济桥帽石及拱石实测大样图			1955 年 11 月 3 日	硫酸图
13	赵县安济桥主券券脸石西螭首实测图			1955 年 11 月 4 日	硫酸图
14	河北赵县大石桥乡安济桥挖出栏板大样图		古代建筑修整所		硫酸图

续表

序号	图纸名称	勘察人员	勘察单位	绘制年代	图纸质地
15	河北赵县大石桥乡安济桥挖出栏板、望柱、帽石大样图		古代建筑修整所		硫酸图
16	河北赵县大石桥乡安济桥挖出勾栏大样图				硫酸图
17	河北赵县大石桥乡安济桥挖出勾栏大样图				硫酸图
18	河北省赵县大石桥乡安济桥挖出栏板大样图		古代建筑修整所		硫酸图
19	赵县安济桥河床地质断面图	测绘：徐德信，审核：郭瑞恒	河北省交通厅公路局	1955 年 7 月	蓝图

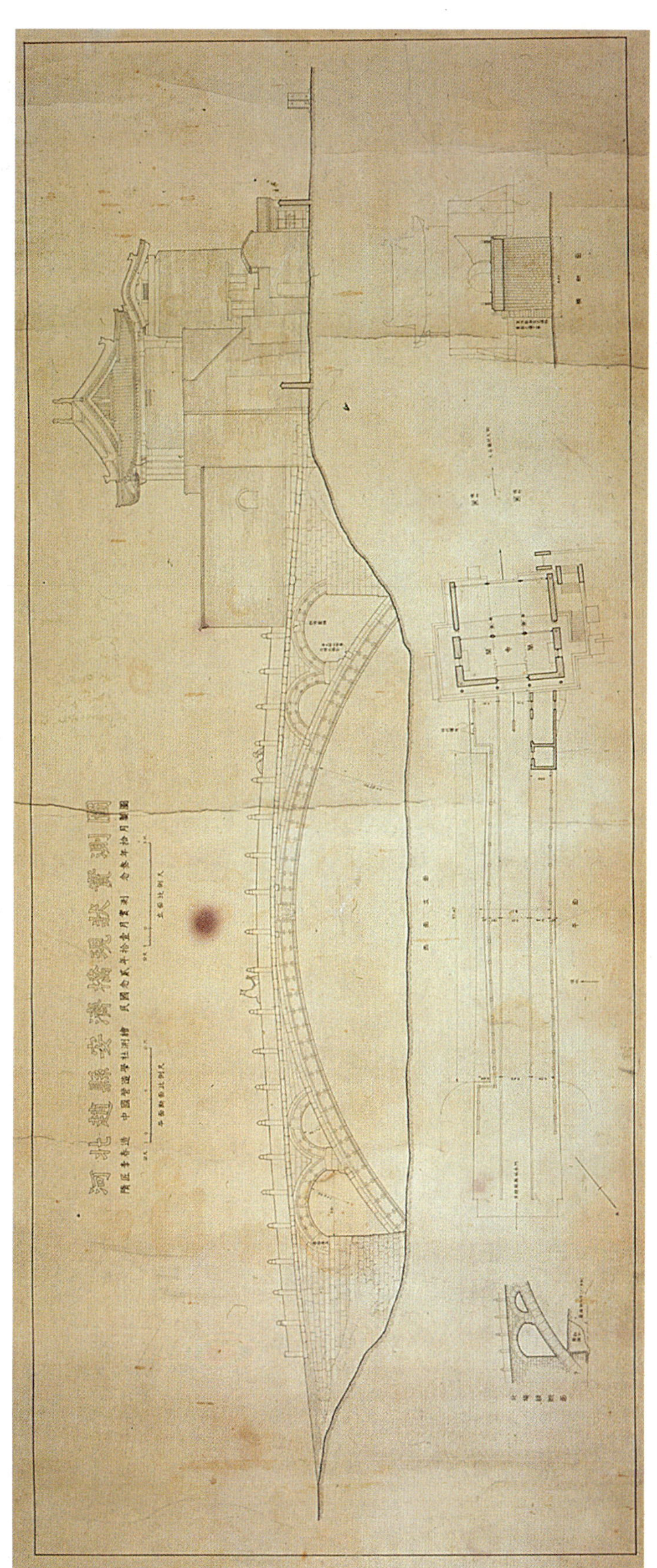

图 01　河北省赵县安济桥现状实测图　民国 23 年 10 月

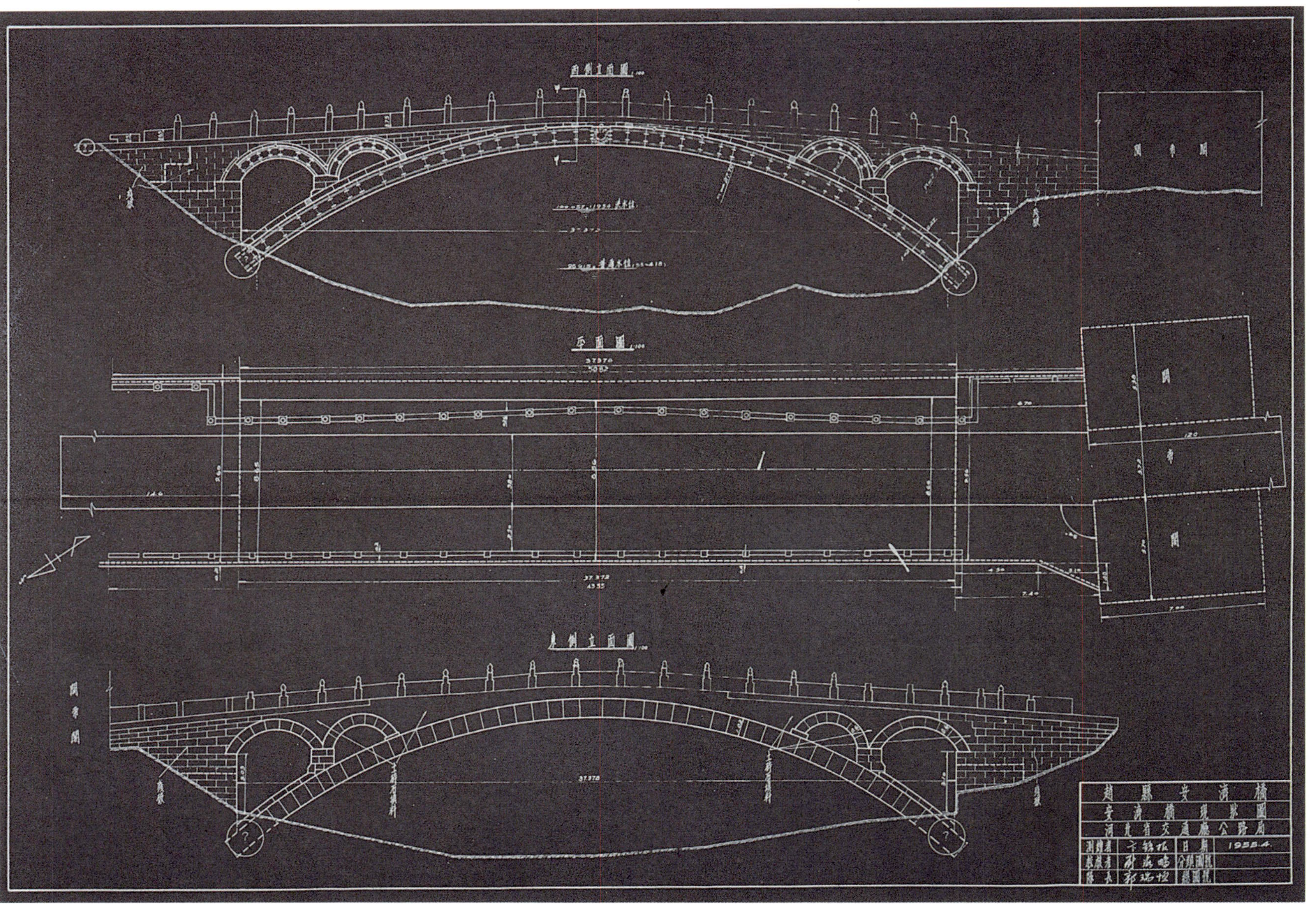

图 02　河北省赵县安济桥现状图（平面图、东侧立面图）1955 年 4 月

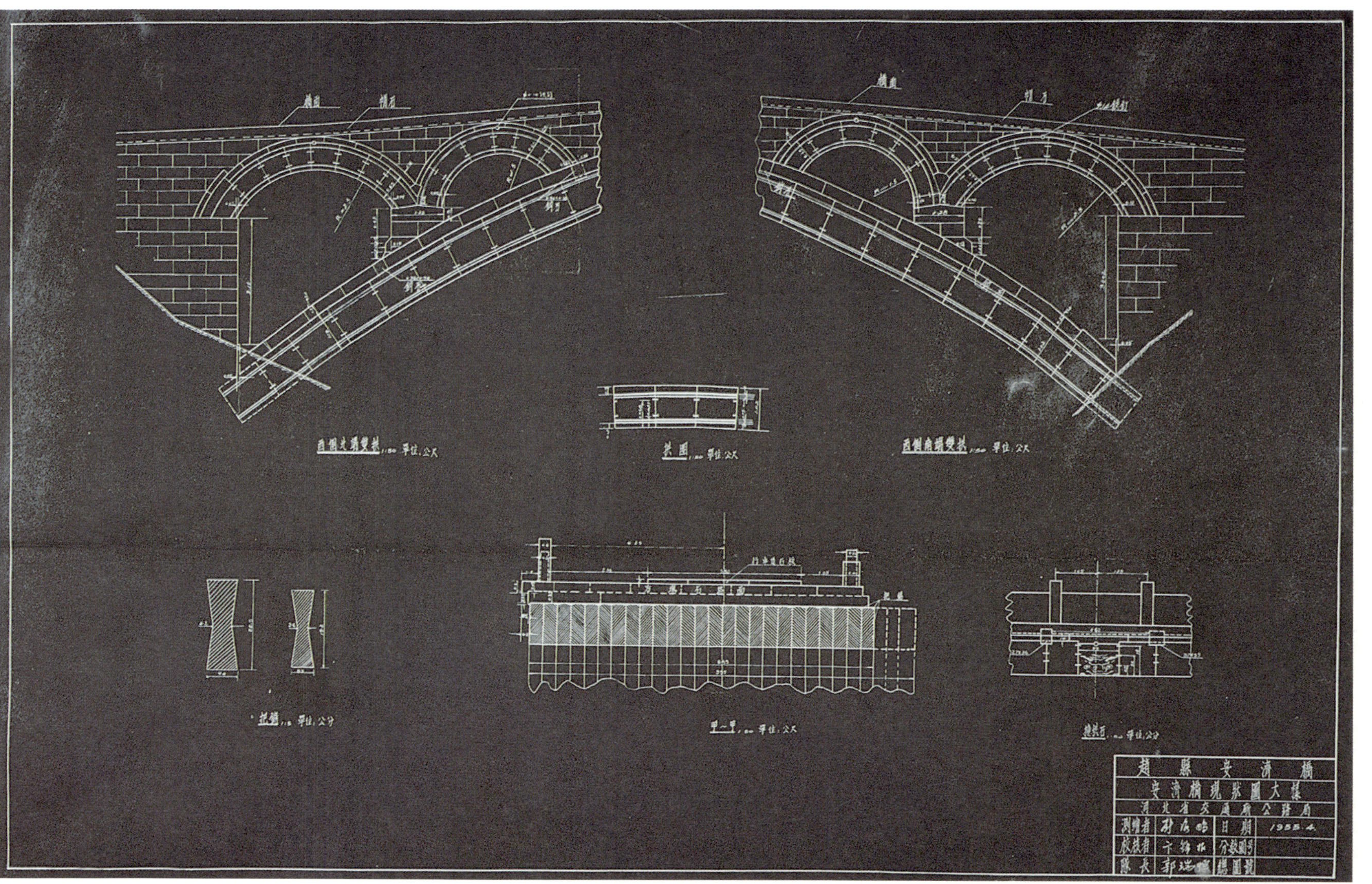

图 03　河北省赵县安济桥现状图（大样图）　1955 年 4 月

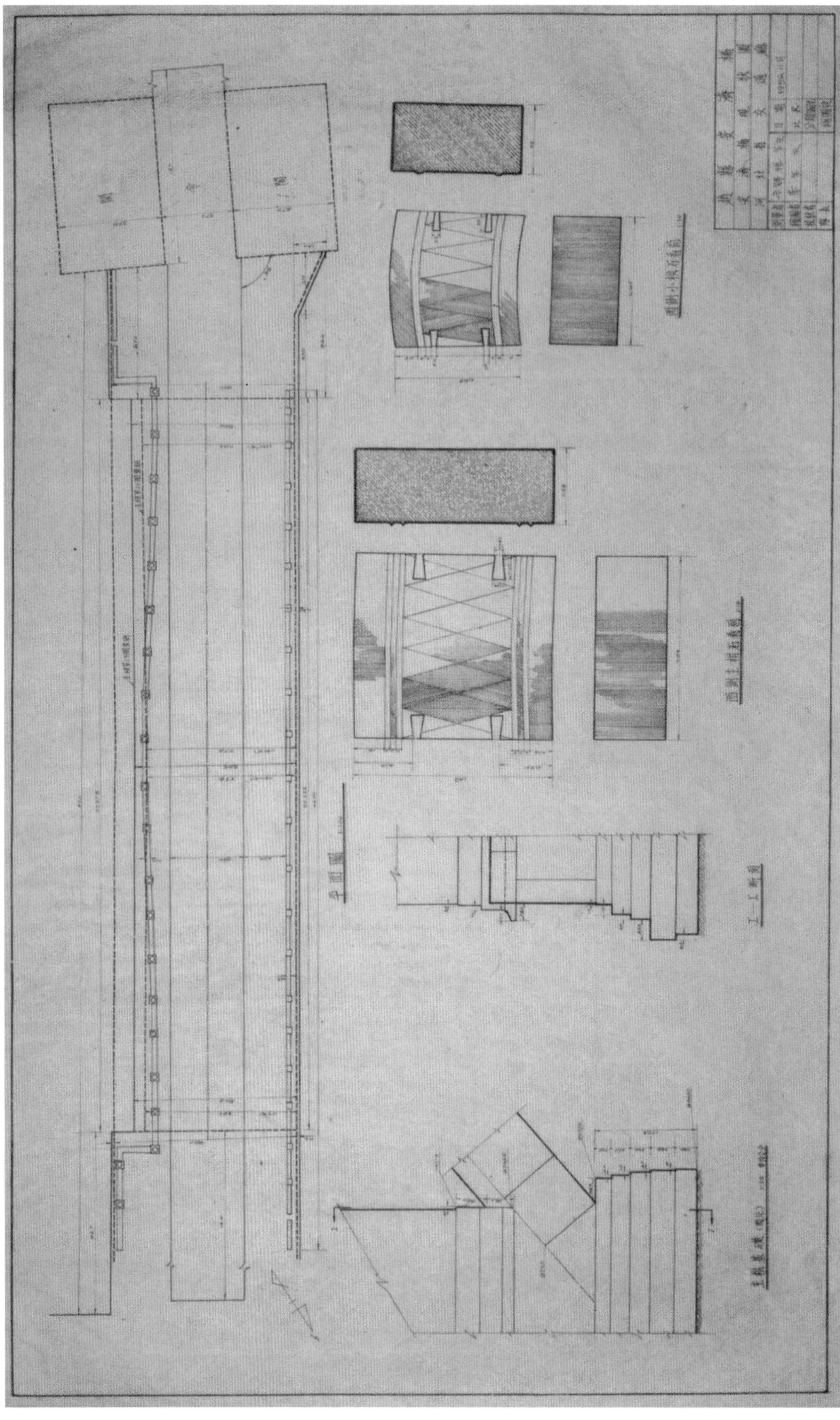

图04　河北省赵县安济桥现状图（平面图、主拱基础、西侧主拱看面图）1956年11月

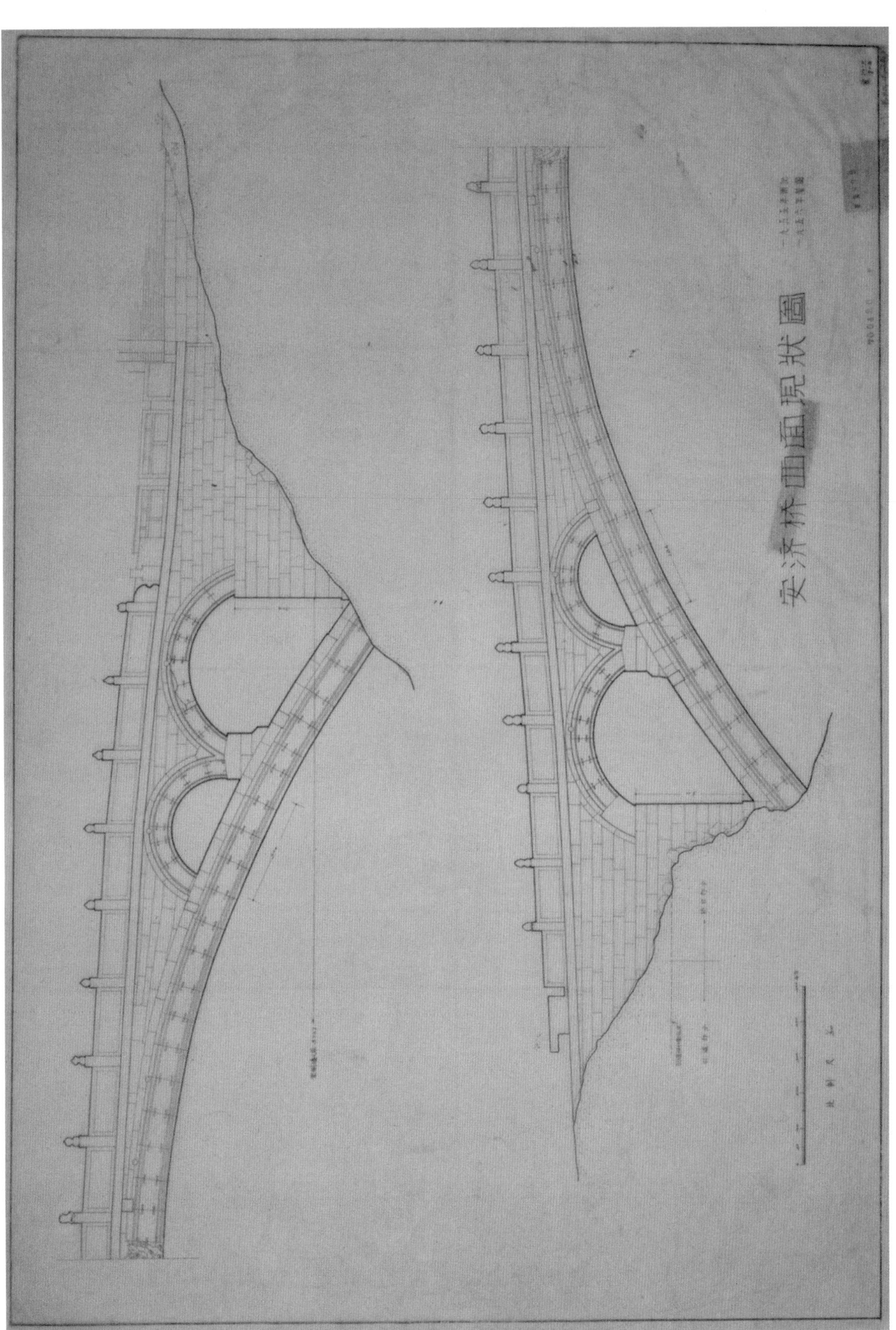

图 05 赵县安济桥西面现状图 1956 年

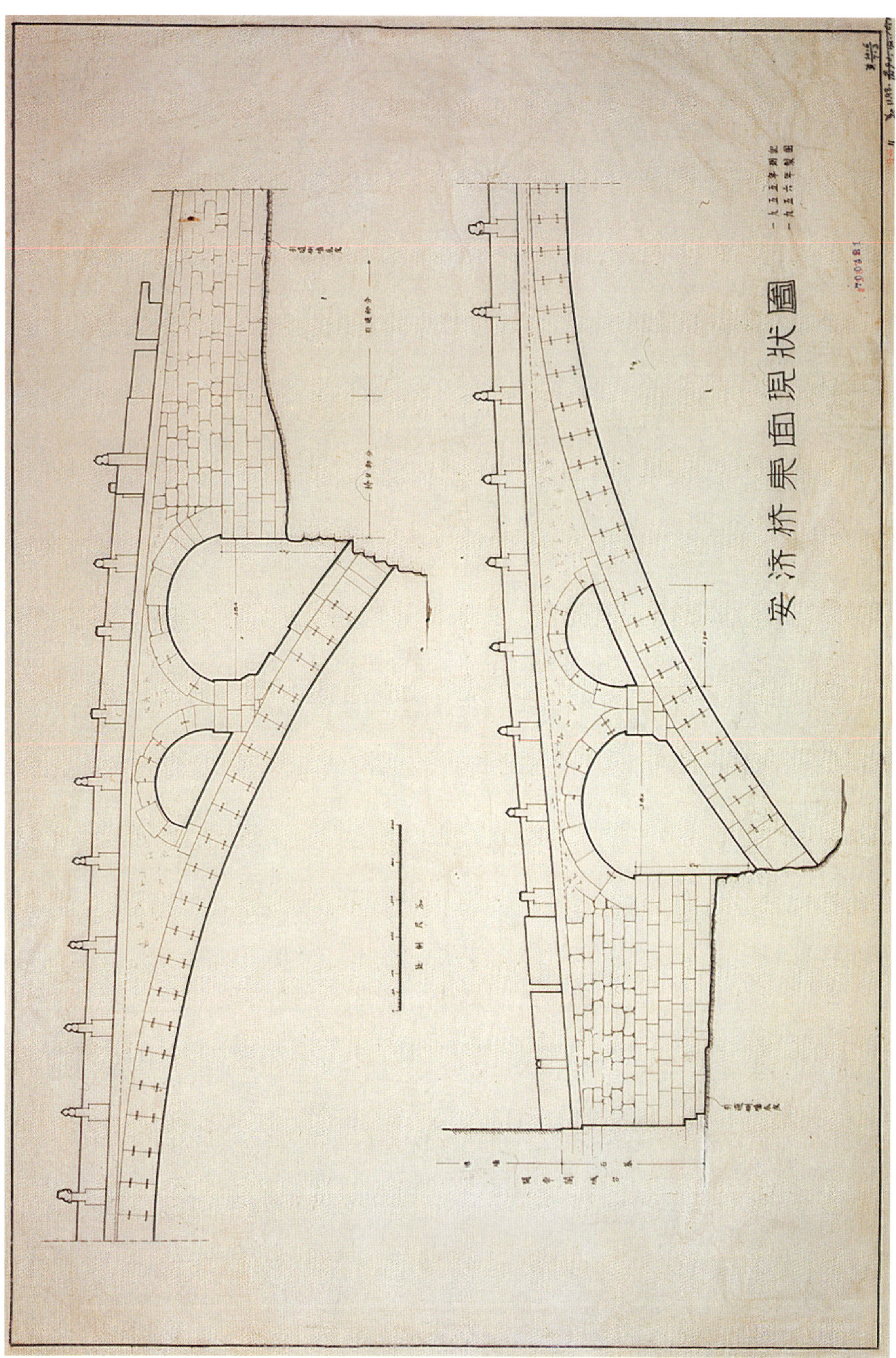

图 06　赵县安济桥东面现状图　1956 年

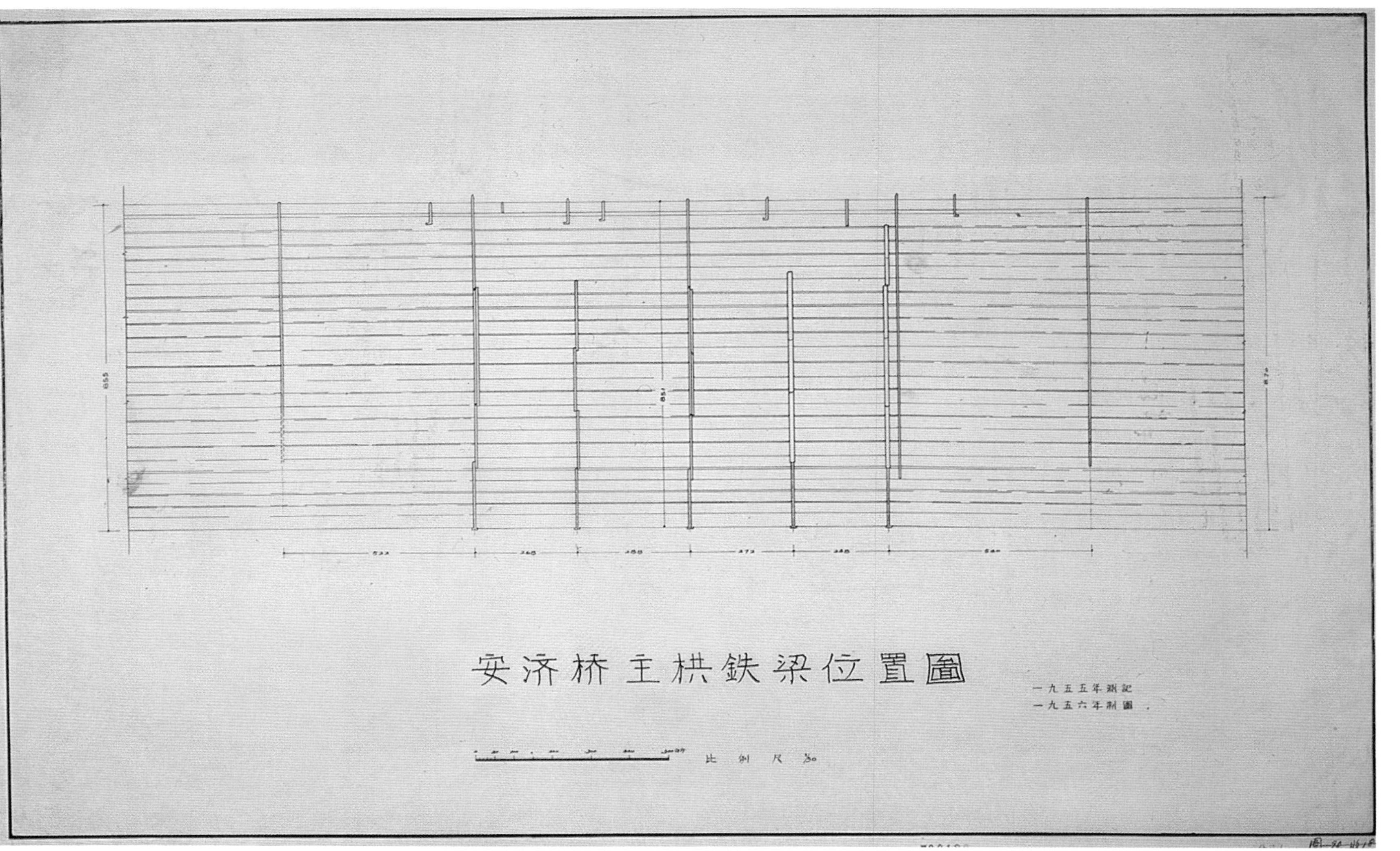

图 07 安济桥主拱铁梁位置图 1956 年

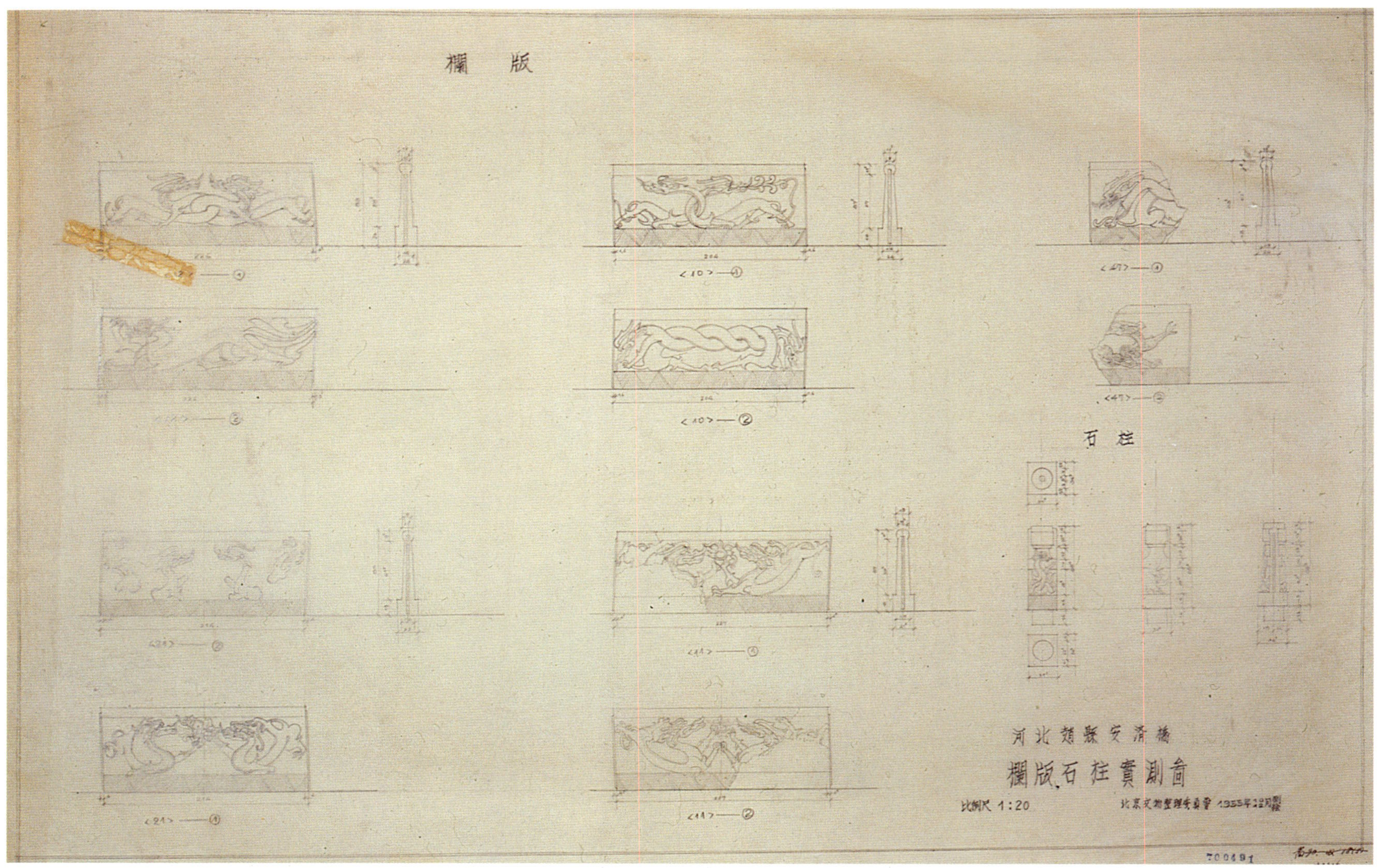

图 08　河北赵县安济桥栏板石柱实测图　1955 年 10—12 月

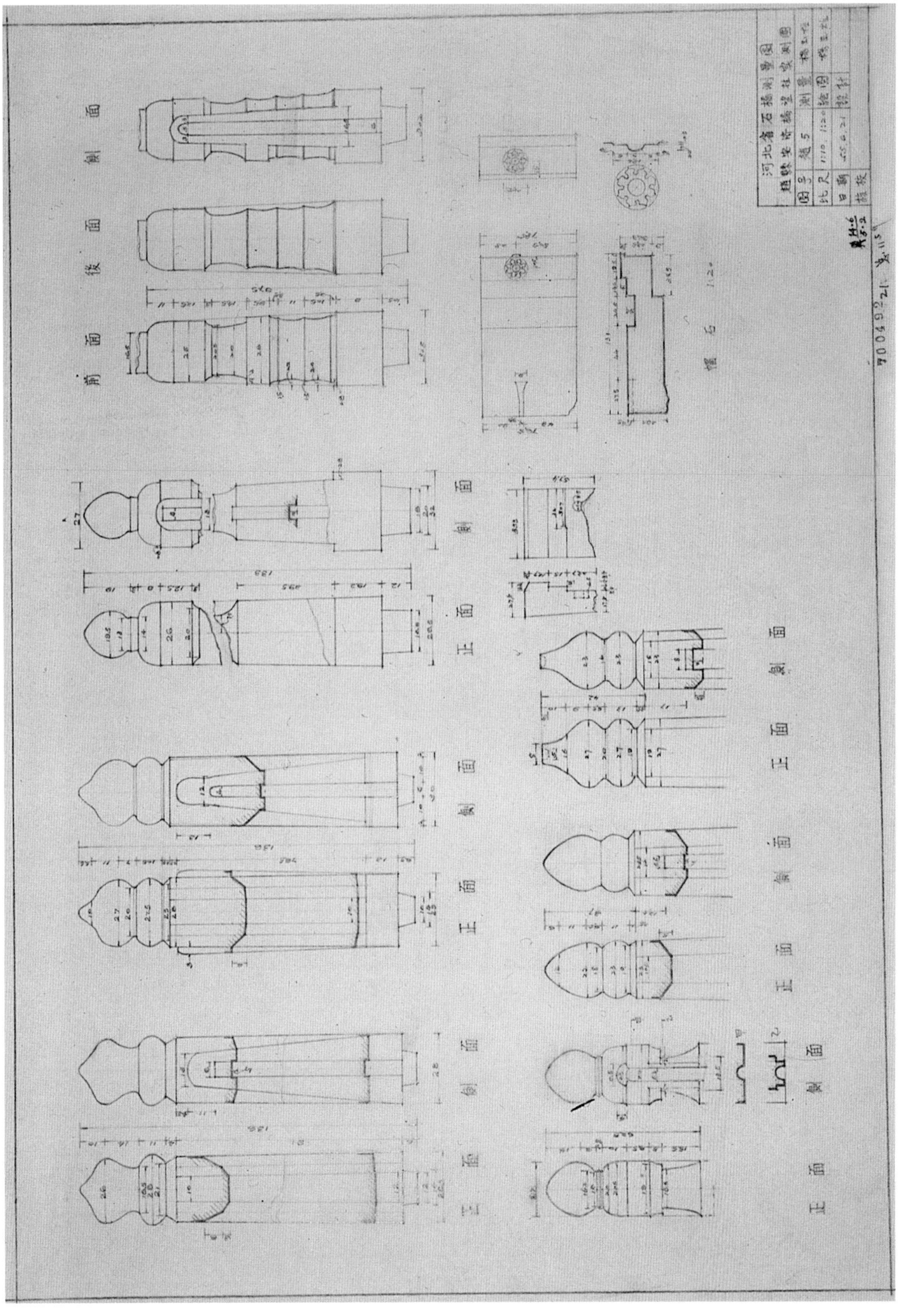

图09　河北赵县安济桥望柱实测图　1955年6月

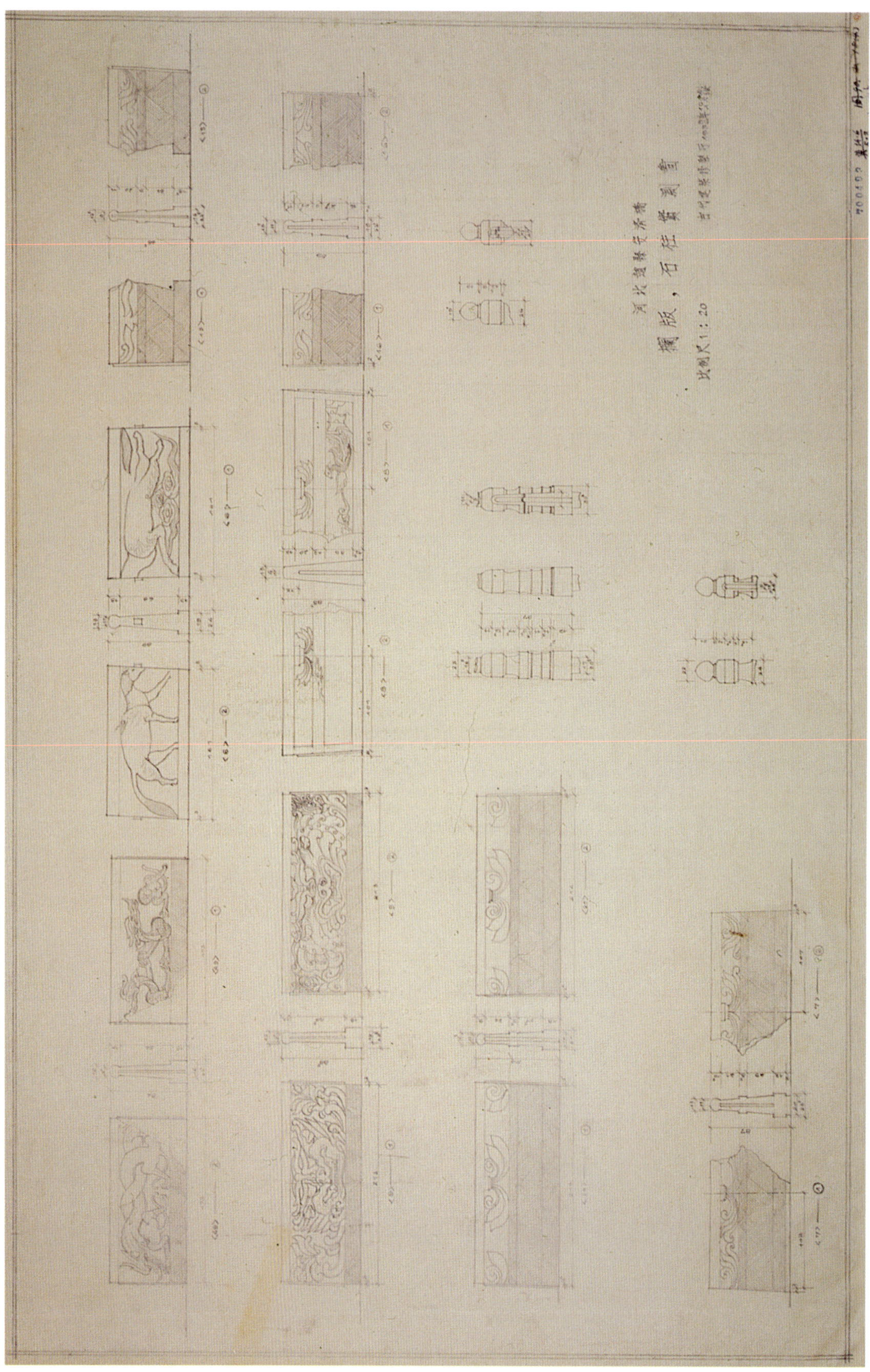

图 10　河北赵县安济桥栏板、望柱实测图　1955—1956 年

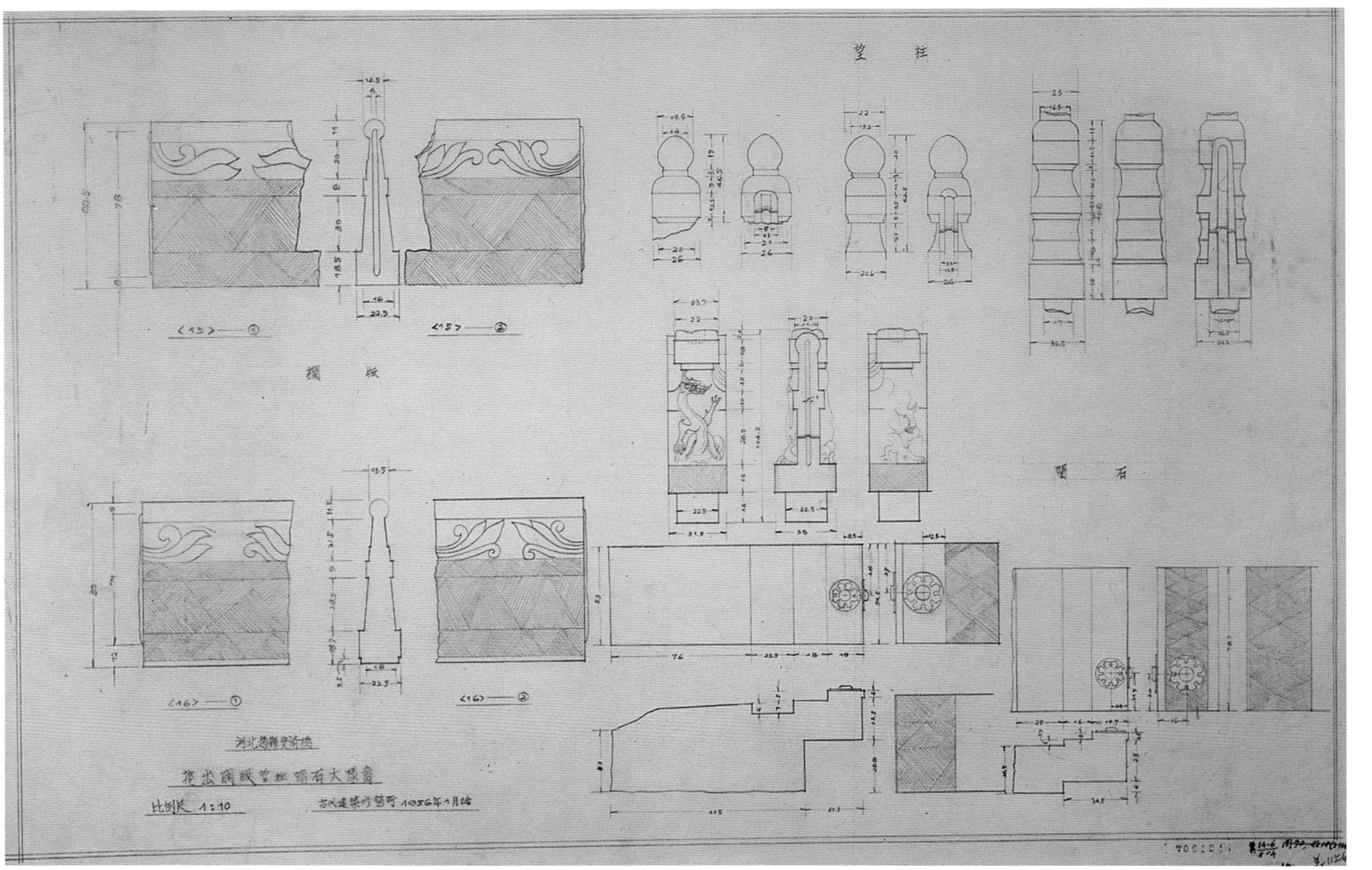

图11 河北赵县安济桥实挖出栏板、望柱、帽石大样图 1956年1月

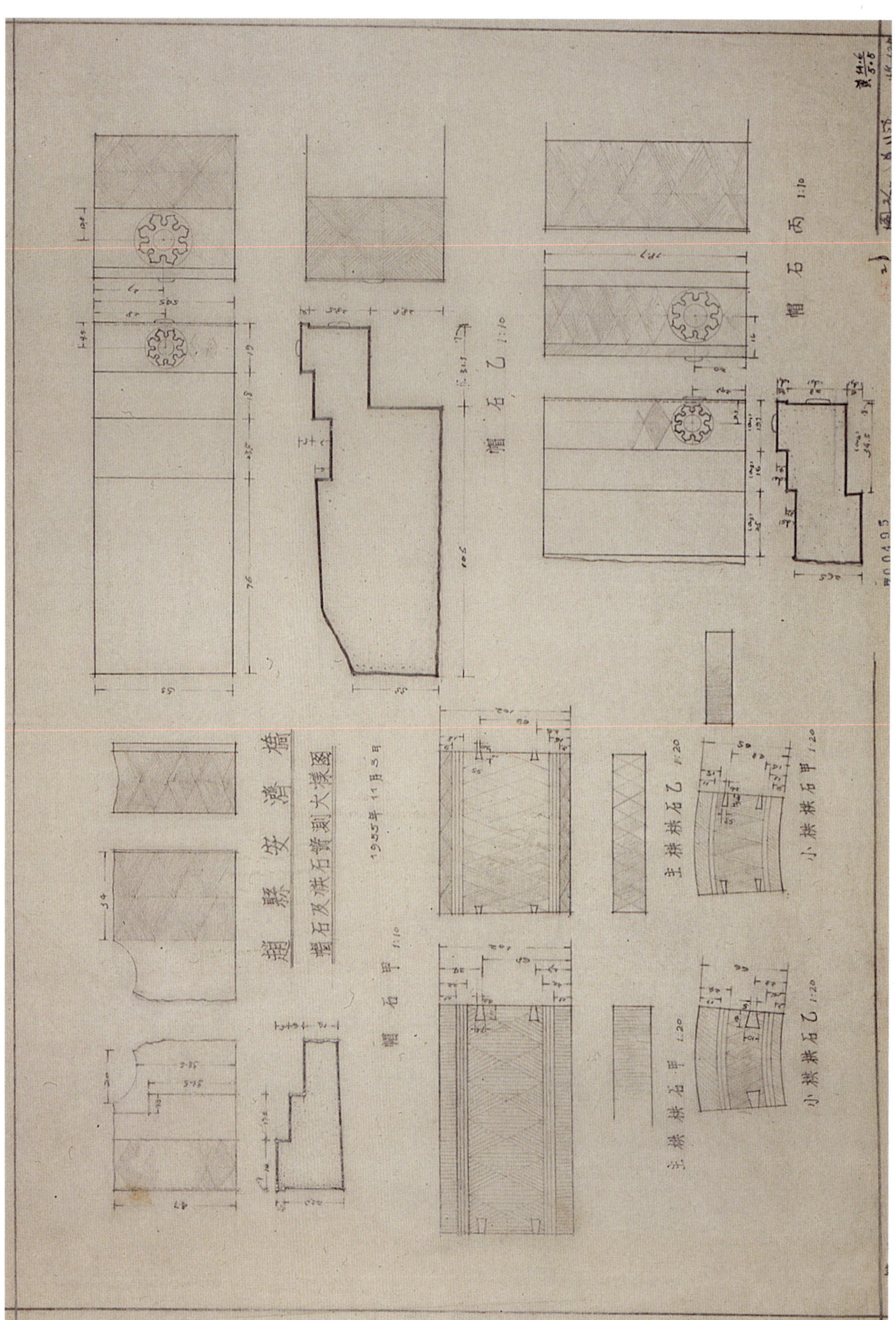

图12 赵县安济桥帽石及拱石实测大样图 1955年11月

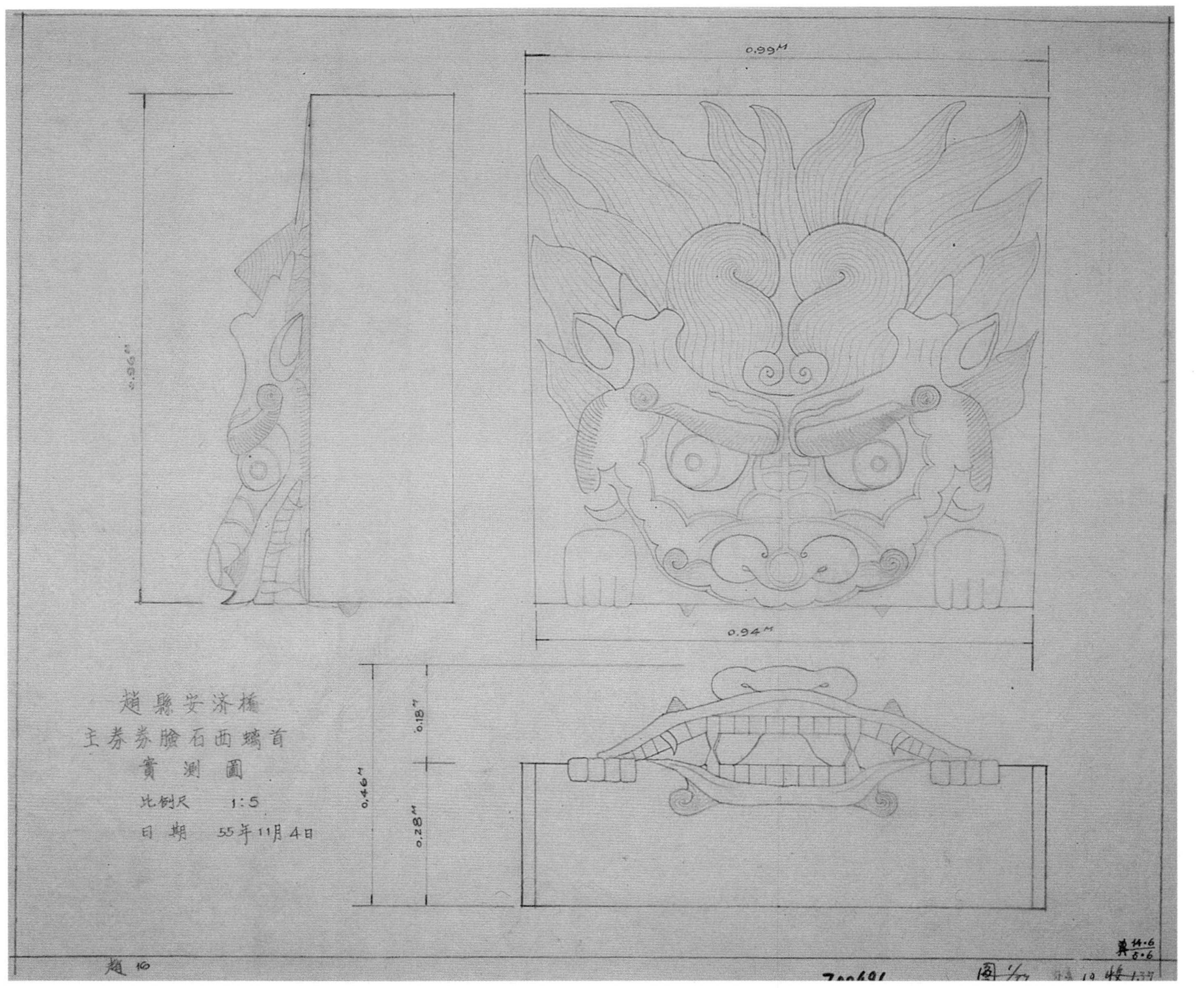

图13 赵县安济桥主券券脸石西螭首实测图 1955年11月4日

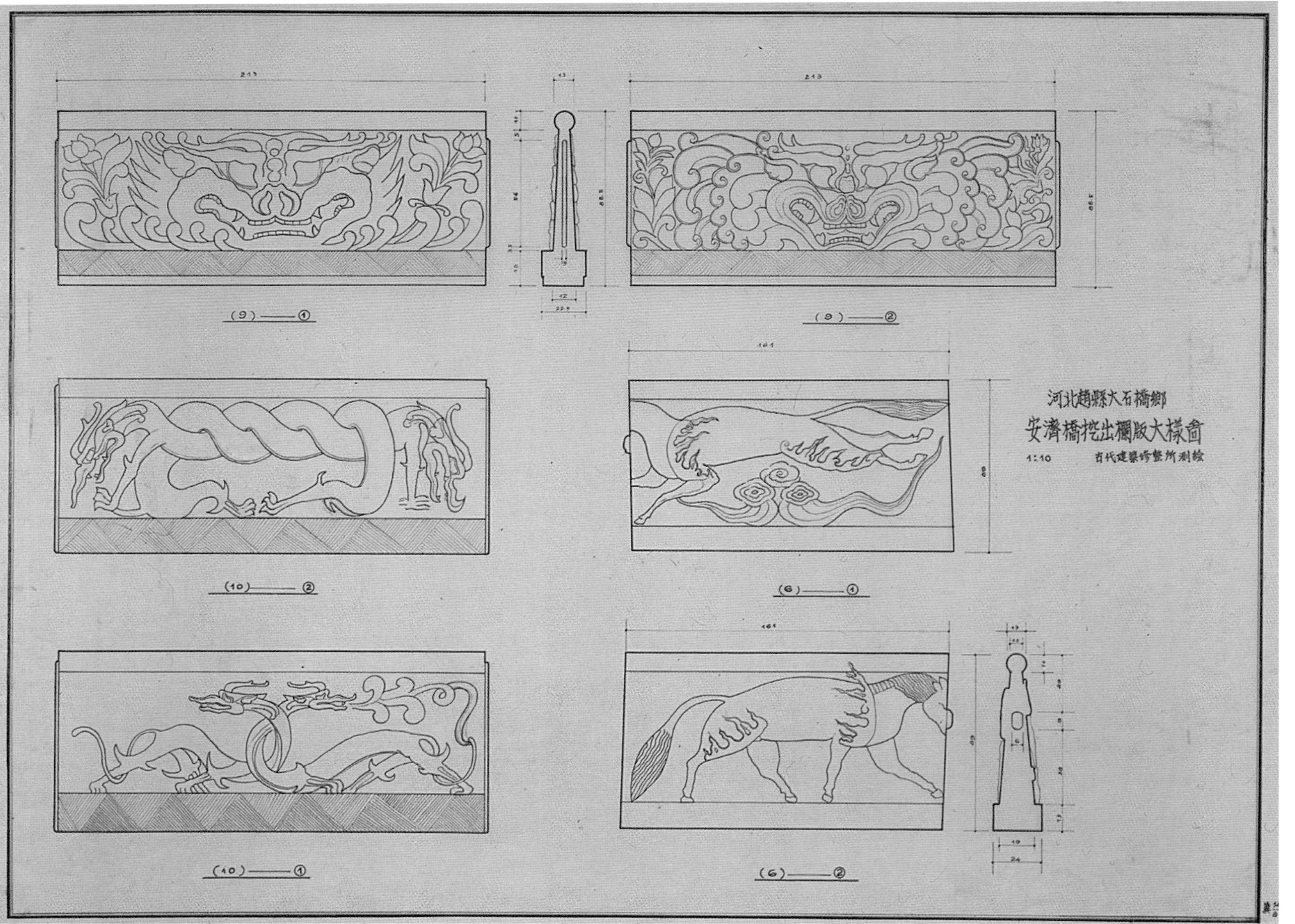

图 14　河北赵县大石桥乡安济桥挖出栏板大样图

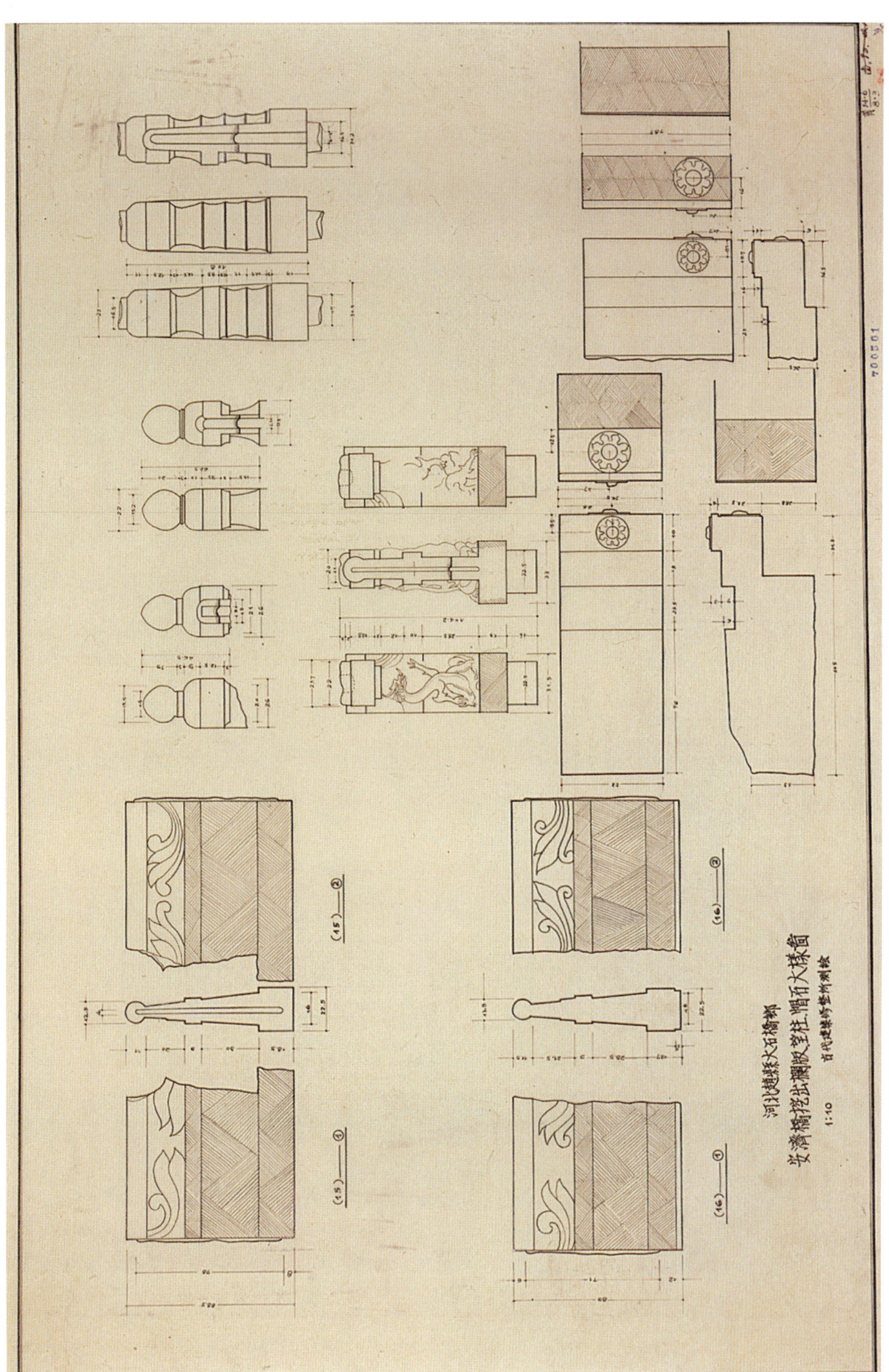

图15 河北赵县大石桥乡安济桥挖出栏板、望柱、帽石大样图

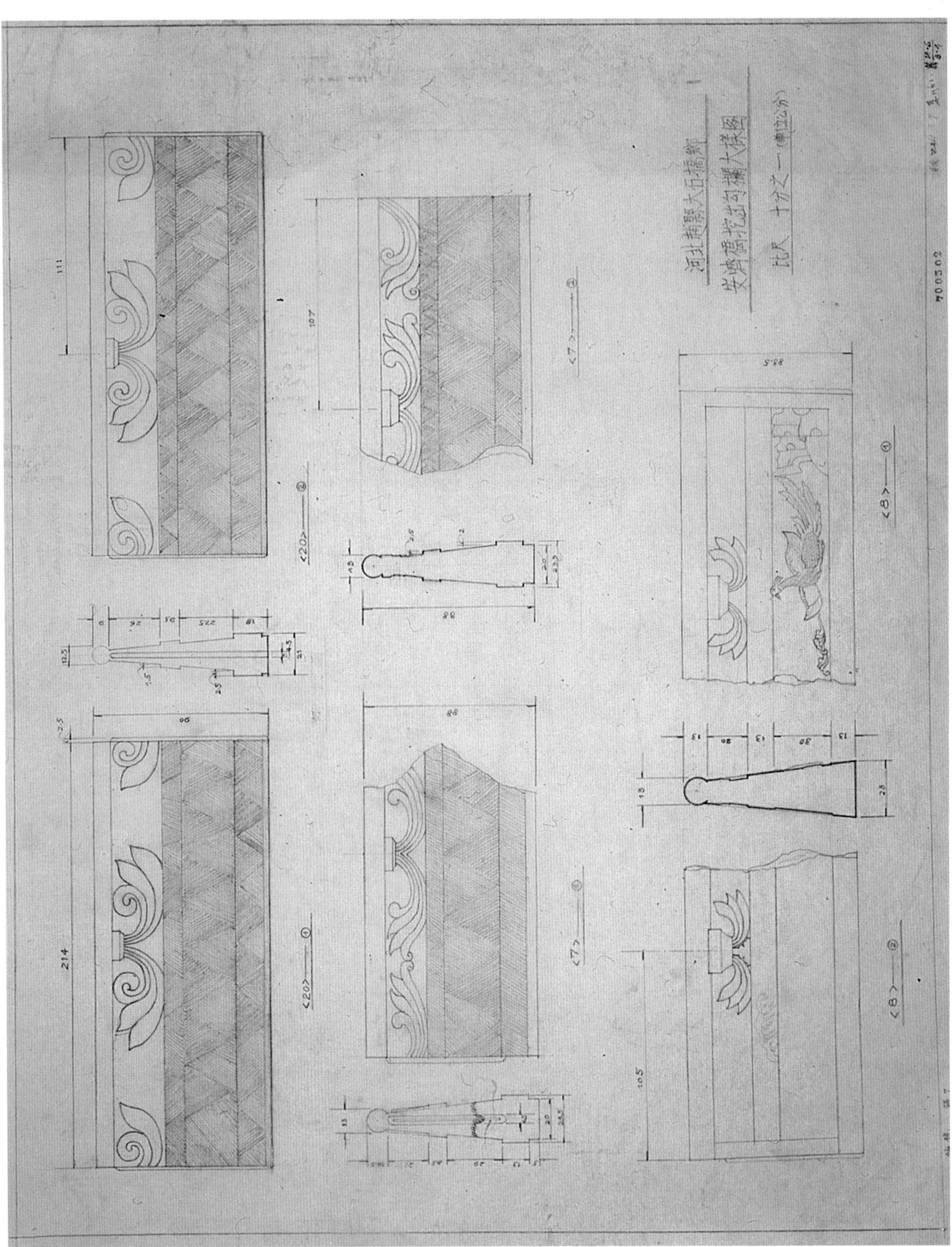

图 16　河北赵县大石桥乡安济桥挖出勾栏大样图

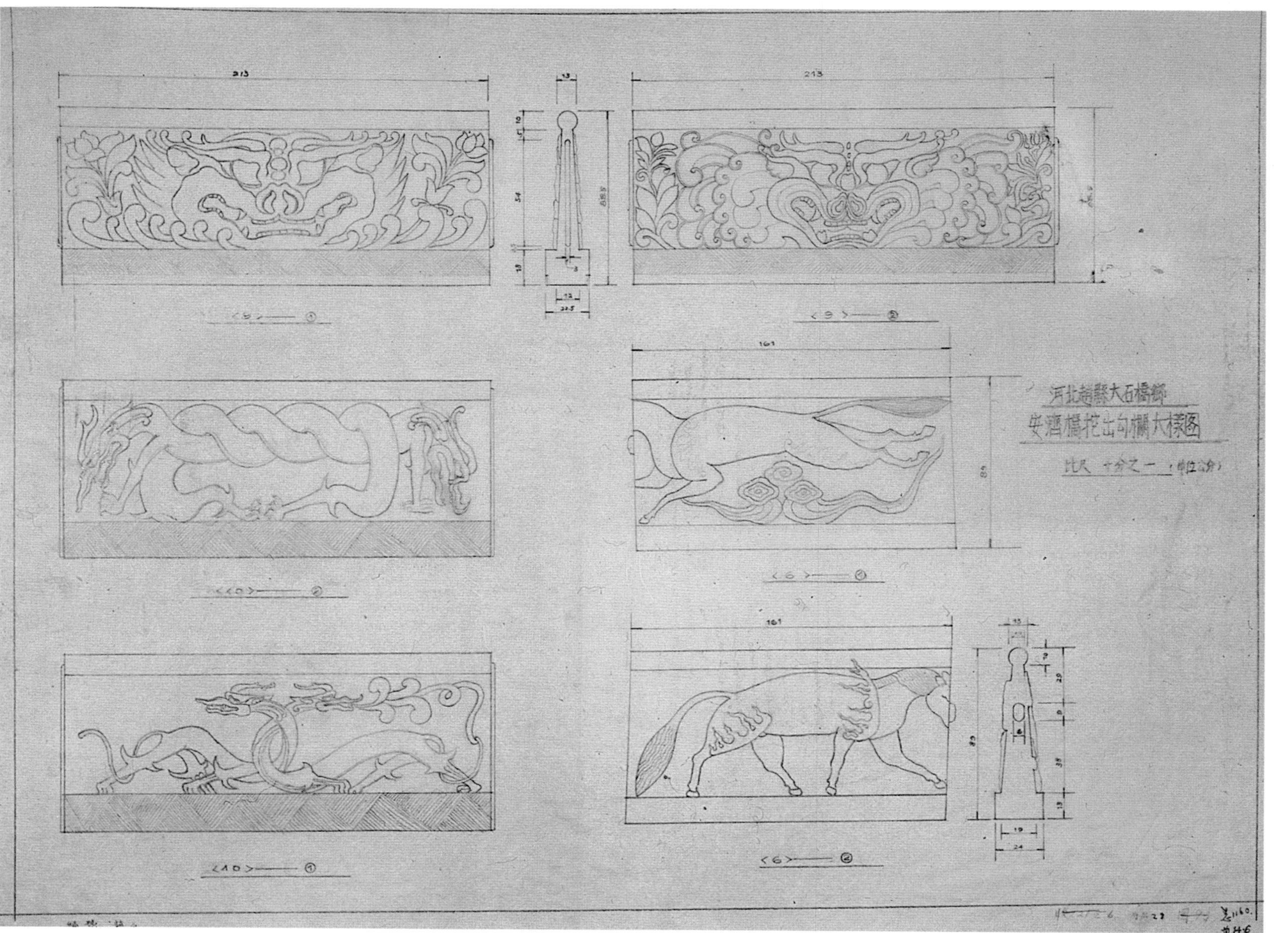

图 17　河北赵县大石桥乡安济桥挖出勾栏大样图

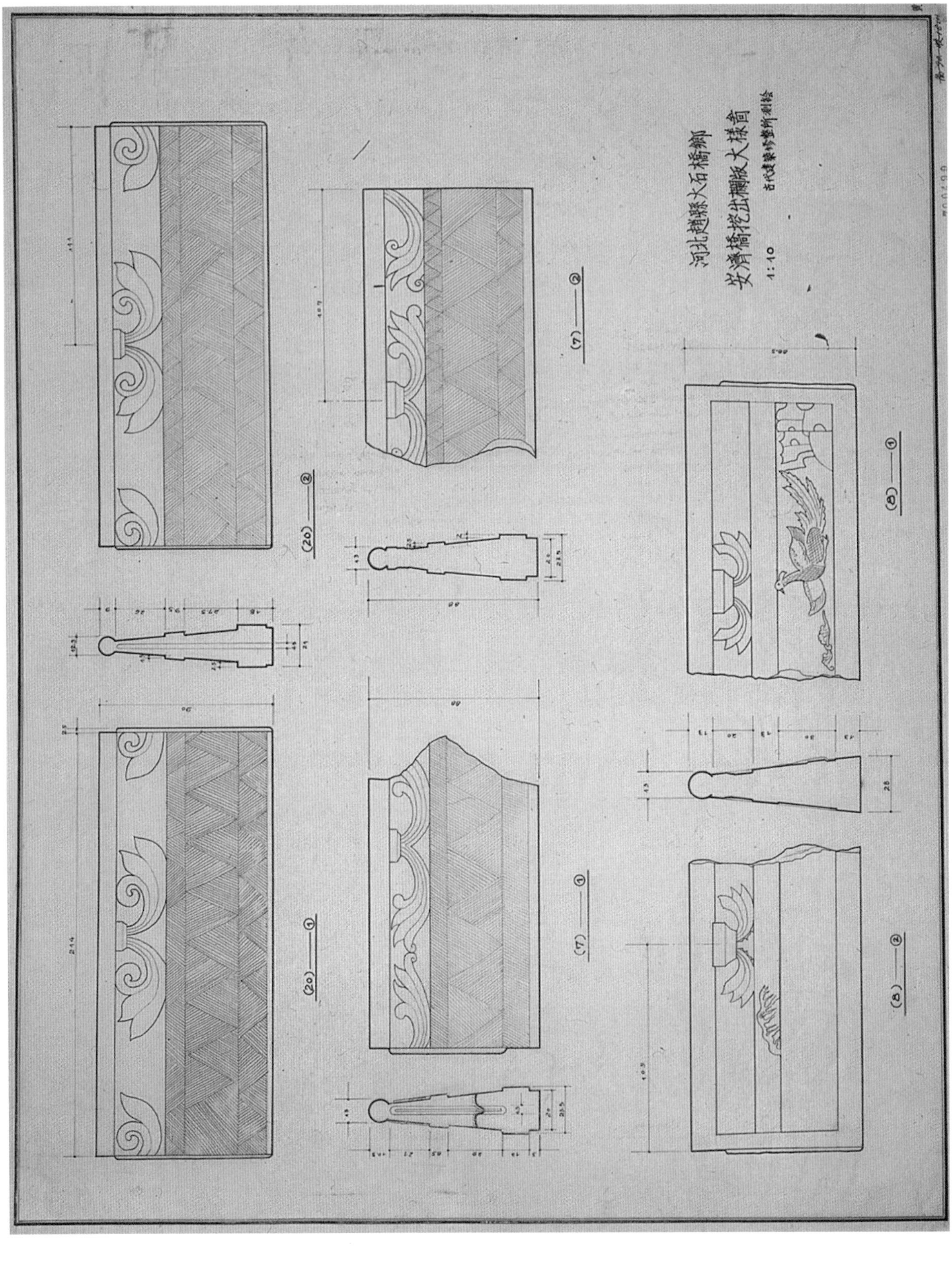

图18 河北赵县大石桥乡安济桥挖出栏板大样图

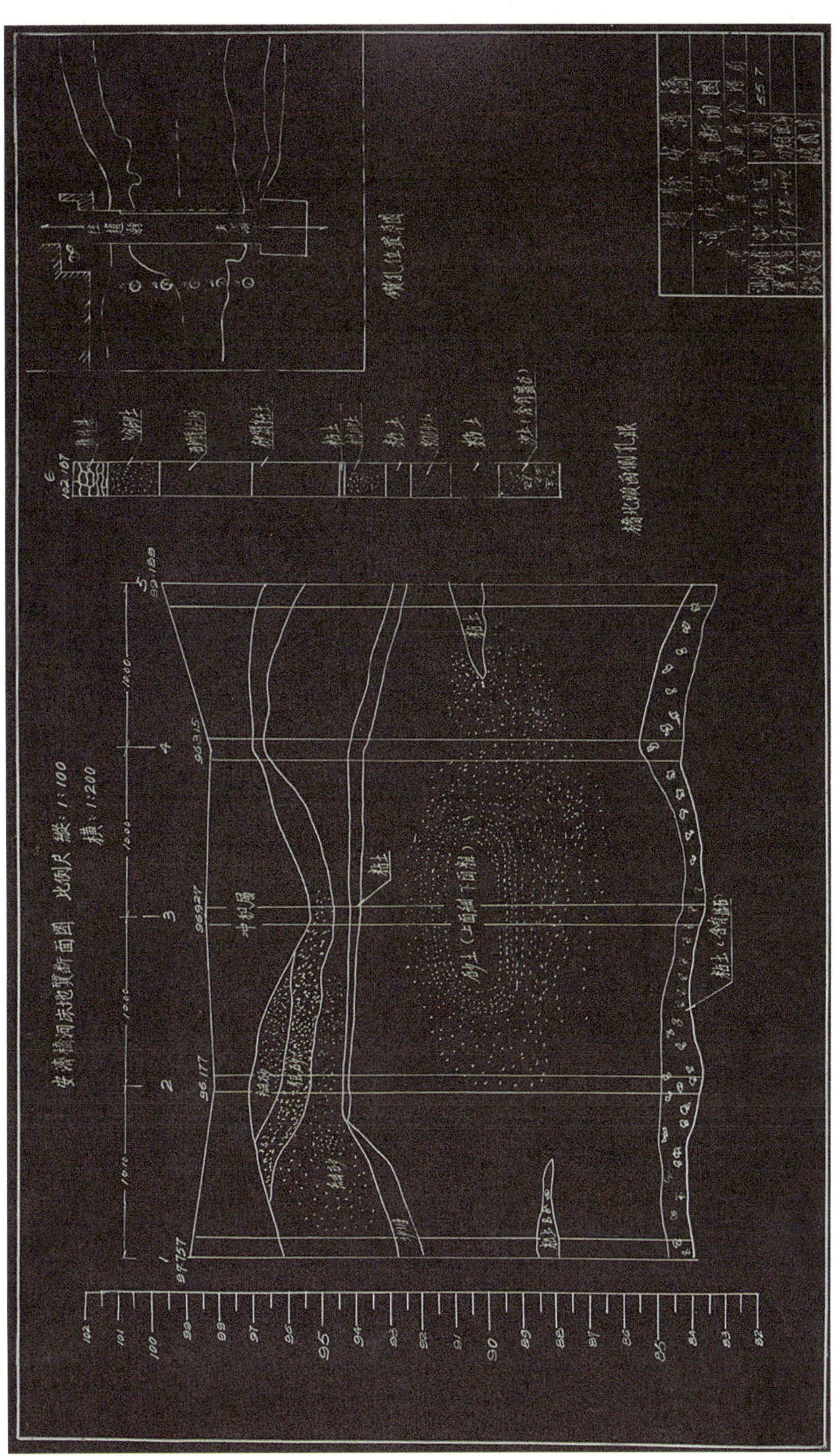

图 19　赵县安济桥河床地质断面图　1955 年 7 月

第二节 维修设计图

序号	图纸名称	设计人	制图单位	绘制年代	图纸质地
01	安济桥址平面地形图	李全庆		1956 年 12 月	硫酸图
02	河北省赵县大石桥乡安济桥地形图				蓝图
03	河北省赵县大石桥乡安济桥图				蓝图
04	河北省赵县大石桥（安济桥）修缮工程图（石桥位置、石桥纵断面、石桥横断面、关帝庙断面图）			1956 年 12 月	硫酸图
05	赵县安济桥复原方案图（第五方案）			1954 年 8 月	硫酸图
06	河北省赵县大石桥乡安济桥复原工程方案图（西立面图）		古代建筑修整所	1956 年 1 月	硫酸图
07	赵县安济桥栏板初步设计图	余鸣谦		1954 年 8 月 20 日绘制、1956 年 2 月修正	硫酸图
08	赵县安济桥栏板方案图		古代建筑修整所	1958 年 7 月 10 日	硫酸图
09	安济桥栏板配置图（纵断）、仰天石图				硫酸图
10	赵县安济桥栏板配置图				硫酸图
11	赵县安济桥栏板配置图		古代建筑修整所		硫酸图
12	赵县安济桥主拱拱架设计图	设计：卞锦根、审核：郭瑞恒	河北省交通厅公路局	1955 年 6 月	蓝图
13	赵县安济桥跨径 4 公尺小拱拱架设计图	设计：郭瑞恒	河北省交通厅公路局	1955 年 6 月	蓝图
14	赵县安济桥修复工程设计图	设计：刘海鹏，审核：卞锦根，鉴定：余鸣谦	河北省交通厅公路局	1955 年 7 月	蓝图
15	赵县安济桥主拱拱架设计图	设计：卞锦根、审核：郭瑞恒	河北省交通厅公路局	1955 年 7 月	蓝图
16	赵县安济桥跨径 2.75 公尺小拱拱架设计图	设计：郭瑞恒	河北省交通厅公路局	1955 年 5 月	蓝图

续表

序号	图纸名称	设计人	制图单位	绘制年代	图纸质地
17	赵县安济桥木便桥加长加固设计图	设计：卞锦根、审核：郭瑞恒	河北省交通厅公路局	1955 年 7 月	蓝图
18	赵县安济桥主拱拱架材料表	设计：卞锦根、审核：郭瑞恒	河北省交通厅公路局	1955 年 7 月	蓝图
19	赵县安济桥栏板工程	设计：余鸣谦 绘图：李全庆	古代建筑修整所	1958 年 8 月	硫酸图
20	安济桥栏板及望柱施工大样图（东北）	设计：余鸣谦 绘图：李全庆	古代建筑修整所	1958 年 8 月	硫酸图
21	河北省赵县安济桥栏板复原图（第 6 号栏板）	测量：律鸿年 制图：杨烈	古代建筑修整所	1955 年 10 月测量 1956 年 3 月制图	橡皮纸图
22	河北省赵县安济桥栏板复原图（第 8 号栏板）	测量：律鸿年 制图：杨烈	古代建筑修整所	1955 年 10 月测量 1956 年 3 月制图	橡皮纸图
23	河北省赵县安济桥栏板复原图（第 9 号栏板）	测量：律鸿年 制图：杨烈	古代建筑修整所	1955 年 10 月测量 1956 年 3 月制图	橡皮纸图
24	河北省赵县安济桥栏板复原图（第 10 号栏板）	测量：律鸿年 制图：杨烈	古代建筑修整所	1955 年 10 月测量 1956 年 3 月制图	橡皮纸图
25	河北省赵县安济桥栏板复原图（第 11 号栏板）	测量：律鸿年 制图：杨烈	古代建筑修整所	1955 年 10 月测量 1956 年 3 月制图	橡皮纸图
26	河北省赵县安济桥栏板复原图（第 12 号栏板）	测量：律鸿年 制图：杨烈	古代建筑修整所	1955 年 10 月测量 1956 年 3 月制图	橡皮纸图
27	河北省赵县安济桥栏板复原图（第 21 号栏板）	测量：律鸿年 制图：杨烈	古代建筑修整所	1955 年 10 月测量 1956 年 3 月制图	橡皮纸图
28	河北省赵县安济桥栏板复原图（第 47 号栏板）	测量：律鸿年 制图：杨烈	古代建筑修整所	1955 年 10 月测量 1956 年 3 月制图	橡皮纸图
29	河北省赵县安济桥栏板复原图（第 49 号栏板）	测量：律鸿年 制图：杨烈	古代建筑修整所	1955 年 10 月测量 1956 年 3 月制图	橡皮纸图
30	河北省赵县安济桥望柱复原图	无标注	无标注	无标注	橡皮纸图

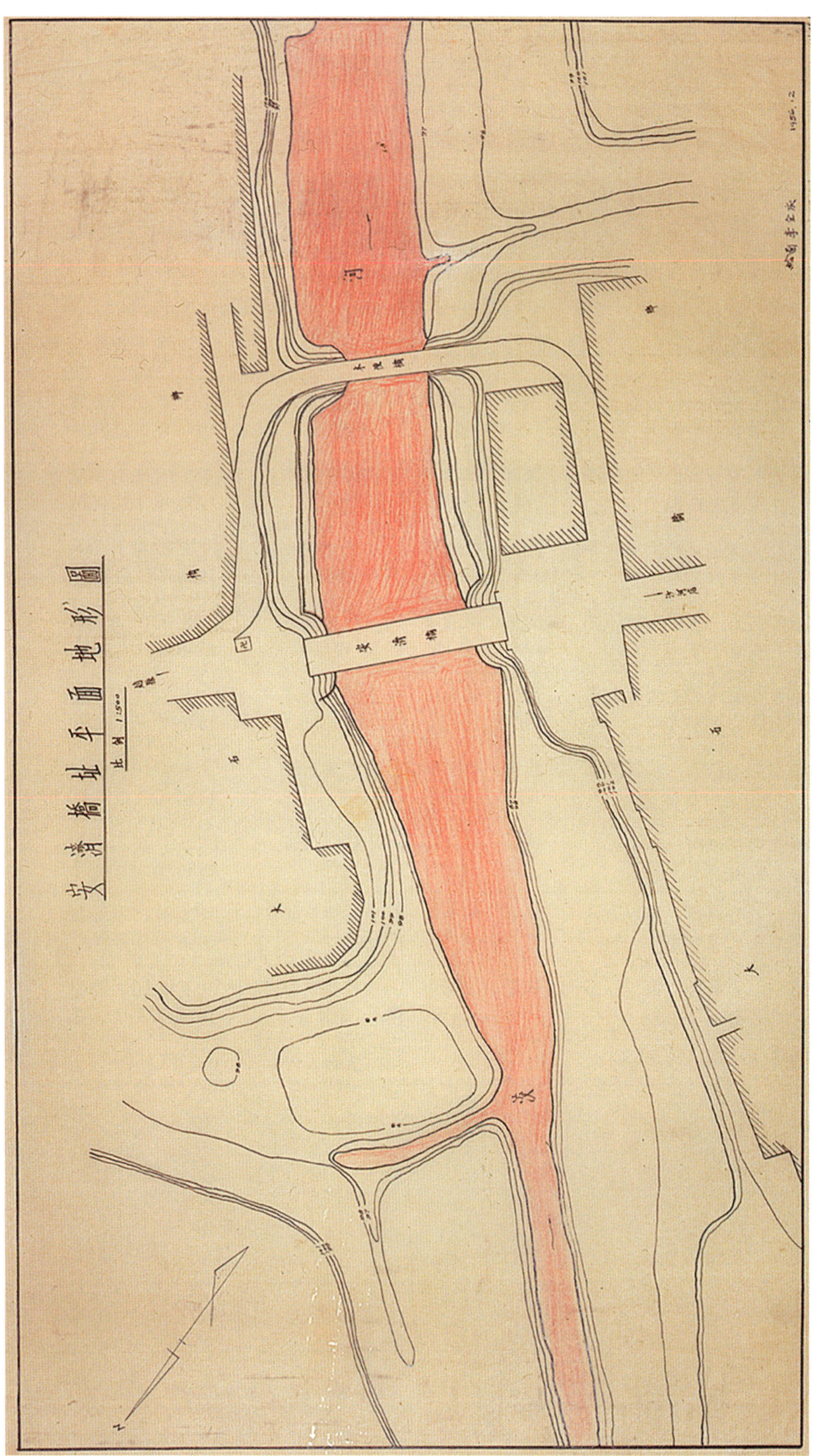

图 01　安济桥址平面地形图　1956 年 12 月

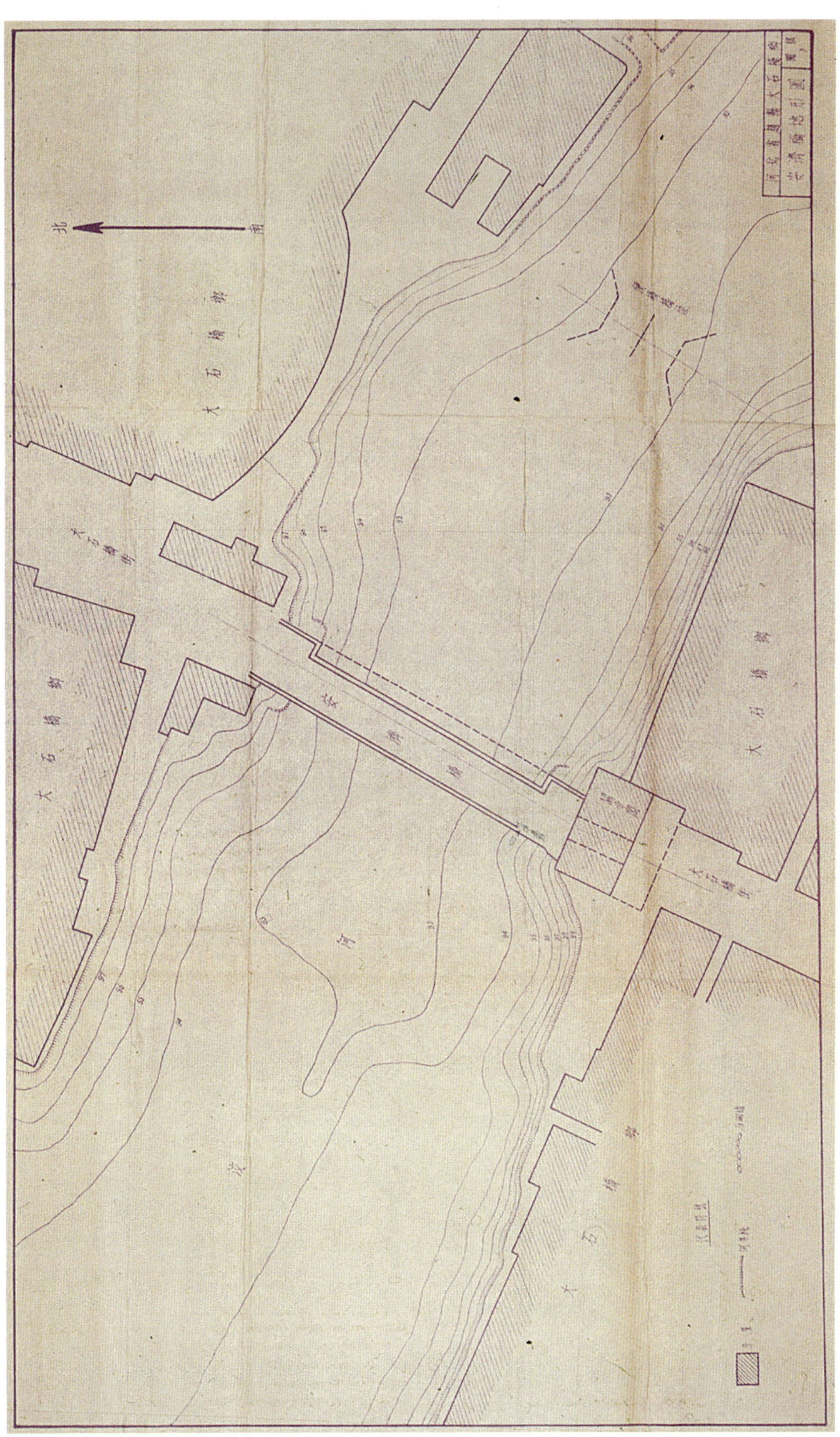

图 02　河北省赵县大石桥乡安济桥地形图　未知年代

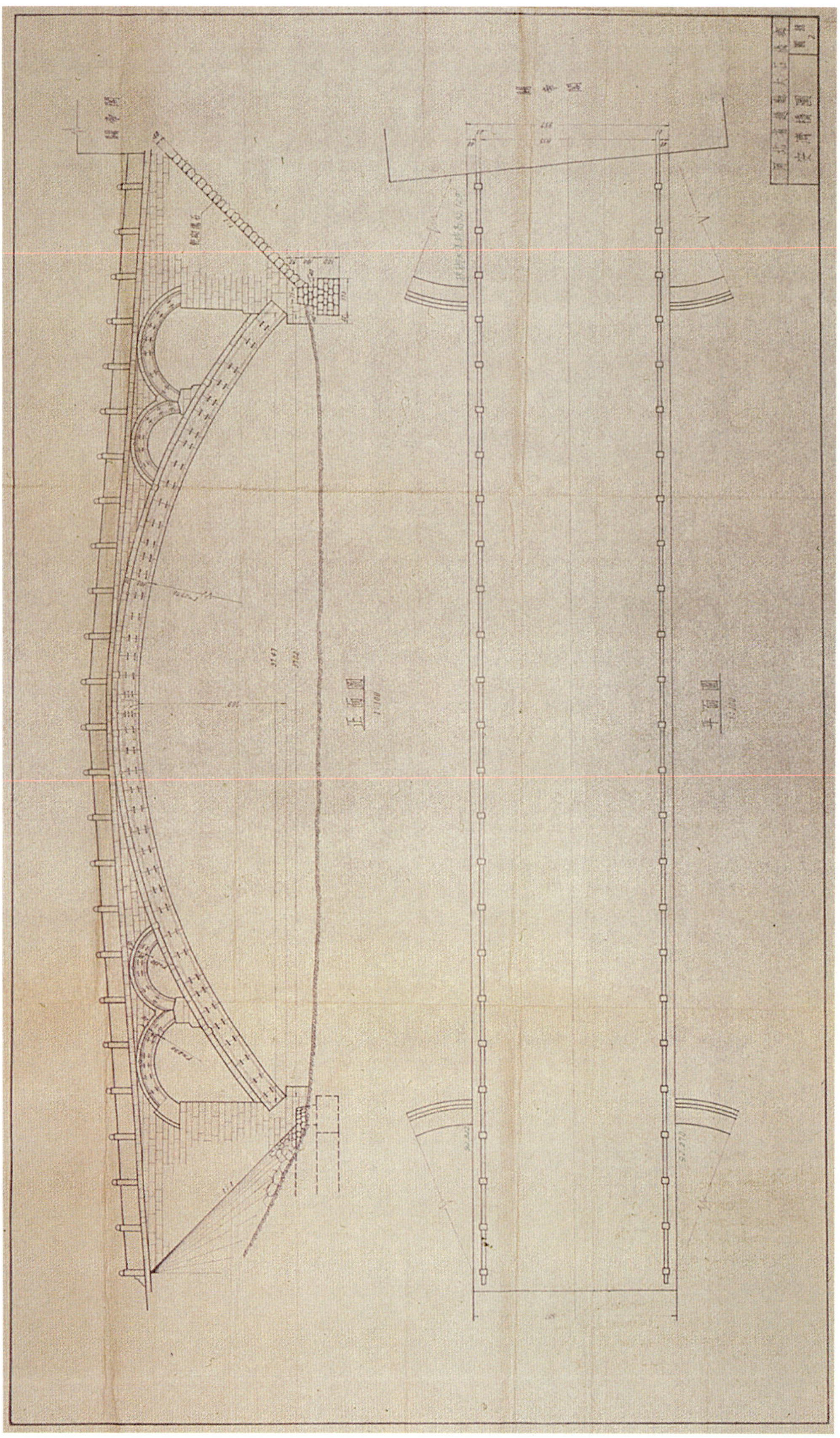

图 03　河北省赵县大石桥乡安济桥图　未知年代

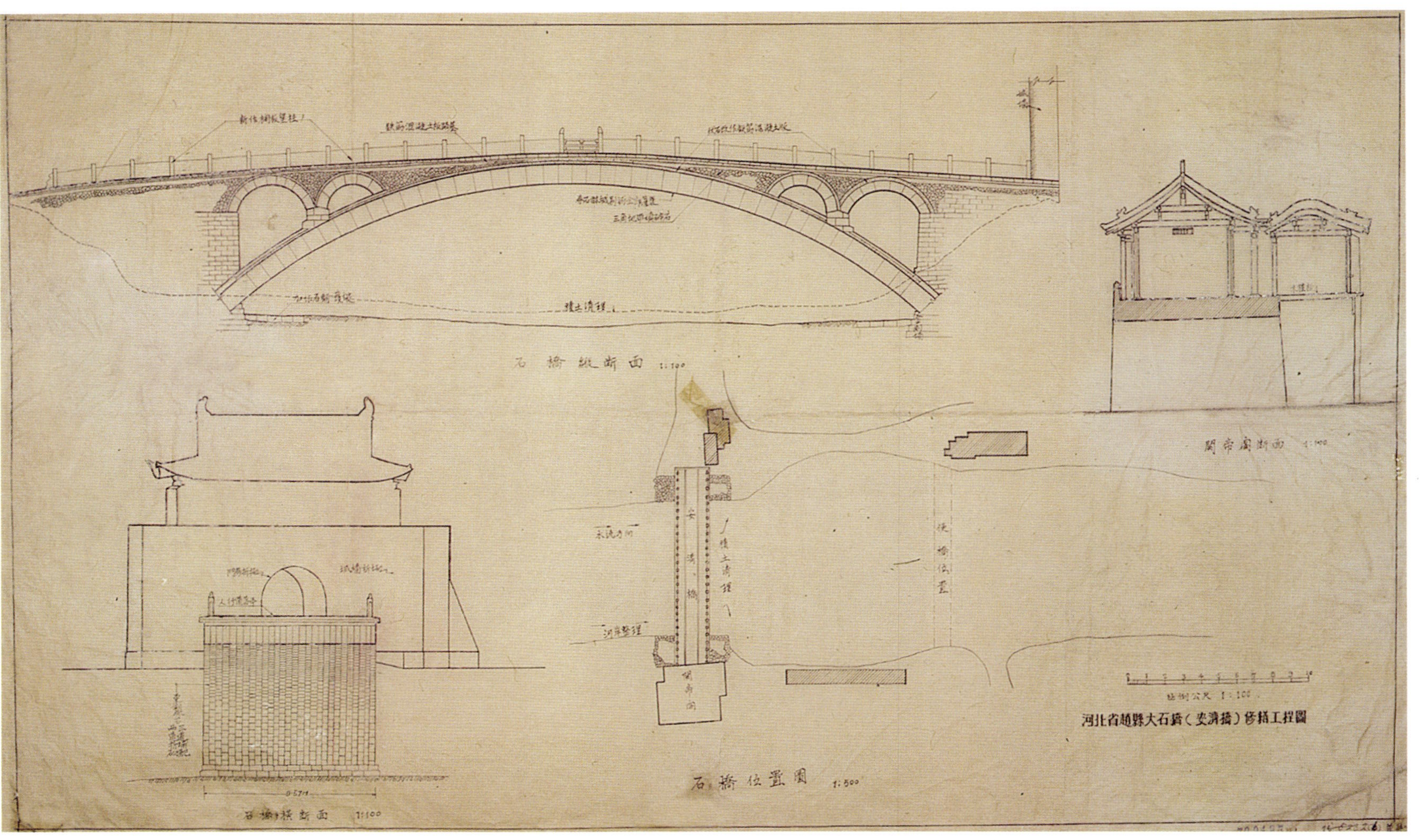

图 04 河北省赵县大石桥（安济桥）修缮工程图（石桥位置、石桥纵断面、石桥横断面、关帝庙断面图） 1956 年 12 月

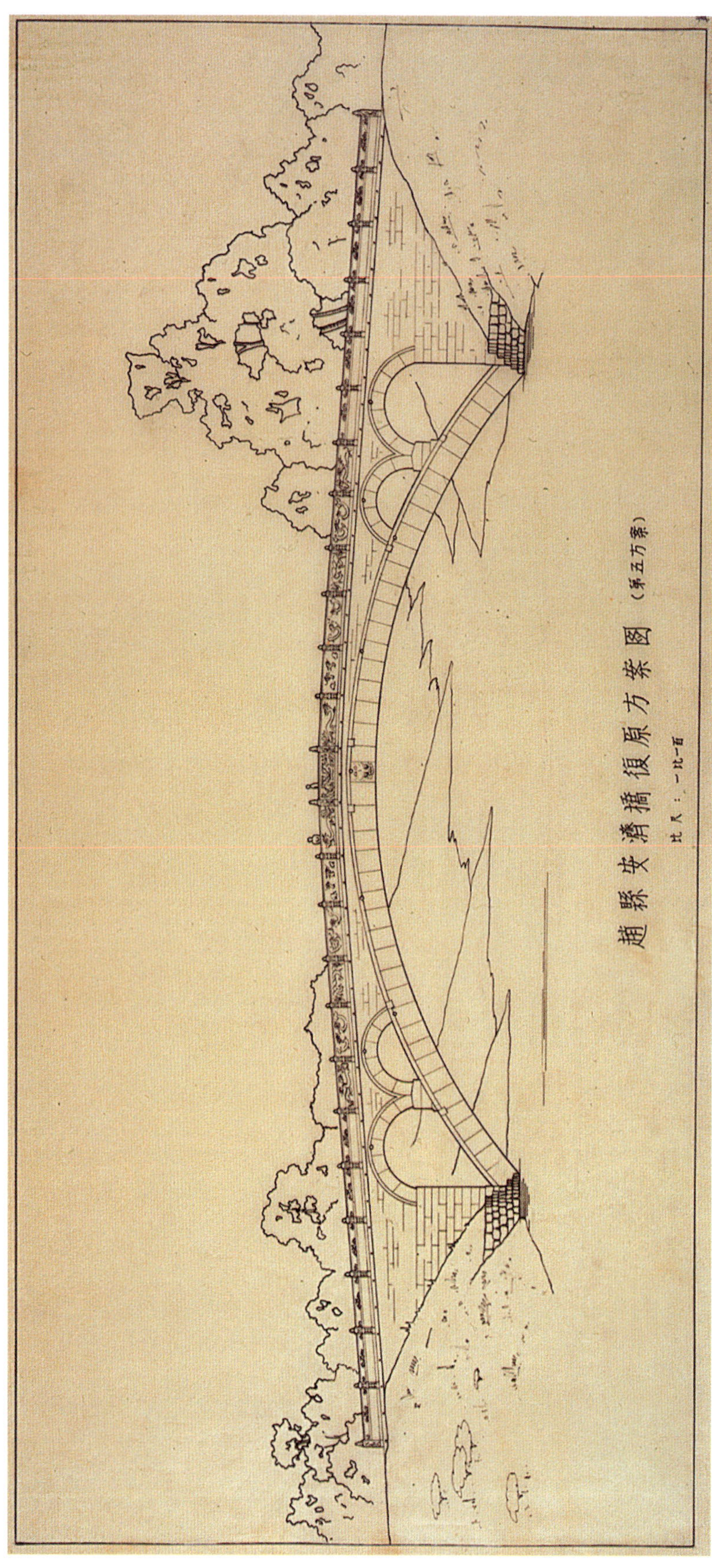

图 05 赵县安济桥复原方案图（第五方案） 1954 年 8 月

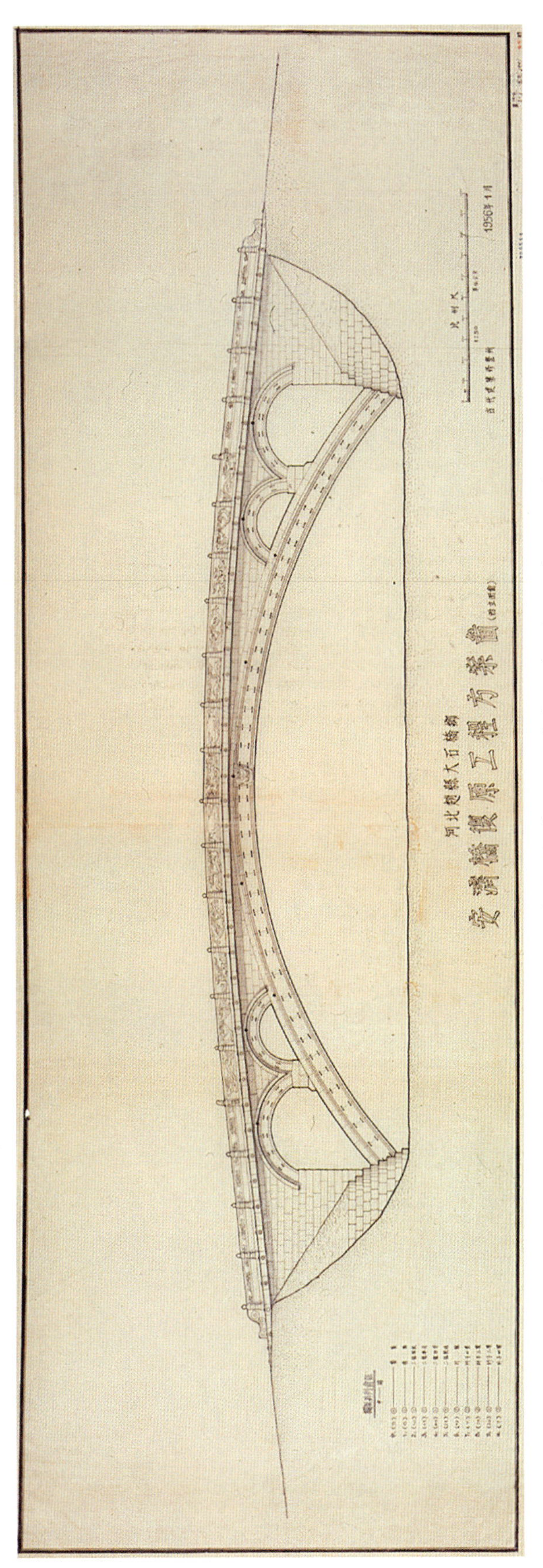

图06 河北省赵县大石桥乡安济桥复原工程方案图（西立面图） 1956年1月

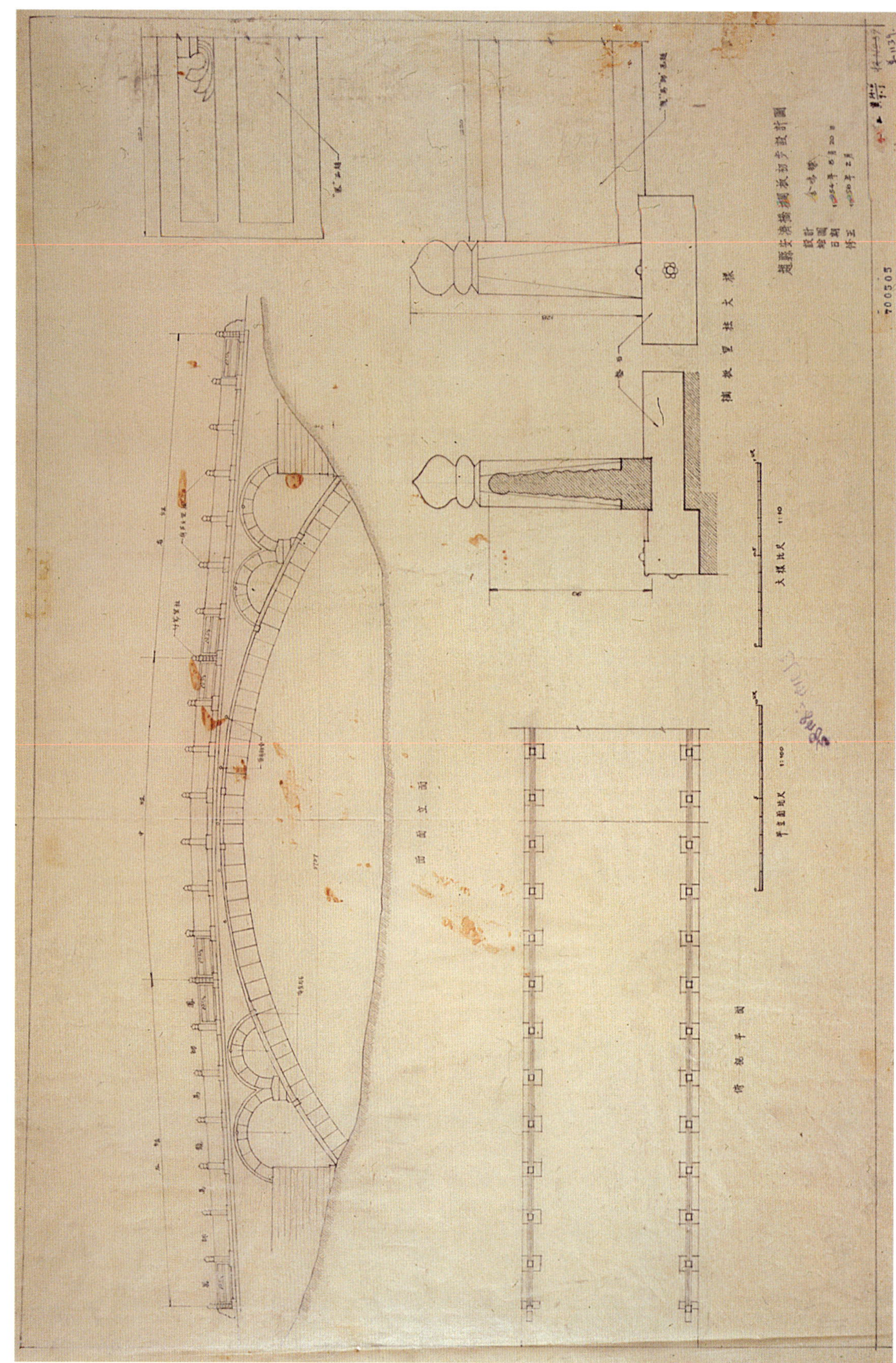

图07　赵县安济桥栏板初步设计图　1954年8月20日绘制、1956年2月修正

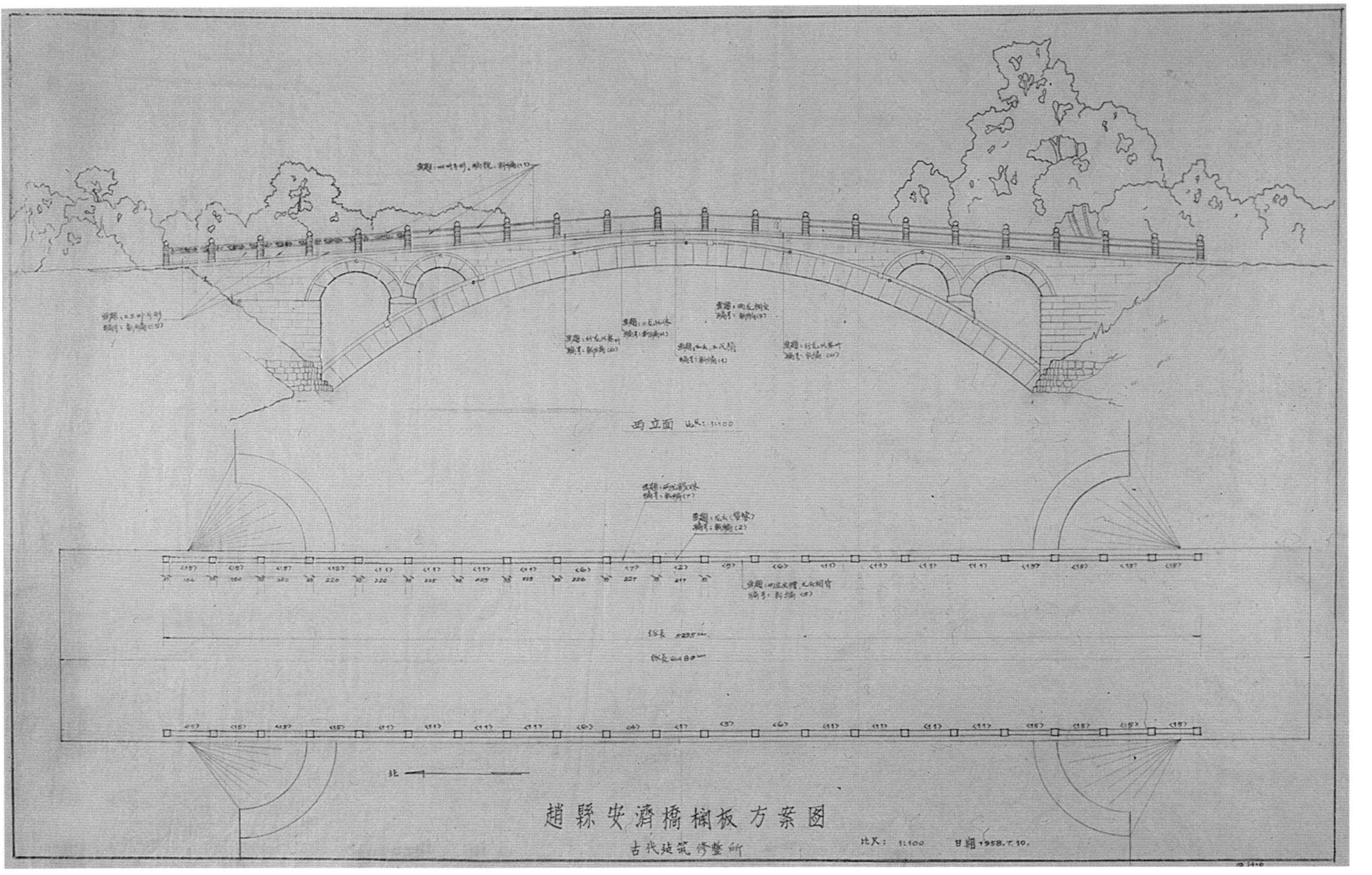

图08 赵县安济桥栏板方案图 1958年7月10日

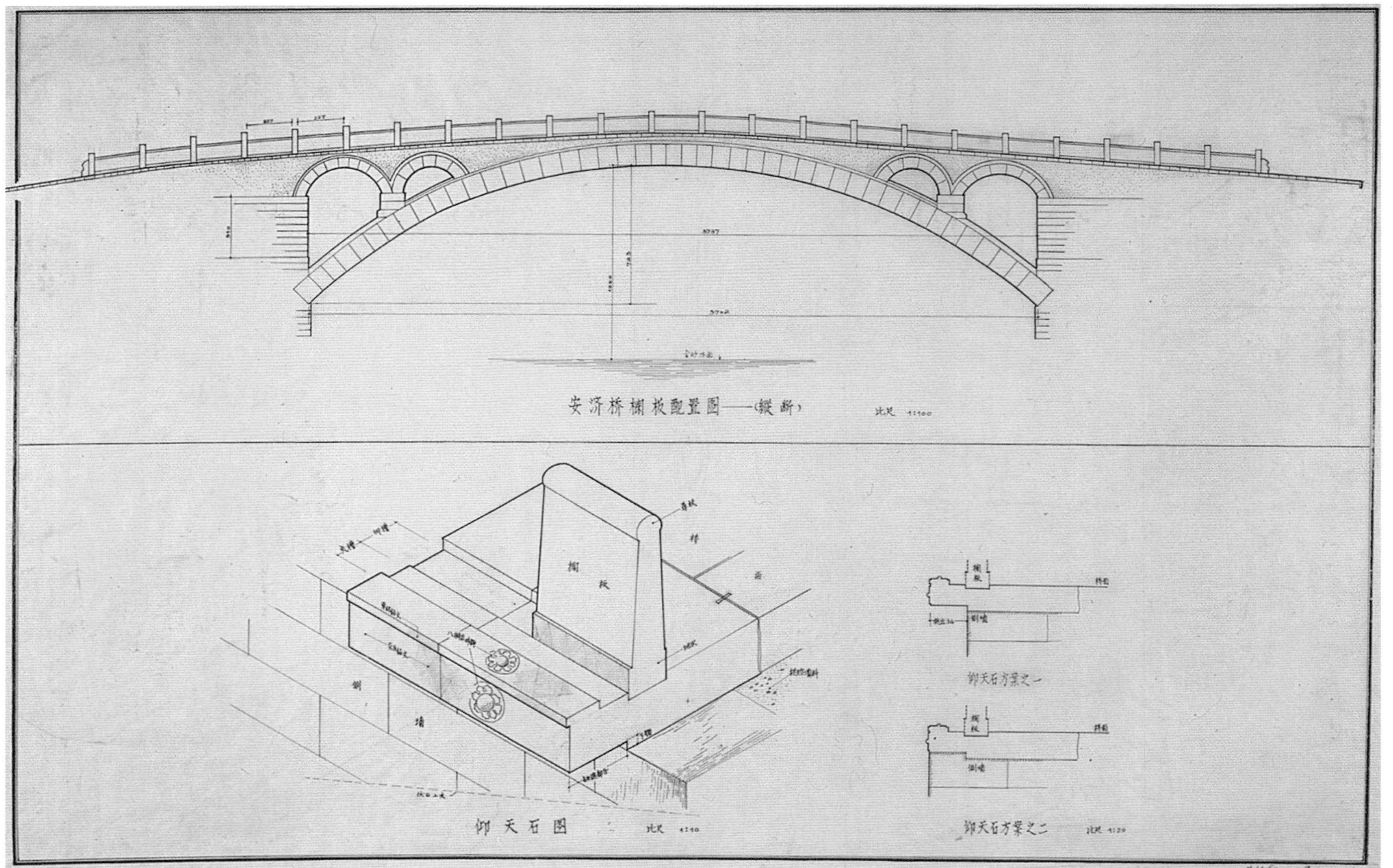

图 09　安济桥栏板配置图（纵断）、仰天石图　未知年代

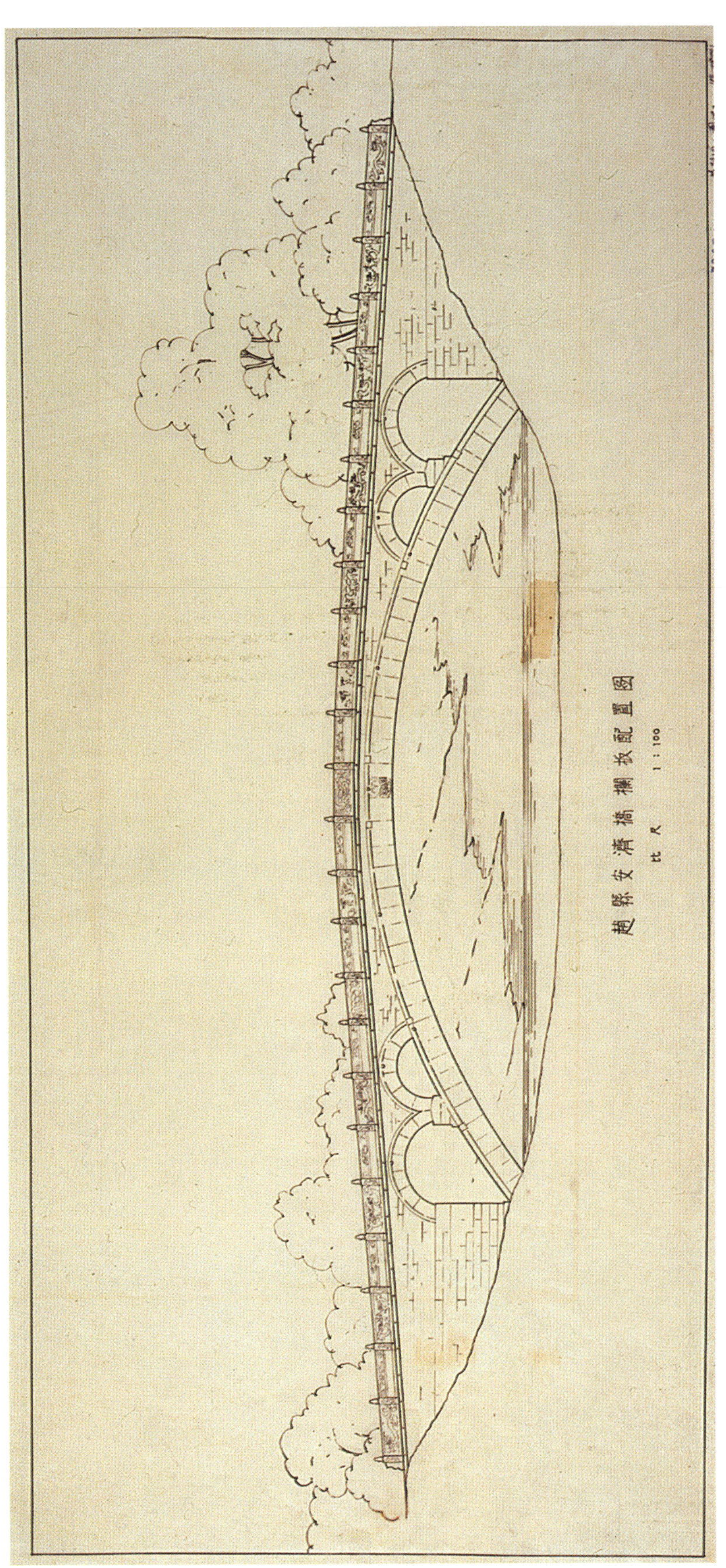

图10 赵县安济桥栏板配置图 未知年代

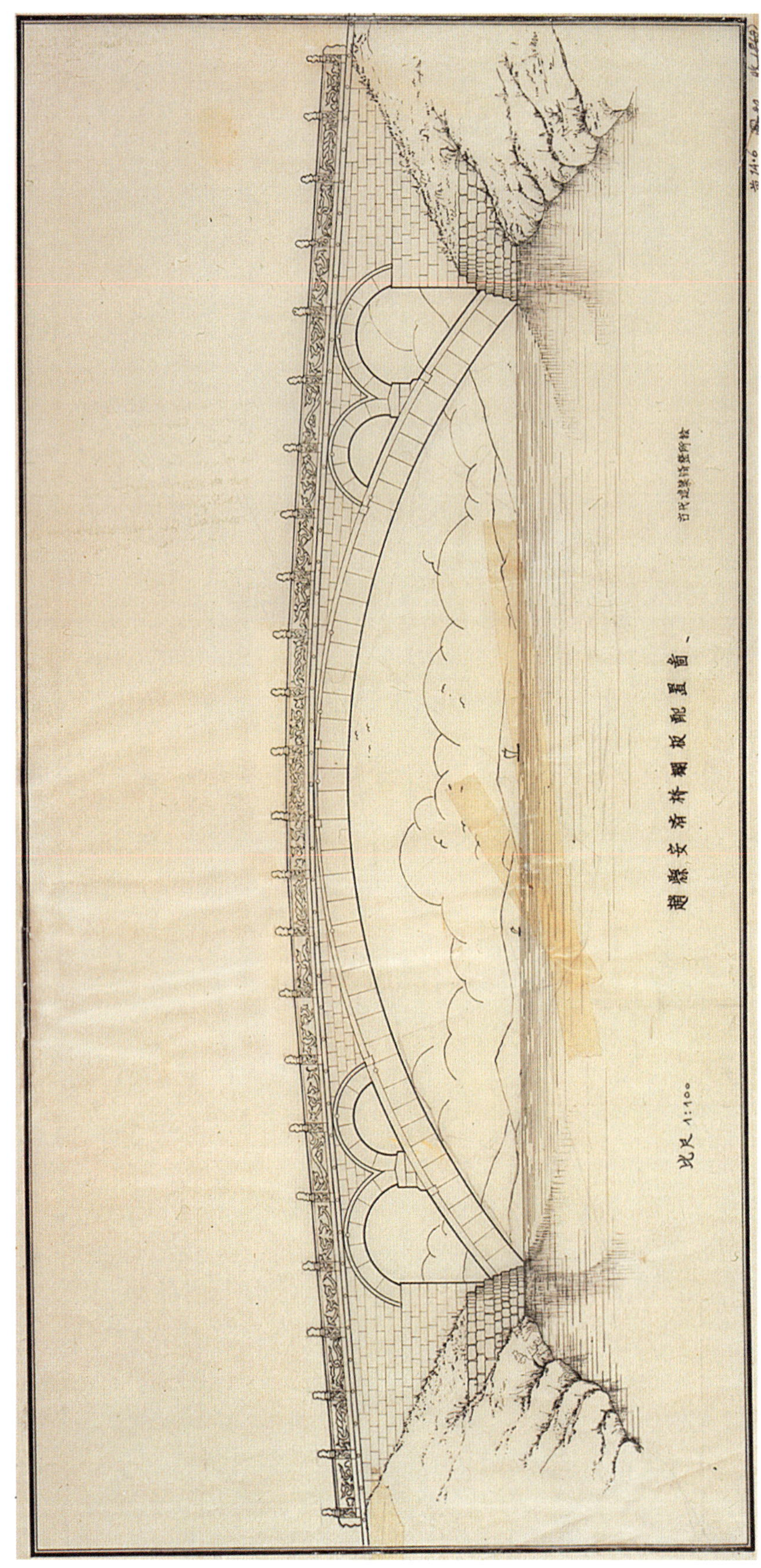

图 11　赵县安济桥栏板配置图　未知年代

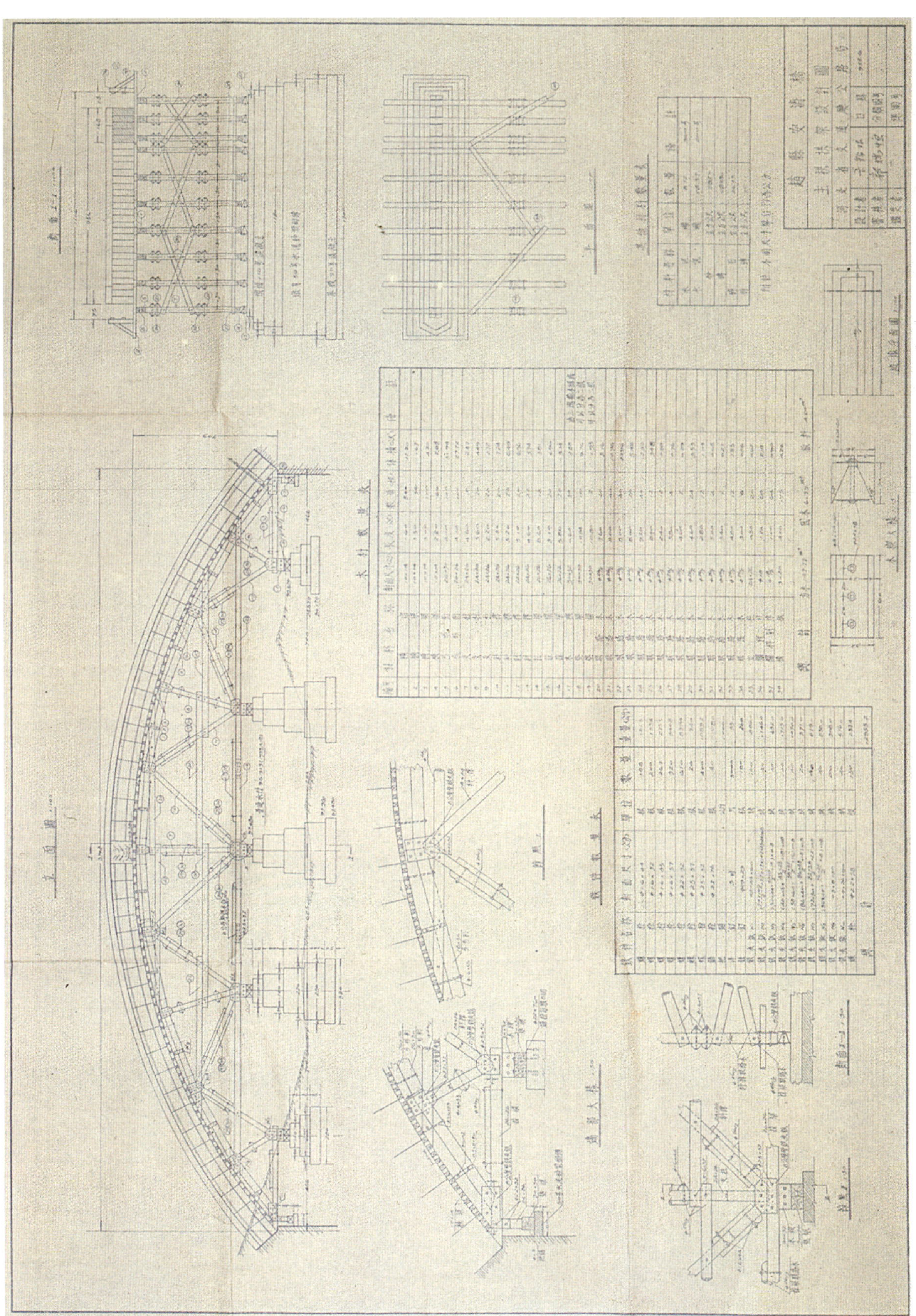

图 12　赵县安济桥主拱拱架设计图　1955 年 6 月

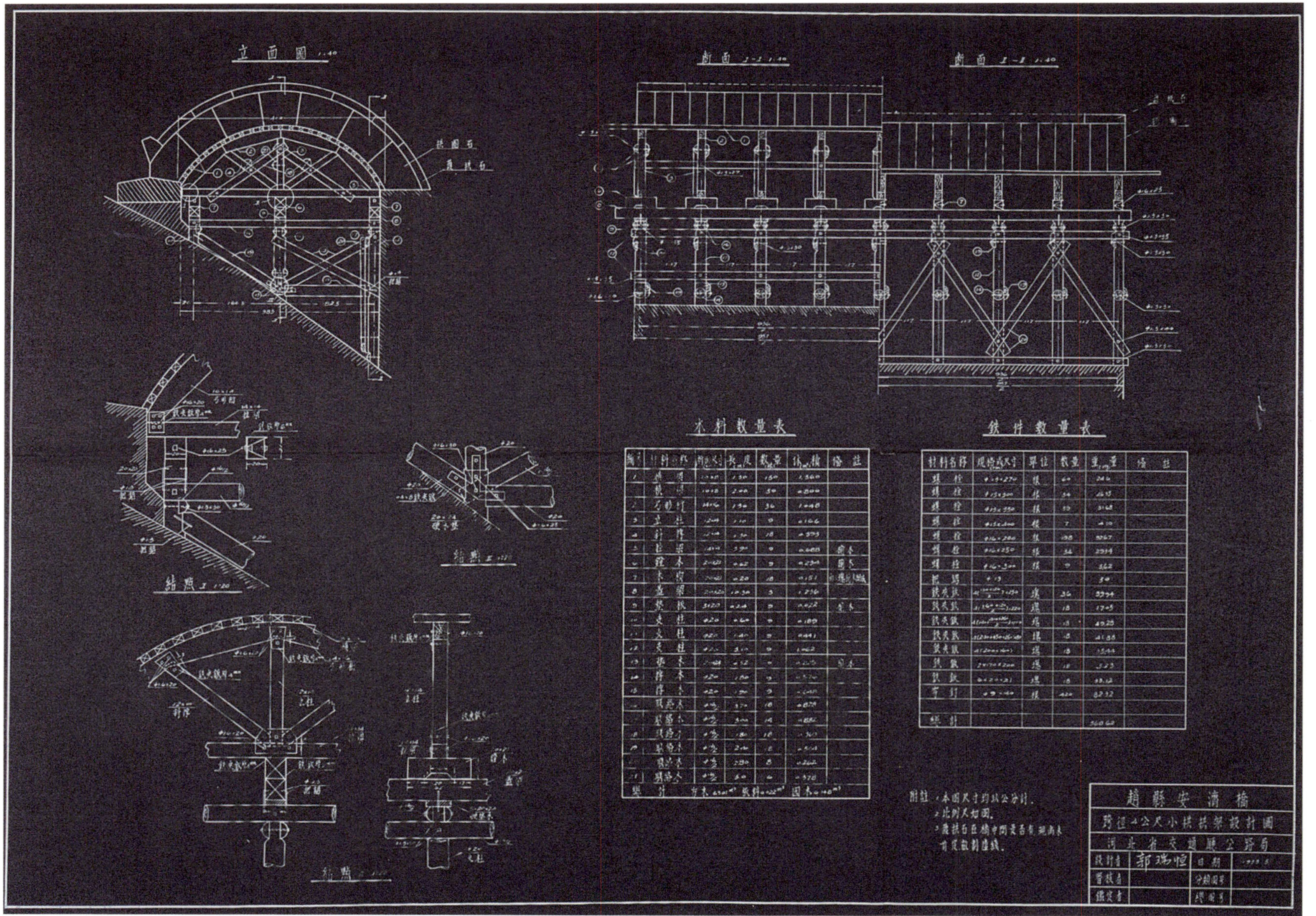

图 13　赵县安济桥跨径 4 公尺小拱拱架设计图　1955 年 6 月

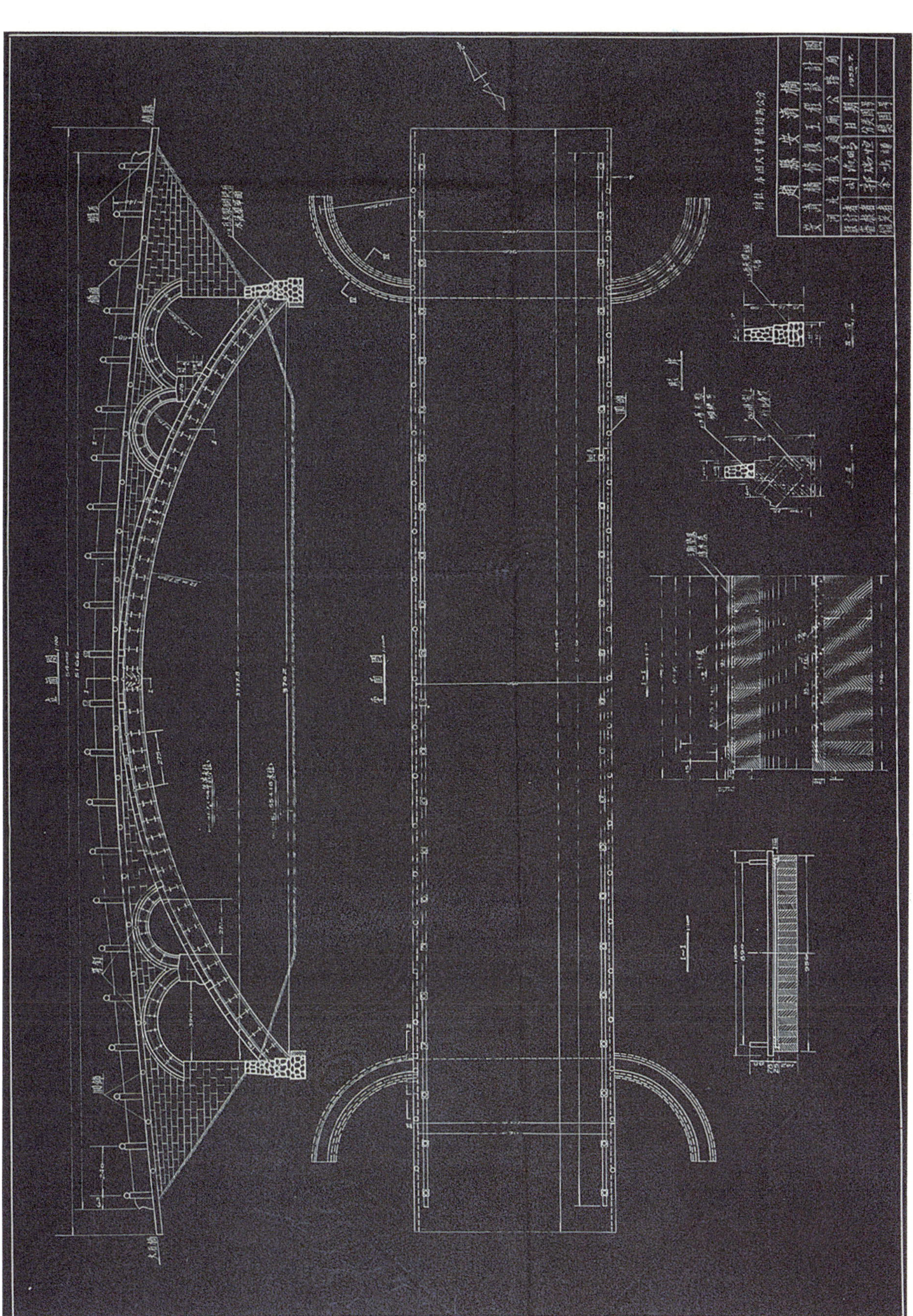

图 14　赵县安济桥修复工程设计图　1955 年 7 月

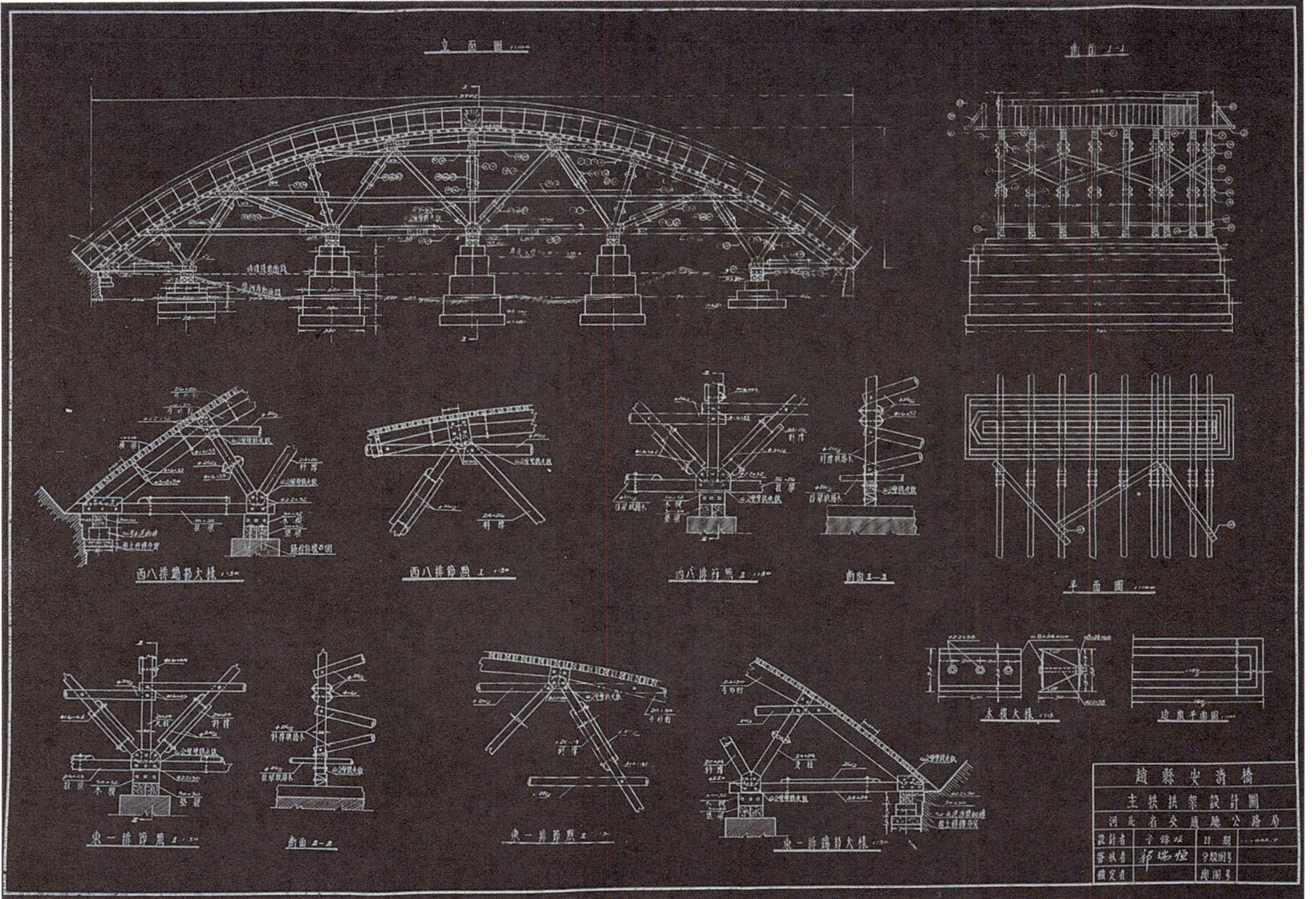

图 15　赵县安济桥主拱拱架设计图　1955 年 7 月

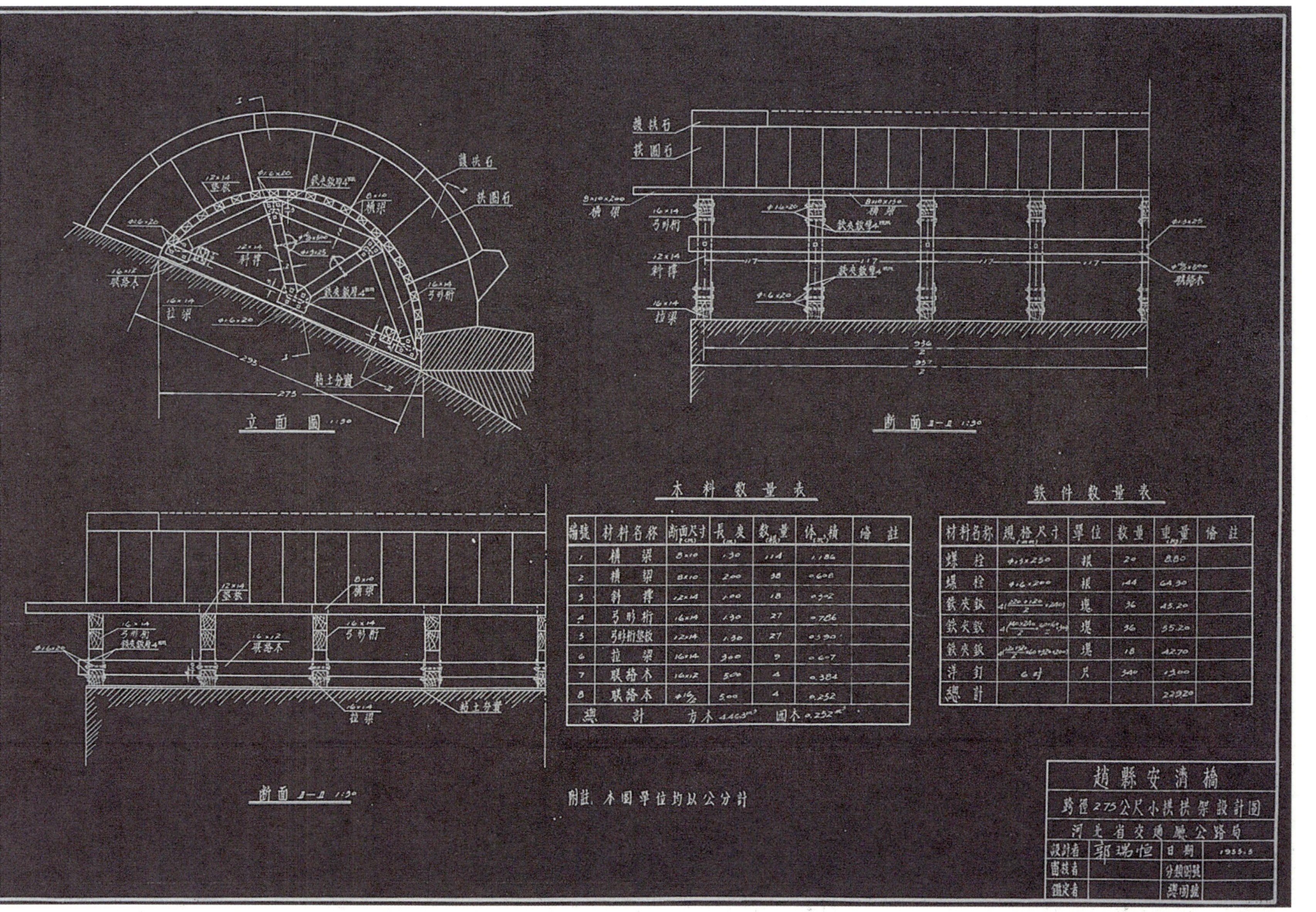

木料数量表

編號	材料名称	断面尺寸 (cm)	長度 (m)	数量 (根)	体積 (m³)	備註
1	横梁	8×10	1.30	114	1.186	
2	横梁	8×10	2.00	38	0.608	
3	斜撑	12×14	1.00	18	0.302	
4	弓形桁	16×14	1.30	27	0.786	
5	弓形桁墊板	12×14	1.30	27	0.590	
6	拉梁	16×14	3.00	9	0.607	
7	联絡木	16×12	5.00	4	0.384	
8	联絡木	φ16/2	5.00	4	0.252	
總計		方木 4.463m³		圓木 0.252m³		

鉄件数量表

材料名称	規格尺寸 (mm)	單位	数量	重量 (kg)	備註
螺栓	φ13×250	根	20	8.80	
螺栓	φ16×200	根	144	64.90	
鉄夹鈑	4((220+120)/2×240)	塊	36	45.20	
鉄夹鈑	[illegible]	塊	36	55.20	
鉄夹鈑	[illegible]	塊	18	42.70	
洋釘	6吋	只	340	13.00	
總計				229.20	

图16　赵县安济桥跨径2.75公尺小拱拱架设计图　1955年5月

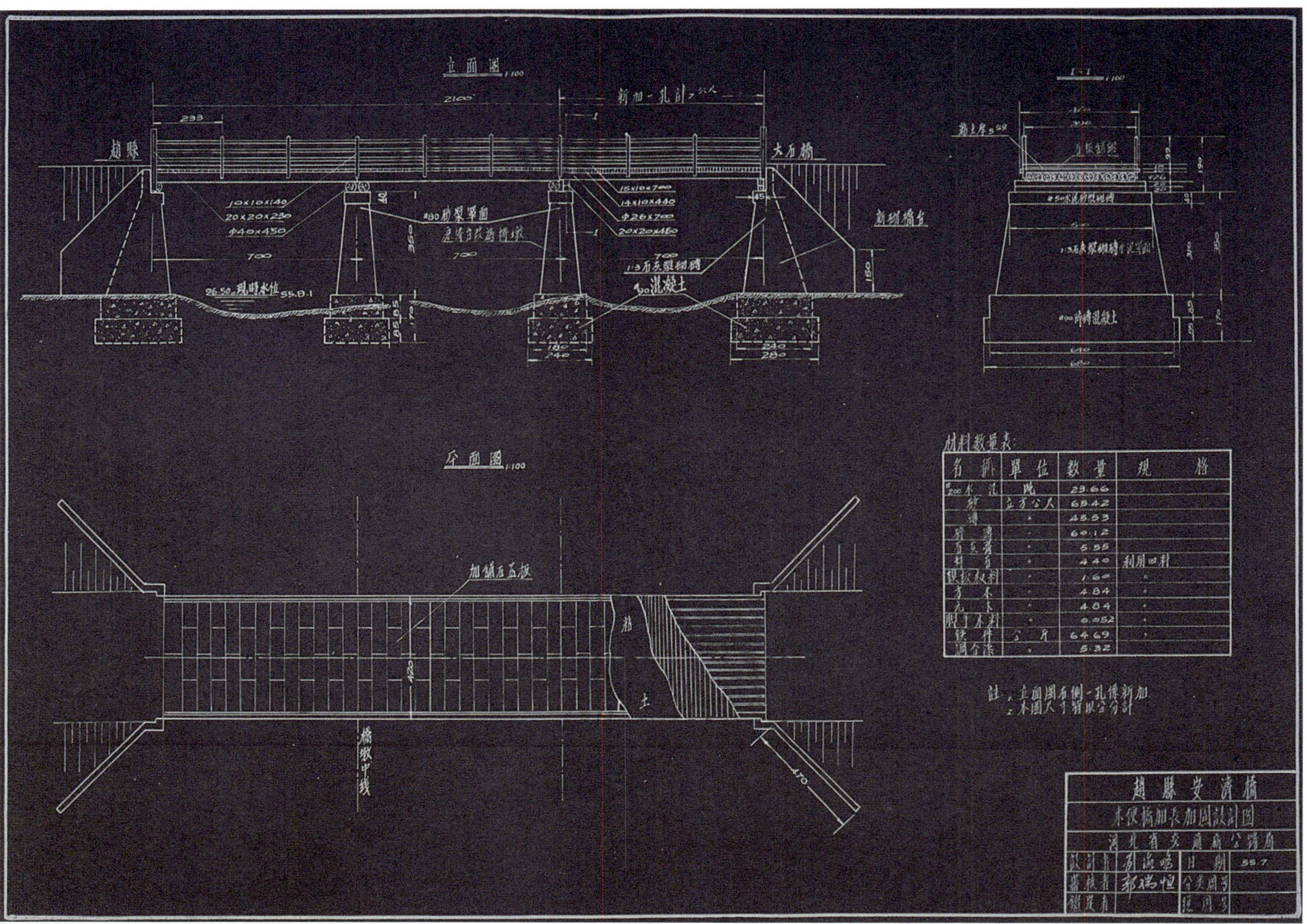

图 17 赵县安济桥木便桥加长加固设计图 1955 年 7 月

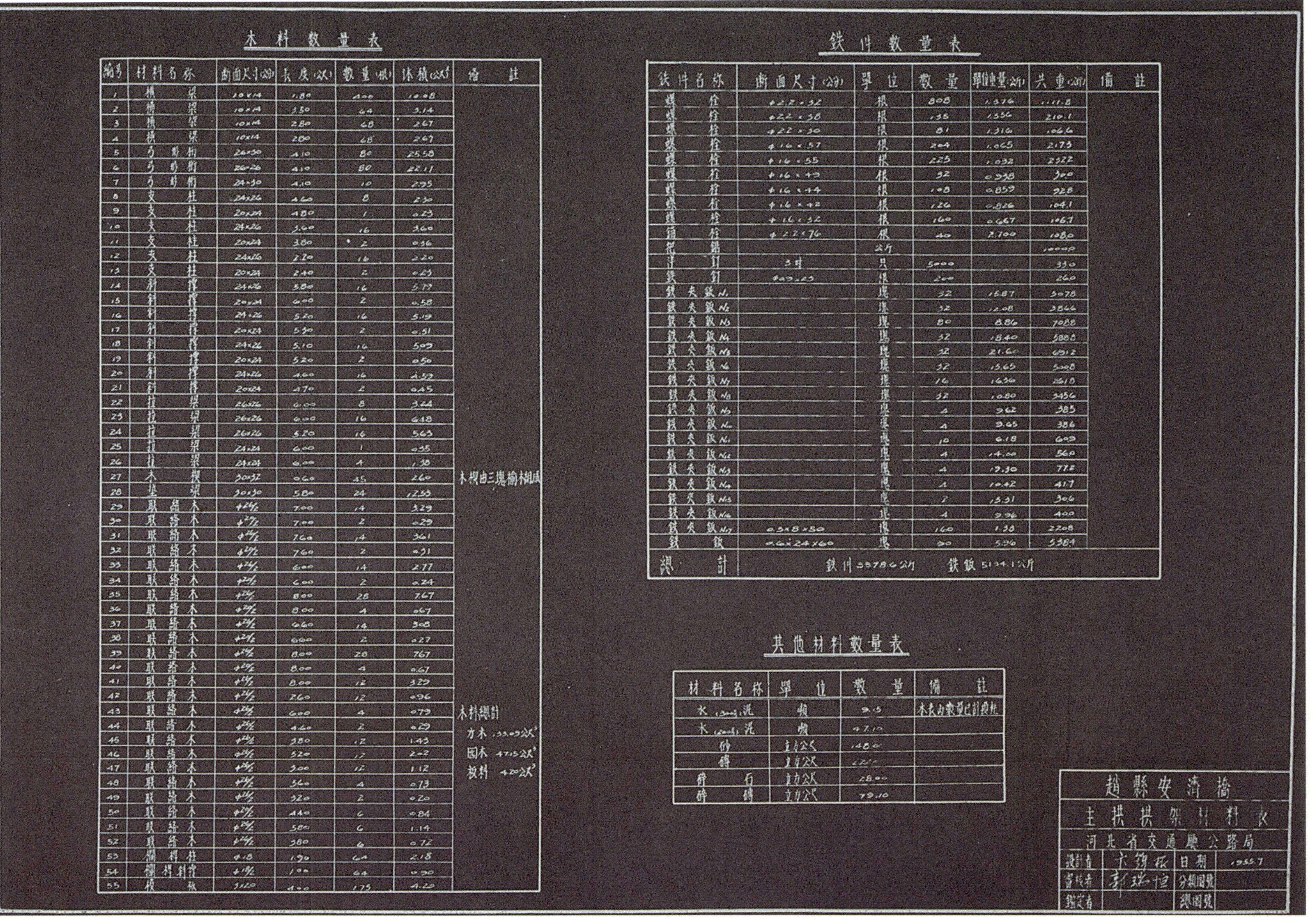

木料数量表

编号	材料名称	断面尺寸(公分)	长度(公尺)	数量(根)	体积(公尺³)	备註
1	横梁	10×14	1.80	400	10.08	
2	横梁	10×14	3.50	64	3.14	
3	横梁	10×14	2.80	68	2.67	
4	横梁	10×14	2.80	68	2.67	
5	弓形桁	26×30	4.10	80	25.58	
6	弓形桁	26×26	4.10	80	22.17	
7	弓形桁	24×30	4.10	10	2.95	
8	支柱	24×26	4.60	8	2.30	
9	支柱	20×24	4.80	1	0.23	
10	支柱	24×26	3.60	16	3.60	
11	支柱	20×24	3.80	2	0.36	
12	支柱	24×26	2.20	16	2.20	
13	支柱	20×24	2.40	2	0.23	
14	斜撑	24×26	5.80	16	5.79	
15	斜撑	20×24	6.00	2	0.58	
16	斜撑	24×26	5.20	16	5.19	
17	斜撑	20×24	5.30	2	0.51	
18	斜撑	24×26	5.10	16	5.09	
19	斜撑	20×24	5.20	2	0.50	
20	斜撑	24×26	4.60	16	4.59	
21	斜撑	20×24	4.70	2	0.45	
22	拉梁	26×26	6.00	8	3.24	
23	拉梁	26×26	6.00	16	6.48	
24	拉梁	26×26	5.20	16	5.63	
25	拉梁	24×24	6.00	1	0.35	
26	拉梁	24×24	6.00	4	1.38	
27	木楔	30×32	0.60	45	2.60	木楔由三块榆木组成
28	垫梁	30×30	5.80	24	12.53	
29	联络木	φ24/2	7.00	14	3.29	
30	联络木	φ22/2	7.00	2	0.29	
31	联络木	φ24/2	7.60	14	3.61	
32	联络木	φ20/2	7.60	2	0.31	
33	联络木	φ24/2	6.00	14	2.77	
34	联络木	φ22/2	6.00	2	0.24	
35	联络木	φ26/2	8.00	28	7.67	
36	联络木	φ22/2	8.00	4	0.67	
37	联络木	φ24/2	6.60	14	3.08	
38	联络木	φ22/2	6.00	2	0.27	
39	联络木	φ26/2	8.00	28	7.67	
40	联络木	φ20/2	8.00	4	0.67	
41	联络木	φ24/2	8.00	12	3.29	
42	联络木	φ24/2	2.60	12	0.96	
43	联络木	φ24/2	6.00	4	0.79	木料总计
44	联络木	φ25/2	4.60	2	0.29	方木 133.09公尺³
45	联络木	φ26/2	3.80	12	1.43	圆木 47.15公尺³
46	联络木	φ26/2	5.20	12	2.02	板料 4.20公尺³
47	联络木	φ26/2	3.00	12	1.12	
48	联络木	φ26/2	3.60	4	0.73	
49	联络木	φ24/2	3.20	2	0.20	
50	联络木	φ20/2	4.40	6	0.84	
51	联络木	φ28/2	5.80	6	1.14	
52	联络木	φ24/2	3.80	6	0.72	
53	栏杆柱	φ18	1.90	64	2.18	
54	栏杆斜撑	φ18/2	1.00	64	0.90	
55	桥板	3×20	4.00	175	4.20	

铁件数量表

铁件名称	断面尺寸(公分)	单位	数量	单位重量(公斤)	共重(公斤)	备註
螺栓	φ2.2×32	根	808	1.376	1111.8	
螺栓	φ2.2×38	根	135	1.556	210.1	
螺栓	φ2.2×30	根	81	1.316	106.6	
螺栓	φ1.6×57	根	204	1.065	217.3	
螺栓	φ1.6×55	根	225	1.032	232.2	
螺栓	φ1.6×49	根	32	0.938	30.0	
螺栓	φ1.6×44	根	108	0.859	92.8	
螺栓	φ1.6×42	根	126	0.826	104.1	
螺栓	φ1.6×32	根	160	0.667	106.7	
锚栓	φ2.2×76	根	40	2.700	108.0	
扒锔		公斤			1000.0	
洋钉	3吋	只	5000		33.0	
铁钉	φ0.5×25	根	200		26.0	
铁夹钣N1		块	32	15.87	507.8	
铁夹钣N2		块	32	12.08	386.6	
铁夹钣N3		块	80	8.86	708.8	
铁夹钣N4		块	32	18.40	588.8	
铁夹钣N5		块	32	21.60	691.2	
铁夹钣N6		块	32	15.65	500.8	
铁夹钣N7		块	16	16.36	261.8	
铁夹钣N8		块	32	10.80	345.6	
铁夹钣N9		块	4	9.62	38.5	
铁夹钣N10		块	4	9.65	38.6	
铁夹钣N11		块	10	6.18	60.9	
铁夹钣N12		块	4	14.00	56.0	
铁夹钣N13		块	4	19.30	77.2	
铁夹钣N14		块	4	10.42	41.7	
铁夹钣N15		块	2	15.31	30.6	
铁夹钣N16		块	4	9.96	40.0	
铁夹钣N17	0.5×8×50	块	160	1.38	220.8	
铁钣	0.6×24×60	块	90	5.96	538.4	
总计	铁件3578.6公斤　铁钣5134.1公斤					

其他材料数量表

材料名称	单位	数量	备註
水(300#)泥	吨	9.5	本表内数量已计损耗
水(200#)泥	吨	47.10	
砂	立方公尺	148.0	
砖	立方公尺	12.00	
碎石	立方公尺	28.00	
碎砖	立方公尺	79.10	

赵县安济桥			
主拱拱架材料表			
河北省交通厅公路局			
设计者	余鸣谦	日期	1955.7
审核者	郭瑞恒	分类图号	
鉴定者		总图号	

图18　赵县安济桥主拱拱架材料表　1955年7月

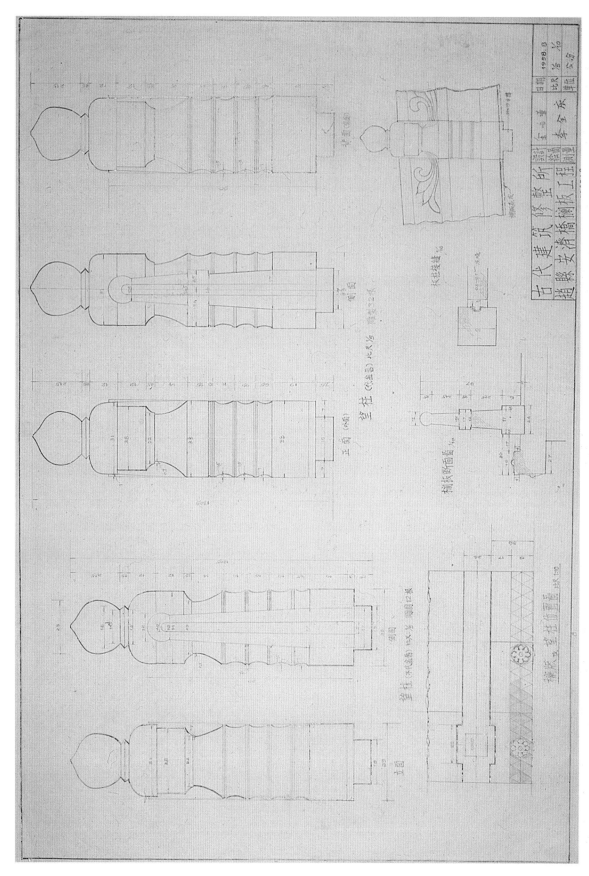

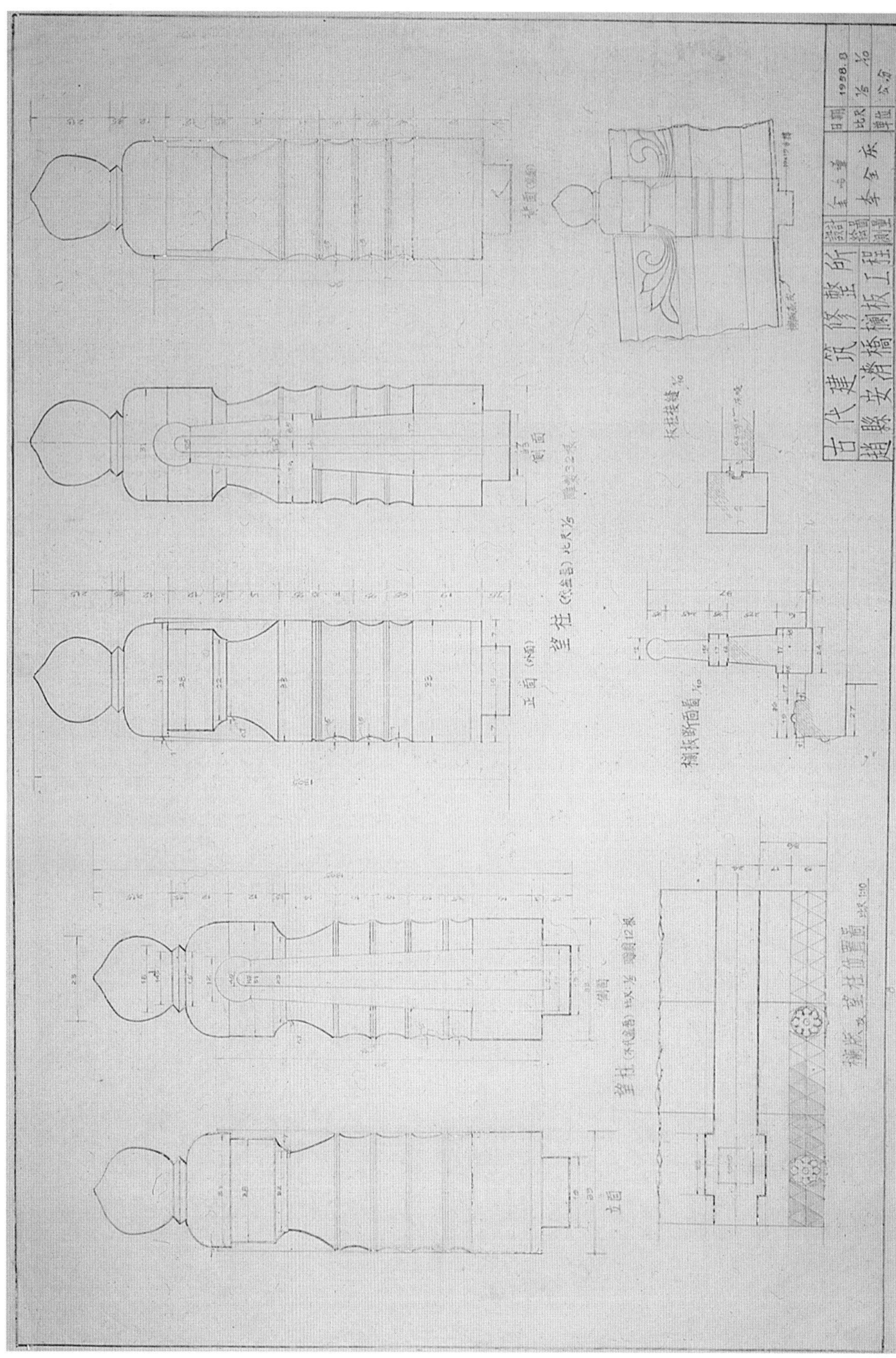

图 19 赵县安济桥栏板工程 1958 年 8 月

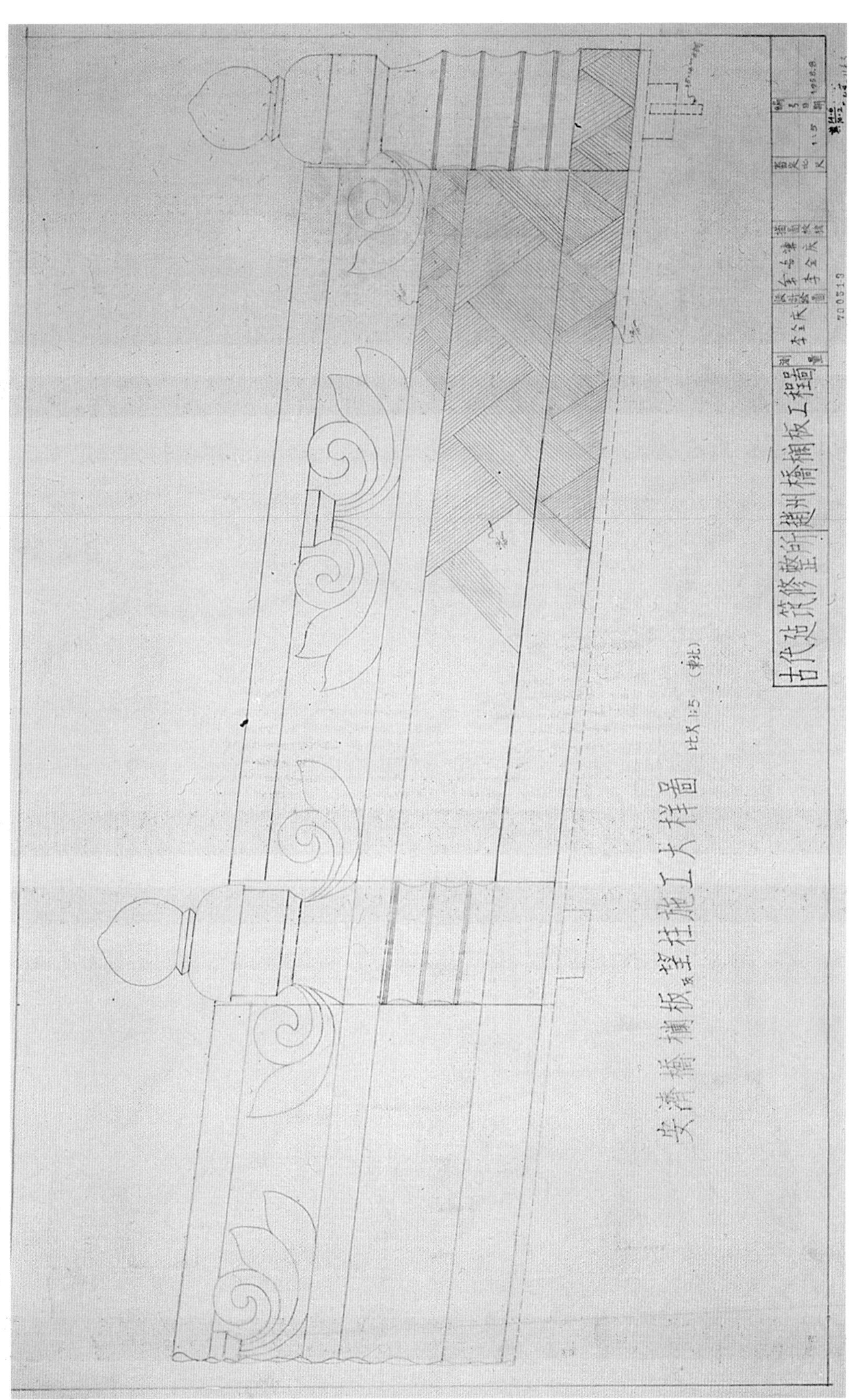

图20 安济桥栏板及望柱施工大样图（东北） 1958年8月

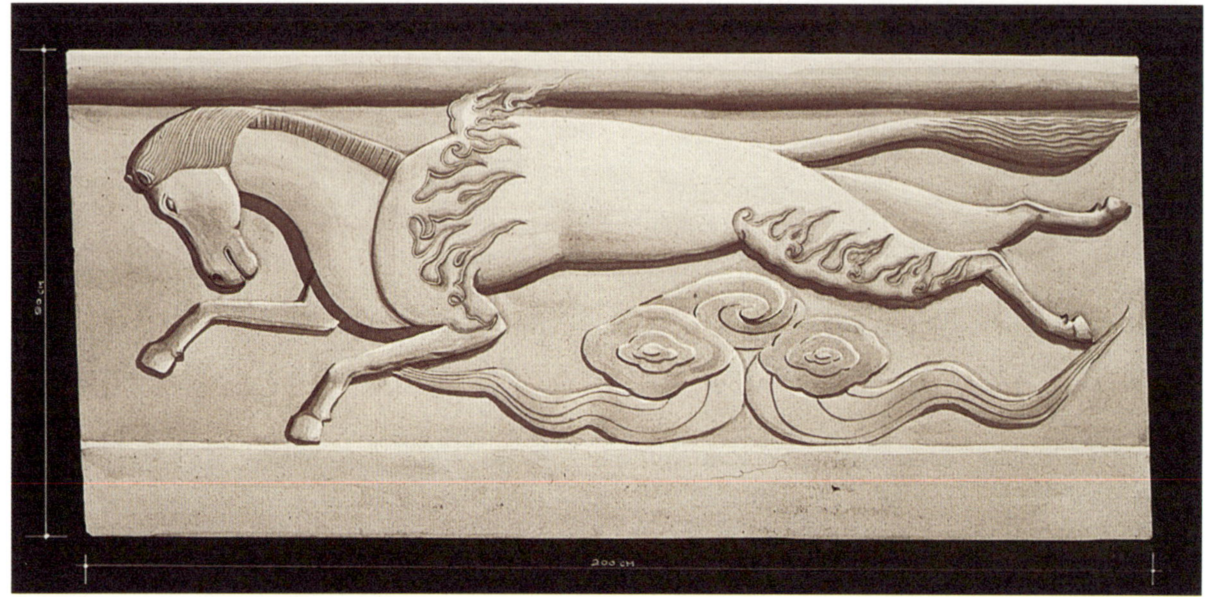

图 21　河北省赵县安济桥栏板复原图（第 6 号栏板） 1956 年 3 月

图 22　河北省赵县安济桥栏板复原图（第 8 号栏板） 1956 年 3 月

图 23　河北省赵县安济桥栏板复原图（第 9 号栏板） 1956 年 3 月

图 24　河北省赵县安济桥栏板复原图（第 10 号栏板）1956 年 3 月

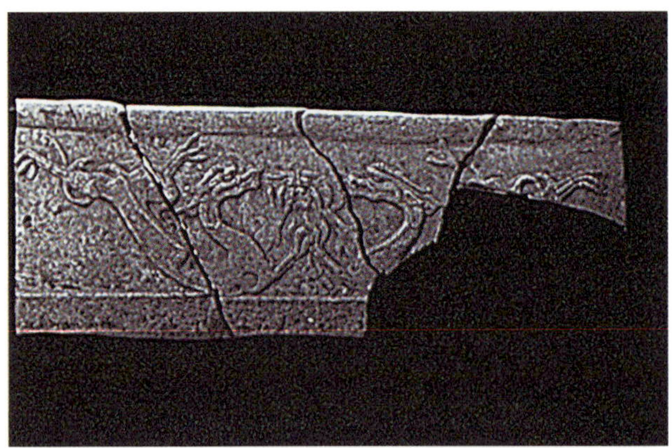

图 25　河北省赵县安济桥栏板复原图（第 11 号栏板） 1956 年 3 月

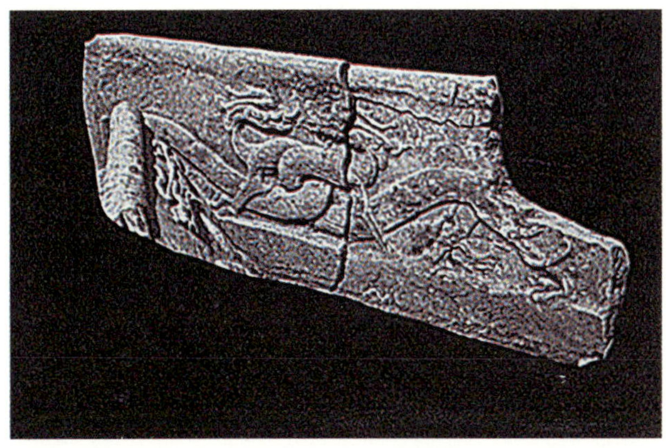

图 26　河北省赵县安济桥栏板复原图（第 12 号栏板） 1956 年 3 月

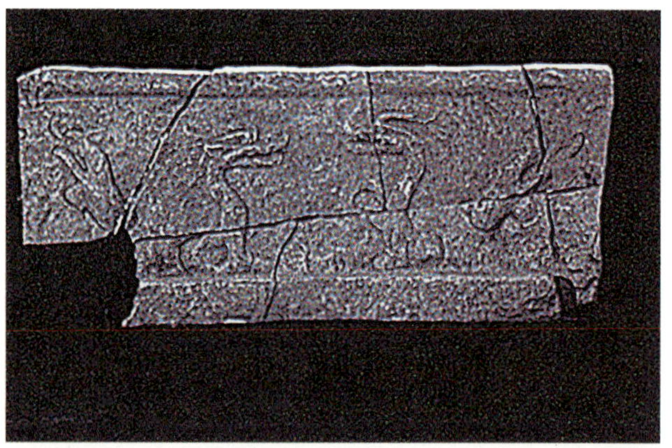

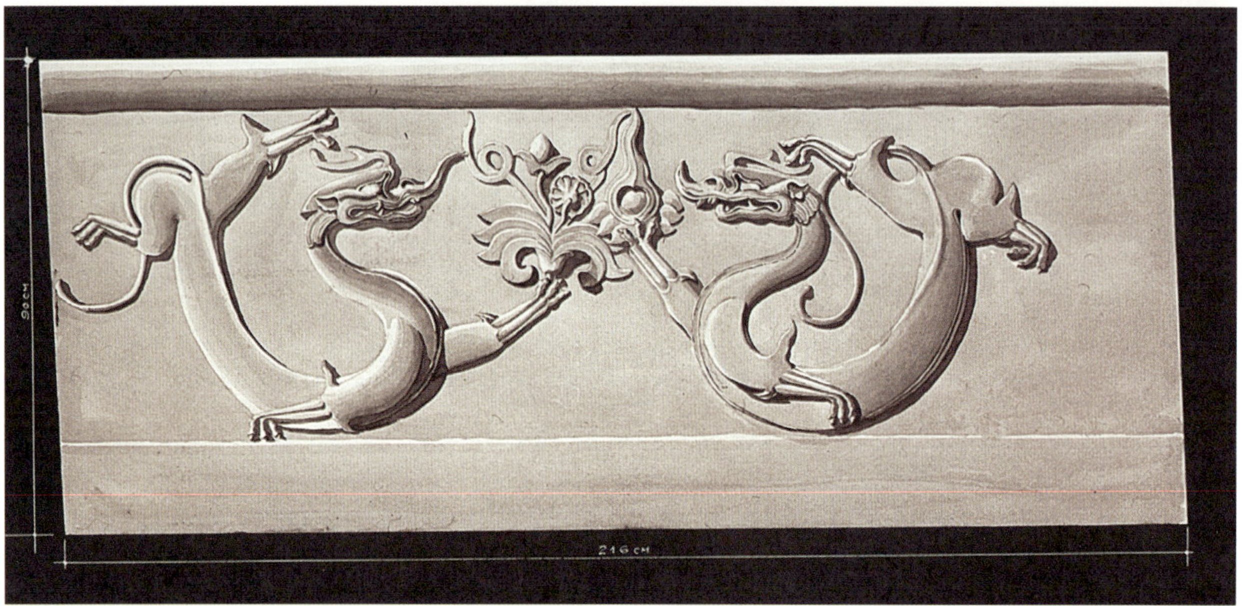

图 27　河北省赵县安济桥栏板复原图（第 21 号栏板） 1956 年 3 月

图 28　河北省赵县安济桥栏板复原图（第 47 号栏板） 1956 年 3 月

图 29　河北省赵县安济桥栏板复原图（第 49 号栏板）1956 年 3 月

图 30　河北省赵县安济桥望柱复原图

第三节　工程竣工图

序号	图纸名称	工程人员	勘察单位	绘制年代	图纸质地
01	安济桥竣工图 （东侧立面及纵断面图）	施工负责：祁　森 施工主管：郭瑞恒	河北省交通厅	开工：1955 年 5 月 竣工：1956 年 11 月	蓝图
02	安济桥竣工图 （平面及横断面图）	施工负责：祁　森 施工主管：郭瑞恒	河北省交通厅	开工：1955 年 5 月 竣工：1956 年 11 月	蓝图
03	安济桥木便桥 加长加固竣工图	施工负责：祁　森 施工主管：郭瑞恒	河北省交通厅	开工：1956 年 6 月 竣工：1956 年 8 月	蓝图

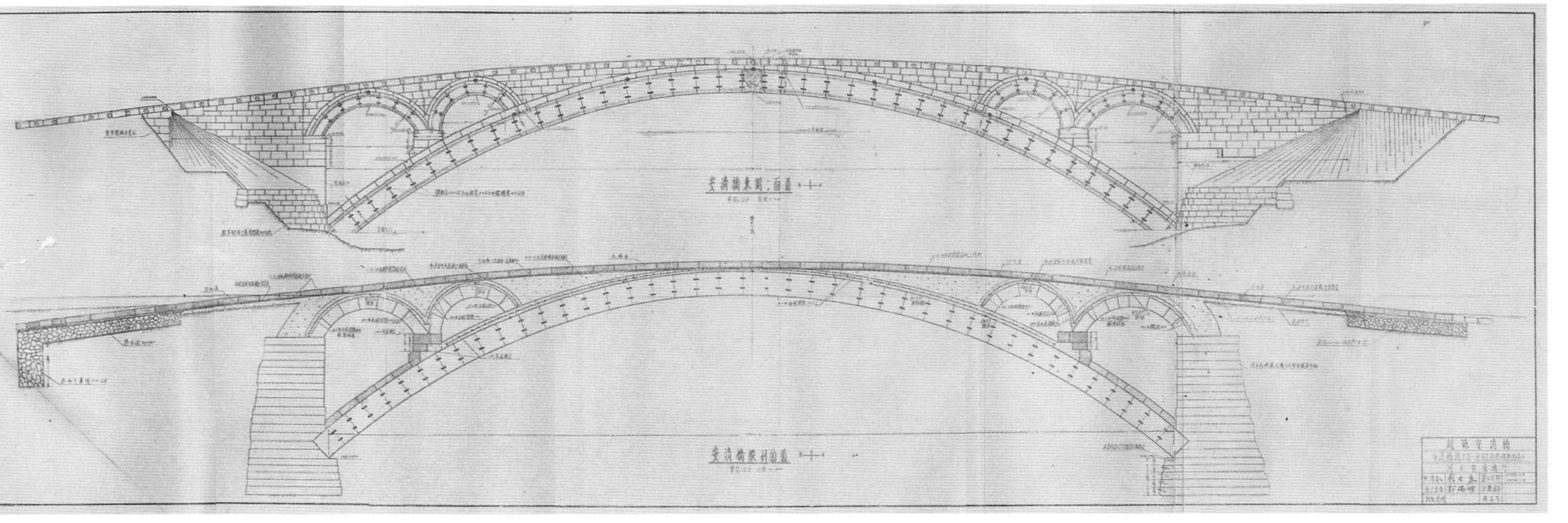

图 01　安济桥竣工图（东侧立面及纵断面图）

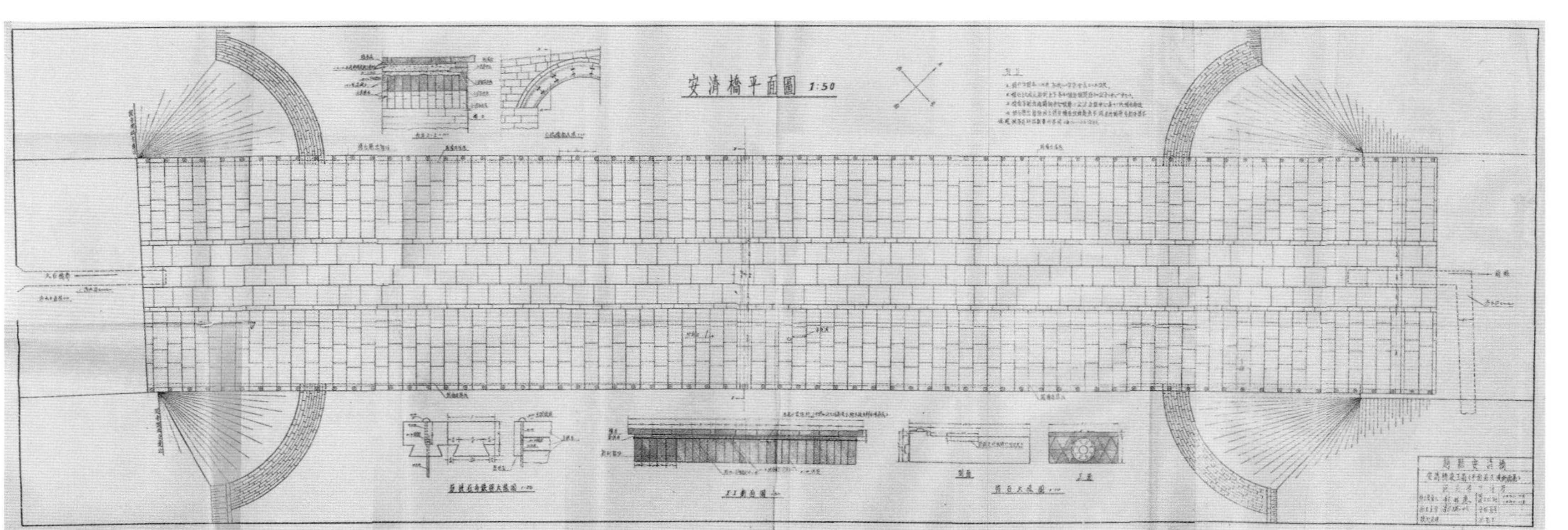

图 02　安济桥竣工图（平面及横断面图）

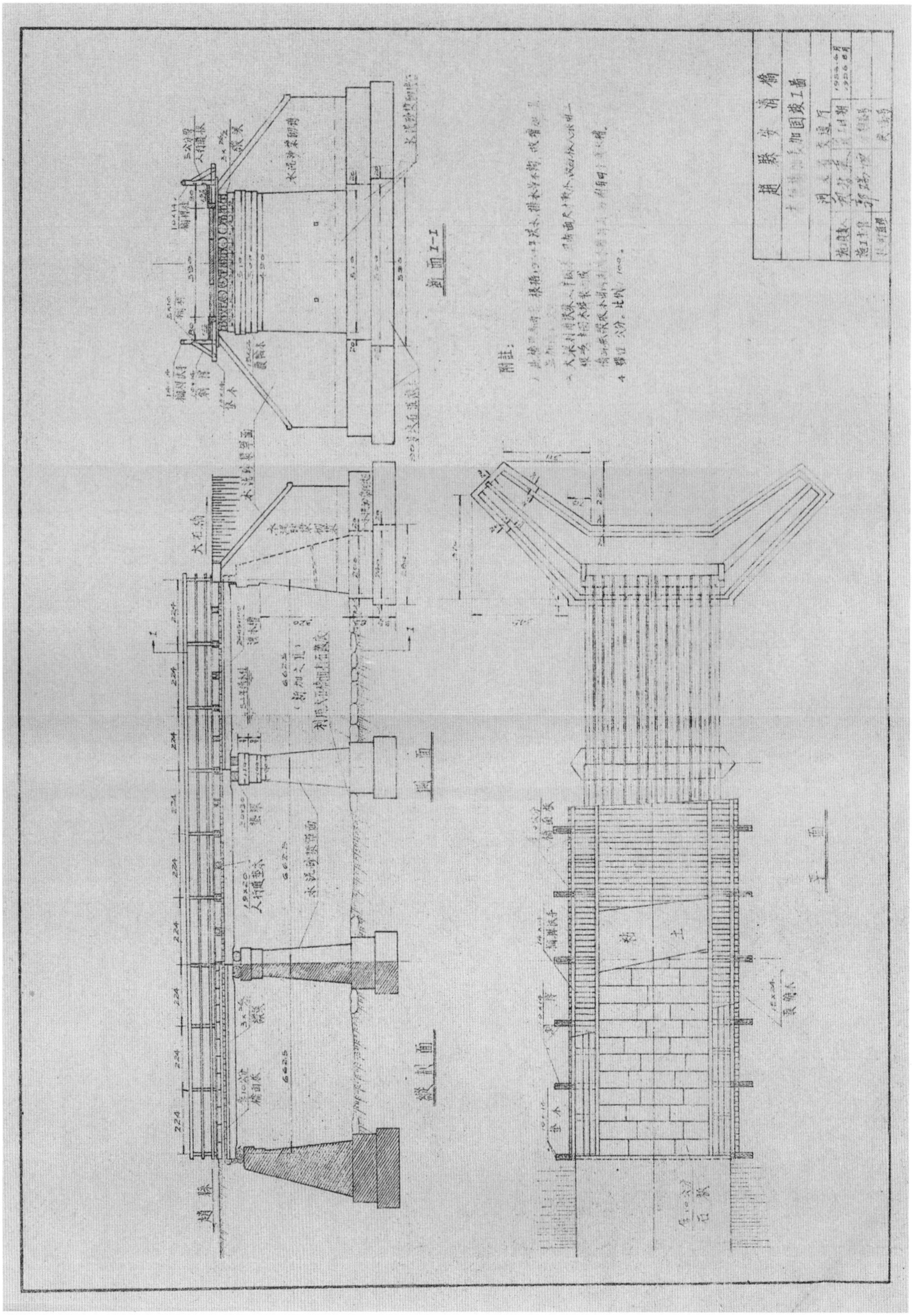

图 03 木便桥加长加固变工图

第四节　1974 年重绘修缮前实测图和竣工图

序号	图纸名称	勘察人员	制图单位	绘制年代	图纸材料
01	河北省赵县安济桥实测图（大石桥位置图）	李竹君、贾瑞广、姜怀英	文物保护科学技术研究所	1974 年 4 月	硫酸图
02	河北省赵县安济桥实测图（桥平面现状图）	李竹君、贾瑞广、姜怀英	文物保护科学技术研究所	1974 年 5 月	硫酸图
03	河北省赵县安济桥实测图（纵剖面现状图）	李竹君、贾瑞广、姜怀英	文物保护科学技术研究所	1974 年 5 月	硫酸图
04	河北省赵县安济桥实测图（桥主副券横剖图）	李竹君、贾瑞广、姜怀英	文物保护科学技术研究所	1974 年 5 月	硫酸图
05	河北省赵县安济桥实测图（桥西面现状图）	李竹君、贾瑞广、姜怀英	文物保护科学技术研究所	1974 年 5 月	硫酸图
06	河北省赵县安济桥实测图（桥东面现状图）	李竹君、贾瑞广、姜怀英	文物保护科学技术研究所	1974 年 5 月	硫酸图
07	河北省赵县安济桥实测图（石栏板大样图一）	李竹君、贾瑞广、姜怀英	文物保护科学技术研究所	1974 年 4 月	硫酸图
08	河北省赵县安济桥实测图（石栏板大样图二）	李竹君、贾瑞广、姜怀英	文物保护科学技术研究所	1974 年 4 月	硫酸图
09	河北省赵县安济桥实测图（石栏板大样图三）	李竹君、贾瑞广、姜怀英	文物保护科学技术研究所	1974 年 4 月	硫酸图
10	河北省赵县安济桥实测图（石栏板大样图四）	李竹君、贾瑞广、姜怀英	文物保护科学技术研究所	1974 年 4 月	硫酸图
11	河北省赵县安济桥实测图（石栏板大样图五）	李竹君、贾瑞广、姜怀英	文物保护科学技术研究所	1974 年 4 月	硫酸图
12	河北省赵县安济桥实测图（残存石望柱等图）	李竹君、贾瑞广、姜怀英	文物保护科学技术研究所	1974 年 4 月	硫酸图
13	河北省赵县安济桥实测图（主券券脸石西螭首图）	李竹君、贾瑞广、姜怀英	文物保护科学技术研究所	1974 年 4 月	硫酸图
14	河北省赵县安济桥实测图（帽石及拱石大样图）	李竹君、贾瑞广、姜怀英	文物保护科学技术研究所	1974 年 4 月	硫酸图
15	河北省赵县安济桥竣工图（东立面图）	李竹君、贾瑞广、姜怀英	文物保护科学技术研究所	1974 年 5 月	硫酸图

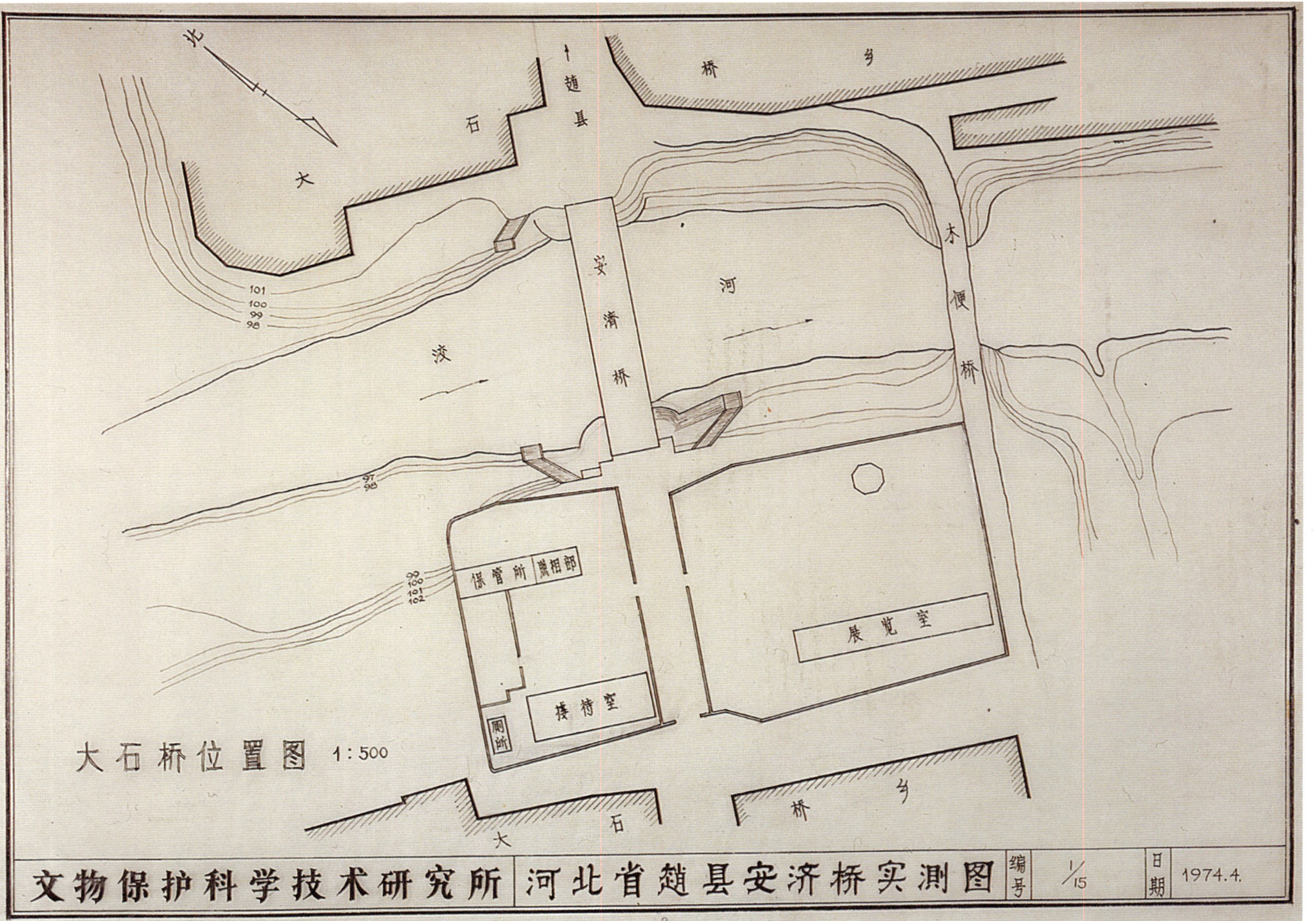

图 01　河北省赵县安济桥实测图（大石桥位置图）1974 年 4 月

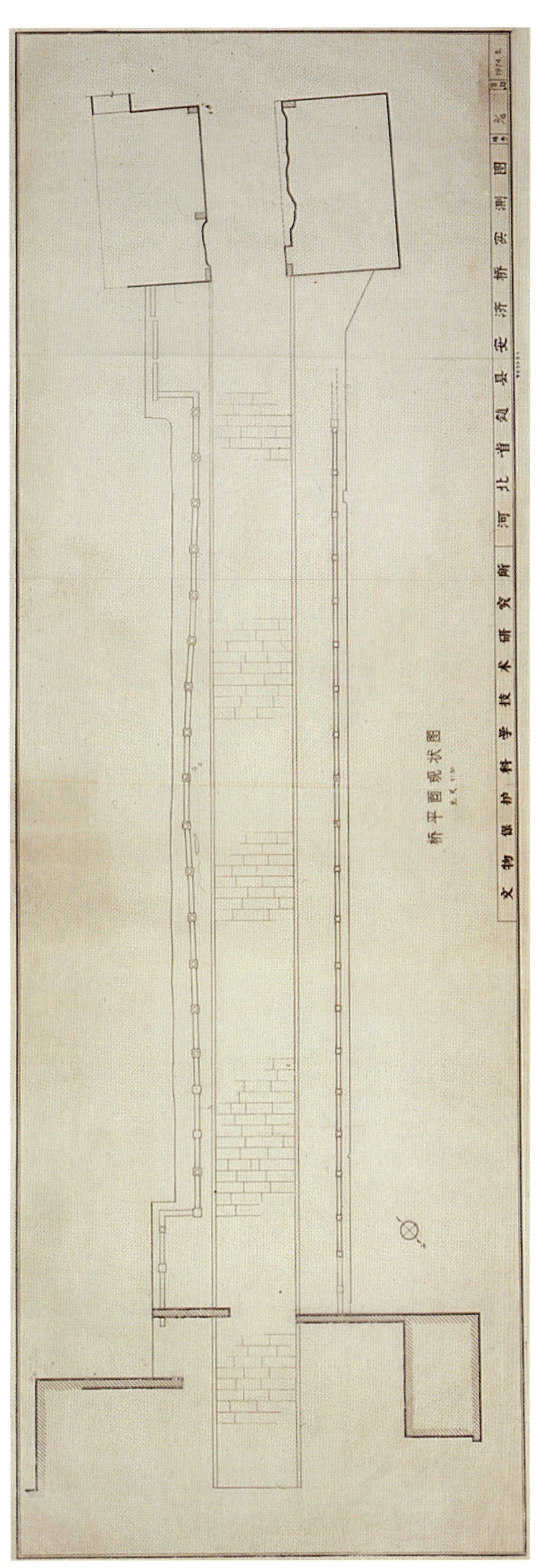

图 02　河北省赵县安济桥实测图（桥平面现状图）　1974 年 5 月

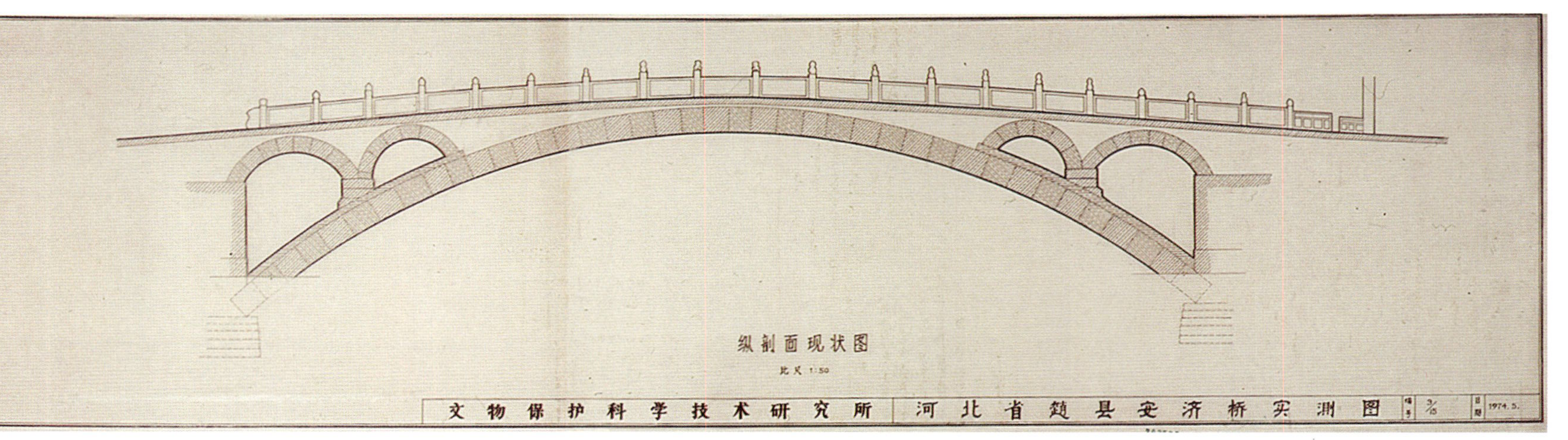

图 03 河北省赵县安济桥实测图（纵剖面图） 1974 年 5 月

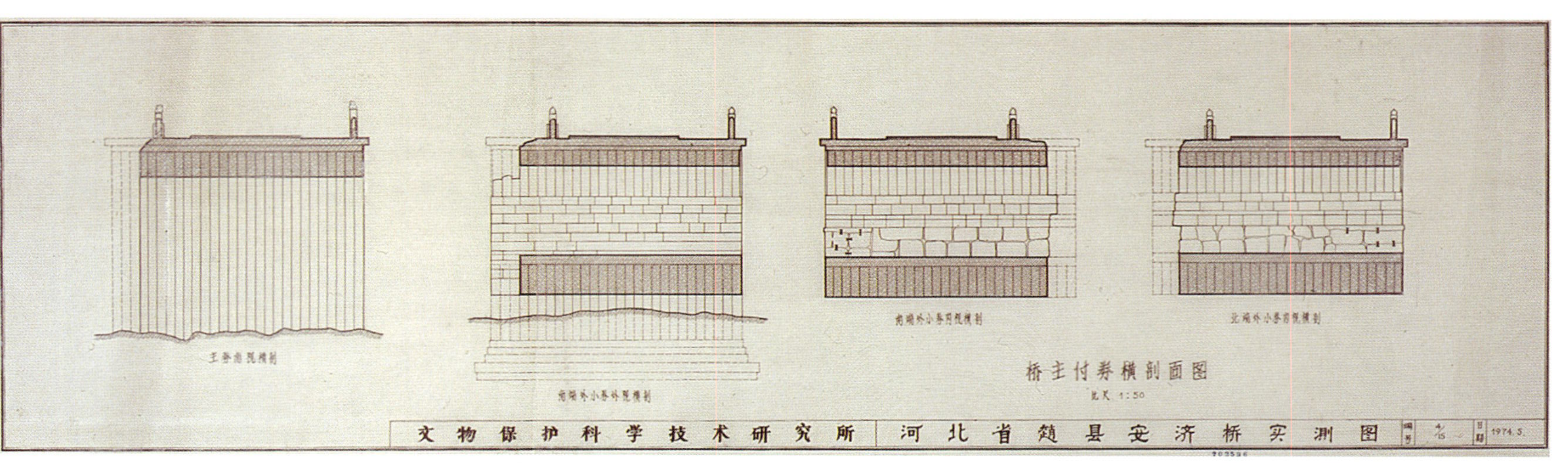

图 04 河北省赵县安济桥实测图（桥主副券横剖图） 1974 年 5 月

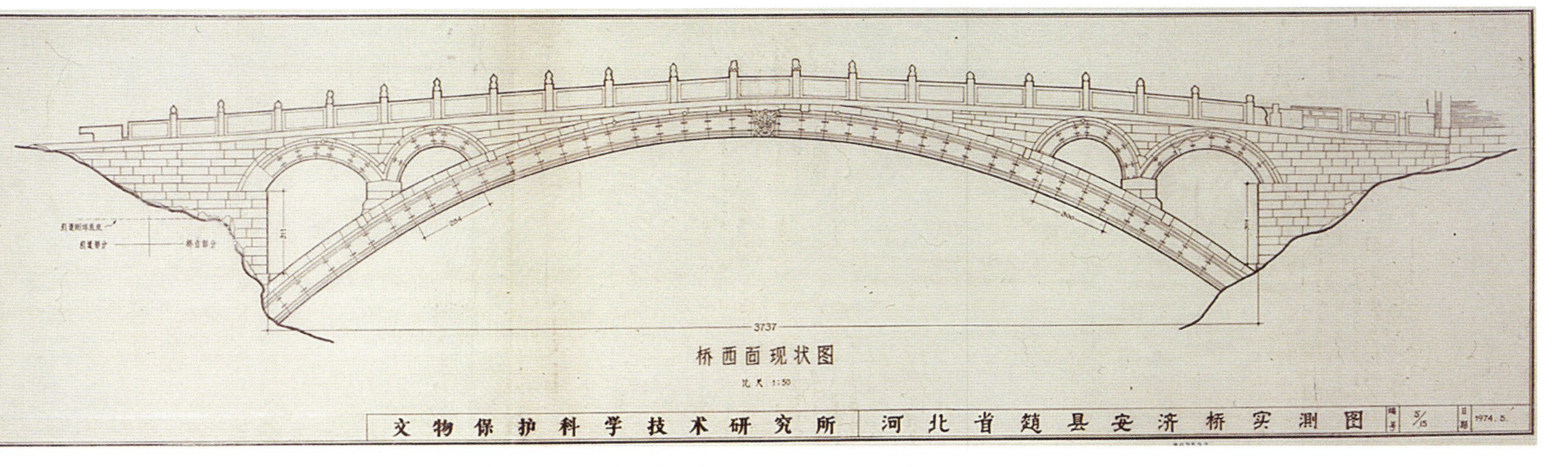

图05 河北省赵县安济桥实测图（桥西面现状图） 1974年5月

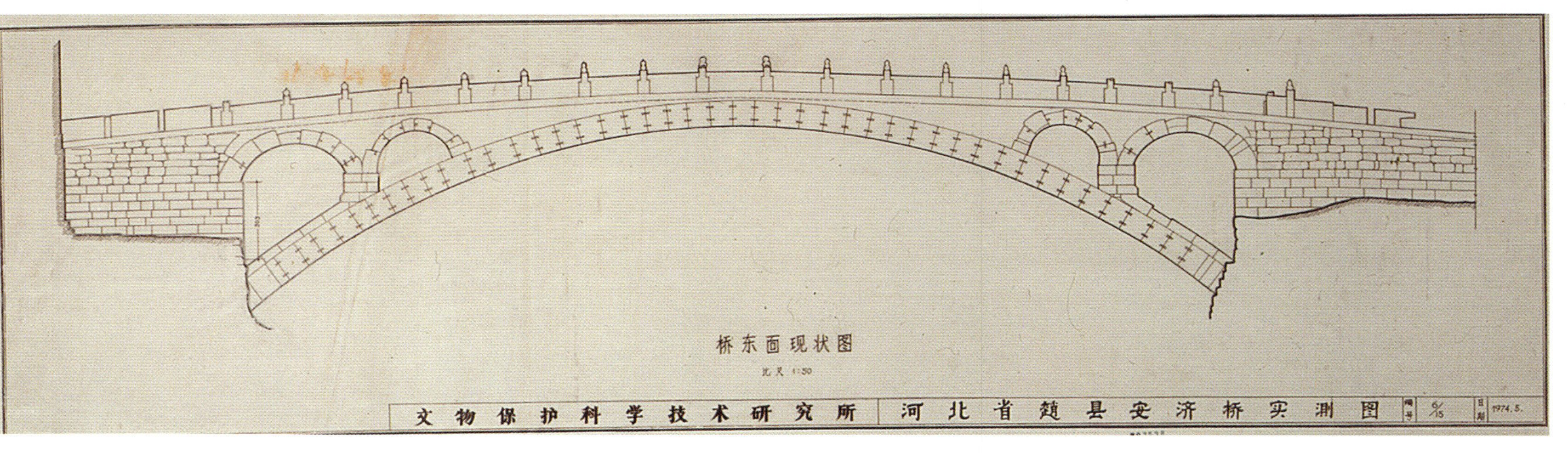

图06 河北省赵县安济桥实测图（桥东面现状图） 1974年5月

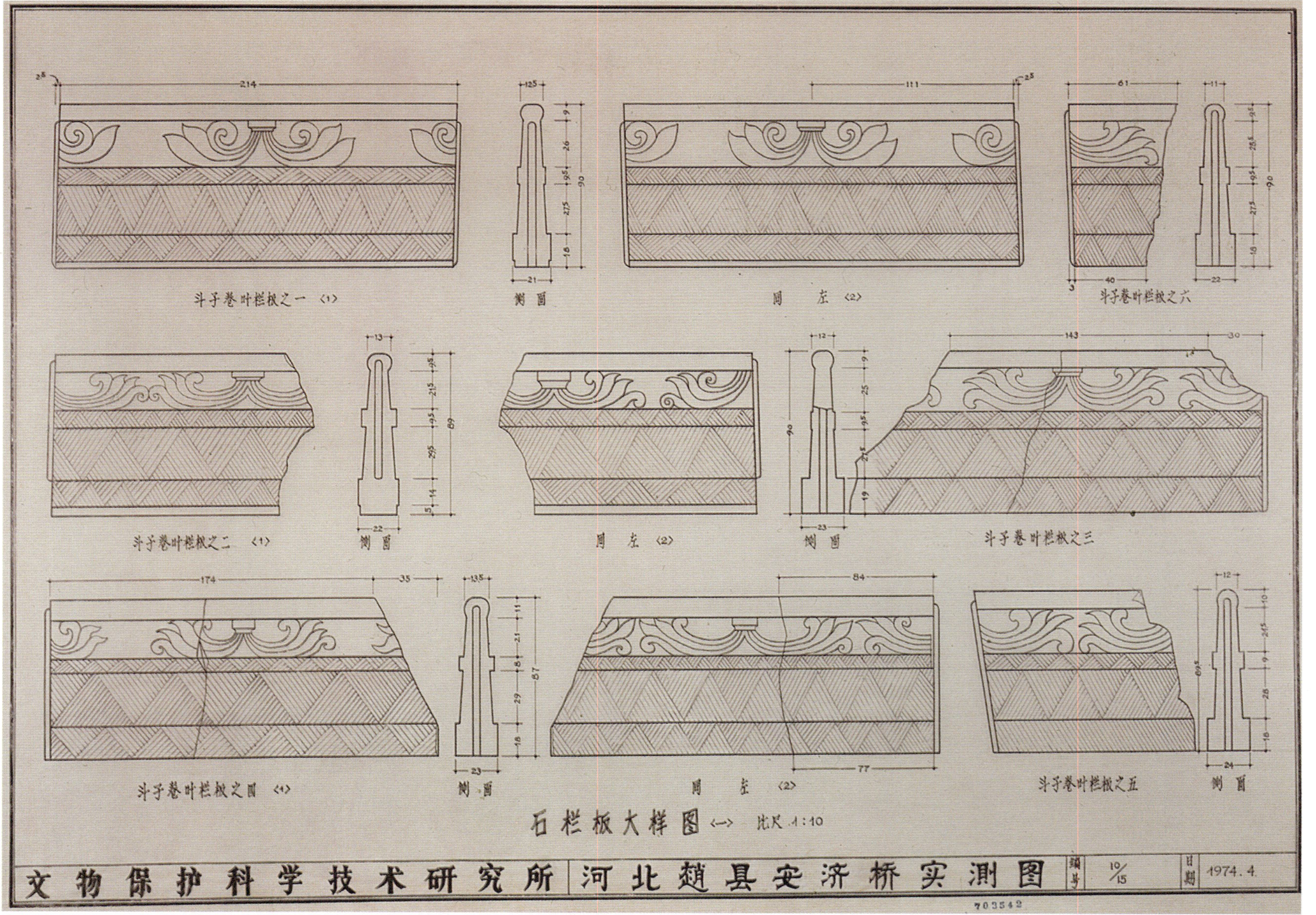

图 07 河北省赵县安济桥实测图（石栏板大样图一） 1974 年 4 月

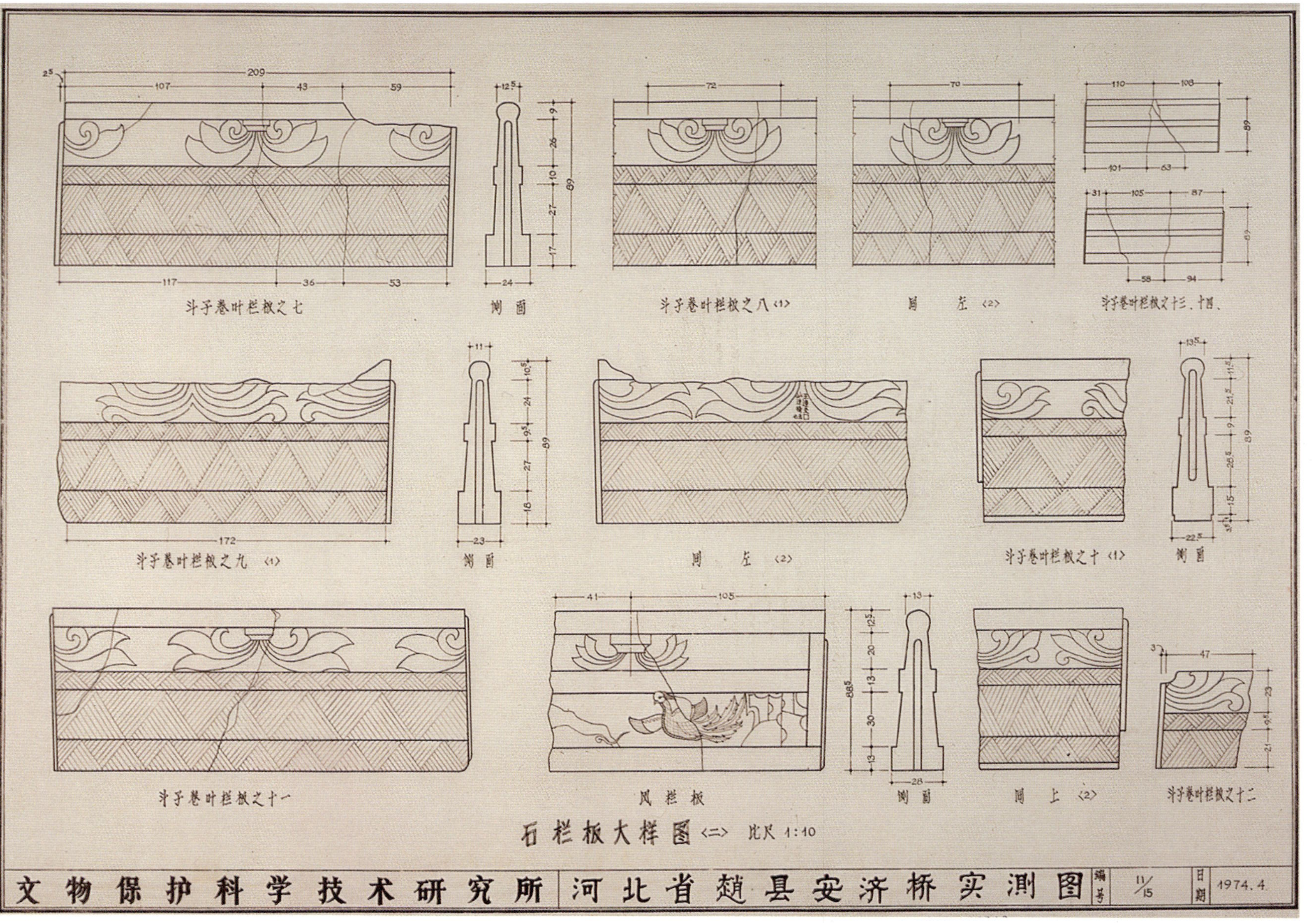

图 08 河北省赵县安济桥实测图（石栏板大样图二） 1974 年 4 月

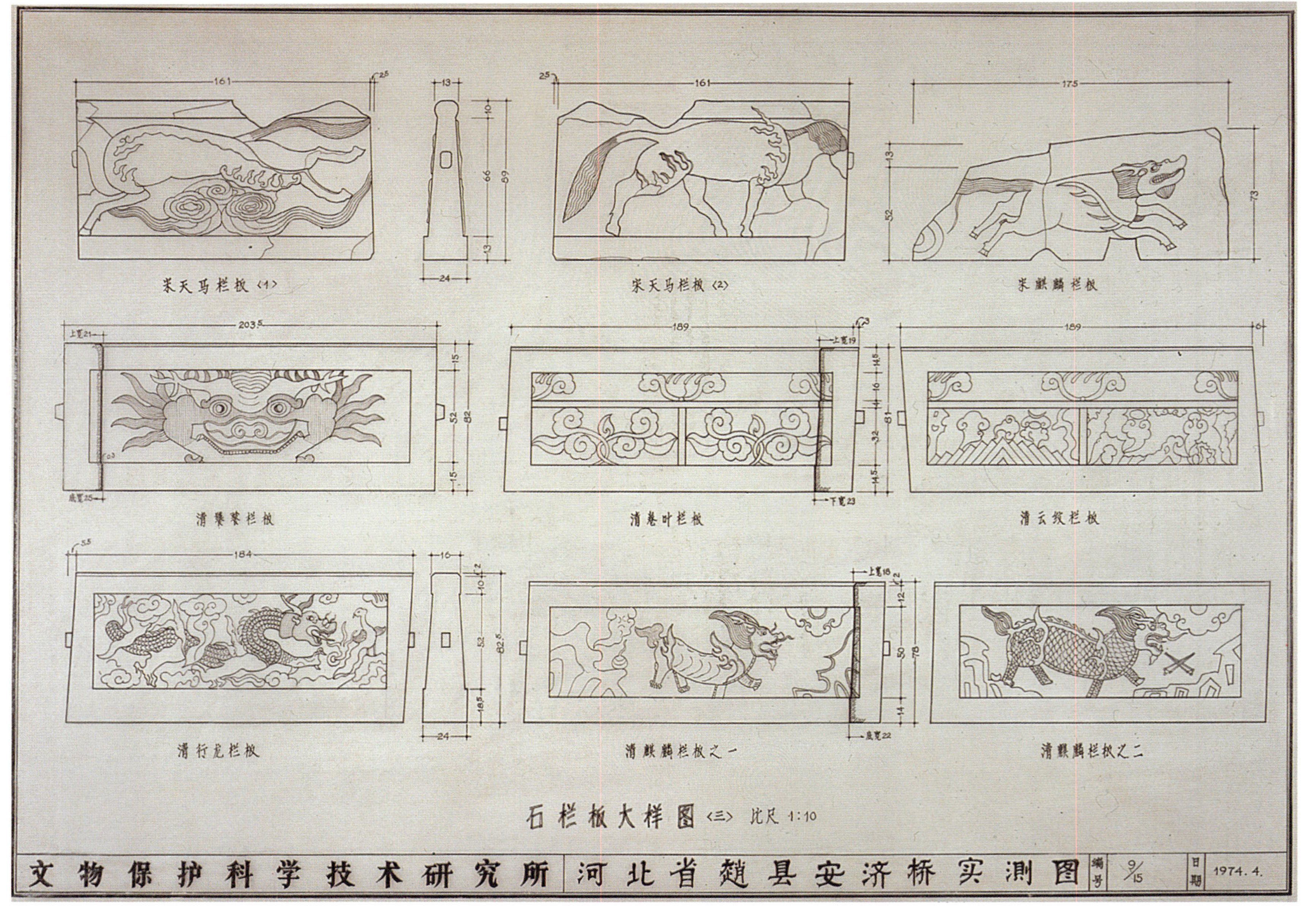

图 09　河北省赵县安济桥实测图（石栏板大样图三） 1974 年 4 月

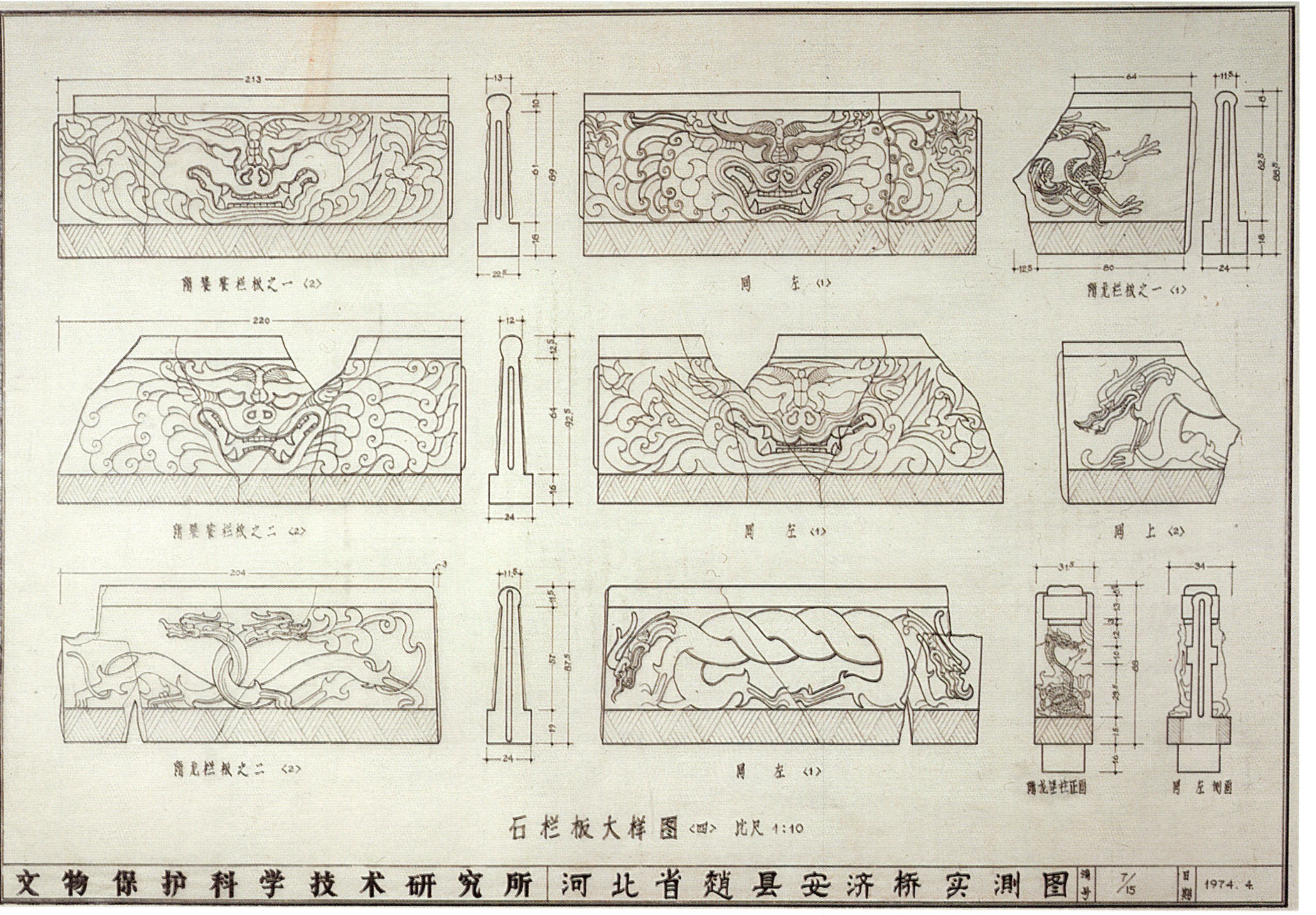

图 10　河北省赵县安济桥实测图（石栏板大样图四）1974 年 4 月

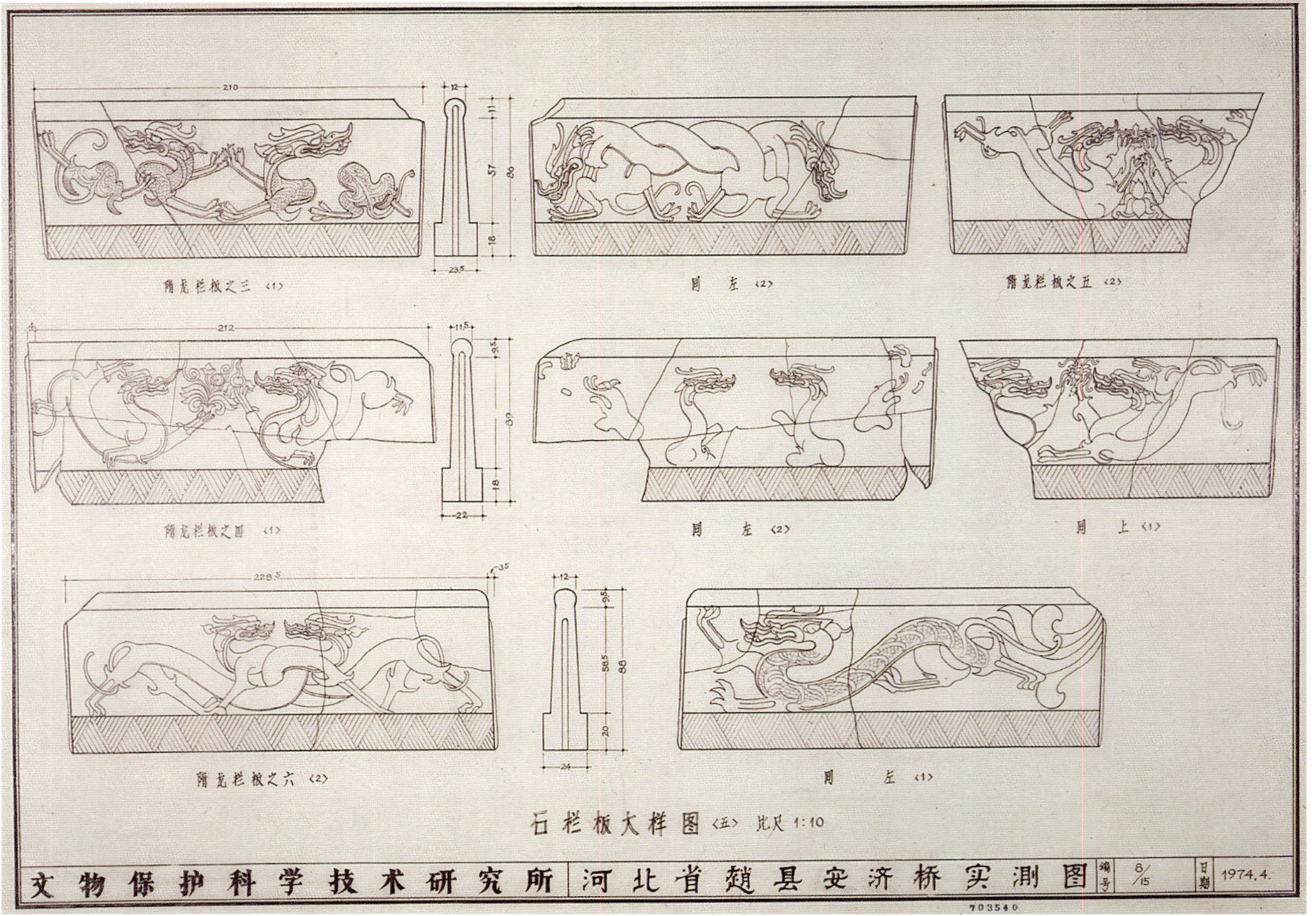

图 11　河北省赵县安济桥实测图（石栏板大样图五）1974 年 4 月

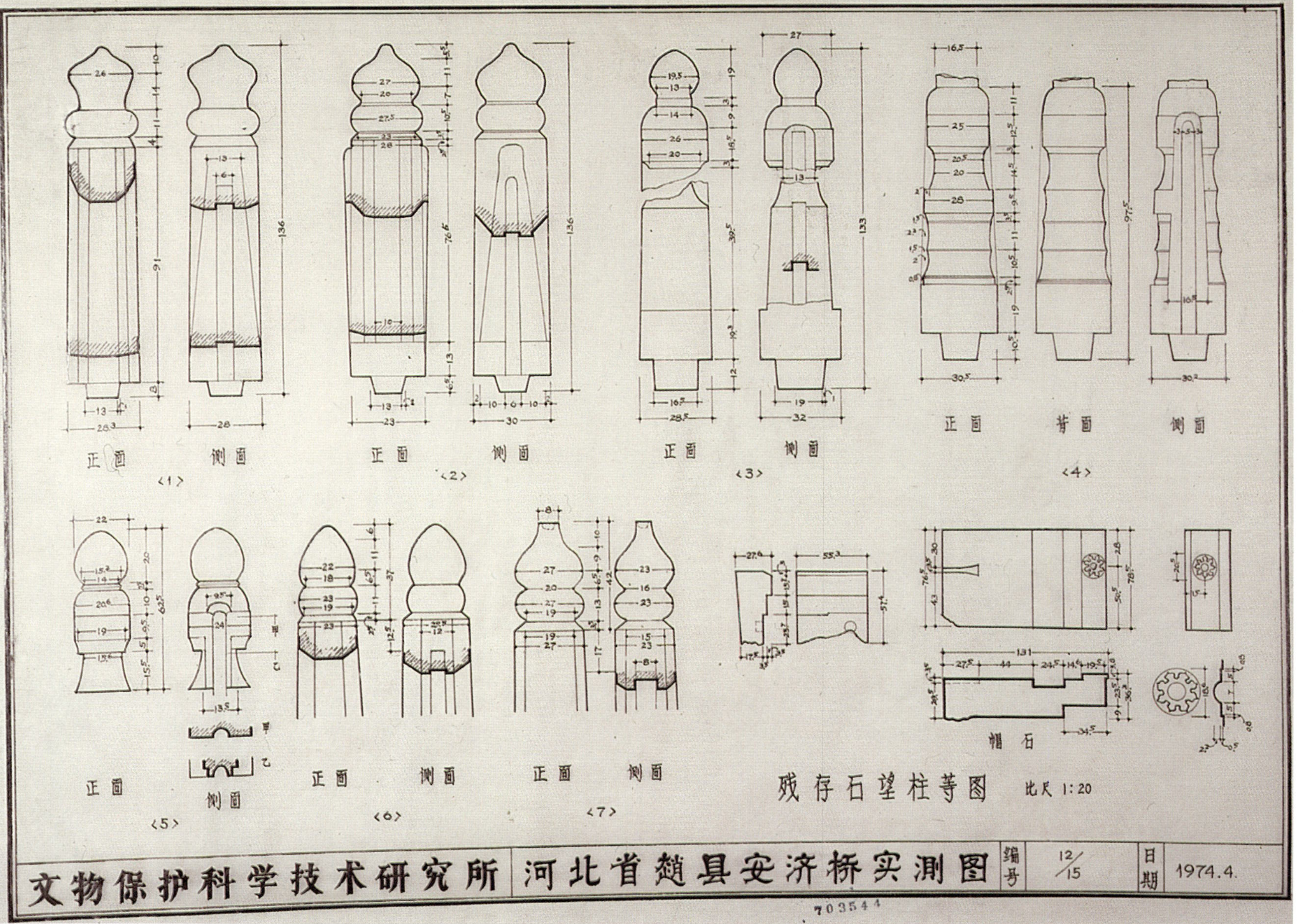

图 12　河北省赵县安济桥实测图（残存石望柱等图）1974 年 4 月

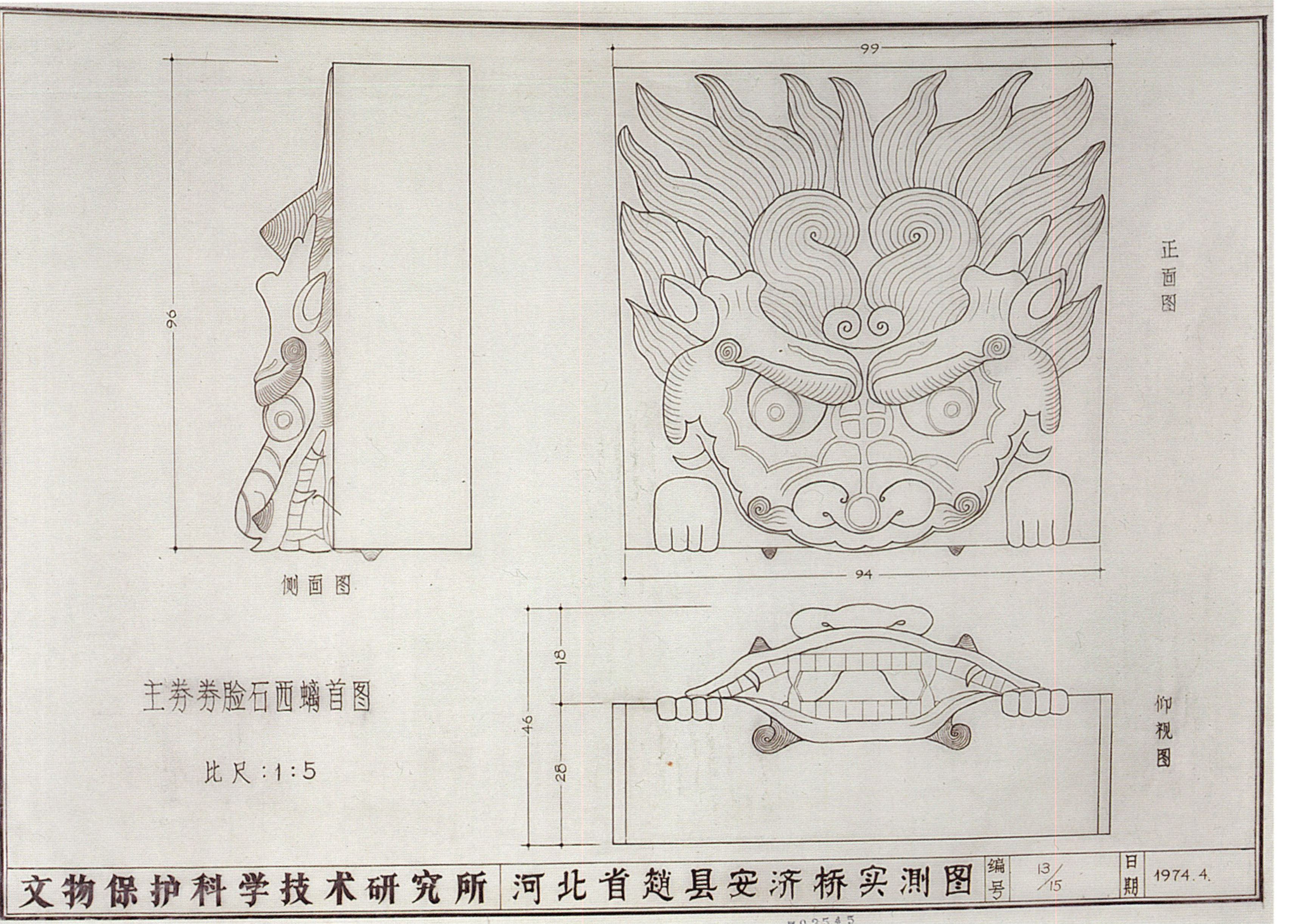

图 13　河北省赵县安济桥实测图（主券券脸石西螭首图）1974 年 4 月

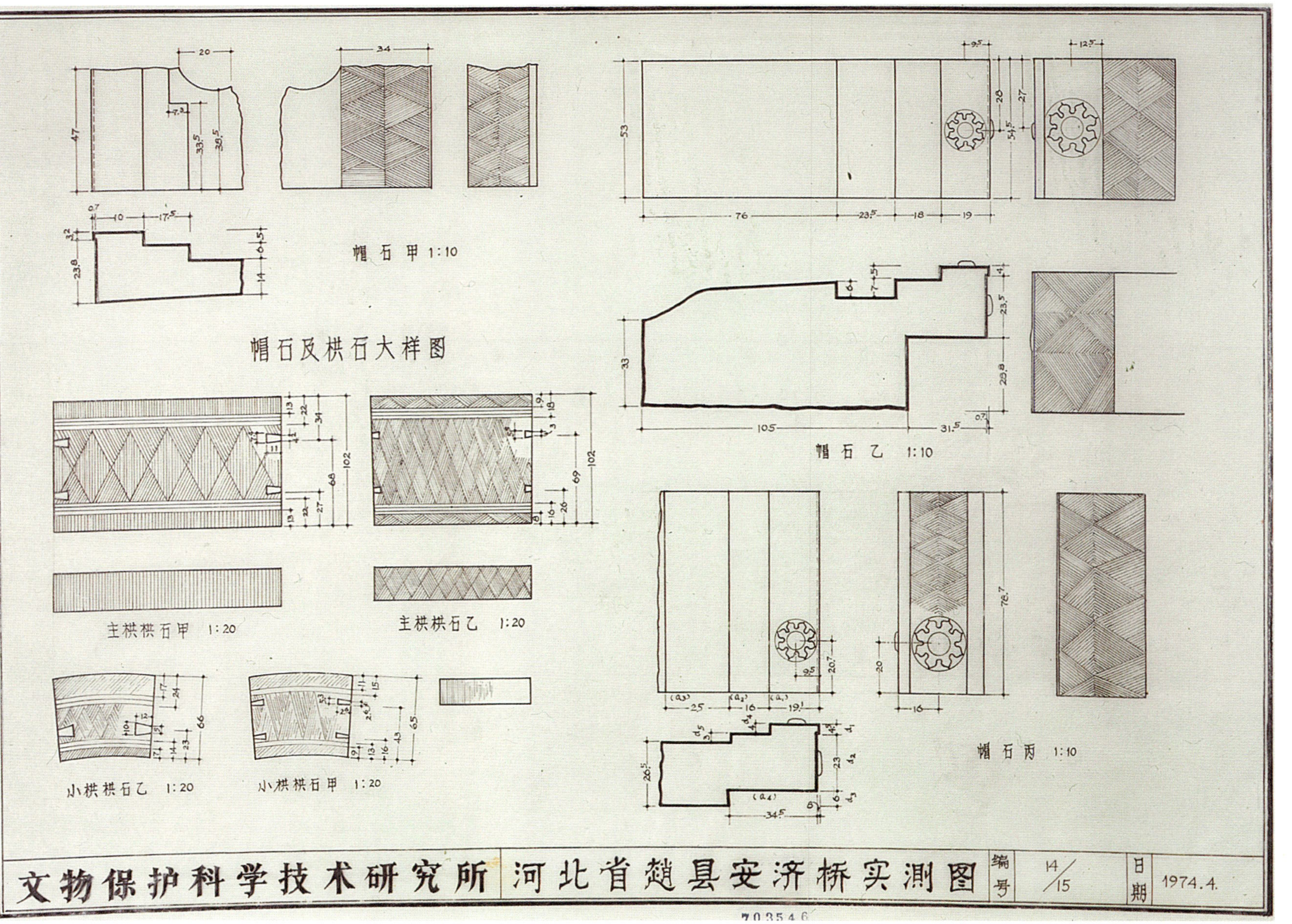

图 14　河北省赵县安济桥实测图（帽石及拱石大样图）1974 年 4 月

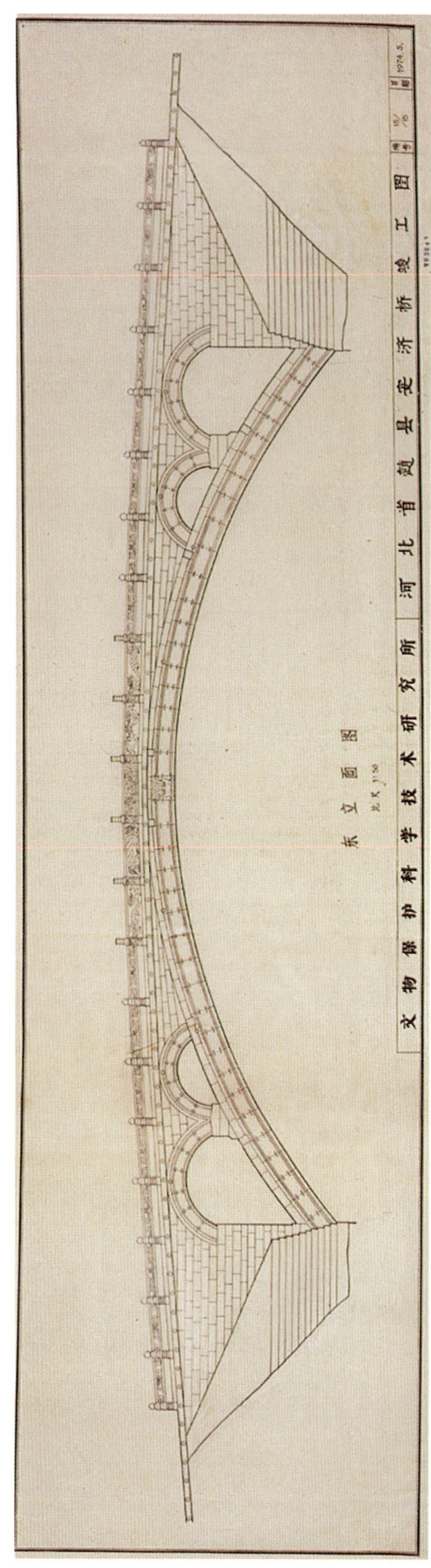

图15　河北省赵县安济桥竣工图（东立面图）　1974年5月

第五节　关帝庙和展览室设计图

序号	图纸名称	绘制人员	制图单位	绘制年代	图纸材料
01	赵县安济桥展览室工程图——安济桥展览室位置图	绘图：李全庆，审核：余鸣谦	古代建筑修整所	1958 年 12 月 17 日	硫酸图
02	赵县安济桥展览室工程图——平、立、剖和房架大样图	绘图：李全庆，审核：余鸣谦	古代建筑修整所	1958 年 12 月 17 日	硫酸图
03	河北赵县大石桥关帝阁平面图	设计：余鸣谦，绘图：杨烈	北京文物整理委员会	1953 年 1 月	硫酸图
04	河北赵县大石桥关帝阁前面立面图	设计：余鸣谦，绘图：杨烈	北京文物整理委员会	1953 年 1 月	硫酸图
05	河北赵县大石桥关帝阁后面立面图	设计：余鸣谦，绘图：杨烈	北京文物整理委员会	1953 年 1 月	硫酸图
06	河北赵县大石桥关帝阁侧立面图	设计：余鸣谦，绘图：梁超	北京文物整理委员会	1953 年 1 月 23 日	硫酸图
07	河北赵县大石桥关帝阁剖面图	设计：余鸣谦，绘图：杨烈、王真	北京文物整理委员会	1953 年 1 月	硫酸图

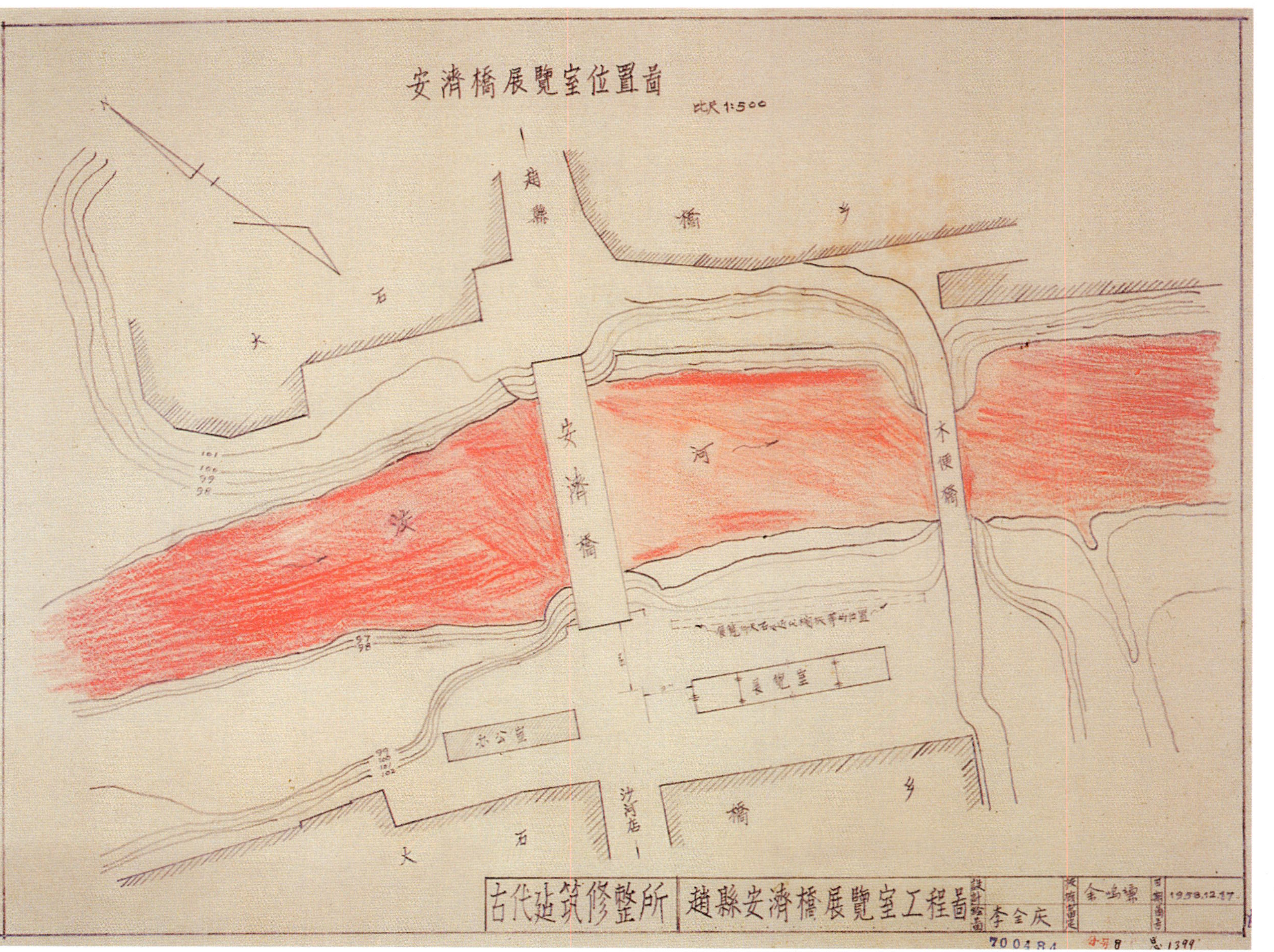

图 01　赵县安济桥展览室工程图——安济桥展览室位置图　1958 年 12 月 17 日

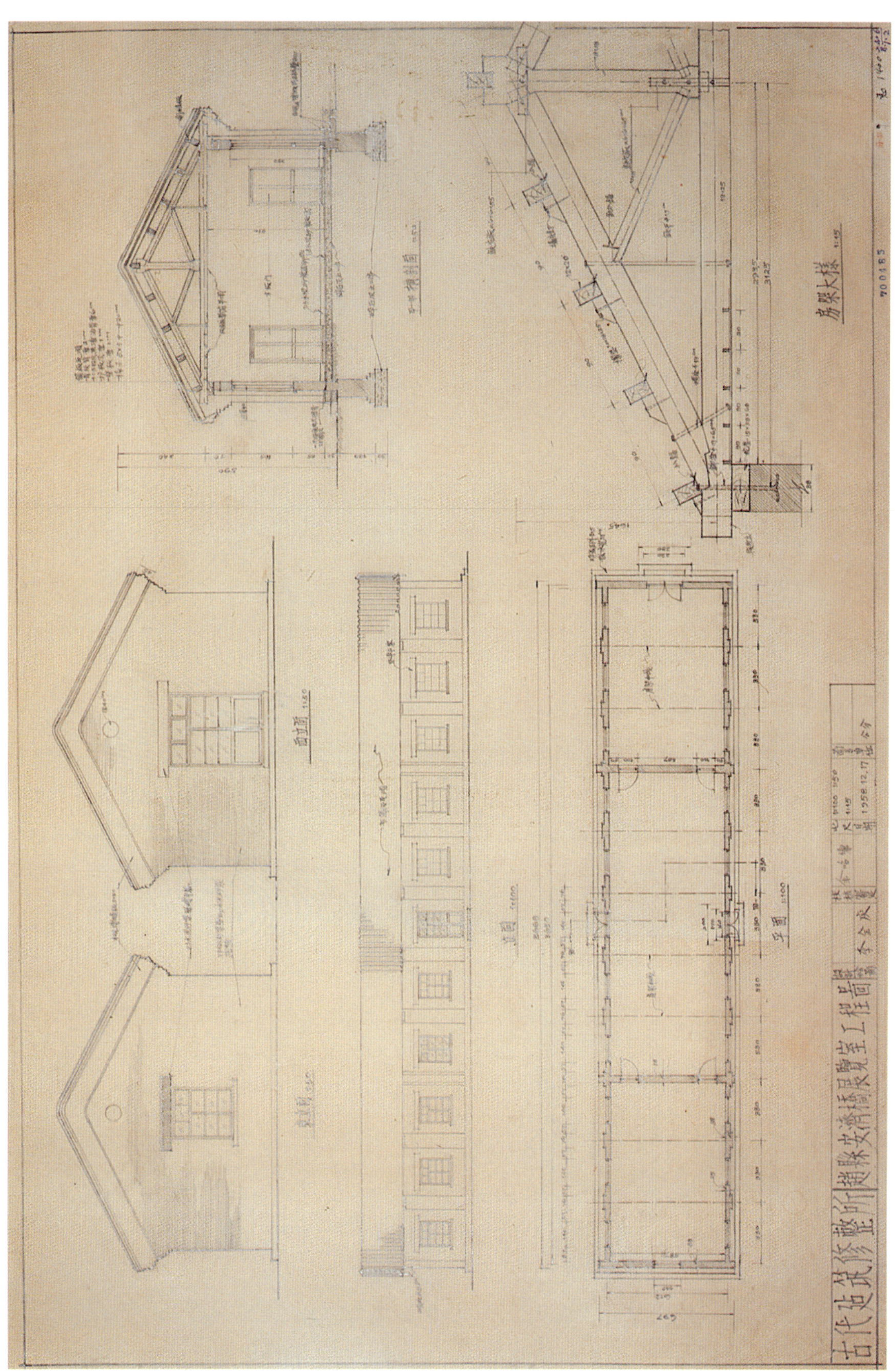

图 02　赵县安济桥展览室工程图——平、立、剖和房架大样图　1958 年 12 月 17 日

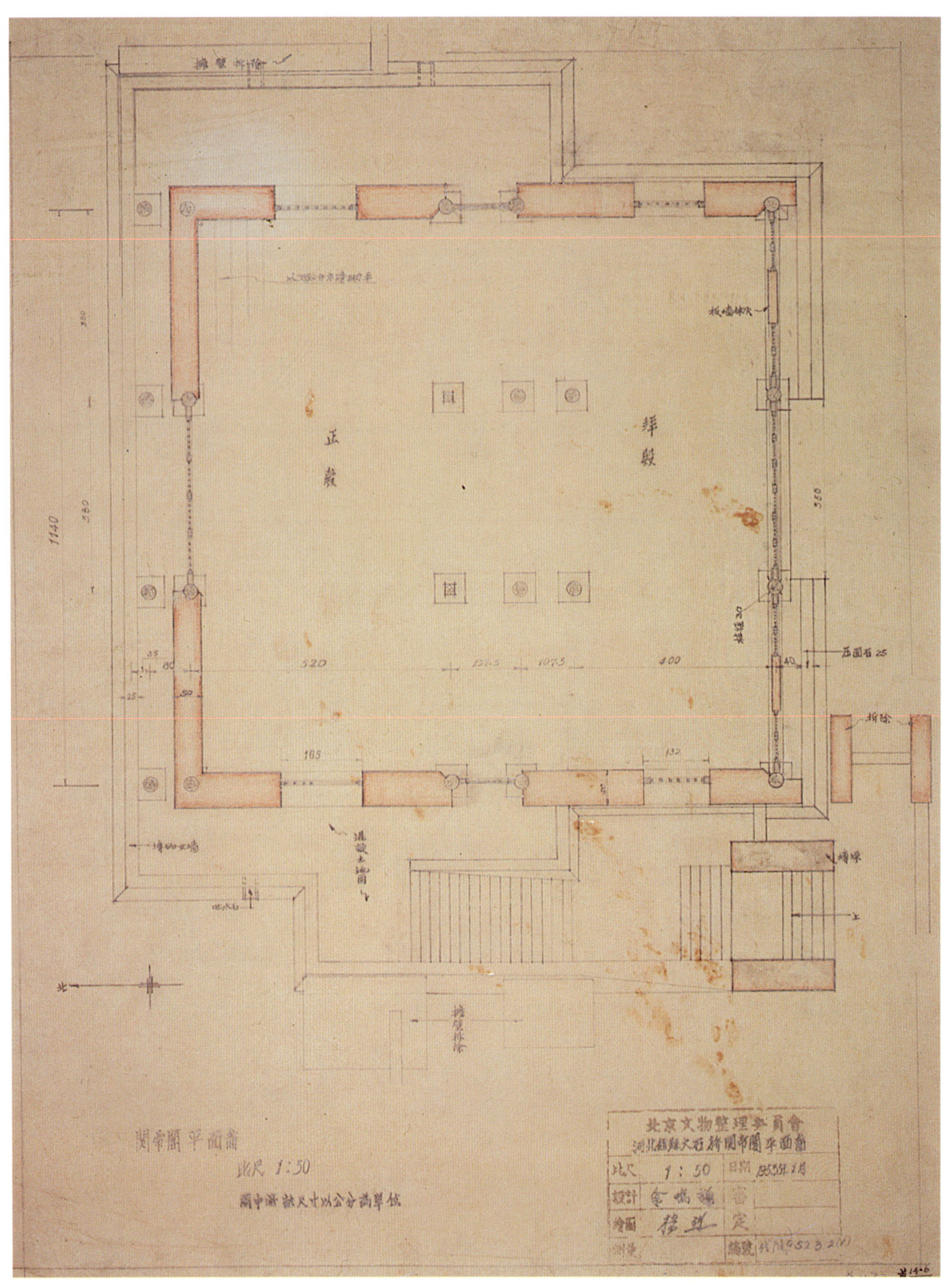

图 03　河北赵县大石桥（安济桥）关帝阁平面图　1953 年 1 月

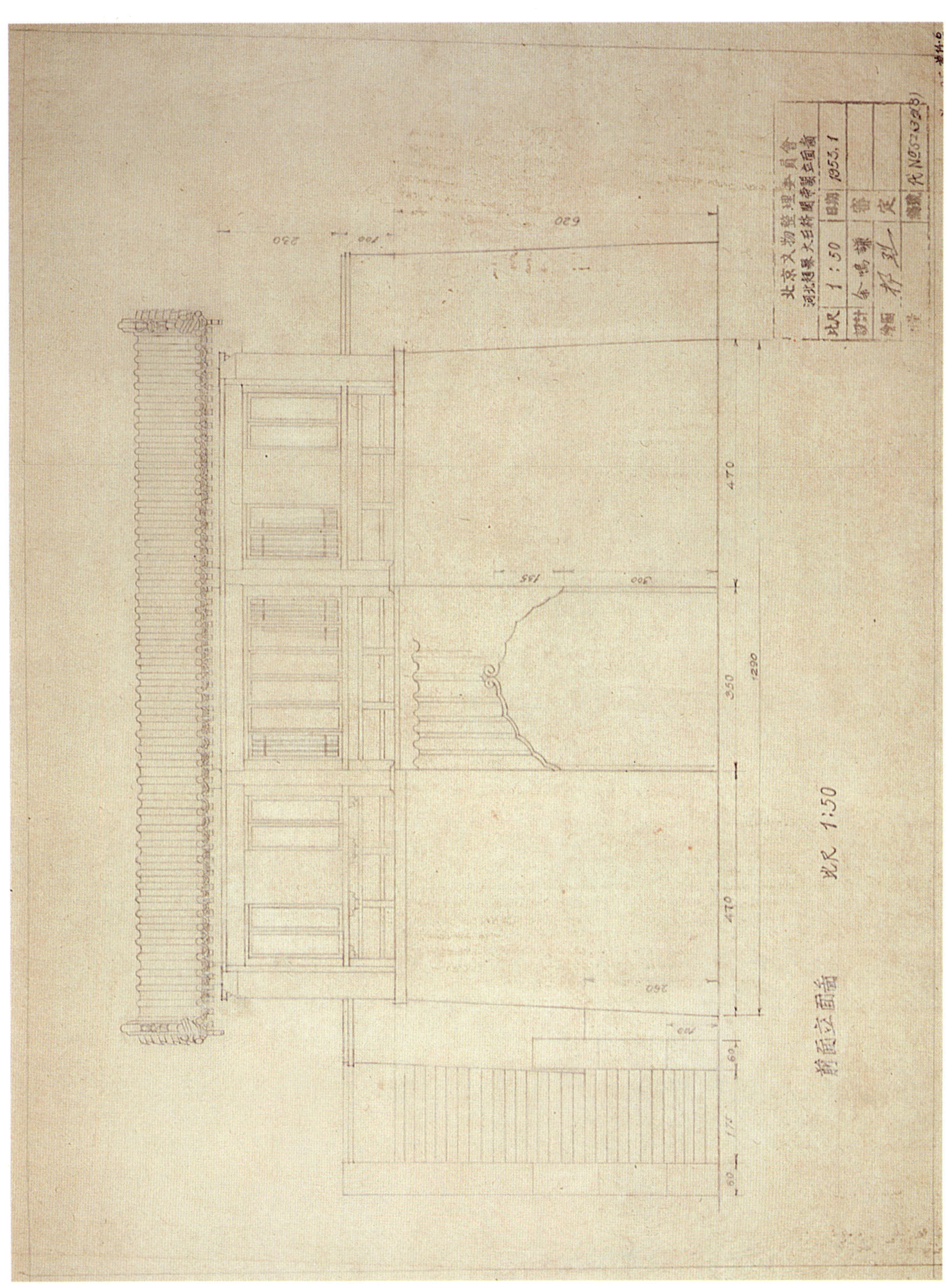

图 04　河北赵县大石桥（安济桥）关帝阁前面立面图　1953 年 1 月

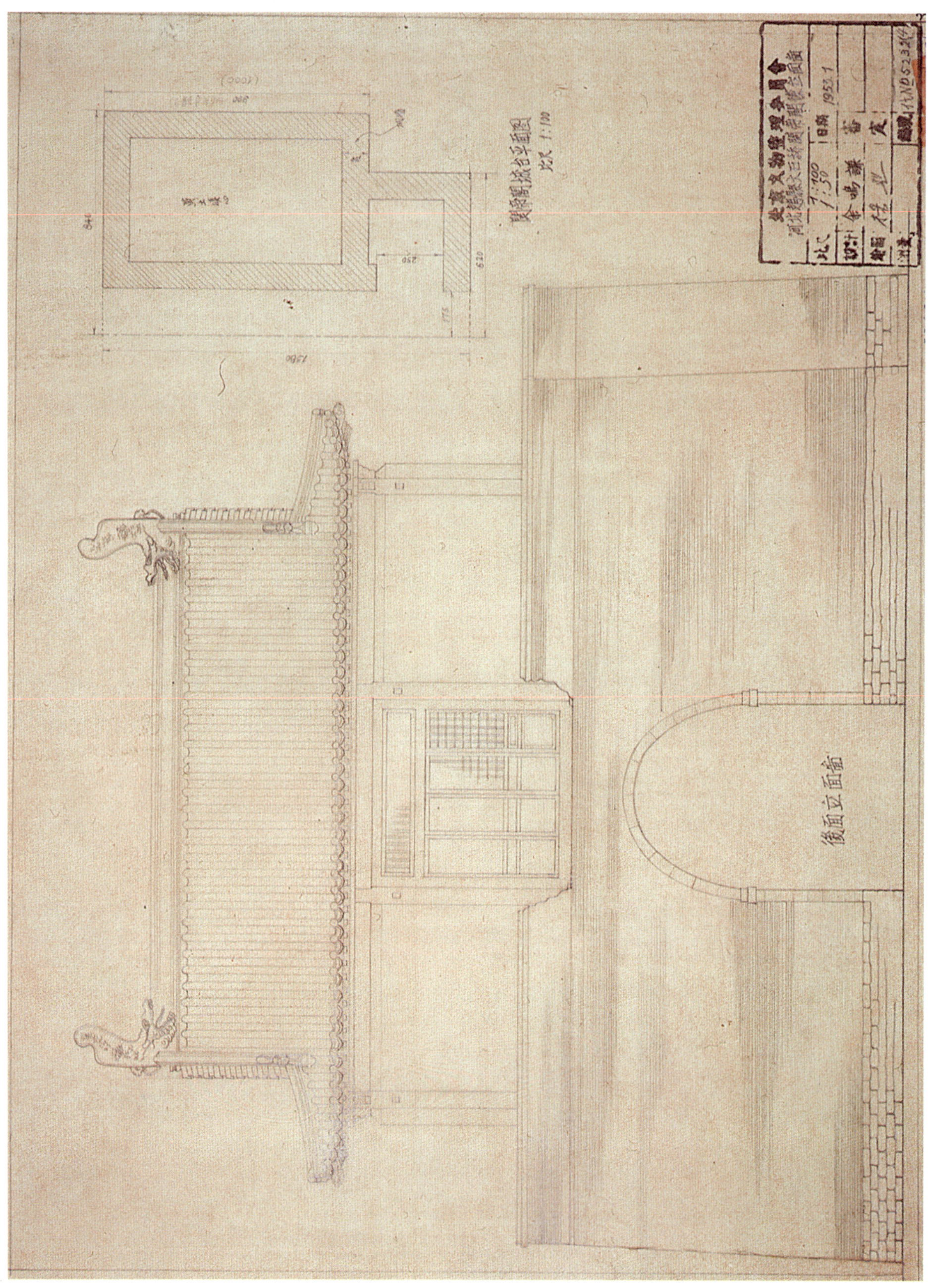

图 05　河北赵县大石桥（安济桥）关帝阁后面立面图　1953 年 1 月

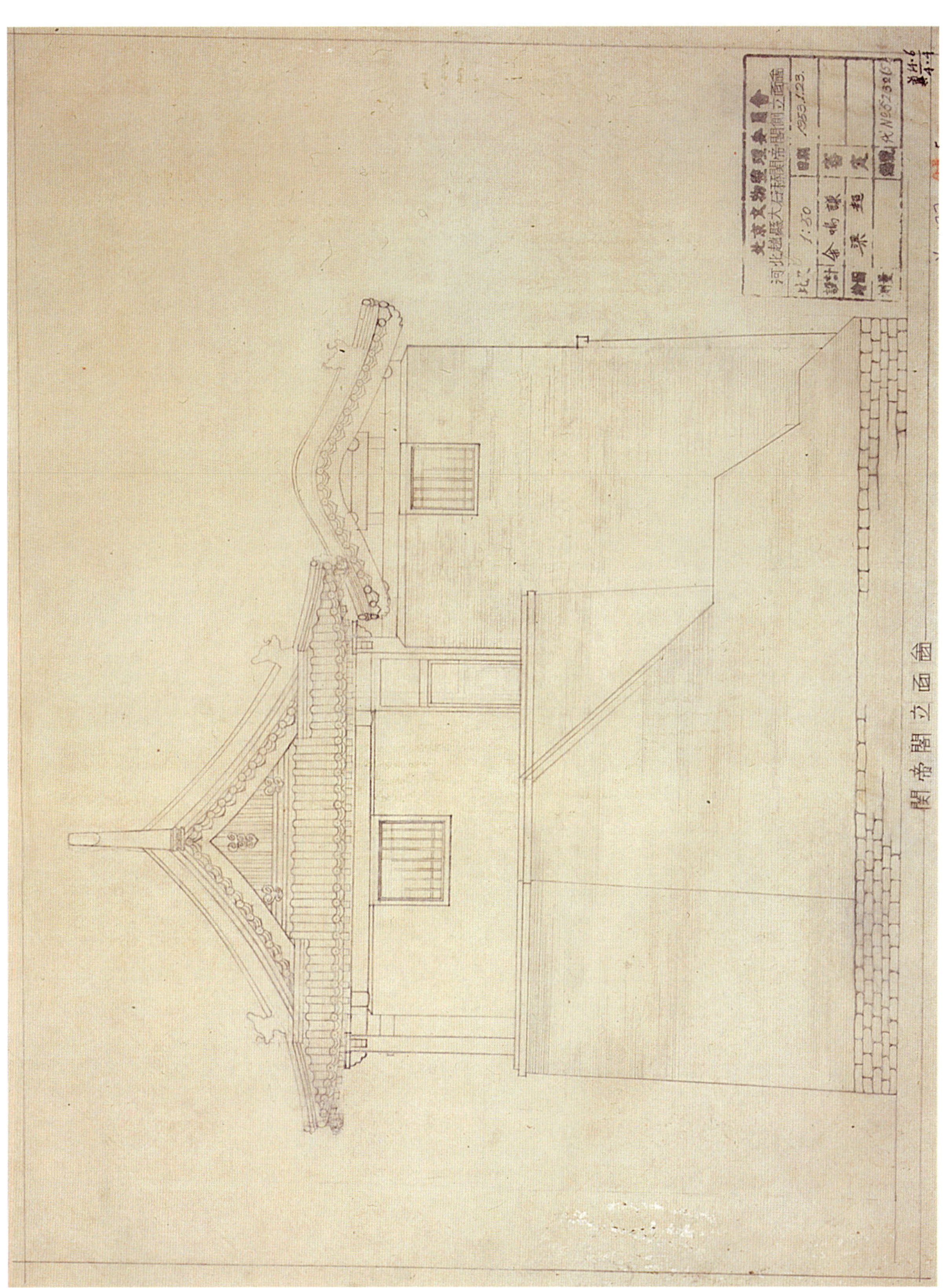

图06　河北赵县大石桥（安济桥）关帝阁侧立面图　1953年1月

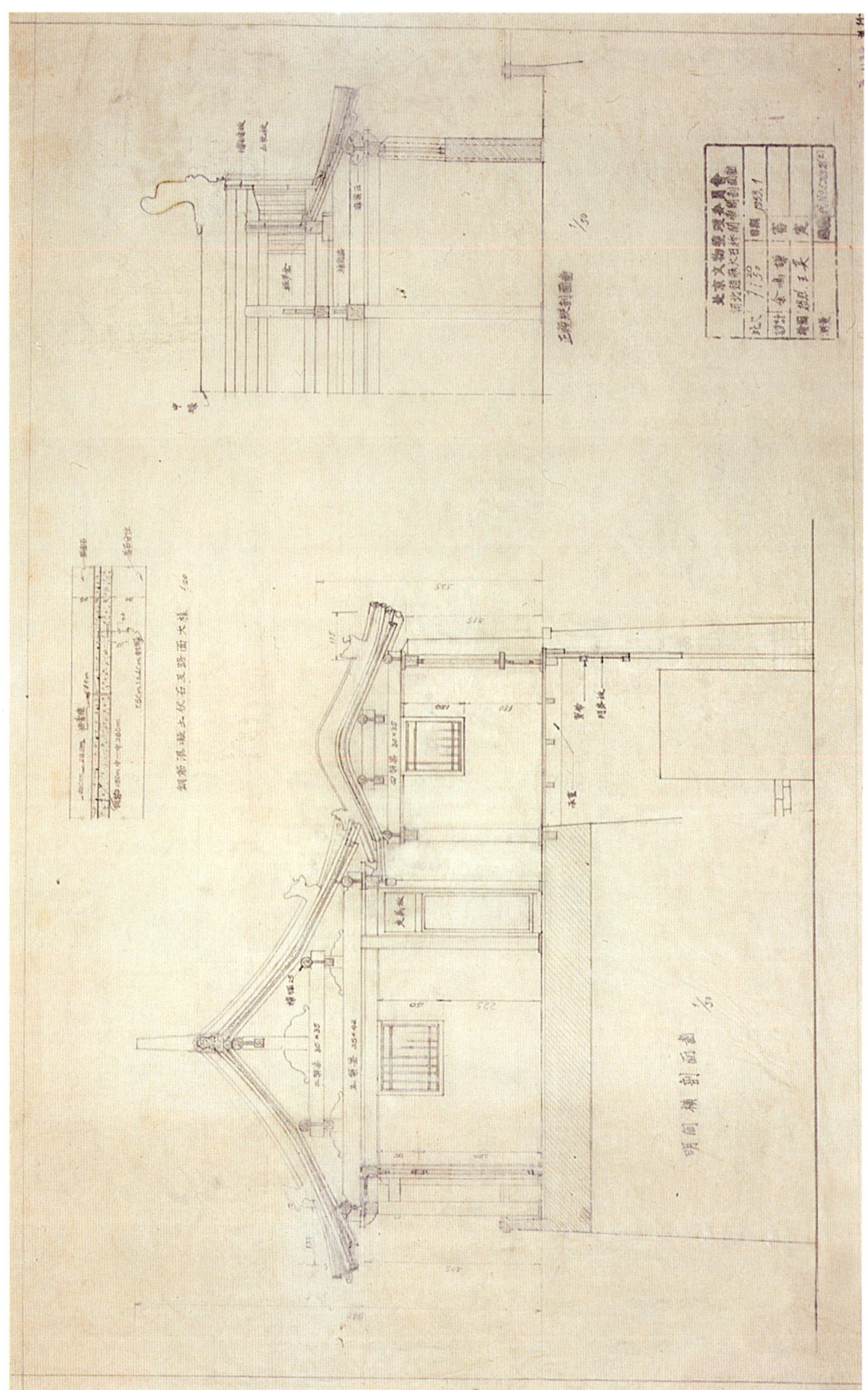

图 07　河北赵县大石桥（安济桥）关帝阁剖面图　1953 年 1 月

第六节　2010年三维激光扫描实测图

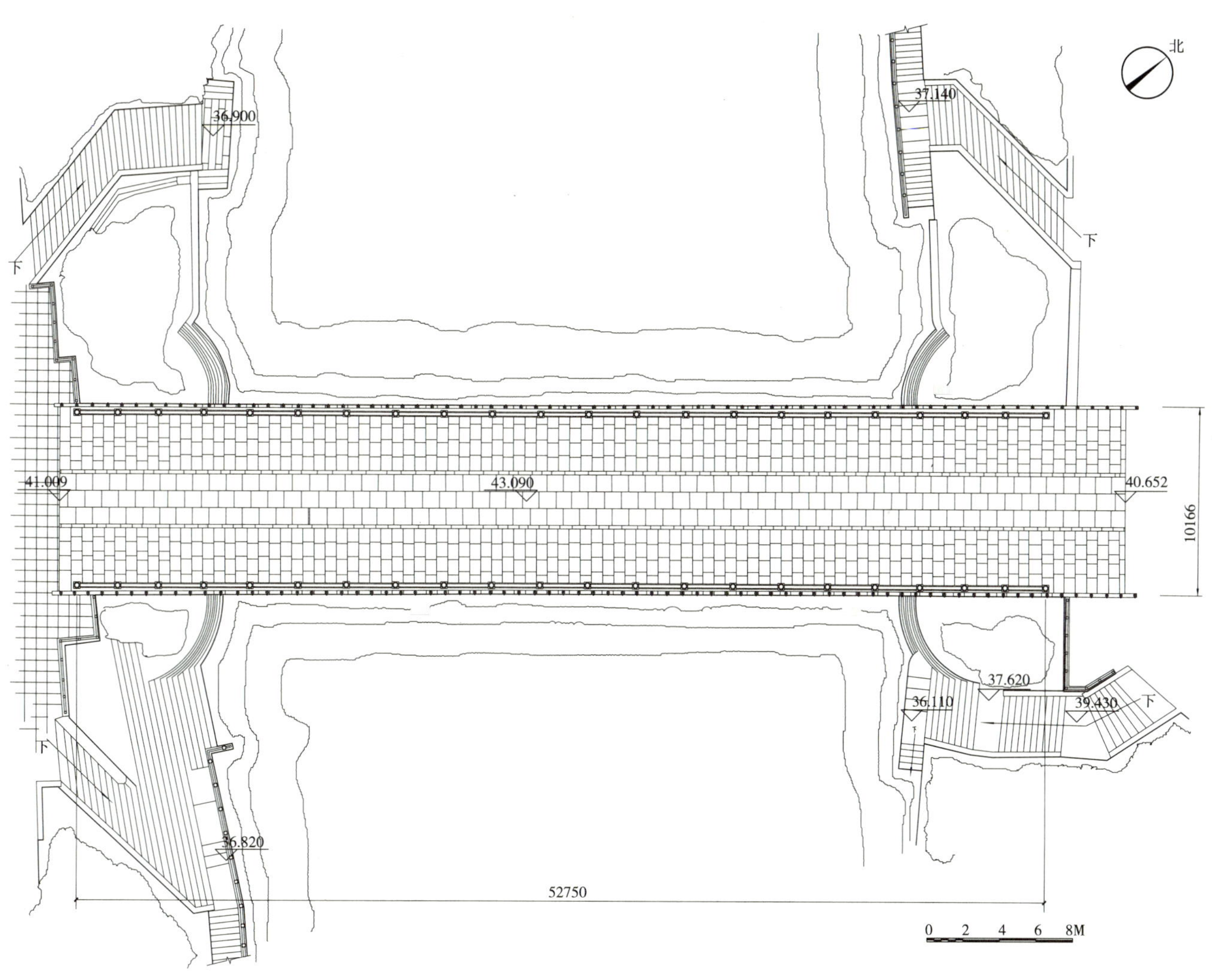

图01　平面图

本节图纸为2010年天津大学建筑学院吴葱等测绘，任意平面直角坐标系；假定高程系统。

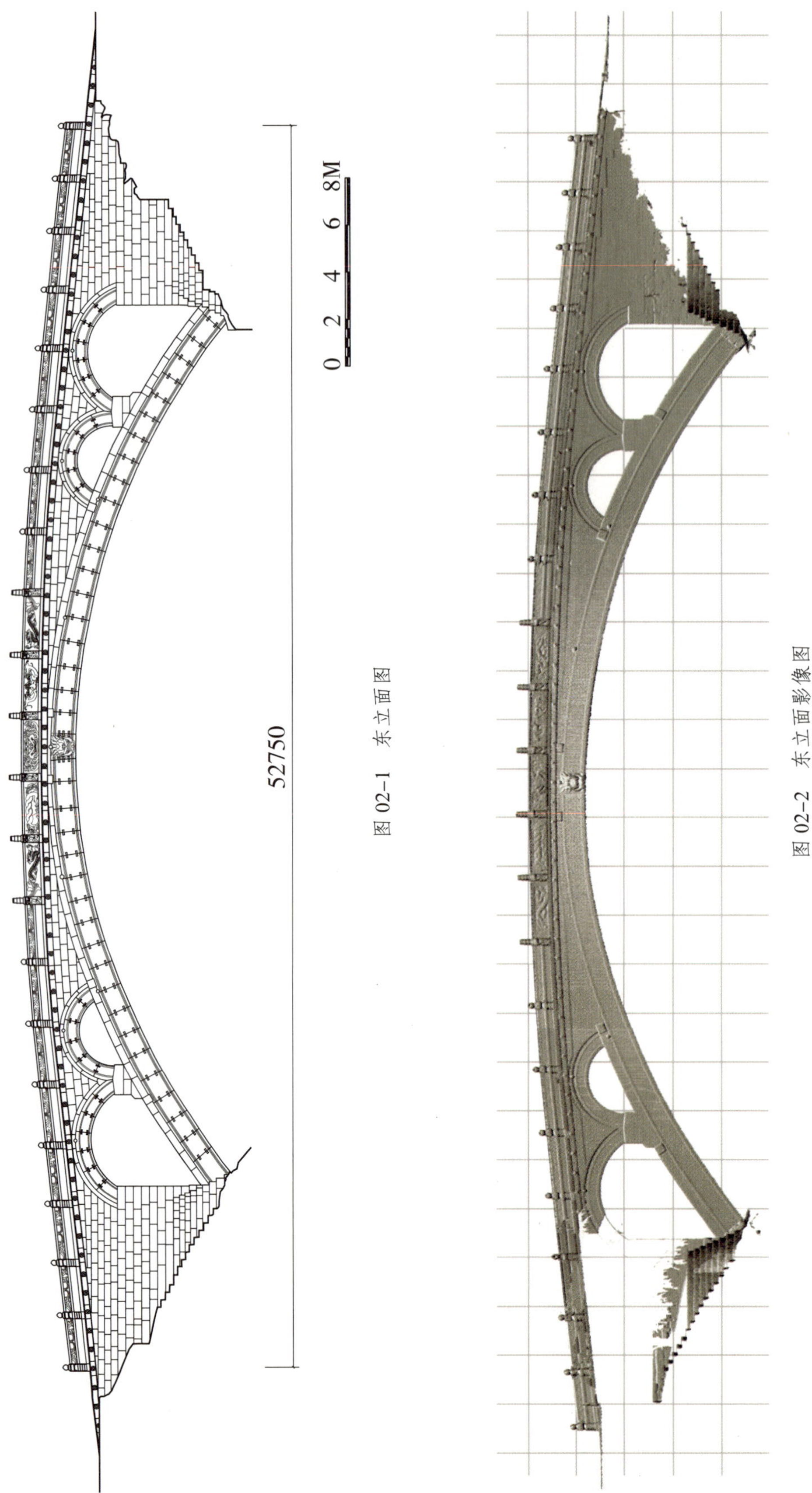

图 02-1 东立面图

图 02-2 东立面影像图

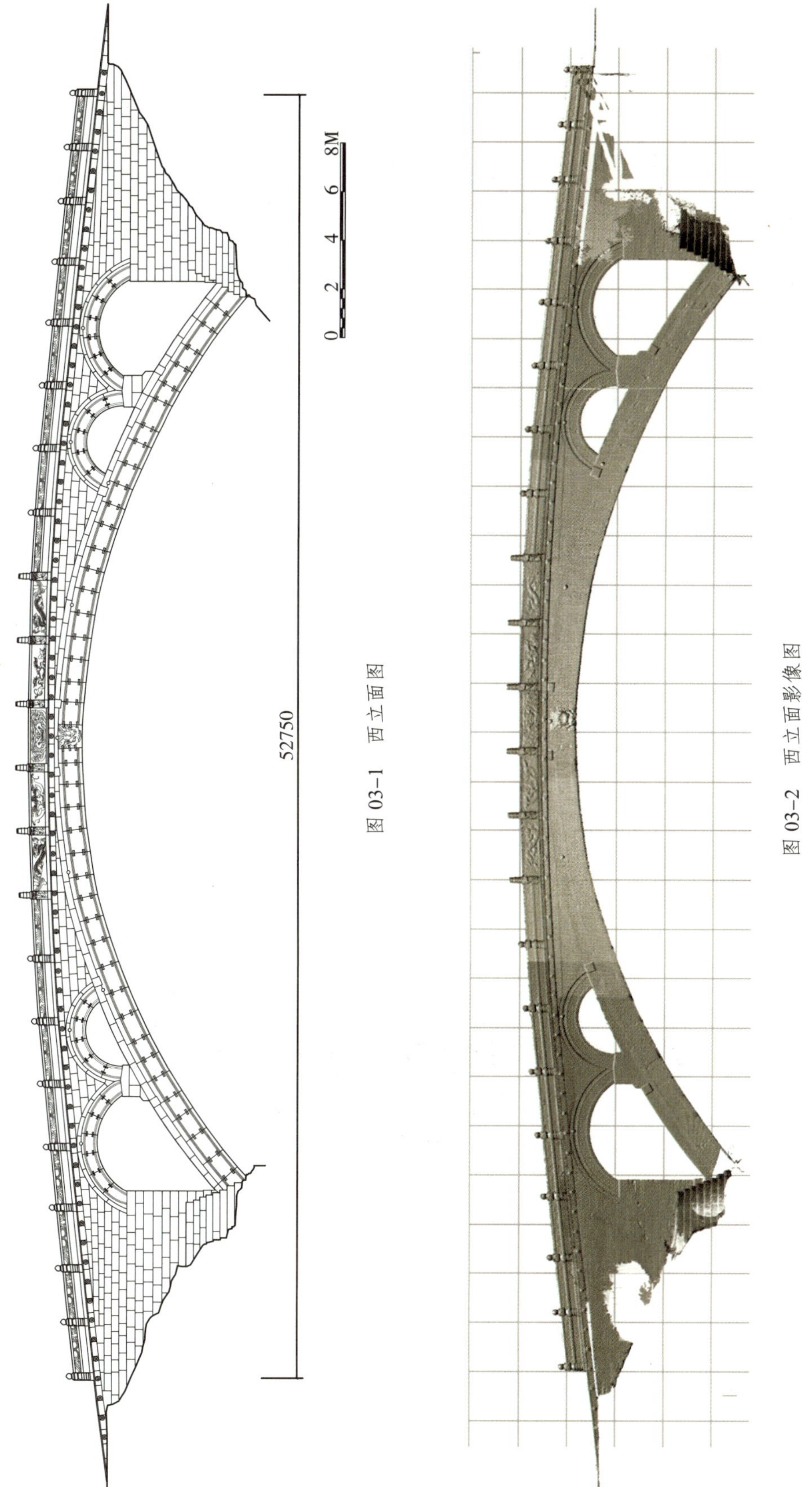

图 03-1　西立面图

图 03-2　西立面影像图

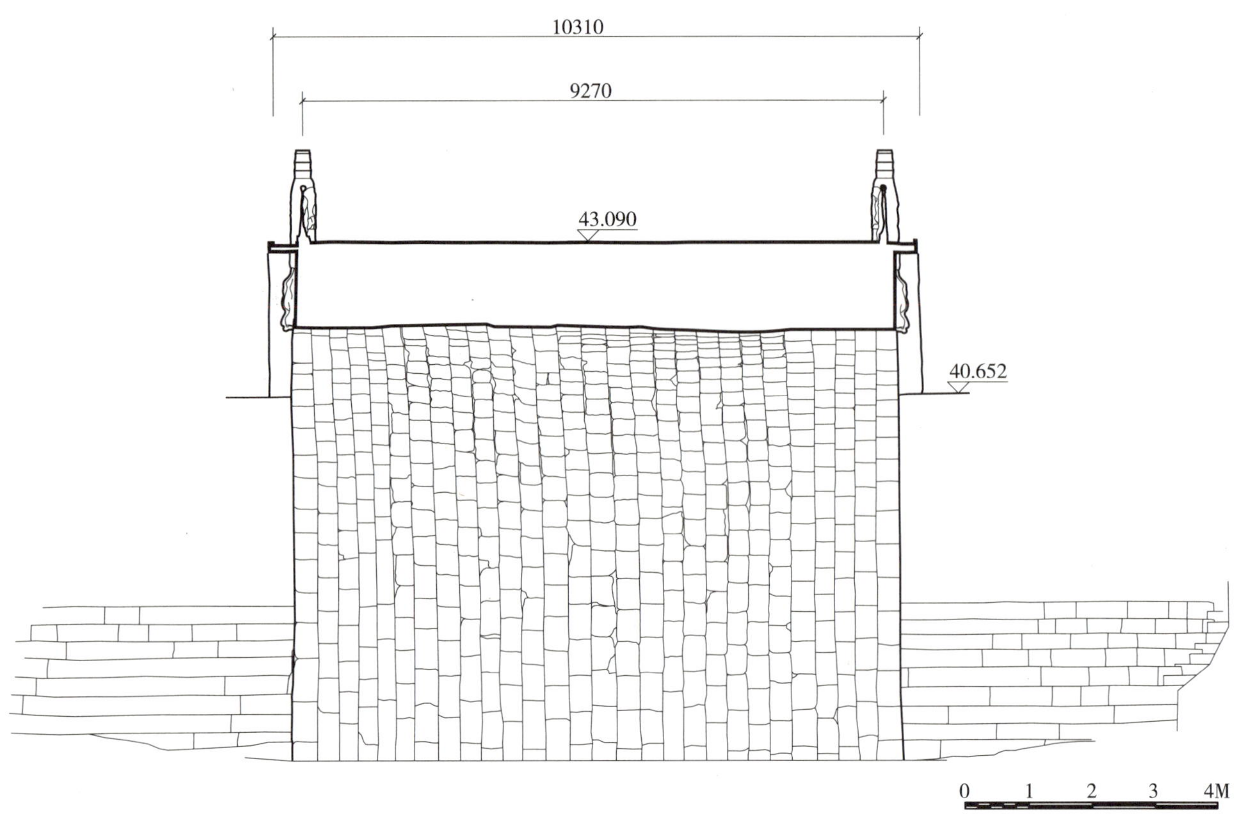

图 04-1　横剖面图（拱券底侧北视）

图 04-2　剖面图（拱券底侧北视）影像图

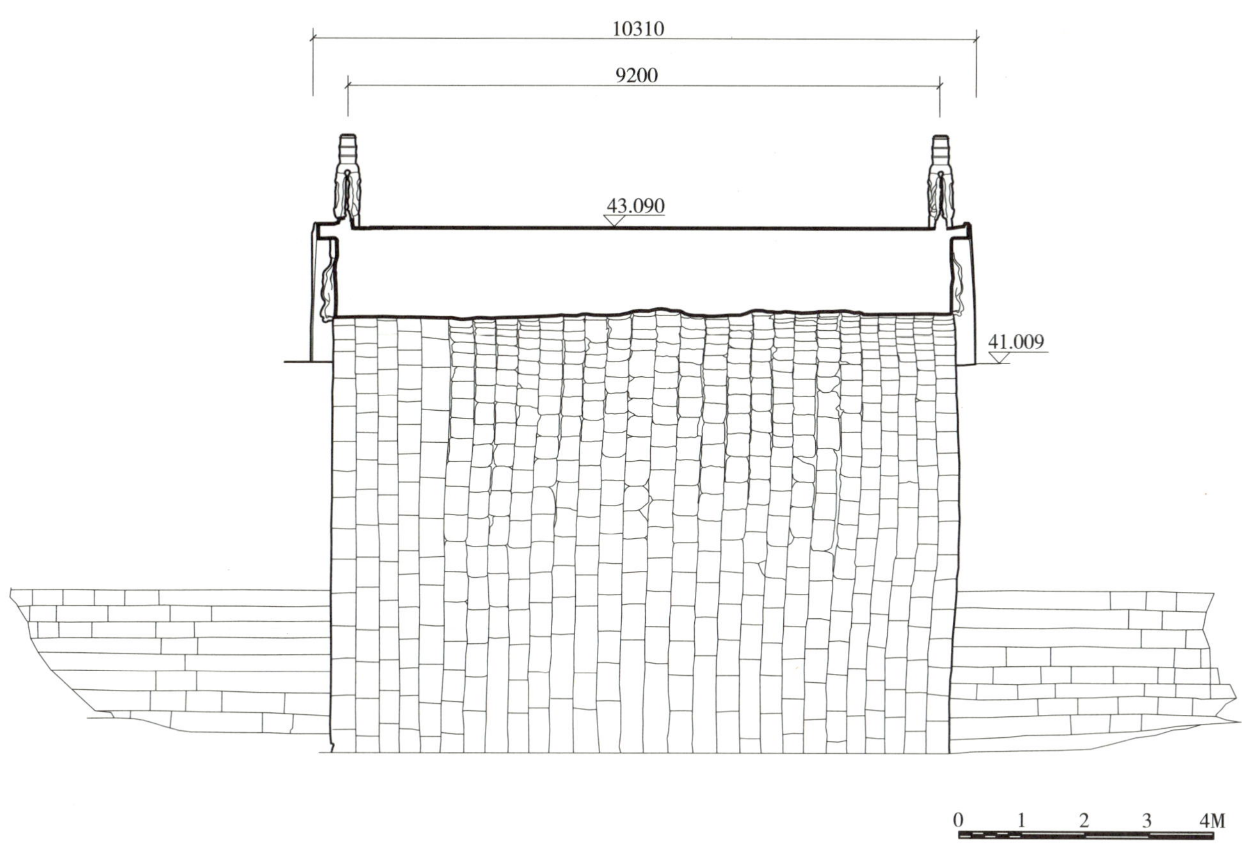

图 05-1　横剖面图（拱券底侧南视）

图 05-2　剖面图（拱券底侧南视）影像图

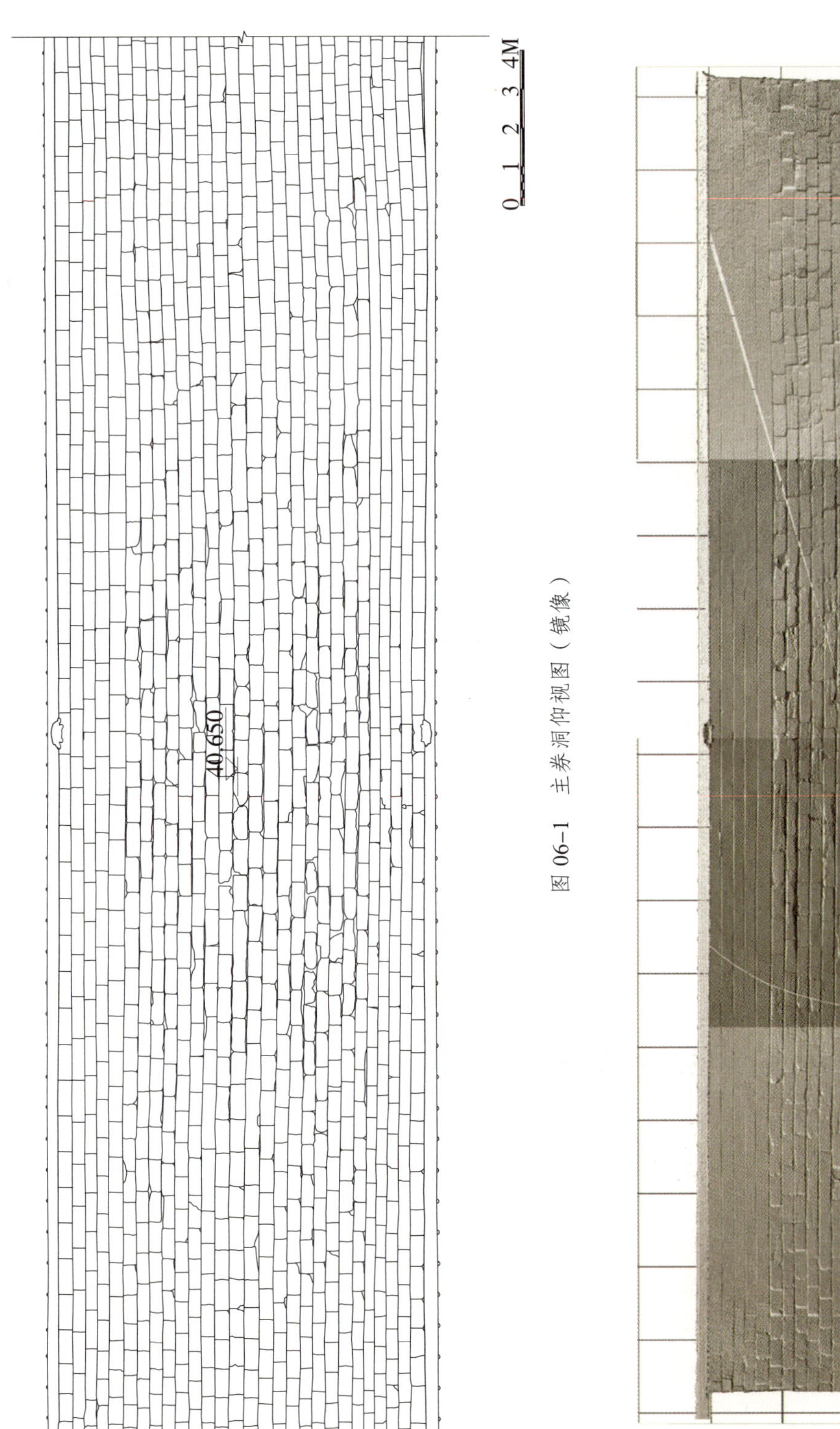

图 06-1　主券洞仰视图（镜像）

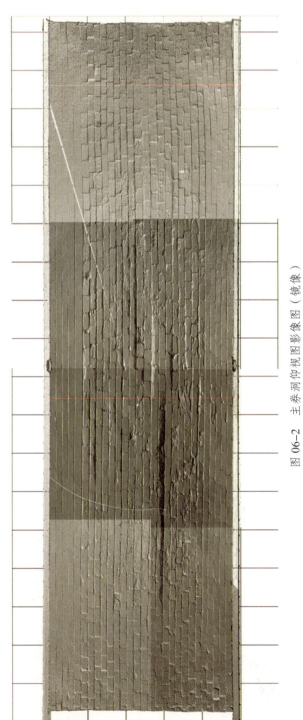

图 06-2　主券洞仰视图影像图（镜像）

第六章　测稿

第一节　河北赵县安济桥1955年实测图

序号	编号	图名	测图人	绘制时间
01	1/59	赵县大石桥平面（1）	杨玉柱	1955年4月10日
02	2/59	赵县大石桥桥面平面（2）——（桥面石）数目及残破现状	杨玉柱	1955年4月13日
03	3/59	赵县大石桥东面北侧小拱圈	余鸣谦	1955年4月
04	4/59	赵县大石桥（安济桥）东面南侧小拱圈（自东数第四通券面）	余鸣谦	1955年4月17日
05	5/59	赵县大石桥东面南侧墩台（第一层主券面）	余鸣谦	1955年4月
06	6/59	赵县大石桥（安济桥）西面各部断面	杨玉柱	1955年4月28日
07	7/59	赵县大石桥大券洞仰视展开图——残破现状记录（1）	杨玉柱	1955年4月20日
08	8/59	赵县大石桥北起第一小券洞仰视展开图——残破现状记录（2）	杨玉柱	1955年4月8日
09	9/59	赵县大石桥南起第一小券洞仰视展开图——残破现状记录（3）	杨玉柱	1955年4月20日
10	10/59	赵县大石桥（安济桥）南起第三小券洞仰视展开图	杨玉柱	1955年4月28日
11	11/59	赵县大石桥（安济桥）南起第二小券洞仰视展开图	杨玉柱	1955年4月28日
12	12/59	赵县大石桥南起第一小券洞南面券墩残破现状及题字（1）	杨玉柱	1955年4月21日
13	13/59	赵县大石桥南起第一小券洞北面券墩及浮石残破现状及题字（2）	杨玉柱	1955年4月21日
14	14/59	赵县大石桥北起第一小券洞北面券墩残破现状及题字（3）	杨玉柱	1955年4月22日
15	15/59	赵县大石桥北起第一小券洞南面券墩及浮石残破现状及题字（4）	杨玉柱	1955年4月22日
16	16/59	赵县大石桥西面栏板背面花纹记录	杨玉柱	1955年4月16日
17	17/59	河北赵县安济桥石栏板测稿	律鸿年	1955年4月10日
18	18/59	赵县安济桥西边西栏板第一块	律鸿年	1955年4月22日
19	19/59	河北赵县安济桥石栏板测稿	律鸿年	1955年4月10日
20	20/59	河北赵县安济桥石栏板测稿	律鸿年	1955年4月10日
21	21/59	河北赵县安济桥石栏板测稿	律鸿年	1955年4月10日
22	22/59	赵县大石桥西面南起第5块	杨玉柱	1955年4月10日
23	23/59	河北赵县安济桥西边石栏板测稿	律鸿年	1955年4月11日
24	24/59	河北赵县安济桥西面石栏板测稿	律鸿年	1955年4月11日
25	25/59	河北赵县安济桥西边石栏板测稿	律鸿年	1955年4月11日

续表

序号	编号	图名	测图人	绘制时间
26	26/59	河北赵县安济桥西面石栏板测稿	律鸿年	1955 年 4 月 12 日
27	27/59	河北赵县安济桥西边石栏板测稿	律鸿年	1955 年 4 月 12 日
28	28/59	河北赵县安济桥西边石栏板测稿	律鸿年	1955 年 4 月 13 日
29	29/59	赵县大石桥桥北头西面第十块栏板	杨玉柱	1955 年 4 月 12 日
30	30/59	赵县大石桥北头西面第九块栏板	杨玉柱	1955 年 4 月 12 日
31	31/59	赵县大石桥北头西面第八块栏板	杨玉柱	1955 年 4 月 12 日
32	32/59	赵县大石桥北头西面第七块栏板	杨玉柱	1955 年 4 月 12 日
33	33/59	赵县大石桥北头西面第六块栏板	杨玉柱	1955 年 4 月 12 日
34	34/59	赵县大石桥北头西面第五块栏板	杨玉柱	1955 年 4 月 12 日
35	35/59	赵县大石桥北头西面第四块栏板	杨玉柱	1955 年 4 月 12 日
36	36/59	大石桥北头西面第三块栏板	杨玉柱	1955 年 4 月 11 日
37	37/59	大石桥北头西面第一块和第二块栏板	杨玉柱	1955 年 4 月 11 日
38	38/59	大石桥栏板（未标注位置）	律鸿年	
39	39/59	赵县安济桥东边南端石栏板大样	律鸿年	1955 年 4 月 23 日
40	40/59	赵县大石桥关帝庙城台现状记录（1）——正立面	杨玉柱	1955 年 4 月 19 日
41	41/59	赵县大石桥关帝庙城台现状记录（2）——断面	杨玉柱	1955 年 4 月 19 日
42	42/59	五道庙与关帝阁城台补	余鸣谦	1955 年 4 月 16 日
43	43/59	赵县大石桥桥下挖出的望柱（1）	杨玉柱	1955 年 4 月 17 日
44	44/59	赵县大石桥桥下挖出的望柱（2）	杨玉柱	1955 年 4 月 17 日
45	45/59	赵县大石桥桥下挖出的望柱（3）	杨玉柱	1955 年 5 月 21 日
46	46/59	赵县大石桥挖出的栏板、望柱（4）	杨玉柱	1955 年 5 月 21 日
47	47/59	赵县大石桥挖出的石块（5）	杨玉柱	1955 年 5 月 21 日
48	48/59	赵县大石桥挖出的栏板（6）	杨玉柱	1955 年 5 月 21 日
49	1/19	赵县大石桥挖出之帽石（1）		1955 年 10 月
50	2/19	赵县大石桥挖出之帽石（2）		1955 年 10 月 22 日
51	3/19	赵县大石桥挖出之帽石（3）		1955 年 10 月
52	4/19	赵县大石桥挖出之帽石（4）		1955 年 10 月
53	5/19	赵县大石桥挖出之帽石（5）		1955 年 10 月
54	6/19	赵县大石桥挖出之帽石（6）		1955 年 10 月 23 日
55	7/19	赵县大石桥挖出之帽石（7）		1955 年 10 月 23 日

续表

序号	编号	图名	测图人	绘制时间
56	8/19	赵县大石桥挖出的帽石（8）		1955 年 10 月
57	9/19	赵县大石桥挖出的帽石（9）		
58	10/19	赵县大石桥挖出的帽石（10）		
59	11/19	赵县大石桥挖出的帽石（11）		1955 年 10 月 24 日
60	12/19	赵县大石桥（拱石）		1955 年 10 月 22 日
61	13/19	赵县大石桥（桥之仙迹位置、北部桥基纵断北视和东视）		1955 年 10 月 21 日
62	14/19	赵县大石桥桥面南头与东部城台部位		1955 年 10 月 26 日
63	15/19	赵县大石桥西面桥面帽石布置		
64	16/19	赵县大石桥挖出之望柱（竹节）		1955 年 10 月 20 日
65	17/19	赵县大石桥挖出之元木		1955 年 10 月 20 日
66	18/19	赵县大石桥挖出之元木		1955 年 10 月 20 日
67	19/19	赵县大石桥桥面（未标注）		

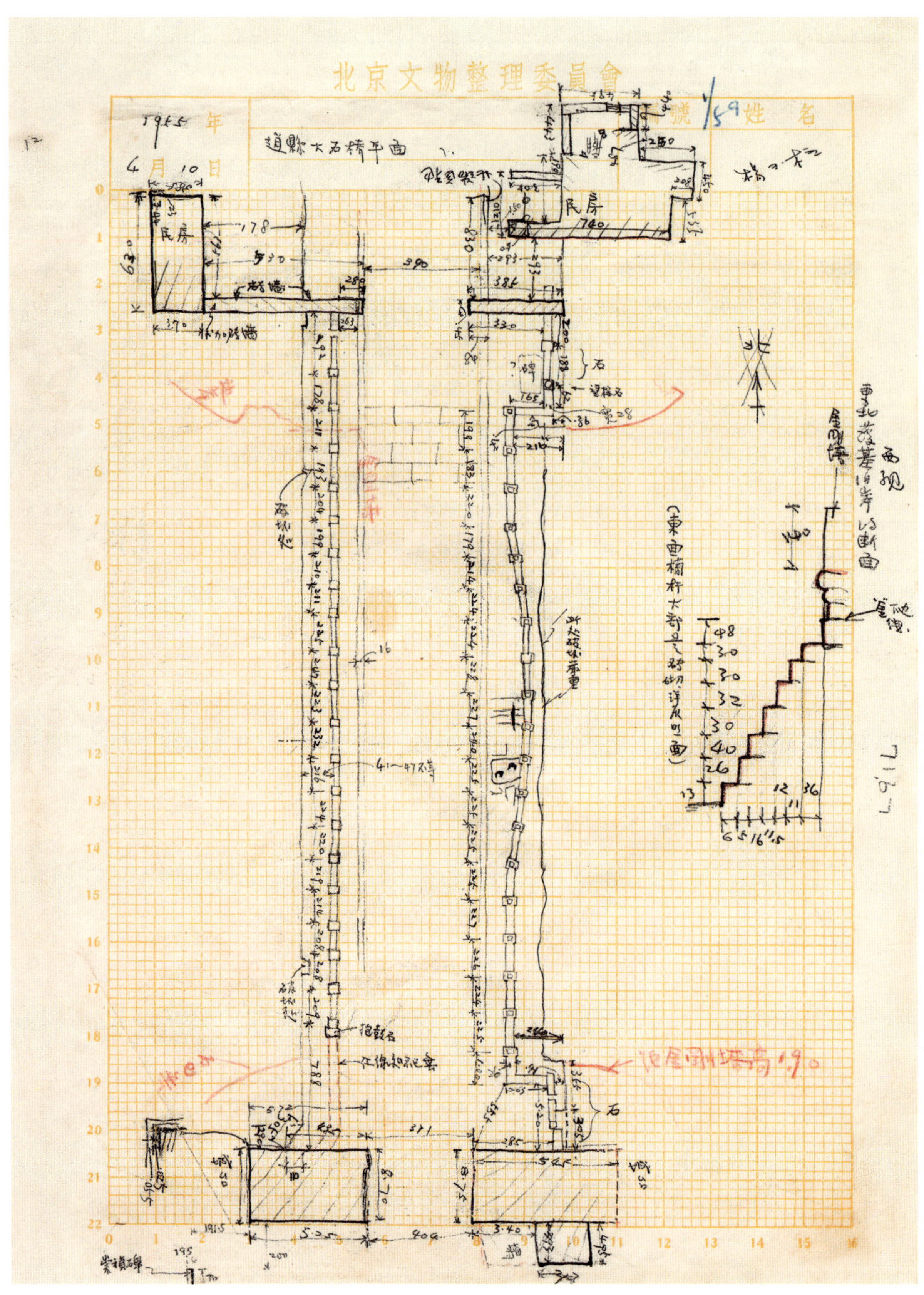

图 01　赵县大石桥平面（1）

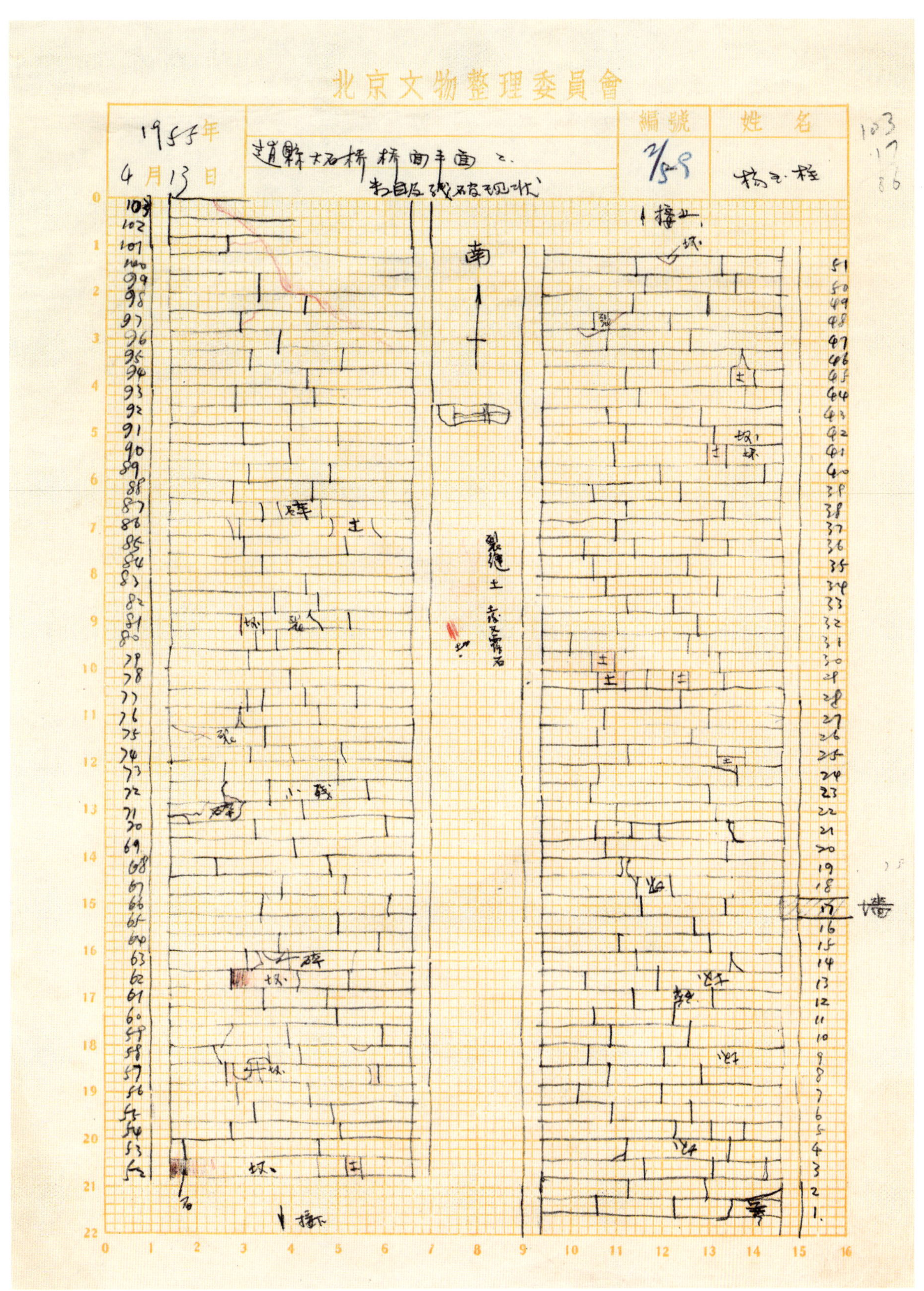

图 02　赵县大石桥桥面平面（2）——（桥面石）数目及残破现状

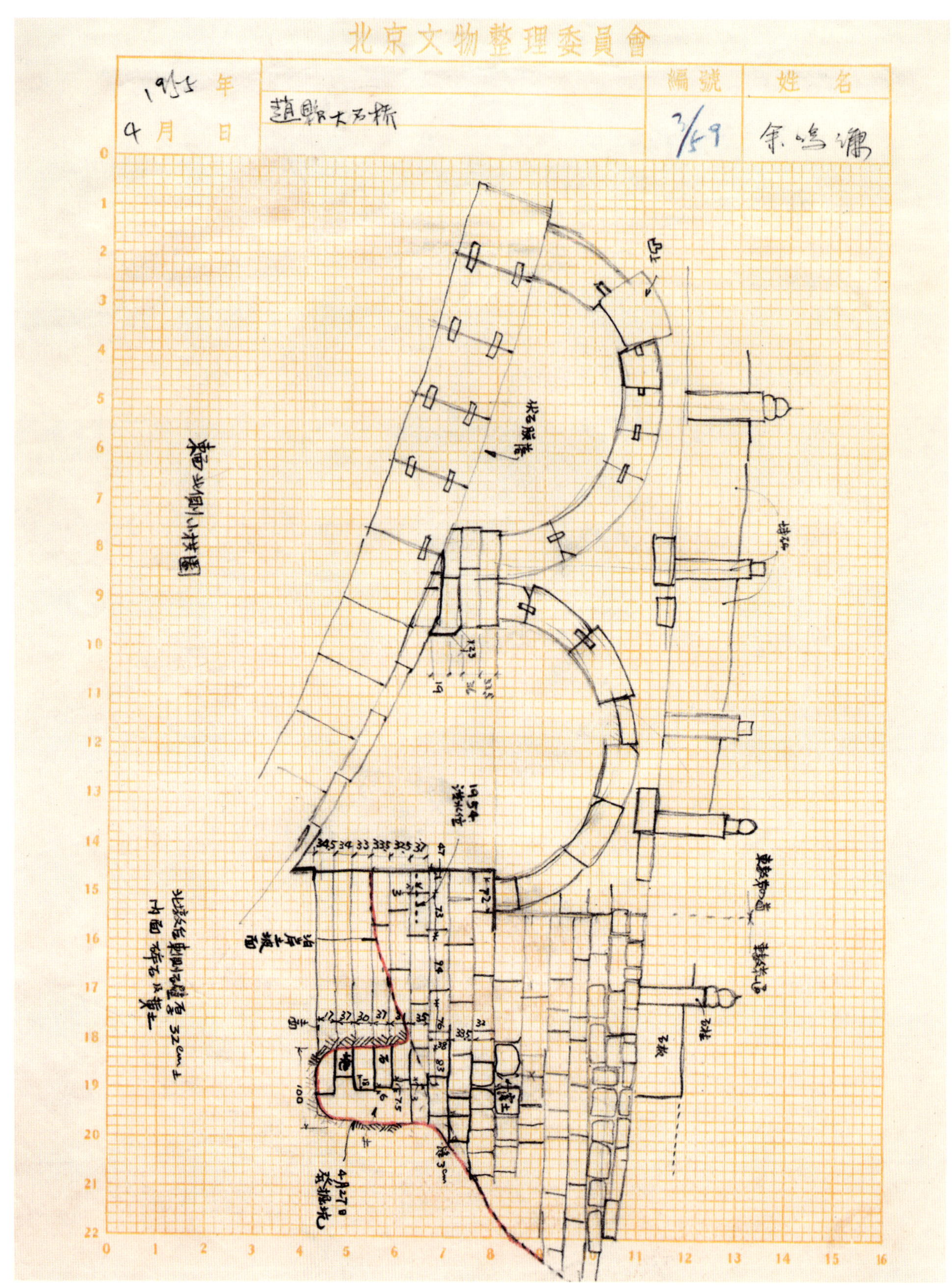

图 03　赵县大石桥东面北侧小拱圈

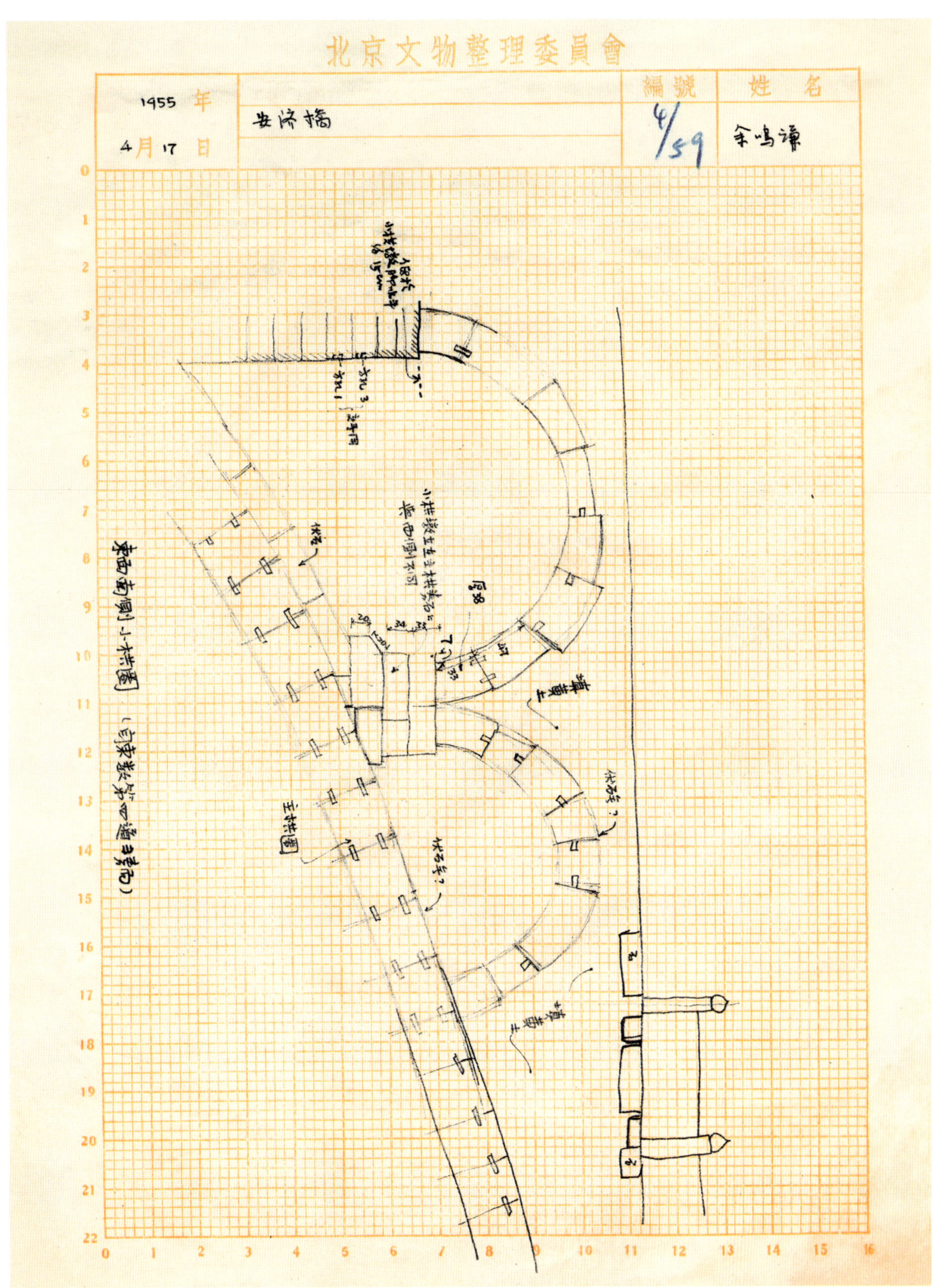

图 04　赵县大石桥（安济桥）东面南侧小拱圈（自东数第四通券面）

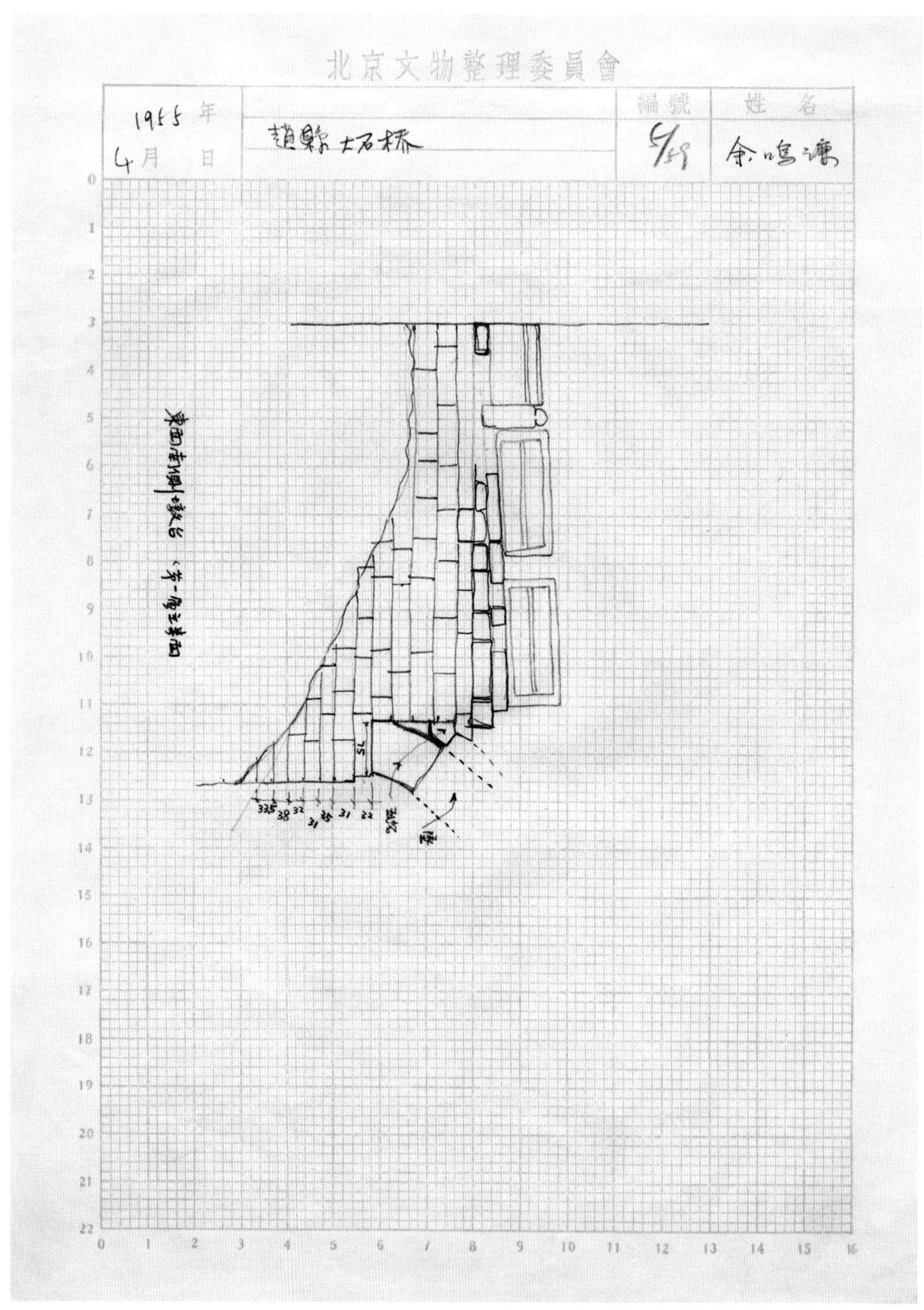

图 05　赵县大石桥东面南侧墩台（第一层主券面）

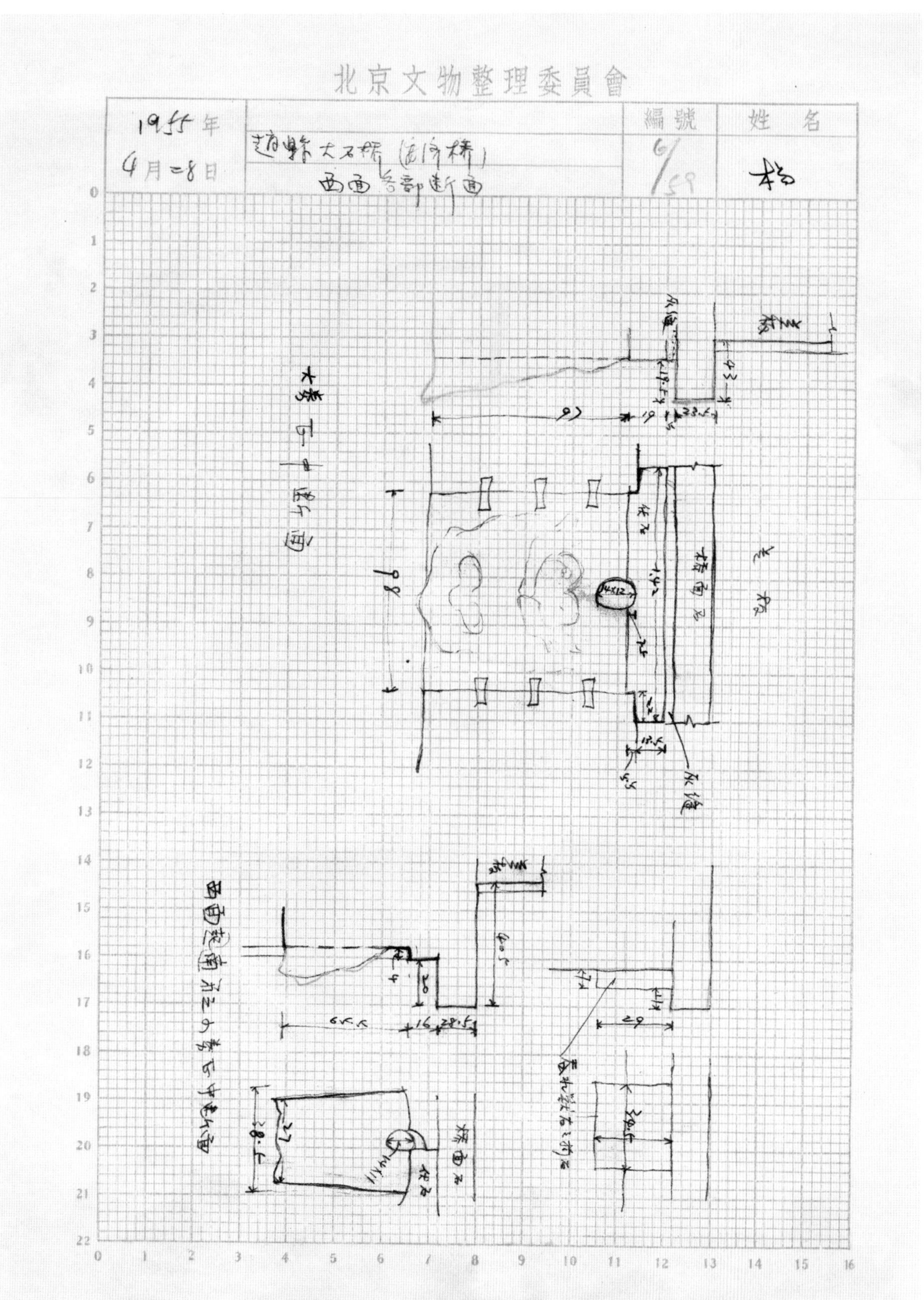

图 06 赵县大石桥（安济桥）西面各部断面

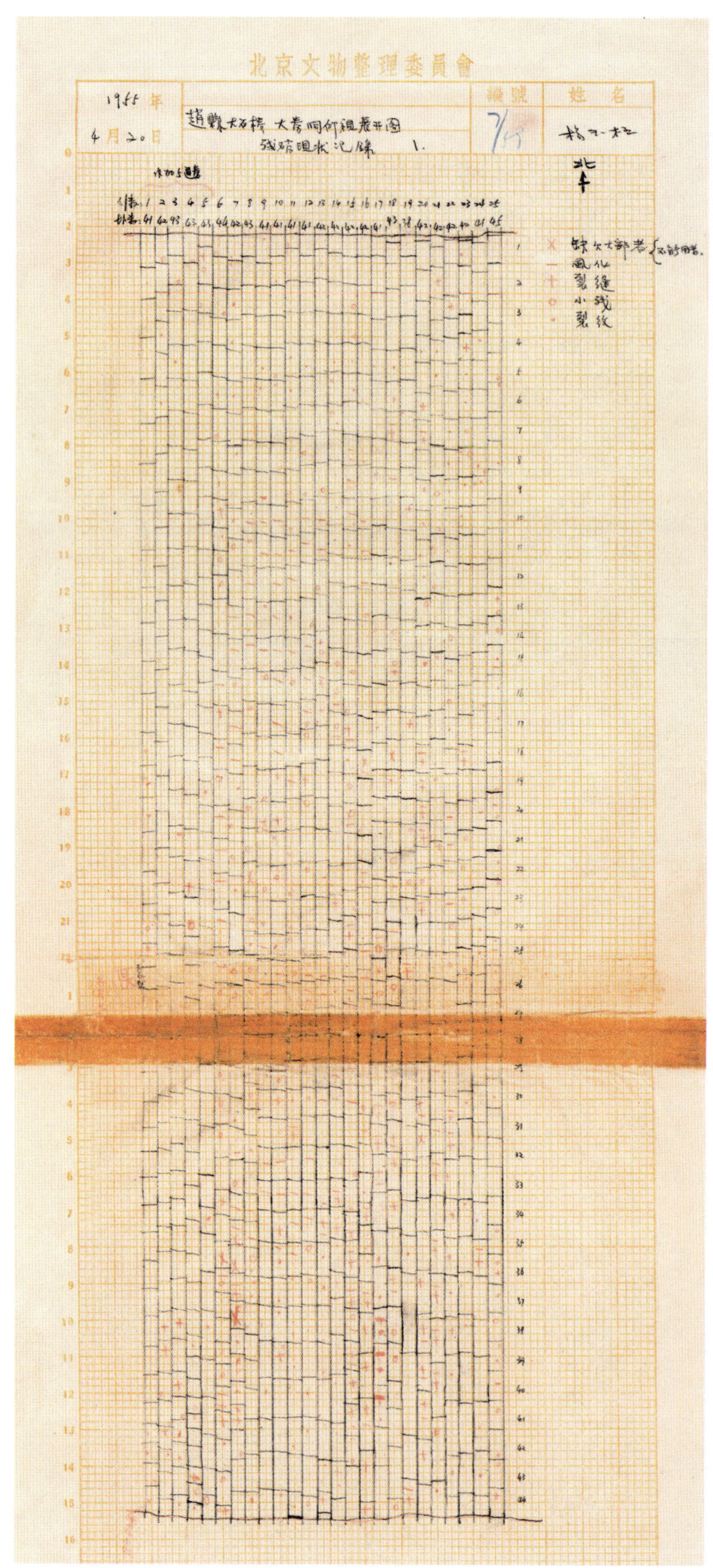

图07 赵县大石桥大券洞仰视展开图——残破现状记录（1）

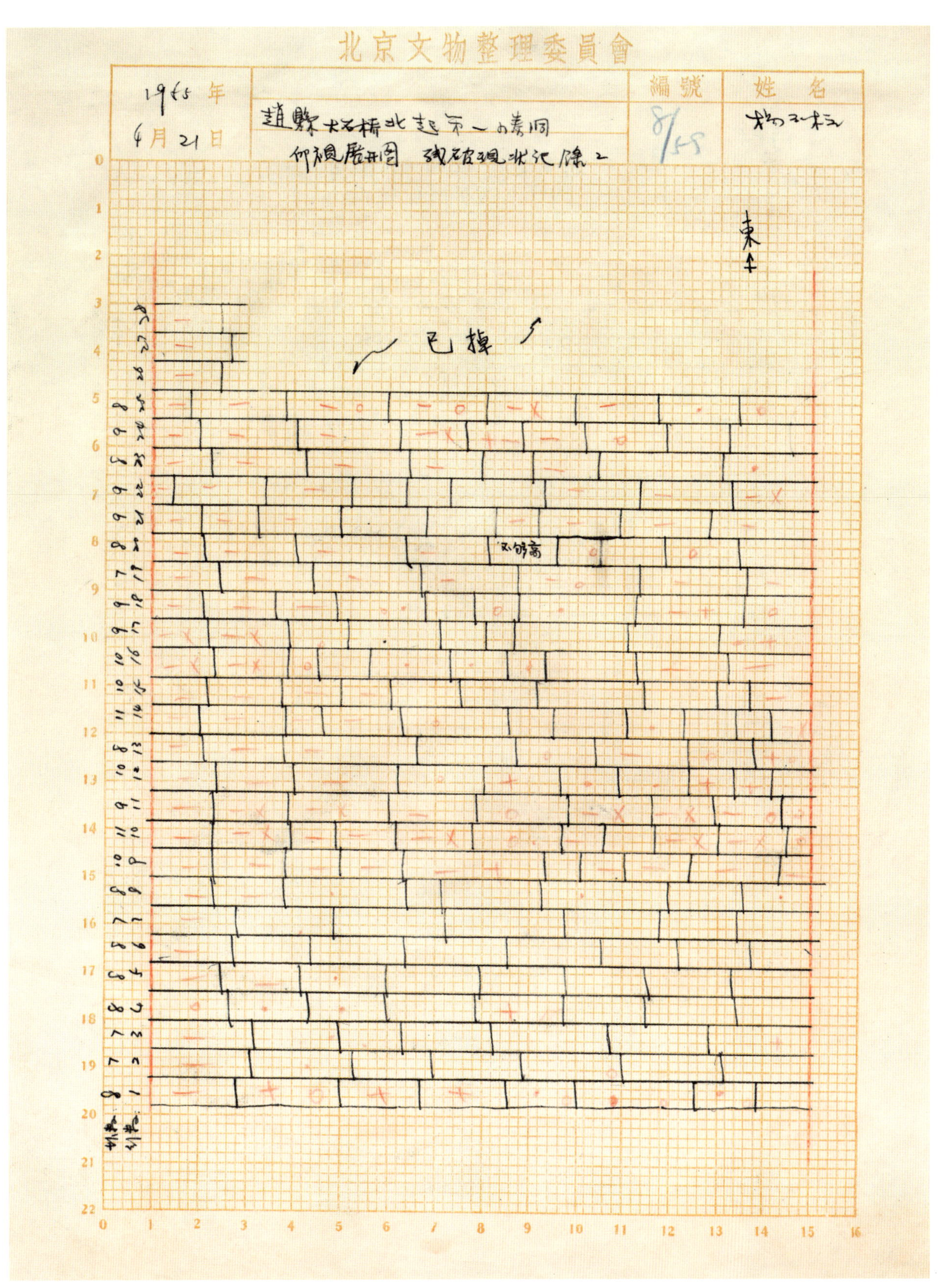

图 08　赵县大石桥北起第一小券洞仰视展开图——残破现状记录（2）

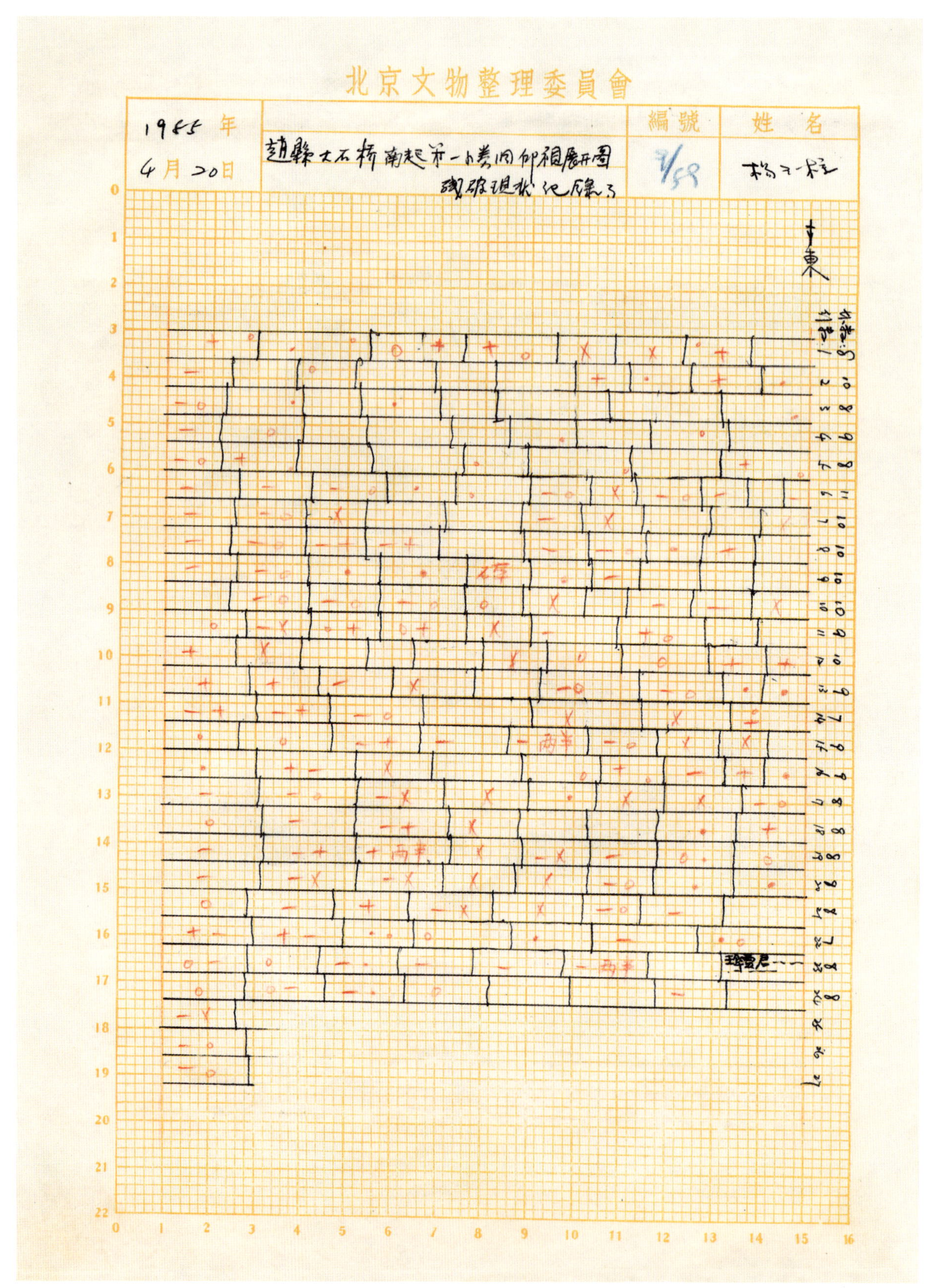

图 09　赵县大石桥南起第一小券洞仰视展开图——残破现状记录（3）

图 10　赵县大石桥（安济桥）南起第三小券洞仰视展开图

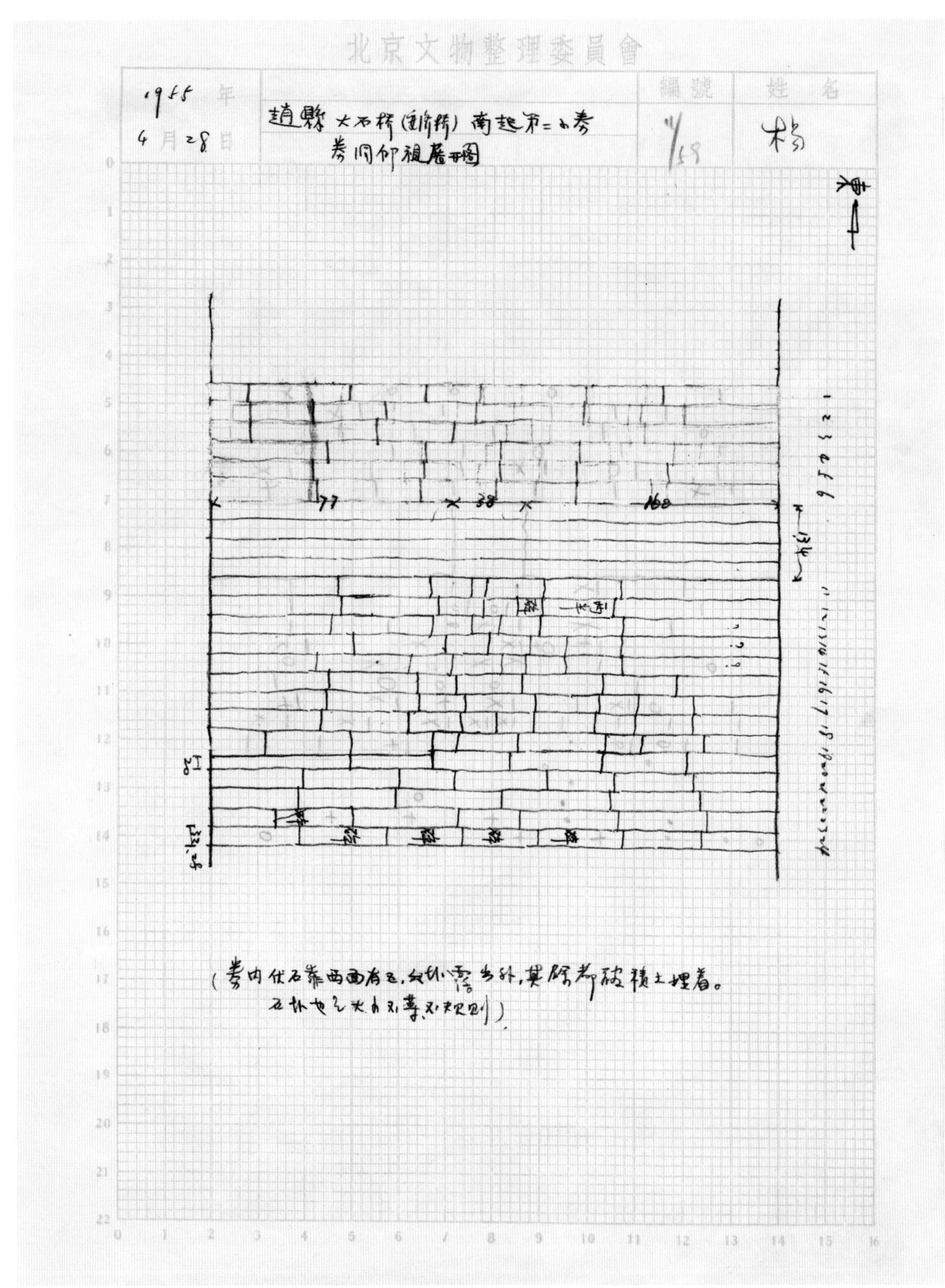

图 11　赵县大石桥（安济桥）南起第二小券洞仰视展开图

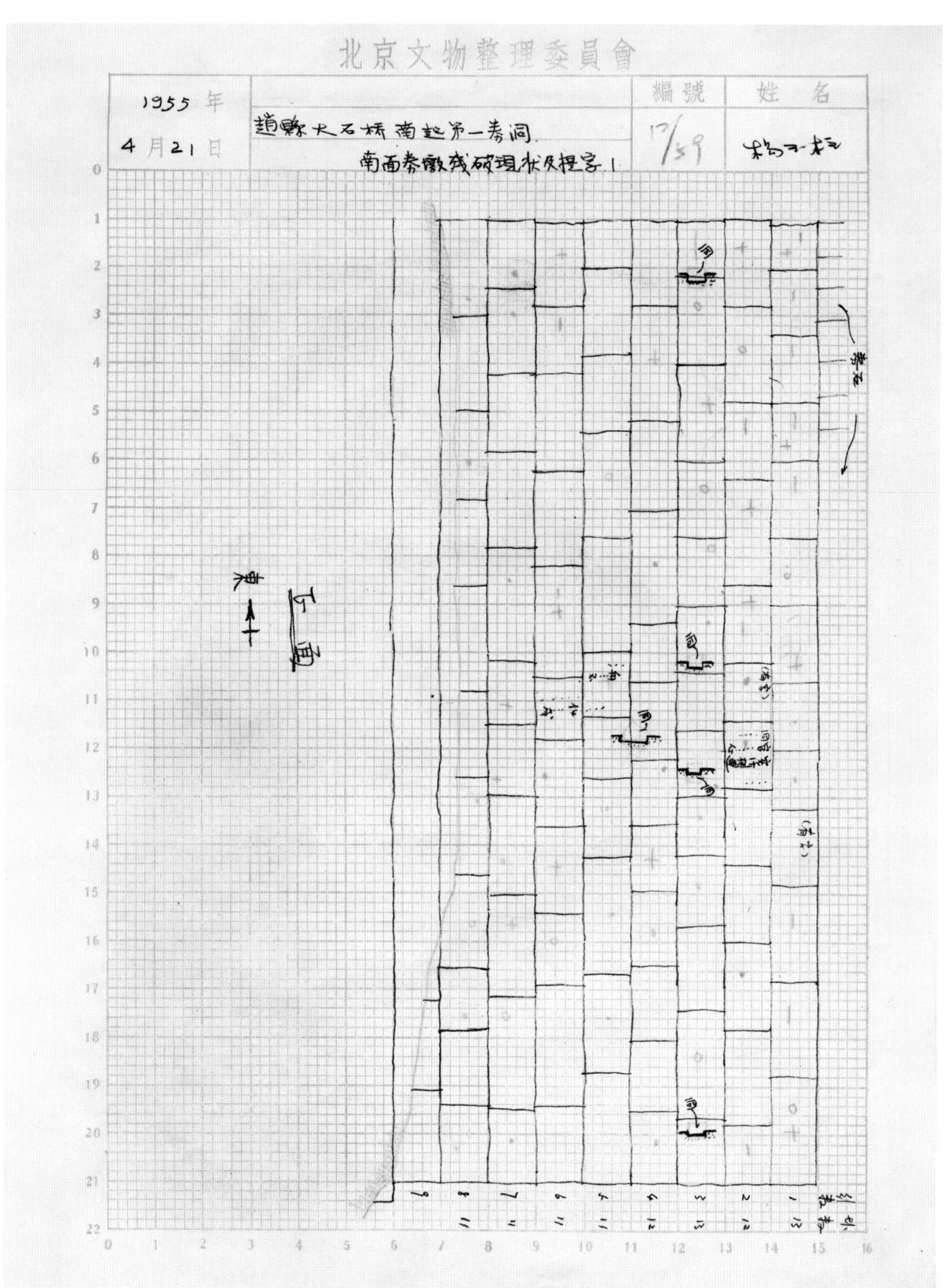

图 12　赵县大石桥南起第一小券洞南面券墩残破现状及题字（1）

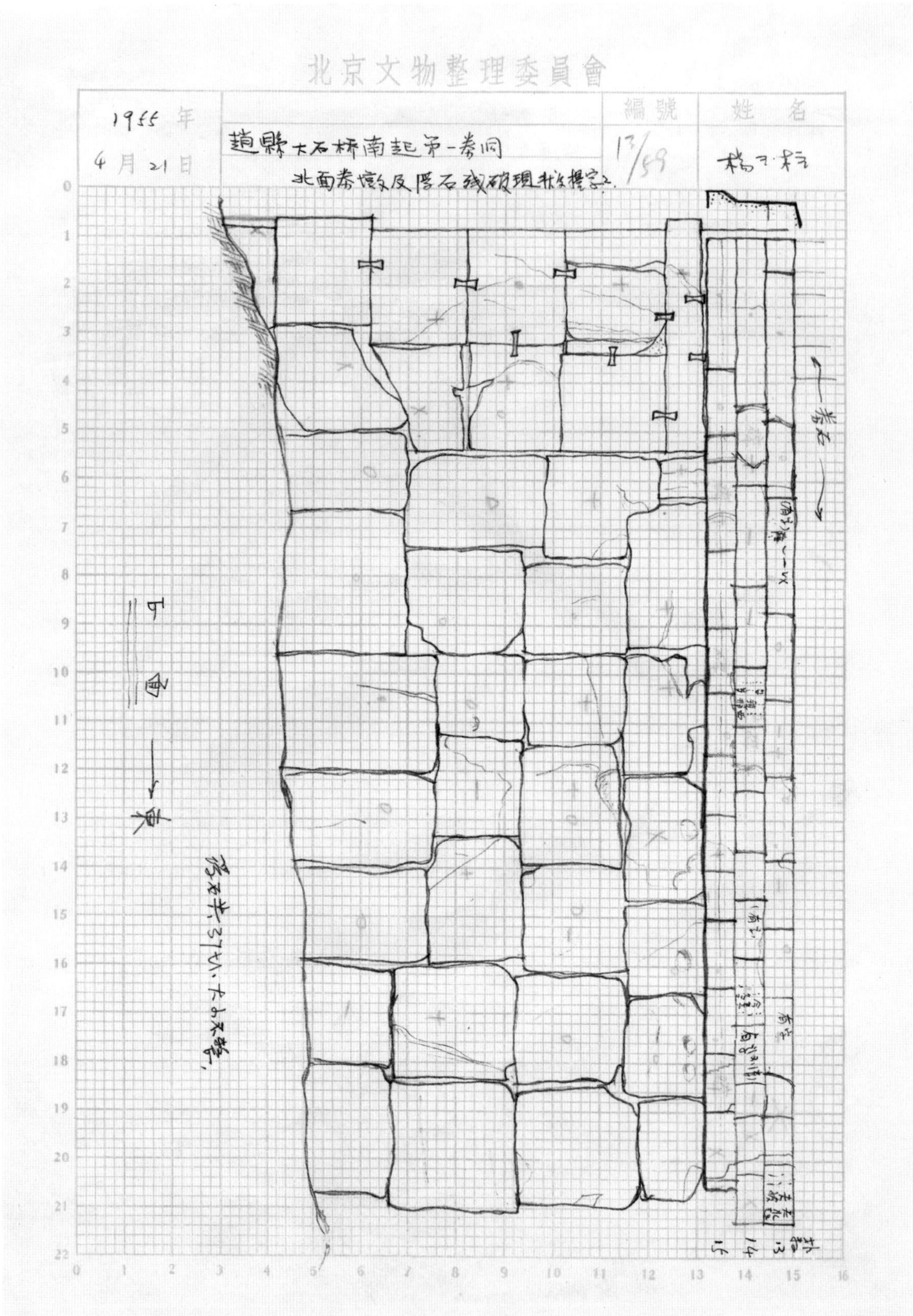

图13 赵县大石桥南起第一小券洞北面券墩及浮石残破现状及题字（2）

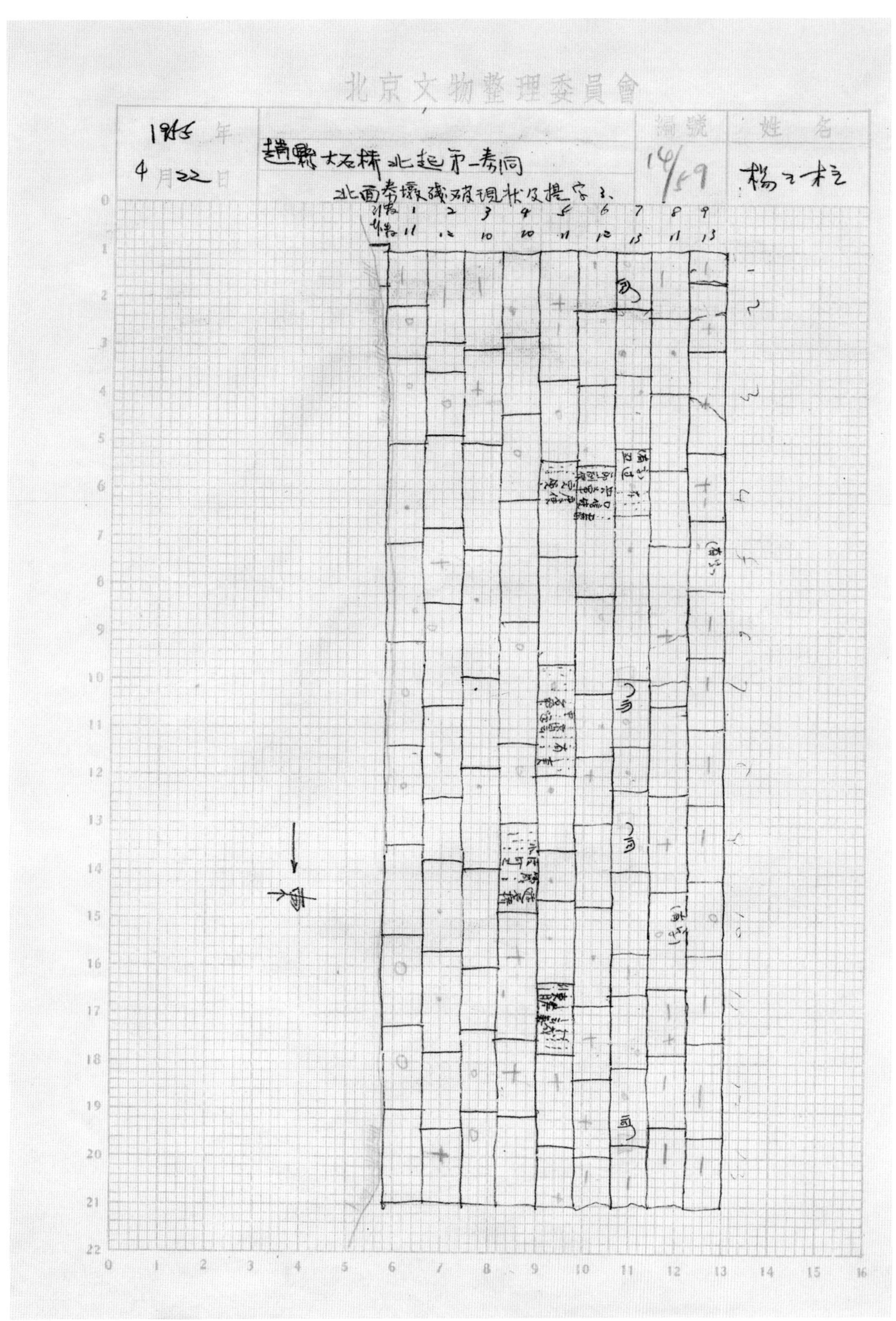

图 14 赵县大石桥北起第一小券洞北面券墩残破现状及题字（3）

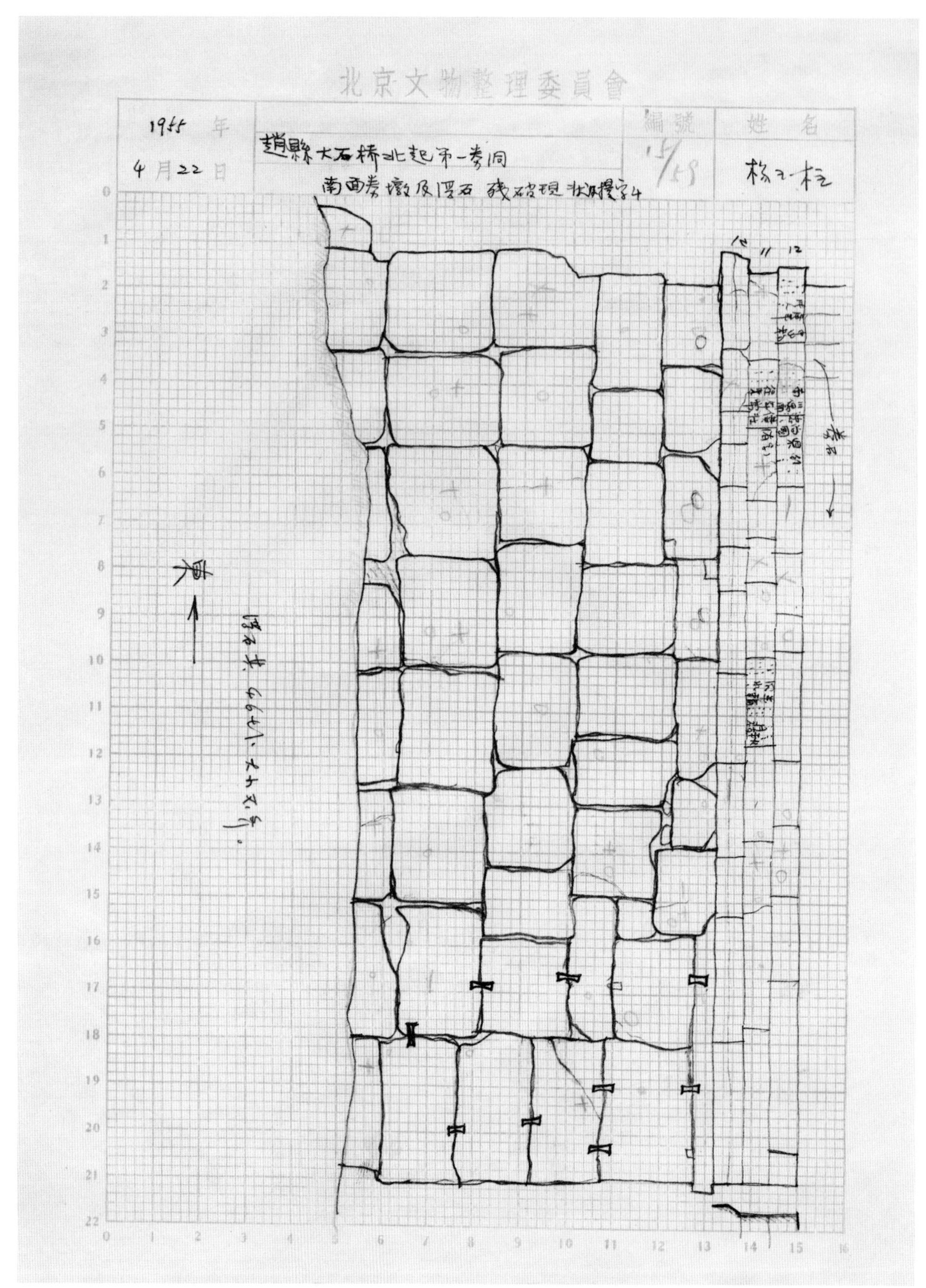

图15　赵县大石桥北起第一小券洞南面券墩及浮石残破现状及题字（4）

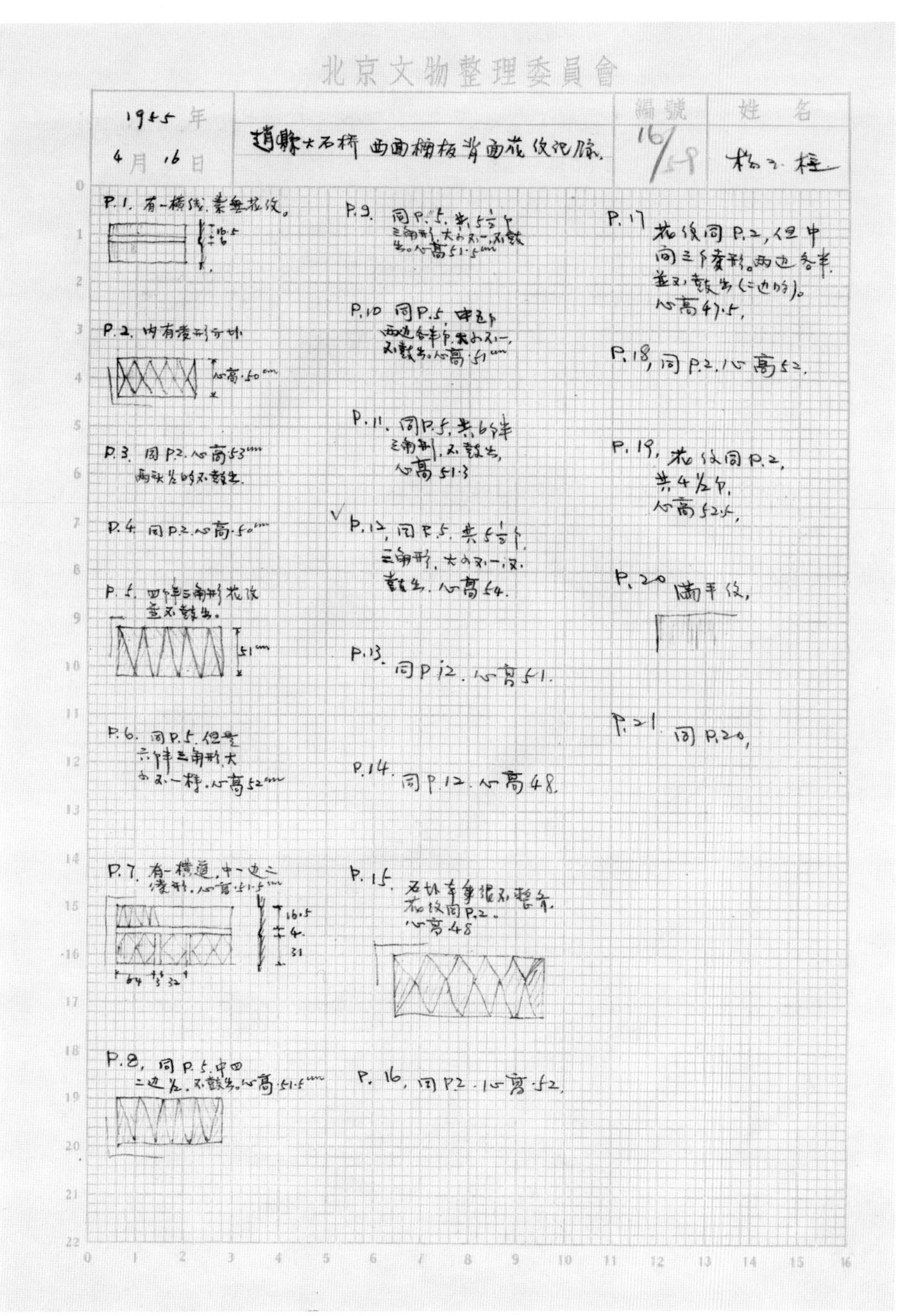

北京文物整理委員會

1955年 4月16日	趙縣大石桥西面栏板背面花纹记录	編號 16/58	姓名 杨之桂

P.1. 有一横线，素无花纹。
16.5 6

P.2. 内有菱形分[illegible]
心高50cm

P.3. 同P.2. 心高53cm
两头半的不鼓出。

P.4. 同P.2. 心高50cm

P.5. 四个半三角形花纹
并不鼓出。
51cm

P.6. 同P.5. 但是
六个半三角形大
小不一样。心高52cm

P.7. 有一横道，中一边二
菱形。心高51.5cm
16.5 4 31
64 3 32

P.8. 同P.5. 中四
二边½. 不鼓出。心高51.5cm

P.9. 同P.5. 共5½个
三角形，大小不一，不鼓
出。心高51.5cm

P.10 同P.5. 中五个
两边各半个. 大小不一，
不鼓出。心高51cm

P.11. 同P.5. 共6个半
三角形，不鼓出，
心高51.3

√P.12. 同P.5. 共5½个.
三角形，大小不一，又
鼓出。心高54.

P.13. 同P.12. 心高51.

P.14. 同P.12. 心高48.

P.15. 石块本身很不整齐.
花纹同P.2。
心高48

P.16. 同P.2. 心高52.

P.17 花纹同P.2，但中
间三个菱形。两边各半.
并不鼓出（二边的）。
心高47.5，

P.18，同P.2. 心高52.

P.19，花纹同P.2，
共4½个，
心高52.5，

P.20 满平纹，

P.21 同P.20，

图16 赵县大石桥西面栏板背面花纹记录

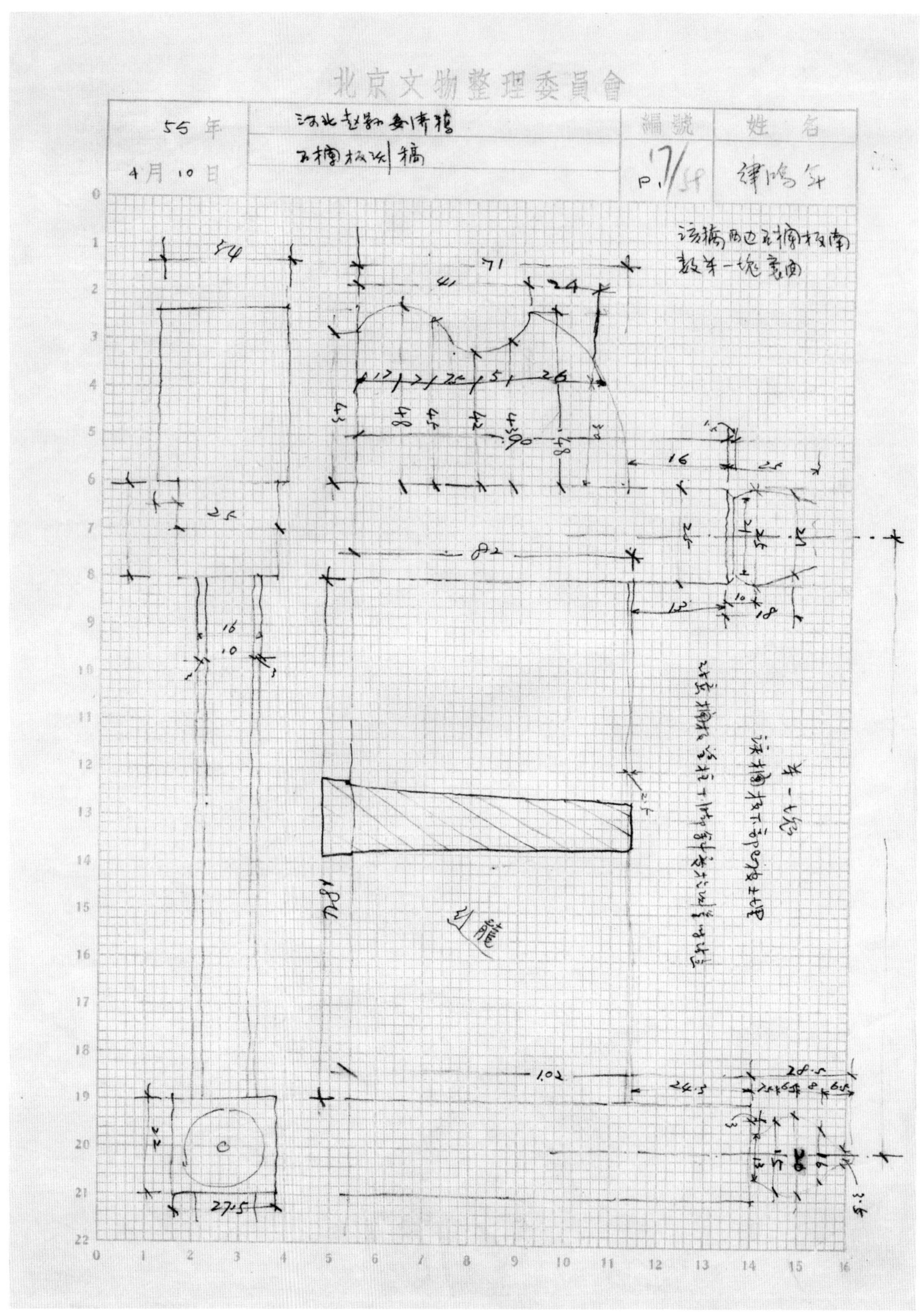

图 17　河北赵县安济桥石栏板测稿

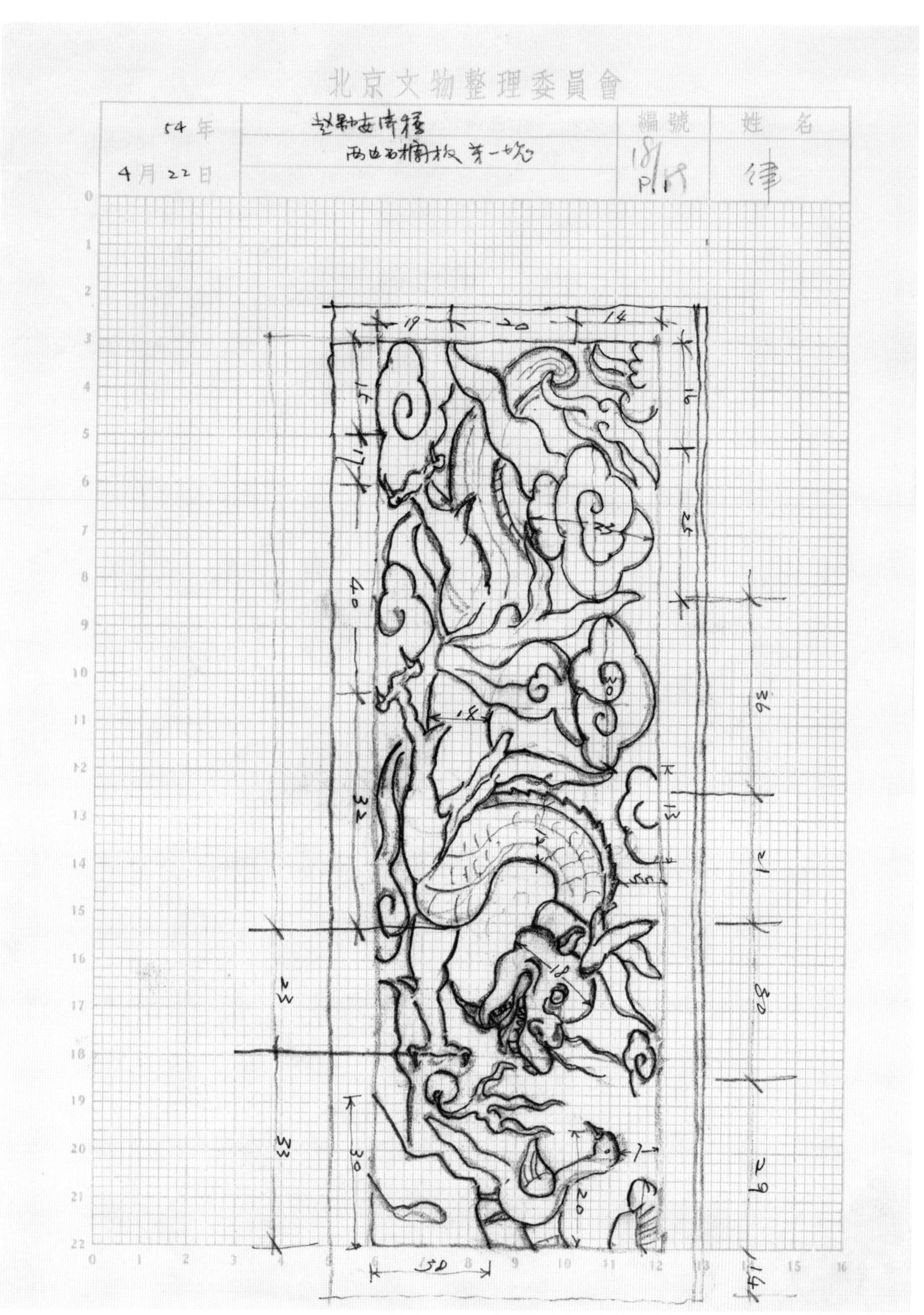

图 18　赵县安济桥西边西栏板第一块

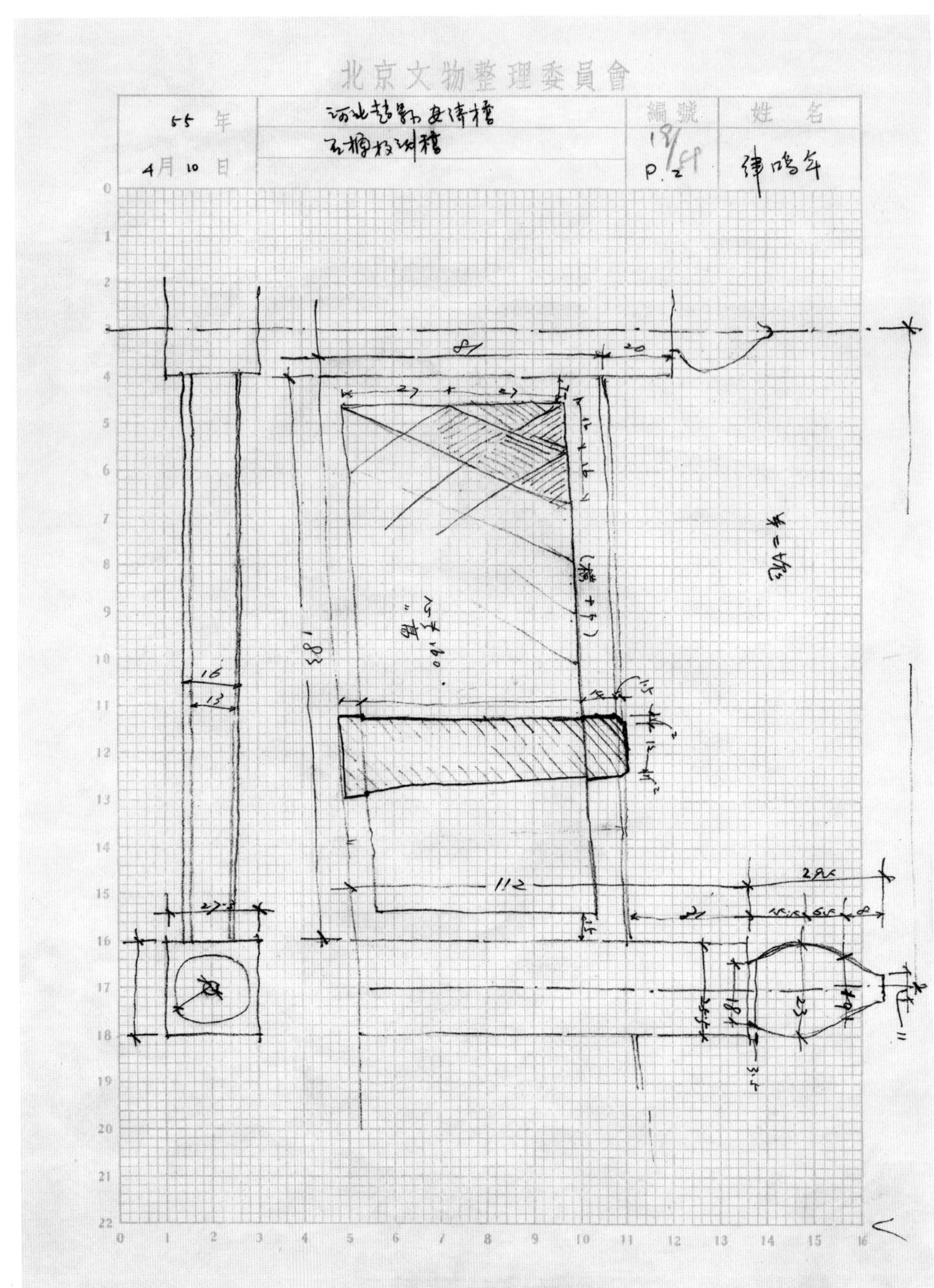

图 19　河北赵县安济桥石栏板测稿

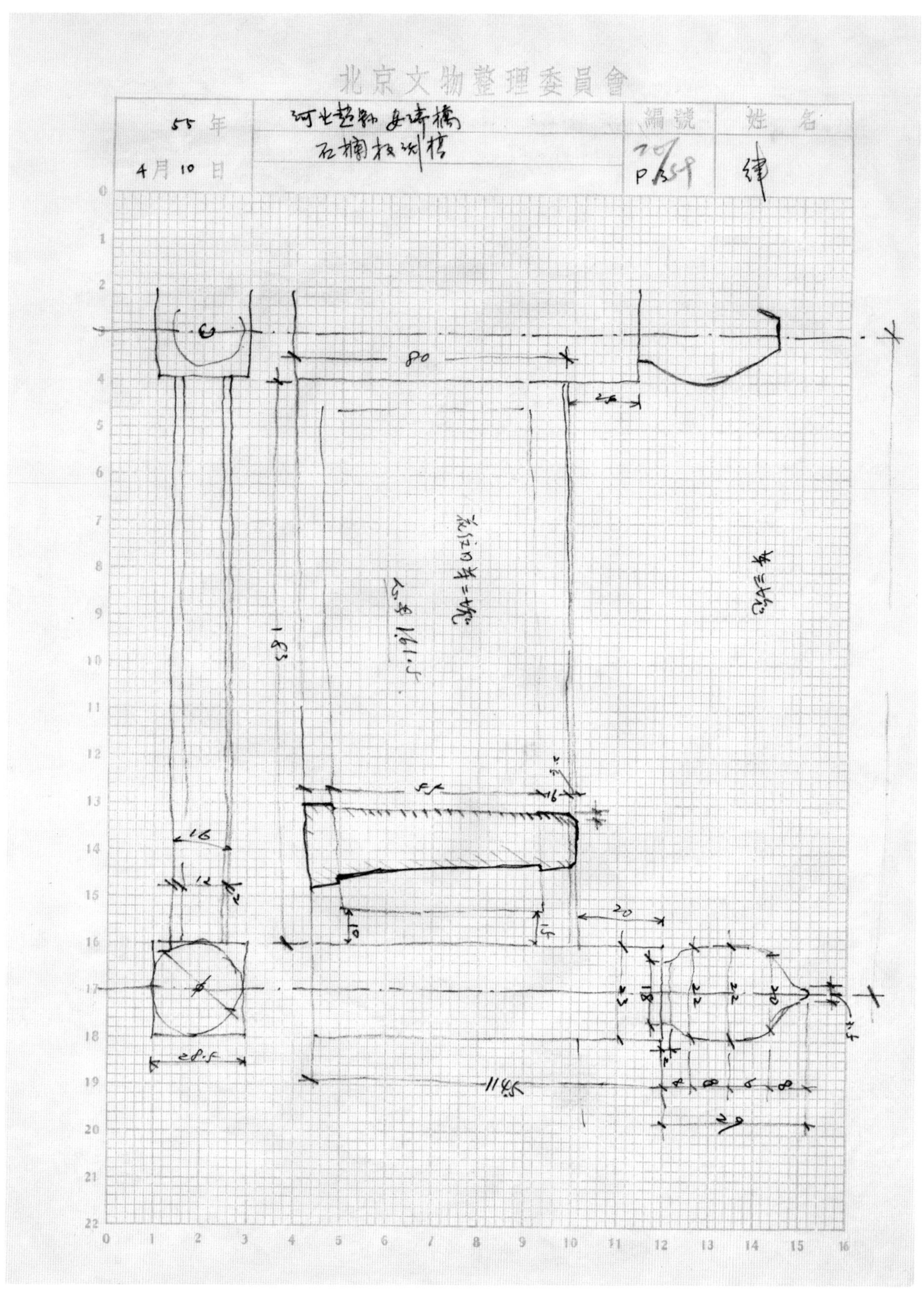

图 20　河北赵县安济桥石栏板测稿

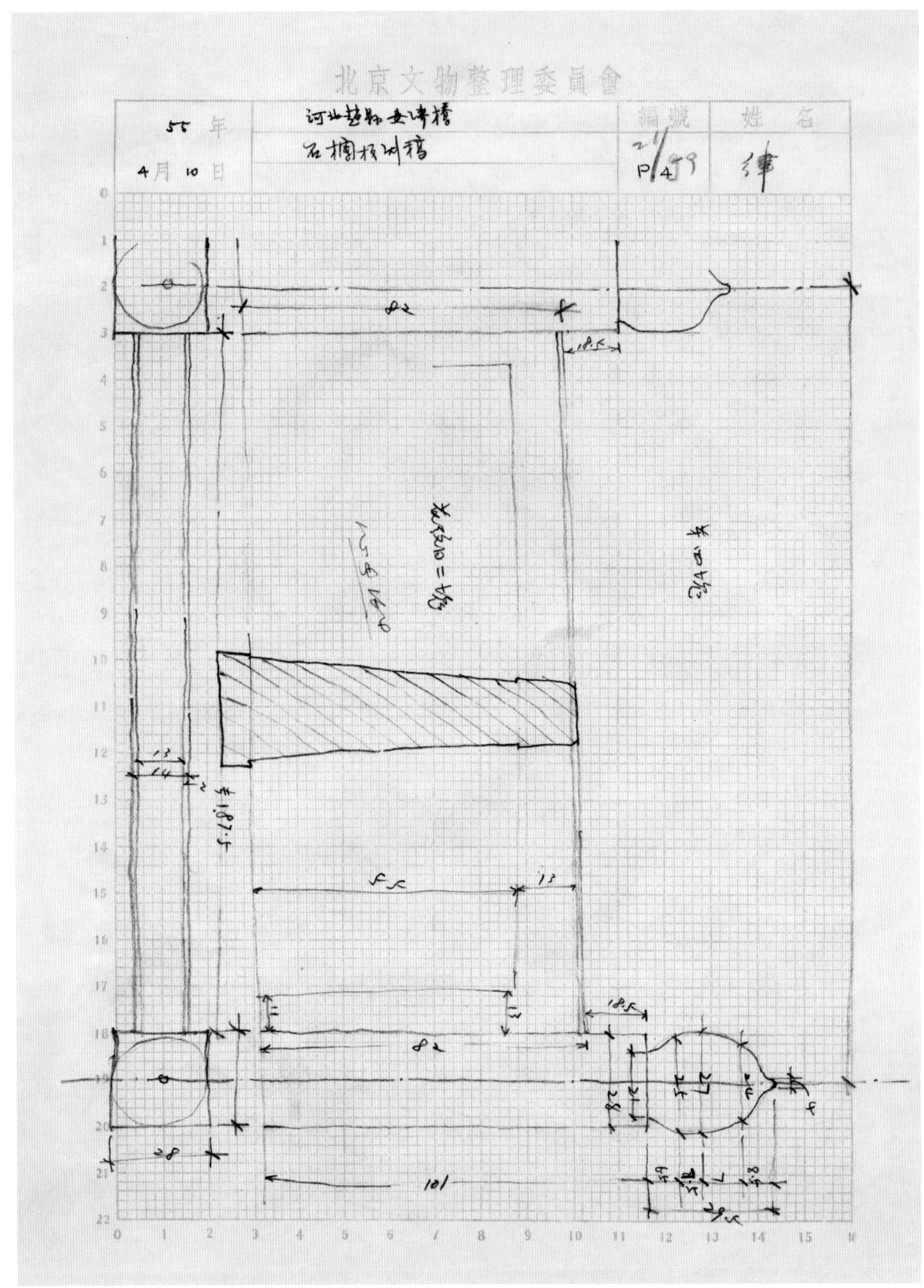

图 21　河北赵县安济桥石栏板测稿

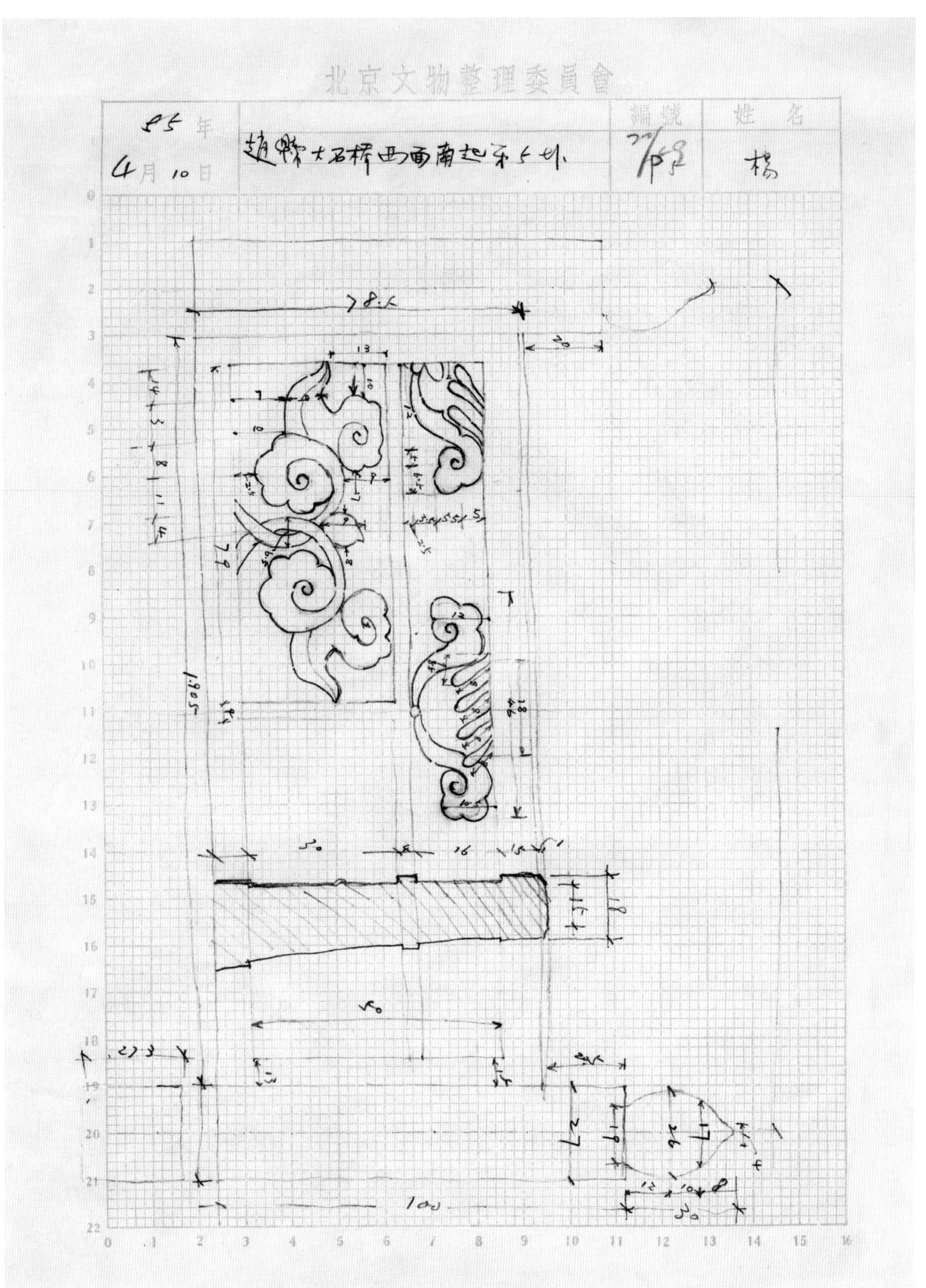

图 22　赵县大石桥西面南起第 5 块

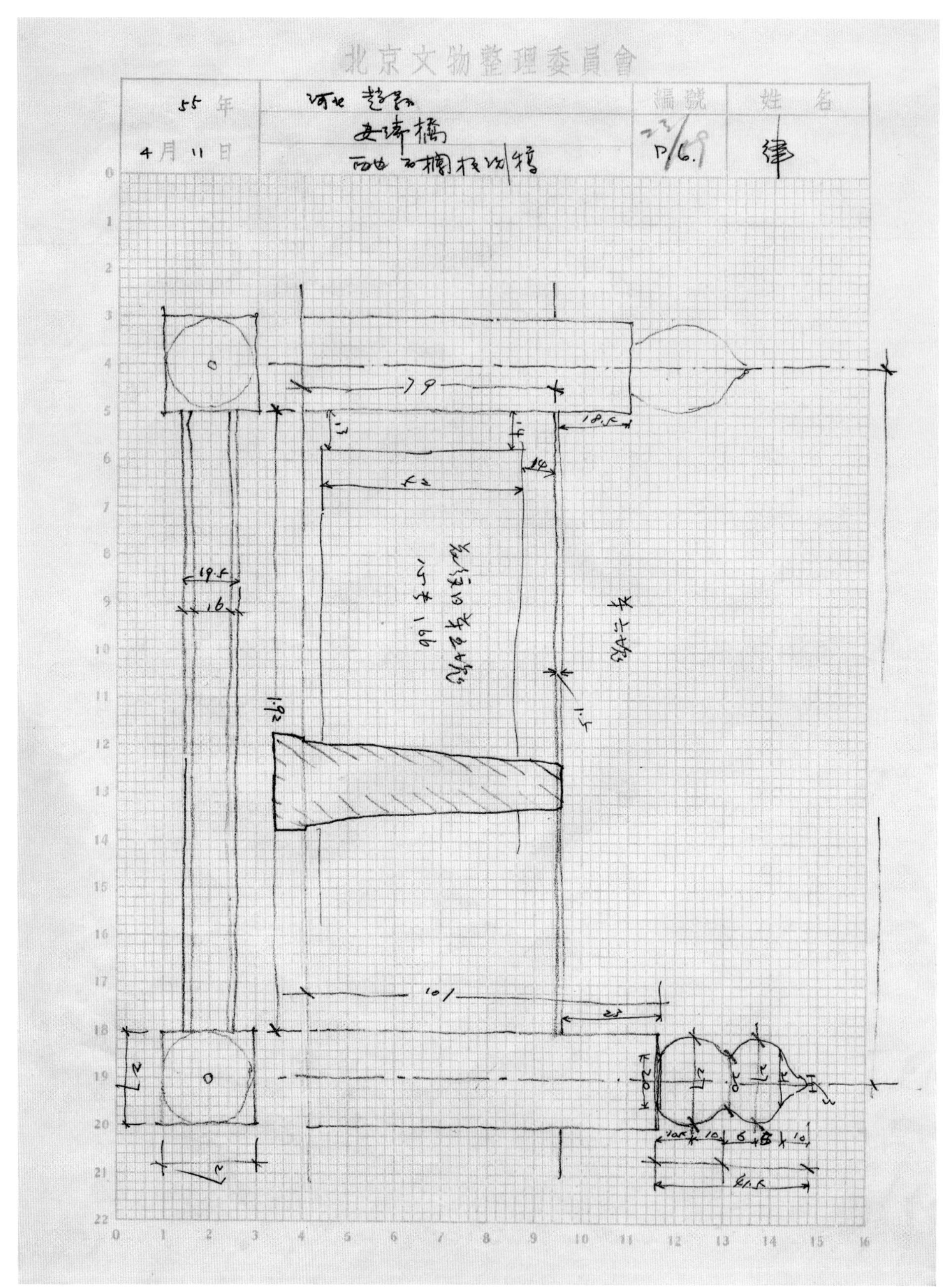

图 23　河北赵县安济桥西边石栏板测稿

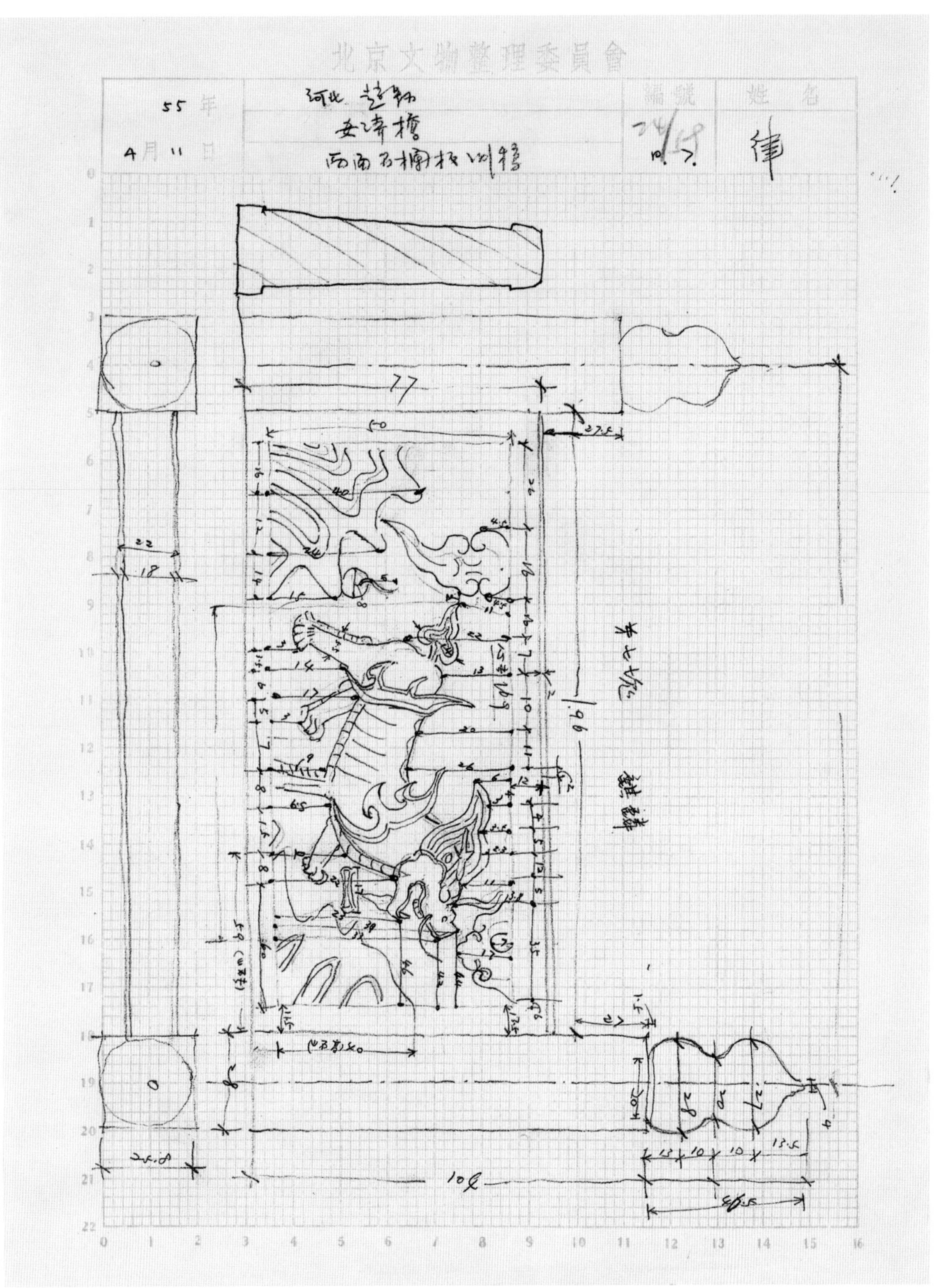

图 24　河北赵县安济桥西面石栏板测稿

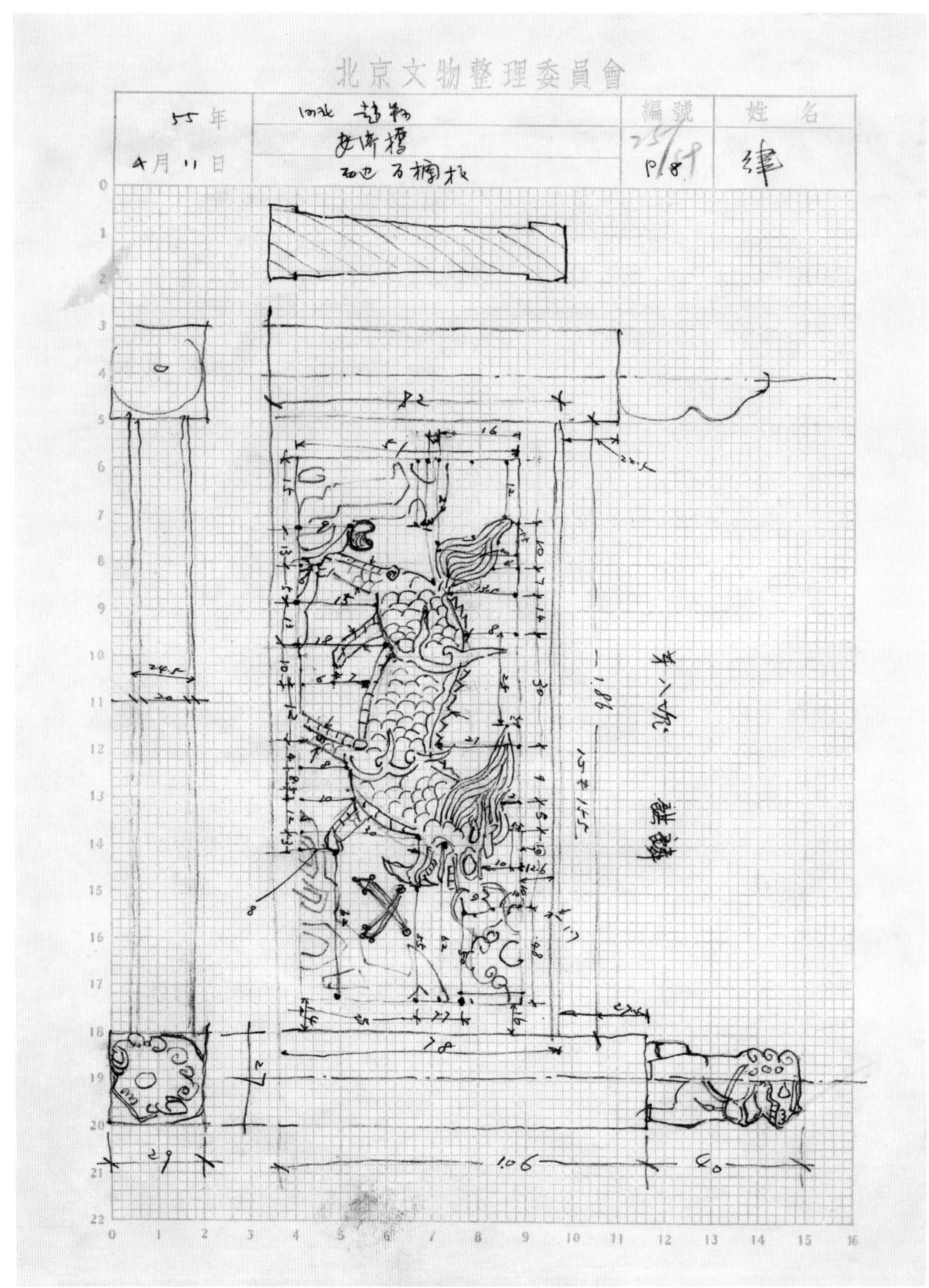

图 25　河北赵县安济桥西边石栏板测稿

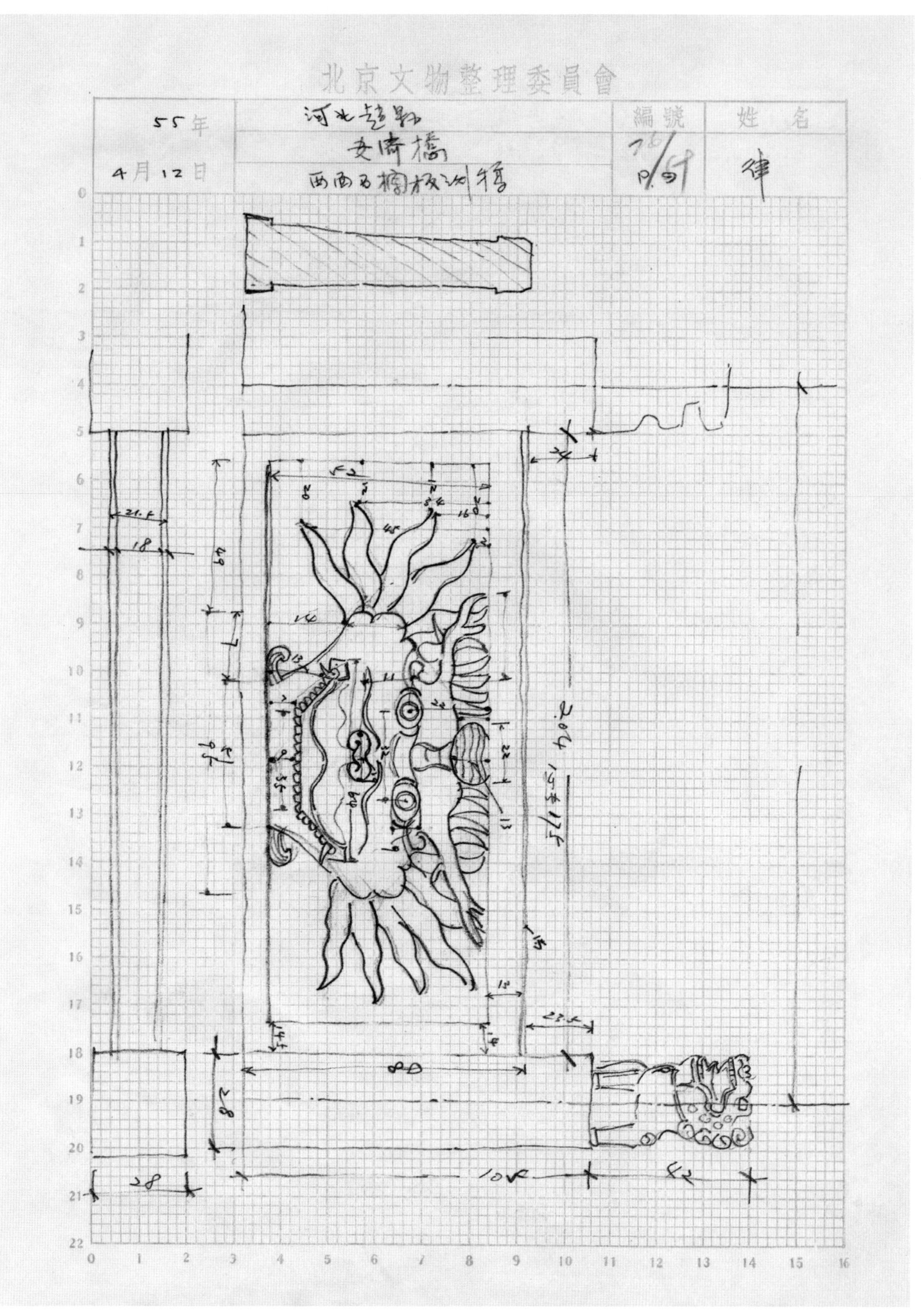

图 26　河北赵县安济桥西面石栏板测稿

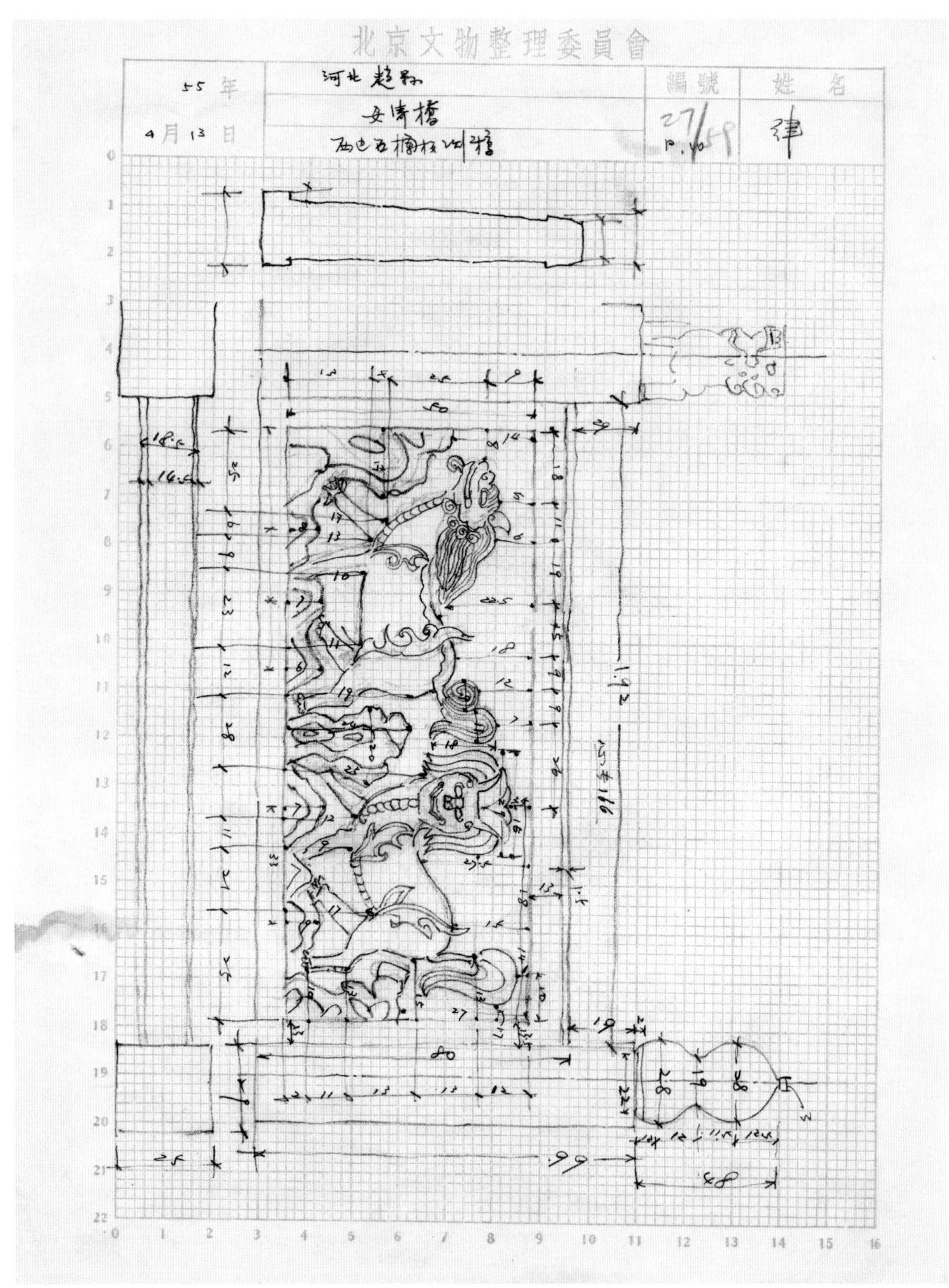

图 27　河北赵县安济桥西边石栏板测稿

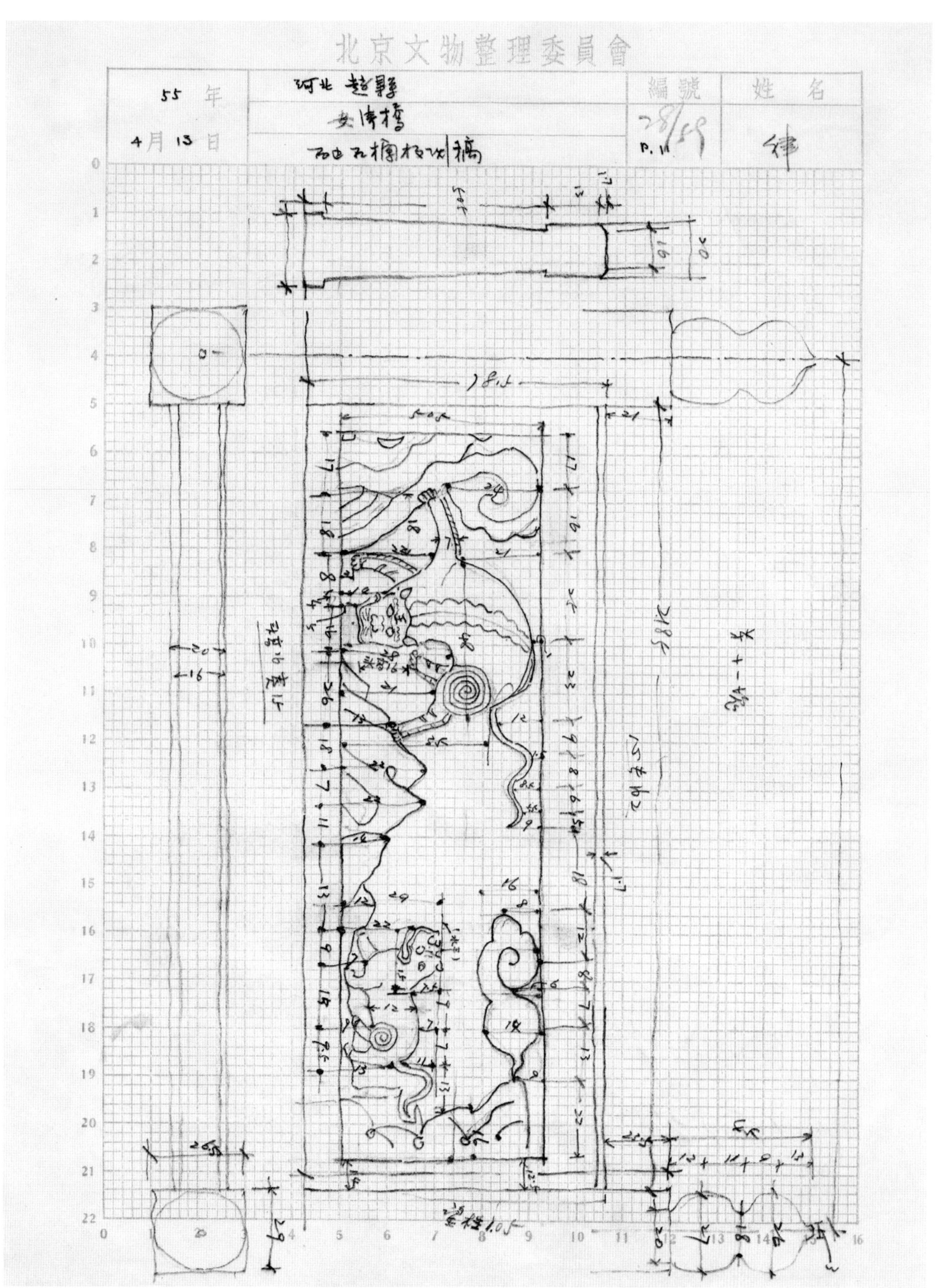

图 28　河北赵县安济桥西边石栏板测稿

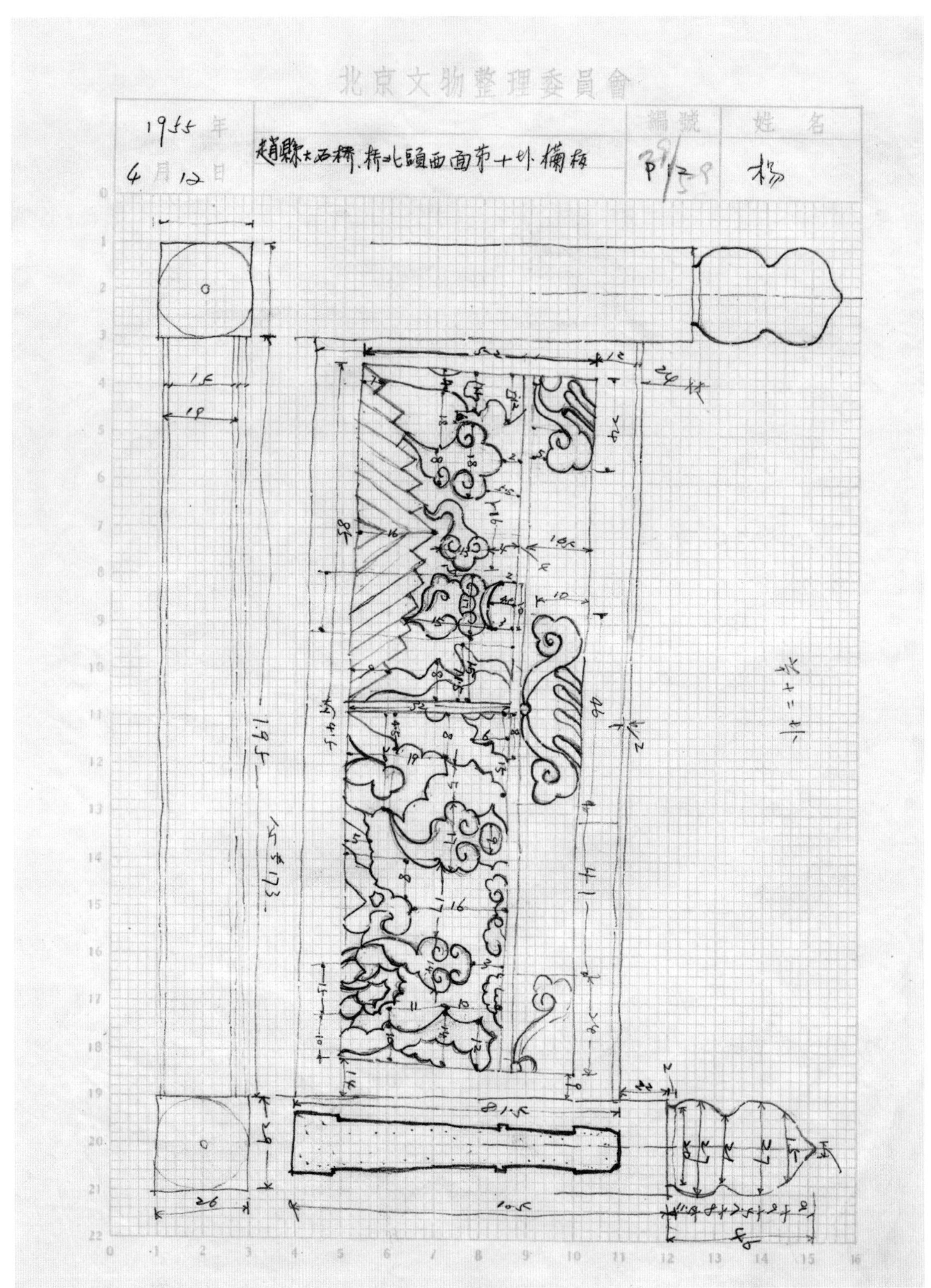

图 29　赵县大石桥桥北头西面第十块栏板

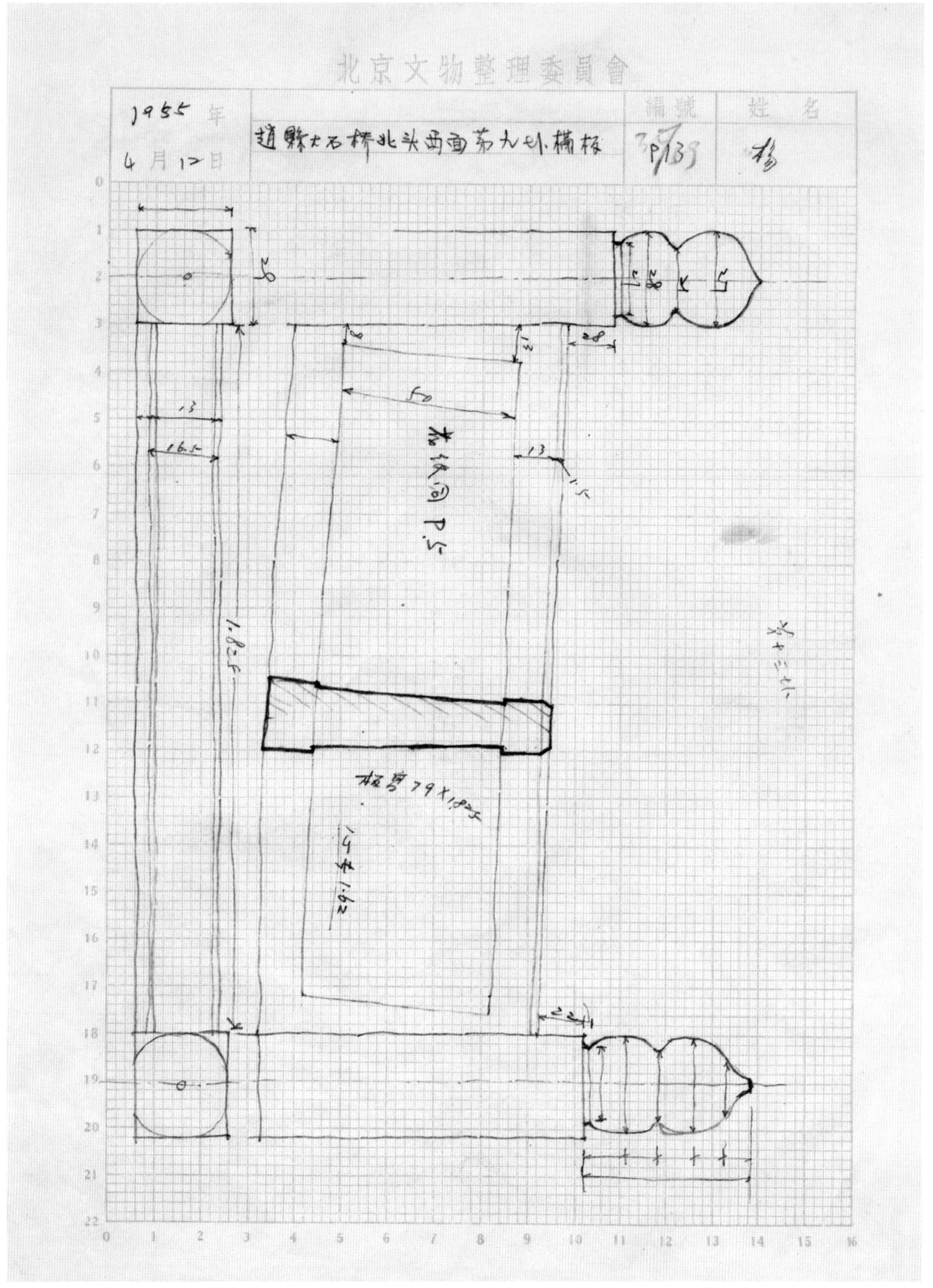

图 30　赵县大石桥北头西面第九块栏板

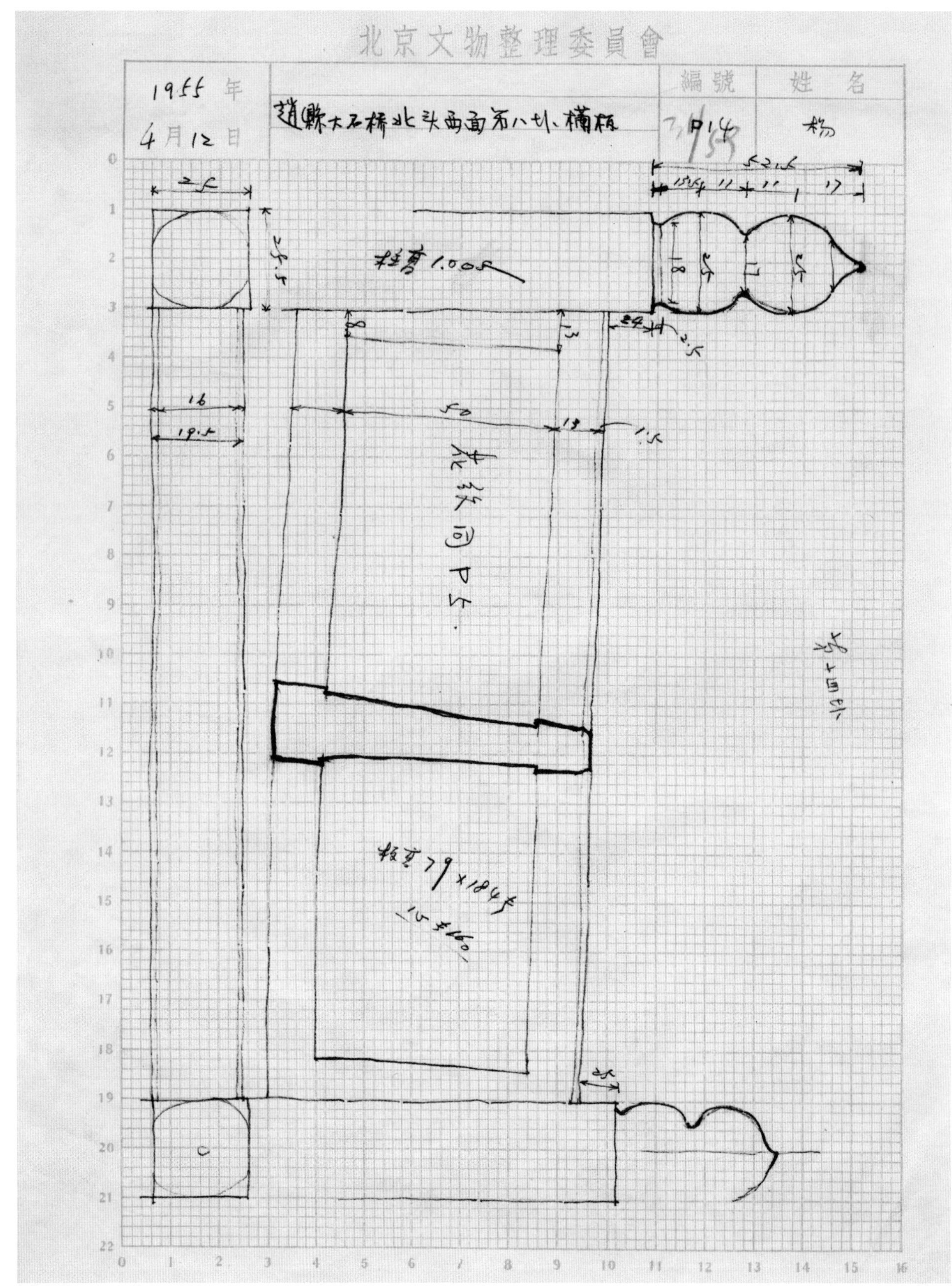

图 31　赵县大石桥北头西面第八块栏板

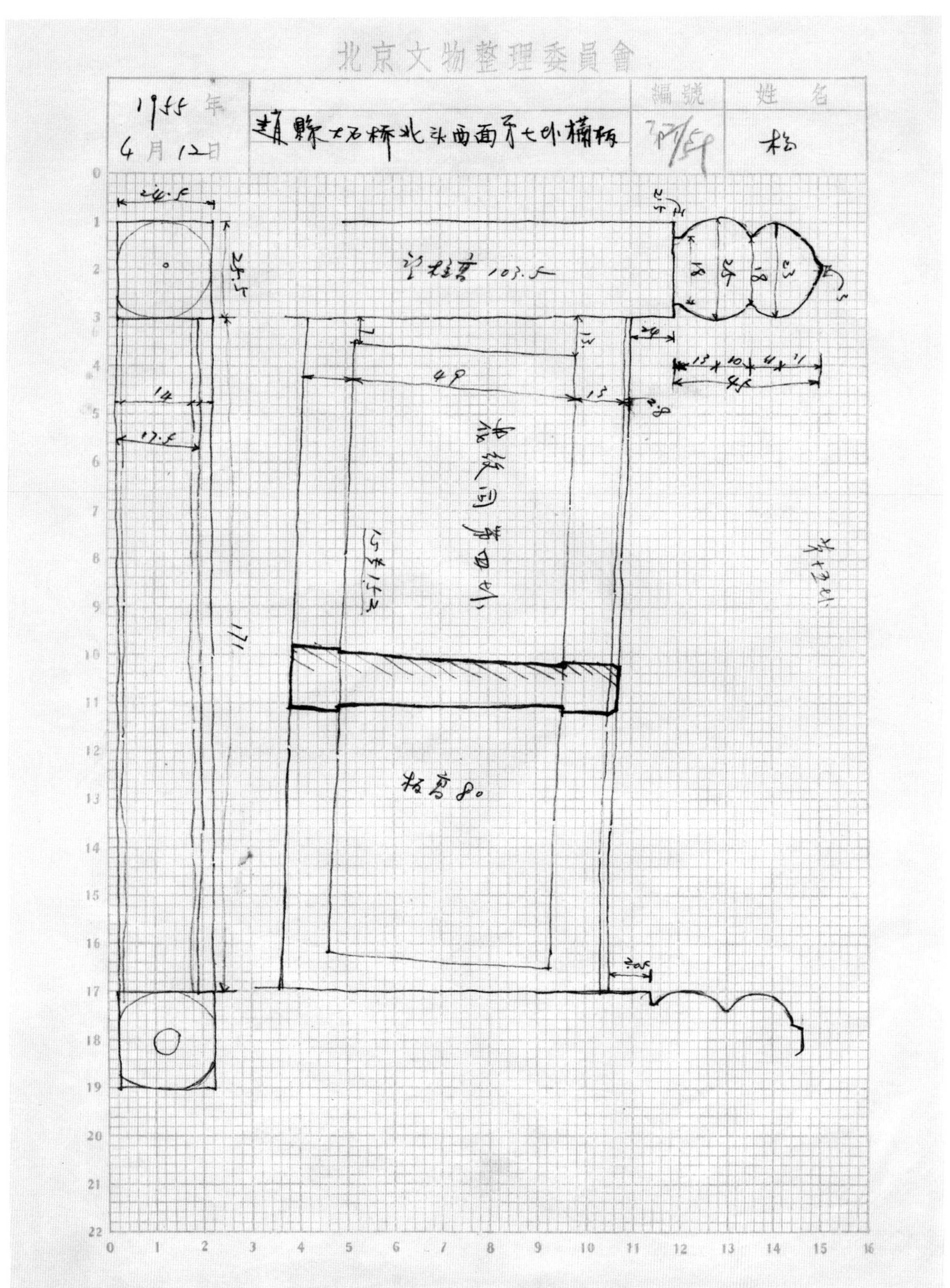

图 32　赵县大石桥北头西面第七块栏板

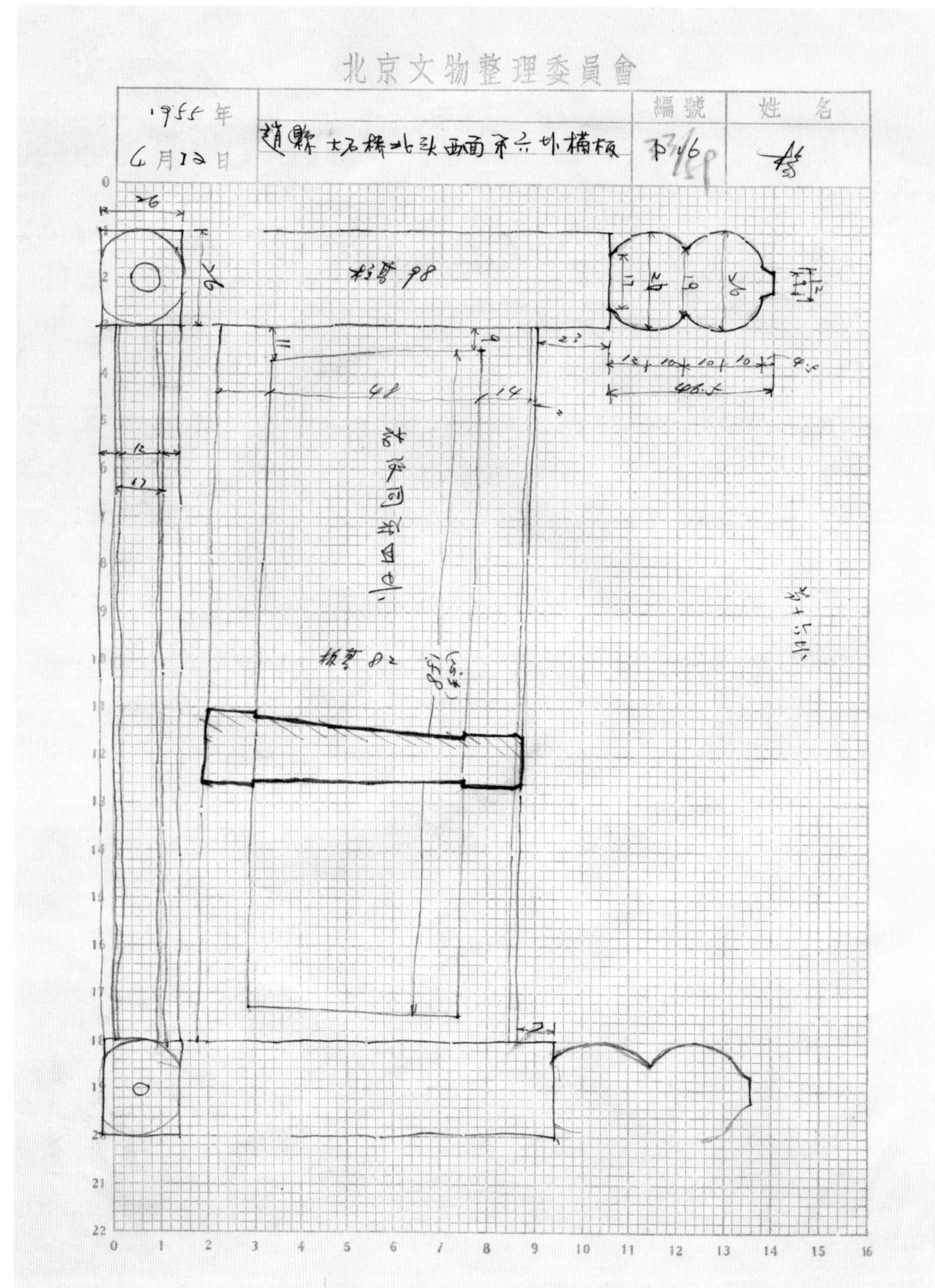

图33 赵县大石桥北头西面第六块栏板

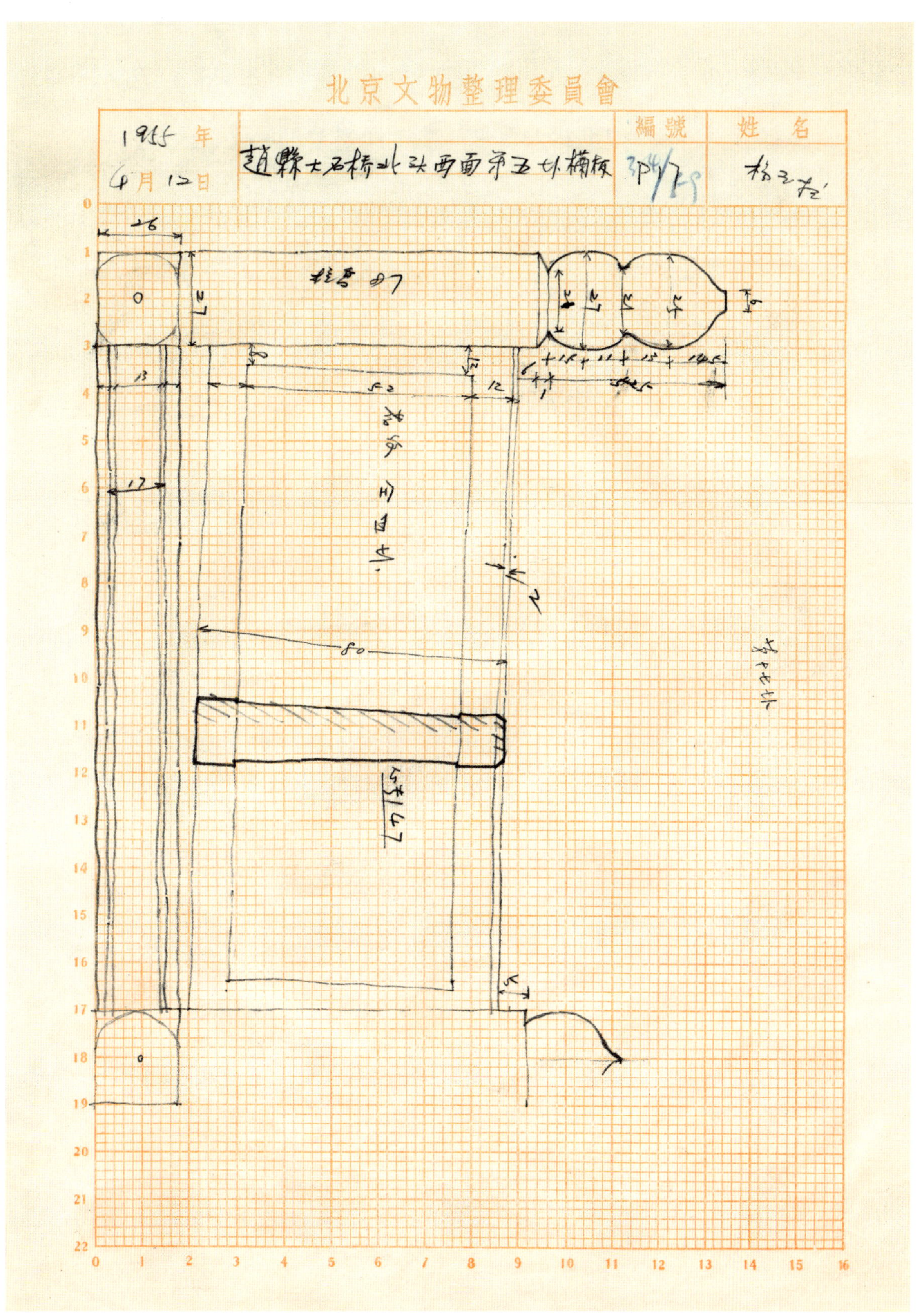

图 34　赵县大石桥北头西面第五块栏板

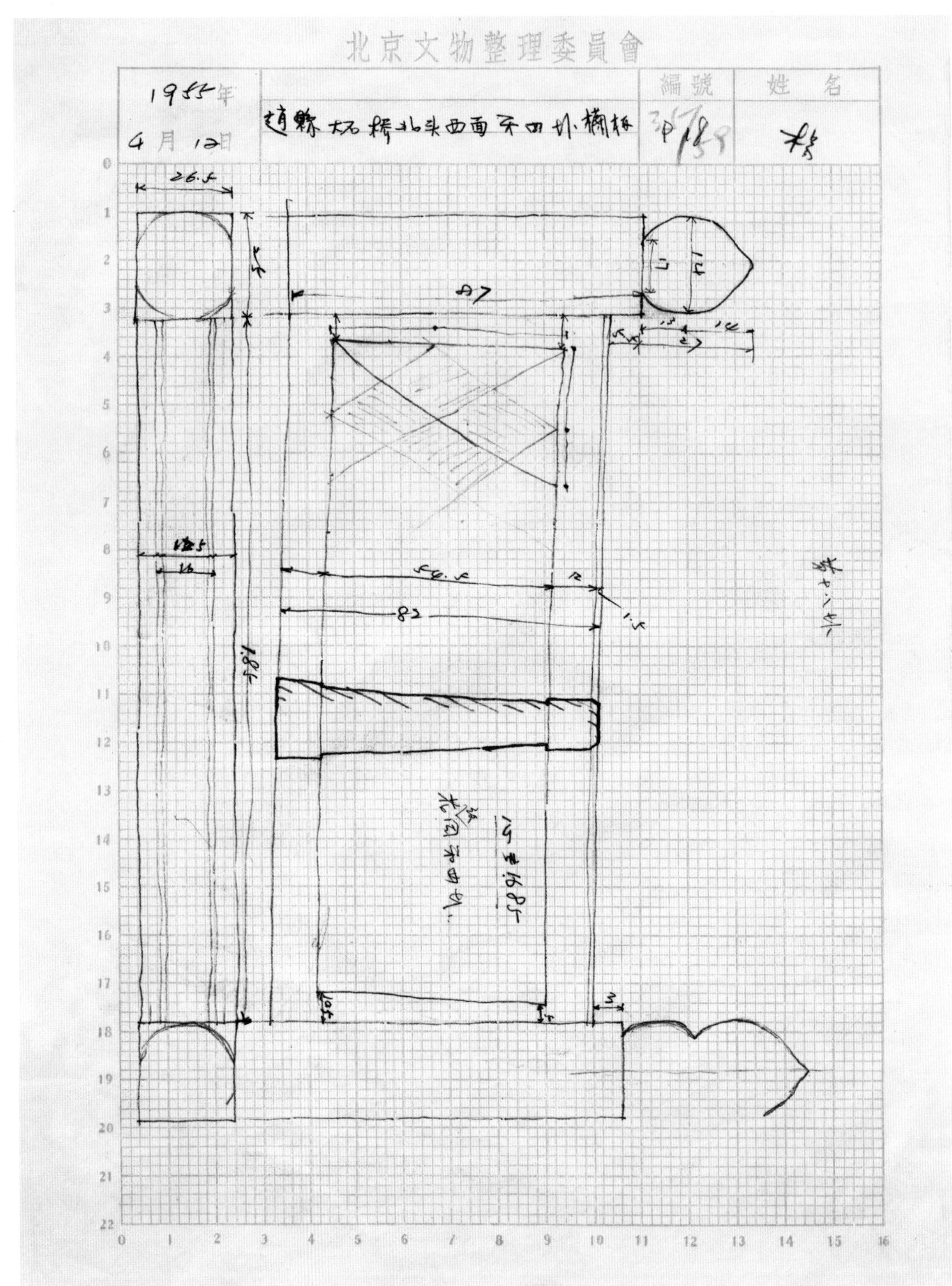

图35　赵县大石桥北头西面第四块栏板

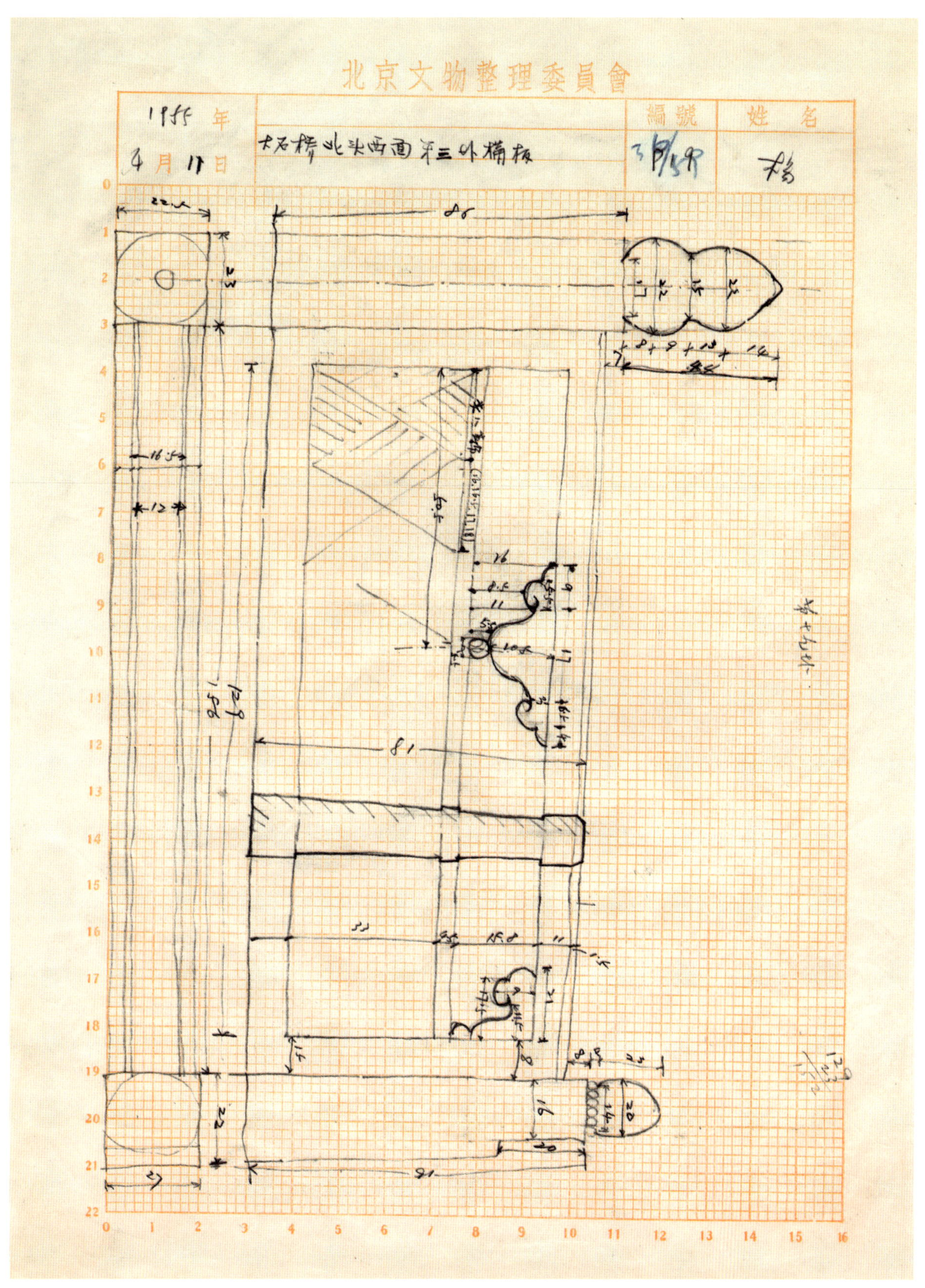

图 36　大石桥北头西面第三块栏板

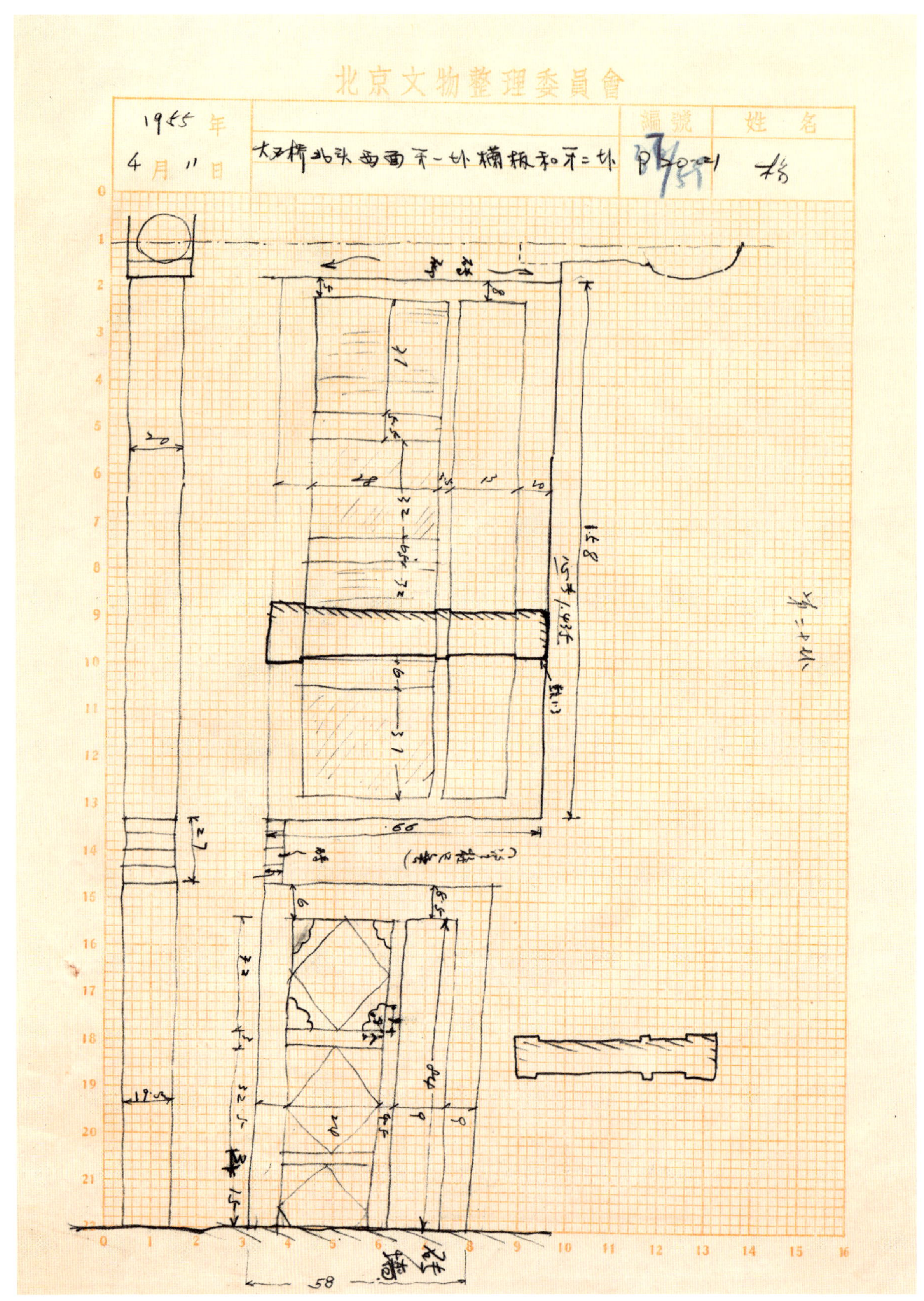

图 37　大石桥北头西面第一块和第二块栏板

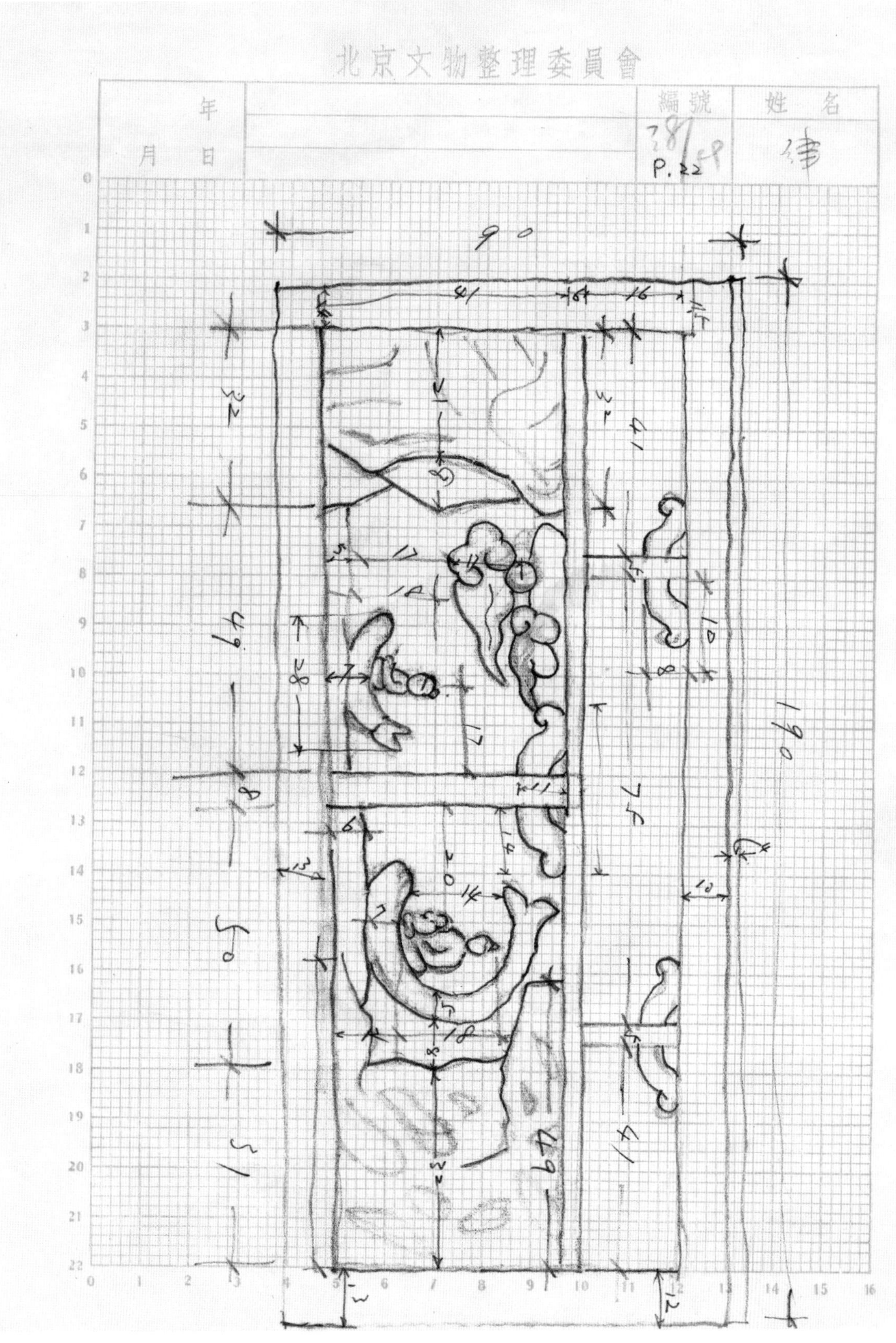

图 38 大石桥栏板（未标注位置）

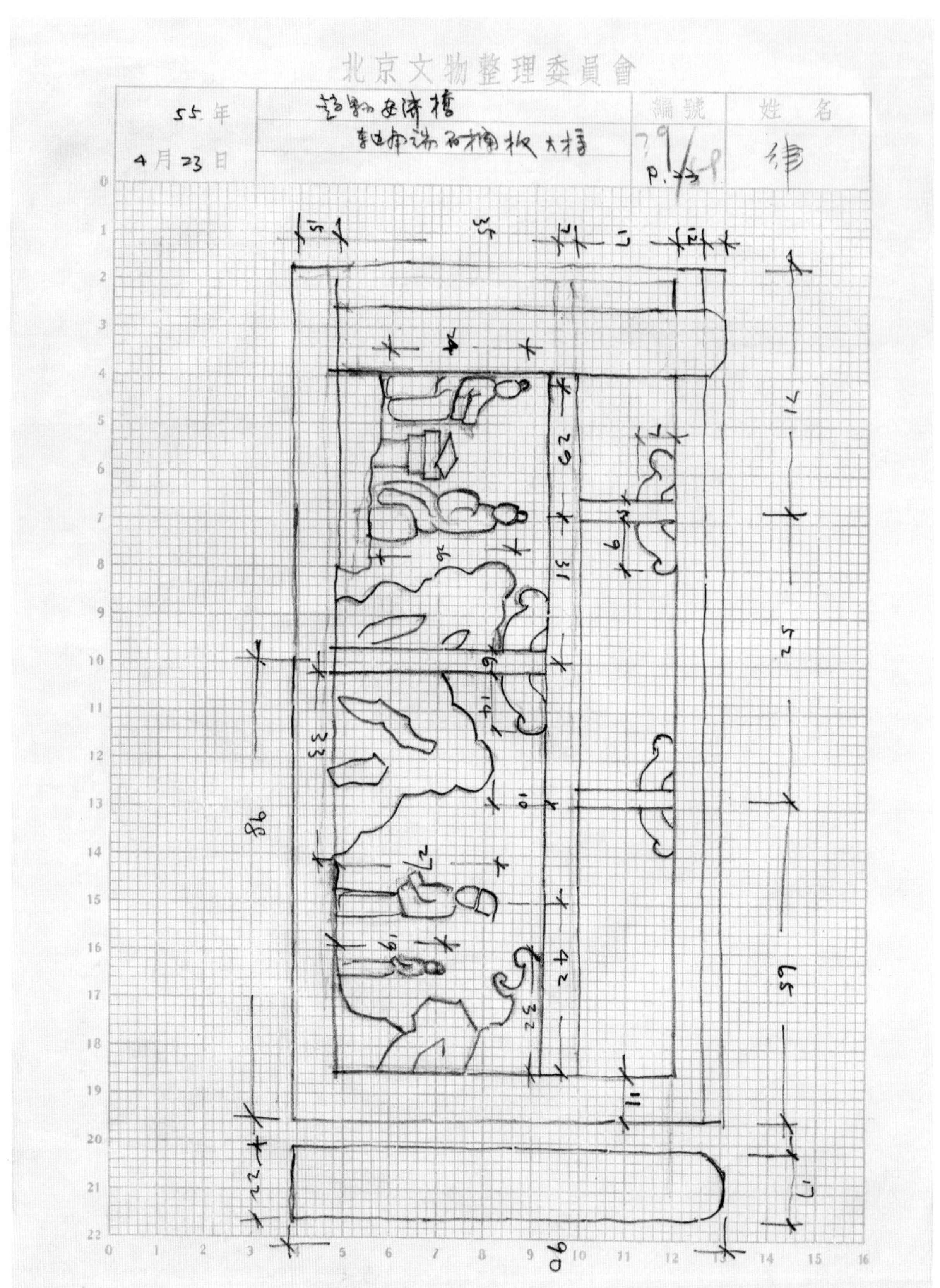

图 39　赵县安济桥东边南端石栏板大样

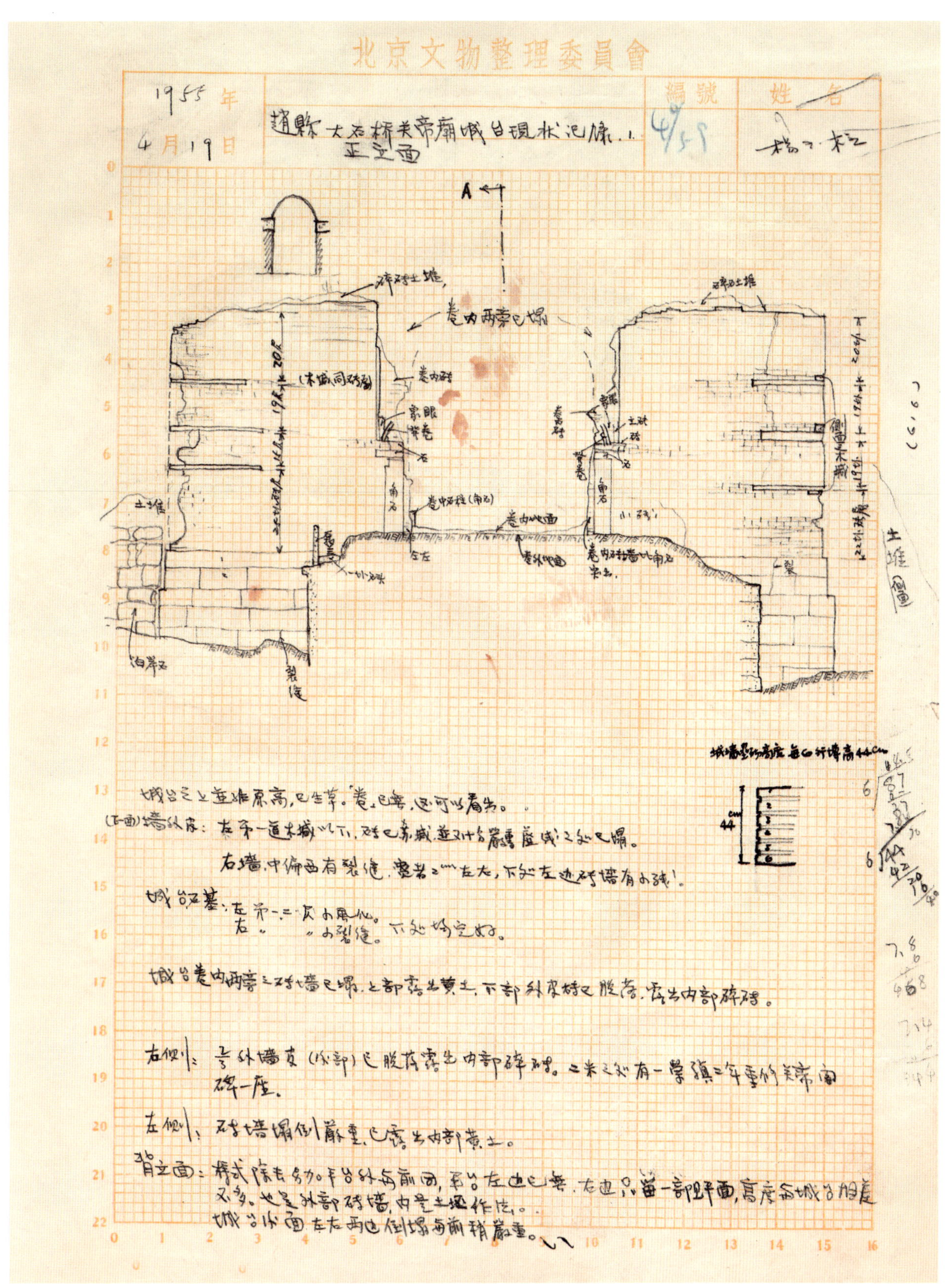

图40　赵县大石桥关帝庙城台现状记录（1）——正立面

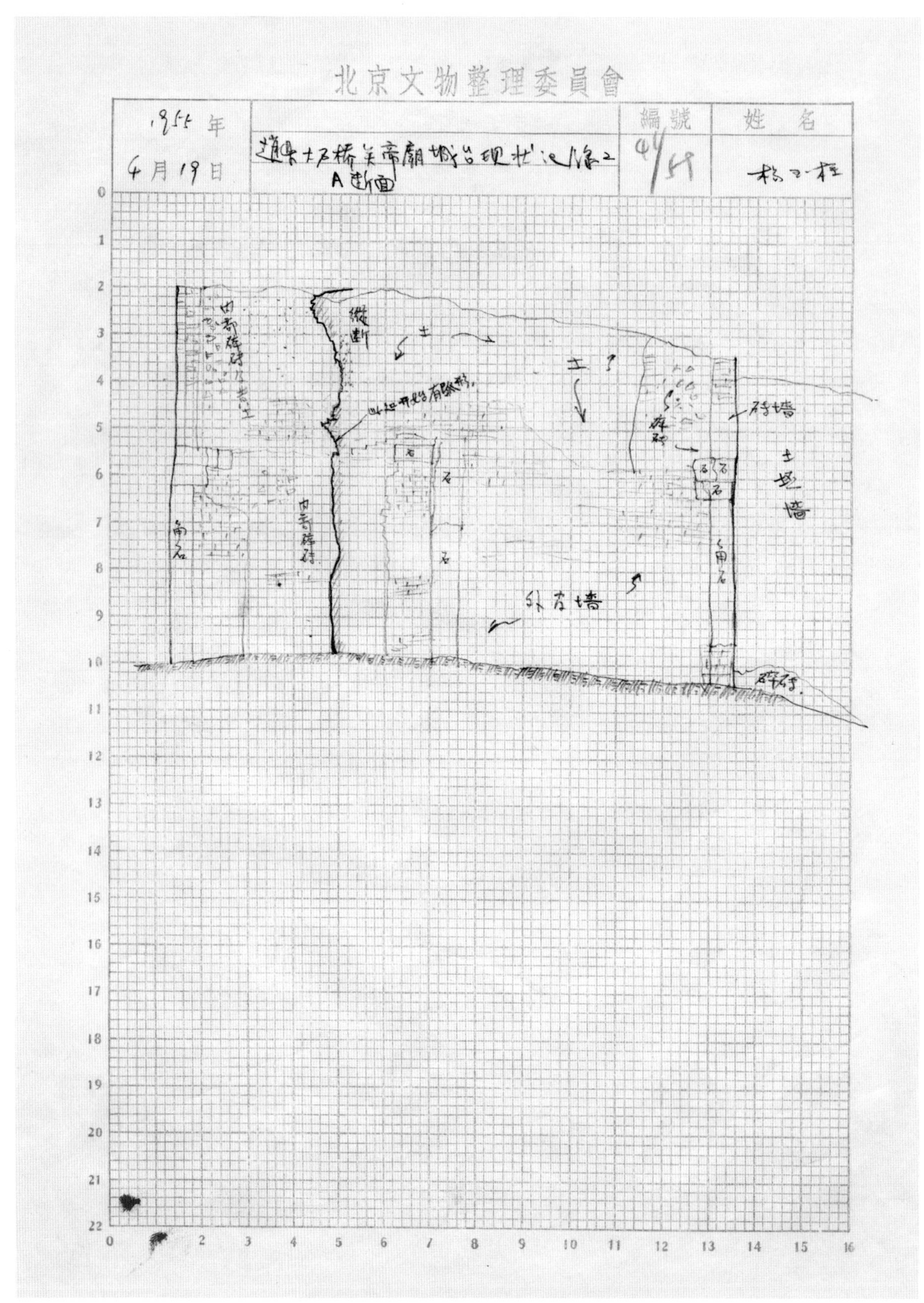

图 41　赵县大石桥关帝庙城台现状记录（2）——断面

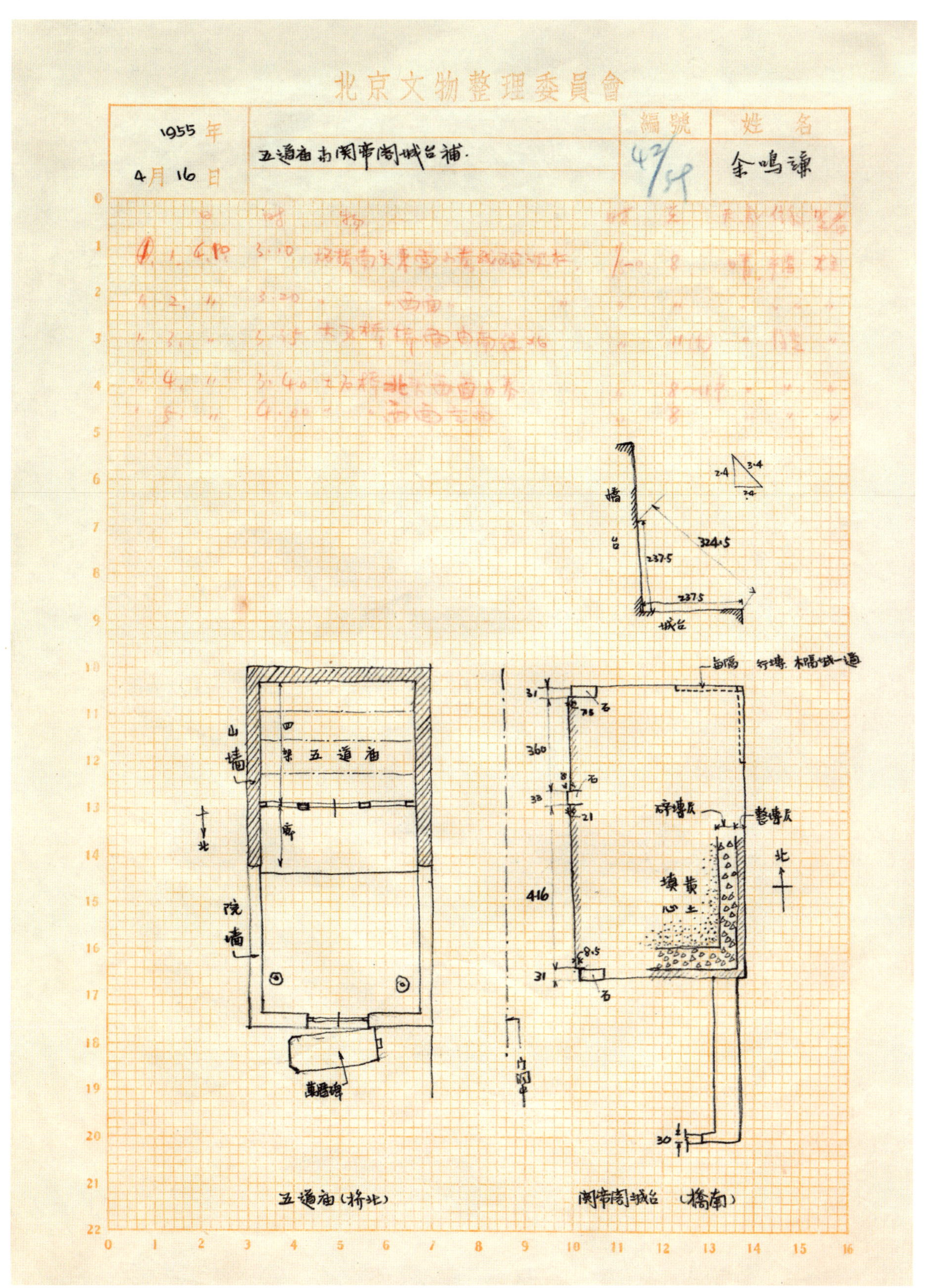

图 42　五道庙与关帝阁城台补

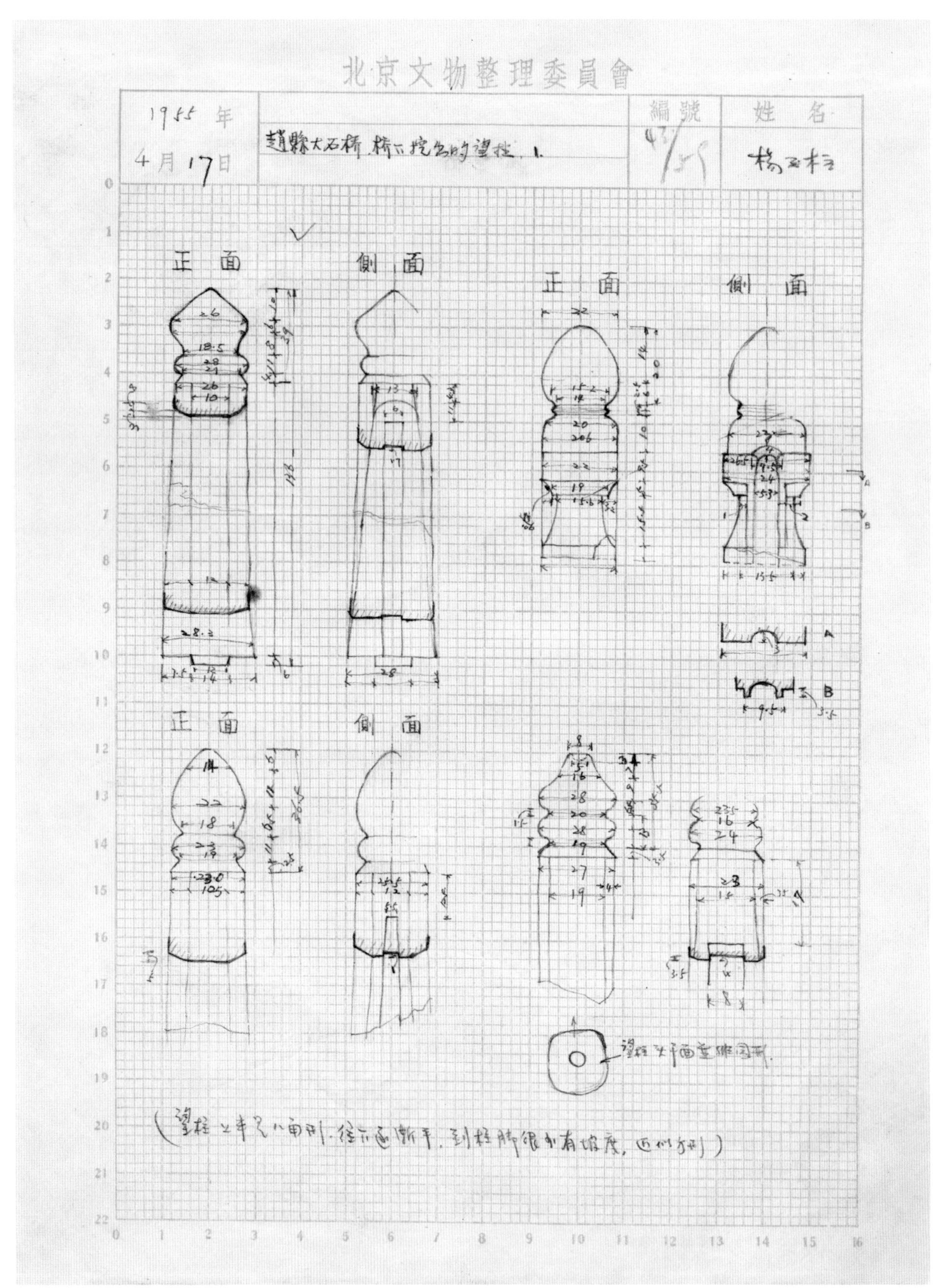

图 43　赵县大石桥桥下挖出的望柱（1）

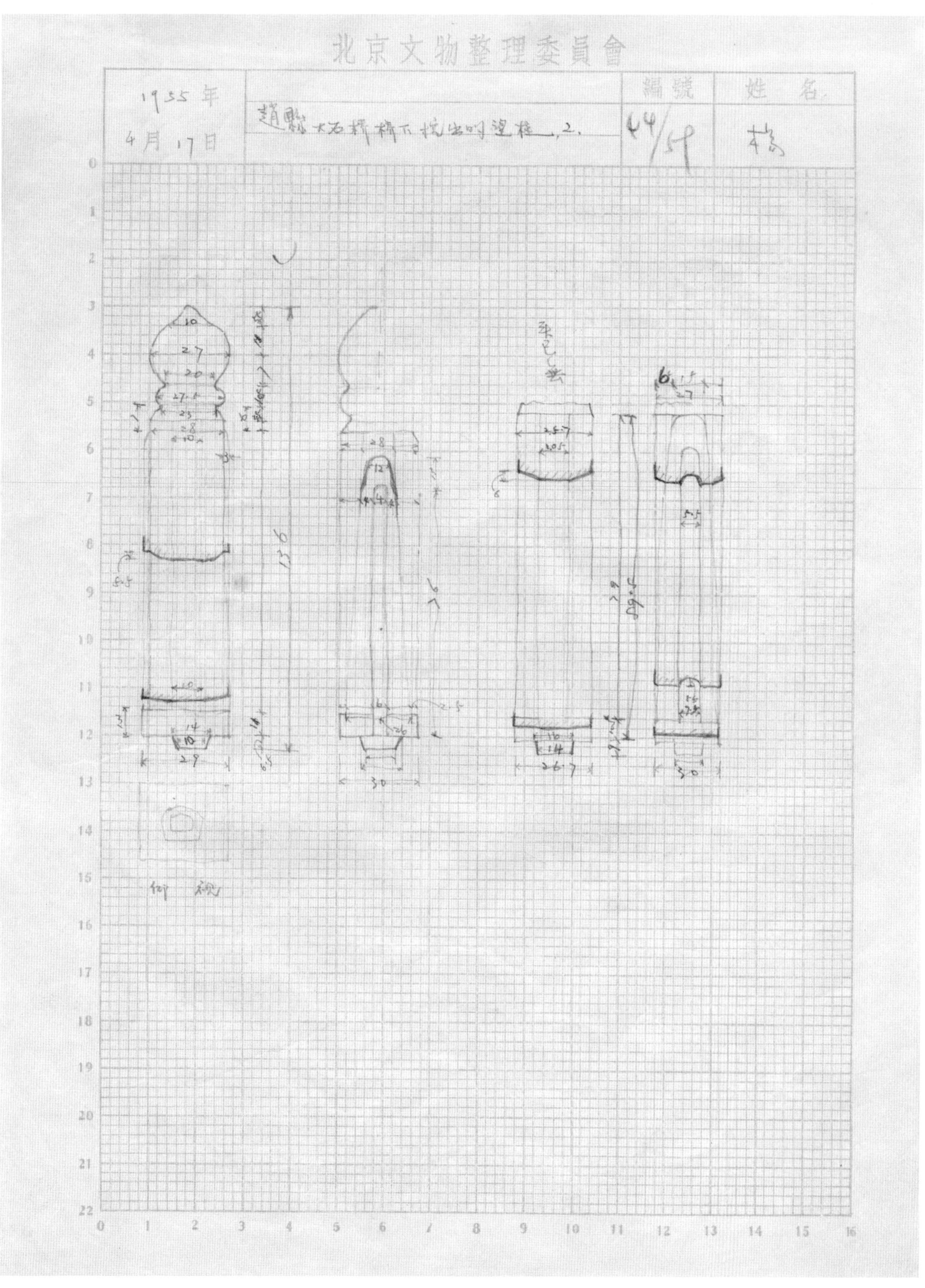

图44 赵县大石桥桥下挖出的望柱（2）

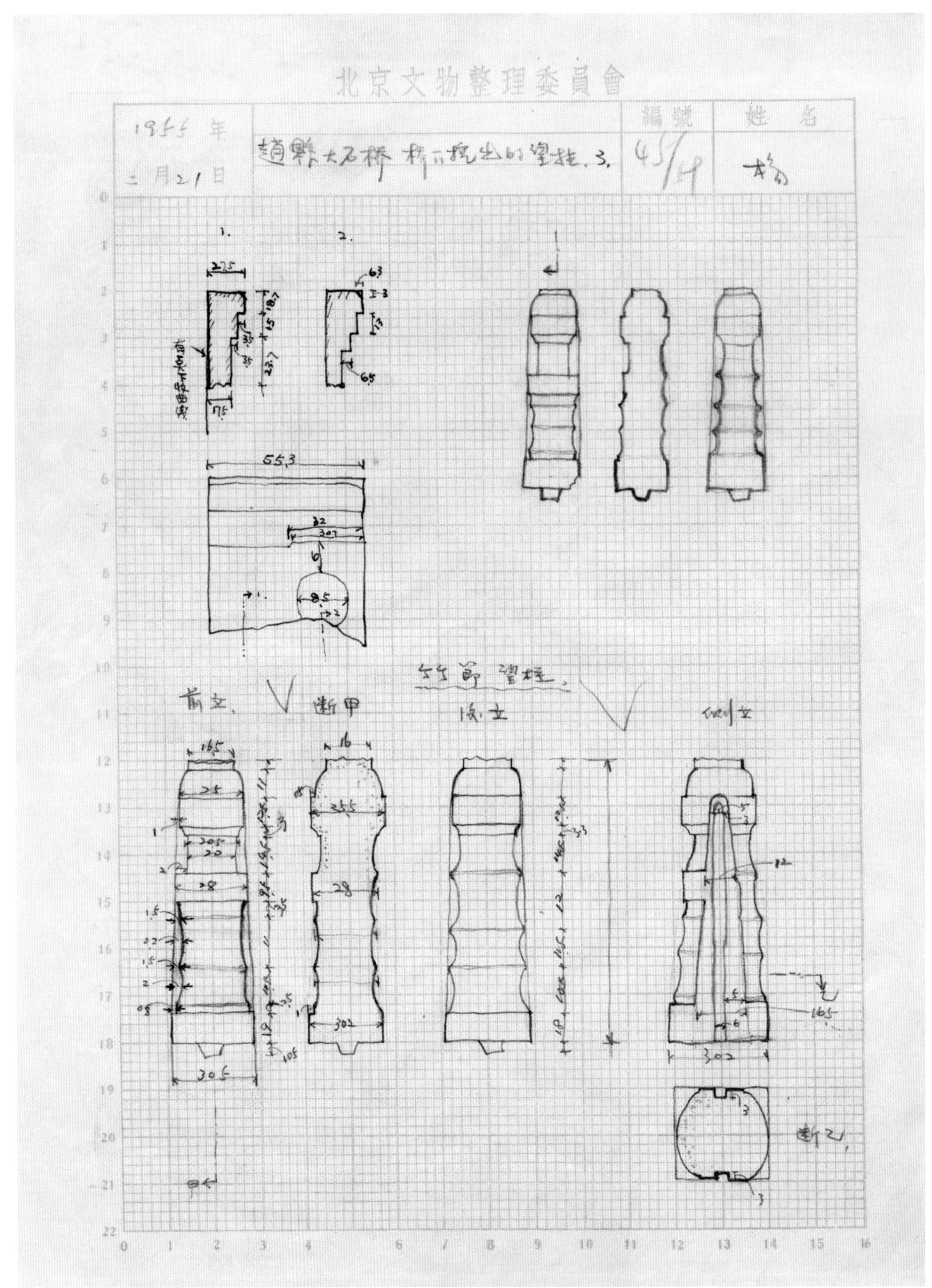

图 45　赵县大石桥桥下挖出的望柱（3）

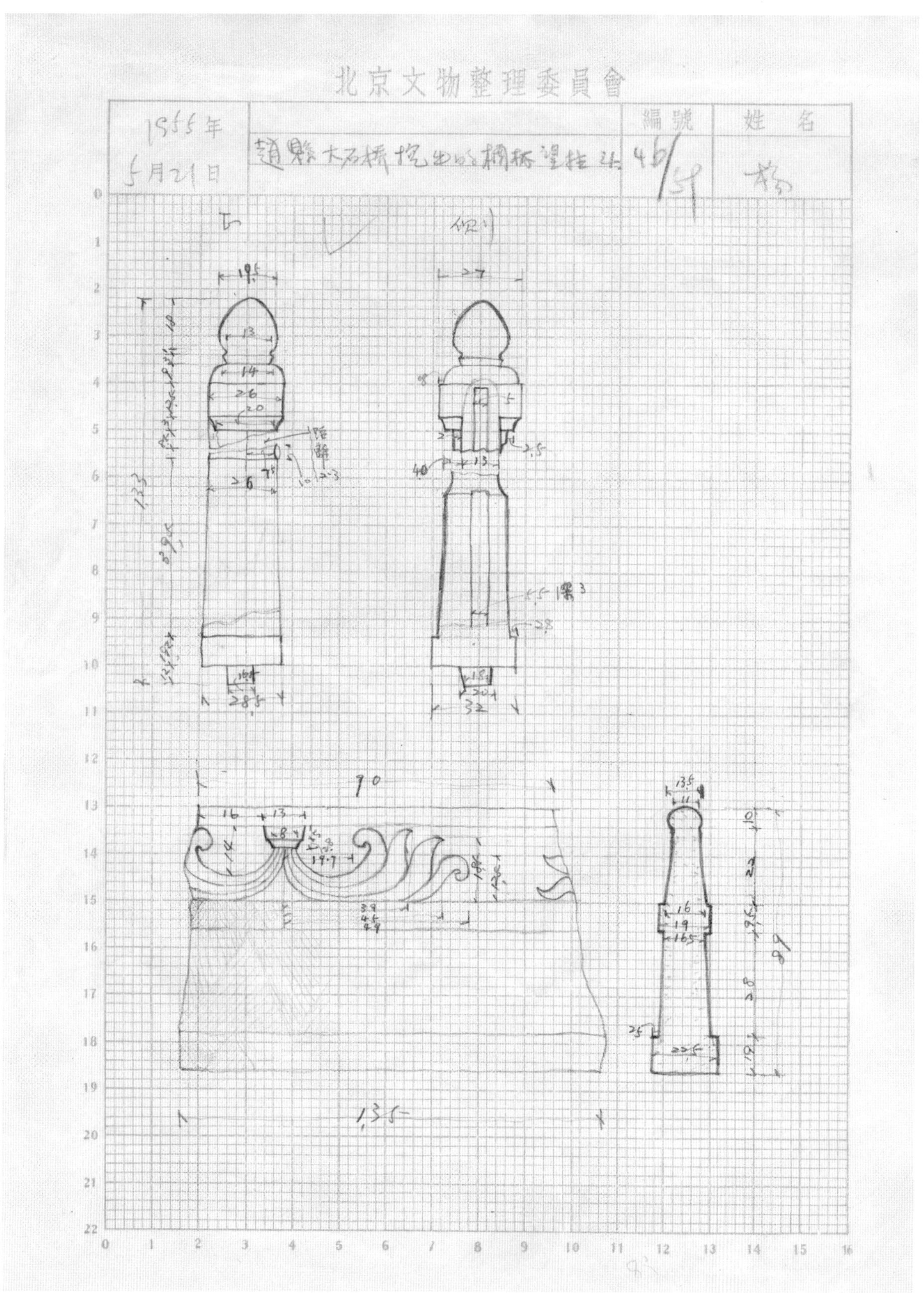

图46　赵县大石桥挖出的栏板、望柱（4）

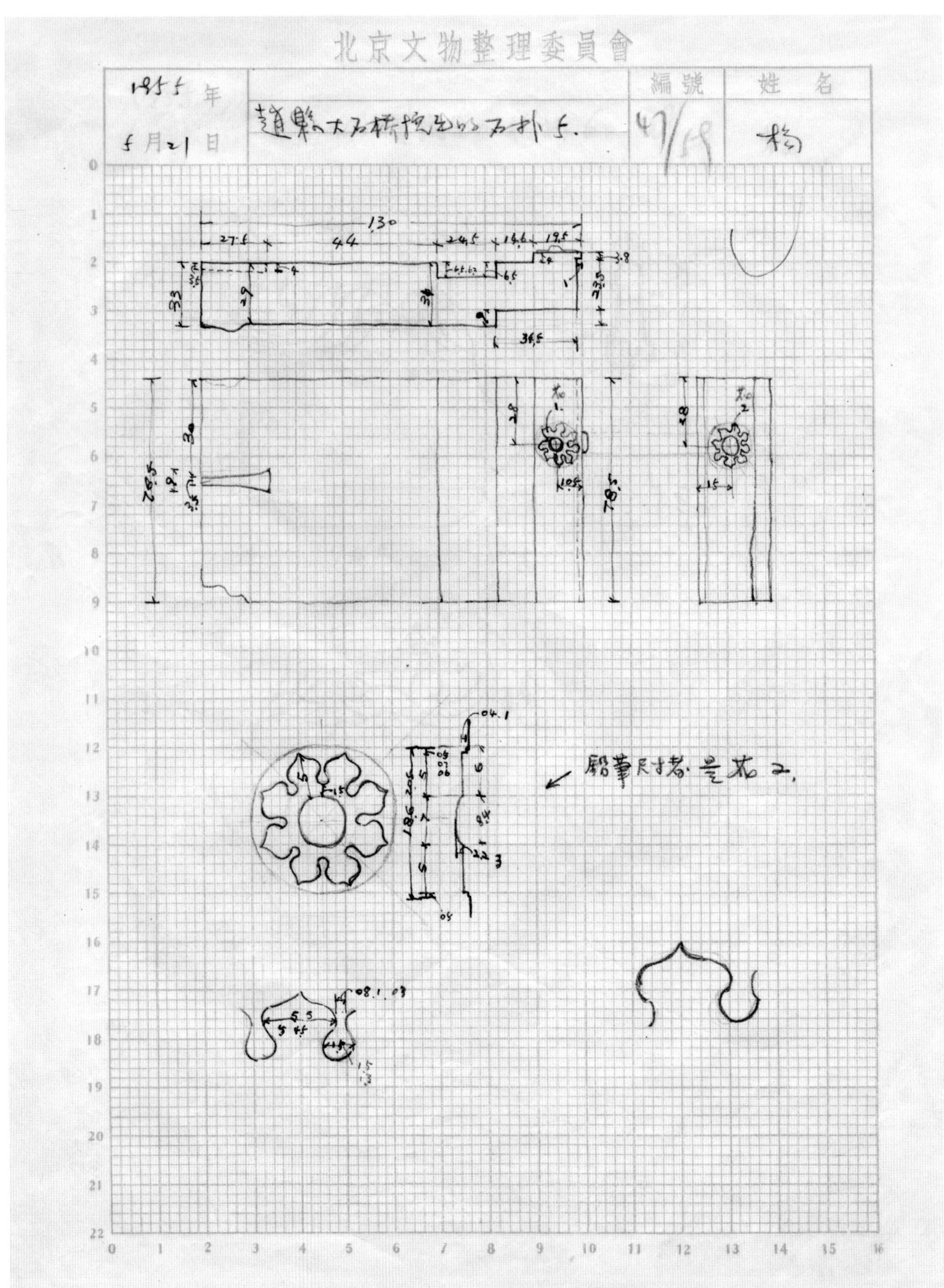

图 47　赵县大石桥挖出的石块（5）

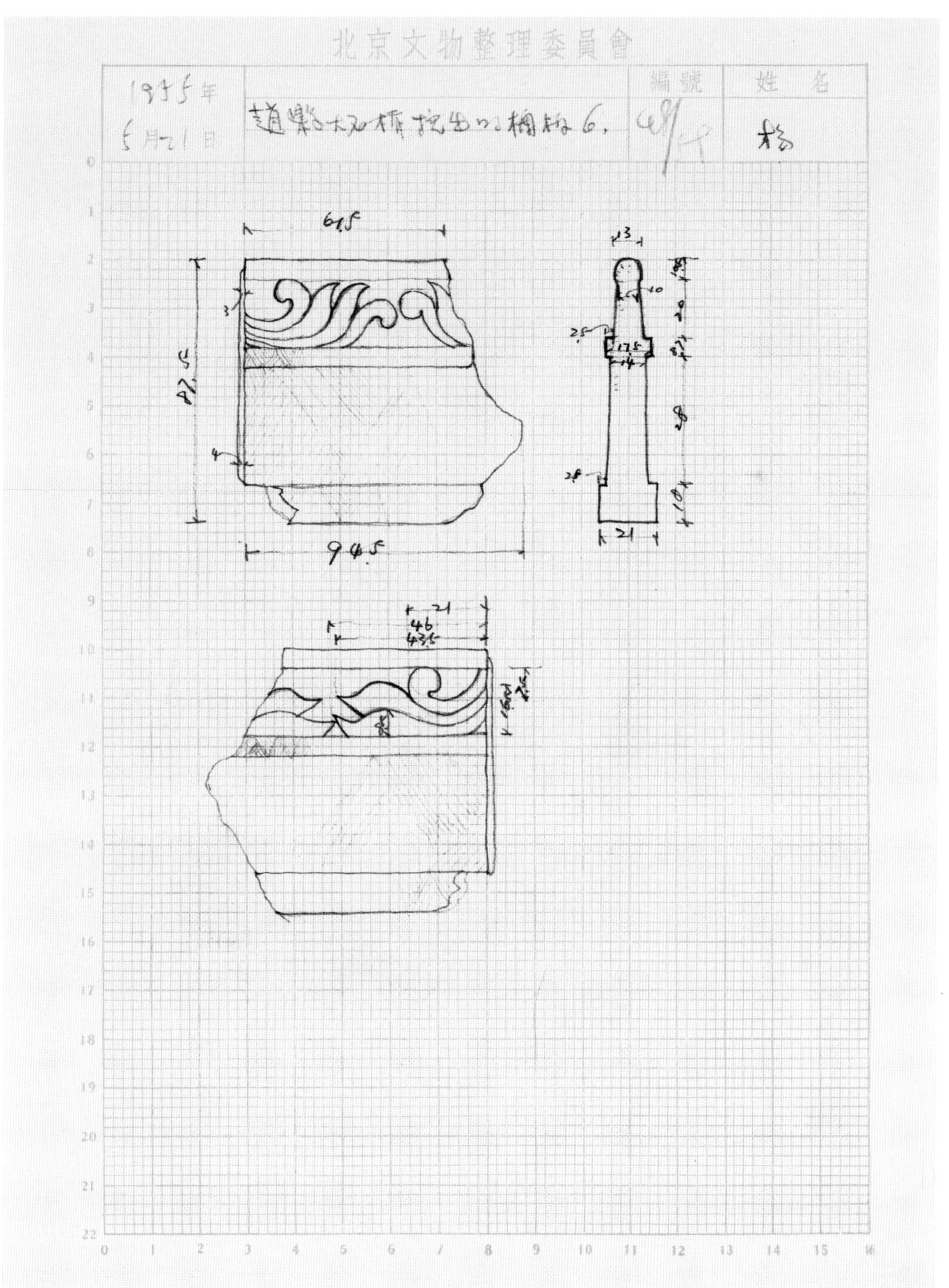

图 48　赵县大石桥挖出的栏板（6）

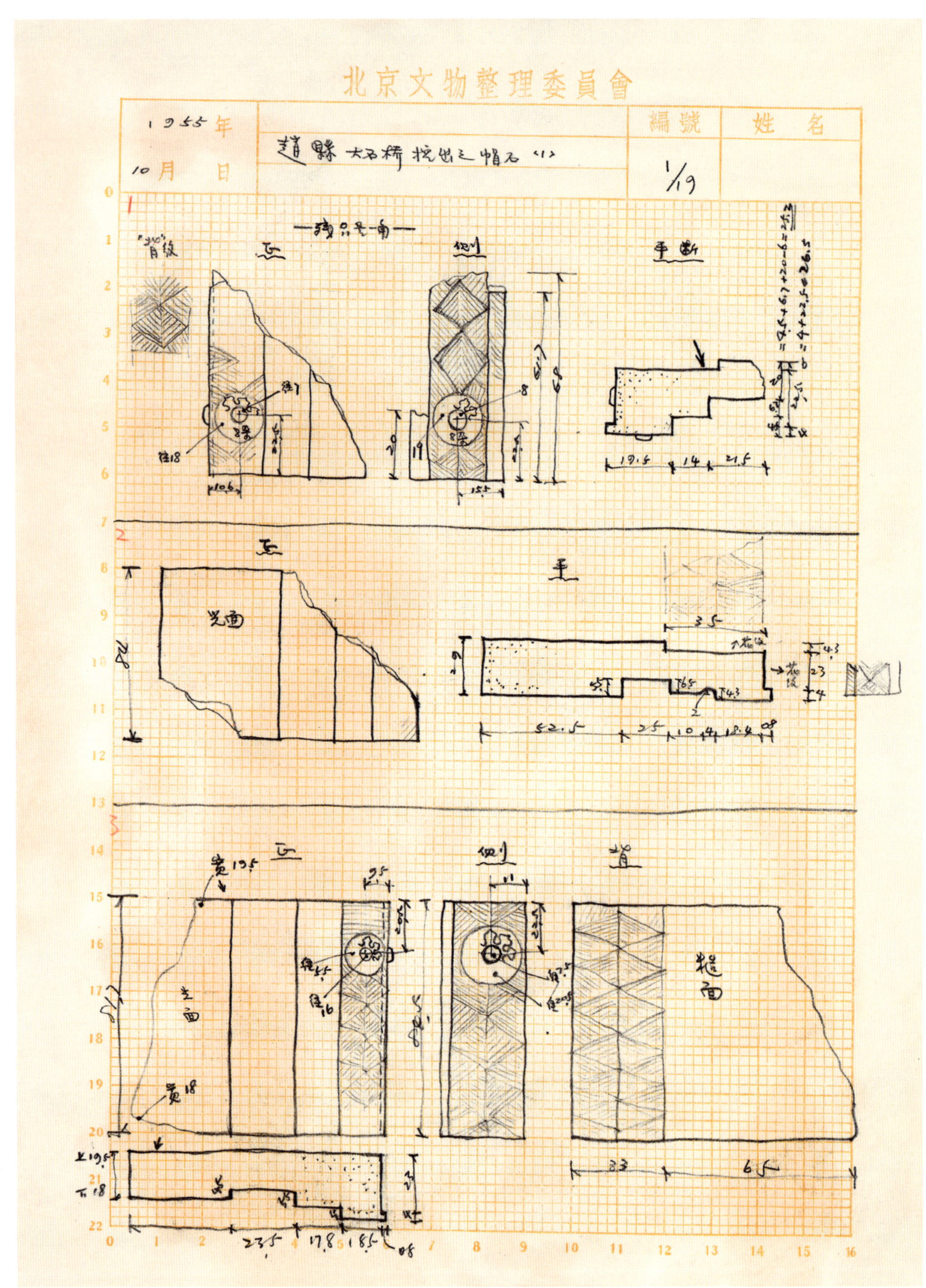

图 49　赵县大石桥挖出之帽石（1）

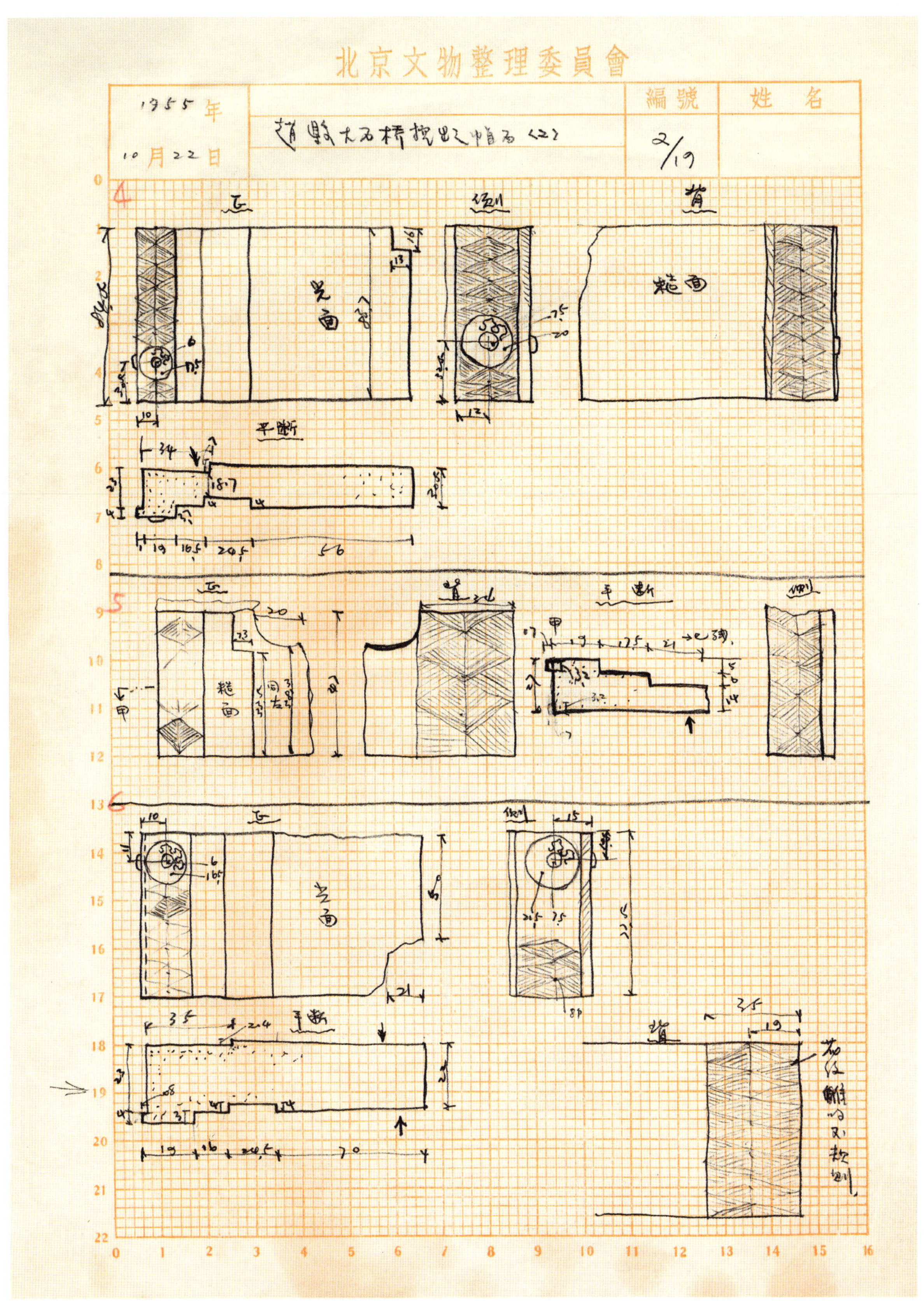

图 50　赵县大石桥挖出之帽石（2）

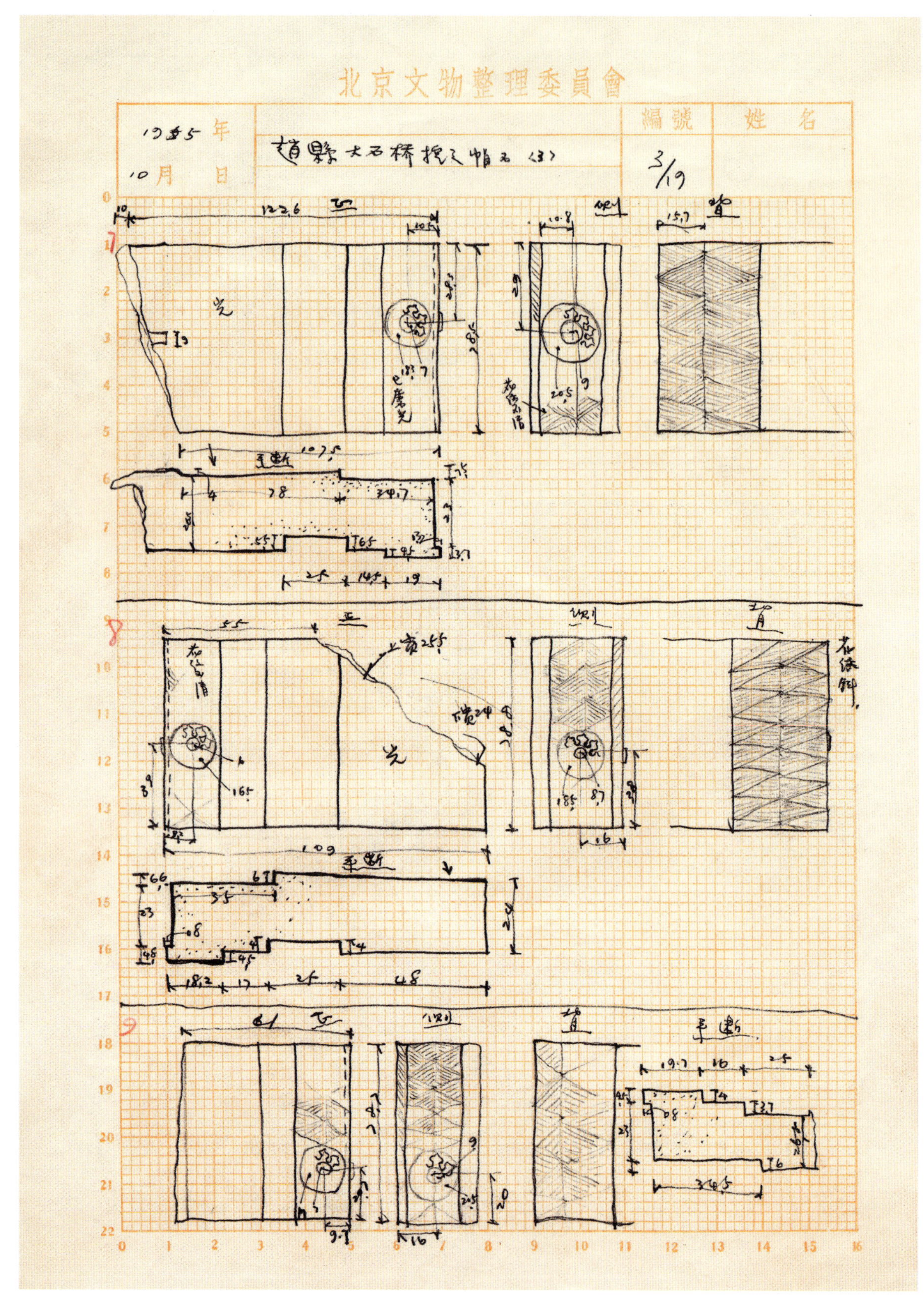

图 51　赵县大石桥挖出之帽石（3）

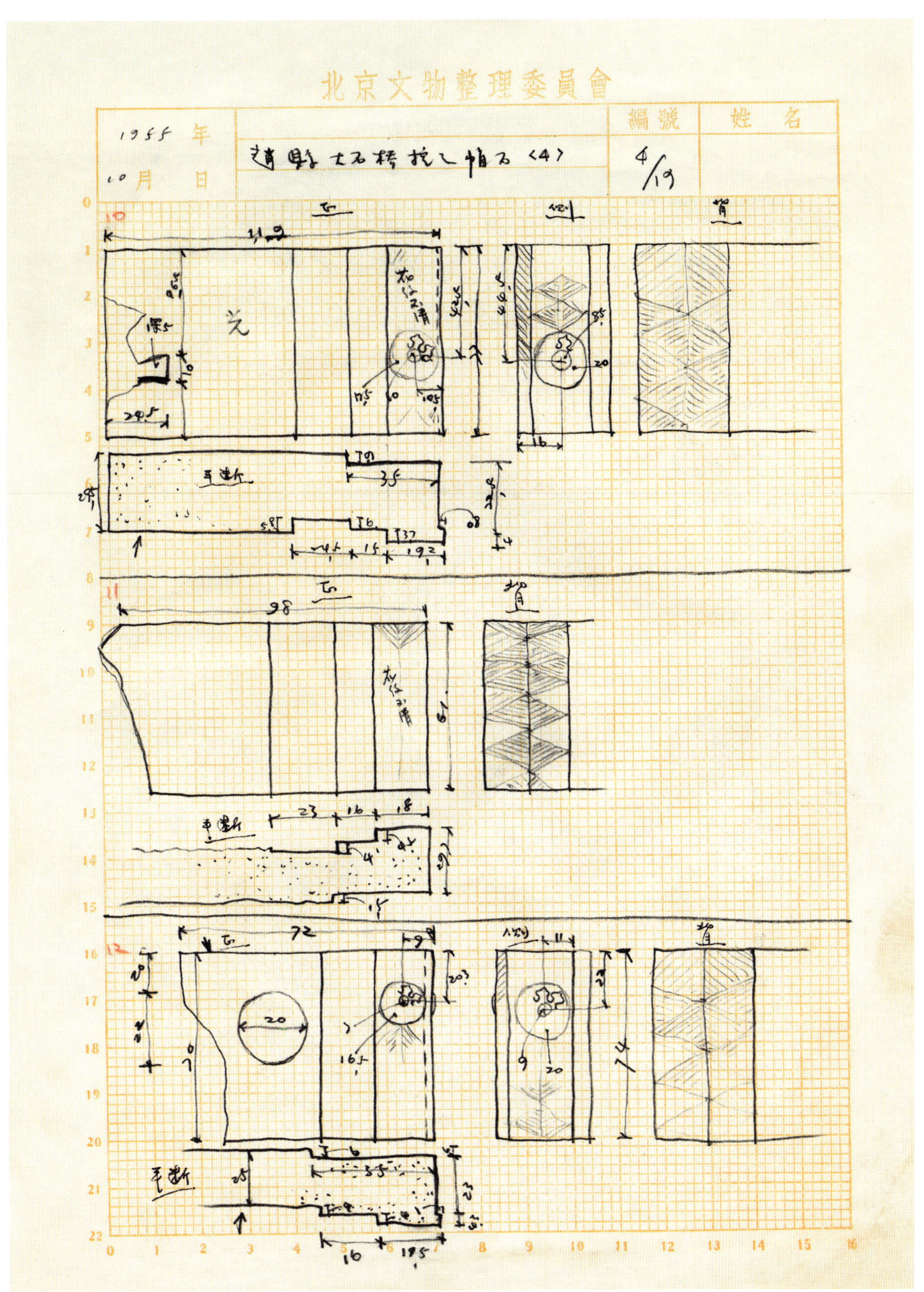

图 52　赵县大石桥挖出之帽石（4）

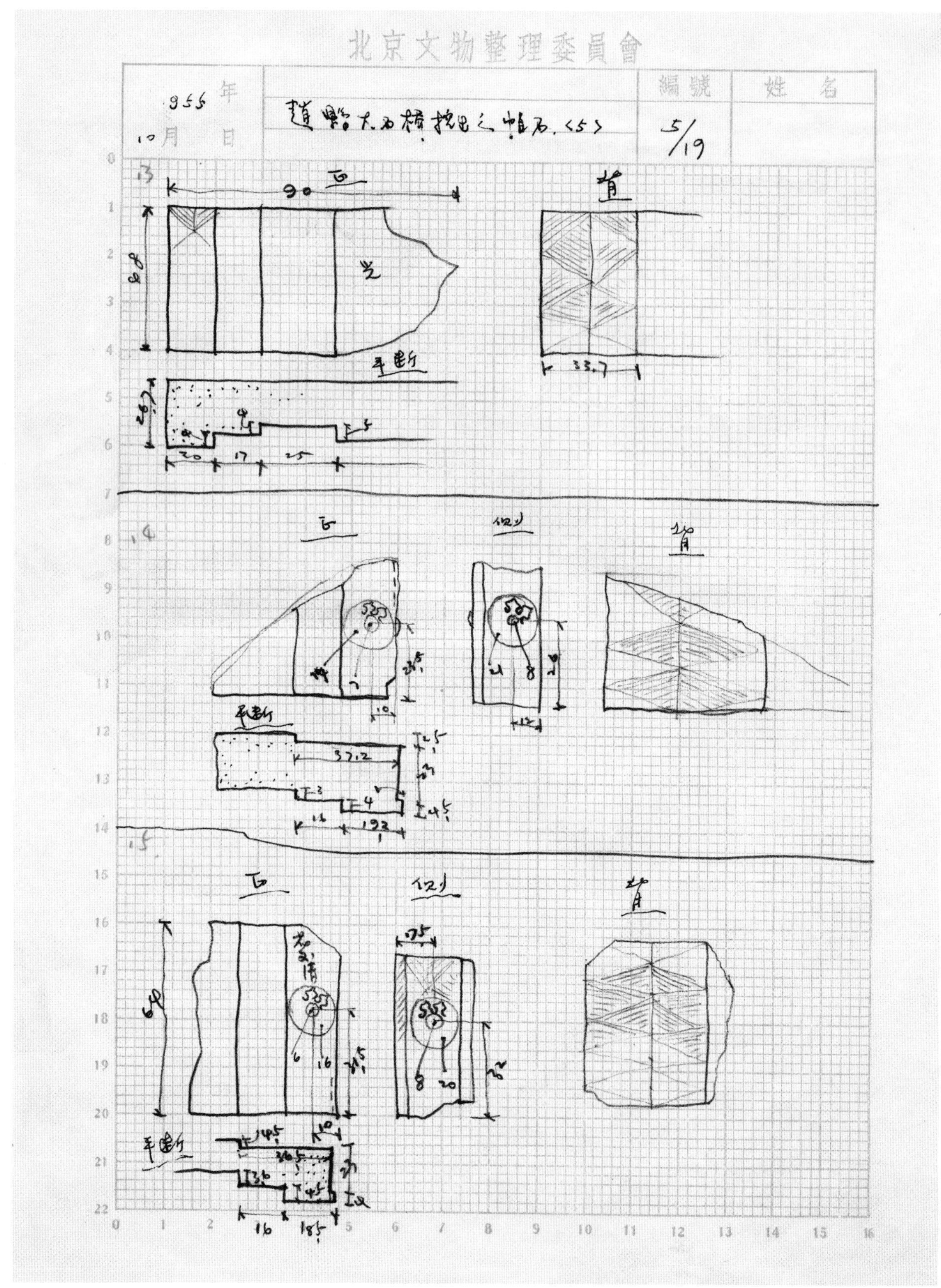

图 53　赵县大石桥挖出之帽石（5）

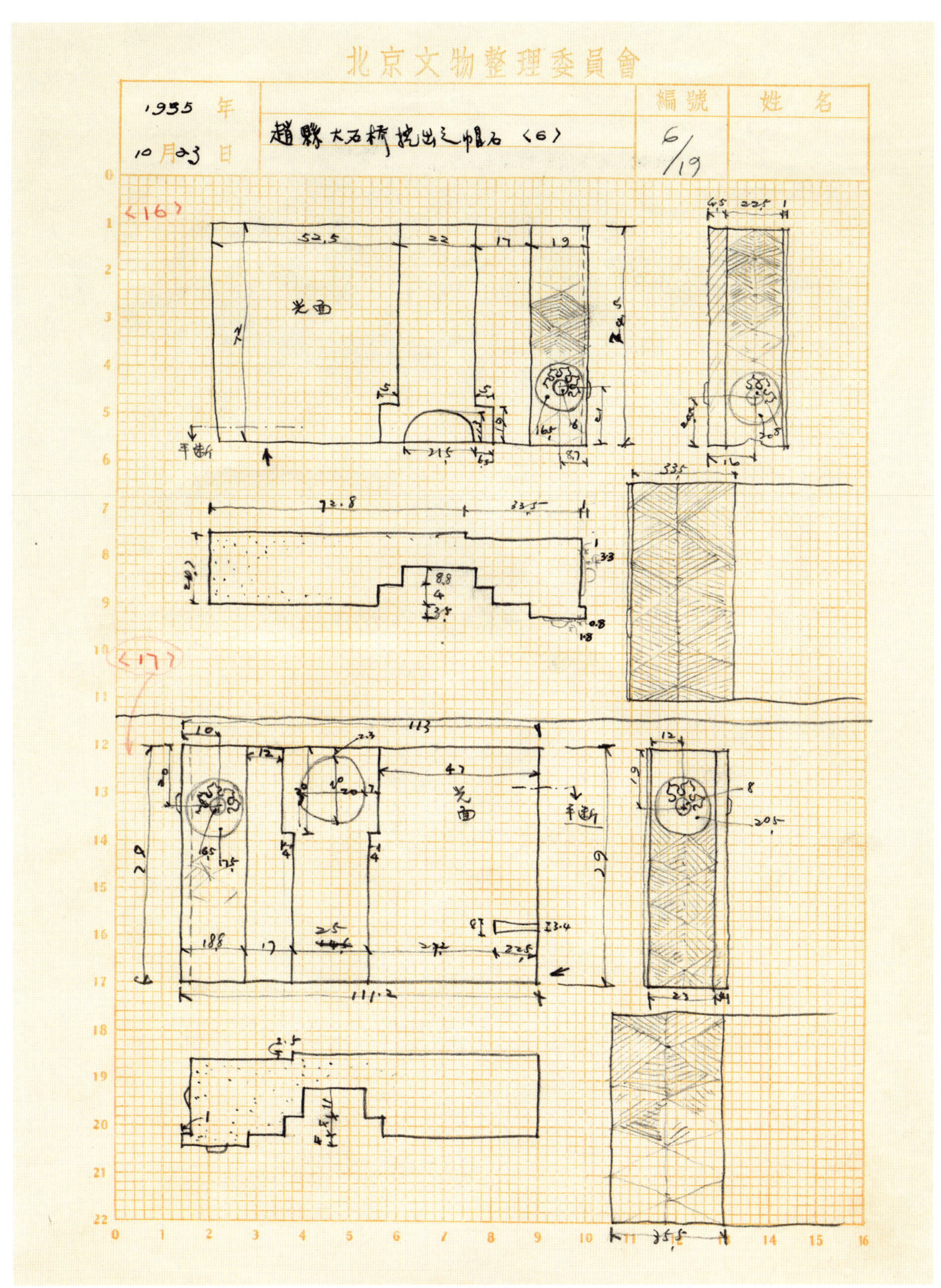

图 54　赵县大石桥挖出之帽石（6）

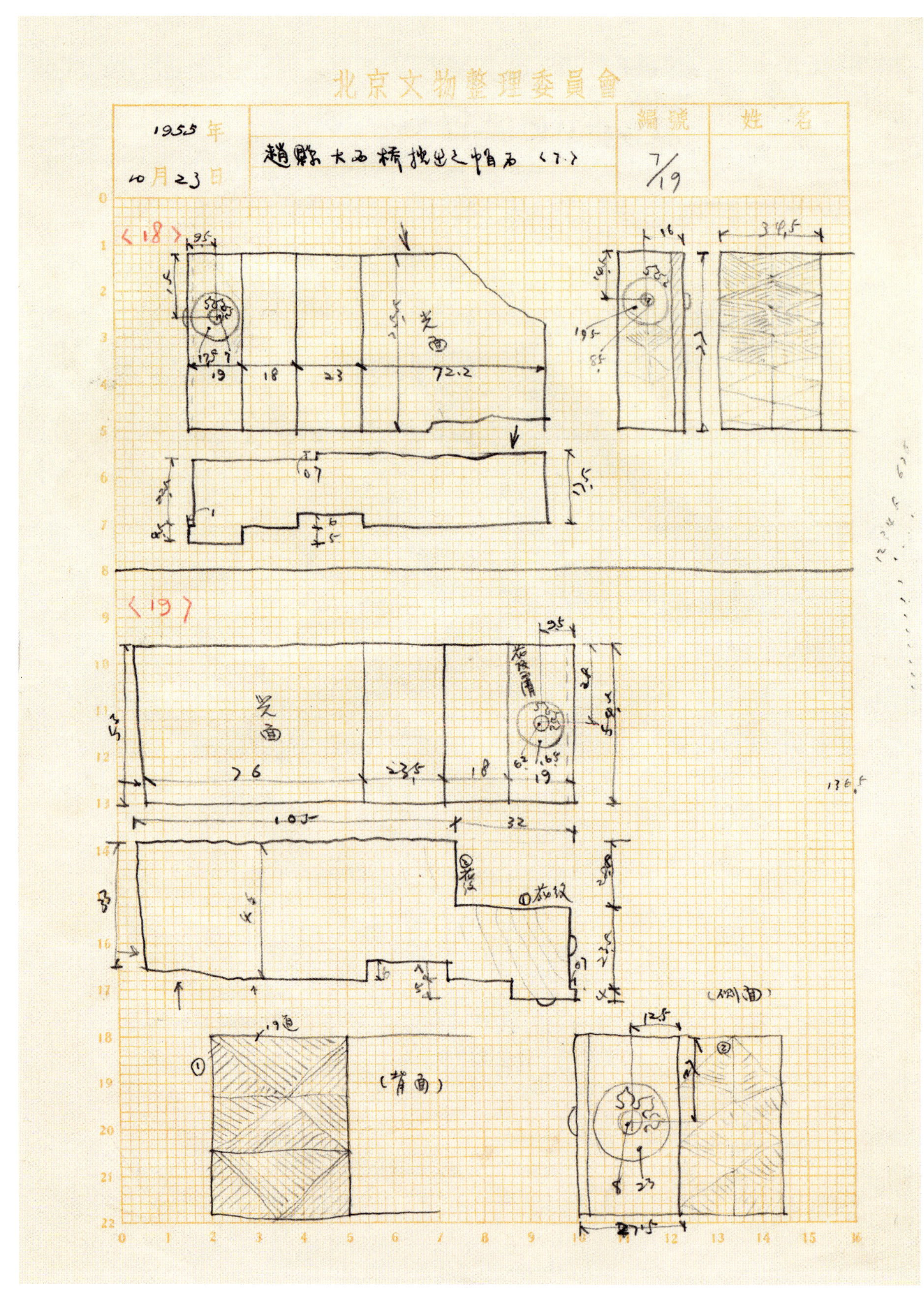

图 55　赵县大石桥挖出之帽石（7）

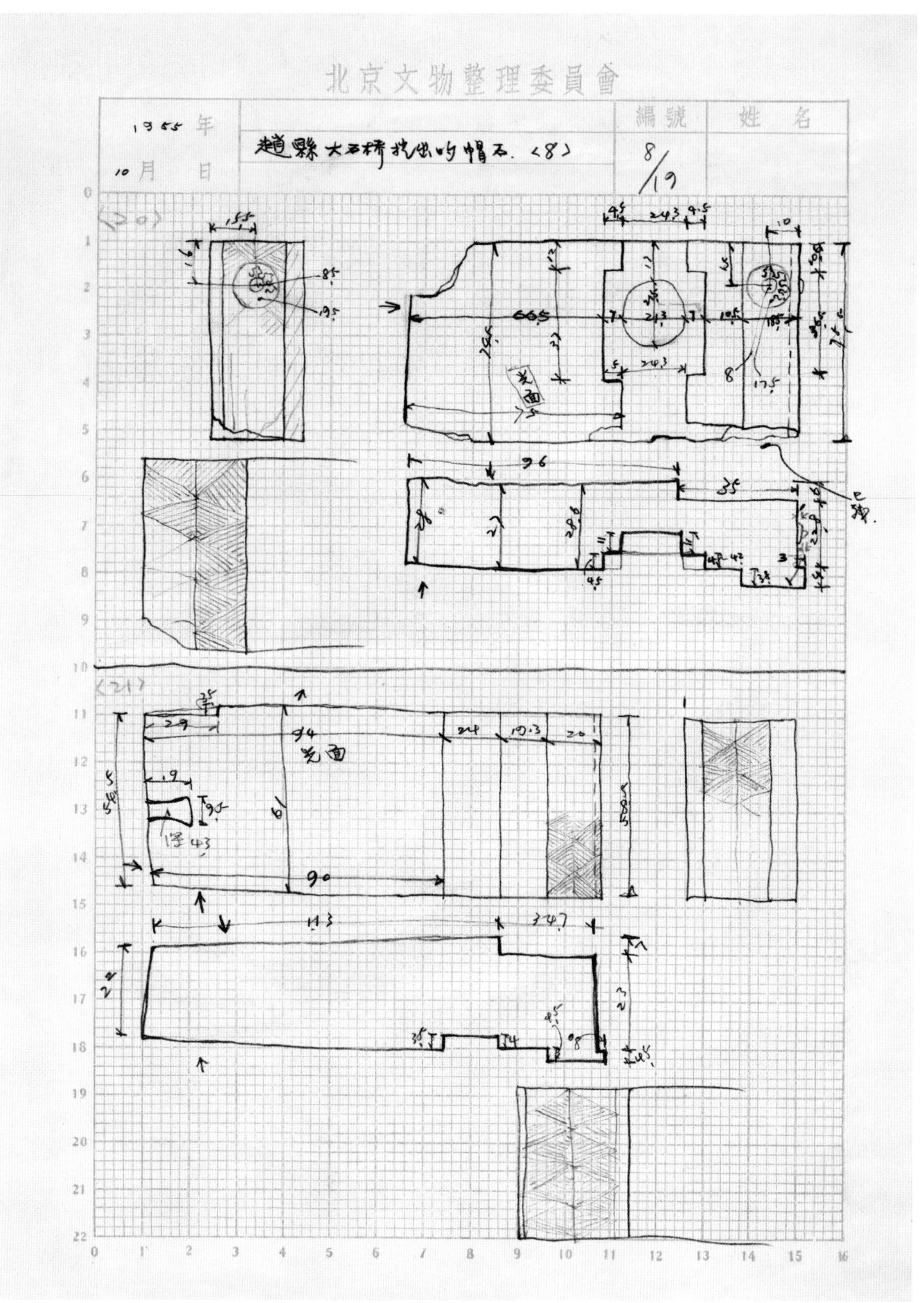

图 56 赵县大石桥挖出的帽石（8）

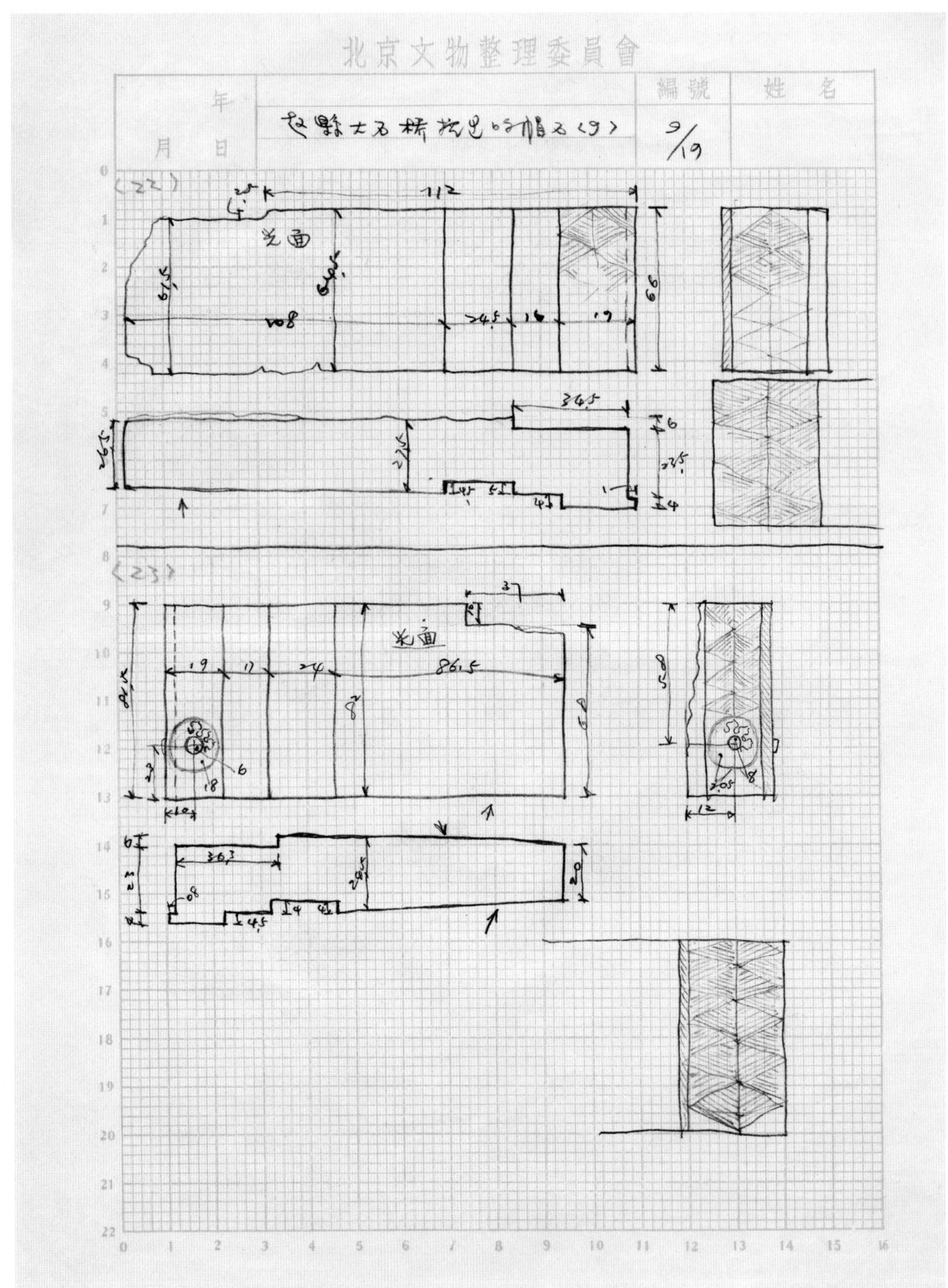

图 57 赵县大石桥挖出的帽石（9）

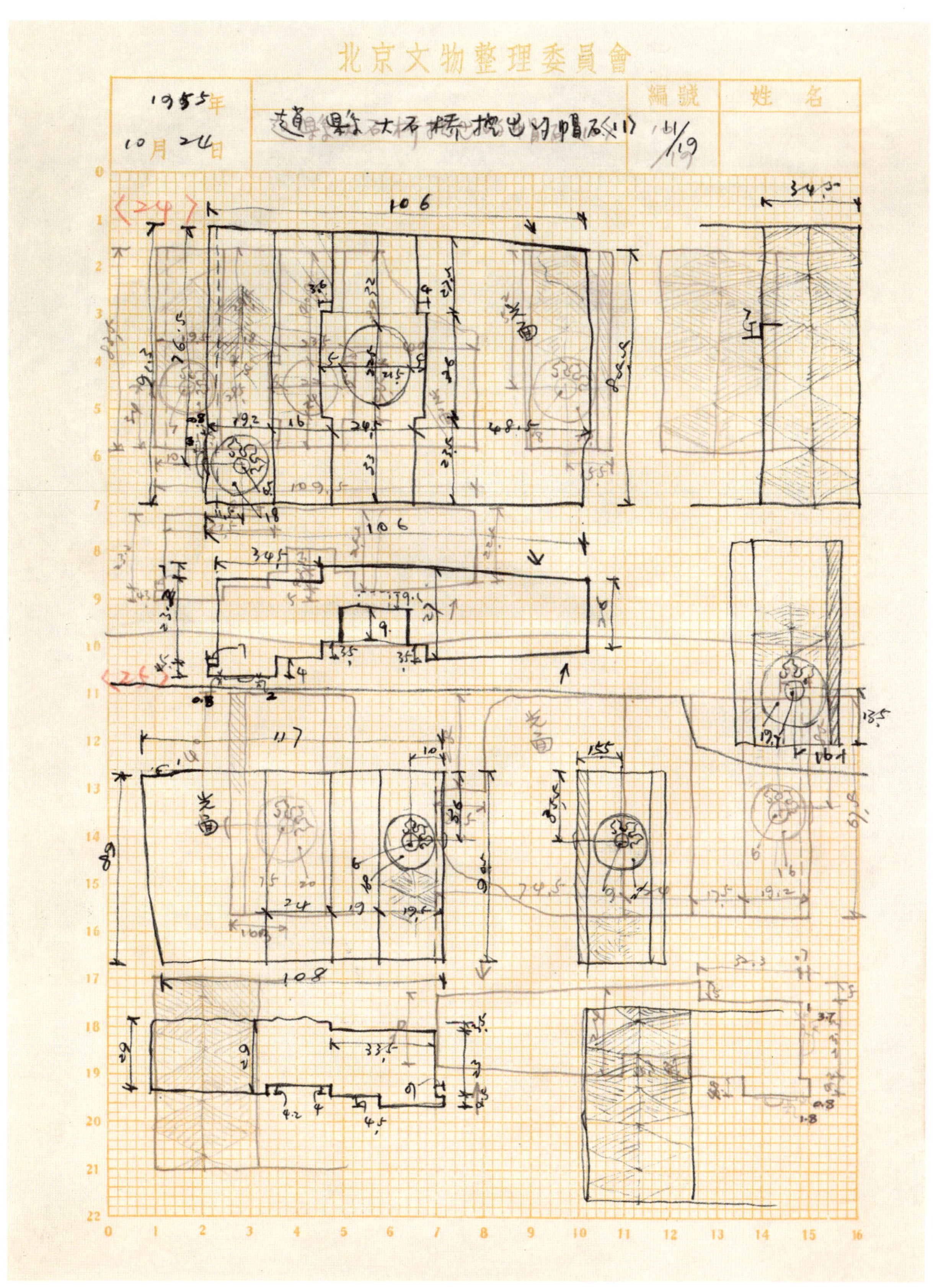

图 58　赵县大石桥挖出的帽石（10）

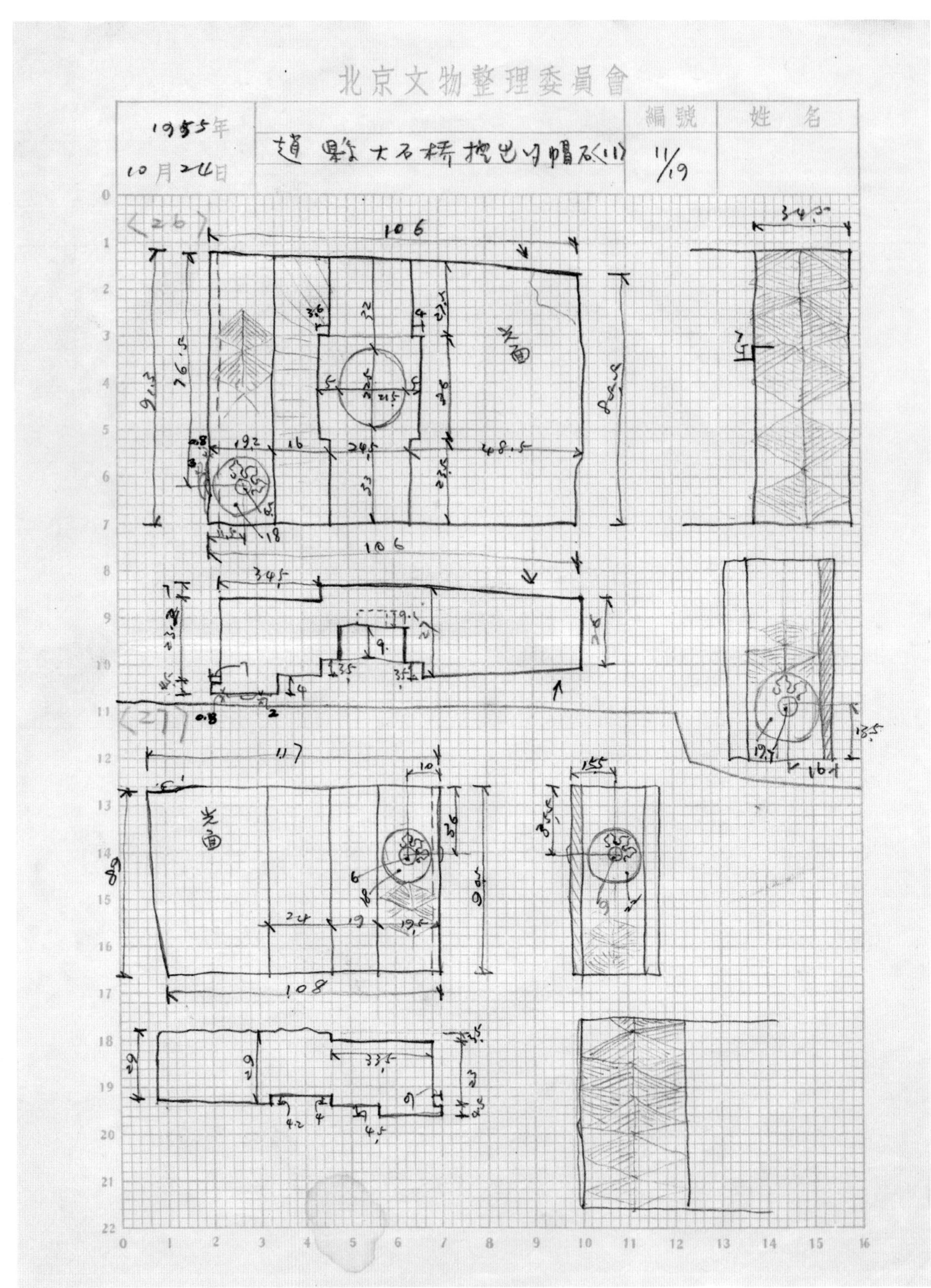

图 59 赵县大石桥挖出的帽石（11）

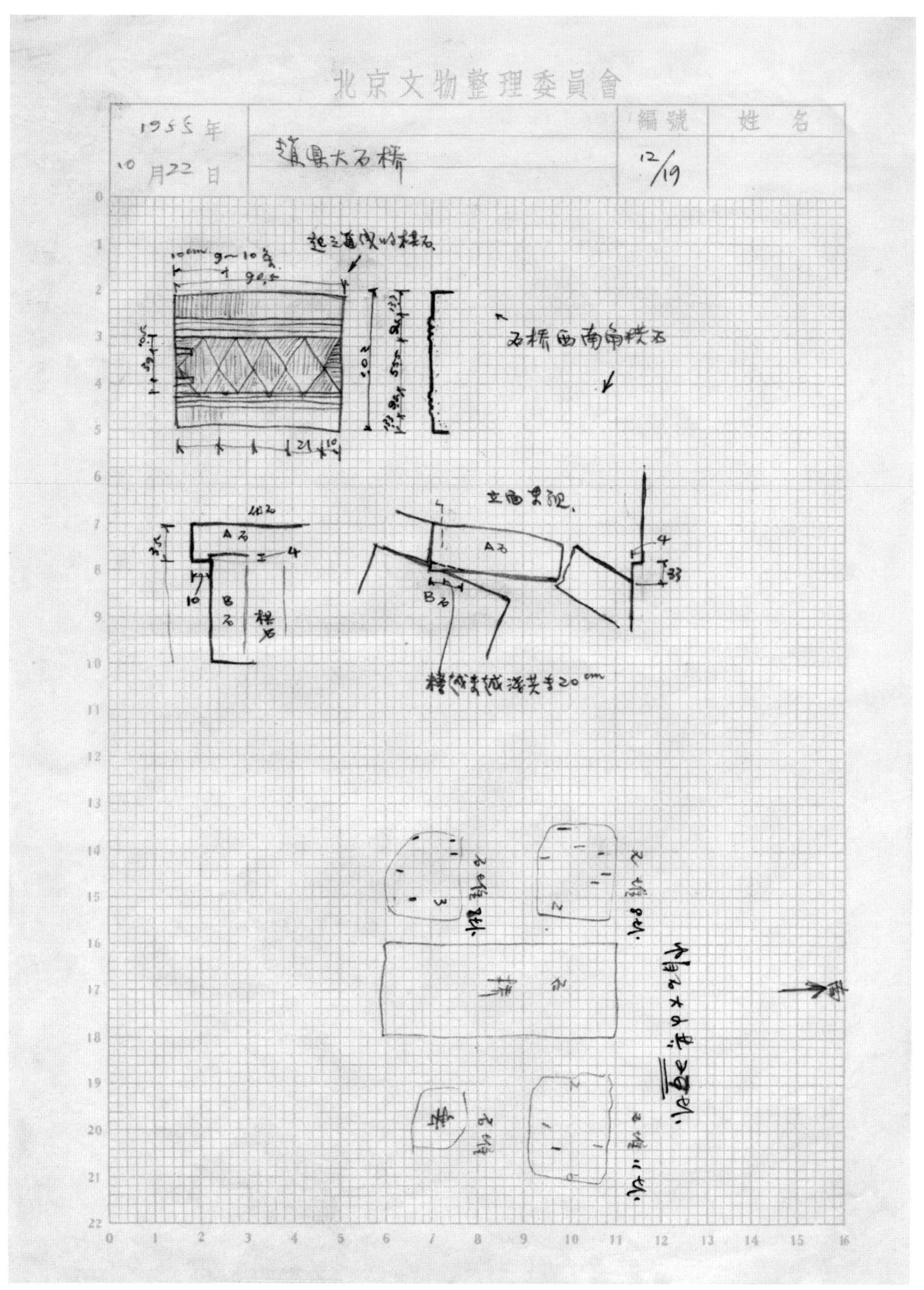

图 60　赵县大石桥（拱石）

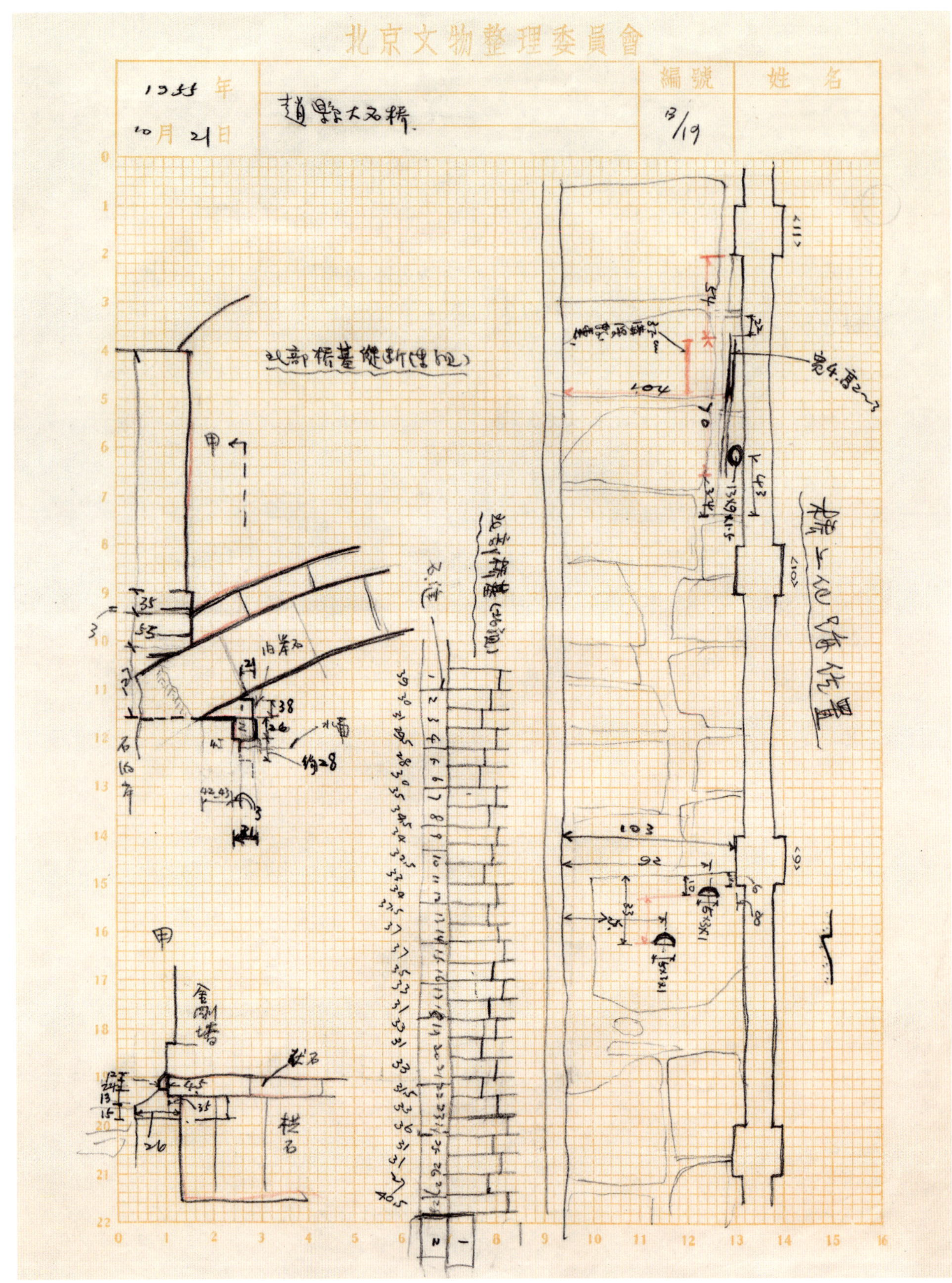

图 61　赵县大石桥（桥之仙迹位置、北部桥基纵断北视和东视）

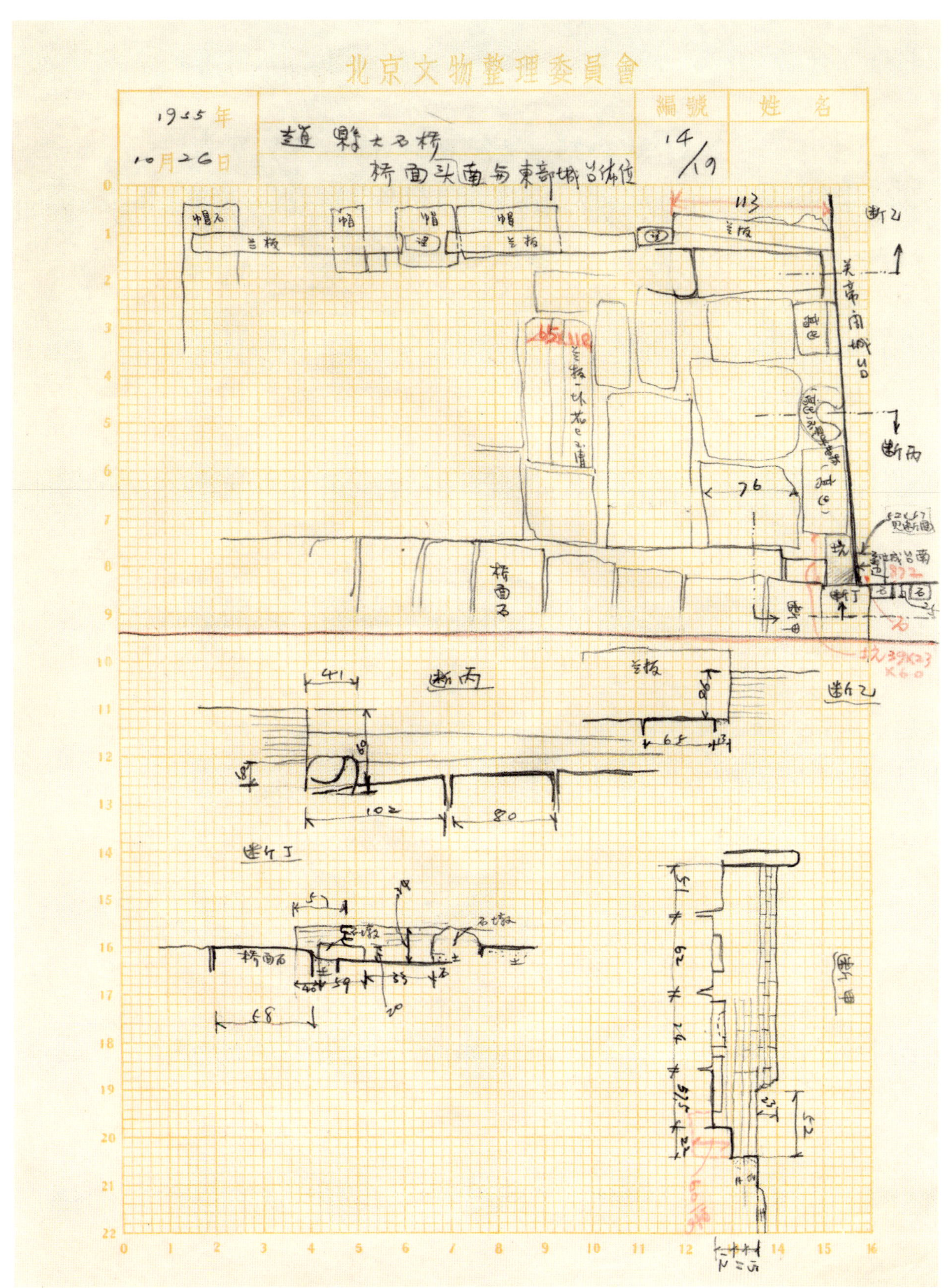

图 62　赵县大石桥桥面南头与东部城台部位

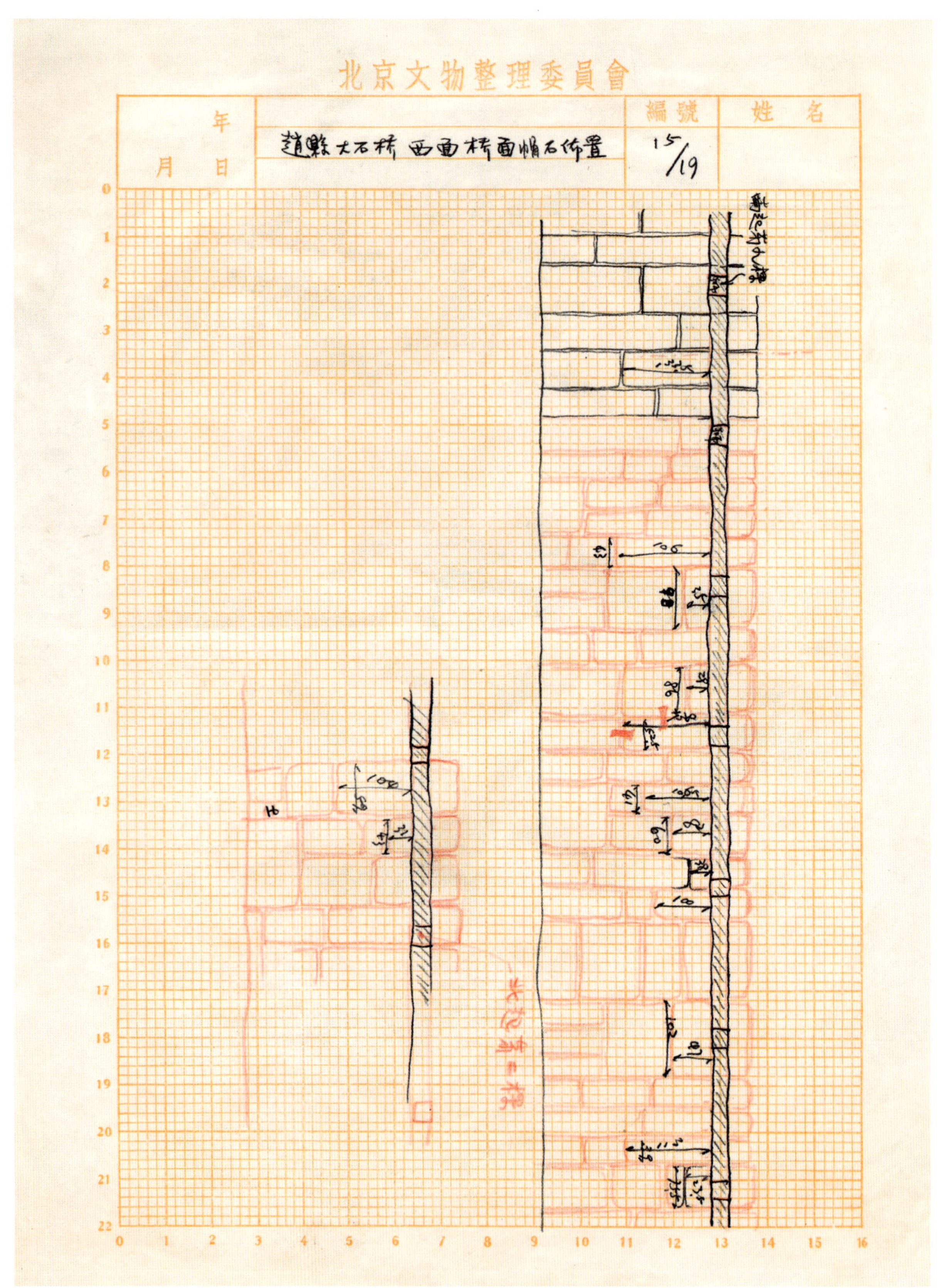

图 63 赵县大石桥西面桥面帽石布置

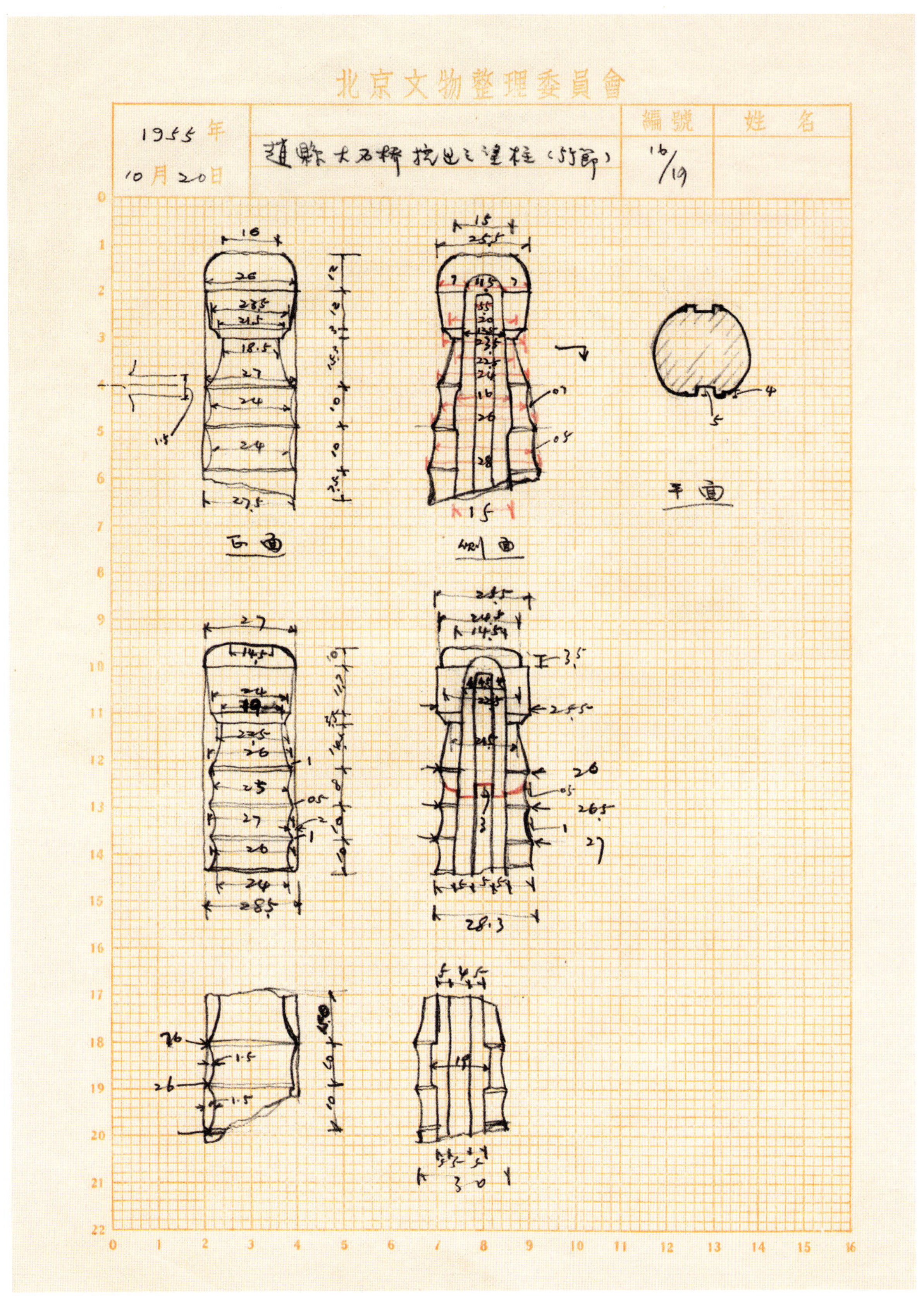

图64　赵县大石桥挖出之望柱（竹节）

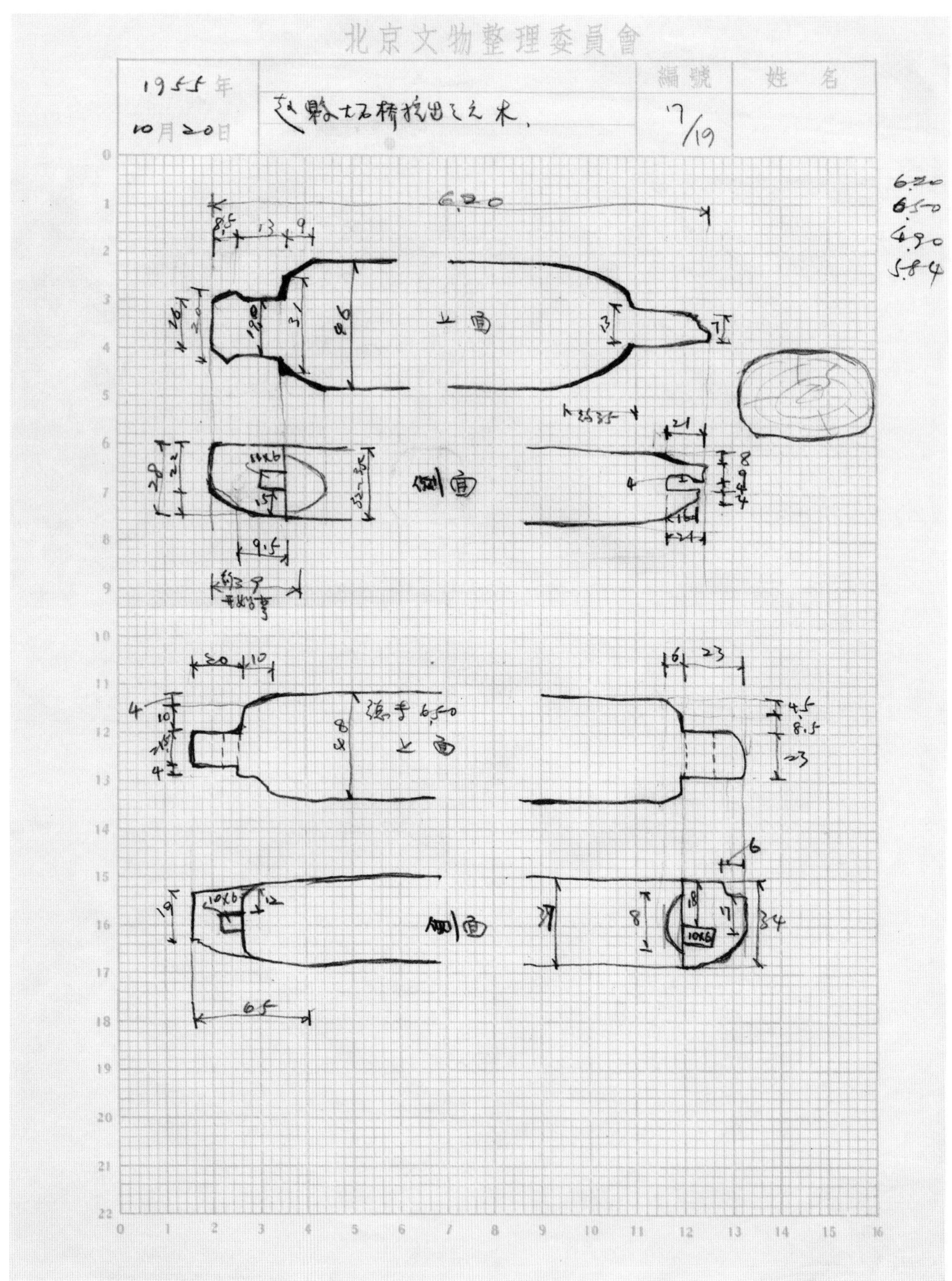

图 65　赵县大石桥挖出之元木

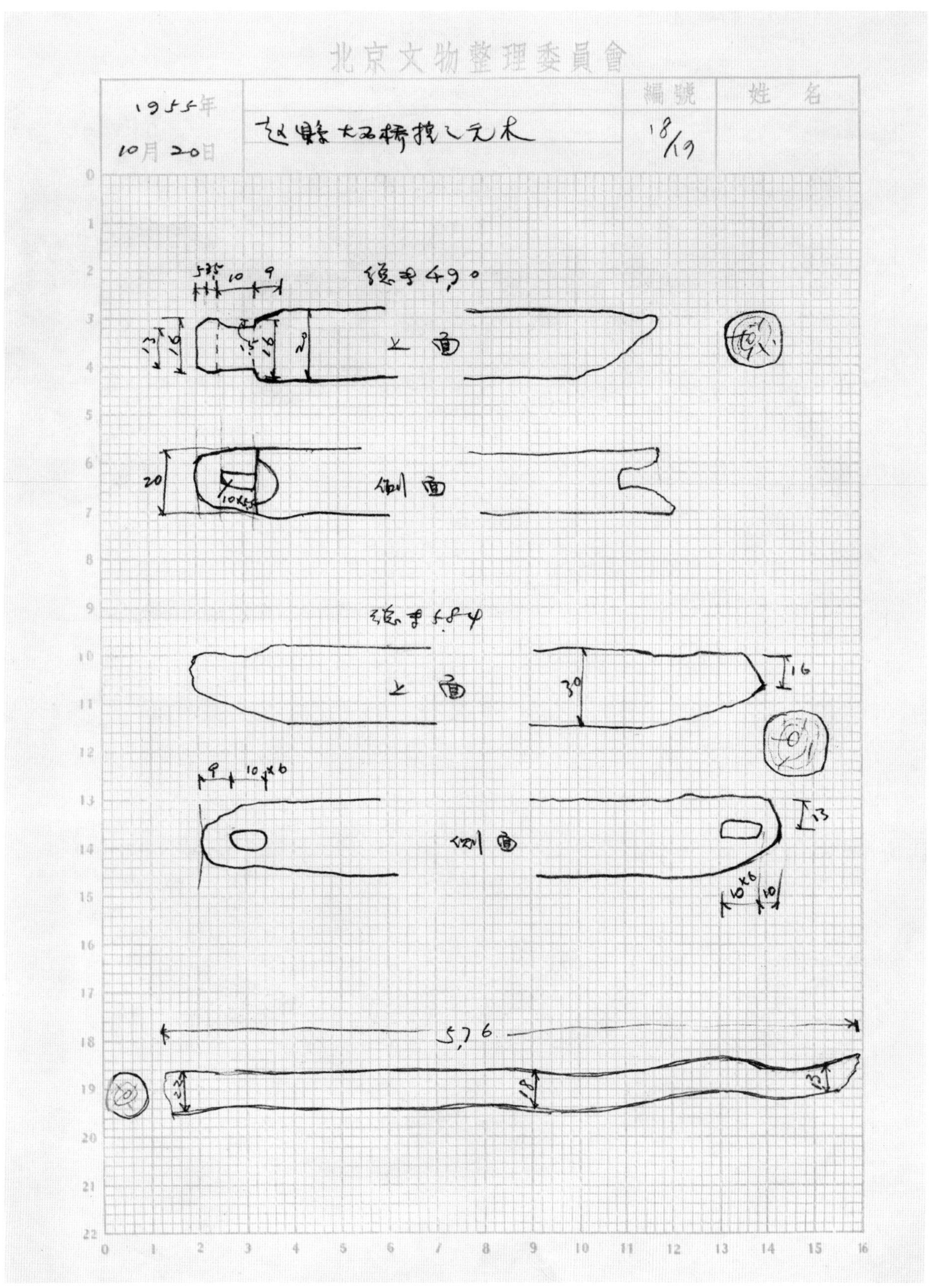

图 66　赵县大石桥挖出之元木

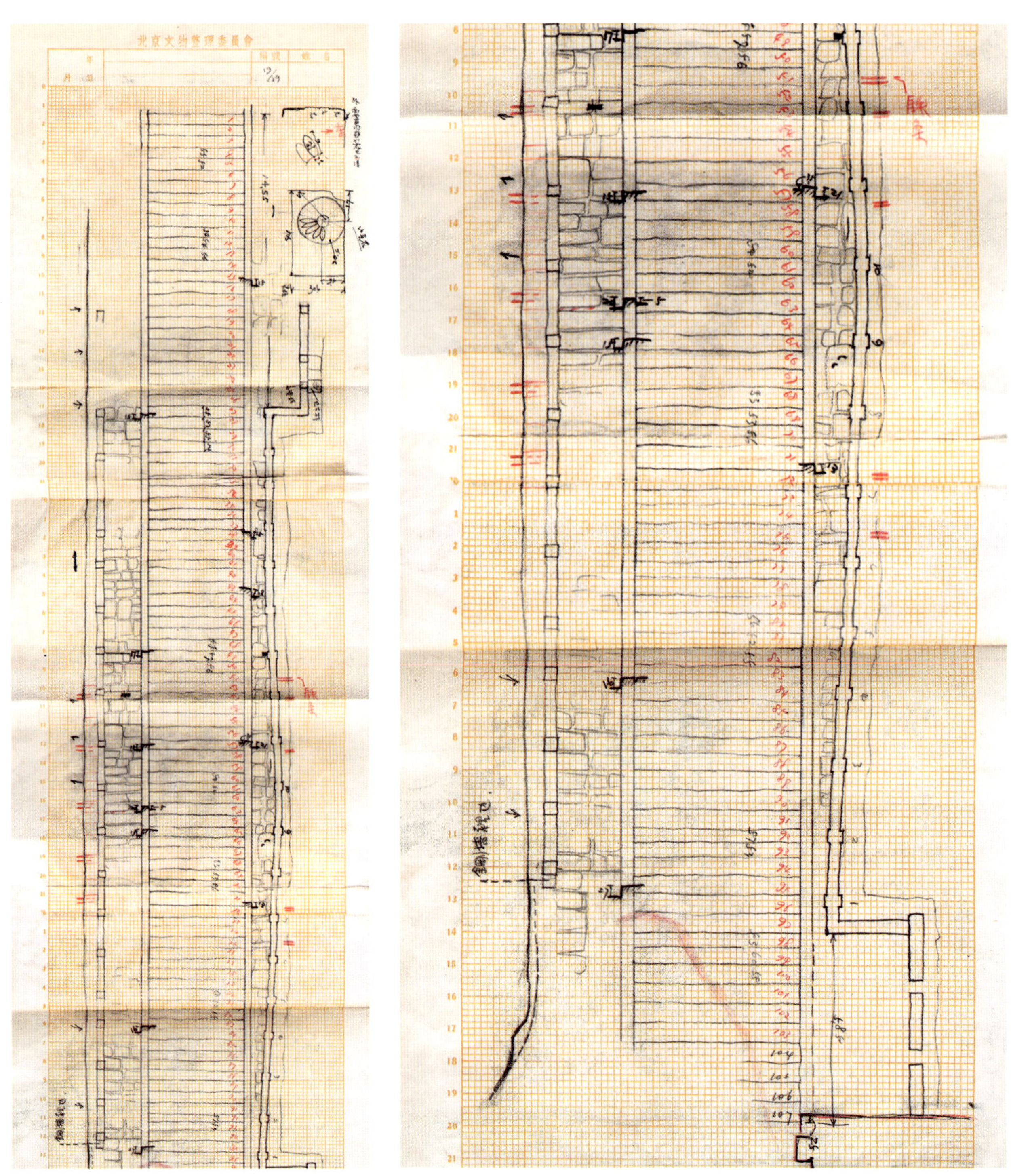

图 67　赵县大石桥桥面（未标注）

第二节　赵县安济桥勾栏 1955 年测稿

序号	编号	图名	内容	测图人	绘制时间
01	<6>– ①	赵县安济桥桥东南岸所放残石栏板下面大样	飞马流云	律鸿年	1955 年 4 月 10 日
02	<6>– ②	赵县安济桥勾栏大样	行马		1955 年 4 月 19 日
03	<7>– ①②	赵县安济桥勾栏大样	斗子四叶		1955 年 4 月 20 日
04	<8>– ①②	赵县安济桥勾栏大样	斗子三叶、一面刻凤	律鸿年	1955 年 4 月 20 日
05	<9>	河北赵县安济桥桥东南岸残石栏板大样	龙头	律鸿年	1955 年 4 月 10 日
06	<9>	赵县安济桥勾栏大样	龙头		1955 年 4 月 19 日
07	<9>	赵县安济桥勾栏大样	细部	律鸿年	
08	<10>– ①②	赵县安济桥勾栏大样	双龙交缠		1955 年 5 月 23 日
09	<10>– ①②	赵县安济桥勾栏大样	双龙交缠		1955 年 5 月 25 日
10	<10>– ①	赵县安济桥勾栏大样	双龙交缠，龙头相背，位栏中央		1955 年 10 月 22 日
11	<10>– ②	赵县安济桥勾栏大样	双龙交缠，龙头向下，位栏两侧		1955 年 10 月 23 日
12	<11>– ①	赵县安济桥勾栏大样	二龙戏珠		1955 年 10 月 23 日
13	<11>– ②	赵县安济桥勾栏大样	二龙戏兽面		1955 年 10 月 24 日
14	<12>– ①	赵县安济桥勾栏大样	双龙交缠、龙头相向		1955 年 10 月 22 日
15	<12>– ②	赵县安济桥勾栏大样	单龙独行		1955 年 10 月 22 日
16	<15>– ①② <16>– ①②	赵县安济桥勾栏大样	斗子卷叶	律鸿年	1955 年 4 月 21 日
17	<20>– ①②	赵县安济桥勾栏大样	斗子三卷叶		1955 年 4 月 20 日
18	<21>– ①	赵县安济桥勾栏大样	二龙戏花珠		1955 年 10 月 21 日
19	<21>– ②	赵县安济桥勾栏大样	二龙戏水，龙身忽隐忽现		1955 年 10 月 21 日
20	<37>– ①②、<40>、<41>	赵县安济桥勾栏大样	盘龙望柱，狮子柱头		1955 年 10 月 25 日
21	<47>– ①②	赵县安济桥	龙身的一部		1955 年 10 月 25 日
22	<49>– ①	赵县安济桥	双龙相抵	杨玉柱	1955 年 10 月 15 日
23	<49>– ②	赵县安济桥龙栏板实测图	双龙交缠	杨玉柱	1955 年 10 月 13 日
24		安济桥西面螭首	主拱西面螭首		
25		安济桥西面螭首	主拱西面螭首		

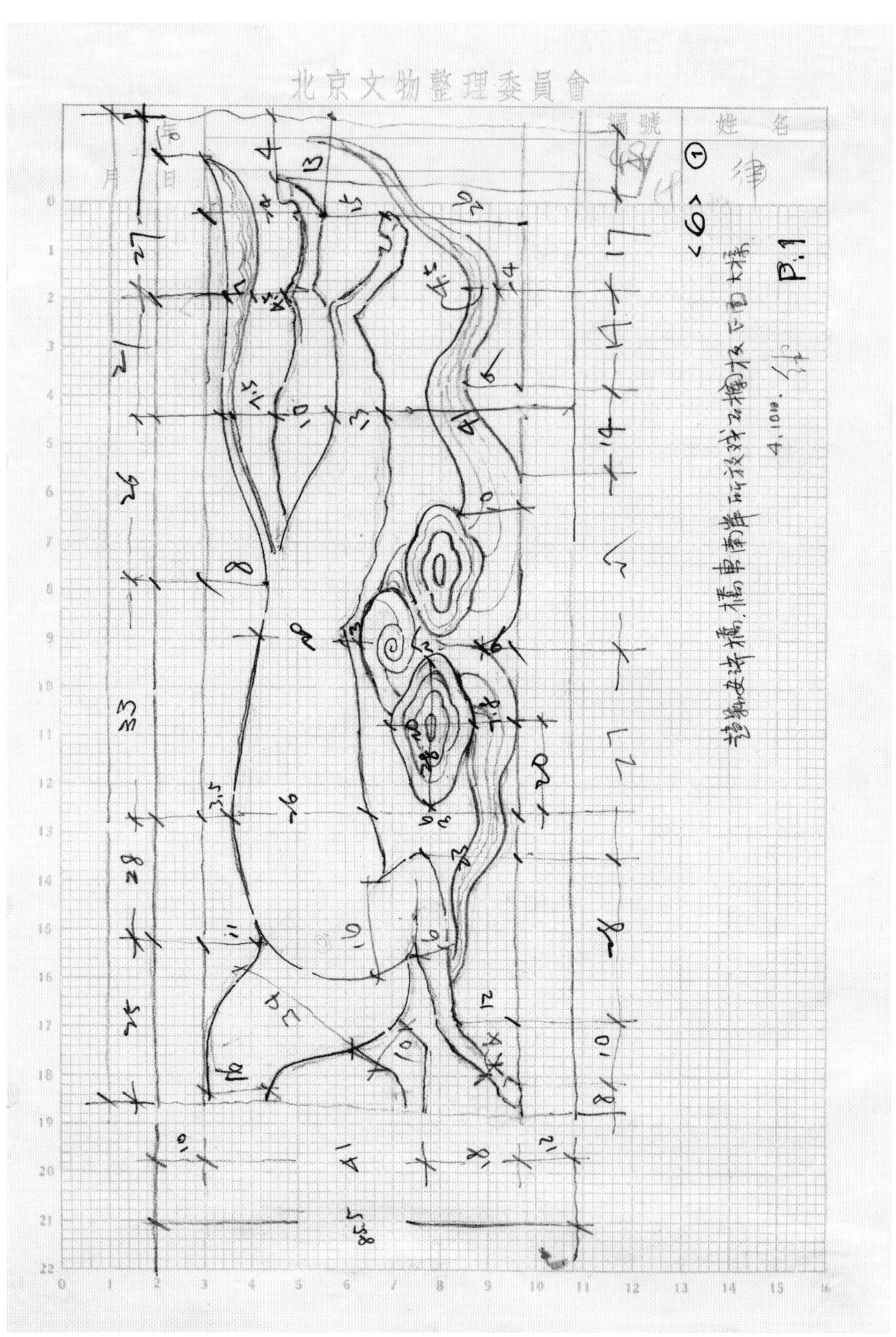

图01　飞马流云栏板

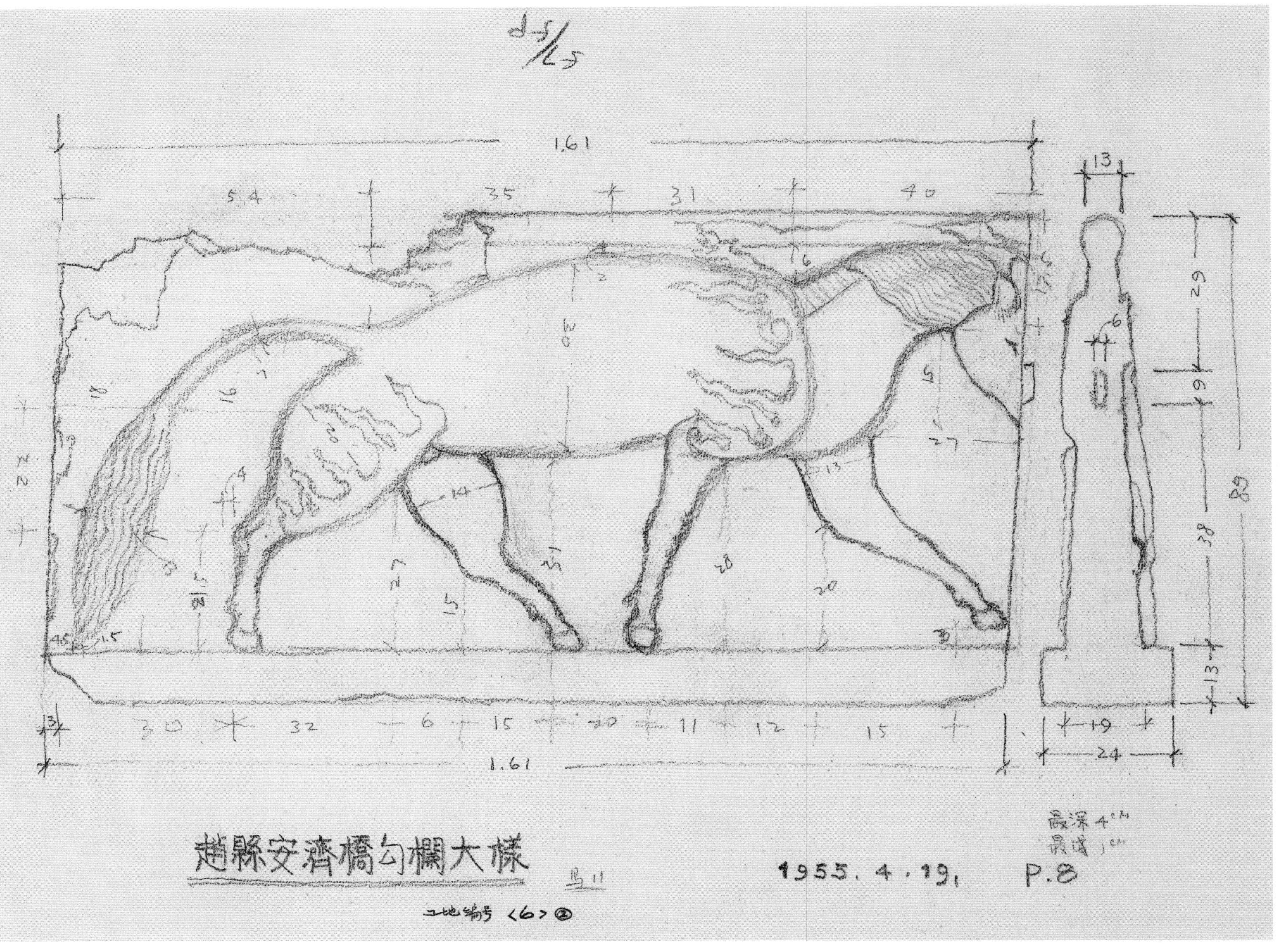

图 02 行马栏板

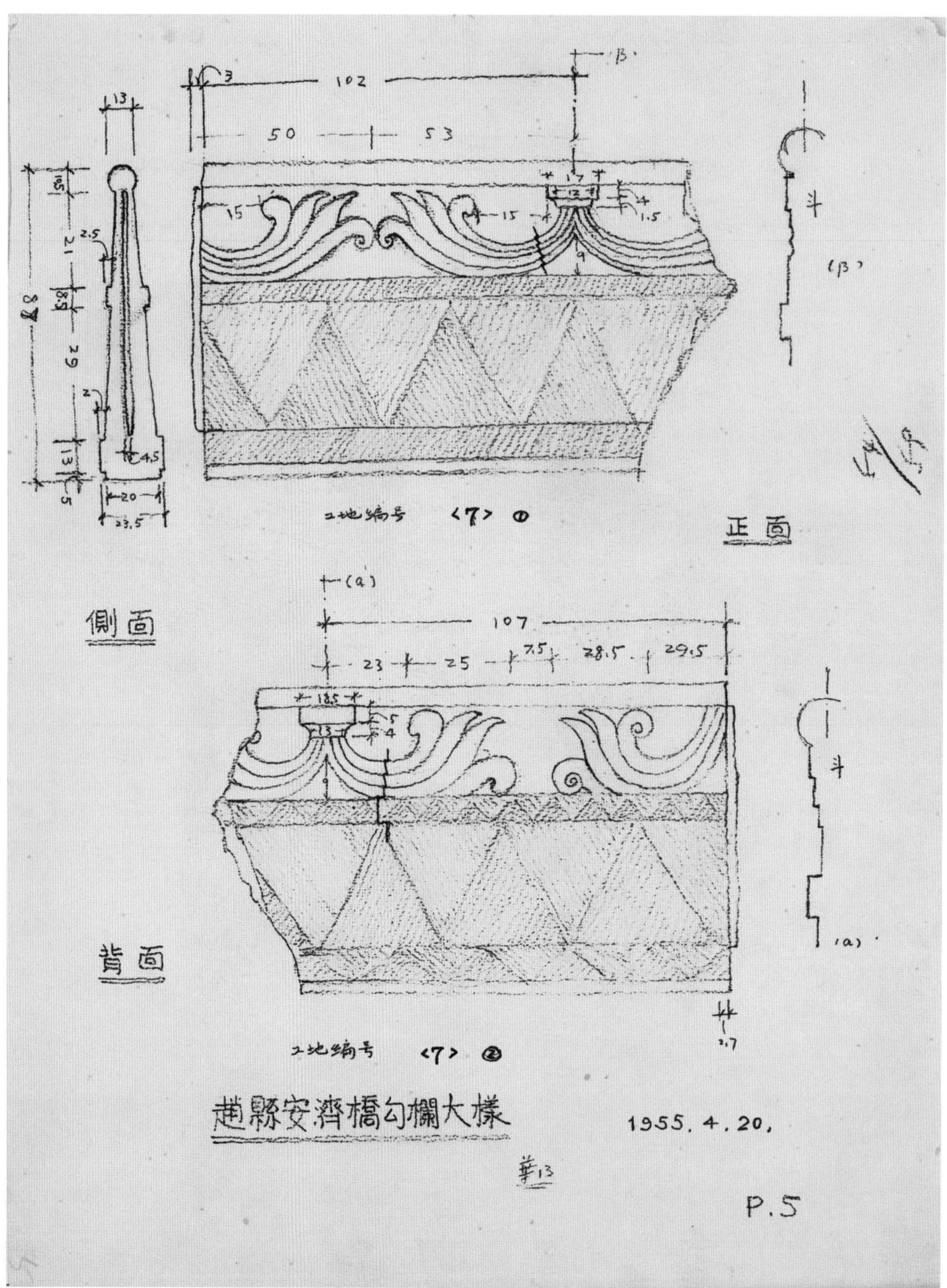

图03　斗子四叶栏板

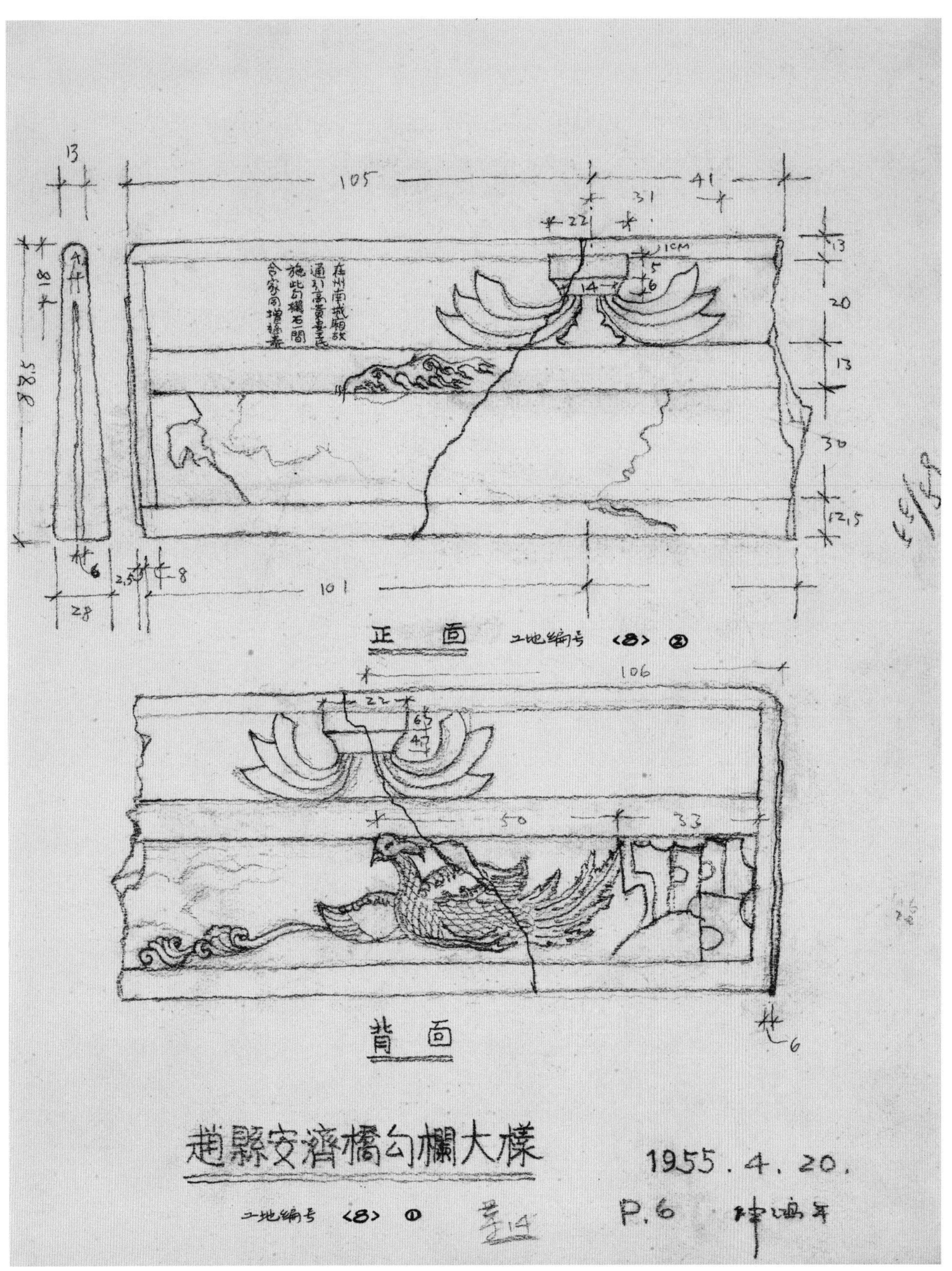

图 04 斗子三叶、一面刻凤栏板

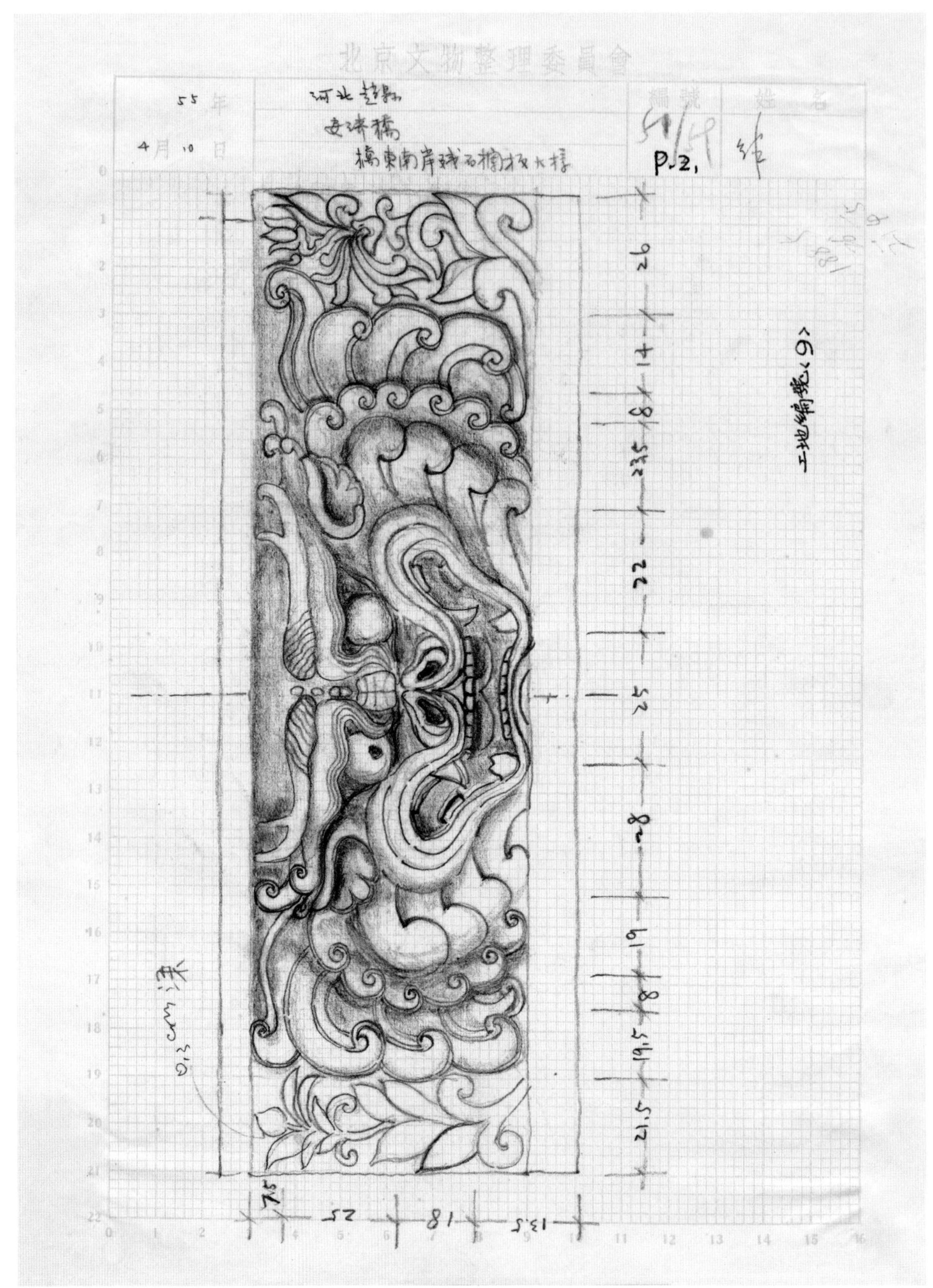

图 05　龙头栏板

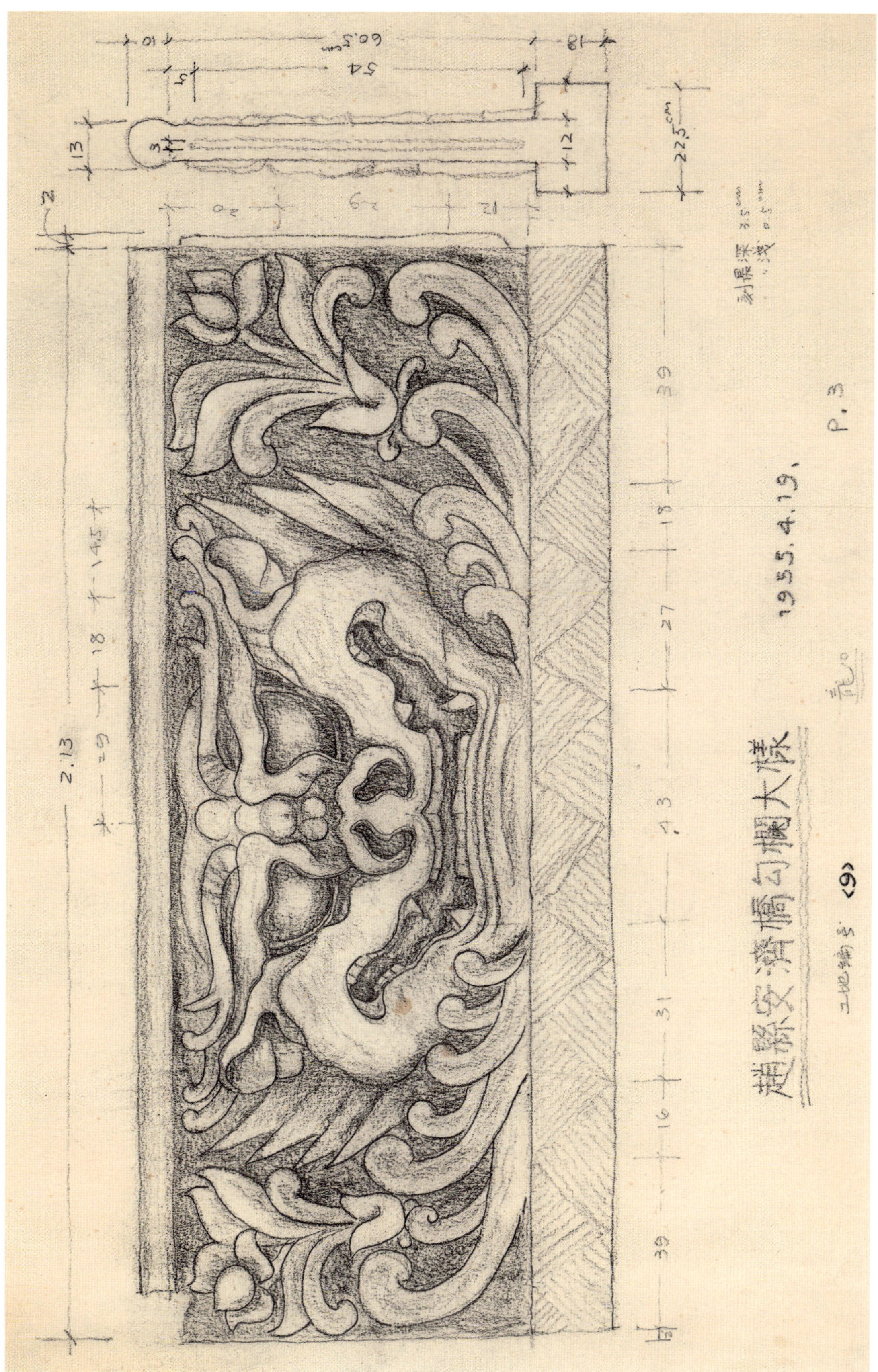

图06 龙头栏板

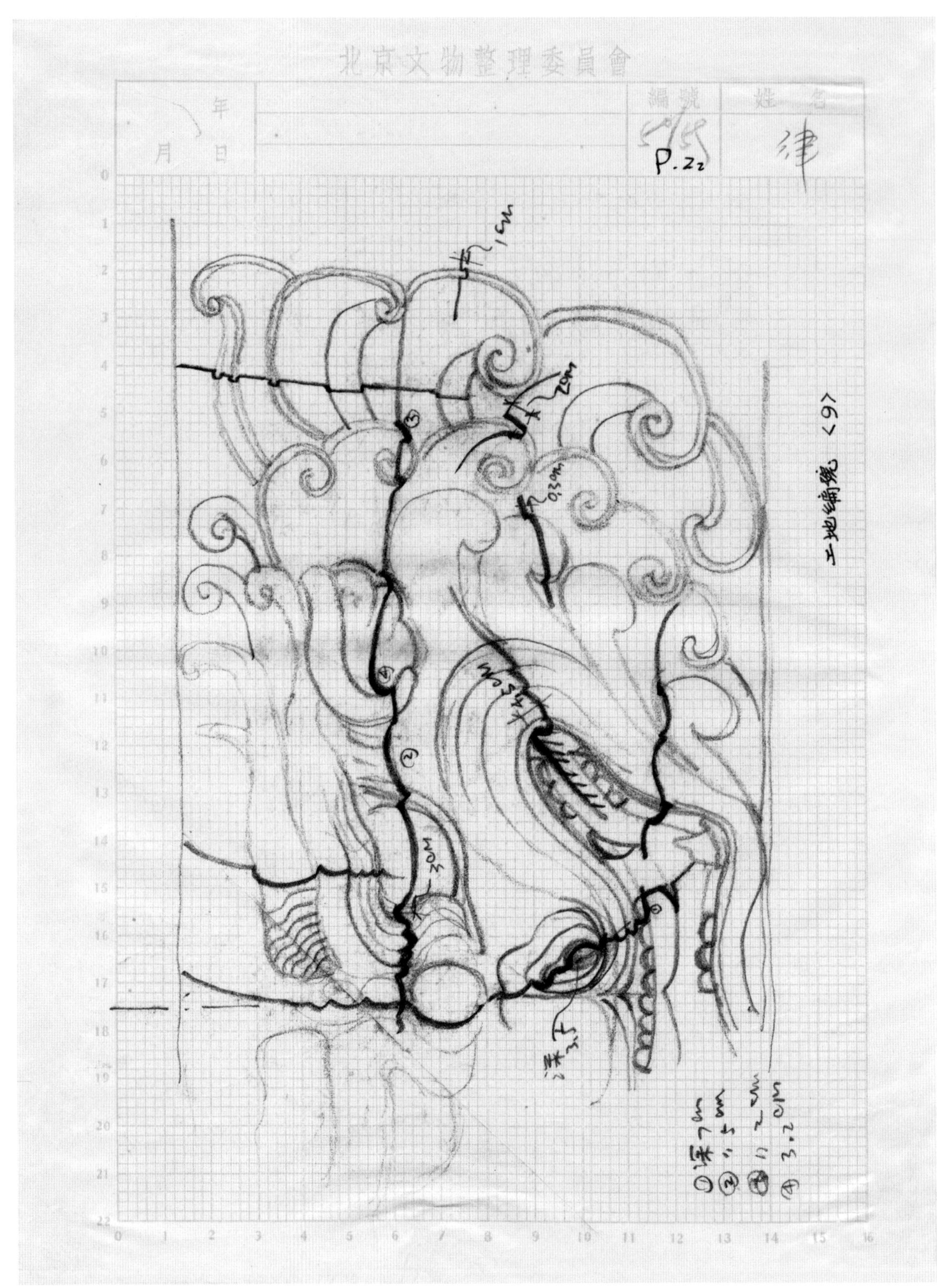

图 07　栏板细部

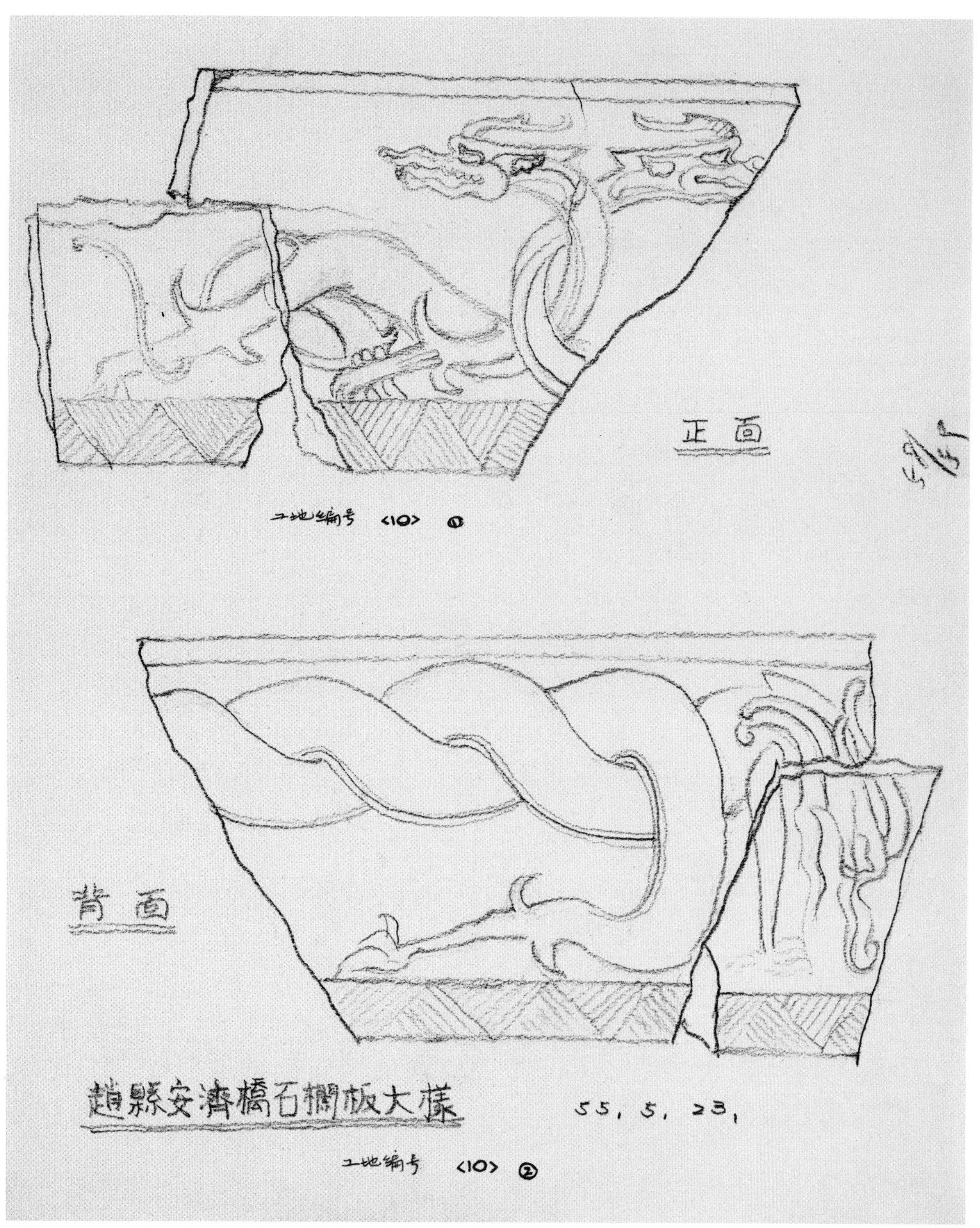
正 面
工地编号 <10> ①
背 面
趙縣安濟橋石欄板大樣
55, 5, 23,
工地编号 <10> ②

图 08　双龙交缠栏板

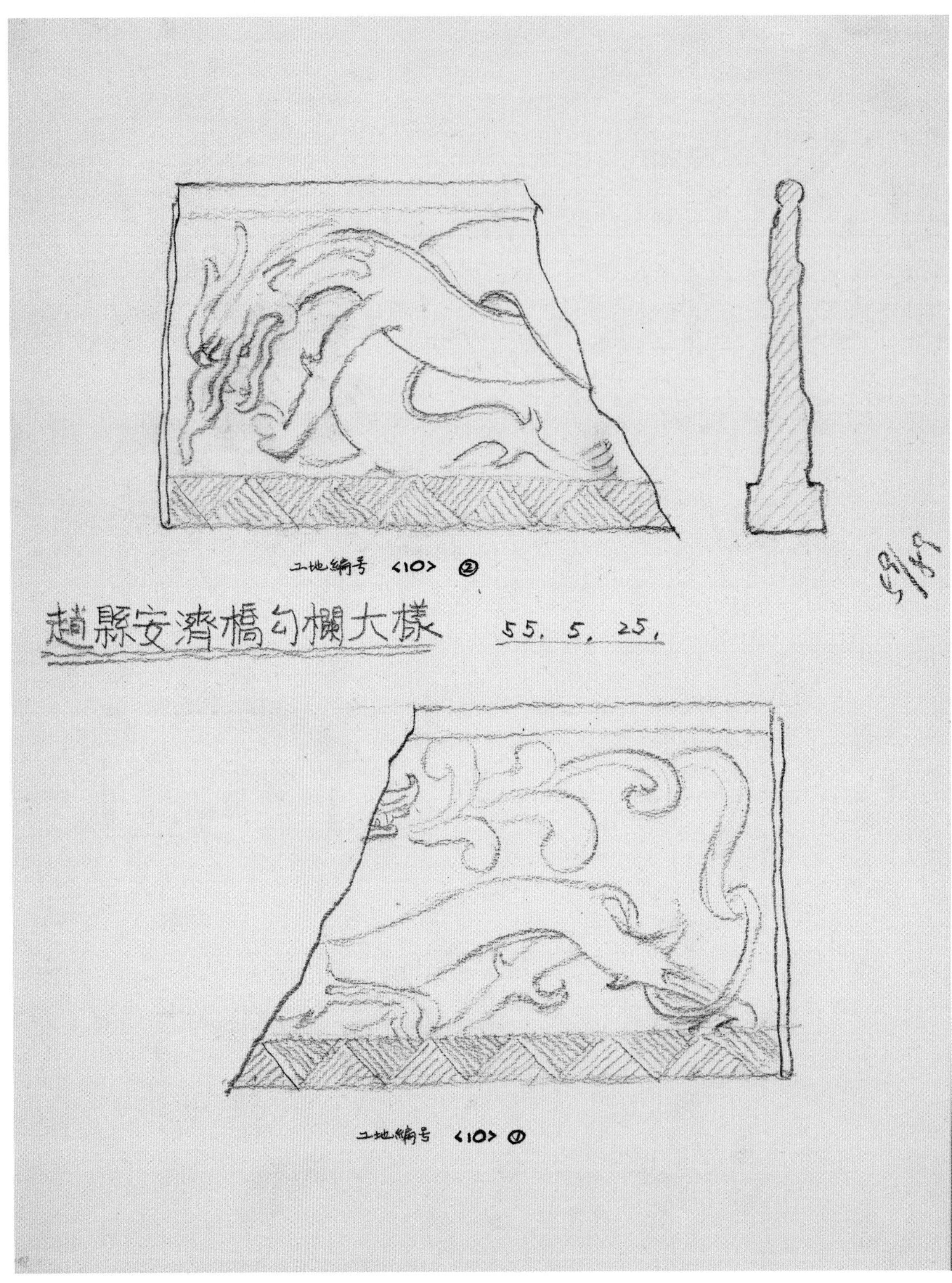

图 09　双龙交缠栏板

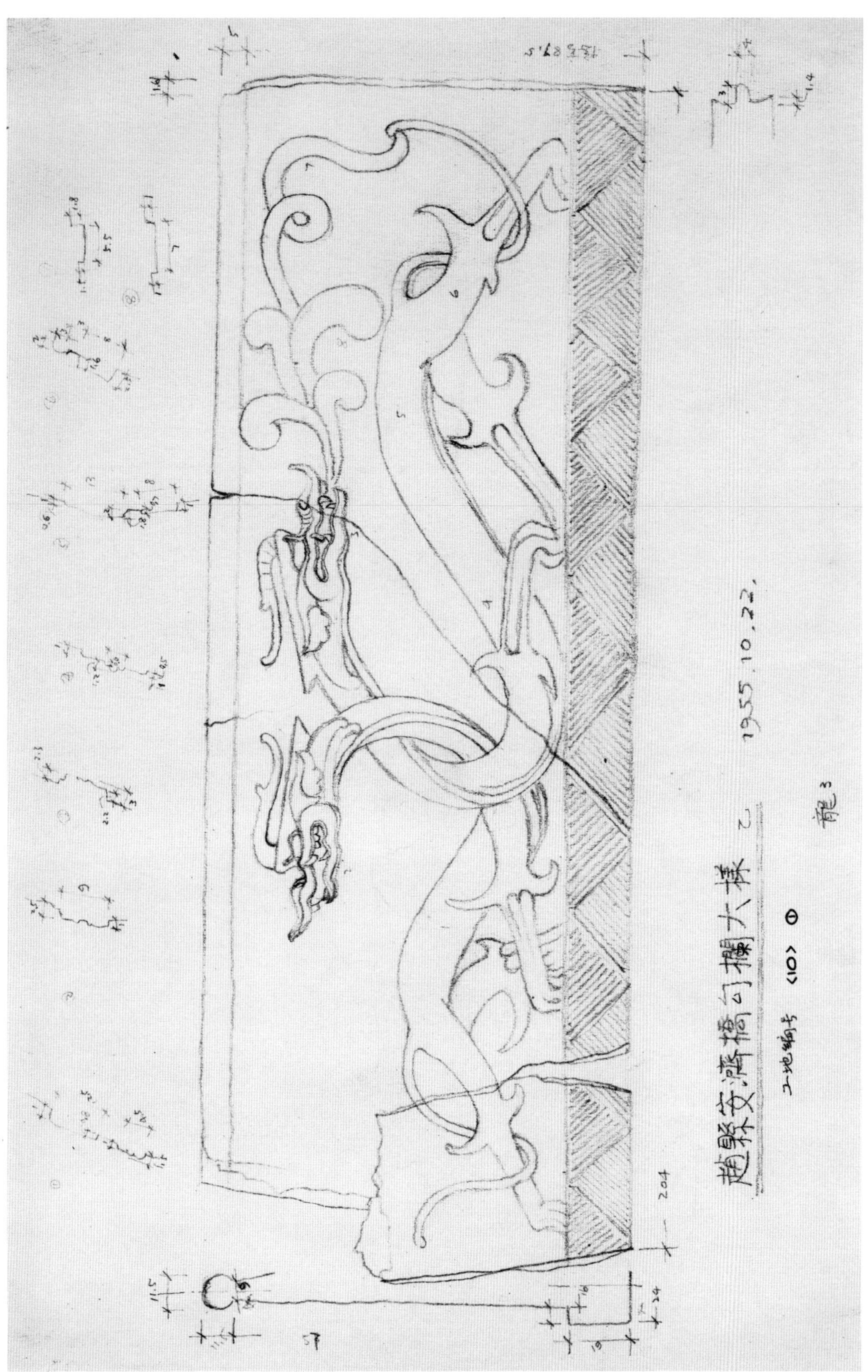

图10 双龙交缠，龙头相背，位栏中央

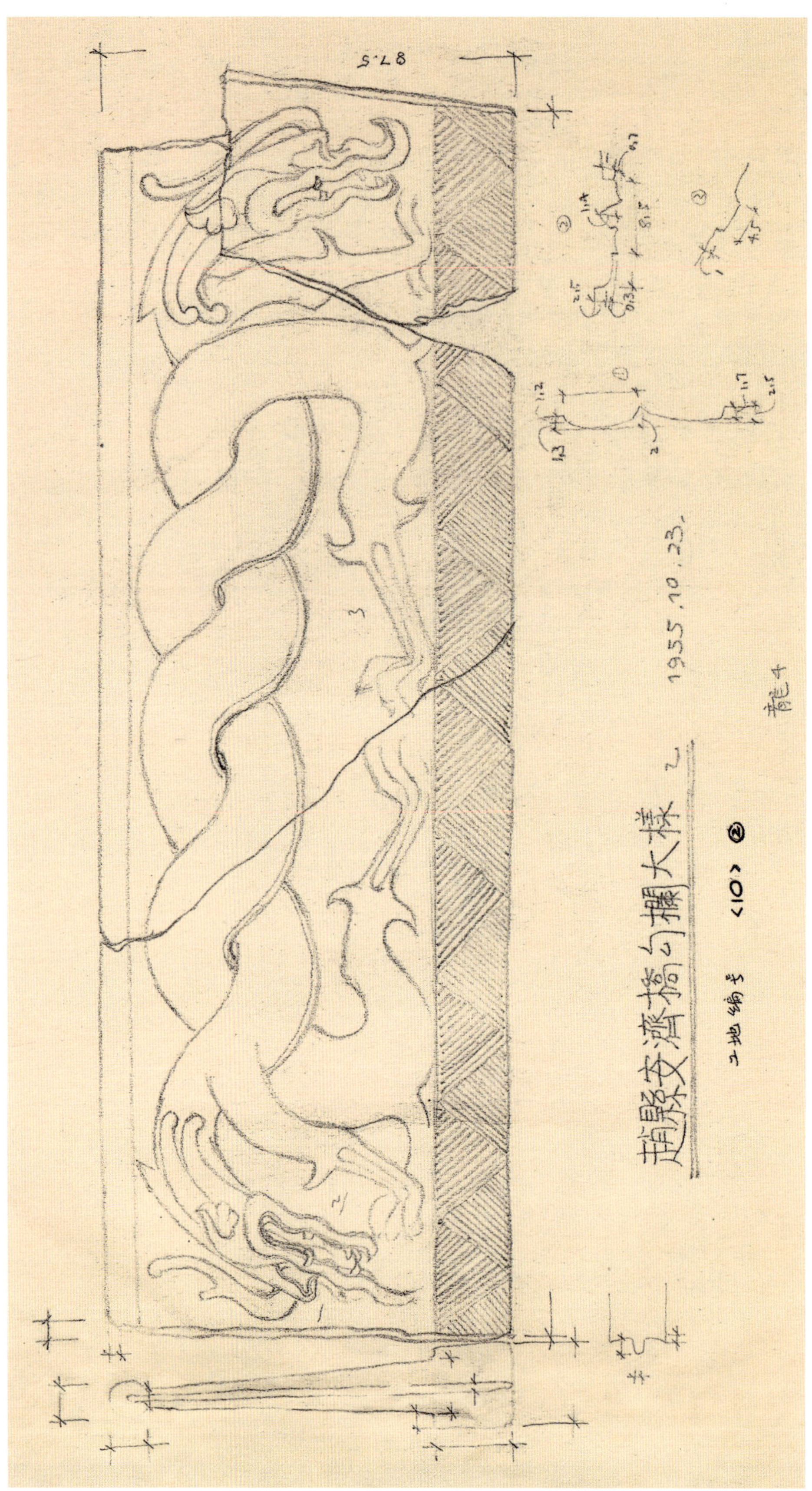

图 11　双龙交缠，龙头向下，位栏两侧

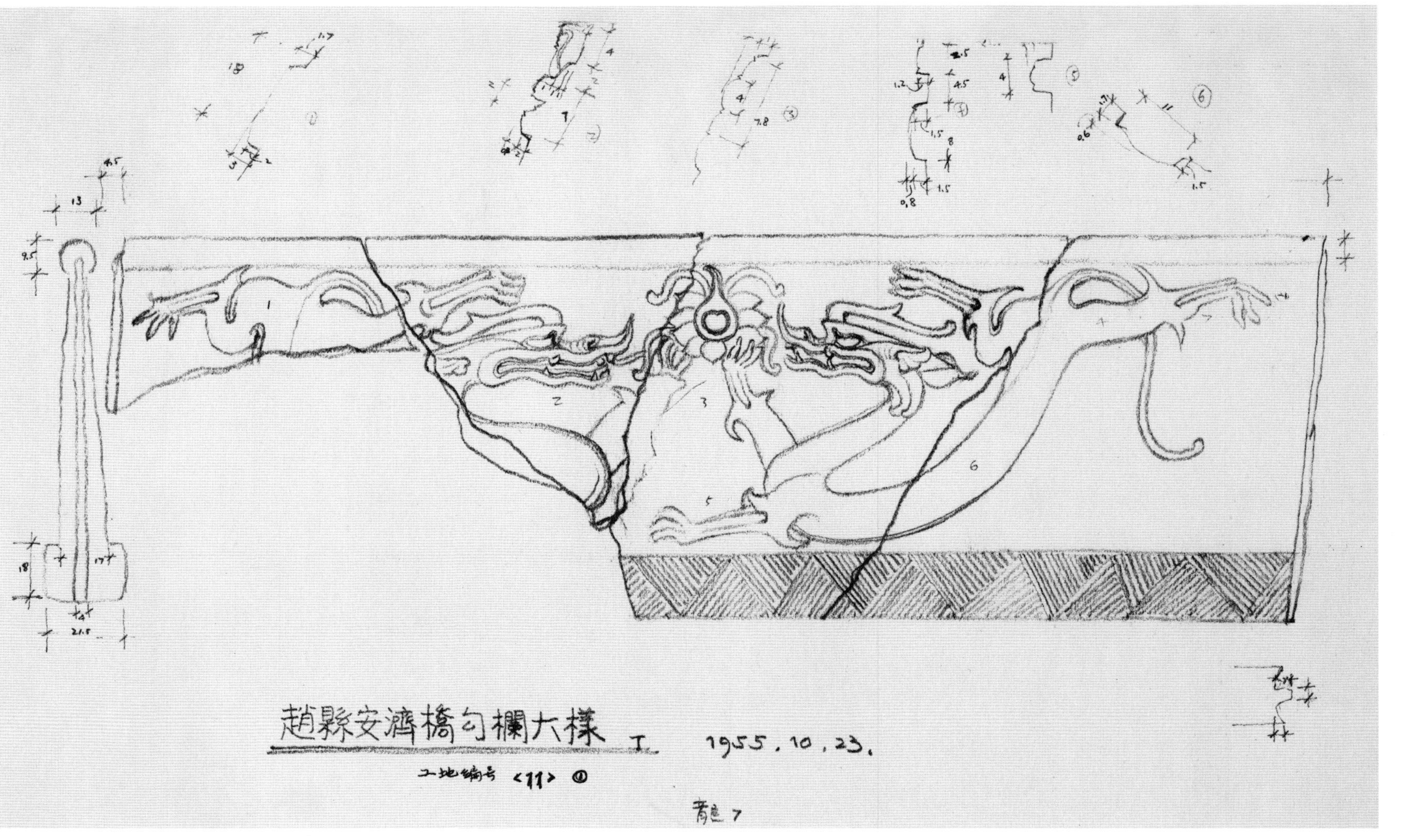

图 12　二龙戏珠栏板

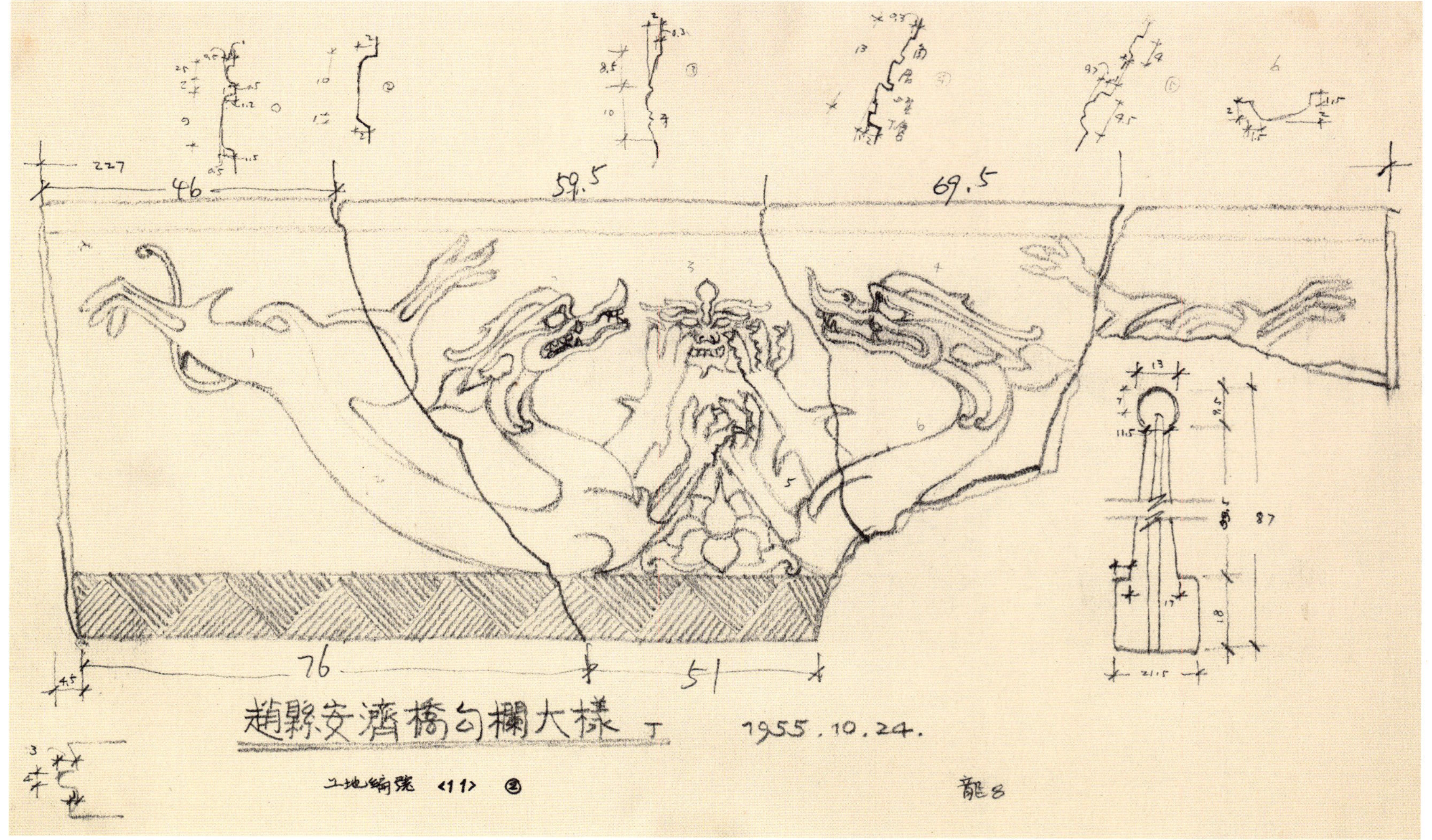

图 13　二龙戏兽面栏板

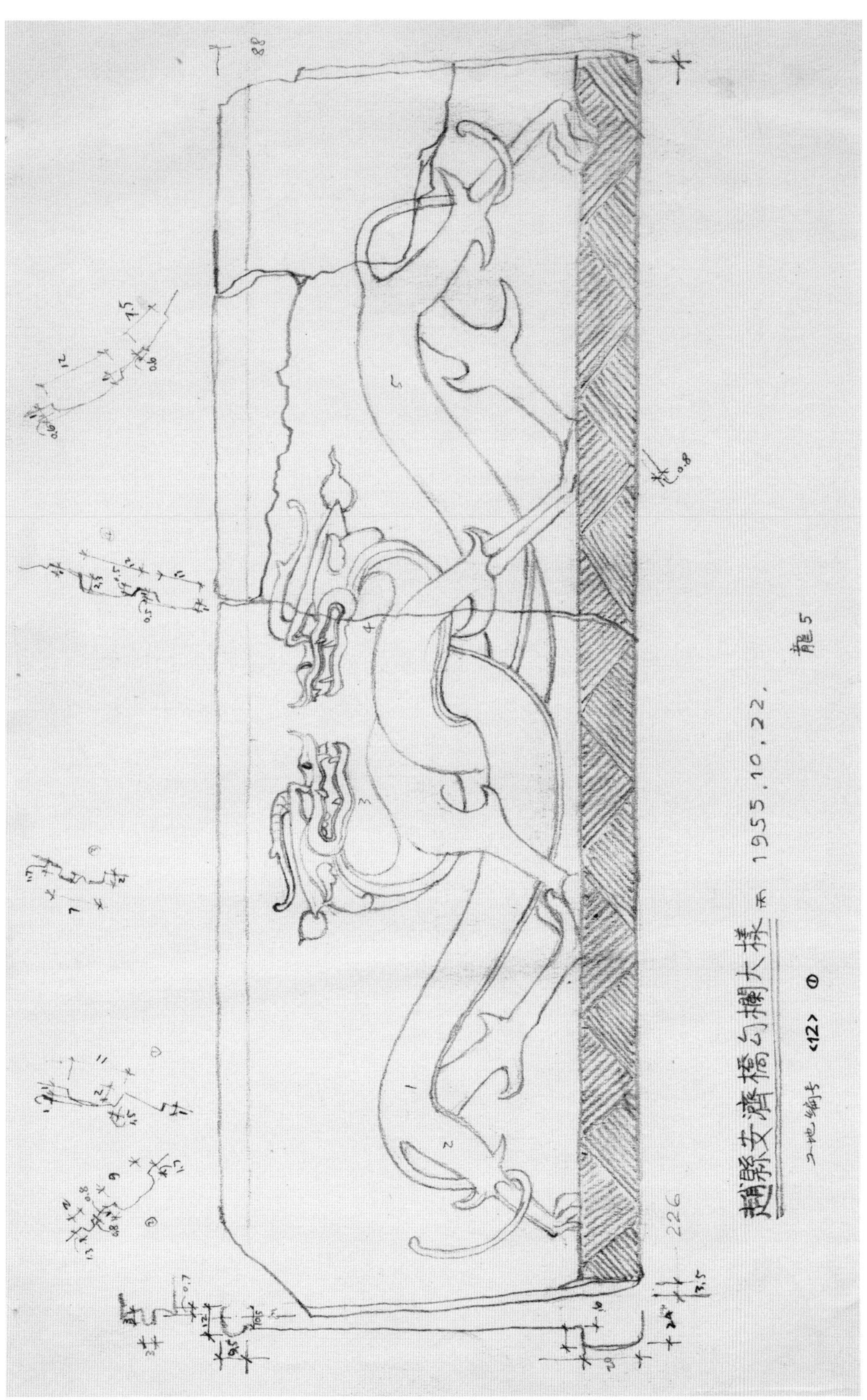

图 14 双龙交缠、龙头相向栏板

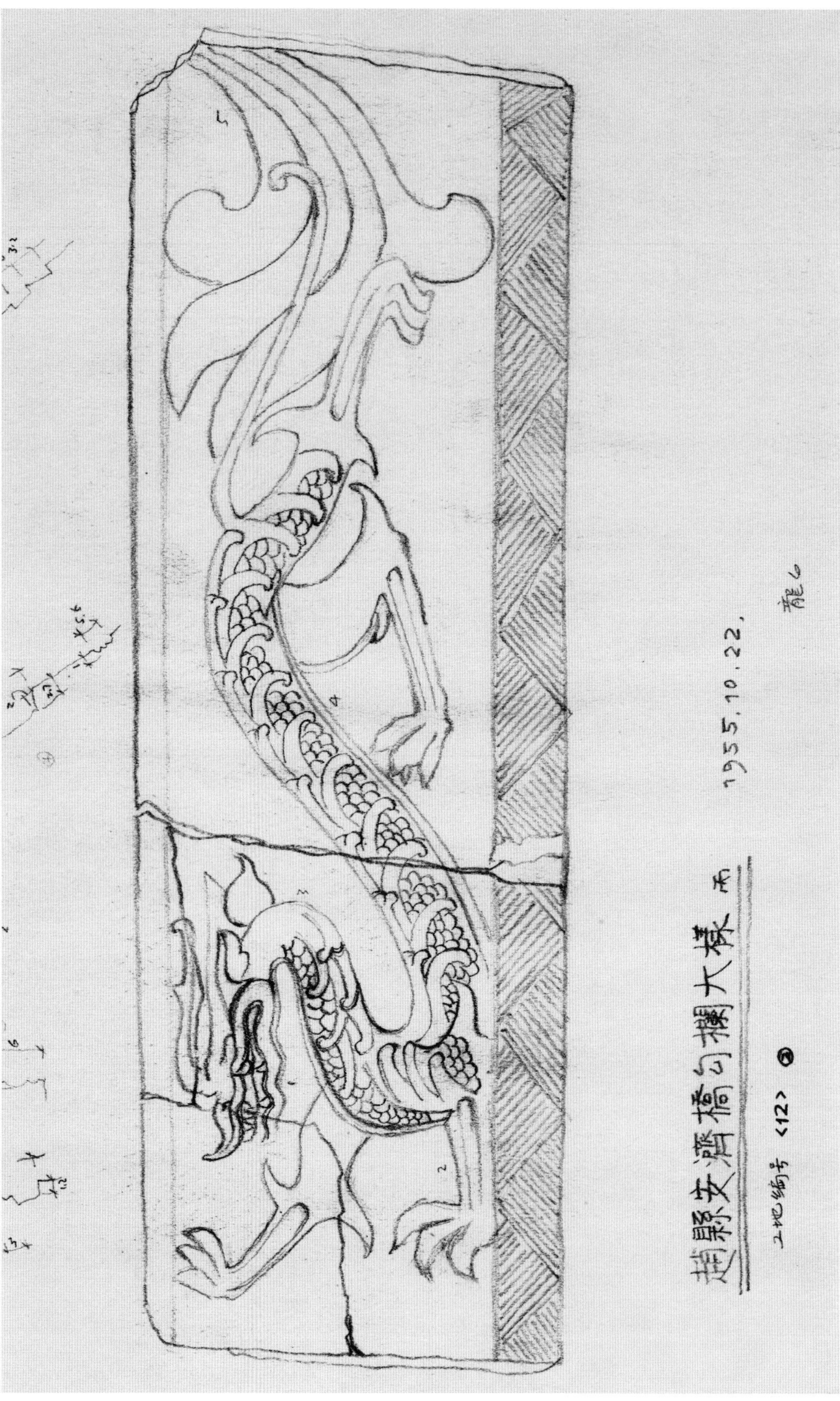

图 15 单龙独行栏板

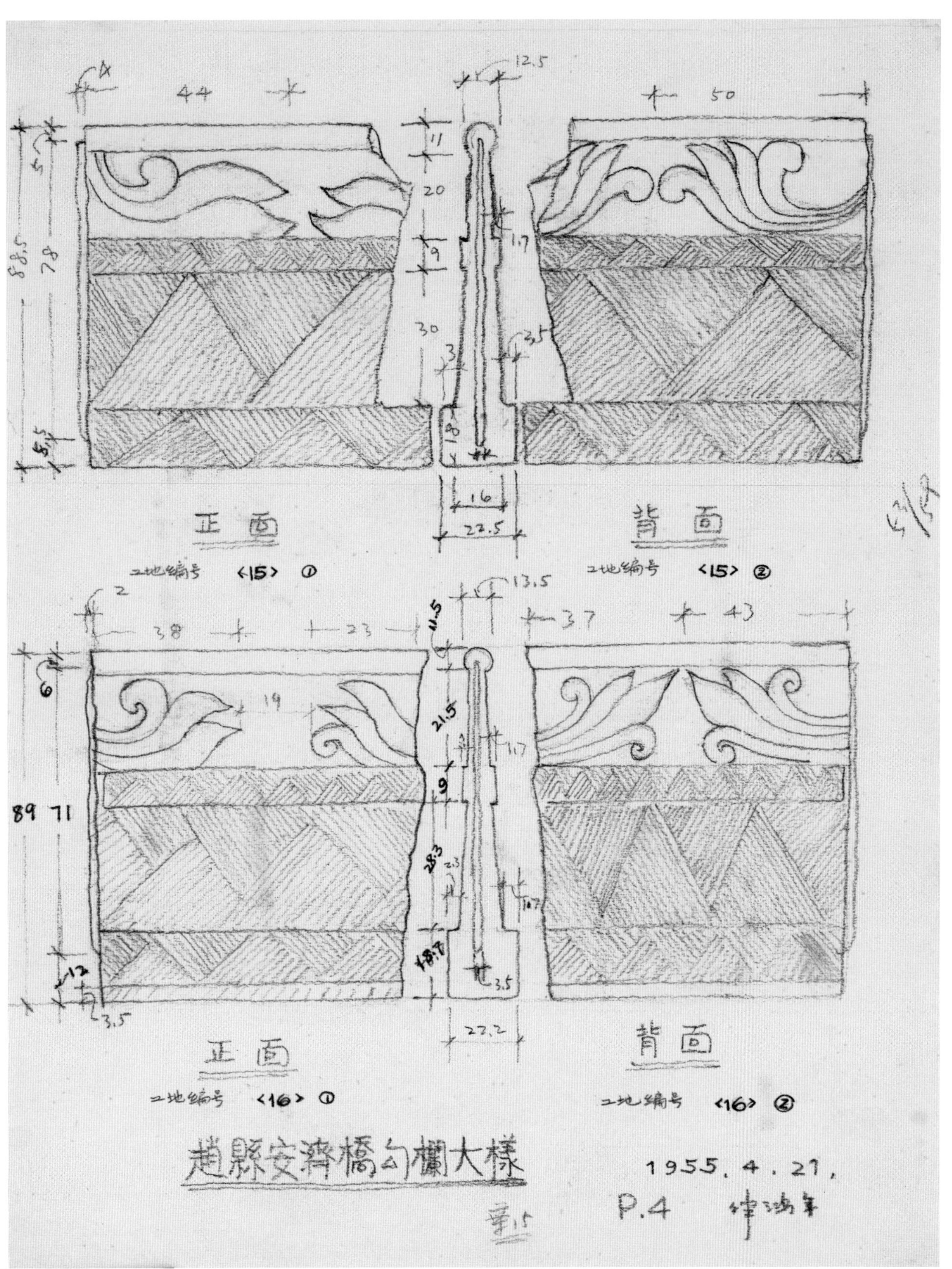
正面
二地编号 <15> ①
背面
二地编号 <15> ②
正面
二地编号 <16> ①
背面
二地编号 <16> ②
趙縣安濟橋勾欄大樣
1955.4.21.
P.4

图 16　斗子卷叶栏板

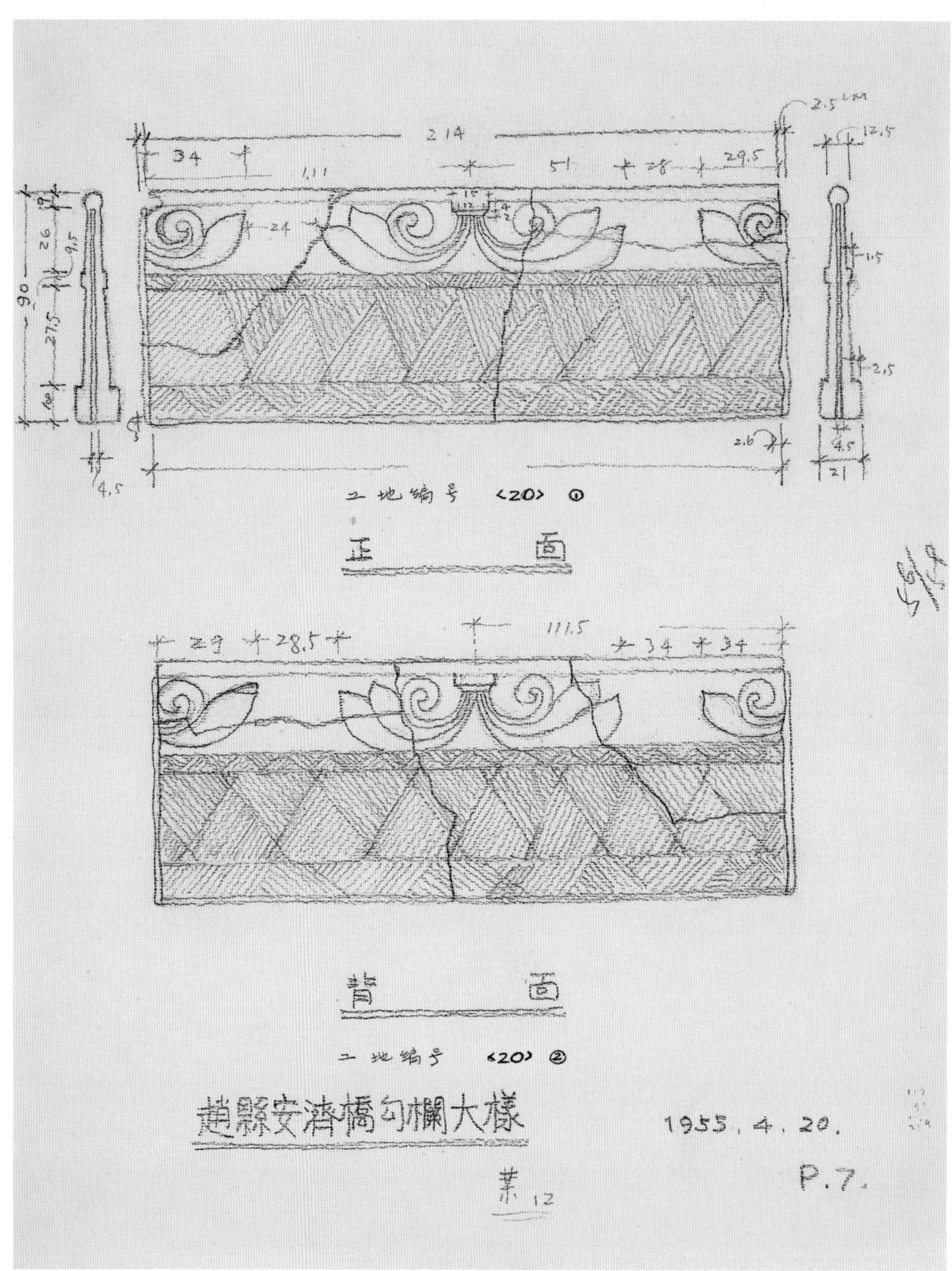
214
34
111
51
28
29.5
2.5 CM
12.5
15
12
4
2
24
26
9.5
90
27.5
18
1.5
2.5
2.6
4.5
21
工地编号 <20> ①
正 面
29
28.5
111.5
34
34
背 面
工地编号 <20> ②
趙縣安濟橋勾欄大樣
1955.4.20.
P.7.

图 17　斗子三卷叶栏板

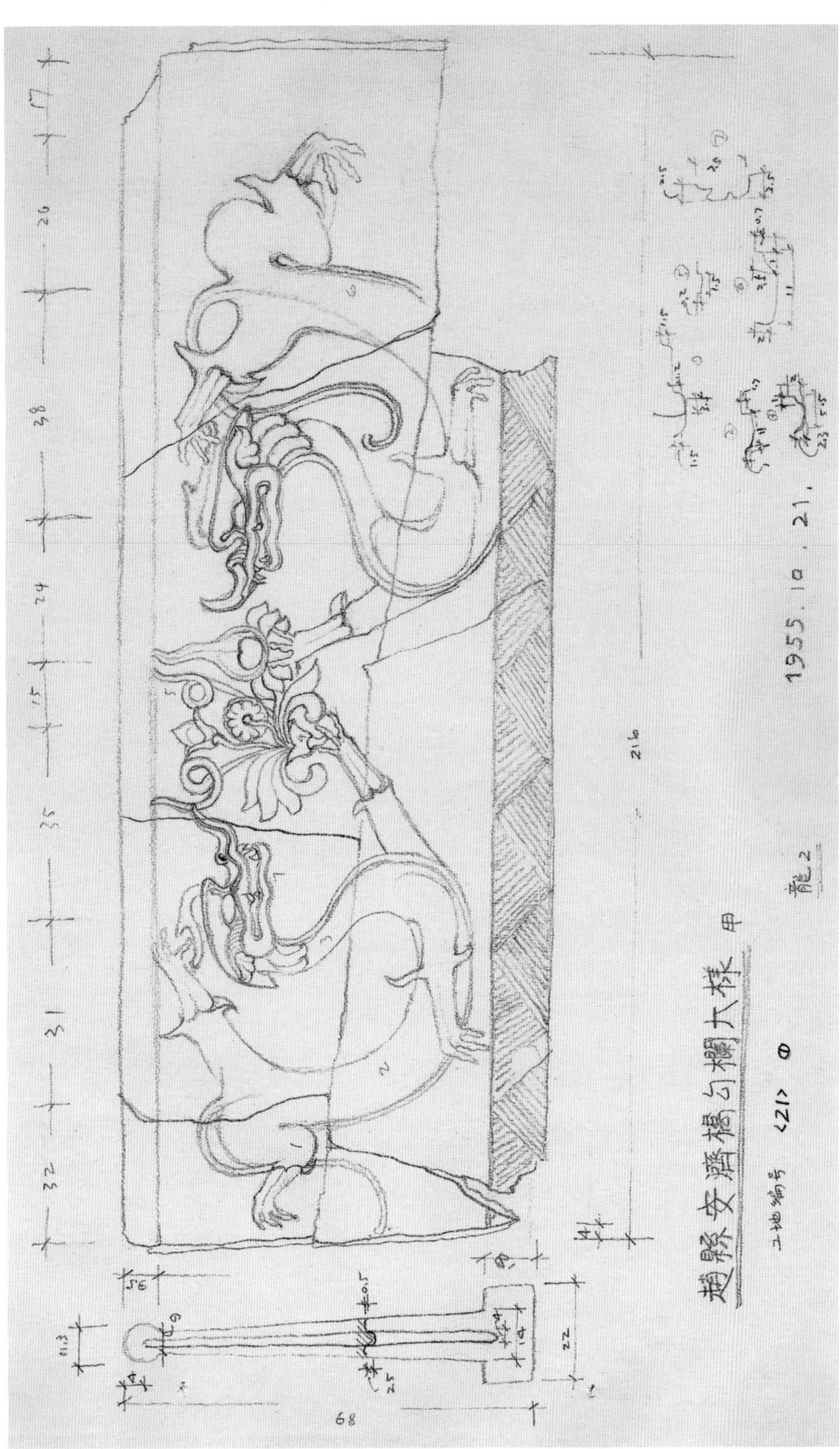

图 18　二龙戏花珠栏板

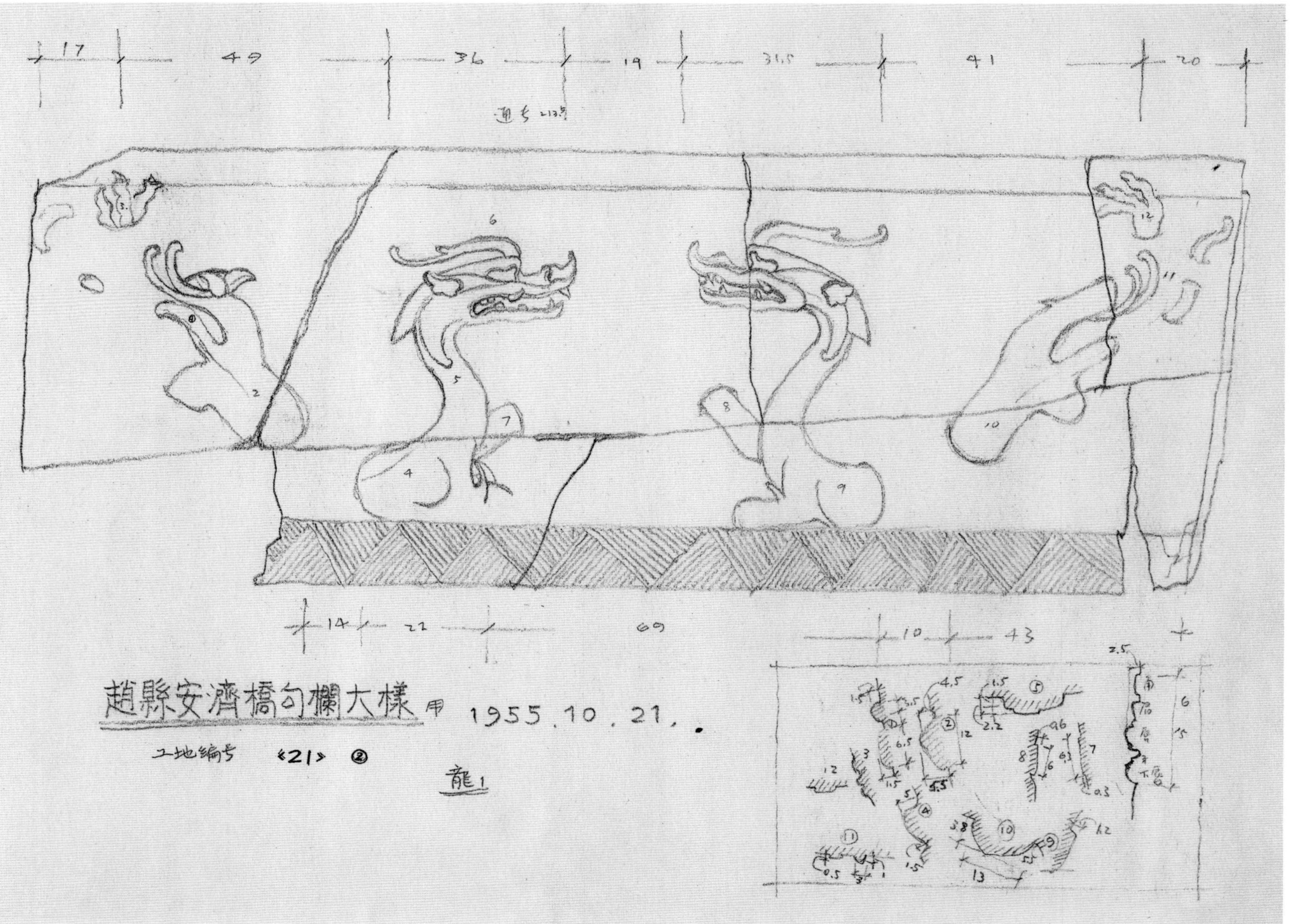

图 19　二龙戏水，龙身忽隐忽现栏板

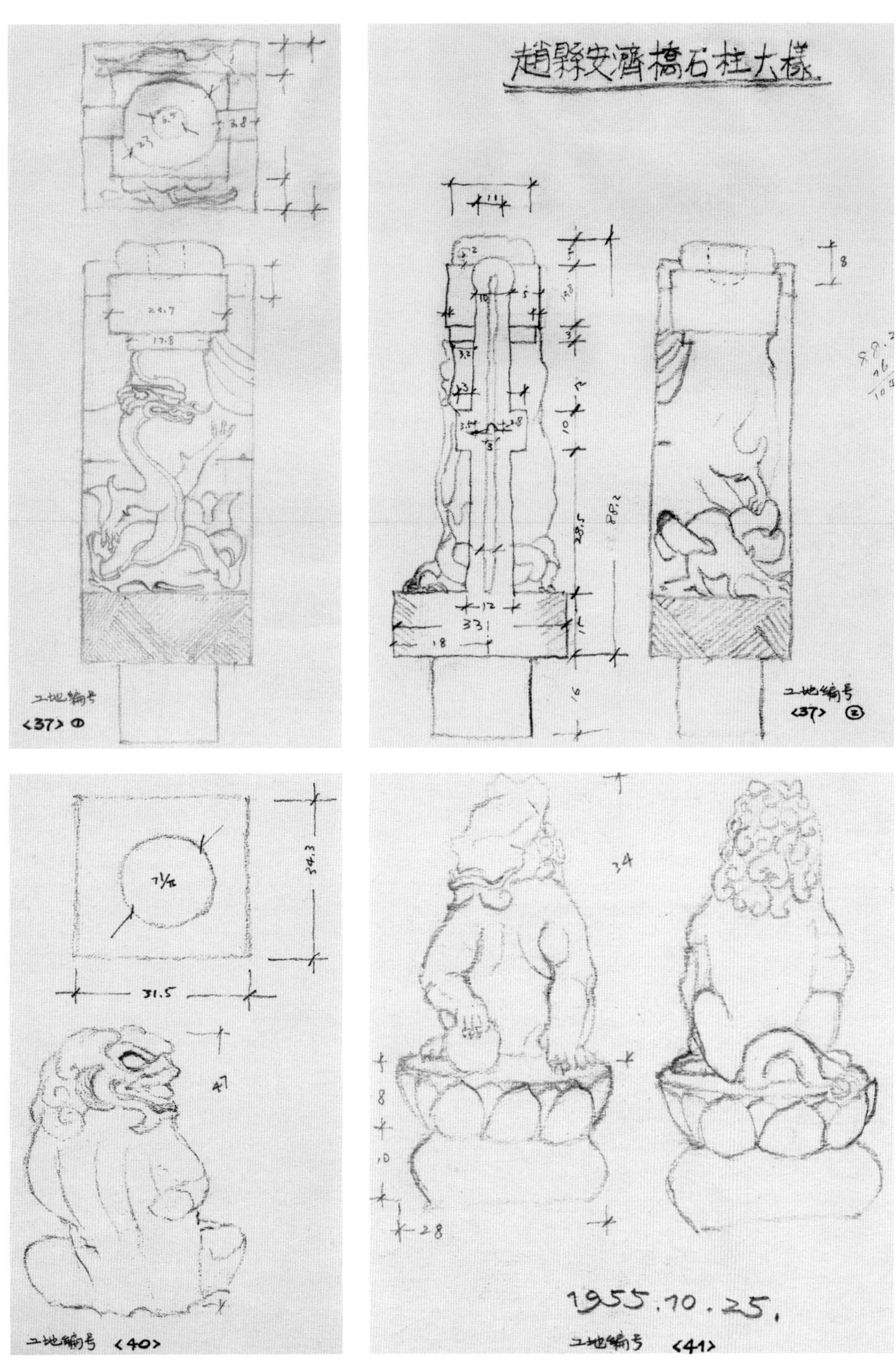

图 20　盘龙望柱，狮子柱头

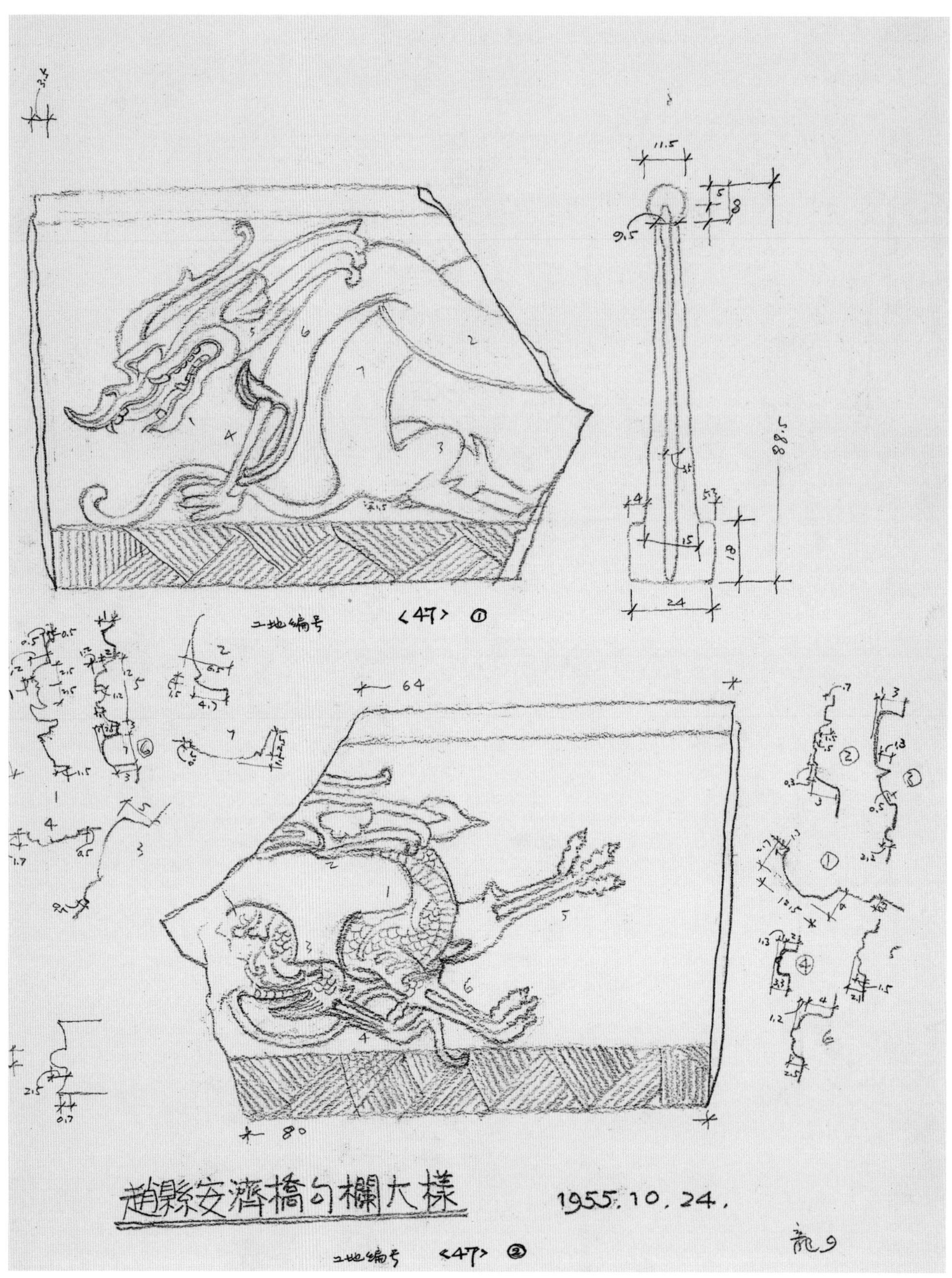

图 21 龙身的一部

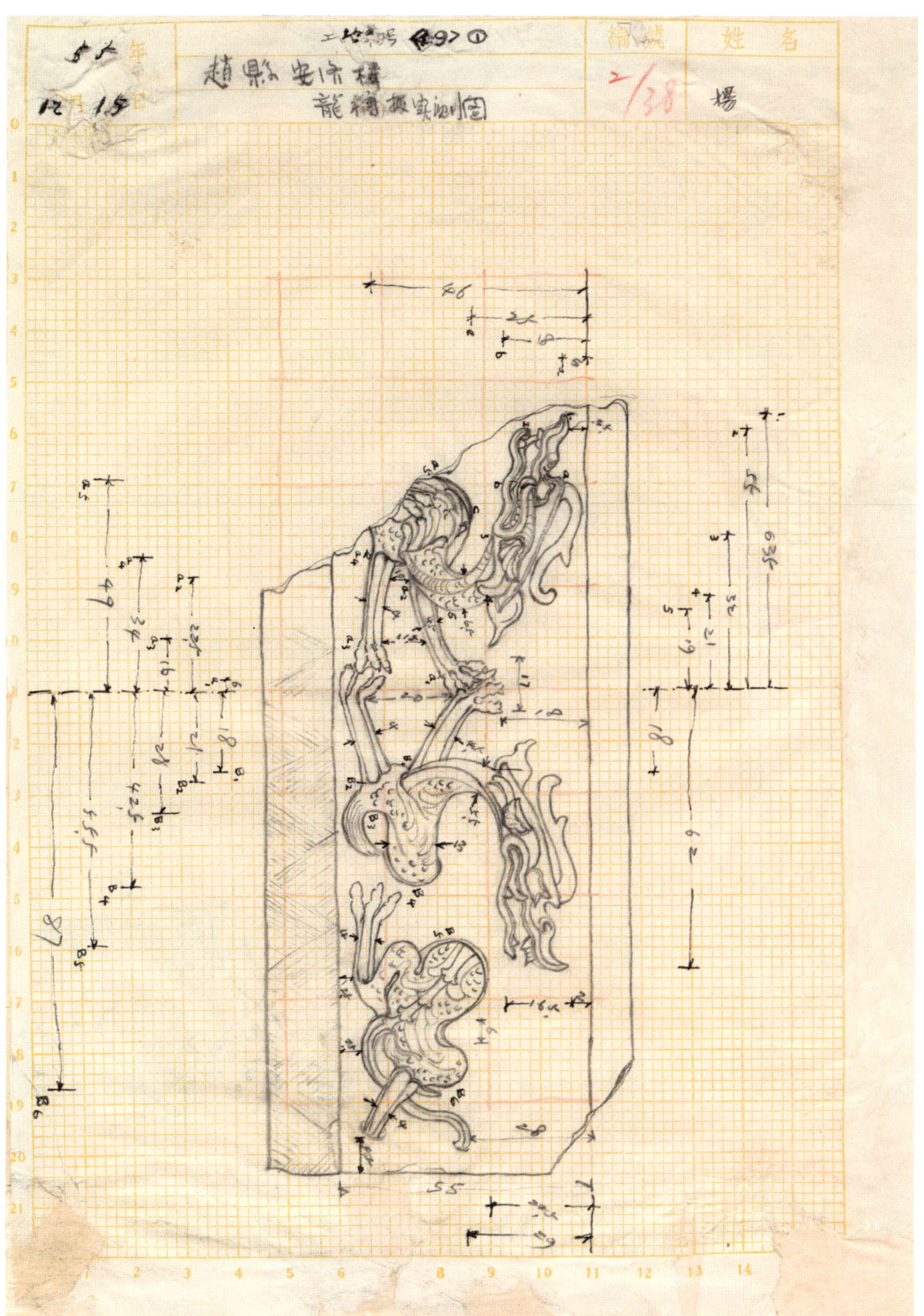

图 22　双龙相抵栏板

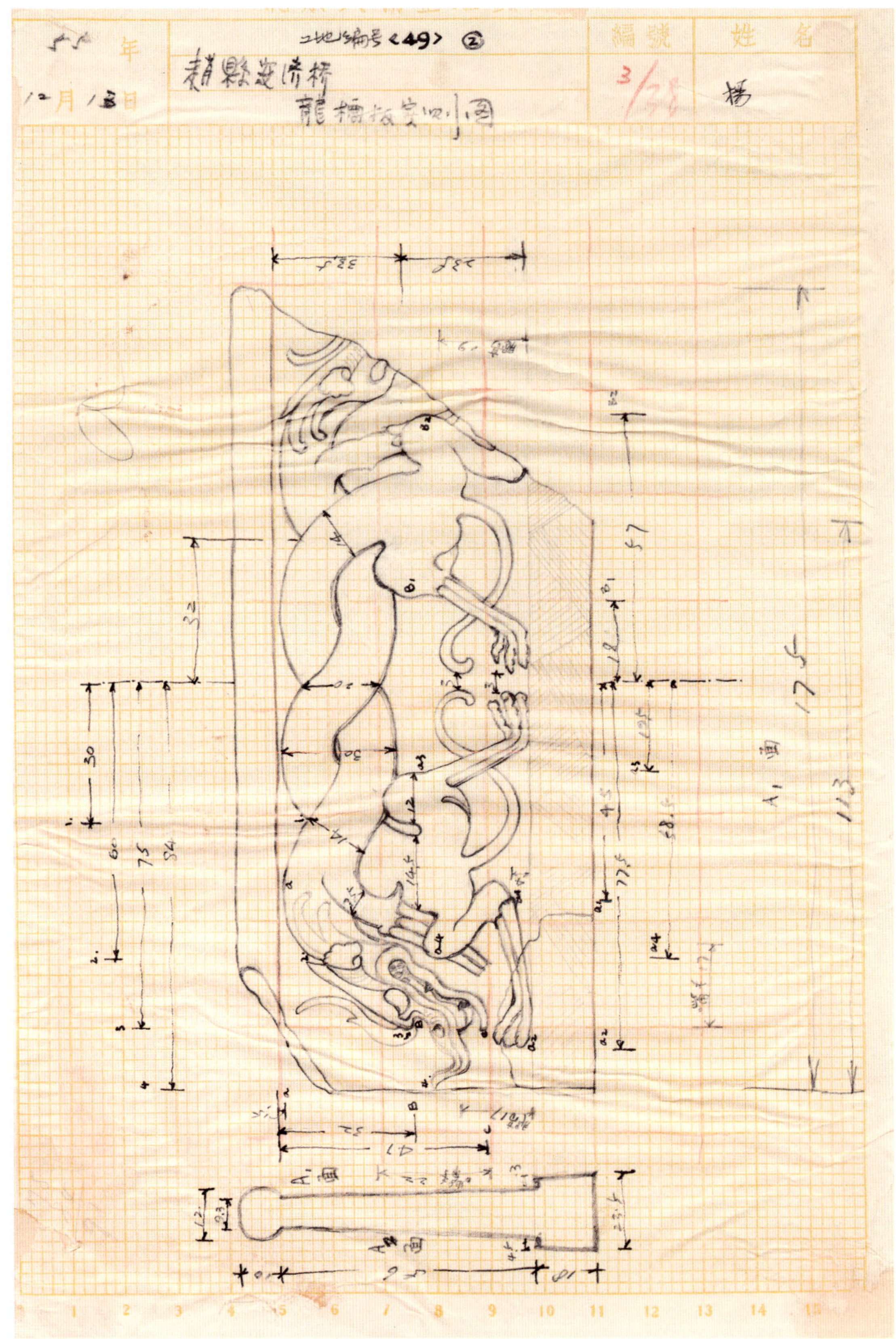

图 23　双龙交缠栏板

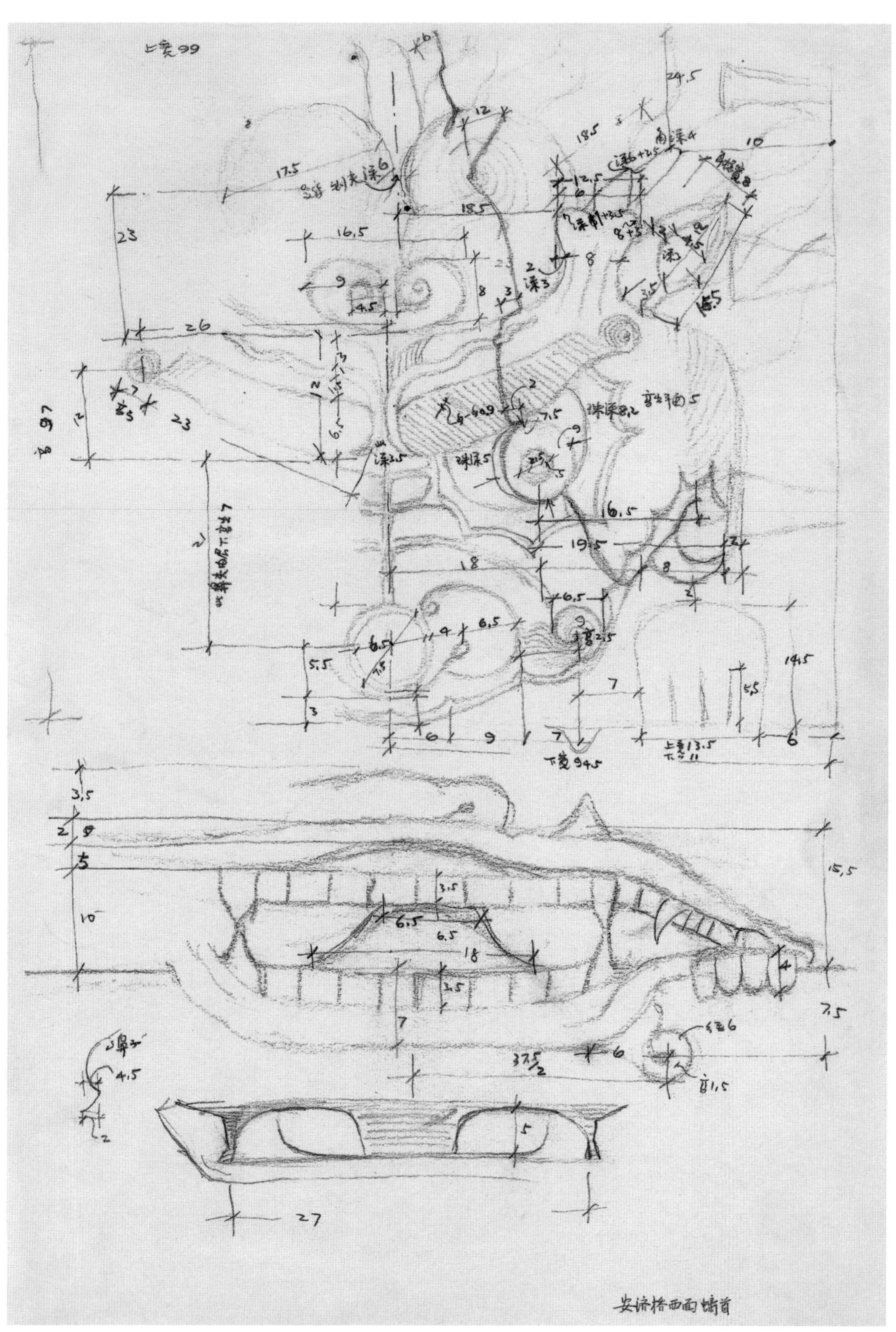

图 24　主拱西面螭首

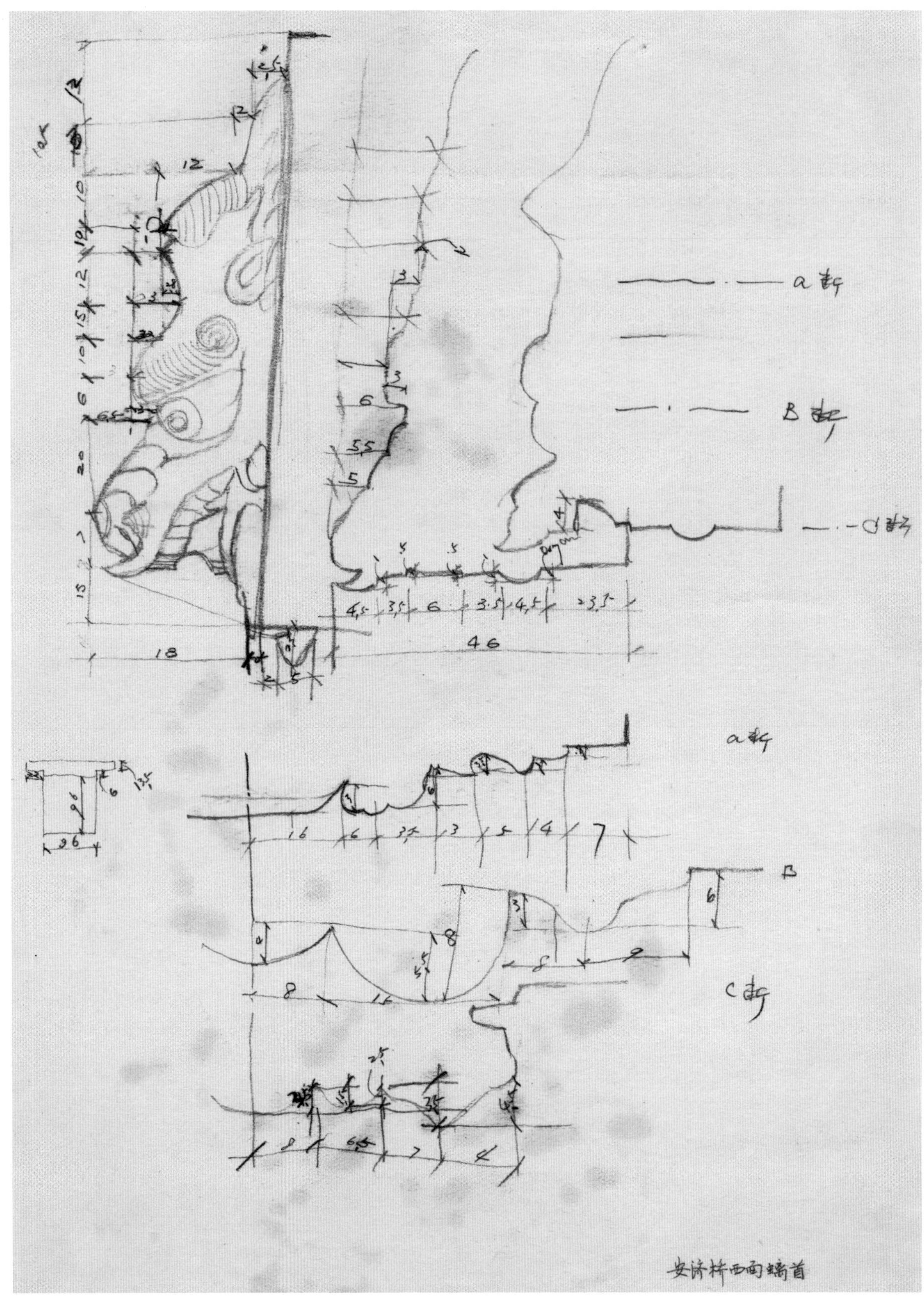

图25　主拱西面螭首

第七章 题刻拓片

1. 发掘出的隋刻：修桥主曹行充题名
2. 南券南壁宋刻：谦甫诗 甲申刻石
3. 发掘出的唐刻石柱：赫赫张公颂铭（一）
4. 发掘出的唐刻石柱：赫赫张公颂铭（二）
5. 发掘出的金刻勾栏：刘皋等勾栏刻石
6. 北券北壁金、明题刻：天会刻石、李国信刻石
7. 发掘出的明刻：山西阳曲姚镳、杜锐，太原胡世田等题名碑
8. 发掘出的明刻：太监赵芬，石匠袁福荣等题名碑
9. 修桥主季彦□等题石碑之一
10. 唐刘超然修石桥记
11. 宋安汝功诗刻石
12. 职衔题名和布施构栏题名石（七通）一
13. 职衔题名和布施构栏题名石（七通）二
14. 职衔题名和布施构栏题名石（七通）三
15. 职衔题名和布施构栏题名石（七通）四
16. 职衔题名和布施构栏题名石（七通）五
17. 职衔题名和布施构栏题名石（七通）六
18. 职衔题名和布施构栏题名石（七通）七

1. 发掘出的隋刻：修桥主曹行充题名

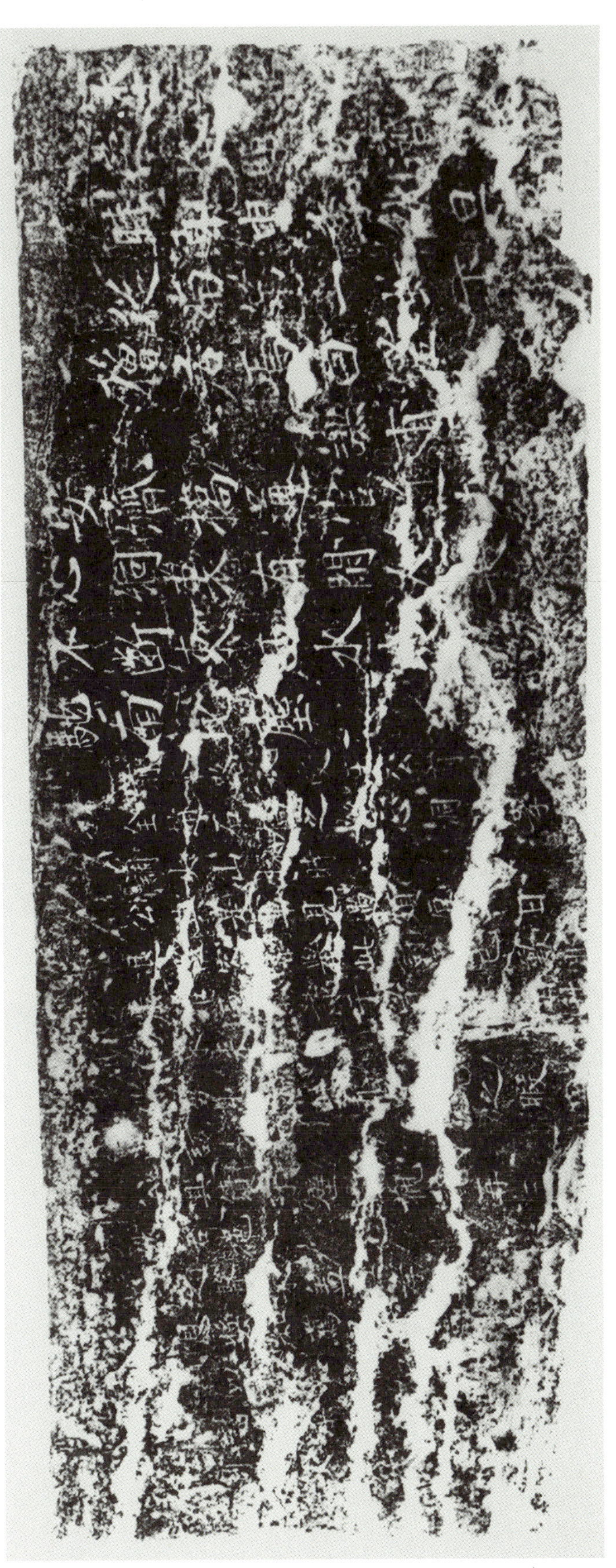

2. 南券南壁宋刻：谏甫诗甲申刻石

3. 发掘出的唐刻石柱：赫赫张公颂铭（一）

4. 发掘出的唐刻石柱：赫赫张公颂铭（二）

5. 发掘出的金刻勾栏：刘皋等勾栏刻石

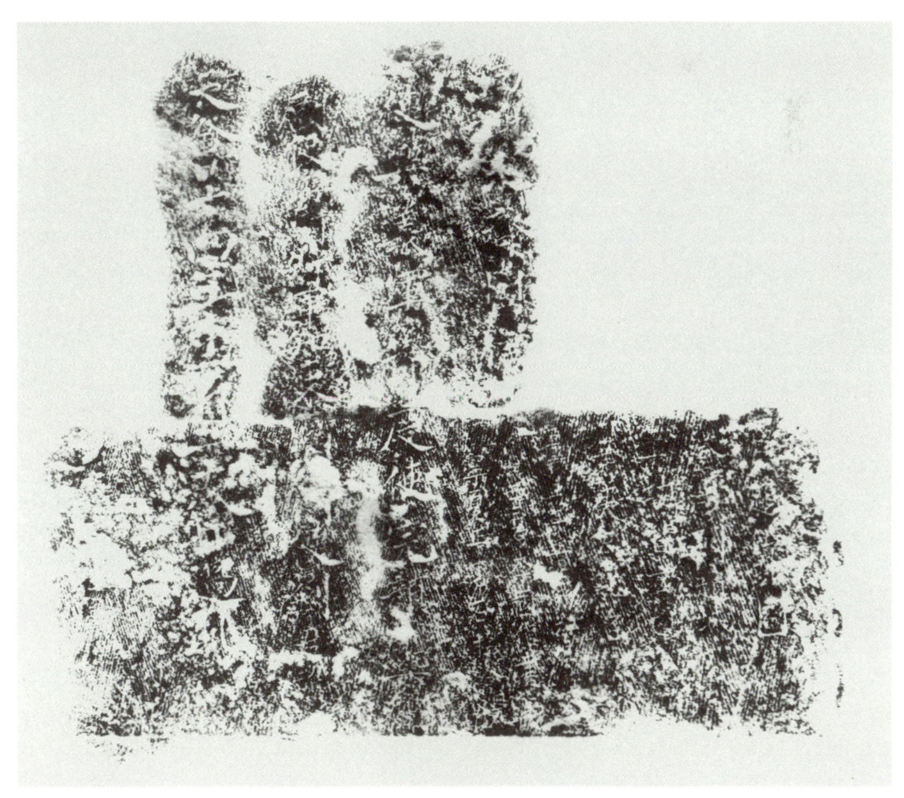

6. 北券北壁金、明题刻：天会刻石、李国信刻石

7. 发掘出的明刻：山西阳曲姚镳、杜锐，太原胡世田等题名碑

8. 发掘出的明刻：太监赵芬，石匠袁福荣等题名碑

9. 修桥主李彦□等题石碑之一

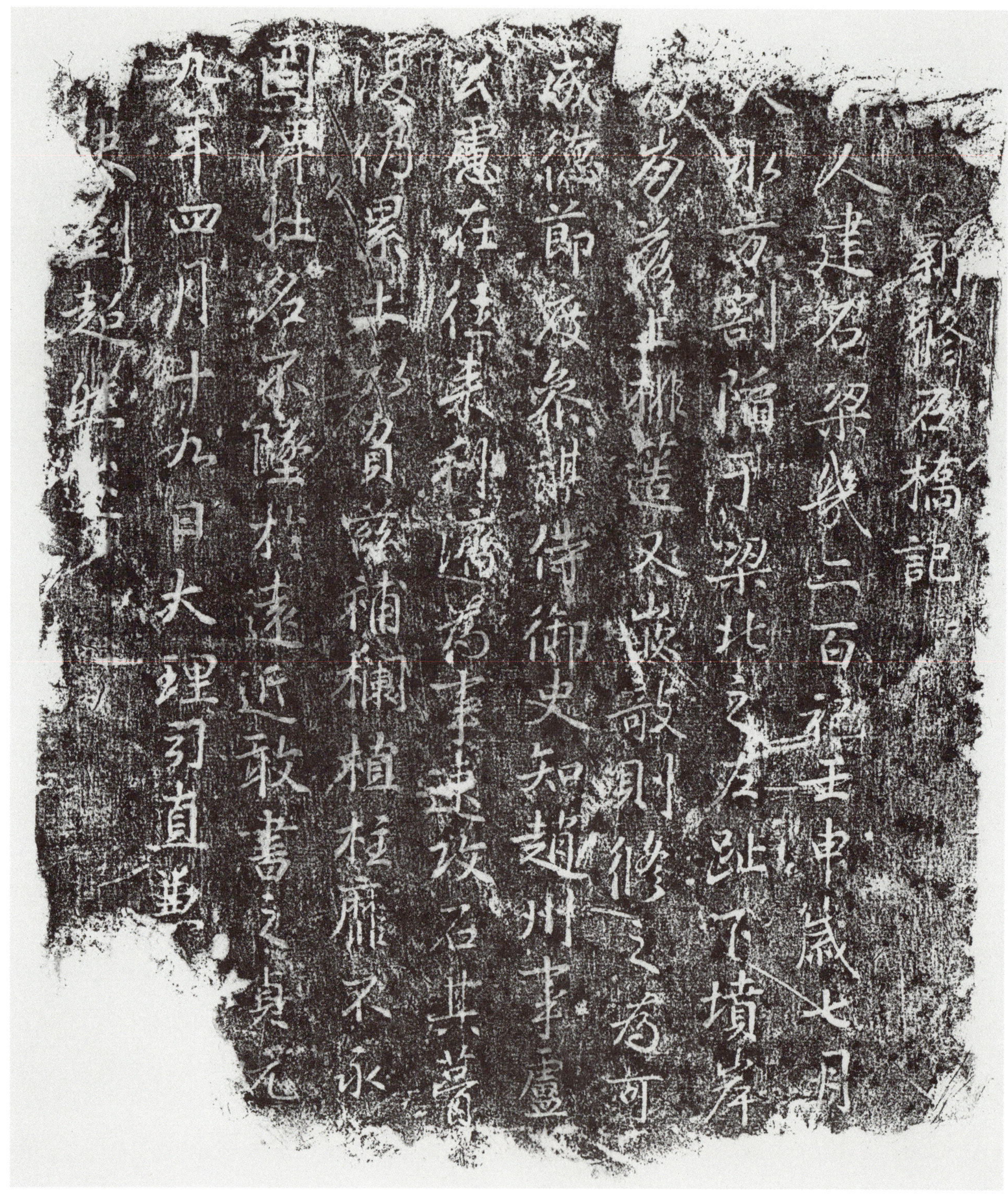

10. 唐刘超然修石桥记

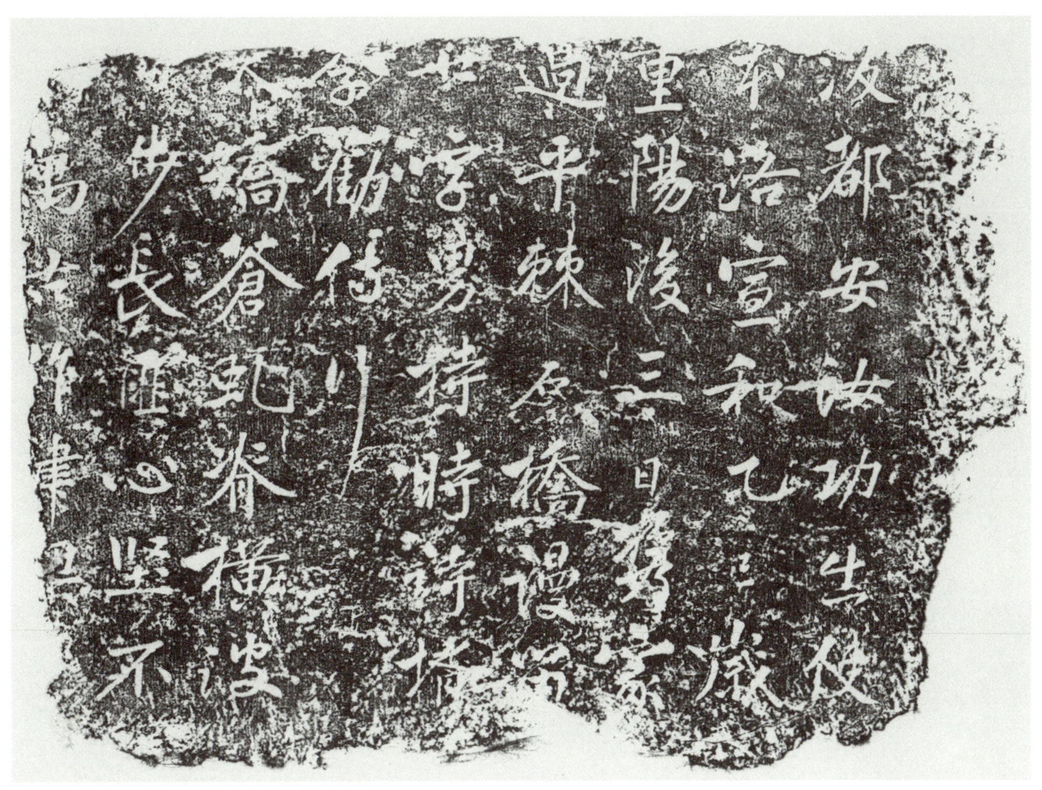

11. 宋安汝功诗刻石

12. 职衔题名和布施勾栏题名石（七通）一

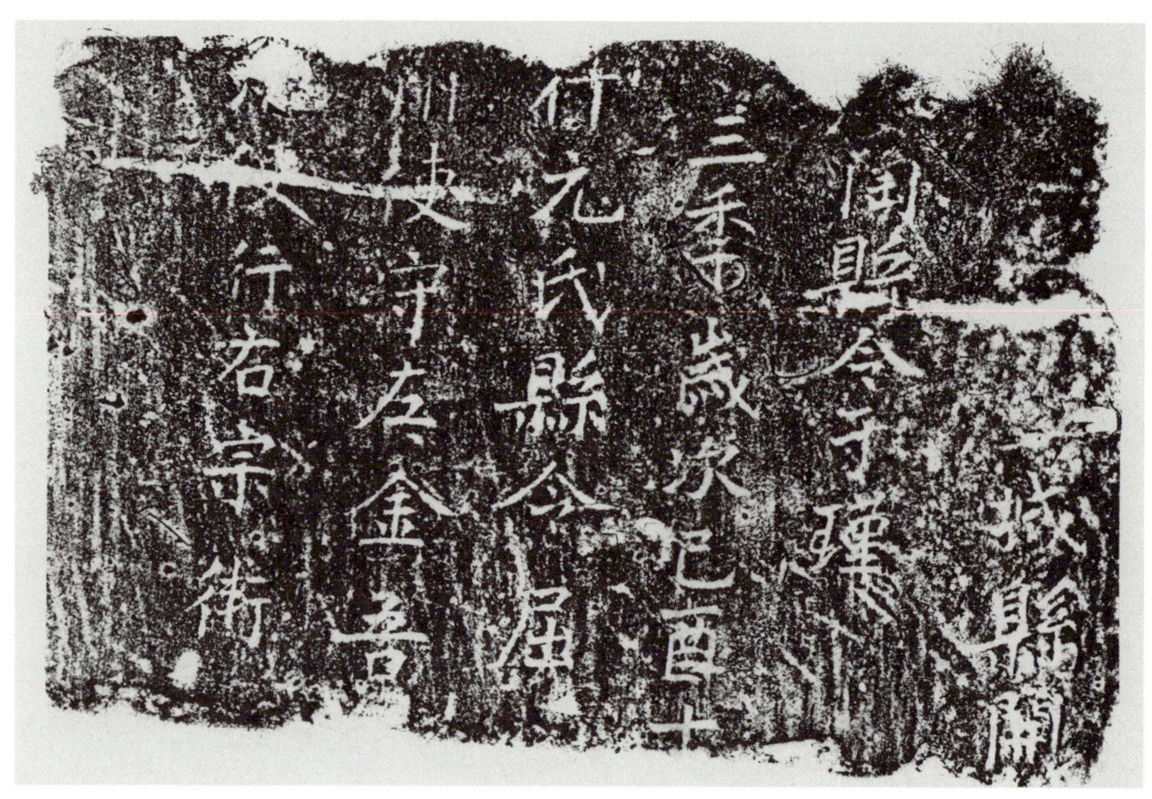

13. 职衔题名和布施勾栏题名石（七通）二

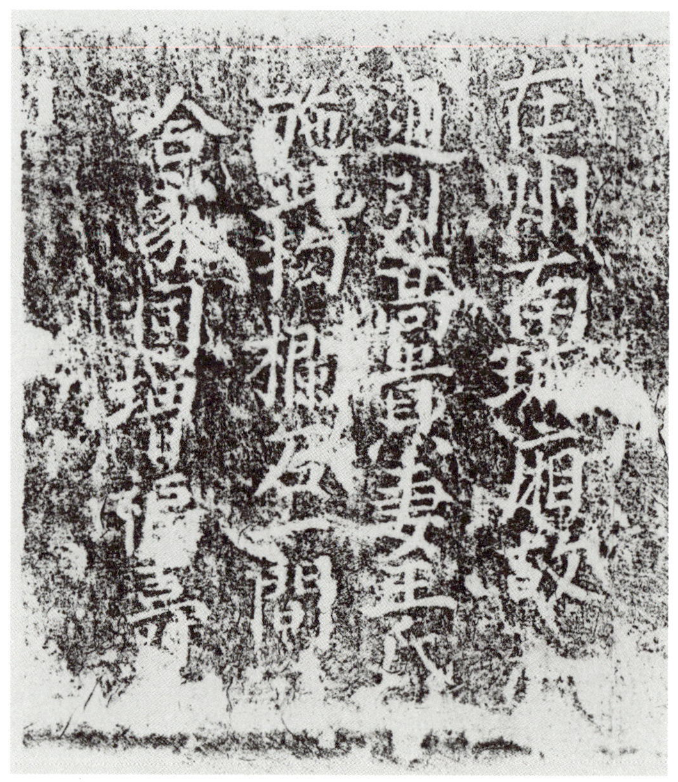

14. 职衔题名和布施勾栏题名石（七通）三

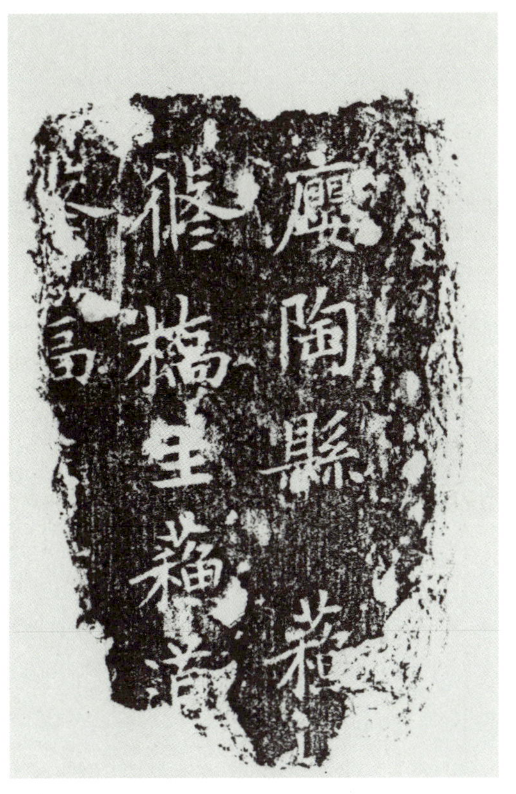

15. 职衔题名和布施勾栏题名石（七通）四

16. 职衔题名和布施勾栏题名石（七通）五

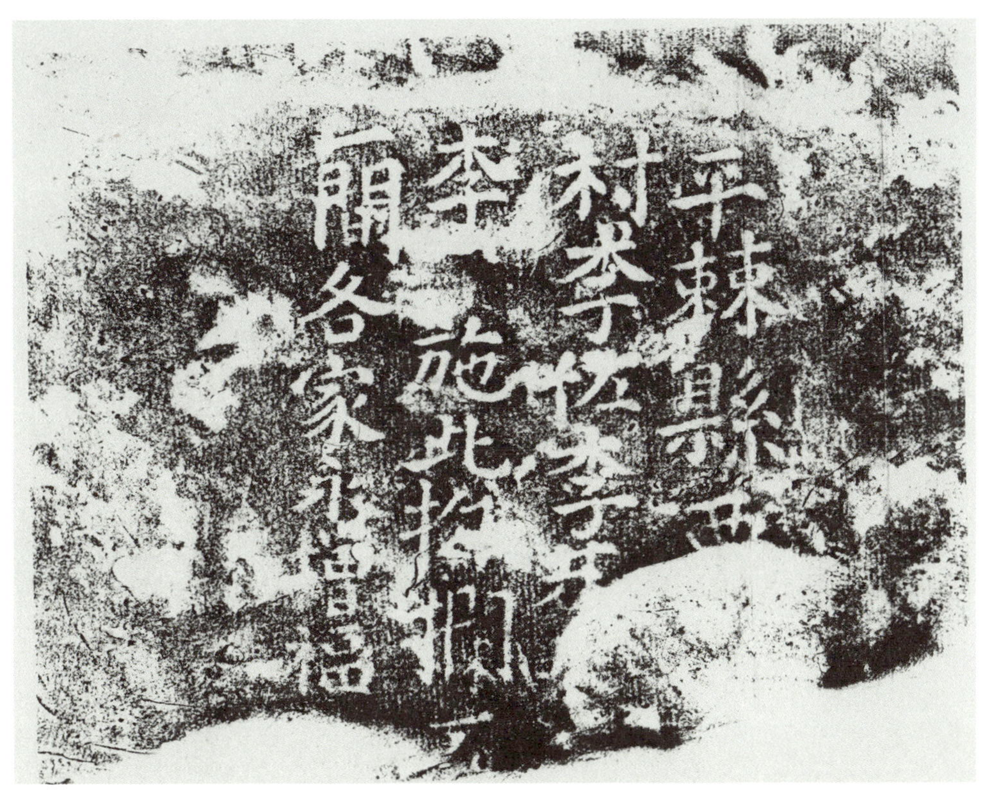

17. 职衔题名和布施勾栏题名石（七通）六

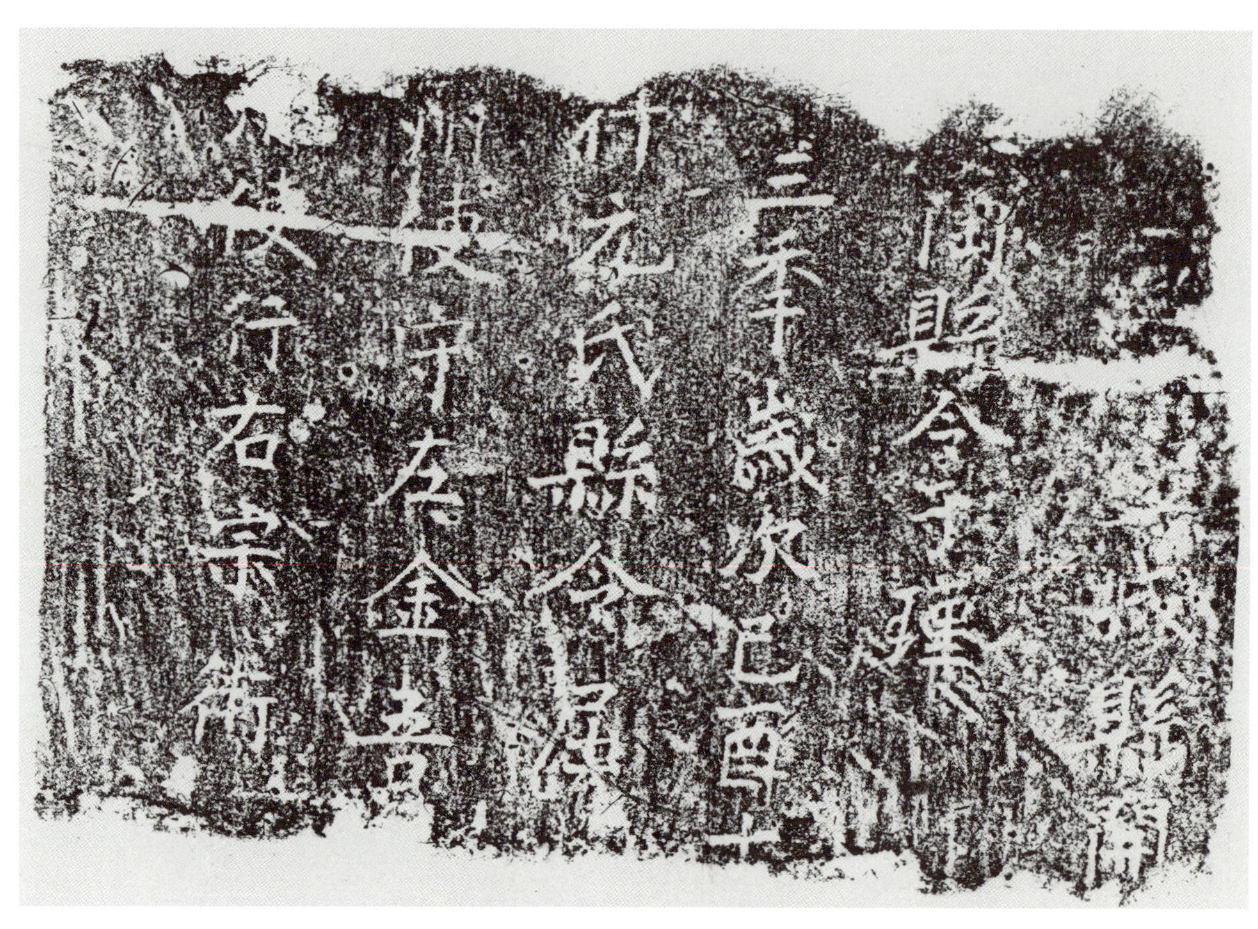

18. 职衔题名和布施勾栏题名石（七通）七

中国文化遗产研究院 CHINESE ACADEMY OF CULTURAL HERITAGE • 文物保护工程系列 • 2023 年

河北省赵县安济桥修缮工程（1952—1958 年）

下

中国文化遗产研究院 余鸣谦 编著
顾军 永昕群 崔明 整理

文物出版社

目　录

第三部分　文字档案

第八章　安济桥科学记录档案……315
第一节　安济桥历史沿革……315
第二节　安济桥在工程技术上的成就……322
第三节　安济桥在艺术上的造诣……329
第四节　安济桥修缮工程实况与工程的探讨……331
第五节　古为今用的安济桥……344
第六节　敞肩拱各部名称对照表……349
第七节　附录：唐张嘉贞《石桥铭序》及译文……351
第八节　参考资料书目……354
第九节　后记……356
第十节　安济桥档案附表……357
第十一节　安济桥考察报告（水文地质报告）……367

第九章　安济桥修缮工程技术资料……380
第一节　河北省赵县安济桥（俗称大石桥）勘察工作日志……380
第二节　赵县安济桥勘察记……387
第三节　安济桥栏板初步设计说明……391
第四节　赵县安济桥修缮计划草案……392
第五节　赵县安济桥修缮计划……397
第六节　赵州桥记初稿……402
第七节　安济桥修缮工程主拱灌浆施工规范……408
第八节　安济桥栏杆恢复第五方案……409
第九节　赵县安济桥挖掘栏板及其他工作的初步计划……410
第十节　赵县安济桥挖掘栏板工作计划……412
第十一节　赵县安济桥模型复原工程计划……415
第十二节　安济桥试雕栏板工作计划……417
第十三节　赵县安济桥栏板方案的说明……421

第十章　安济桥修缮工程工作计划和报告……423
第一节　关于保护修缮安济桥座谈会记录摘要……423
第二节　为报告赵县安济桥修缮委员会自一九五五年六月三日正式成立……424
第三节　赵县安济桥修缮委员会一九五五年六月至九月工作计划和工作报告……425
第四节　安济桥修缮委员会一九五五年第三季度工作总结……427
第五节　安济桥修缮委员会一九五五年第四季度工作计划……428
第六节　安济桥修缮委员会第二次会议工作报告……429
第七节　安济桥修缮委员会第二次全体会议总结报告……434
第八节　赵县安济桥修缮委员会一九五五年十月至十二月工作计划和工作报告……435
第九节　赵县安济桥修缮委员会一九五五年度工作总结报告……437
第十节　赵县安济桥修缮委员会一九五六年三月至六月工作计划和工作报告…441
第十一节　安济桥修缮委员会一九五六年上半年工作总结……443
第十二节　赵县安济桥修缮委员会一九五六年七月至十月工作计划和报告……443
第十三节　安济桥修缮委员会第四次全体会议情况报告……446
第十四节　赵县安济桥修缮工程工作报告……446

第十一章　安济桥修缮工程原始档案选编……455

第十二章　安济桥铭文碑刻编录手稿……473

第四部分　工程技术探讨和大事记

1952—1958年赵县安济桥修缮工程回顾和工程技术探讨……571

赵县安济桥修缮工程大事记……580

后记……586

第三部分

文字档案

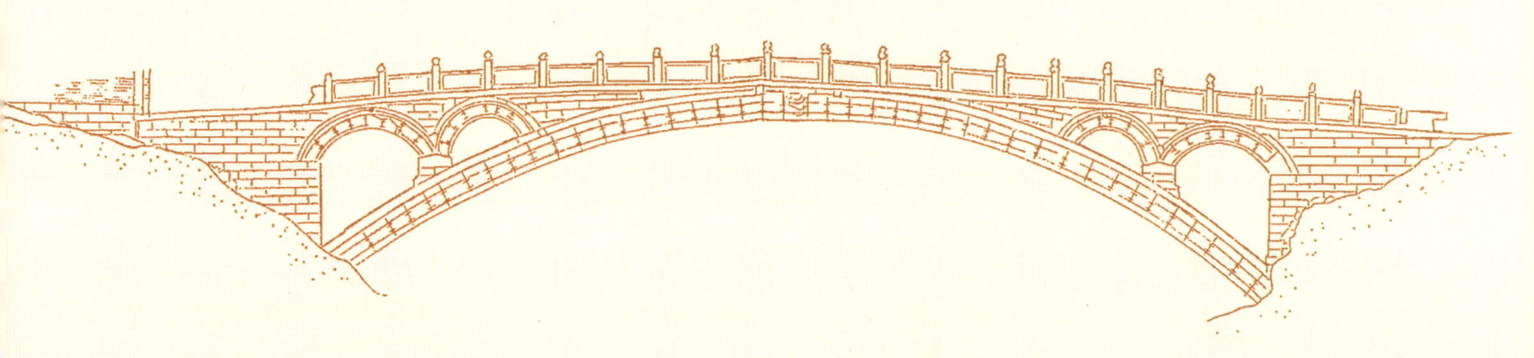

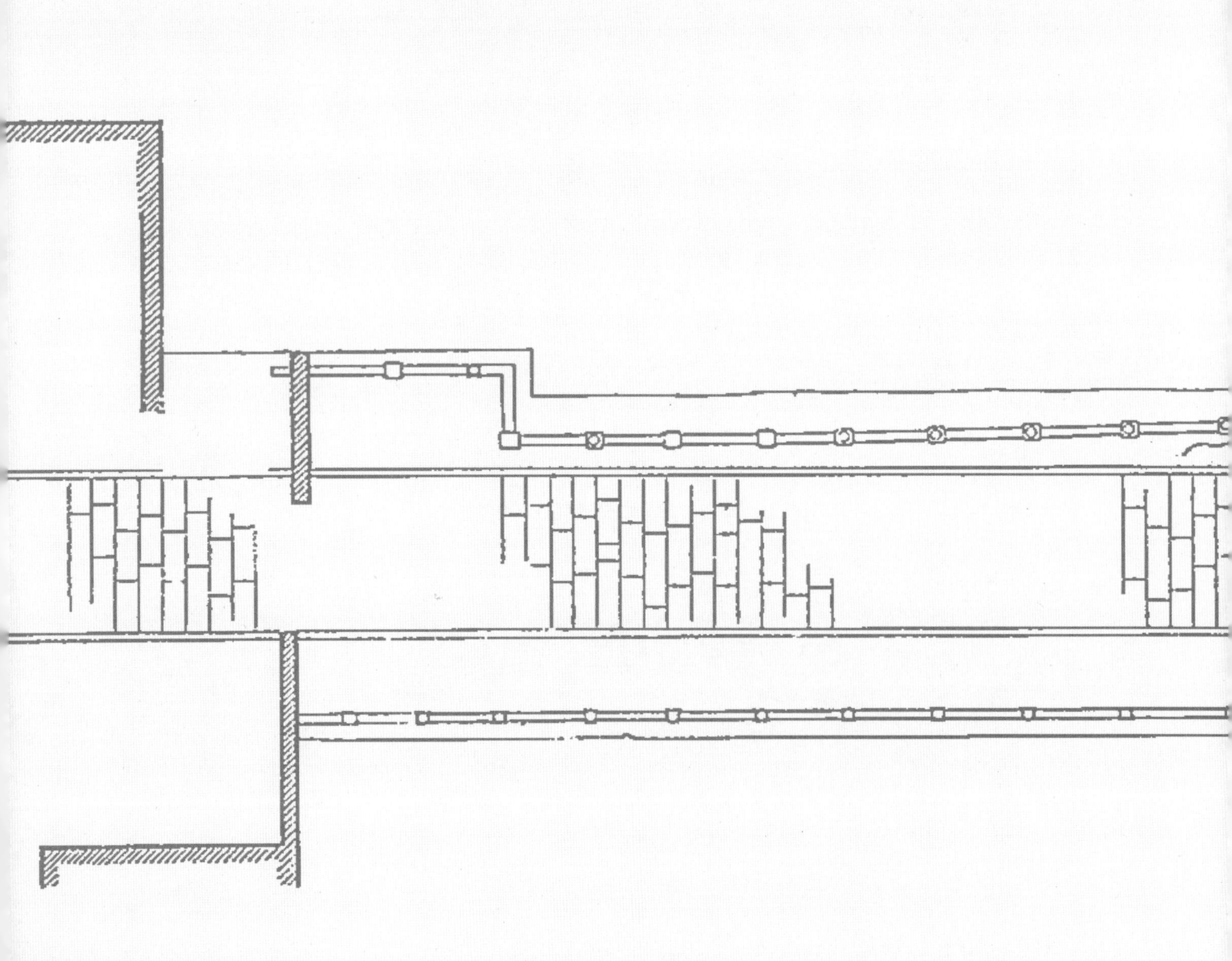

第八章 安济桥科学记录档案

一九七四年三月

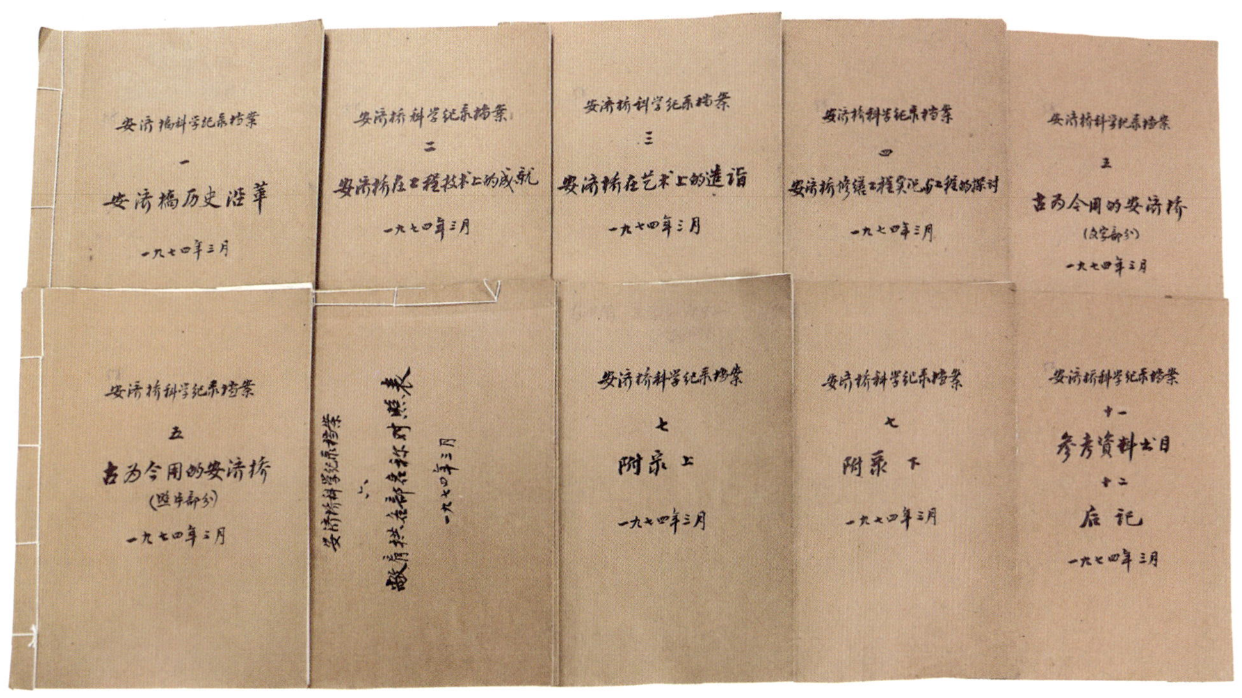

安济桥科学记录档案封面

第一节 安济桥历史沿革

一 安济桥概况

安济桥，一名赵州桥，俗称大石桥，位于河北赵县洨河上[1]，隋匠李春所造，是一座敞肩拱单孔长跨度的大型石桥。全桥长约 50.82 米，宽 9.6 米，拱券净跨度 37.02 米，矢高 7.23 米。大石券上建有四个小拱，桥面坡度平缓，便于车马往来。主拱和小拱都由 28 道拱券并列砌成，拱石之间用腰铁相联，并且使用铁梁九道，横贯于拱背之上，以增加横向联系。南北桥台深达 5 米，垒砌工整，磨砻致密，承托住自拱券传来的巨大推力。

桥面两侧设石栏杆，上面雕刻着行龙、兽面和卷叶等各种纹样，形象生动，刀法遒劲有力，表现出高度艺术水平，是不可多得的古典艺术作品。

据郦道元《水经注》上讲，西晋太康三年（公元282年）时，洛阳有旅人桥，“悉用大石，下圆以通水，可受大舫过也”，[2]这是见于记载的最早的大型石拱桥，但今天已无遗迹可寻。安济桥的建造者李春总结了前人建桥经验，采取了独特的结构方法。在桥面与主拱之间介以四个小拱，不仅增加了过水面积，使山洪可以溢孔而过，减少水流对桥身的冲击力[3]，而且又减轻了桥身自重，节约工料。这座雄伟而壮丽的敞肩拱石桥，的确是个大胆创造，也是一个划时代的成就。它标志着建筑技术发展的新阶段，对于后世石拱桥的发展具有深远的影响，是我国建筑史上一颗明珠。

赵州桥建成百年之后，唐中书令张嘉贞特地为石桥作铭，称赞它“制造奇特，人不知其所以为”；唐张彧称“赵郡郡南之石桥，天下之雄胜”；光绪《赵州志》赞美此桥“奇巧固护，甲于天下”。几乎历代都有人写诗文来颂扬这座名桥。例如，在河北就有“正定菩萨赵州桥”这样的民间歌谣流传下来。可证安济桥和李春历来在人们的心目中占有很高的地位，为人所称赞。

二　安济桥在隋代政治、经济、文化上的作用

洨河发源于井陉山区，流至赵县境则四水汇合，夏秋之际，山洪暴发，水势异常迅猛[4]。一千三百年前，在这里修建这样一座大石桥，确是一件很艰巨的工程。但当时何以要建在赵州？除去水文、地质等自然条件外，同时也反映了隋代赵州的政治、经济和文化方面的情况。

赵县，隋初称赵州，开皇十六年分置栾州（治平棘），大业三年，废赵州，改栾州曰赵州，不久，又改称赵郡。唐仍为赵州[5]。

赵州位于冀南平原，“南通河济，北控燕蓟，西扼井径，东连大陆”[6]，地处冲要。唐张彧《赵郡南石桥铭并序》上说，（赵州）“吞齐跨赵，扼我戎寇；万里书传，三边檄奏；邮亭控引，事物殷富；夕发蓟壖，朝趋禁霤”。宋刺史杜德源咏《安济桥诗》称赞赵州桥“驾石飞梁尽一虹，苍龙惊蛰背磨空；坦途箭直千人过，驿使风驰万国通”。

从上述文献记载来看，当时赵州位居南北“官道”要冲，不论是从邮传来往，贸易交流，或军事运输方面来讲，都需要在这里修建一座大桥。

公元589年，隋灭陈，统一了全国，从而结束了三百年的南北分裂局面。开皇至仁寿年间，由于统治阶级实行了缓和阶级矛盾的政策，并推行了某些恢复生产的措施。因而农业和手工业生产以及科学技术活动获得了进一步的发展，呈现出某些繁荣景象。但劳动人民用血汗创造出来的大量物质财富，却被统治阶级们侵夺，装满了皇家的仓库，据说“天下贮积，可供五十年”[7]。

从大业元年（公元604年）起，隋炀帝杨广为了加强中央对地方的控制，进一步搜括江南财富，以满足其穷奢极欲的腐朽生活。乃滥用民力，先后役使几百万民工开凿贯通南北的大运河，兴建东都洛阳，建置离宫别馆，大兴土木[8]。

公元607至615年，为了显示国威，“耀武边疆”，隋炀帝曾三次到北境巡游。“发河北十余郡丁男凿太行山达于并州（山西太原），以通驰道[9]”，修桥铺路的工事活动非常繁重。

从公元608年起，又开凿永济渠，北达涿郡，以通漕运[10]。由于当时统治阶级奢侈无度，大兴土木工程，客观上便促进了建筑技术的大发展，如公元607年（大业三年）隋朝政府曾于河北招募“工艺户”三千余家[11]，说明当时从事专门手工业的劳动者的数量是相当可观的。

赵州当时为南北驿道必经之地，交通繁密，安济桥就是在这种历史背景下的产物。它反映基础，并为基础服务。因此，安济桥对南北交通的改进，对隋朝政治统一、经济繁荣，起着积极的作用。但从建筑的角度来讲，安济桥对我国古代科学技术的贡献，却大大超过它在当时政治、经济上的作用。

三　安济桥的历史沿革

（一）桥史考略

安济桥为河北四大名胜之一[12]，同时又位于驿道要冲，因此自唐宋以来，过客骚人，经行驻迹，多有题识，留下了许多歌咏诗文，文献掌故相当丰富[13]。但关于建桥的年份，有确切年月可考的材料却很少。目前已查到的文献资料中，年代最早的，首推吴式芳《金石汇目分编卷三补遗》中记载的一则："隋唐山石工李通题名，正书，开皇十□年，安济桥下。"题名既刻在安济桥下，可知大石桥在开皇年间（公元591—599年）就已动工兴建。其次是陈钟祥《赵州石刻全录》中有"尧山镇杏□乙丑记"题名一则，《赵录》认为州志载"桥乃隋时巧匠李春所建"，而此石有乙丑字，应是炀帝大业元年，他的推测有一定的根据。此外，在这则题记的右侧，还有"石匠人赵"字样，更足以证明当初建桥的巧匠绝不止一位或两位，将此题名与前述李通题名结合起来看，可知李通和李春（？）都是赵州人。《金史地理志》上讲："唐山县有尧山，相传唐尧始封于此，县名唐山，尧山，皆以此而名。"（按唐山县今名隆尧县）李通和李春不仅同姓，而且同里，很可能是同族同宗，都是以建筑技术为职业的。此外，据王昶《金石粹编》上讲，洺州南和县澧水桥（石柱桥）一座，隋开皇十一年（公元591年）造[14]；又据《唐文续拾·造洨水桥记》上讲，赵州程村之南，有石拱桥一座，唐永徽四年（公元653年）造[15]。这两座石桥可惜遗构已不存在，但据碑记描述，结构工程精巧壮丽，可与赵州大石桥相媲美。当初也很可能是唐山石工李春、李通或其门徒设计修造的。

唐中书令张嘉贞《石桥铭序》称"赵郡洨河石桥，隋匠李春之迹也"，但未讲建桥的具体年月。唐张彧《赵郡南石桥铭并序》称大石桥的修建是"穷琛莫算，一纪方就"，指明这座石桥隋人用了十二年时间才建成。但未说明建造的起讫年月。1955年从桥下发现八棱石柱一根，唐贞元九年（公元793年）所制，上刻刘超然《重修石桥记》，铭文称"隋人建石梁，几二百祀"。据此上推二百年，安济桥应是隋开皇年间所造。1957年从桥下发掘宋元祐四年（公元1089年）残石柱一段，铭刻"是桥建于大业之间"。明孙人学《重修大石桥记》称"隋大业间石工李春所造也"；清陈钟祥《赵州石刻全录》中也称"桥为隋大业时修建"。由于种种原因，大概隋唐时期的修桥碑刻，到宋元以后有好多已经毁灭不见了，所以明代修桥碑记中所谓"桥为大业时修建"，一般都是因袭前人旧说，都未超出传世金石著录的范围，说服力不强。

1955年，从安济桥下发掘出的一些断碣残碑中，有五块修桥主题铭石，很引人注意[16]。其年款部分虽已缺失不存，但有的石块如修桥是李彦□……题铭石，其高度与桥上小拱圈的墩石相同；同时这块刻石与另一块刻石——"廮陶县苏……"相比，字体一样，如出一人之手，是隋代比较流行的一种书法风格，当是修桥时的同期作品。可以证明，当初修桥经费中必有一部分是修桥主所捐赠的。

这些修桥主中的许多人名，都是南北朝和隋代人的习惯用名，如"苏阿难""李客子""江婆"和"陈解脱"等都是。尤其是女子自称，如"赵躵妃"。还有把"三"字写成"毛"字，如"李阿毛"，更是隋人命名或写法的特征。又如把修字写成"簃"字，把桥字写成"槁"字，这也都是隋朝人们惯用的写法。

又考廮陶县名，据《隋书·地理志》记载，廮陶县旧名廮遥县，属赵郡，至开皇六年（公元586年）改称廮陶县[17]。说明从桥下发掘出来的那块“廮陶县苏……”的修桥主题铭石是开皇六年以后所制。

李彦□和苏阿难等两块修桥主题名石中有校尉、骁骑尉和云骑尉各职名[18]。据《隋书·百官志》（卷二十八）记载：“开皇六年，吏部又别置朝议、通议、朝请、朝散、给事、承奉、儒林、文林等八郎。武骑、屯骑、骁骑、游骑、飞骑、旅骑、云骑、羽骑八尉。”又据同书“炀帝三年（公元607年），旧都督已上至上柱国，凡十一等，及八郎八尉、四十三号将军官，皆罢之……置建节、奋武、宣惠、绥德、怀仁、守义、奉诚、立信等八尉，以为散职”。又据《旧唐书》卷四十四称：“炀帝即位，多所改革，初城门置校尉，后改校尉为城门郎，唐因之。”

从上述几段职官名称的演变过程来看，只在开皇九年（公元589年）至大业三年（公元607年）（十九年间），曾设立过这些官职，在此前后，这些官职都不存在。

根据1955年出土的隋代修桥主刻石，结合《金石汇目分编》和《隋书》等有关文献史料互相印证，关于安济桥的建桥年份，我们认为是隋开皇末年兴工至大业三年（公元607年）完成，这样推测比较符合当时的历史实际。

（二）安济桥桥名的考证

光绪《赵州志》中有明万历二十五年张居敬撰《重修大石桥记》一文，关于桥名、幅度和结构方面的记述，大致与张嘉贞《石桥铭序》相似，但记载稍详。记云：“余赵州城南距五里有洨河，河有桥名安济，一名大石，乃隋匠李春所造云。”文章明确指出桥梁所在地点和桥名，为张嘉贞《石桥铭序》中所未言。据清陈钟祥《赵州石刻全录》记载，在大石桥的桥洞题刻中发现（王）谦甫甲申刻石一方[19]，诗句中就已使用了“安济桥”三字，题刻末尾有“政和”字样，依刻石的文义内容推测之，此石当为北宋崇宁三年（公元1104年）所制。可证在北宋末年前后，赵州桥才称作“安济桥”的。

（三）历代修缮情况

安济桥，自隋代建成以来，并不是平安地偃卧在洨河之上的，曾经受了多少次洪水、地震的冲击和战争的破坏。其间曾进行过多次修缮，才得以比较完整地保存下来，可称是一座“健康长寿”的桥梁建筑。现从已经掌握的文献资料来看，历史上的主要修缮活动和保存情况大致如下。

唐贞元九年（公元793年）——据唐人刘超然《新修石桥记》（1955年出土）上讲：“隋人建石梁几二百祀，壬申岁（公元792年）七月大水方割，陷于梁北之左趾，下坟岸以崩落，上排簉又嵌欹，则修之可为，……速攻其石葺，复仍累土以负，兹补栏植柱，靡不永固，俾壮名不坠于远近。……贞元九年四月十九日。”

据《旧唐书》卷十三记载：“贞元八年七月辛巳大雨，八月乙丑以天下水灾，分命朝臣宣抚赈贷，河南、河北、山西、江淮凡四十余州，大小漂溺，死者两万余人。”赵州桥因受上年大水冲击，北岸桥台两端发生崩落现象，致使上面的小拱券开裂倾斜，因而进行修复。这一次的修缮工程，主要是拆砌桥台，归安小拱券，补配栏板望柱，以复旧观。这是该桥建成后二百年中，发现修缮工程的首次记录。

宋治平三年（公元1066年）——据《宋史·方技传》讲：“僧怀丙，真定人，巧思出天性，非学所能至。……赵州洨河，凿石为桥，溶铁贯其中，岁久，乡民多盗凿铁，桥遂欹侧，计千夫不能正，怀丙不役众工，以术正之，使复故状。”[20]此指锚固拱圈石那些“腰铁”，因长期受到破坏，大部锈烂脱落，致使拱石错动，欹侧倾倒，所以又进行了一次修整。当然不是怀丙一人之力，而是靠集体力量修复的。这一段记录是该桥建成后四百余年中，发现修理工作的第二次记录。

大石桥经这次修理，百年以后——南宋乾道五年（公元 1169 年）楼钥随宋使赴金，路过赵州，在他所撰《北行日录》中有这样一段记载："十八日己亥，晴，车行六十里，柏乡县，早顿，旧'曰'。尧山，即柏人也……六十里，宿赵州……去赵州五里，使副以下观石桥。桥有石栏，高二尺余，上分三道，下为洞，桥两马头，又各为二洞，傍为小亭，板阁以入。石理坚致，题刻甚众，多是昔时奉使者[21]。"文章赞美赵州桥工程修得很坚致。又南宋隆兴元年（公元 1163 年），范成大奉使入金，途次赵州，在《石湖诗集》中称"赵州石桥，在城南洨河上，以铁笥卯贯石，捲篷不类人工"。诗云"石色如霜铁色新，石桥南北尚通津[22]"。说明这一百年间，大石桥拱圈石上面的腰铁（铁笥）还色亮如新，拱石和石栏杆还完整无损，可证保存的情况相当良好。

从金朝大定年以迄明朝正德年间（公元 1161—1521 年），这三百余年间，大石桥的修缮活动很少，在有关的文献资料中未曾发现任何的重修碑记。在考古发掘所得的断碣残刻中，只发现：刘阜等施勾栏刻石（金大定二年，公元 1162 年）、李敬施石柱刻石（天顺六年，公元 1462 年）和赵氏造勾栏刻石[23]（正德二年，公元 1507 年）。说明在这一历史时期，大石桥没有较大的修建活动，只是修配了几次勾栏。

明嘉靖四十二年（公元 1563 年）——孙人学《重修大石桥记》上说："……桥之上辙迹深处，积三十余年为一易石，……重为修饰，以永其胜，……嘉靖四十二年岁次癸亥四月朔旦。"这一段记述是说明因为桥面常年受车辆碾压，磨损较重，更换了一次桥面石，是一次养护工程。

明嘉靖四十三年（公元 1564 年）——翟汝功《重修大石仙桥记》上说："嘉靖壬戌冬十一月兴工，至次年癸亥（公元 1563 年）四月十五日告成，所修南北码头及栏杆柱脚，镌斫龙兽如旧制，且增崇故事形象，各极工巧，焕然维新，境内改观矣。……嘉靖甲子岁孟夏之吉。"从这段记述情况来看，几乎与唐贞元九年的修缮规模相差不多，但这次新修配的石栏板，所雕龙兽的艺术水平却远远不及原作，碑文未免夸张过甚。

明万历二十五年（公元 1597 年）——据光绪《赵州志》张居敬《重修大石桥记》上说："……世庙初（约公元 1530 年），有鬻薪者，以航运置桥下，火逸延焚，致桥石微隙，而腰铁因之剥销，且上为辎重穿敝，……弗葺，将就颓也，以癸亥岁（公元 1563 年）率里中杜锐等肩其役，'垂若干年'，石敝如前。余兄弟复谋请李县等规工而董之，令僧人明进缘募得若干缗，而郡守王公实先为督勅，经始于丁酉秋（公元 1597 年），而冬告竣。胜地飞梁，依然如故。……记兹桥已一敝于遗火，两敝于积辙，则桑土先计，信存乎人也。"

从碑文内容来看，明嘉靖四十二年（公元 1563 年）的那次修缮，由于工程质量太差，完工后三十余年，拱圈和路面又残敝如前了。因此于万历二十五年（公元 1597 年）又进行了一次修理。

关帝阁：在安济桥南边，有正殿、前殿两部分。正殿三间，据当地老人谈，建自明隆庆六年（公元 1572 年），原有碑记嵌在城台西侧的马道墙上，后因墙塌，已不知去向。前殿是明末崇祯二年（公元 1629 年）增建。1955 年大修前，崇祯二年所刻的题名碑尚存于南岸。后来，前、后殿都在抗日战争时期被战火摧毁。1955 年大修时只余下正殿城台，也残破得很厉害。由于它不是安济桥固有的组成部分，而是明代所后加的一座附属建筑，与安济桥在体制上并无任何联系，所以 1955 年重修安济桥时就没有恢复这座建筑。略达梗概，以存史料[24]。

清代二百多年间，关于安济桥的修缮工程，志书载籍中未发现有关的文字记录，也没有留下修桥碑记，情况不详。据传说，拱桥的西面靠外五道拱圈坍塌，又过一百多年到清代乾隆年间，拱桥的东西靠外三道拱圈坍塌。西面五道，后来不知何时修复。因此，直到 1949 年新中国成立时，大石桥的二十八道拱圈，尚有二十三道存在，其中二十道，可能依然还是隋代李春的遗迹，并未经过修理[25]。

古老的安济桥和其他历史文物命运一样，新中国成立前在反动政府统治之下，不受重视，任其颓废，漠不关心。当地人民群众，出于热爱乡土文物古迹，虽竭力加以保护，但以修理费用巨大，财力不足，只能因陋就简地修之补之而已，以致桥的毁坏程度日趋严重。

（四）千年古桥重放光辉

新中国成立后，古迹安济桥重新回到人民手里。1961 年 3 月 4 日公布列为全国重点文物保护单位，置于国家保护之下。文化部于 1952 年就决定进行修缮，从 1953 年起即组织专业人员进行现场的考古发掘和勘查测量工作，由河床中挖掘出大小刻石一千五百多块，各种雕饰纹样的栏板、望柱残石一百多块，使这些被埋没多年的历史文物重见天日。

如隋代廮陶县修桥主苏氏等刻石，唐景龙三年廮陶县令于瑾刻石，唐开元八年崔恂《石桥咏》刻石，唐贞元九年刘超然《新修石桥记》及明代孙人学《重修大石桥记》等刻石，过去不见著录，都是考古新发现。对于考证赵州桥的历史沿革和隋代社会制度，提供了可贵的研究资料。特别是发掘出来的几块雕龙栏板和狮子、望柱，神采生动，刀法遒劲有力，为隋代原物，极其珍贵[26]。

1955 年 6 月，组成“安济桥修缮委员会”，由河北省公路局承担施工任务。依中央交通部公路总局编拟的方案，进行桥身加固工程，使用经费二十三万五千余元，至 1956 年 12 月竣工。1. 除重砌桥东侧五道拱圈外，还将风化的桥石更换材料，为青白色上等石灰岩，根据当地传统习惯，其石料仍采自获鹿、赞皇及元氏各石场。2. 对于二十八道拱圈的联系，进行加固。在拱背与护拱石中间，添筑钢筋混凝土盖板一层。3. 在桥面石下面，加铺防水层（亚麻布和沥青），以便保护拱石，免为桥面漏水所风化。

栏板、望柱复原工程，委托北京市雕塑工厂承担施工任务。于 1957 年先进行研究试制工作，在总结经验的基础上，由古代建筑修整所拟订复原设计方案。1958 年 7 月开始栏板的安装工程，共雕制栏板 42 块，望柱 44 根，于 1958 年 11 月完工，使用经费三万四千余元。

这一次大修工程，从勘测设计到施工，前后费时六年（公元 1953—1958 年），全部工程费用达二十七万元。古老的安济桥修复以后，重启光辉。事实雄辩地说明，只有在共产党和伟大领袖毛主席的英明领导下，像安济桥这样的珍贵历史遗产才能受到重视，才能真正得到保护。

以李春为代表的桥工巨匠，他们的光辉业绩，将和安济桥一样，同垂千古！

注释

1. 顾祖禹《读史方舆纪要》卷十四，赵州，洨河条：“州南五里，自栾城县流经此，下流达宁晋县，入于胡卢河。今州南有安济桥，跨洨河上，俗呼大石桥，阔四十步，长五十余步。宋咸平五年，漕臣景望引洨河，自镇州达赵州以通漕。”

2. 郦道元《水经注·穀水条》。

3. 张嘉贞《石桥铭并序》：“两涯嵌四穴，盖以杀怒水之荡突。”

4.《大清一统志》卷三十二，赵州条：“洨河堤，在赵州南，洨河四源澮发合流，至城南渠流始壮。乾隆二十七年建长堤五十余里，以防泛滥。”

5. 顾祖禹《读史方舆纪要》卷十四，直隶，真空府，赵州。

6.《唐文续　拾·造洨水桥记》。

7.《资治通鉴》卷一九二，唐记八，贞观二年正月丁巳条。

8.《资治通鉴》卷一八〇，隋记四，大业元年。

9.《资治通鉴》卷一八〇，隋记四，大业三年。

10.《资治通鉴》卷一八一，隋记五，大业四年。

11. 唐，杜宝《大业杂记》。

12. 河北民谣：“沧州狮子，定州塔，正定菩萨，赵州桥”。

13. 陈钟祥《赵州石刻全录》：“……（赵）州为数省冲途，使车来往，恒不绝于途，遇有迎谒，必至州郭南五里之大石桥。桥为隋大业时建修，历唐宋金元以来，过客骚人，经行驻迹，多有题识。”

14. 王旭《金石粹编·洺州南和县澧水石桥碑》：“洺州南和县北，星膺胃□，地连赵魏，水陆交会，人物殷□。县城之北有澧水焉，……敬造石桥，以济行者，以开皇十一年……爰共经始数年乃就。碧柱浮空，烟云等色，金堤枕□，杞柳交阴。浩浩呼似应龙之导盟津，峩峩乎若灵鼇之冠方丈……于是立碑路侧，以彰厥庸。”

15.《唐文续　拾·造洨水桥记》：“赵州之地，分维毕昴。南通河济，北控燕蓟，西扼井陉，东连大陆。有洨水者，出自龙山之北，经于程氏之南，硖不容舟，深而联涉，秋夏浩荡，非一苇之能航，春冬渥涸，非乘輶之可渡，……于是访轮石，量用材，度功程，议远近，……工人两集，□旬成响。空隆云构，蜿蟺交属，雕栏映水，乍似鹏飞，镘槛临□，□疑虹降，……大唐永徽四年岁次星□月维大吕，遂□于程村之南，洨水之上，立永桥一所。……”

16.《安济桥附录》：修桥主题名石之一至之五（材料 3-7 号）。

17.《隋书》卷二十九，志节二十四，地理中：“赵郡，开皇十六年置栾州，大业三年改为赵州，统县十一。平棘、高邑、赞皇、元氏、廮陶、栾城、大陆、柏乡、房子、槀城、鼓城。廮陶，旧曰廮遥，开皇六年改为‘陶’。”

又《读史方舆纪要》卷十四，赵州，宁晋县：“（赵）州东四十里，汉为杨氏县，属钜鹿郡。晋省入廮陶县，后魏又析置廮遥县。隋复回廮陶，属赵州。唐天宝初，改为宁晋县，仍属赵州。”

18.《安济桥附录》：

修桥主骁骑尉苏祖卿（修桥主题名石之四）

修桥主校尉李君永（修桥主题名石之五）

修桥主云骑尉李雄（修桥主题名石之五）

19.《安济桥附录》：谦甫甲申刻石（材料 27 号）

20.《宋史·方技传下·怀丙传》，宋史卷四百六十二。

21. 楼钥《北行日録，上 /26-27》（知不足斋丛书本）。

22.《石湖诗集》卷十二，范成大“赵州石桥诗”：

石色如霜铁如新，洨河南此尚通津。

不因再度皇华使，谁洗奚车塞马尘。

23.《安济桥附录》：材料 39 号，83 号，87 号。

24. 余鸣谦《安济桥勘查记录》。

25. 茅以升《重点文物保护单位中的桥》（《文物》1963 年 9 期）。

26. 唐张鷟《朝野佥载·赵州石桥》：“赵州石桥，其工磨砻密致如削，望之如初月出云，长虹饮涧。上有勾栏，皆石也，勾栏并为石狮子。龙朔中，高丽谍者盗二石狮子去。后复募匠修之，莫能相类者。”

第二节　安济桥在工程技术上的成就

中国古代石桥结构奇特，工程艰巨，有科学价值者不少，其中河北赵县安济桥最为突出。安济桥自建成到现在，经历了一千三百多年的漫长岁月的考验，始终发挥着作用，这说明安济桥在设计上和施工上具有很高的科学价值。因此，保护和研究安济桥，对发掘继承我国科学遗产、加速社会主义建设有着重大的意义。

（一）水文条件

洨河是华北平原上一条较大的河流，在赵县境内一段的河身宽度近 40 米。洨河发源于太行山（西山），上游有普良河、金河、沙河、泥河等河流，在赵县境内汇聚成洨河。张孝时《洨河考》云："洨河发源于封龙山之南寨村，两壁峰峦峭削，瀑布悬崖，水从石罅中流出。……水经注云，洨水不出山，而假力于近山诸泉。今考洨河，实受西山诸水。每大雨时行，伏水迅发，建瓴而下，势不可遏。"又邑志："按洨水自乐家庄导流至平同村，有金水合普莲河来入之。至栾城梅家村西有沙河来入之。至郭家庄西，有金水来入之。至宋村西，有猪龙河来入之。至大石桥有冶河自栾城来入之。当时颇称巨川，今仅有涓涓细流。唯夏秋霖潦，挟众山泉来注，其势不可遏，然不久复为细流矣。[1]"宋代咸平五年，曾通漕运[2]，根据文献上的记载，可以想象，在隋唐时代，洨河的流量是不小的。民国初年，赵县曾一度作为水陆码头。据历代文献上可以查到的记载，安济桥在一千三百多年内经历了十一次洪水[3]。1956 年洪水暴发，洨河的洪峰高度达 101.67 米，与安济桥的拱顶相距仅 1.77 米。

（二）地质条件

洨河从太行山流入石家后，进入平原地区，上游所挟泥沙，至此逐渐沉淀，在赵县境内的河床是冲击性的粗砂土层（洨河两岸是坚实的黄土层）。安济桥即建筑于粗砂层上，虽非岩层，但也是良好的基础。

安济桥建成以后，经历了多次地震的考验。据光绪《赵州志》和《正定府志》上的记载，自唐大历十一年至清雍正八年，经历了十二次大地震[3]。地震震声如雷，有的逾月不止，民居倒塌，城垒毁坏，而安济桥至今仍巍然屹立在洨河上。

从安济桥的水文地质记录和调查看，洨河水源距桥址不远，一遇山洪暴发，立即倾泻而下，汹涌奔腾，势不可遏，在这个地方建桥，必须尽量设法加大桥孔的宣泄能力，若宣泄不畅，不但石桥本身有被冲毁的危险，而且上游一带也因洪水排泄不去而泛滥成灾。我们伟大的桥工巨匠李春根据水文地质情况，创造了有奇特构思的雄伟的敞肩拱石桥。

现在我们就安济桥的工程技术方面的成就，作一探讨。

一　首创"敞肩拱"

比安济桥更早的石拱桥，实物尚未发现，文献记载最早的石拱桥为"旅人桥"，建于西晋太康三年（公元 382 年），桥"悉用大石，下圆以通水，可受大航过也"[4]。此桥应是半圆形拱圈的"实肩拱桥"。根据发掘报告，"弧拱"的砌筑，最早见于河南洛阳烧沟西汉晚期 632 号墓的砖拱顶，矢跨比约为 1∶3[5]。安济桥的"弧拱"矢跨比为 1∶5，弧度更加平缓，建桥技术上又有了改进。在弧拱上两端各开两个敞肩小拱，形成"两涯嵌四穴"的敞肩拱桥，从已知的资料看，安济桥应是首创。到了唐代的张嘉贞，尚在《石桥铭》一文中称赞它“创造奇特，人不知其所为”。可见此种式样到了唐代还是很稀见的。

此种结构有以下几个优点。

第一，桥面平缓。赵县安济桥为隋代南北要道，车马行人往来频繁，李春大胆而正确地采用圆弧的石拱桥，其矢跨比率是 1 ∶ 5，是当时最低的矢跨比率，桥面的坡度为 7%，车马行人在平缓的桥面上行驰，大为方便。若采用一般拱桥形式，为半圆拱或尖拱，其长达 37 米的跨度，就需要有近 20 米的高度，坡度很陡，对车马行人是很不方便的。

第二，主拱上开敞肩小拱，加大泄洪功能。安济桥圆弧形主拱的过水面积为 210 平方米。在主拱上添了四个敞肩小拱，可增加过水面积 31.5 平方米，使桥身的过水面积增加 15%。在夏秋洪水时期，泄洪功能增大，减少了洪水对石桥的冲击，保证了桥身的安全；同时也消除了上游因泄洪缓慢所引起的水涝灾害。

第三，减少桥身重量，使桥基更为稳定。安济桥是单孔桥，若为实肩拱时，桥身自重约为 3200 吨（不包括南北金刚墙的重量），金刚墙基础所承担的压力很大。现在在主拱上开的四个敞肩小拱，可减少重量约 740 吨，占整个桥身重量的 23%。这样就大大地减轻了金刚墙基础所承担的压力，使金刚墙基础更加稳定了。

第四，经济节约。安济桥主拱圈上开四个敞肩小拱，可减少石料 290 多立方米，节约了建桥的大量劳力、物力、财力，缩短了建桥的时间。

二　特殊的纵向并列拱圈

拱圈的砌筑，最早见于河南洛阳发现的“韩君墓”中，它的墓门为石拱，时代约为周代末期（公元前 250 年左右）[6]。汉代砖石砌筑的墓室中的拱圈，并列拱圈和纵联拱圈的砌法（图一）同时使用的，但是跨度都不大，如河南密县打虎亭一、二号汉墓的主室顶为并列式的石拱圈，其跨度只有 4 米左右[7]，前面提到的“旅人桥”，其跨度依河宽来推测也不过 20 米左右。安济桥主拱圈的净跨度为 37.02 米（拱脚之间的净距），这么大跨度的拱圈就已知资料来看是隋代以前所未见的。以李春为代表的建桥工人，当时敢于设计这样大跨度的拱圈，应该认为是充分考虑了并列拱圈的优缺点后砌筑的，利用其优点，补强其弱，在建桥技术上取得了突出的成就。

安济桥纵向并列砌筑拱圈有以下几项优点：

第一，拱架简便。全桥用二十八道并列拱圈组成，总宽 9.395 米（拱顶处），每道拱圈宽为 25~40 厘米，各道拱圈都可视为独立的拱桥，因而施工时可一道一道的砌筑，建桥的拱架宽度只要 0.5~1.0 米即可，这样一个小型拱架就可以反复使用，节省造价。这种拱架制造简便，施工中如过洪水，可随时拆卸，免受意外损失。

据 1955 年发掘桥下积石所了解到的资料[8]，建桥的经费是由附近的一些村庄农民集资建造的，说明其经济基础不是十分充裕的（是否由官府主持其事，尚未找到证据），采用并列圈就可先修二圈，继而四圈、八圈，最后完成二十八圈，它不像纵联式结构那样必须一气呵成，也不致因洪水或因经费、材料不足而招致前功尽弃。最近反复核对文献资料，查明建桥时间用了十二年之久[9]，说明施工进度不是很快的，是十余年间用较少的劳动力，不断努力辛勤劳动才把二十八道大小拱圈砌成的。在这样特定的条件下，采用并列拱圈是一个比较恰当的办法。

第二，安全系数大。金刚墙下的基础负重后，如发生不均匀下沉时，每个拱圈均可独立成拱，不致影响桥梁整体的安全。

第三，便于修理。拱石如遇破碎坠落，也只能影响本身所在拱圈的安危，修理时可嵌入活石将拱圈挤紧，即可进行，较其他方法所砌拱圈，在技术操作下简便得多。

并列拱圈的石拱桥也有严重的缺点，主要是并列各道拱圈之间的连结不好，拱圈容易因外倾而倒塌。以李春为代表的古代桥工巨匠们，采取以下几种补救措施：

第一种补救措施，是在各道拱圈的拱背上和券脸石的立面上，石块与石块之间，各用一或二块“腰铁”相连，使分散的各道拱圈联为一体。此种方法效果显著。这是石质建造上最早使用“腰铁”的实例。陕西唐代乾陵的墓道用巨石堵塞，石与石之间也采用“腰铁”联结。宋初此种方法尚视为先进技术，例如宋太祖建隆二年（公元 961 年）曾派向拱修理西京天津桥，“甃巨石为脚……石纵缝以铁鼓络之，其制甚固，四月具图来，上降诏褒其美”[10]。这是文献中使用“腰铁”的最早记录。安济桥的建成早于天津桥约 360 年，在当时确实一项先进技术。

第二种补救措施，在拱圈上加砌“护拱石”（又称伏石），此种做法大概在东汉时期才开始的，但尚不普遍。著名的河北望都一号东汉砖墓[11]和密县打虎亭一号东汉墓，它们的砖或石的拱顶都未用“伏”，仅只砌筑 2~3 层拱圈来加强拱顶结构。四川德阳黄许镇有一个东汉时期的砖拱圈墓，砖拱顶上用二层“护拱砖”，这是已知最早在拱圈上用“伏”的例证[12]。拱上用“伏”来加强各道拱圈之间的联系，同时也增加拱圈的高度，在砌拱技术上应是一个较大的进步。但隋代以前我们可见的“伏”都是用厚度相等的砖块或石块砌筑的，安济桥的“护拱石”靠近拱脚处厚 30 厘米，逐渐上收至拱顶处厚度减为 14 厘米，这样一条上轻下重的护拱石，不仅用材合（理），而且更增加建筑物造型的美观。

第三种补救措施，在主拱中段安置五根铁梁，小拱正中各用一根铁梁，共用九根，其断面为长方形 6 × 9 厘米，梁的出头处，做成钉帽形[13]。这九根铁梁把二十八道拱圈联成一个整体，对维持桥身的稳定有一定的作用。1955 年修缮施工时，这九根铁梁已断裂。

在此还应该说明的，关于安济桥的主拱是否有“蜂腰”或“收分”的问题。梁思成在《赵县大石桥》一文中说过：“最可注意的……这桥的建造是故意使两端宽而中间较狭的。……如此做法的理由，固无疑的为设计者预先见到各个单拱圈有外向倾倒的危险，故将中部宽度特意减小，使各道有向内的倾向来抵制它。”[14] 1955 年我们在施工中注意到这个问题，曾对主拱几个部分的宽度做了一次测量，如下表：

安济桥主拱各部宽度比较表（单位：厘米）

范围＼部位	拱顶处	N.2 小拱内脚处	南中墩处	南拱脚处	北拱脚处	备注
N.1~N.5	149	149	160			
N.6~N.23	624.5	632.5	638			
N.24~N.25	61			75.5		
N.26~N.28	105					
总宽	935.5			955.0		

注：1. 范围栏内拱圈编号次序自西向东共 28 圈
2. 表中尺寸以厘米为单位

以表中第6~23道拱圈的南半部尺寸比较，南中墩下与拱顶相差13.5厘米，是差数最大的一处，这主要是主拱南部已有扭闪现象。从总体检查，拱顶比南拱脚总宽相差仅为15.5厘米，每侧收分为7.8厘米，在30米多长的拱圈石间，量出不足10厘米的差数，应属施工误差，并非设计原意。

三　对天然地基的正确估算

桥的基础部分，主拱脚安置在金刚墙上，并非当地传说的主拱为圆形拱圈，拱脚与金刚墙之间置楔形垫石（图二），后尾为一块三角石，为了防止拱脚移动，在拱脚与金刚墙之间用6厘米见方的铁柱联结，铁柱位于主拱石一侧的刻槽内，高出拱脚约1米（南拱脚共发现五根，北拱脚尚未发现）。在主拱脚一下仅用四层条石垒砌，其下即为天然地基。

建桥工程中，对于金刚墙基础的选择是一项非常重要的技术措施。洨河河床是冲击性密实的粗砂土，按现代的技术规定，此种地基的许可压力，每平方厘米为4.5~6.5公斤。安济桥的地基，根据验算金刚墙的反力，每平方厘米为5~6公斤。在隋代能有如此正确的估算，确实是惊人。勘测得知，此处基础完全利用天然地基，没有发现打桩的迹象。经过对金刚墙顶端起拱线处的测量，证明基础并无走动现象。测量结果如下：

北金刚墙东西相差17厘米；

南金刚墙东西相差3厘米；

桥东侧南北相差12厘米；

桥西侧南北相差32厘米。

这里需要说明的是，北金刚墙西侧曾崩塌过，于唐贞元九年（公元793年）修理过[15]，以致差数较大，除此原因外，其余差数，只能认为是当时的施工误差。

四　研究古代石桥，发掘科学遗产

在抗日战争时期，一些桥梁专家曾根据欧美经验，应用力学理论，来验算贵州平越的两座古代石拱桥，认为行驰10吨重的重型汽车，石拱桥就不稳定、不安全了。但事实证明，10吨重的重型汽车行驰于这两座古老的石拱桥上，并未发生危险，因此，被人视为奇迹。这说明，古代石拱桥的结构理论上还有不少精细的地方，有待我们进一步研究发掘。

我国著名的桥梁工程师罗英同志曾对古代石桥作了大量的研究工作，他在《中国石桥》一书中，对安济桥的结构提出了一个新的见解，现摘引如下：

“利用静载和填料的被动压力以平衡活载的变位。这座桥采用了圆弧拱形，其矢跨比约为1：5，试用索线平衡图解法来验算石拱圈的稳定性和安全性，得出静载的抗压力线概在三等分中部；复用汽–8活载验算其抗压力线，虽有数点稍微溢出三等分中部，但与静载合并计算仍属稳定和安全；最后以汽–8活载在桥一端至桥中，即拱桥半孔受载，则抗压力线差不多完全溢出三等分中部之外，表示全部拱圈向上弯起，拱圈全部产生负挠距。这时就显出拱圈上小拱的作用了。当拱圈刚要向上弯起变位时，上面几个小拱的墩脚立即发生被动压力的作用，因此维持了拱圈原状而抵抗了负挠距所产生的压力，仍能保持石拱圈原来的稳定性和安全性。倘主拱上不加建小拱，在拱桥半孔受活载时，其填料也可能发生被动压力的同样作用，但是这项被动压力的作用有多大，还得视施工时工作情况和填料坚实的程度而定，不能为敞肩拱那样自然而然即刻发生作用，而予以稳定安全的保证。这一点显示出敞肩拱的优越性，决非实腰拱所能及。

“根据以上对安济桥设计特点的研究，我们可以说，安济桥的伟大成就无可争辩，是我国先代桥工几千年来，在桥梁建筑方面辛勤劳动的经验总结，也是当时集体智慧的具体表现。它所体现的巨大的跨径，它的纵向并列的拱圈，它的拱石链锁，它的开腔壁等等的措施和布局，有力地使拱桥的主干——拱圈从整个石桥体系中很协调地衬托出来，把这一巨大而弯曲的石梁，像一条临空长虹似的既矫健而又匀称地呈现在人们的眼前。从这些特征，人们不难想象，安济桥不但明白地指出拱桥、特别是圬工拱桥未来发展的方向，而且有意识地预示和奠定了现代拱桥科学分析的理论基础——弹性拱理论。虽然这一理论一直到十九世纪八十年代在欧洲才开始被提出来。

“漫长的一千三百年来，世界各地对拱桥建筑的实践，已充分地证实了我国安济桥所体现的拱桥发展方向的正确性和大跨度石拱桥在技术上的可能性。因此把看来非常年青和新颖的古老的安济桥，当做一千三百五年前在中国地区一个具有世界性的奇迹；把它作为世界桥梁建筑史上一个承前启后划时代的创作；同时又把它看作我国近代新型石桥之一，不能说是过甚之词吧！”

注：

（1）光绪《赵州志》。

（2）顾祖禹《读史方舆纪要》卷 14 赵州洨水条：“宋咸平五年（公元 1002 年）漕臣景望引洨河自镇州（今正定县）以通漕是也。”

又据 1955 年考证发掘，在桥底得到自汉至清的铜钱 180 枚，（字迹不清的未统计在内）其中宋代铜钱 148 枚，占 82%，可以说明宋代此处为车船往来的要道。

（3）见所附“赵县安济桥附近地震、洪水情况统计”。

（4）《水经注・穀水条》。

（5）《洛阳烧沟汉墓》。

（6）《中国营造学社汇刊》五卷一期上转引《国立北平图书馆馆刊》七卷一号“韩君墓发现纪略”。

（7）《文物》1972 年 10 期《密县打虎亭汉代画像石和壁画墓》。

（8）见《修桥主》拓片。

（9）据《唐文萃》67 卷张彧石桥铭中“穷琛莫算，盈纪方就”句。

（10）《宋史・河渠志》。

（11）《文物参考资料》1954 年 12 期《河北望都县汉墓的墓室结构和壁画》。

（12）《文物参考资料》1954 年 3 期《宝成路修筑工程中发现的文物简介》。

（13）光绪《赵州志》唐李翱《石桥铭》。

（14）《中国营造学社汇刊》五卷一期。

（15）刘超然《新修石桥记》（新发现石刻）。

附：赵县安济桥附近地震、洪水情况统计

一　地震

1. 唐大历十一年（公元 776 年）恒、定、赵三州地震（《唐书·五行志》）。

2. 宋大中祥符四年（公元 1011 年）真定府地震，坏城垒（《宋史·五行志》）。

3. 元至顺二年（公元 1331 年）四月正定地震逾月不止。

4. 元至正十一年（公元 1351 年）四月晋州地震，半月乃止，有声如雷，圮民居，压死者无数。

5. 明嘉靖七年（公元 1528 年）夏栾城地震有声，倾民舍。

6. 明嘉靖十五年（公元 1536 年）十月赵州、井陉、柏乡、临城、高邑地震有声，越三日复震，八月大震。

7. 明嘉靖三十五年（公元 1556 年）五月冀州、高邑、新河、柏乡、隆平地一日三震，声如雷（嘉靖实录卷 435）

8. 明万历四十二年（公元 1614 年）九月正定地大震逾数刻。

9. 明天启六年（公元 1626 年）六月正定地震如雷，震自西北向东南。

10. 清顺治七年（公元 1650 年）夏六月赵州、正定地震。

11. 清康熙十八年（公元 1679 年）灵寿、无极、晋州地震，越数日大震，定州地震摇伤料敌塔。

12. 清雍正八年（公元 1730 年）获鹿、藁城地震。

（以上除注明者外，均据光绪赵州志和正定府志）

二　洪水

1. 唐永徽五年（公元 654 年）夏六月河北大水，滹沱河溢损五千余家（《唐书·五行志》）。

2. 唐建中六年（公元 785 年）滹沱横流自山而下，转石折树，水高丈余，苗稼荡尽。

3. 宋元丰九年（公元 1036 年）九月赵州大水坏城郭。

4. 元至顺二年（公元 1331 年）正定路州县大水（《元史·五行志》）。

5. 明洪熙元年（公元 1425 年）六月滹沱河大溢，没三州五县田，是年骤雨，浑、白、漳、滏等河并溃决、北畿州县半为水乡。

6. 明成化九年（公元 1473 年）畿南正定等五府及怀庆俱大水。

7. 明弘治十四年（公元 1501 年）七月井陉、赞皇、藁城等处大水，山水暴发，河不能容，平地水深丈余，坏民舍无数。

8. 明万历三十五年（公元 1607 年）赵州大水。

9. 清顺治二年（公元 1645 年）七月赵州大水，禾稼尽没，城郭损坏，四乡房屋漂泊甚多。

10. 清咸丰三年（公元 1853 年）七月赵州大雨七昼夜，屋圮无算。

11. 清光绪二十年（公元 1894 年）七月赵州大雨四昼夜，河水泛滥。

（以上除注明者外，均据光绪《赵州志》和《正定府志》）

12. 1956 年，连日暴雨，洨河洪水暴发，洪峰的高度达 101.67 米，最高水位与安济桥的拱顶相距仅 1.77 米（施工现场记录）。

附安济桥模型一具：1957 年，古代建筑修整所制作，比例 1 : 50，青石雕制。用以保存大石桥副本，供作观摩研究之用。

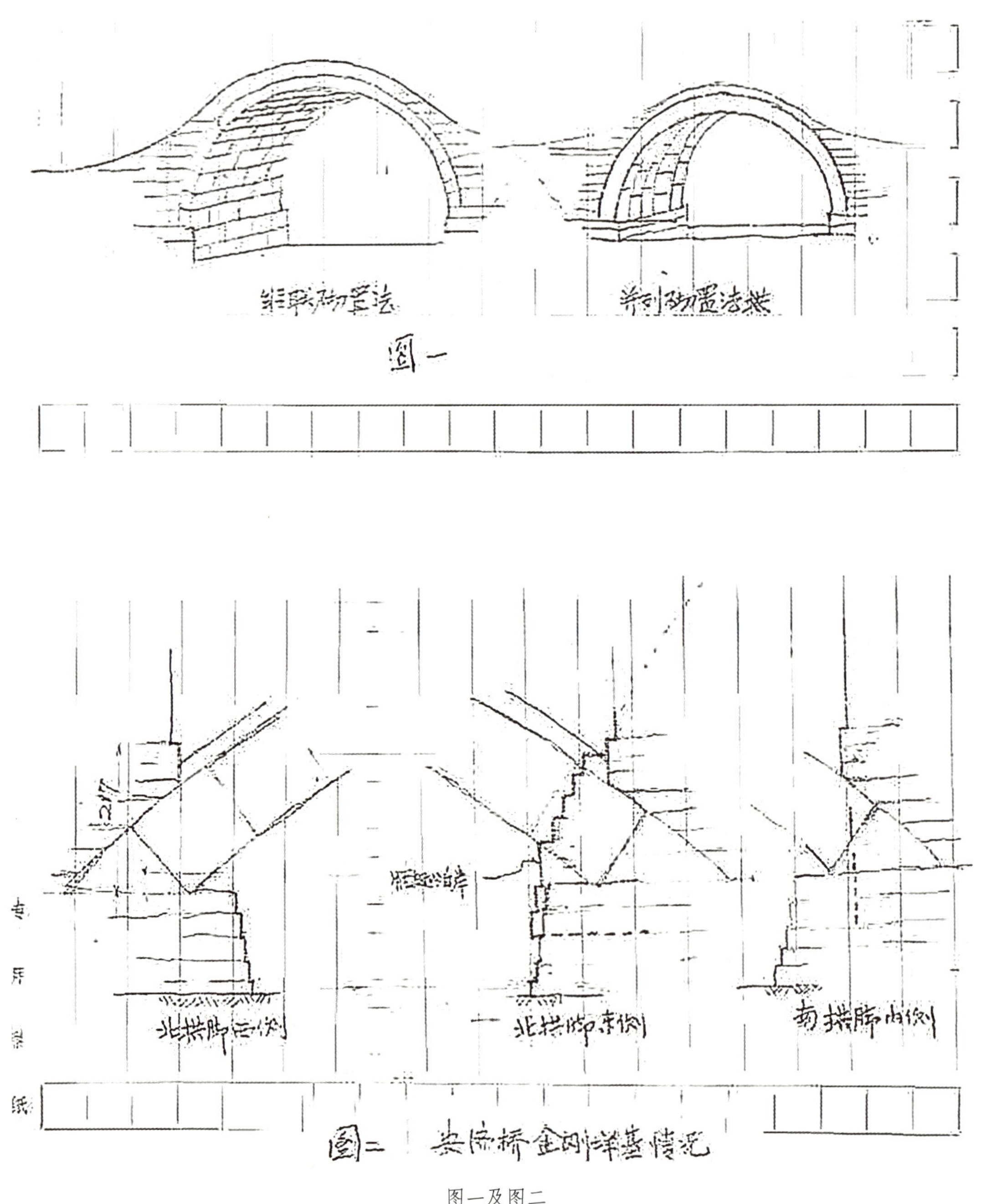

图一及图二

第三节　安济桥在艺术上的造诣

桥梁和其他建筑一样，既是科学技术成果，又是一个国家文化特征之一，具有鲜明的时代精神。

一千三百多年前的安济桥，形象地展示出隋文帝杨坚统一中国后的政治稳定、经济繁荣、文化发展的新局面。这些历史特征，对我们今天来说，具有历史的认识作用。认识过去时代的阶级的社会制度的艺术反映，认识民族文化的过去。当然，一切封建时代的宏伟的建筑艺术，就其意识形态来说，总是表现封建社会的意识形态的。

安济桥的总体安排和雕龙、雕狮等栏板、望柱的设置上，象征着封建社会统治阶级所追求的神圣、威严和华丽。但是，在石拱桥的建造设计上和艺术加工上，则处处表现着劳动人民和桥工巨匠们的聪明、智慧，和杰出的艺术才能。

首先，安济桥雄跨在洨河之上，这儿的外形给人们以稳定优美的感受。中国古代建筑很讲究构图的形式美。安济桥在平面与立面的配置上都保持着整齐、有规律性，具有对称 、平衡特色的外部的形式美。因为安济桥是要长久固定在洨河上，供车马行人使用，因此它的外部形式要给人稳定感，才能使人觉得美。如果是一座摇摇欲坠的桥是不能给人一种美好的感受的。

安济桥两肩的四个敞肩小拱和望柱、栏板的对称而有比例的配置，形成特定的节奏，表达出桥梁的特定的思想内容，增添了安济桥的艺术形式美。

第二，安济桥采用矫健的弧圈敞肩拱。这种弧圈敞肩拱桥和一般常见的“单孔圆拱桥”或“联拱桥”比较，外观轻巧，形式优美，毫无拙笨之感，克服了普通石拱桥存在呆板笨重的弊病。站在洨河两岸仰望，豁然穹窿，气壮山河，整个大石桥如初吐云层的新月，雨后新霁的长虹。安济桥在结构上，跨度大，弧形缓，线条柔和，气魄雄伟。两肩四个对称小石拱的设置，使得整个大桥既雄浑朴素，而又不显臃肿呆拙，寓轻美挺秀于稳重之中，可称是成功的艺术创作。

第三，深智远虑的古代桥工巨匠们，除去在总体设计上成功地解决了桥梁的功能要求与尽可能完美的艺术形式统一外，对桥梁的细部处理，栏板、望柱的雕饰，也颇费匠心。石料先用青白色石灰石，既坚硬耐压又美观大方。四个小拱圈稍有收进，起线两条，大拱圈起线三条，帽石突出适量，整个大桥外形简洁利索。特别是桥两边的栏板、望柱雕刻，形象生动，诚如张嘉贞《石桥铭》里所描写的那样“其栏槛华柱，锤斫龙兽之状，蟠绕拏踞，眭盱翕欻，若飞若动”。可惜这些石雕已塌落无存。

1953 年至 1957 年，重修安济桥时，曾进行过考古发掘工作。从桥下河床先后挖出大小桥石一千五百余块，其中就有六十九块是勾栏石件，现在扼要作一些分析：

（1）九块以雕龙为题材和十三块以斗子卷叶为题材的青石栏板和雕狮雕龙的望柱，经鉴定是隋代原物。雕刻形象生动，刀法苍劲有力。雕龙栏板，石质青白，龙的形态非常生动有劲，龙的形状有奔龙、交龙、绞龙，雕刻精美，作风豪迈。有的龙头刻成怪兽的形状，用花叶和波涛衬托；有的发怒，屈曲相牵，张目瞪眼，跃跃欲飞；有的飞龙相互缠绕，口吐云气，前爪两两相抵，龙身从栏板孔中钻行，回眸顾盼。所有的龙身似乎都在游动着，龙尾都绕过后肢向上翘起。这些雕龙栏板，无论在整体结构上或个别的形象上都具有一种跃动与和谐的韵律感，画面上呈现出动荡的气氛。

从龙栏板风格来看，与汉代壁画所画青龙和汉画像石上所刻青龙如出一辙，与咸阳出土的北周石棺上的青龙和洛阳出土隋代石棺上线刻青龙的风格更为相近，更为精美。“存在决定意识”，活泼逼真的雕刻艺术真切地反映了隋代统一全国后蒸蒸日上的社会生活面貌。

隋唐艺术，是我国艺术史上现实主义发展上的最高潮、最有成就的辉煌时代。安济桥的建筑艺术，从整体到局部都反映了封建主义上升发展阶段的精神状态。

（2）马栏板和凤栏板。经考证鉴定是北宋时代的遗物。马栏板一面刻走马，马体肥壮，神情温驯。另一面刻飞马，下托浮云三朵，表现飞腾凌空状态。凤栏板下面刻凤凰山石，背面有题记，凤凰的线条风格与马栏板相似，但与隋代雕龙栏板的艺术风格是不同的。这说明到了两宋时代，在艺术上还是一个现实主义的灿烂时代。但两宋时代政治上的衰退也反映到艺术领域中来，虽然雕刻艺术仍以写实手法来表现，在风格上沿袭晚唐传统，但比隋唐是日趋纤弱了。

（3）以人物、山石龙云纹为题材的五块小栏板，经鉴定都是金代大定年间补添的，制作粗糙，刻工简陋。这是由于到了金代，国家南北分裂，河北一带战争连年，经济文化受到极大的破坏，人民流离失所，生活极不安定。因此安济桥的修缮工程就很简陋潦草了。

（4）雕刻故事类的栏板九块。经考证是明代的遗物。所刻故事内容大多是宣扬封建迷信的“赵颜求寿”或者宣扬孔孟之道的“王祥卧冰”一类的故事题材。石质不好，风化比较严重。艺术风格与早期的不同，刀法平常，缺乏骨气和生动的感人的力量。

一千三百年来，安济桥上栏板石雕艺术的演变，生动地反映着隋唐、两宋、金代、明代的封建阶级的审美观点。并通过它的艺术特色，反映出社会力量精神状态的各自特征——封建时代的上升、发展、腐朽、没落时期的不同精神状态。

作为历史文物，对我们今天具有认识历史的作用。同时，从艺术角度看，至今还保留着欣赏价值，给人以深刻的印象，某些方面可为社会主义的建筑艺术、雕刻艺术所批判地继承。

还有值得在这里附带提一提的是从安济桥的石刻题名中所看到的我国书法艺术。

安济桥的石刻虽多，由于年久散失和风雨剥蚀，我们搜集到的拓片数量有限，但从书法的角度来看，仍有写、刻俱佳的。栏板、望柱展示了雕刻艺术，而这些石刻却反映了隋唐以来我国书法艺术的时代风格和艺术特征。

1955年从河床中挖掘出来的四块“修桥主”题名石，从人名、地名、职官名来考证，是建桥时所刻。楷书结构谨严，用笔含蓄，给人一种醇穆的感觉，和隋代的伍道进墓志及杜夫人郑善妃墓志的形态神趣，颇有相似之处。前者刻于大业十一年（公元615年），后者刻于大业十三年（公元617年），和“修桥主”题名石正是同一时期的作品。

刻于唐开元八年（公元720年）的崔恂《石桥咏》诗，书法结体开张，用笔方峻，极饶北碑的意趣，骤看仿佛是《龙门二十品》之一，如与孝昌三年（公元526年）的肃宗昭信胡相墓志相比则更为相似。唐人书法还保留着较多的北朝人用笔方法，本是唐代书法的流派之一，著名的颜师古等《慈寺碑》就是一个例子。

“赫赫张公”石柱铭是颂扬《石桥铭序》的作者唐中书令张嘉贞的，时代不可能去开元太远。这几行正楷结构疏朗，运笔平直，和初唐著名书法家褚遂良的《伊阙佛龛碑》（公元641年）及武则天《升仙太子碑》中的褚遂良题字十分相似。这位无名书家的书法和“方整博宽”一类的褚体显然有渊源的关系。

刻于北宋崇宁三年的（王）谦甫，诗、楷而兼行，和奸相蔡京的书法很接近。尤其是“驰”“东”等字，更为相似。当时正是蔡京的书法受到赵佶（徽宗）重视的时候，蔡京的书法对当时的社会是有影响的。

安汝功的《过平棘石桥诗》，作于宣和七年（公元1125年），书法用笔在苏（轼）、黄（庭坚）

之间，某些字的结体，如“步”“大”“长”等又偏近山谷。从此可见两家书法，当时也成一代风尚。

明代石刻，现在只有孙人学、徐继申等人撰写的《重修大石仙桥记》两碑。相对地说来，书法到明代，已渐趋衰替，这些为太监歌功颂德的碑文，书法板刻平庸，已谈不上有多少艺术价值了。

石刻拓片，上面仅列举了几种，一方面已是说明各时代的书法都能反映出它们的时代风格。同时也能看出尽管写字的人并不是有名的书法家，而大多数都有相当高的艺术造诣。这也可以证明时代风格的形成，是出于多数人的劳动实践，而书家的成就是从时代成果这个基础上发展起来的。当然，反过来书家对时代又会有一定的影响。

第四节　安济桥修缮工程实况与工程的探讨

一　解放二十四年来有关修缮保护工作的摘要

一九五二年五月十二日

文化部批复修缮安济桥文中称：修缮石桥应由北京文物整理委员会按其原结构加以设计。经费可商同华北行政委员会文教局就去年度中央配拨华北区之名胜古迹保养费内开支。

一九五二年五月二十一日

文化部社会文化事业管理局通知北京文物整理委员会，关于修缮安济桥可由该会与河北省文教所联系办理，按其原有结构设计。

一九五二年十一月五日

北京文物整理委员会派余鸣谦等五人并约请清华大学刘致平、天津大学卢绳去安济桥进行勘测。

一九五三年十月

为修缮安济桥做准备，在安济桥东六十米处新建木便桥一座，由河北省交通厅设计，石家庄专区建筑公司施工，承包金额262,909,218元，于十一月底竣工。同时对安济桥下河床进行考古发掘。

三十日由社会文化事业管理局张珩处长陪同公路总局何、蒋两同志，中央设计院黄强，北京市建设局林是镇到安济桥勘查，认为桥的主拱拱石残破不是十分严重，可采用“压力灌浆”方法注入水泥砂浆加固。

一九五四年四月十九日

北京文物整理委员会报送文化部社会文化事业管理局关于安济桥的修缮初步方案。

一九五四年八月四日

文化部函告河北省文化事业管理局将安济桥东新修木桥移交省交通部门管理使用。

一九五四年八月二十六日

北京文物整理委员会将赵县安济桥栏板设计说明书及图样报文化部社会文化事业管理局。

一九五五年一月

文化部邀请有关单位讨论保护修缮安济桥问题。出席人：蔡方荫（第二轻工业部）、周家模（铁道研究所）、黄京群、庞大为（公路总局）、吕书元、王思武（河北省交通厅）、俞同奎、和良弼、祁英涛（北京文物整理委员会）、张珩、陈滋德、陈明达（文化部社会文化事业管理局）。讨论的初步意见是：加固现状，修整时尽可能的恢复原状。不重拆、重砌。

一九五五年六月三日

赵县安济桥修缮委员会正式成立，由十个单位组成：赵县人民委员会、赵县文化科、赵县公安局、赵县一区区公所、大石桥乡人民委员会、河北省文化局、河北省公路局、北京文物整理委员会、交通部公路总局、文化部社会文化事业管理局。

安济桥修缮委员会召开第一次会议，选出曹拔萃为主任委员，郭瑞恒为副主任委员，张同昌为秘书，其余各单位为委员，并由赵县人民委员会、北京文物整理委员会、赵县文化科、河北省公路局、赵县大石桥乡人民委员会五单位代表组成驻会委员会，办理日常工作。会议讨论了“赵县安济桥修缮计划草案”。文化部核准安济桥修缮经费是 266，652.59 元。

一九五五年八月二十日

文化部文物局征求各单位对“赵县安济桥修缮计划草案”意见，归纳为下列八条，并通知赵县安济桥修缮委员会遵照办理。

第一条：关于工程、施工部分同意交通部公路总局的意见。

第二条：望柱、栏板及房屋工程暂缓做。

第三条：环境整理及绿化暂不考虑。

第四条：锥形溜坡不做，桥头驳岸照原状做。

第五条：小拱圈道数照原数做。

第六条：小拱圈风化腐蚀石料，重砌时应剔换好石料。

第七条：请考虑十二月拆除拱圈，施工是否方便，拆除后请注意防冻措施。

第八条：桥面原有驴蹄印、车沟痕迹请保留在原位置。

一九五五年十月四日

文化部文物局关于安济桥修缮设计的原则：

（1）西面完全按照现存形状修缮设计。

（2）东面按照挖出石块或现存残痕设计。

（3）东面原状不能从挖出石块或现存残痕决定之部分，则按西面形状设计。

一九五五年十月十八日

文化部文物局关于安济石桥小拱撞拱石应否加雕饰及主拱撞拱石设计问题的指示：

（1）四个小拱的撞拱石，按西面现状及挖出石料均未见有雕饰，故此次修缮也不应加雕饰。

（2）主拱撞拱石雕饰图案即速设计。

一九五五年十月十九日

召开安济桥修缮委员会第二次会议，曹拔萃报告委员会的工作情况。郭瑞恒报告工程进度、财务开支和劳力使用等情况。余鸣谦报告工程结构施工、式样和其二十一项现存问题。根据工作需要，会议一致同意聘请赵县工商科（代表劳动科）为本会之委员。

安济桥修缮委员会第二次工作会议报告：“在河床下约二公尺半处打捞出大批可用石料……先后共打捞出大块石料一千二百五十块，在打捞北端积石时，尚在桥西北角二公尺半深处挖出沉船一只，船上仅有少量石灰，时代不可考。八月中旬在桥东北角挖出旧木料五根。在这次打捞积石的同时，还挖出石栏板十五块，望柱十二根，石狮子两个，石佛两尊，铜钱多枚，其中以雕龙栏板最有价值。”

一九五五年十一月十七—二十六日

拆除旧桥面，发现主拱和小拱背上共有九道矩形断面铁梁，已锈蚀不堪。主拱拱背各道拱石间均有腰铁相连，以资横向连系。拱石中有治平三年游人题石一块。

一九五六年三月五日（此处有误，应是一九五七年三月五日的批复，整理者按）

文化部文物局对安济桥栏板设计第五方案的批复意见：

（1）可以肯定的如正中龙头栏板及望柱可以雕制安上，其余不能肯定部分待继续发掘研究，在较有充分根据时再定。

（2）目前为了行人安全和外观完整，可制成素石栏板，其尺寸可以大一些，以备将来仍可以雕刻使用。

（3）为了保证雕刻复制的正确性，可进行一些翻模及点线机的试验工作。

一九五六年五月二十二日

主拱东侧原坍毁三圈，这次修缮又把相邻的裂闪的两圈也拆落，重砌五圈，自三月三十日至五月十二日全部砌完，共砌筑拱石 142 块，合 44.702 立方米。

一九五六年六月

古代建筑修整所祁英涛和清华大学刘致平到安济桥对帽石的排列进行了调查研究。

一九五六年八月五日

连日大雨，洨河洪水上涨，今日下午大石桥上的两个小拱也开始流水，桥台上水深 0.17 米。此次水位比一九五四年水位高出 1.61 米。

一九五六年九月上旬至十月十五日

四个小拱修缮完工。

一九五六年十一月五日

安济桥修缮委员会召开第四次会议，由郭瑞恒报告一年来安济桥修缮工程情况。实用工程费用约二十三万元左右。使用主要材料：水泥 200 吨、青砖 15 万块、石料 462 立方米（内有旧石加工 83 立方米）、木料 280 立方米、铁料 8 吨多。

会议议决事项：

（1）增选古代建筑修整所余鸣谦为修委会副主任，负责安济桥栏板设计，雕刻安装事宜。

（2）修委会同意在此会议期间验收已完成工程，并选出文化部文物局赵杰为主席，余鸣谦、戴书泽为副主席，其余为委员，决定六日验收。

（3）财产移交问题：工具、材料均交赵县文物保管所代管，款项移交文化科代管。

（4）安济桥在栏板未安装前，暂不通行。

（5）同意赵县文物保管所增建房屋。

（6）同意制作修桥纪念章。

（7）工程期间所耗杉杆拟请注销。

（8）绿化环境。

（9）赵县要求恢复关帝阁事，请示文物局后定。

一九五六年十一月六日

安济桥修缮工程（不包括栏板）今日验收，认为工程质量符合要求。

一九五六年十一月二十四日

文化部文物局批复：

（1）保管所修建房屋，收购房屋地亩及绿化问题，可以在不超出原工程预算总数内酌量解决。如不能全部解决，请由河北省文化局列入年度计划预算解决。

（2）为适应参观群众需要，可以制造赵州桥游览纪念章发售。并由工程杂费中购置若干枚，分送有关单位工作人员。

（3）工程中耗费杉杆，请点清数量报送古代建筑修整所注销。

（4）不考虑恢复关帝阁。

一九五七年五月

在桥上下游各十五米范围内再度进行发掘，早期的栏板、望柱、仰天石、拱石续有发掘。

一九五七年八月

在安济桥南新建办公室、接待室并栽树绿化。

一九五八年四月二十二日—七月二十二日

北京市建筑艺术雕塑工厂试雕栏板。

一九五八年七月十一日

报送安济桥栏板恢复方案。

一九五八年七月十二日

文化部文物局电话通知：同意安济桥栏板恢复方案。

一九五八年九月十日

报请将间有雕龙栏板的十二根竹节望柱改雕龙望柱。

一九五八年九月二十七日

文化部文物局批复同意安济桥栏板望柱改雕十二根盘龙望柱。

一九五八年十一月四日

文物部文化局罗哲文、古代建筑修整所纪思验收安济桥栏板工程，工费实用数是34，800元。

一九五九年

经河北省文化局同意，在桥东南修建了亭子和文物陈列室。

一九六一年三月四日

国务院公布第一批全国重点文物保护单位180处的名单，其中安济桥是总编号第58号保护单位。

一九六二年二月

古代建筑修整所会同河北省文化局往安济桥析查修缮后的情况并写了记录报告。检查人有祁英涛、杜仙洲、李全庆、李竹君、赵仲华、朱希元、孔祥珍、王汝蕙、梁超、何凤兰、尤熹、李方岚、孟浩、申天等十四人。

一九六三年二月十一日

文化部文物局王书庄、陈滋德、罗哲文和古代建筑修整所姜佩文、祁英涛、余鸣谦等人座谈安济桥修缮工程，并建议邀请有关专家去赵县安济桥参观检查。

一九六三年三月十六日—十八日

文化部徐平羽、黄洛峰、王冶秋、王书庄及古代建筑修整所祁英涛、李全庆陪同梁思成、茅以升、汪季琦、郭黛姮往赵县安济桥参观检查修缮工程。

一九六三年三月二十六日

文化部邀请梁思成、茅以升、汪季琦、郭黛姮座谈安济桥修缮工程。会上茅以升对安济桥从科学上进行了分析和讲解，对石桥的工程、结构给予了很高的评价。梁思成认为，安济桥修缮以后，从形象上看来“返老还童”了。他提出对古建筑的修缮应当“整旧如旧”。汪季琦则认为，新添材料和旧有材料在修缮中应有区别。

一九七二年

赵县革命委员会在安济桥南头西侧新建接待室一栋，用款两万一千元。

一九七四年一月十日—十六日

文物保护科学技术研究所派李竹君、贾瑞广、姜怀英去安济桥勘测，准备建立安济桥的档案。

二　桥身残破情况及其修缮纲要

在 1955 年修缮以前，主拱东侧外 3 道拱圈已经塌毁，临近 2 圈也看出有较大的裂缝。经过测量，未塌毁的 25 道拱圈总轮廓有轻微的扭曲情况，北端东倾，南端西倚；从西侧看，第一道拱圈在跨度靠两端四分之一处，北部微凹入 9 厘米，南端微凹入 8 厘米；从东侧看，自西向东数第 23 道拱圈也是在跨度靠两端四分之一处，北端微凸出 4 厘米，南端微凸出 13 厘米，而且拱顶还凹入 12 厘米。

四个敞肩小拱由于直接受到桥面漏水的影响，其风化程度和杂乱情况都远甚于主拱拱石，南端一个小拱只有 27 道拱圈，很可能是后代重修时所改动。

南北金刚墙的砌石大体规整，在主拱拱脚处，用垫石相连，南北拱脚也大体平齐，没有显著的走动情况〔1〕。

桥身修缮纲要可分七点：

第一，主拱圈：东侧裂开的两道拆除，连同已塌毁的三道，一并修复，修复样式参照河床中发掘的旧拱石和西侧现貌。拱石砌筑均用 80 号水泥砂浆。西边 23 号拱圈采用“压力灌浆”法加固。

第二，护拱石及护拱盖板：原桥仅西侧及两岸小拱上有护拱石，酌情拆除重砌。东侧塌毁部分照西侧恢复。东西护拱石之间用 140 号钢筋混凝土浇筑成与护拱石同厚的护拱盖板，以加强横向连系。

第三，小拱圈：大部分拱石疏松破裂，不堪使用，需用新石以 80 号水泥砂浆照原样重新砌筑。小拱上两侧护拱石之间，用 140 号钢筋混凝土盖板加强整体连接。

第四，侧墙：西面侧墙全部拆除，尽量利用旧料石以 80 号水泥砂浆砌筑，东面侧墙照西面重建。

第五：拱腔填料及防水设备：拱腔填料使用 90 号水泥混凝土加 20% 块石填充，填料上加铺油毛毡及沥青防水层。

第六，桥台：桥台石料的疏松断裂部分拆除，换新料重砌。桥台基础部分在拱架搭齐托住主拱后，进行检查并考虑加固。

---

〔1〕 依 1955 年 11 月测量记录，对于主拱起拱线处标高进行比较，南拱脚两端及北拱脚西端均见平，只是北拱脚东端微高起约 1.9 厘米。

第七，雁翅泊岸：南北桥台的东西侧分别做石砌雁翅泊岸，其平面仍比照原来 1/4 圆的轮廓布置。

三　桥身加固工程的主要措施

（一）主拱加固

在 23 道主拱勾缝工作及承托主拱的木制拱架建立工作完成后，即使用“压力灌浆”方法进行主拱加固。

灌浆分区是依东西向分为 3 份，南北方向分为 13 份，把 23 道主拱圈分成 39 块 2.60 米 ×3.11 米的方区，灌浆工作由两端拱脚开始，依操作规程进行。

灌浆前，用 1.5 个大气压将主拱砌缝中积土杂物冲刷干净。清洗后的积水，用空气压缩机吹风压出。

注浆孔及灌浆分区隔墙：注浆孔的位置设在拱石缝纵横交接处，间距 1~2 米。为防止由甲孔注浆，由乙孔溢出，事先备好一批木栓，每注一孔，将其附近诸孔用木栓缠麻塞严。对于方块分区的隔墙，安济桥工程的做法是：用 8~10 号铅丝弯成 U 字形，其中用细铅丝编成密网放入石缝之后，在两组铅丝网之间灌满水泥砂浆即成。

在勾缝七天或砂浆应力达设计要求 75% 后，开始灌浆。灌浆材料用 1 : 1 水泥砂浆（坍落度 3~5）。每个分区的每段纵缝分两次灌注，第一次利用灰浆输送泵通过胶管注入一半深度的灰浆，经过 24 小时使多余的水量析出，继续灌注上半部的灰浆；再经过 48 小时以后，用 1 : 1 : 0.67 比例的水泥、砂、水的拌合浆体填塞纵横砌缝的顶部空隙及注浆孔。

压注水泥砂浆保持不大于 6 个大气压力。

除了勾缝和建立拱架之外，拱桥上部拆除也为主拱压力灌浆提供有利条件。凡桥上原有栏板、望柱、桥面石、小拱圈、侧墙、护拱石及东部外倾的两道主拱圈均行拆除，所拆石料按能使用程度，编号注明，运至储料场地，加工改制。

拆除之后发现了下列情况：

（1）九根铁条（即铁梁）位置问题

从桥西侧立面看，九个圆铁帽分布情况是：四个敞肩小拱的龙门石上各用一个，主拱龙门石上一个，另外四个对称分布在主拱背上南北 10 米范围内。桥面拆除后，看到主拱背上实际存在两组铁条：一组铁条是与前述露明于西侧五个原铁帽相应的五道，这五道并非通长，而是每道由五根短铁条铆接成，浮摆在主拱背上；其西起第一小段都在第 5 或第 6 道拱石处断开。另一组已不露头，现只余 3 道存在于中部 20 道拱圈背上，但在这 20 道拱圈范围内它是通长使用，深嵌入石背，断面是 9 厘米 × 6 厘米，看来应比前一组时代为早，和明嘉靖甲子翟汝孝碑文对照，这就是碑文中所谓“铁梁”。

（2）在桥面石之下，敞肩小拱间的填土中，埋有两块金代栏板，这种栏板都很矮，高度变化在 47~50 厘米，只一面有雕饰，一块刻龙形云纹，一块刻山石，前者并有“大定二年四月黄山石匠杨志造”的题记[1]。

综合（1）（2）两个情况，可以想象到：① 在金大定二年（1164 年）前后，安济桥两度圮毁，由

〔1〕 这块栏板的题记全文是“本州西关刘阜等众开店维那另设构栏贰间大定二年四月黄石匠杨志造”共 4 行 31 字。

于第一次圮毁，才在大定二年补植了栏板，由于第二次圮毁，才使这两块补植栏板埋到敞肩小拱间的填土中去，两度圮毁时间虽不可考，从安济桥处于十二世纪宋、金战争拉锯地带，其由于战火影响，很有可能。② 如果西侧五道拱圈确属清中叶所重修，则此前的主拱背铁梁位置可能是依残存三道的那一组排列方式。

（二）钢筋混凝土护拱盖板的使用

自安济桥建桥以来，拱圈与拱圈之间的横向连系一直依靠腰铁和铁梁，但铁、石之间接触面有限，遇到震动等外力影响，易致石料破碎拱圈外闪，是并列式拱圈结构一大缺点。为补救此缺点，1955 年修缮工程中，除东西侧仍照原制铺砌平均宽度为 75 厘米的护拱石外，中部主拱与中部敞肩小拱拱背上均普遍浇注钢筋混凝土盖板一层，借以加强拱桥的整体性。

这一层护拱盖板的厚度并非均一，而是随着两侧护拱石的变化而变化，以主拱为例，在西侧 63 块护拱石中，自拱脚至拱顶，愈上愈薄，南北金刚墙下一块护拱石最厚，约 37 厘米，自金刚墙至南北较小跨度小拱的内拱脚为止，大部分护拱石厚度变化在 30~33 厘米，拱顶处护拱石厚度最小，是 14 厘米。

护拱盖板依 140 号强度标准配合浇注，其横向钢筋使用 1.9 厘米直径的单排钢筋，间距 30 厘米，钢筋中心在盖板顶面下 10 厘米，两端插入护拱石上预先打好的孔眼中，插深 10 厘米，孔眼空隙用 120 号砂浆灌注；纵向钢筋使用 1.2 厘米直径的钢筋，间距 30 厘米，用细铅丝捆在横向钢筋之下，两端各弯回 10 厘米。

诸拱拱顶原非齐平，所以新加的钢筋混凝土盖板与拱圈顶面不必再做任何人工联结。

（三）防水层

为了防止因桥面漏水以致拱石风化酥碱，在桥面石下、拱腔填料和护拱盖板之上，加用两层亚麻布三层沥青做为防水层。

（1）为便于第一道沥青涂刷均匀，先做 2 厘米厚的水泥砂浆垫层，赶轧光亮。

（2）施工时正当冬季，涂刷沥青时，使用 3 号石油沥青烧到 160℃温度左右即装入铁桶内运到桥上，更掺入适量煤油，以避免因天冷速凝，发生涂刷不开的问题。

（3）铺设防水亚麻布时，底层横向铺，上层纵向铺。其搭接是顺水流方向将上一幅搭在下一幅的上面，搭接宽度为 7 厘米。因天冷，随铺亚麻布随用火轧碾进行滚轧，至粘牢为止。

（4）防水层在横断面上由两侧向中心汇水，坡度为 1.5%；在纵断面上随桥面曲度向两端排水，至路面铺砌层以外之处，即用 70 厘米 ×70 厘米断面的盲沟排入河中。

（5）三油两布的防水层之上，又铺筑 200 号豆粒石混凝土一道，厚约 8 厘米，以资保护。

四 栏板望柱的变更说明

（一）修理前栏板望柱情况

西侧栏板望柱皆为石质，其望柱柱身方断面，多数尺寸为 28 厘米见方，柱高 105 厘米，柱头部分或雕桃形或雕葫芦形，高 30~40 厘米，唯拱顶上两个柱头是雕为狮形。栏板一般尺寸是 20 厘米厚，75 厘米高，185 厘米长，断面上下同厚。外侧面素平，只在内侧面雕出龙头、虎形、卷草荷叶等，雕工是很粗糙的。

东侧由于外三道拱圈坍毁，大部分是在残桥边沿用条砖砌成栏墙，上抹 2 厘米水泥砂浆罩面；只有南北金刚墙上方还剩余一些石质勾栏。其中南金刚墙上两块人物故事类栏板可能是明嘉靖甲子（1564 年）所补添。

（二）河床中遗物的发掘情况

1953 年 10 月中旬，在安济桥东新建两孔木便桥时，因整理河床乱石，在安济桥东侧河床中发现一块“走马、飞马”栏板，石质技法和桥上现存者不同，这一发现引起大家搜集遗物的兴趣，便在桥东西侧进行了试探性发掘，结果掘出饕餮式龙头栏板一块、凤形栏板一块，连同前述“走马、飞马”栏板共三块，还有题咏石一块和一些残零不全的望柱仰天石[1]。

1954 年 6 月继续发掘，先后掘出有四叶斗子卷叶式栏板、四节竹节式望柱、有题记的栏板[2]等，可惜遇到洪水，事先没有准备，发掘工作中断。

1955 年 5 月，安济桥经中央批定由河北省交通所负责施工前的勘测准备工作，这时也有了抽水机具，便比较全面地进行一次发掘，其范围：东西约 26 米，南北约 30 米，深度平均 2 米，扰乱淤泥土方量约 1600 立方米左右，共计掘出积石 1200 余块，其中有栏板、望柱、狮子、题咏石、仰天石 170 块，边发掘边砌筑拱架基础和砖墩，至 8 月中旬洪水之前，这一阶段发掘工作停止。

为了充实安济桥勾栏的设计资料，1957 年 5 月再次发掘，发掘范围以桥上下游各 15 米宽度范围为重点，扰乱淤泥土方面积约 1200 平方米，共计掘出大小石块 300 余块，其中早期栏板、望柱 14 块，刻束莲的拱石 2 块，另有刻八瓣花饰的仰天石许多块。

（三）栏板遗物的初步分析

在发掘出和拆除出的 69 件栏板望柱中，就其布局、母题来看，大体可分为四种栏板和两种望柱，试分别介绍如次：

第一种栏板是以龙为雕刻母体的栏板。龙，在我国古代封建社会时期，一直是作为“灵物”出现在雕刻、绘画、建筑等各种艺术作品中，用它象征吉祥，象征统治者；龙同时也是水族动物的领袖，安济桥的早期栏板望柱上，之所以有很多块龙形雕饰，不外乎要借重它的形象，对洪水的威力予以精神上的控制，在艺术形象背后反映出当代浓厚的崇拜自然的迷信思想。南北朝以来，敦煌莫高窟、洛阳龙门、大同云冈等石窟群中常可看到在龛楣、天花部位出现的行龙团龙，但在建筑构件如勾栏上，成组的使用龙形装饰，安济桥之外不多见。

龙形栏板遗物共 9 件，情况如表（1）。

综观九块栏板，从断面轮廓来分析，除两块饕餮式龙头一块是上下同宽者外，其余八块俱上窄下宽，上顶部用圆形寻杖（扶手），底部用方形地栿，构件尺寸基本上是统一的，高度多在 90 厘米左右，折合隋尺恰为 3 尺。从雕刻技法上看，刀法苍劲有力，形象极为生动，尽管大部分是两龙相列的题材，但细部上富有变化，与一般古典作品中“形象相似，但又不尽相同”的意趣是吻合的，它为我国古代雕刻艺术史填补了一个空白。

九块龙栏板，还有四根龙望柱的雕刻内容和唐开元十三年（725 年）石桥铭序文中“其栏板华柱，锤斫龙兽之状、蟠绕拏踞、眭盱翕欻、若飞若动”的记载恰相符合，可能就是建桥原物。

---

〔1〕这块题咏石是宋人安汝功在宣和乙巳（1125 年）九月路过石桥所题，内容是“夭矫苍虬脊，横波百步长，匪心坚不转，万古做津梁。”诗文并见于光绪、隆庆《赵州志》上，初步分析，光绪以前，题咏石还存在于南敞肩小拱的中墩东三圈位置上，光绪以后该石就坠落河中，从而推出桥的主拱东三圈是在光绪年后陆续崩落的。

〔2〕题记全文是“赵州□□社男善人侯勋男侯斌等布施勾栏石一间合家永增福寿□年十月□造”，共计 4 行 29 字。

第二种栏板是以斗子卷叶为装饰题材的栏板。斗是我国古代生产劳动中，伴随着商品交换范围扩大而产生的一种量器，用以量谷、黍，斗又是一种容器，可以装水、酒。早在汉代，许多石阙、画像石的雕刻上反映出来，斗已成为建筑中的一个构件，广泛地用在梁、柱纵横连接部分。卷叶饰是南北朝时期佛教艺术中常见装饰题材，用于龛楣、柱座等处[1]。可能是六世纪后期，我国传统的建筑艺术与佛教艺术再度交流，太原天龙山第9窟出现了斗子卷叶的雕饰[2]，该窟窟下小洞门的上枋正中使用斗子卷叶饰一朵，斗下两旁各伸出四瓣卷叶，第一瓣叶尖内卷，第四瓣叶尖反卷向下，这和安济桥发掘出来的四瓣斗子卷叶是同一意味。

安济桥发掘出来的早期斗子卷叶饰栏板共13件，有的卷叶轮廓和天龙山第9窟相同，还有一种卷叶线条柔和，与河南洛阳石棺北魏石刻画逐龙人手持花叶线条近似[3]。从桥下发掘出的崔恂石桥咏题石上，刻有“□物三方会传名四海知□镌起花叶摸写跃蛟□”的诗句[4]，推断这种栏板和早期龙栏板，在唐开元以前并存于桥上。

斗子卷叶栏板的布局显然是仿木构形式。自上而下，用圆断面的寻杖（扶手）和方断面的盆唇、地栿三个构件把栏板分为两部：寻杖和盆唇之间打磨光滑，雕出斗子卷叶三朵，边朵各与望柱斗形相接；盆唇和地栿之间只打出人字钻文，不做装饰。

安济桥的斗子卷叶栏板间接反映出这一时期木建筑的部分情况，发展到唐代，卷叶数只用一瓣，乃形成如西安慈恩寺大雁塔门楣石刻所见的“人字栱”。近闻山西寿阳某北齐墓的木椁上既有斗子卷叶，又有“人字栱”，可见二者关系的密切。

不能不同时介绍一下马栏板和凤栏板。两者都用灰白色石灰岩制成，马栏板一面刻走马，一面刻飞马；前者神情温驯，后者托以浮云三朵，表现为飞腾凌空，断面上窄下宽，有显著收分。凤栏板两面布局均仿木栏板，刻出寻杖、盆唇、地栿等构件，盆唇之上均刻三瓣斗子卷叶三朵；盆唇之下，正面刻凤凰及山石，凤凰的线条风格与马相似，反面是四行题记，共二十六字：

“在州南城厢故通引高贵妻王氏施此竘栏石一间合家同增福寿。”

通引官名不可考，马衡判断是五代藩镇自置的官号，综合两块栏板的石质、技法，可能是北宋时配在桥上。

第三种栏板的特点是高度降低很多，约47~53厘米。这种小栏板共5件，采用各种母题如人物、山石、龙云纹等，其中就包括从敞肩小拱间填土中拆出的那块“大定二年四月”的栏板。5块栏板的规制、刻工都较简陋，大都为金代补添。

第四种栏板是故事类栏板。赵州桥西门外永通桥的明代栏板[5]多以人物故事为话题，在安济桥，这一类型的栏板有9块，或刻“赵颜求寿”，或刻“王祥卧冰”，推测也都是盛行小说的明代所补添。这种栏板的断面虽仍保存上窄下宽的轮廓，但寻杖、地栿的刻痕已不太明显。1955年5月在北金刚墙西侧发掘出的嘉靖甲子“重修大石桥记”碑文中说：

“嘉靖壬戌冬十一月典工至次年癸亥四月十五日吉成所修南北码头及栏槛柱脚锥斵□□由制且增崇

〔1〕见敦煌莫高窟285窟龛楣图案，又见大同云冈9、10窟前室千佛柱柱座。

〔2〕见《文物参考资料》1956年第三期余哲德文及图。

〔3〕见王子云编《中国古代石刻画选集》图版（六）4逐龙者的半身。1957年印。

〔4〕见崔恂石桥咏拓片。

〔5〕见《中国营造学社汇刊》第5卷第1期图版11（乙）的正德二年栏板，盆唇以上刻斗子驼峰，盆唇以下刻人物故事（李广射虎）。

故事形象备极工□焕然维新境内改观矣……”

这一记载可以证明故事类栏板大多是明代所增加。

早期望柱的一种类型是龙望柱。1955 年挖出一根，1957 年挖出三根，其掘出位置恰好是，两根桥东，两根桥西，大体在桥中央部分；进一步观察，这四根龙望柱的底皮与柱身垂直，并未加斜，认为它们是桥顶四根望柱，是没有多大问题的。

四根望柱的柱身为方形断面，上刻大斗，下刻地栿，内外看面就在大斗、地栿之间雕出盘身踞坐的龙形，其生动的姿态、熟悉的技法和龙栏板所刻极为近似；从两个侧面可看到中部刻出盆唇的痕迹，并有与栏板相结合的凹槽。柱头部分只有一根比较完整，在柱身大斗上施覆盆一层，覆盆之上微收做出三节竹节饰，而以外饰绳纹的小圆槽刻在顶端，其他三根已残缺不全。

早期望柱的另一种类型是竹节望柱。掘出数量较多，大小 19 件，但多数残缺不全。一般这种望柱柱头多为单宝珠与覆盆的组合，二者之间有圆形细颈相连，通体呈现为优美的曲线。望柱柱身仍是方形断面，内外看面下部放出地栿，上部刻大斗承托在柱头覆盆之下，大斗下刻有四节竹节，其第一节并呈上小下大的喇叭形。从两侧面可以看到与栏板接合的凹槽和中部盆唇的痕迹，但也有些望柱仅在一侧刻为盆唇，他侧则不见。很可能这后一种竹节望柱一面接斗子卷叶栏板，一面接龙栏板。

无论是龙望柱或者是竹节望柱，柱身下部都有一个圆榫，榫径 19 厘米，榫长 7.5 厘米，和八瓣花饰仰天石的上部凹槽恰相吻合，二者时代看来是一致的。

和望柱有关需要提到的，还有两个狮形立雕。其中的一个石质青白色，前胸挺出，背部斜直，平刻出发卷，嘴角刻弯月形，但前腿已残；另一个石质绀紫色，有光泽，发卷凸起，脚下踏一圆球，球上刻古钱纹，狮身下并刻出一道莲座，惟狮嘴残。两个狮雕总高度相若，约 45 厘米，但石质形状很不一致，看来不是一个时代的作品。

（四）勾栏的修复

是照现状，还是照原状？这是修复中首先待确定的问题。大修前桥上所见栏板望柱雕工极粗糙，而且东侧改成砖砌抹灰，这样恢复，外观上自然不会调和悦目，所以，从挖得旧勾栏那一年开始，一般意见都倾向于复原到最早时代的样式，以便使号称隋建的石桥，名实相符。从 1956 年就向各有关方面征求意见，并绘制了若干方案图纸，作为引玉之砖。意见征求的结果，分歧较大，有人主张“把历代遗物都放在桥上，成为各时期勾栏的陈列处所”，这种想法似乎泥于考古意义，势必给人大大小小高高矮矮外观不整的效果；也有人主张“既然条件不够，索性设计一套新式栏板”，但是，古桥身新栏板，对于修复古迹来说，是否离题太远？

1957 年，桥身加固已竣工，桥下河床发掘工作也告一段落，把发掘所得与此前所做的方案重新对照后感到，早期的栏板望柱，虽然从河床中掘出几十件，但对于长达 50.82 米的桥面而言，数量上是不够的，假设每间勾栏长度即望柱中距是 2.4 米，则需要勾栏的间数应是 $2 \times 50.82 \div 2.4=42.3$ 也就是需要 42 块栏板。到 1957 年为止，斗子卷叶栏板和龙栏板只有 22 件，不过一半左右。除去数量欠缺外，还有位置问题，曾经根据栏板直面与底皮的交角以测其斜度，未得到满意的结果，并且哪块在东侧，哪块在西侧，也无准则可循。加之，掘出的板、柱多已破坏，原件安装，不易达到保固要求，所以勾栏的修复采取“材料从新，样式从古”的原则。

对于栏板的题材，曾经考虑过 42 块栏板全仿刻龙的方案，外观华丽，是其特点，但工程费用也高。最后决定中央还刻龙，两侧刻斗子卷叶比较合适。具体排列的顺序是：饕餮式龙头放在桥中央，在早期龙栏板中选出四块较完整的分列在饕餮式龙头的南北，在这五块龙栏板的南北侧 16 块栏板全部采用斗子卷叶式样，其中，“全刻四叶”和“中间三瓣端部两瓣”则交错使用。

望柱题材也是两种：中央龙栏板区的望柱 6 根采用龙式样，两侧斗子卷叶区的望柱 16 根采用竹节式样。

新配勾栏石料，从 1956 年就开始在元氏石场开石打荒，并运到现场。自 1958 年向北京市建筑艺术雕塑工厂借用技术工人，依决定的方案雕制栏板望柱，在同年 11 月安装完工。

五　桥面的变更说明

1955 年大修以前，桥面破坏情况较严重，频繁的车辆往来，使得长为 50.82 米的桥面成为最易破碎的部分，在明代曾有如下的记载[1]：

“桥之上辙跡深处积三十余年为一易石。”

可见磨损之剧烈。桥面原来是青白色石灰石铺砌，但中央 3.8 米宽的部分，又在原桥面石上加铺红砂石板一层，以致比两边高起 10~20 厘米。

可以明显地看出桥面轮廓是一道曲线，曲线坡度约为 74/1000，安济桥桥面设有采取复杂的双向反曲线的玉带桥式样，因为它不是庭园中专供游览的步桥；也没有采取强劲的水平直线的现代桥梁形式，因为一千三百年前的隋代，还没有高速车辆行驶。安济桥平缓的桥面既方便行人车马的往来，也利于排水，直到清代，这种纵断轮廓的桥面还在沿用。从平面轮廓看，有一点不同于清代石桥，即桥的两端没有随着下部雁翅放出八字喇叭口；至于桥面西边墙之所以放斜（该部最大宽度 12.2 米），恐是由于清中叶修补西侧五道拱圈时，同时也修补了桥南金刚墙的西部而形成今状。

这里附带谈一下关帝阁及其他桥上建筑：

（1）关帝阁：在桥南，有正殿、前殿两部分。正殿三间，据当地老人谈，建自明隆庆六年，原有碑嵌在城台西马道墙上，因墙塌不知去向；前殿是明崇祯二年增建，1955 年大修前崇祯二年的题名碑尚存于南岸。前殿、正殿都在抗日战争中被战火摧毁，大修时只余城台。城台结构是砖墙身、条石墙基，墙基底皮在桥面下 3 米处。城台平面矩形，台北面与桥轴线成 94° 钝角，而非正交。城台拐角处每隔 20~22 行砖，纵横用压砖木板，以加强连接。椭圆形的城门上口嵌“辑宁”题石。过去封建社会中，进一步推崇关羽，改关王之称为关帝，是明中叶以后风尚，从流传下来的诗文看，提到关帝阁的也都在明隆庆以后，如王懿诗中的“棘山疏矗凝朝岫，帝阁隆崇起夜潮”，又如王悃诗中的“势凌霄汉蛟龙起，地接楼台风雨多”。看来，从隋到明九百年间，安济桥南是没有楼阁存在的。

（2）鲁班庙与柴王庙：在桥南两侧各有小屋一排，东西相向。据当地老人谈：东面的叫柴王庙，西边的叫鲁班庙，都是清道光元年增建，1955 年大修时，这两排小屋已不见。

下面介绍桥面修复的概况

由于桥面原来铺石就较凌乱，拆除搬运之后又有一部分损毁，因此修复时就只是参考了原来的布局形状，桥面石则使用新料，全部规格化。具体做法是：自南而北铺三行纵缝方石做桥心，方石尺寸是 90 厘米见方。在方石桥心两侧各栽一行牙子石，然后在牙子石与仰天石之间横铺 60 厘米宽的条石，错缝铺砌。

---

〔1〕见明孙太学重修大石桥碑记拓片。

由于早期仰天石的发现，其轮廓线又比较复杂，修复仰天石经过了一番研讨。

从 1955 年到 1957 年，河床中掘出仰天石大小共 56 块，其中刻 16 瓣花饰者 5 块，刻 8 瓣花饰者 51 块。在 1955 年，曾对 27 块早期仰天石进行了统计分析，得出如下五点看法，见表二：

① a_3 尺寸最小 22 厘米，最大 25 厘米，试与早期栏板底宽相比较，最小 21 厘米，最大 24 厘米，恰好有 1 厘米的安装缝隙，其为承托早期栏板之底槽可以肯定。

托栏板槽深 4 厘米，为清代槽深之倍。

② 前看面与上皮面的元花饰比成对使用，其中上皮面花饰的直径稍小，为 16~18 厘米，前看面者稍大，为 18.5~23 厘米。

从花饰与柱槽关系看，很少花饰是和望柱对中的。

27 块早期仰天石中，带八瓣花饰者 21 件，估计花饰的排列不会过稀。

③ 下颚高度（d_3）一般变化在 0~7 厘米之间，这可能是考虑到侧墙上皮参差不齐，以此厚度调整，令仰天石上皮成一圆滑曲线。

④ 在后尾未残缺的 17 块仰天石中，对总长（L）进行比较：1.04~1.19 米者 9 块，1.295~1.465 米者 6 块，1.573~1.675 米者 2 块，推测其后尾原是长短不等的。

⑤ 挑出度（d_4）自 32~37.20 厘米不等，而以 34.50~35 厘米者最多，约 50%。

综合上述一些看法，几经研究，决定仰天石材料全部换新，依 109 × 70 × 33 厘米和 167 × 70 × 33 厘米两种尺寸交互铺放，每块仰天石的前看面和上皮面中央各刻八瓣圆花饰一朵。

仙踪石的处理

雄伟的安济桥屹立在洨河上已一千三百余年，对这一划时代的杰作，从古到今，参观人莫不同声赞赏，但唯心主义者却在赞美的语句中蒙上一层神话色彩的薄纱。大概从宋末开始，洨河石桥上就有了仙踪的提法，把劳动人民的创造归功于“仙”“神”，如杜德源诗。到了明代，唐张嘉贞、张彧等人的碑铭早已无存，在嘉靖甲子重修碑文上又开始出现张果老堕驴之迹的唯心主义的说法。在同一世纪中，鲍捷早就写了一篇《驴迹辩》，他认为所谓张果老的笠迹、驴足迹只是“石病偶有形似”，因为“好事者附会为此说以欺人”，唯心史观与唯物史观两条路线的斗争，在建桥问题上也反映出来了。

清末，在桥南盖了鲁班庙、柴王庙两排小屋，同时产生了更多的传说，例如：

当地流传说：鲁班修完桥后十分得意，正好张果老骑驴，柴荣推车来到桥头，二人问鲁班，桥能经得起他二人走吗？鲁班大不以为然说，这么坚固的石桥，还经不起你二人走过。张果老和柴荣为了和鲁班开个玩笑，过桥时用“仙法”运来五岳名山的重量加在车驴之上，把桥压得摇摇欲坠。鲁班一看情况不好，用手在桥东侧使劲推住，才没有压坏，因为用力过大，就在桥上留下了驴蹄印，车道沟和手印。又柴荣推车曾跪倒在桥上，一膝着地之处，压了膝印，张果老斗笠也曾掉下打了个圆坑。

民间流传的小歌舞剧《小放牛》歌词里有“……赵州桥鲁班爷修，玉石栏杆圣人留，张果老骑驴桥上走，柴王爷推车压了一道沟……”

六　其他变更说明

（一）关帝阁

阁及城台的基本情况已如前文所述。1952 年向专家征求意见，当时是打算恢复关帝阁的，1953 年由北京文整会做出关帝阁复原设计图纸。其后，随着勾栏等早期遗物的发现，桥的时代逐渐明确，反倒感觉晚期的关帝阁修复工作，不是十分必要，何况复原设计只是依照简单的平面图制成，考古学根据也不充分，所以 1955 年大修中，虽有倡议，终未实现。

（二）九道铁梁

为加强安济桥 28 道拱圈的横向连系，使用 9 道铁梁，铁梁断面 9 厘米 ×6 厘米，端部打成直径 14 厘米的圆帽。如前文所介绍，在揭除桥面后所发现的两组排列方式中以残存三根的那组时代较早，故此，改动了修前西侧面貌，依下列方式施工：

（1）主拱拱顶和四个敞肩小拱拱顶各一根，共 5 根。

（2）在主拱拱背上，自拱顶向南北分别依 5.6 米、5.1 米的间距安装其余四根。

（三）券脸石起线

西侧后修部分，券脸石上下各起双线，但西侧南拱脚两块旧石和河床挖出旧物都是上下起三线，所以 1955 年大修中，东侧券脸石均依上下三线雕制。

七　工程优缺点

1955 年正处于我国过渡时期，过渡时期总路线是实现国家的社会主义工业化，尤其是要集中主要力量发展重工业，但对安济桥这一珍贵文物，仍能拨出二十余万元巨款，进行修缮加固，说明党和政府十分重视文物事业。施工当中，地方领导和有关单位都积极支持，才能在两年当中，克服了洪水等困难，完成桥身加固工程。回顾一下，工程中的优缺点试列举如下：

（一）优点方面

（1）由于河床中发掘出若干遗物——栏板、望柱、仰天石等，客观上促进了对桥早期原貌的探索工作，尽管这种探索还非常不完整、不深入，但复原后的外观比起修缮前更接近于早期形象，对于号称 1350 年前的古桥，这种尝试还是有必要的。

（2）由于采用了主拱压力灌浆、钢筋混凝土护拱盖板、防水层三项措施，桥身的耐久性大为增加，在一般情况下，从两侧发生崩倒的问题基本上解决。

（二）缺点方面

（1）施工过程中，对于保固问题比较重视，相对而言，对于修复之后如何保持其古旧气氛注意得不够，主要表现在材料方面。1955 年的大修工程中，除 23 道主拱圈和南北金刚墙未动，其他部位大都用的是新料，其中虽有差不多六分之一是旧石，但为了交代严谨，也有不同程度的加工，影响其古旧的外貌。从桥面而论，它不是主要承重部分，如果适当换用些旧料还是可以的。由于大量使用新石料，修缮后的安济桥受到“返老还童”的批评，或者说这是一座安济桥的复原模型，而看不出是一座古老的桥梁实物，推究其原因应归咎于现场指导思想缺乏维持古旧气氛这一重要因素。

（2）栏板望柱艺术品仿雕工作虽经使用点线机等先进方法操作，但雕龙的神态终显呆板，还不够理想。

（3）由于追求规格化，有些本身并不残坏的旧料如仰天石也未用上，反而闲置起来，当一般台阶用了。

（4）亚麻布防水层没有铺到边沿，因而现在桥的东西边沿仍然漏水，对桥的寿命有影响。

表 1　安济桥龙栏板雕刻内容表（参见本章第十节安济桥档案附表）

表 2　安济桥仰天石比较表（参见本章第十节安济桥档案附表）

第五节　古为今用的安济桥

我国历史悠久，我们的祖先在长期的辛勤劳动和艰苦斗争中，创造了光辉灿烂的文化。隋代桥工巨匠李春所创造的赵县安济桥是我国现存最早的石拱桥，是我国最珍贵的历史遗产。安济桥对我国的桥梁工程有着深远的影响。现在根据有关文献、资料作一概括的叙述。

一　隋安济桥在古代桥梁工程上影响

在隋代赵县安济桥的影响下，全国各地仿照赵县安济桥形式建筑的桥梁，现在已发现的敞肩拱石桥有：河北赵县永通桥、河北栾城凌空桥、河北宁晋古丁桥、山西晋城景德桥、山西崞县普济桥、山西崞县来宣桥、贵州兴义县木卡桥等桥梁。

河北赵县的永通桥和山西晋城的景德桥，是完全依照安济桥的式样结构建造的。永通桥横跨在赵县西门外的清水河上，因桥南有大石桥（安济桥），故又称小石桥，建于金代。在桥的结构上，两桥差不多完全相同，只是小拱与大拱的尺寸在比例上稍有差别。当时以“缔造之工”“形势之巧”，“称二难于天下”。晋城的景德桥建于金代大定年间，也是仿照安济桥建造的，位于西关沟涧间，主拱圈两肩各加添一个小拱，大水时可以宣泄洪水，减少对桥身的冲击。

木卡桥在贵州兴义县木卡河上，建于清代，是建造在峻险峡谷上的一座桥梁。在桥的两端拱圈上各有一个 3 米直径的圆洞，以减轻桥重。

普济桥在山西崞县南关外，金太和三年建。原名南石桥，明成化年间修理时改称普济桥。这座桥也是运用安济桥的结构原理，在桥的两侧有两个小拱，中间小拱完全支于大拱圈上，而靠近桥端较大的小拱，一边支于大拱拱圈上，一边建在桥堍墙上。主拱圈上加添小拱的目的在于减轻桥座的净重。

二　新中国成立后，安济桥型得到更好的应用和发展

在长期的封建社会里，劳动人民的伟大的创造，受不到统治阶级的重视，因此，我国的石拱桥虽然有悠久的历史和卓越的成就，但得不到应有的发展。新中国成立以来，在毛主席和中国共产党的领导下，为了把我国建设成一个现代工业、现代农业和现代科学文化的社会主义的伟大国家，全国人民精神焕发，意志昂扬。我国河流纵横，随着交通运输的日益发展，桥梁工程亦广泛地开展起来。遵循毛主席关于“古为今用”的教导，古代桥梁建筑引起人们的重视，隋代安济桥的建桥经验得到了推广，在祖国广阔的原野上，到处可以看到更宏伟的敞肩拱式样的石桥。试举几例：

延安大石拱桥，在革命圣地延安东门外，横跨在延河上，于 1958 年建成。全桥长 115 米，上部构造三孔，每孔跨度 30 米，连续式的石拱桥，每孔大拱上各有六个小拱。延安大石拱桥采用隋安济桥形制，整个桥的外观雄伟壮丽。

黄虎港大桥，位于湖南省的石清公路上，距石门县108公里。黄虎港大桥造在高深的峡谷中，两岸是悬崖绝壁，桥身长103米，主拱跨径60米，边拱跨径16米，桥高52米，宽8米。这座敞肩拱石桥是继承和发展了安济桥的经验而建成的。

长虹石拱大桥，在云南昆明南盘江上，采用安济桥的造型。大桥长171.2米，主拱跨径112米，矢高21.28米，桥宽8.9米，其中车道7米，两侧人行道各0.75米，桥面坡度4%，在主拱两肩上设置小拱十个，每拱跨径5米。长虹石拱大桥的建成，是在党的领导下，贯彻了“古为今用”的方针，是冲天革命干劲和科学实践相结合的结果。

红旗大桥，跨越在四川富川沱江上，主拱为三孔敞肩式石拱桥。全桥长277.16米，中孔跨径111米，桥面净宽10米，桥面坡度4%。这是建桥工人继承和发扬了古代安济桥的经验建造的大石桥。

龙门大桥，横跨在河南洛阳的伊水两岸的三孔大石拱桥。桥长290米，桥面宽10米，两侧人行道各为1.5米。这里青山对峙，伊水北流，矫健的桥身映卧在绿波之上，气象极为壮丽。

在社会主义建设中，古代安济桥的经验，已在交通事业中被广泛采用，并在实践中得到了新的发展。例如1964年，在江苏无锡的建桥工程中，创造出双曲拱桥，是继承了安济桥的经验，结合钢筋混凝土预制件的优点，和装配工艺的长处而创造出来的。这种桥梁，质量好，速度快，造价低，材料省，工艺简便，形式美观。在交通部门总结推广以后，双曲拱桥如雨后春笋，普及全国各地。较著名的双曲拱桥梁有：湖南韶山铁路桥，湖南湘潭公路桥，贵州松柏山大桥，山东淄川大桥，广西茶江大桥，南京长江大桥的引桥。

1974年3月24日《人民日报》又传来振奋人心的喜讯，祖国大西南的千山万水之间，成昆铁路建成了。报道说：“在这里，宽阔的江河上，要飞架起大跨度的巨梁；幽深的峡谷里，要筑起十五、六层楼高的桥墩。”“大渡河畔的老昌沟，是一条长好几里，深三百多米的大裂缝，沟里云飘雾绕，一天只能见两个小时的太阳。在这条深沟两侧的悬崖峭壁间，要修建一座跨度54米的石拱桥。建筑工人们自行设计，土法上马，仅用五十五天就把（安济桥型）石拱桥修建起来了。”群众称它为“一线天桥”。

展望未来，无限光明。隋代石拱桥——安济桥在“古为今用”的方针指引下，在社会主义建设中发挥着愈来愈大的作用！

陕西延安大桥

湖南石清公路黄虎港桥

云南昆明长虹桥

四川富顺江红旗大桥

河南洛阳龙门大桥

新安江石拱桥

湖南韶山铁路桥

湖南湘潭公路大桥

⇨ 列车驶过上是青天一线，下是峡谷深涧的一线天桥。成昆铁路上的这座桥，是我国目前跨度最大的空腹式铁路石拱桥。两岸悬崖陡立，桥隧紧接。建桥时，工人不畏艰险在缆索吊机上施工。

成昆铁路线上新建成的一座桥（敞肩拱大石桥）

第六节　敞肩拱各部名称对照表

编号	名　称	说明	异名	英文名	日文名
1	敞肩拱	在拱上侧墙间更挖空作小拱者	空腔式拱，空撞券	open spandrel arch	开侧拱
2	龙门石	指拱圈正中一块拱石	拱顶石，锁口石，撞拱石	keystone	枢石
3	拱　圈		券	arch ring	拱环
4	拱　石	组成拱圈的楔形块石	券石	voussoir	
5	护拱石		伏石		

续表

编号	名　称	说明	异名	英文名	日文名
6	侧　墙		撞券，肩墙	spandrel	拱侧
7	拱　顶			crowm	拱顶
8	拱　坐			skew back	拱坐
9	跨度（净）			clear span	径间
10	矢　高			rise	拱矢
11	券脸石	指表面部分的拱圈石			
12	两边金刚墙		桥台	abutment	桥台
13	起拱点			springing	起拱点
14	栏　板	竖立于两柱间的石板		balustrade	
15	望　柱	仰天石上所装直柱			
16	仰天石	指桥面两边外沿铺砌的条石	帽石		
17	桥　心	指桥面正中三行铺砌的方石			
18	雁翅泊岸	雁翅上部用条石砌成河岸墙			

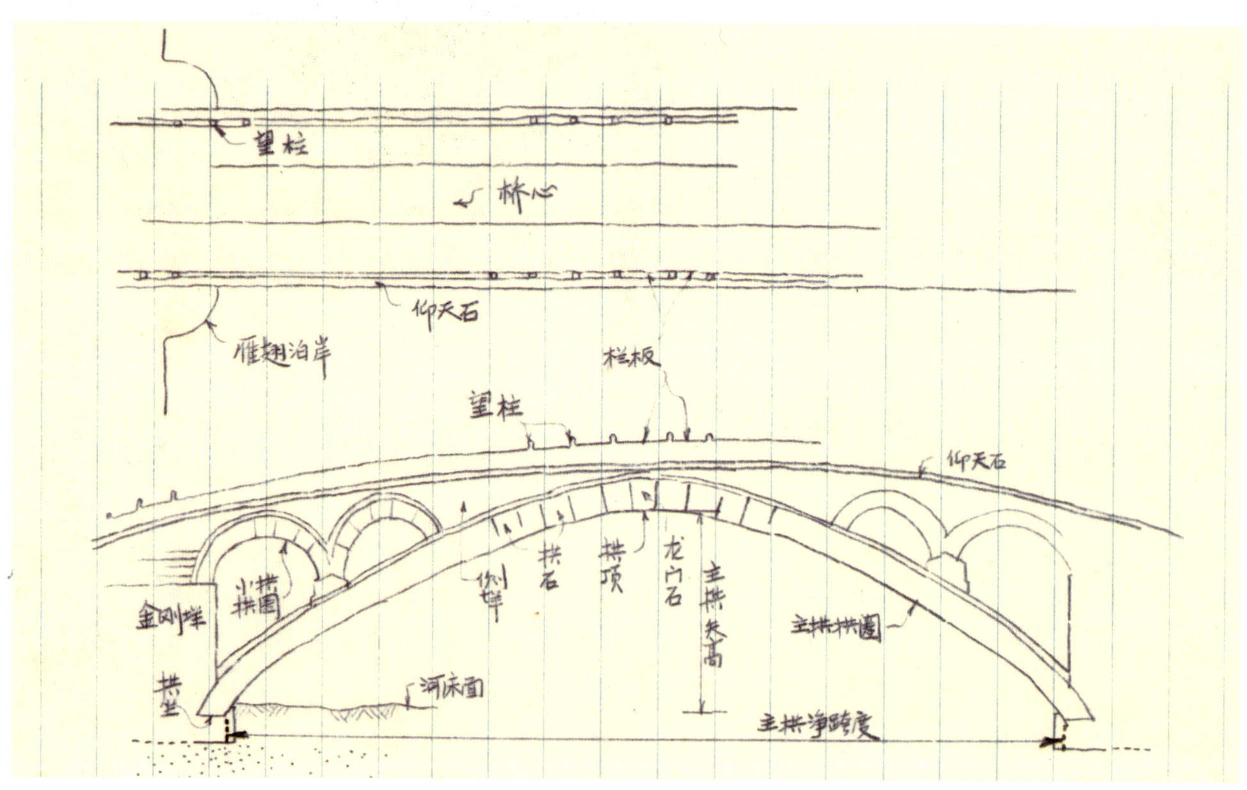

敞肩拱各部名称图

第七节　附录：唐张嘉贞《石桥铭序》及译文

石橋銘　并序

張嘉貞

趙郡洨河石橋，隋匠李春之跡也。製造奇特，人不知其所以為。試觀乎用石之妙，楞平碪𨷲[1]，方版促郁，緘[2]穹隆崇，豁然無楹。吁！可怪也。又詳乎叉插駢坒，磨礱緻密，甃百象一，仍餬灰璺，腰鐵鐵蹙[3]，两涯嵌四穴，蓋以殺怒水之蕩突，雖懷山而固護焉。非夫深智遠慮，莫能剏是。其欄檻華[4]柱，鎚斵龍獸之狀，蟠繞拏踞，眭[5]盱翕欻[6]，若飛若動，又足畏乎！夫通濟利涉，三才一致。故辰象昭回，天江[7]臨乎析木；鬼神幽助，海石[8]到乎扶桑；亦有停杯[9]渡河，羽毛填塞；引弓擊水，鱗甲攢會者；徒聞于耳，不覿於目。目所覿者，工所難者，比於是者，莫之與京。勑河北道推勾租庸兼複囚使判官、衛州司功參軍、河東柳渙繼為銘曰[10]：

於繹工妙，沖訊靈若。架海維河，浮黿役鵲。伊制或微，並[11]模蓋略。析[12]堅合異，超涯截壑[13]。支堂勿動，觀龍是躍。信梁而奇，在[14]啟為博。北走燕蒯[15]，南馳溫洛。騑騑壯轅，殷殷雷薄。攜斧拖繡，騫驄視鶴。藝入侔天，財豐頌閣。斫輪見嗟，錯石惟作。並固良球，人斯瞿瞁[16]。

（按：张嘉贞，唐书、新唐书均有传。柳涣事迹见旧唐书祖柳亨传后，开元初为中书舍人，后历位潭州都督。）

张嘉贞《石桥铭序》译文

赵州洨河的大石桥，是隋代工匠李春留下的作品。这座桥造得很奇特，人们看了不知道它是怎样修成的。

我们试着看它运用石料的技巧是何等的精妙：边棱平直，一块块像砧石似的砌在一起，方方的，排

〔1〕“𨷲”隆志作“斵”。
〔2〕“緘”隆志作“緎”；全唐文双行注“一作鍼”。
〔3〕“腰鐵鐵蹙”隆志作“腰鐵袿蹙”；全唐文作“腰纖鐵蹙一作纖 蹙”。集成作“腰鐵栓蹙”。
〔4〕“華”全唐文双行注“一作蕐”。集成作“楹”。
〔5〕“眭”，全唐文作“睢”。集成作“睢”。
〔6〕“欻”隆志作“歘”。
〔7〕“江”隆志作“河”；全唐文作“河”。
〔8〕“石”隆志作“若”。
〔9〕“杯”全唐文双行注“一作林”。
〔10〕隆志、全唐文均无“勑河北道推勾租庸兼複囚使判官衛州司功參軍河東柳渙繼為銘曰”28 字。
〔11〕“並”隆志、全唐文均作“玆”。
〔12〕“析”隆志作“折”。
〔13〕“超涯截壑”隆志作“�涯戠壑”。
〔14〕“在”隆志作“右”。
〔15〕“蒯”隆志、全唐文均作“薊”。
〔16〕“瞁”隆志作“聯”。

列得既严密又整齐，构成一个又大又高的主拱，开朗敞亮，连一根桥柱都没有。嗬，可真够奇怪的！

让我们再来仔细看看主拱券石和一道道交错并列的拱圈吧：它们都被磨琢得非常精密细致，数以百计的石头竟垒砌得像一整块石头一样，还调了灰浆把缝子勾抹好，用银锭式的"腰铁"嵌塞到券石里，把它们紧紧地联结在一起。

桥的两边嵌着四个小拱，这是用来减弱洪水的激荡和冲击，所以虽然遭遇泛滥到山陵的特大洪水也能保住桥的巩固安全。

要不是工匠们有高超的智慧和深远的思虑，是不可能创造出这样的桥来的。

桥上的栏杆、栏板和华美的柱子，雕刻出龙兽的形状，有的回盘，有的缠绕，有的伸爪，有的蹲坐，有的张目怒视，有的变化迅疾。它们好像在飞舞，好像在游动。看了这样高超的雕刻艺术，真叫人叹服！

架设桥梁，以便利渡河涉水，是天上、人间都要解决的问题。日、月、星、辰在不停地运转着，传说银河到了析木星的地方才可以渡过去。秦始皇造的桥，得到神仙的帮助，驱石下海，把桥一直架到了日出的扶桑。在南朝还有个和尚乘木杯渡河的故事。神话中牛郎织女是用乌鹊填河搭成的桥。扶余国王东明出逃，弯弓打击河水，鱼鳖浮聚在一起成了桥，他才渡过河去免遭杀害。

不过，这些桥的故事都只是听到的，谁也没有看见过。眼睛能见到的，工程又极为艰巨的，有哪一座桥梁比得上这座石桥宏伟呢！

注释

1. 楞，同"棱"，亦作"稜"。物体上不同方向的两个平面接连的部分。

2. 碪，同"砧"。捶或砸东西时垫在底下的器具叫砧。古代指捣衣服用的石头。

3. 鬭，现在简写作"斗"，接合、拼斗的意思。

4. 促，紧凑、靠近、严密的意思。郁郁，盛多貌，有文章貌，文采显著的意思。促郁是指排比得紧密而有章法。

5. 缄，封闭不开口的意思。此字《唐文粹》本作"绒"。按"绒"，缩的意思，或指丝织品中表面起皱纹的织物。绒字用在这里费解，疑是错字。穹，即天空，或指天的形状，中间高四周下垂的样子，或指高起呈拱形的东西。缄穹指石桥的主拱，即中间的大桥洞。缄字似用来形容拱券完整如环，没有缺口的形态。

6. 楹，堂屋前的柱子叫楹。

7. 叉插，交错、交叉的意思。《广雅疏证》"手指相错谓之叉"。

8. 骈坒。凡物并列叫骈。"坒"通"比"。骈坒，密接貌，一个挨着一个的意思。左思《吴都赋》有"工贾骈坒"句。

9. 礱，磨的意思。

10. 甃，用砖砌井壁叫甃。

11. 餬，同"糊"。古代建桥用糯米浆石灰砌砖石或勾填缝隙。

12. 璺，同"纹"（音问），裂缝的意思，如陶瓷上的裂璺。这里指石块与石块之间的缝隙。

13. 此句《唐文粹》本作"腰鐵鐵蹙"；明隆庆《赵州志》本作腰鐵（造字）蹙"；《全唐文》作"腰繊鐵蹙"；今从《古今图书集成·考工典》本"腰鐵栓蹙"。

"腰铁"是嵌在主拱券石之间的银锭式的铁构件，它起着扣牢拉紧的作用。栓是木钉，见《玉篇》。蹙是紧迫、缩紧的意思。所以此句的意思就是：钉嵌腰铁，把劵石扣牢拉紧。《全唐文》本的“腰纖鐵蹙”也讲得通。古代称银锭式的木榫叫“小腰”，“腰纖”也是对“腰铁”形状的描写。

14. 四穴，指主拱上面的四个小桥洞，即四个敞肩小拱。

15. 怀山。《尚书·尧典》“汤：洪水方割，荡荡怀山襄陵。”注：“汤：流貌洪大。割，害也。言大水方为害。”“怀，包；襄，上也。包山上陵，浩浩盛大若漫天。”

16. 刱，同“创”。

17. 華，同“花”，即有装饰花纹的意思。

18. 鎚斵。鎚，同“锤”，也有击的意思。斵，砍削的意思。鎚斵就是雕刻的意思。

19. 挐，同“拿”，抓攫，抓拿的意思，或伸爪作抓状。

20. 踞，蹲或坐的意思。

21. 睢盱。《庄子·寓言》：“而睢睢盱盱，而谁与居。”郭璞注：“睢睢盱盱，跋扈之貌。”张衡《西京赋》：“睢睢拔扈。”注：“睢，仰目也。”所以睢盱是张目怒视的意思。

22. 翕欻。“欻”通“忽”。左思《吴都赋》：“神化翕忽。”注：“翕忽，变化急速貌。”《东观余论》：“张旭所书，犹击剑者交光飞刃，欻忽若神。”翕欻、翕忽、欻忽都是迅速倏忽的意思，在这里是形容动作迅疾。

23. 三才，指天、地、人。

24. 辰象，指日、月、星辰等天体。

25. 昭回。《诗经·大雅·云汉》：“倬彼云汉，昭回于天。”朱注：“云汉，天河也。昭、光，回、转也。言其光随天而转也。”这里指天河运转的意思。

26.《唐文粹》本作“江”。今从《全唐文》本（作“河”）。

27. 析木。《尔雅·释天》：“析木谓之津，箕、斗之间汉津也。”《疏》：“析别水木以箕斗之间，是天汉之津也。天汉即天河也。天河在箕斗二星之间。箕在东方木位，斗在北方水位。分析水、木以箕星为隔，隔河须津梁以渡，故谓此次为析木之津也。”按析木位在箕星和斗星之间，古人以为这里是天河的津梁。

28. 鬼神幽助，海石到乎扶桑。《太平御览》卷882引《济略记》：“始皇作石桥，欲过海观日出。于时有神人能驱石下海。城阳一山石尽起立，嶷嶷东倾。状似相随而行云。石去不速，神人辄鞭之，皆流血，石莫不悉赤，至今犹尔。”又《述异记》：“秦始皇作石桥于海上，欲过观海日出处。有神人驱石，去不速，神人鞭之，皆流血。今石桥其色犹赤。”

29. 停杯渡河。梁慧皎《高僧传》：“南朝僧，不知姓名，常乘木杯度水，故人以‘杯度’呼之。”

30. 羽毛填塞，《白孔六帖》：“乌鹊填河成桥而度织女。”《尔雅翼》：“涉秋七日，鹊首无故皆髡。相传是日河鼓与织女会于汉东，役乌鹊为梁以渡，故毛皆脱去。”

31. 引弓击水，鳞甲攒会。《论衡·吉验篇》：“橐离国王侍婢有娠，后产子名东明。东明善射，王恐夺其国也，欲杀之。东明走南至掩滤水，以弓击水，鱼鳖浮为桥，东明得渡，因都王夫余。”

32. 觏，见到或遇见的意思。

33. 莫之与京。《左传·庄王二十二年》：“八世之后，莫之与京。”注：“京，大也。”“莫之与京，言无与之比大。”

第八节　参考资料书目

《文苑英华》	〔宋〕李昉等撰	1966年中华书局影印本
《全唐文》	〔清〕董诰等撰	嘉庆十九年内府刊本
《朝野佥载》	〔唐〕张鷟撰	商务印书馆四部丛刊书
《唐书》	〔后晋〕刘昫撰	开明书店廿五史本
《新唐书》	〔宋〕欧阳修撰	开明书店廿五史本
《五灯会元》	〔宋〕普济撰	四库全书本（未见原书）
《石湖诗集》	〔宋〕范成大撰	商务印书馆四部丛刊书
《北行日录》	〔宋〕楼钥撰	知不足斋丛书本
《宋史》	〔元〕托克托撰	开明书店廿五史本
《资治通鉴》	〔宋〕司马光撰	1956年古籍出版社
《河朔访古记》	〔元〕纳新撰	守山阁丛书本
《赵州志》	〔明〕蔡懋昭撰	1962年上海古籍书店影印天一阁隆庆元年刊本
《古今图书集成》	〔清〕蒋廷锡等撰	中华书局影印本
《畿辅通志》	〔清〕李鸿章等撰	光绪十年刻本
《直隶赵州志》	〔清〕孙传栻等撰	光绪廿三年刻本
《金石粹编》	〔清〕王昶撰	1921年扫叶山房石印本
《补寰宇访碑录》	〔清〕赵之谦撰	同治三年刻本
《赵州石刻全录》	〔清〕陈钟祥等撰	同治刻本
《金石汇目分编》	〔清〕吴式芬撰	文禄堂印本
《中国营造学社汇刊》五卷一期		1934年中国营造学社印
《中国古代石刻画选集》	王子云撰	1957年古典艺术出版社
《中国古代桥梁》	唐寰澄撰	1957年文物出版社
《中国石桥》	罗英撰	1959年人民交通出版社
《中国古代科学家·李春》	余鸣谦撰	1959年科学出版社
《赵州桥》	张彬撰	1962年中华书局历史小丛书

《人民画报》	人民画报社	1958 年 4 期
《旅行家》	旅行家杂志社	1957 年 4 期
《历史建筑》	古代建筑修整所撰	1957 年 1 期油印本 1959 年 1 期油印本
《读史方舆纪要》	〔清〕顾祖禹撰	1957 年中华书局影印本
《隋书》	〔清〕魏征等撰	1973 年中华书局出版
《大清一统志》	〔清〕和珅等撰	光绪二十八年上海宝善斋石印本
《唐文粹》	〔宋〕姚铉撰	商务印书馆四部丛刊本
《文物参考资料》	文物编辑部	1957 年 3 期，1955 年 11 期 1953 年 3 期，1956 年 3 期
《文物》月刊	文物编辑委员会	1959 年 2 期，1963 年 9 期

Andrew Boyd
Chinese Architecture and Town Planning London，1962
Nelson I. Wu
Chinese and Indian Architecture London，1963
Joseph Needham
Science and China’s influence on the world.（The Legacy of China，edited by Dawson）
Oxford University Press，1964
William Willets
Foundation of Chinese Art. Thames and Hudson，1965 London
Joseph Needham
Clerks and Craftsman in China and the West Cambridge University Press，1970
Joseph Needham
Science and Civilization in China Cambridge University Press，1971

第九节 后记

1961 年 3 月 4 日国务院公布了第一批全国重点文物保护单位，其中古建筑及历史纪念建筑物第 58 号是河北省宁晋县[1]的安济桥（大石桥）。

安济桥建于隋大业年间（公元 605—618 年），为我国隋代桥工巨匠李春所造。安济桥是反映隋唐时代的政治、经济、文化的一个实物，对我们具有历史的认识作用。这座桥在我国现存的石拱桥中是最早的并为当时跨径最大的石拱桥，是我国桥梁工程上敞肩拱的首创，在工程设计上和施工上具有很高的科学价值。它在艺术上也有很高造诣。

新中国成立后，中国共产党和人民政府为了保存这一座有科学文化价值的古桥，曾进行了缜密的调查研究，并由国家拨款修缮。在水文地质调查和考古发掘中，收集到这座桥的很多史料，探讨了古代河流，验算了石拱桥的构造和变形，桥基墩台的承重和走动，分析了石料风化的原因，为保护和研究石拱桥做了大量的工作。

现在根据《文物保护管理暂行条例》第五条的规定，文物保护科学技术研究所于 1974 年第一季度建立了安济桥的科学的纪录档案。在编写整理过程中，承茅以升同志在百忙中抽出时间给了我们很多指导，谨致深切的谢意。

还有一部分次要的档案资料、实测图和照片，我们没有整理进去，留在文物保护科学技术研究所的档案里，也可供查考。

这个档案是由下列同志编写整理的：杜仙洲、何国基、姜怀英、祁英涛、余鸣谦、贾瑞广、王世襄、唐群芳、李竹君、孔祥珍、杨玉柱、李宗文、朱希元、赵杰。

文物保护科学技术研究所

一九七四年三月

〔1〕 整理者注：1958 年 12 月 10 日，撤销赵县并入宁晋县，1961 年 7 月 9 日，恢复赵县。

第十节　安济桥档案附表

一　赵县安济桥挖出石刻目录

编号	名称	时代推定	主要尺寸（厘米）	完整情况	挖出日期	挖出地点	雕刻内容概要
1	栏板	隋	214×89	由一大两小块合成	1953 年 11 月下旬	桥身西稍偏南河床中	两面均雕作龙头，两边雕作波涛花叶，断面无收分
2	栏板	隋	222×91	由四小块拼成，中间和一端稍残	1957 年 6 月 13 日	桥身东稍偏北河床中	同上
3	栏板	隋	210×86	一大块三小块合成，稍残	1955 年及 1957 年 6 月	同上	正面刻两龙钻穿栏板，龙头相背，全身并刻麟甲，背面刻两龙相绞，断面有收分
4	栏板	隋	233×89	两大块两小块合成，一端下部稍残	1955 年 6 月上旬	桥身东偏南河床中	正面两龙头相向，并托一兽面，背面两龙头相向，并托一宝珠形物，断面有收分
5	栏板	隋	212×88	两大块一小块合成，稍残	1955 年 5 月下旬	同上	正面两龙交缠，龙头相背，位于中央，背面两龙相缠，龙头向下，位于两侧，断面有收分
6	栏板	隋	232×88	同上	1955 年 6 月上旬	同上	正面两龙交缠，龙头相向，背面单龙独行，龙身刻鳞，尾部有卷叶花衬托
7	栏板	隋	216×89 高	五块合成	1955 年 6 月	桥身东部河床中	正面两龙戏水，背面两龙戏珠断面有收分
8	栏板	隋	半长 103×90	残存 1/2	1955 年 8 月上旬		正面两龙头相向，头位于中央，全身鳞甲，背面两龙相缠，头向下，断面有收分
9	栏板	隋	88 高	三小块，残缺四分之三	1955 年及 1957 年	桥身东偏南河床中	正面刻龙钻水，背面刻龙
10	栏板	隋	214×89	两大块一小块合成	1955 年 5–6 月		刻斗子卷叶，正面中央四瓣，两侧三瓣，背面中央及两侧均刻四瓣

续表

编号	名称	时代推定	主要尺寸（厘米）	完整情况	挖出日期	挖出地点	雕刻内容概要
11	栏板	隋	230×89	两大块一小块合成，一角残	1957 年 6 月	桥身东偏北河床中	刻斗子卷叶，两面均刻四瓣断面有收分
12	栏板	隋	215×90	两大块一小块合成	1957 年 6 月	同上	刻斗子卷叶，两面均刻三瓣断面有收分
13	栏板	隋	218×89	两大块两小块合成	1955 年 5—6 月	桥身西偏南河床中	刻斗子卷叶，两面均中央三瓣，两侧两瓣断面有收分
14	栏板	隋	204×89	一大块三小块合成	1955 年 5—6 月	桥身下方河床中	同上
15	栏板	隋	219×90	两大块一小块合成	1957 年 6 月 27 日	桥身东偏北河床中	同上
16	栏板	隋	217×88	两大块一小块合成	1957 年 7 月	同上	同上
17	栏板	隋	212×89	一大块三小块合成，稍残	1957 年 8 月	桥身东部以南河床中	刻斗子卷叶，两面均四瓣断面有收分
18	栏板	隋	半长 109×89	残缺三分之一	1954 年 6 月		同上
19	栏板	隋	218×90	一大块两小块合成，上部残	1957 年 8 月中旬		同上
20	栏板	隋	半长 102×89	两大块一小块合成，中部残	1954 年 6 月		刻斗子卷叶，正面四瓣，背面三瓣断面有收分
21	栏板	隋	89 高	四块合成，残缺	1954 年 6 月		刻斗子卷叶，正面中央三瓣，两侧两瓣，背面三瓣
22	栏板	隋	91 高	四块合成，残缺	1954 年 6 月		刻斗子卷叶，两面均四瓣
23	栏板	隋	164×89	上部稍残	1953 年 10 月中旬	桥身东部河床中	正面刻飞马流云，背面刻走马
24	栏板	宋	半长 105×89	两块，一端残	1953 年 10 月中旬	桥身两边下方河床中	正面盆唇上刻有“在州南城厢故通引高贵……”题字，背面刻斗子卷叶，盆唇下刻凤及山石

续表

编号	名称	时代推定	主要尺寸（厘米）	完整情况	挖出日期	挖出地点	雕刻内容概要
25	栏板	金	高 49	残	1955 年 12 月中旬	桥面下南侧墙填土中	正面刻龙形云纹有“大定二年”题字
26	栏板	金	高 47	残	1955 年 11 月中旬	桥面石中	正面刻大柳树下一老人站立
27	栏板			残存一小部	1957 年 6 月	桥身东偏南河床中	正面刻“赞皇县清河村何祐妻郭氏……施此构栏一间”题字，并刻一人站立
28	栏板			残存一小部			正面刻“平棘县□村李佐……等施此构栏一间”题字，盆唇下刻一人站立
29	栏板	宋		残存一小部	1954 年 6 月	桥身两边下方河床中	题有“赵州社男善人侯勋男侯斌等布施构栏石一间”字样
30	栏板		长 117				一面刻虎头，一面刻人物故事
31	栏板	明	高 90	残	1955 年 11 月下旬	南桥台上桥面石下	一面刻山石树木，一面刻树与象
32	栏板	明	高 81	残		桥下河床中	正面刻山石
33	栏板		半长 113 × 82	残		同上	一面刻斗子卷叶，一面刻斗
34	栏板		高 67			同上	正面刻树及人形二
35	栏板		高 53			同上	刻人形及云纹
36	栏板		长 118	两块合成，残	1955 年 11 月下旬	桥面石中	正面刻麒麟
37	栏板	金	高 50		1955 年 12 月上旬	桥面下南侧墙填土中	正面刻山石
38	栏板	明	高 88	残	1955 年 11 月下旬	南桥台桥面石下	一面刻人拉车上坡状，一面隐出盆唇
39	栏板			残	1956 年 6 月	西南角泊岸中	两面刻出盆唇，一面磨光，一面刻作交互钻纹
40	栏板			残	1956 年 6 月	同上	同上
41	栏板		高 85	残	1955 年 11 月下旬	南桥台桥面石下	一面刻卷叶，盆唇下刻人物故事（一人躺卧）一面刻似驼峰

续表

编号	名称	时代推定	主要尺寸（厘米）	完整情况	挖出日期	挖出地点	雕刻内容概要
42	栏板			两块，残			两面均刻山石人物故事
43	栏板						一面刻人物故事，一面刻山石、云纹
44	栏板			残			寻杖断面八角形，一面寻杖下刻人形，一面寻杖下刻斗形
45	望柱	隋	残高 88	残	1955 年 6 月上旬	桥身西偏北河床中	两面刻龙，背面有鳞甲，头部刻一圆窗，背面有盆唇，正面一端有盆唇
46	望柱	隋	高 152	头部残缺	1957 年 7 月 10 日	桥身东偏北河床中	两面刻龙，均有鳞甲，大斗上一覆盆，上刻竹节三道，顶上刻一圆窗，一端有盆唇痕迹
47	望柱	隋		一大块一小块合成，上下残缺	1957 年 6 月 27 日	桥身东边偏北河床中	两面刻龙，背面有鳞甲，头部刻一圆窗，其四周有与上部相接的腰铁窗，两侧榫槽有收分
48	望柱			两块拼成，头部残缺	1957 年 7 月 10 日	桥身西边偏北河床中	两面刻龙，背面龙有鳞甲，龙头上为大斗，头部覆盆上有欠槎
49	望柱			头部残缺			四节竹节式，背面有盆唇，正面一端有盆唇
50	望柱			两大块两小块合成	1955 年及 1957 年	桥身东北部河床中	四节竹节式，头部刻作单宝珠，断面有收分
51	望柱			三块拼成	1955 年及 1957 年	桥身东边偏北河床中	同上，两端有盆唇痕迹
52	望柱			三块拼成	1955 年及 1957 年	同上	同上
53	望柱			两块拼成，下部残缺		同上	同上
54	望柱			两端残缺	1957 年 7 月	同上	同上
55	望柱			两端残缺	1957 年 7 月	同上	同上
56	望柱柱头	金		残	1955 年 6 月上旬	桥下河床中	刻作狮形
57	望柱柱头	明				同上	刻作狮形，带莲座
58	望柱柱头	隋				同上	柱头刻单宝珠，覆盆及大斗，下为竹节

续表

编号	名称	时代推定	主要尺寸（厘米）	完整情况	挖出日期	挖出地点	雕刻内容概要
59	望柱	隋		两块合成，上部残			宝珠柱头（残），下为半圆形覆盆及大斗，斗下做喇叭形，再下至地栿，皆打成平面
60	望柱	隋		两块合成，下部残			同上
61	望柱	隋		上部残			同上
62	望柱	隋		上部残			同上
63	望柱	隋		下部残			同上
64	望柱	隋		下部残			同上
65	望柱柱头			残			单宝珠柱头，下为半圆形覆盆及大斗
66	望柱柱头			残			同上
67	望柱柱头			残			同上
68	望柱柱头	明		残	1956 年 6 月	西南角雁翅泊岸中	柱身刻“赵州永安社李敬同室……共施石柱，天顺六年”题字，单宝珠柱头
69	望柱柱头	明		残			柱身刻“赵州在城社信士男……施此石柱”题字
70	仰天石		高 27	残存一小部	1955 年		上平面及前垂面刻作 16 瓣花饰
71	仰天石		高 28		1955 年		上平面及前垂面刻作 16 瓣花饰，并有望柱榫槽
72	仰天石		长 90 × 高 30 × 60	后部残缺	1955 年		上平面刻 16 瓣花饰 2 枚（中距 37 厘米）
73	仰天石		高 27	残存一小部	1957 年 6 月	西南角雁翅泊岸中	上平面及前垂面刻作 16 瓣花饰
74	仰天石		高 25	残存一小部	1955 年 12 月中旬		同上
75–125	仰天石						除少数几块雕饰，大部分刻八瓣花饰，其中 26 块较完整

续表

编号	名称	时代推定	主要尺寸（厘米）	完整情况	挖出日期	挖出地点	雕刻内容概要
126	方石	隋	111×37×55		1955年5月下旬	桥身东偏南河床中	刻修桥主多人姓名，开头“曹行充”
127	方石	隋	113×35×53	两块合成，残	1955年5月下旬	同上	刻修桥主多人姓名，开头“苏阿行”
128	方石	隋	103×35×48			桥身东边下方河床中	刻修桥主多人姓名，开头“孙难知”
129	方石	宋	48×31	微残	1953年10月中旬	同上	刻作咏桥诗句，宋人安汝功作
130	方石	唐	34.5×82×48	一大块一小块合成，残	1955年6月	桥身下方北半部河床中	刻作咏桥诗句，开头“史崔间”
131	方石		73×33×52				刻有“竹沃……”题字
132	拱石	金	84×34×57				刻有“中山杨……大定六年……”题字
133	小拱石	宋	54×33×51				刻“陈安本曾游……大观三年八月廿五日”题字
134	小拱石	宋	52×32		1955年11月下旬	北275小拱中拆出	刻“治□三年王汝安……”题字
135	方石		75×35×59	一大块一小块合成	1955年11月下旬	北中墩拆出	刻“偶闻南来遣使……”题字
136	方石	唐	86×34×50		1955年6月	桥身下方北半部河床中	刻咏桥诗句，开头“接袂”
137	方石		62×34				刻“守镇邢台……”题字
138	方石	宋	58×29×48				刻“天水赵近夫……宣和甲长季冬十八日题”题字
139	方石		67×36	两块合成，微残			刻“仆壮年……”题字
140	方石		60×34	两块合成			刻“壬子□九月……”题字
141	方石		90×31	微残			刻“李弼贤、郑嗣宗……”题字
142	方石		72×34				刻“季冬时政……”题字
143	方石		39×35	残存一小部			刻“其尤……”题字

续表

编号	名称	时代推定	主要尺寸（厘米）	完整情况	挖出日期	挖出地点	雕刻内容概要
144	方石	明	78×35			原嵌关帝阁城门上方	刻“辑宁”两字
145	方石	明	76×32	三块合成		同上	同上
146	残石块		54×23				刻“军事上……”题字
147	十六角柱	唐	76	残	1995 年 6 月		各面刻咏桥诗句，开头“物忘情”
148	八角柱		87	残		原置桥东某民居门前	三面刻字，两面刻“夫知赵州军州……”题字
149	八角柱		65		1955 年 6 月上旬	桥东偏南河床中	正面刻“新修石桥记”全文，侧面刻“检校僧释常乐”六字
150	柱础				1956 年 10 月	关帝阁城台基础中拆出	刻有唐张嘉贞、张彧“石桥铭”铭文的一部分
151	柱础				1956 年 10 月	同上	同上
152	残石块		36×16				刻有“城县开……岁次己酉……”题字
153	残石块		21×15	残	1957 年 6 月	桥身东边河床中	刻有“城台而□其爱”题字
154	残柱块		53×16	残			刻有“元祐四年，是桥建于大业之间”题字
155	残柱块		17×15	残	1957 年 5 月 30 日	桥身东边北部河床中	刻有“讫好荘”等题字
156	碑头	明	100×103×36		1955 年 4 月	北桥台引道西方	雕刻盘龙
157	碑身	明	207×94×29	两块合成	1955 年 4 月	同上	嘉靖甲子翟汝孝，李明，徐继申“重修大石仙桥记”
158	碑身	清	200×87×24	一大块两小块合成	1955 年 4 月	北桥台引道西方侧墙中	康熙十一年题名碑
159	碑身	明	249×87×24	一大块两小块合成			嘉靖癸亥孙大学“重修大石桥”
160	碑头	元	宽 71		1955 年 11 月下旬	桥面石中	半圆形，刻有“大元□奥”题字

续表

编号	名称	时代推定	主要尺寸（厘米）	完整情况	挖出日期	挖出地点	雕刻内容概要
161	碑身		宽 90	五块合成，残	1955 年 11 月下旬	同上	刻有“胡世用……”等人名
162	拱石		95 × 107 × 31	完整	1957 年 6 月	桥身东偏北河床中	正西刻束莲，并有三筋痕迹
163	拱石		94 × 108 × 32	完整			同上
164	仙迹						传说张果老驴蹄印
165	仙迹						传说斗笠印
166	仙迹				1957 年 5 月	桥身西边北部河床中	传说斗笠印
167	望柱残块		径 51		1957 年 8 月		刻龙形盘绕其上，上部有欠槎
168	栏板残块						八块，均刻如龙形
169	残石块				1955 年—1957 年		十二块，均有字迹，但模糊不清
170	仙迹				1955 年	桥面石中	传说柴荣车道沟印

注：表格中的“块”，意同“块”。

二　安济桥仰天石统计比较表

编号	总长 L	a_1	a_2	a_3	a_4	总厚 D	d_1	d_2	d_3	总宽 B	圆饰 *	备注
1	110.7	19.2	14	25	35	31.3	4	23	4.3	84.0		无圆饰
2		19.3	17.8	23.5	33	27.0	4	23	0	81.7	16，20.5	后折
3	117.0	20	16.5	24.5	34	34.0	4	23	7	84.5	17.5，20	
4		19	17.5		34	27.0	3.2	23.8	0	47.0		参见图版 14/15 仰天石甲
5	129.5	19	16	24.5	35	29.4	4	23	2.4	77.5	16.5，21.5	
6	131.0	19.5	14.5	24.5	34.7	36.3	3.8	23.5	9	78.5	18.3，26.5	参见图版 12/15 仰天石
7	109.0	18.2	17	25	35	34.4	4.8	23	6.6	78.8	16.5，18.5	
8		19.1	16	25	34.5	33.5	4.5	23	6	78.7	17，21.5	参见图版 14/15 仰天石丙
9	119.0	19.2	15	24.5	35	35.5	4	22.5	9	77.0	17.7，20	
10		18	16	23		31.2	0	29.7	1.5	61.0		后折，无圆饰
11		19.5	16		35	33.3	4.3	23	6	70.0	16.5，20	后折
12		20	17	25	33.7	26.7		26.7		48.0		后折，无圆饰
13		19.2	16		37.2	30.0	4.5	23	2.5		17，21	后侧均折断
14		18.5	16		36.5	31.5	4	23	4.5	64.0	16，20	后折
15	110.5	19	17	22	33.5	28.0	4.5	22.5	1	74.5	16.5，20	
16	113.0	18.8	17	25	35.5	29.5	4	23	2.5	78.0	17.5，20.5	
17	132.2	19	18	23	34.5	27.7	4.5	22.5	0.7	77.0	17.5，19.5	

续表

编号	总长 L	a_1	a_2	a_3	a_4	总厚 D	d_1	d_2	d_3	总宽 B	圆饰 *	备注
18	137.0	19	18	23.5	32	56.3	4	23.5	28.8	54.5	16.5，23	参见图版 14/15 仰天石乙
19	131.0	18.5	15	24.3	35	32.8	4	22.8	6	75.5	17.5，19.5	
20	157.3	20	19.3	24	34.7	34.5	4.5	23	7	58.5		无圆饰
21	167.5	19	16	24.5	34.5	33.5	4	23.5	6	66.0		
22	146.5	19	17	24	36.3	33	4	23	6	82.0	18，20.5	
23	109.5	19.5	18	23.5	31.5	31.5	4.3	23.2	4	83.5	17.5，21.5	
24	135.2	19.2	17.5	24	32.3	32.9	4.2	23.7	5	67.5	16，20	
25	106.0	19.2	16	24.5	34.5	34.7	4.5	23.2	7	91.3	18，19	
26	117.0	19.5	19	24	33.5	31	4.5	23	3.5	90.5	18，22	

第十一节　安济桥考察报告（水文地质报告）

北京建筑工程学院市政工程系 1979.9

在中国科学院自然科学研究室主持下，由茅以升同志主编的《中国桥梁技术史》，去年 10 月召开了一次编写工作会议。会议决定全部《中国桥梁技术史》分为古代、近代、现代二部分，并立即着手古代桥梁技术史的编写工作。经会议分工，我们承担了“敞肩圆弧拱桥——安济桥”等章节的编写工作。

安济桥是我国最古和跨径最大的敞肩圆弧拱桥，是世界桥梁工程的杰作。千余年来，有关该桥的历史文献、资料、神话传说等发现不少。近百年来，国内外桥梁建筑专家学者多次考察，发表了不少文章。清华大学梁思成教授曾于 1932 年亲自考察并发表了《赵州大石桥即安济桥》一文。解放初，文化部余鸣谦、祁英涛、罗哲文、刘致平、律鸿年等同志也先后赴安济桥并发表了考察报告。1955 年安济桥修缮工程施工主要负责人员郭瑞恒工程师做了大量的考察工作，为罗英先生在编著《中国石桥》一书时，对安济桥的论述提供了有关资料，罗英先生根据前人记载和近代的考察及修缮资料，在编写《中国石桥》时，对安济桥做了较全面的论述。英国李约瑟教授来中国考察后，编写了《中国科技史》，其中桥梁部分对安济桥大加赞赏。我们在查阅这些资料中，发现多是有关上部结构和建筑艺术方面的内容，对于下部结构（桥台）、地基与基础则很少。为了进一步发掘继承我国文化科学遗产，编写好《中国桥梁技术史》，在自然科学史研究所主持下，特别是受到主编茅以升同志，国家文物局王治秋局长的关怀，我们组织了一次对安济桥台基础的全面考察勘探工作。勘探工作是由北京市勘探处完成的。陈滋德处长等亲赴现场指导，赵县文物保管所等单位大力支持，使考察工作顺利完成。

一

安济桥俗称赵州桥，位于河北省赵县城南五里的洨河上，为隋代李春所建，距今已有一千三百多年的历史。它是世界首创的敞肩（即空腹）单孔割圆拱桥。（插图 1）

安济桥净跨 37.02m，净矢高 7.23m，矢跨比为 1/5.12。在大拱的两肩上对称的布置着四个小拱，靠岸的两个跨度较大，约为 3.81m，靠河心的两个小拱平均净跨为 2.85m。桥的宽度在拱脚处为 9.6m，拱顶处为 9.0m。主拱圈高 1.03m，在主拱圈上伏有自拱脚处为 34cm 到拱顶处为 16cm 变厚的护拱石，主拱圈由 28 条纵向并列的拱石砌筑而成。桥面两侧的栏板、望柱的雕刻精致秀丽，“龙兽之状”的浮雕，若飞若动，形态逼真。

安济桥在中外桥梁史上占有极其重要的地位，这不仅是由于它年代久，而且从结构和艺术上有它独特的创造。

安济桥突破了半圆拱的陈规，代之以割圆，不仅如此，而且在大拱之上叠加了四个小拱，这是敞肩圆弧拱的首创。这样的拱桥既减轻自重又增大了排洪能力而且可大大减少了桥台的尺寸。采用纵向并列砌筑法也是安济桥的突出特点，这样的结构使在施工中减少了拱架的用量，并大大提高了施工组织的主动灵活性。李春还预见到，纵向并列砌筑使主拱券的横向联结整体性差，因而采取了护拱、勾头石、横拉铁、腰铁、收分等五种措施。安济桥在构造上创造和细致的考虑，都说明建桥者既认真地总结了前人的经验又敢于独创。安济桥采用在割圆拱、大拱上加小拱、起拱线突出，这样的结构本身就是非常美丽的建筑物，加之在艺术的处理上也很讲究。栏板雕刻龙兽之状，为隋代石刻的精华，仰天石飞边 34cm，小拱收回 4cm，再加上四个小拱空洞，使全桥外观轮廓分明。主拱外层面上起线三条，小拱起线两条，并有腰铁、勾石……使桥梁两侧面毫无平淡的感觉。

安济桥建造以来一千多年中，经历了十余次大洪水的袭击，十余次大地震的破坏，也经过了多次较大的修复，使这座壮丽的建筑至今巍然耸立。在 1955 年的修复工作中，曾对安济桥的桥台进行测量，发现基础并无大的走动迹象。在桥台顶端起拱线处的高程，北端东西相差 17cm，南端东西相差 3cm，东侧南北相差 12cm，西侧南北相差 32cm。西侧相差较大的原因是北台西侧曾崩塌过。安济桥千余年不坠的原因不仅仅由于对上部构造考虑的周到，而下部构造，即桥台、基础的设计合理，恐怕也是关键之一。

二

有关安济桥下部构造的论述及考察很少。由于条件的限制，所得结论并不太确切甚至有误。1932 年梁思成教授虽进行了较详细的考察，但对地基基础的状况未能弄清而深感遗憾。他在 1934 年发表的《赵县大石桥即安济桥》一文（见《中国营造学社汇刊》）中写道："为要实测桥基，我们在北面券脚下发掘，但在现在河床下约七八公寸即发现承在券下平置的石壁共五层，共高 1.58m，每层较上一层稍出台，下面并无坚实的基础，分明是防水冲刷而用的金刚墙，而非承纳全部荷载的基础，因再向下三、四公寸即见水，未能继续探察。"又写道："大券两端下的券脚未免水流的冲击必须深深埋下，绝不止在现在所见的券基尽处，……发掘后我因不得知道桥基造法而失望。"罗英先生在《中国石桥》一书中对安济桥的桥台中写道："至于桥台基础的深度，经在西北侧进行挖掘，发现在主拱起拱线下，只有五层石料，共厚 1.549m，第五层石料下面是砂土，用铁钎向下向里面插入越 1m，未发现有任何石料。""桥台是放在粗砂层上，并由钻探河床证实了这一点。验算桥台反应力，每平方公分约 5–6kg……，李春在一千三百余年前就能精确判断这种粗砂地基，可以胜任无疑，故而大胆采用，也不能不佩服他的卓见。"参加 1955 年修复安济桥的余鸣谦工程是在《最近竣工的赵县安济桥》一文中（古建通讯）写道："桥脚之上有矩形桥台，高 3.4m，深约 4–5m，通体以条石砌成，垒砌工正，雕凿方齐，以与拱圈传来的巨大推力相抵。"也还有一些研究"安济桥"的同志，根据历史资料、地形地貌情况对其基础提出过一些推论，例如《桥梁史话》（同济大学路桥系编）谈道："根据 56 年修桥时，在岸边的两米深的淤泥下发现木柱来看，桥台基础下很可能用柱来加固基础，以减少桥台的垂直位移，从地形上分析，两边桥台后座较长（究竟伸长多少，有待进一步探索），以此来减少桥台的水平位移。"综上所述，对"安济桥"的地基基础、桥台记载很少，虽经做了一些工作，但由于客观条件限制，所得结论不明确，甚至有误。

为了进一步认识安济桥，发掘我国历史上在桥梁建设上的成就，编好《中国桥梁技术史》，搞清其地基基础情况是非常必要的。

三

我们确定这次考察的目的是：1. 探明桥台的基本尺寸（桥台长、宽、高）。2. 探明地基基础情况。

3 月中旬，报请国家文物局批准，同意对安济桥进行勘探工作。同时提出了注意事项：南北桥台各钻孔一个；在钻进中不要注水，以防地基液化。

3 月 12 日我们会同北京市勘察处，中国科学院自然科学史研究所、赵县文管所等单位技术人员、工人到安济桥进行了现场踏勘和讨论拟订方案的工作。最后确定：1. 对桥台通过坑探和钻探，确定基底尺寸和埋深。2. 垂直河道布设钻孔，探明桥址地层构造，岩土物理力学性质，搞清桥基的一般工程地质条件。3. 从桥台下取气状土，分析其物理力学性质。4. 研究土的动力特性，分析桥址地基是否有震动液化的可能。

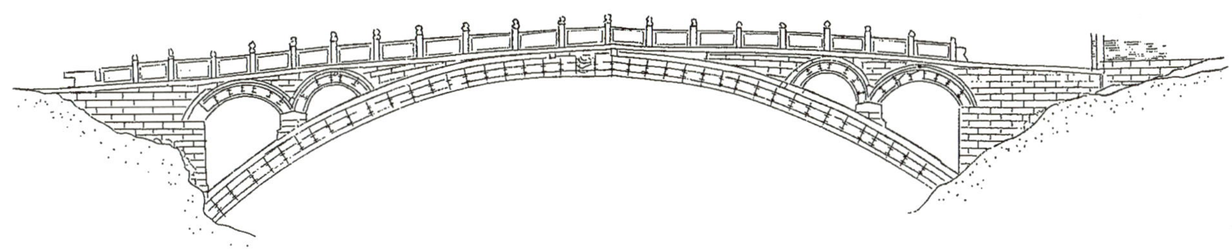

插图 1

采用的几种勘探手段：（1）以 SH–30 型冲击钻、北京铲，探明桥址第四组地层。（2）以 DPP–100 型汽车钻，探明桥台砌石基础。（3）坑探桥台基础埋深，在基底以下用北京铲打水平钻孔，探明地基类型。（见附图一）

四

考察钻探工作于 5 月 8 日至 5 月 14 日进行，野外工作历时七天，有技术人员、干部、工人共计二十三人。中央电视台在现场拍摄了纪录片，并在 6 月 14 日的电视新闻节目中播放了“安济桥考察”。

勘探工作按如下几步进行：

（一）探明桥台基础沿桥轴向的长度：采取沿桥中线距桥台自远而近布置钻孔探索桥台基础的长度。从北桥台开始，首先施钻基 4# 与基 3# 钻孔（基 4# 孔距桥台前墙 15m，基 3# 孔距桥台前墙 13.55m），分别钻深 5m 与 10m，在 3.4m 处见老土（指未经人为扰动，且非新近沉积之底层）而未碰到任何砌筑物（见附图四），钻孔再前移，因北边路面较低，施钻困难，故把钻机移至南台，基 1# 与基 2# 钻孔（基 1# 孔距桥台前墙 6.2m，基 2# 孔距桥台内测 3.75m）。施钻结果：基 1# 孔钻深 13.5m 未触及任何硬物，而基 2# 孔穿透桥面结构层（约 65cm）很快就触及了桥台砌石。但在施钻中，由于旋转钻需注水冷却钻头，发现台身个别块石砌体缝渗水。为保证施钻中砌体不漏水，停钻填入水泥砂浆，经 36 小时，继续施钻，仍漏水，经研究，应按国家文物局要求进行，确保国家重点文物，故停止桥台钻孔。钻孔立即灌入小石子砼，桥面部分取出的岩心按原状补入。经现场推算及鉴别，认为在距桥台前墙 6m 之外即无台身也无台基。桥台长度在 5m 左右，其最大误差为 ±1m。

（二）探明桥台宽度：在南桥台西侧距桥台侧墙 1.5m 处（5#），用冲击钻钻孔，钻至相当基础标高处见到亚黏土，钻操 10m，亦未触及台基（见附图六），因此，桥台基底宽度并无扩大。

（三）桥台砌置深度的推测：为了探明桥台砌置深度在南北两台各部设两个探坑，位置（附图一）的选择上，考虑到历代该桥的修复，勘察情况，如公元 793 年刘超然的新修石桥记中说“壬申岁（公元 792 年）七月□水方割陷于梁北之左趾”，即北桥台的西北角被水毁。梁思成先生亦在此处挖深坑。1955 年修复中，桥下曾开挖。经比较研究决定在南台西南角、北台中部，各挖 3m×2m 的深坑，在下挖约 0.5m 时，即见到拱脚，再向下挖 1.6m，即见到桥台基底，其情况见附图五。南台所见的为五层砌筑工整之条石，灰缝很薄，无裂缝，每层略有出台。石料下层较上层稍厚。五层石总厚约 1.6m，其下为轻亚黏土。北台有三层台阶，靠拱脚处与南台同宽为 40cm，后两台阶总宽约 75cm，这两台阶是 1955 年修复为立拱架而砌筑的。在深约 1.6m 以下亦为轻亚黏土，为探明基础的砌置深度，并判断南端所见墙是否是基础的一部分，在两个探坑我们进行了下面的工作：

在北桥台拱脚下 1.6m 处，沿桥轴方向向桥台平行的方向（见附图五），用洛阳铲打一水平孔，打入深达 4.4m（略有 15° 左右之倾斜角），取出土样均是亚黏土，既没碰到石砌体亦未碰到砂木之类的物质。安济桥拱脚处拱轴线的倾斜角为 42° 48′，照此计算，4.4m 远远超过拱券之延长段，这说明金刚墙顶所见就是拱脚，同时也进一步说明金刚墙下所见之基础并非防冲刷而设置的，它是桥台基础的一部分。水平孔进行分析后立即回填，并夯实。在这段灌注小石子砼。

在南台深坑中（见附图五），发现平置有栏板三块。其一为长 1.17m，在基础西南角下，沿基底水平向里塞进 15cm 深，与基础密贴且平行（插图 2 — Ⅱ），其上刻有鳞甲蛟龙，雕凿精细生动，刚劲有力。第二块为长 1.1m 之斗子卷叶栏板，与基础约成 15° 之夹角，平放在基下，深入最大宽度约 40cm，并且低于基础 16cm，其间用碎石和砂黏土填紧。第三块与第一块紧接且在同一水平位置，大部分深入桥台护坡之下，图案不详。根据三块栏板的尺寸、石质、光泽、刀法以及Ⅰ、Ⅱ块的图案等进行分析比较，均为隋代栏板。经与有关部门商议，决定将外侧那块龙栏板挖出，清洗后已放入陈列馆展览。取出栏板后用铁钎向里插入没有发现有石料，均为密实的亚黏土。龙栏板石之下亦为亚黏土，无石料或碎石。为进一步了解外露五层石是否为基础的一部分，自桥台西侧向里第六块拱脚石处发现有一小洞，用铁丝将洞内很湿的黏土掏出，可将四个手指同时伸入小洞，铁丝进洞沿石缝直扦进去达 71cm。发现在平置的石（基础面石）与拱脚之间无任何联系（插图 2– Ⅰ）。而且在拱脚与平置石之间有一块向上倾斜的石块，倾角约 50° ，而平置石在拱脚起拱线处并没有断开，为一整块，这说明外露的五层条石是基础的一部分，且拱脚石平置于基础顶面，基础深埋为 1.6m。

（四）为了解建桥处地质情况，分析桥梁的地基，在勘察桥台基础的同时，在桥址处布设了地质孔

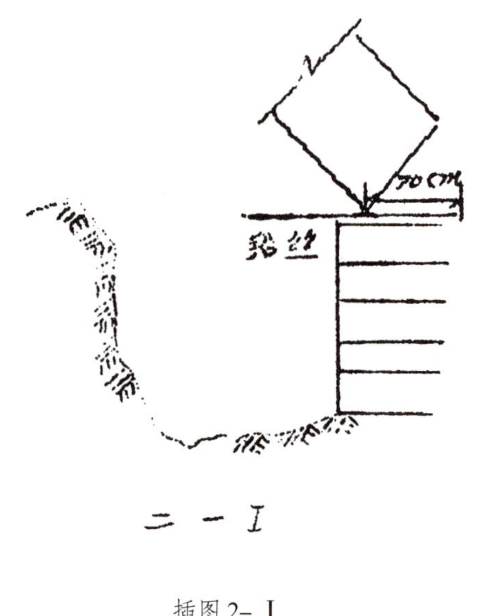

插图 2– Ⅰ

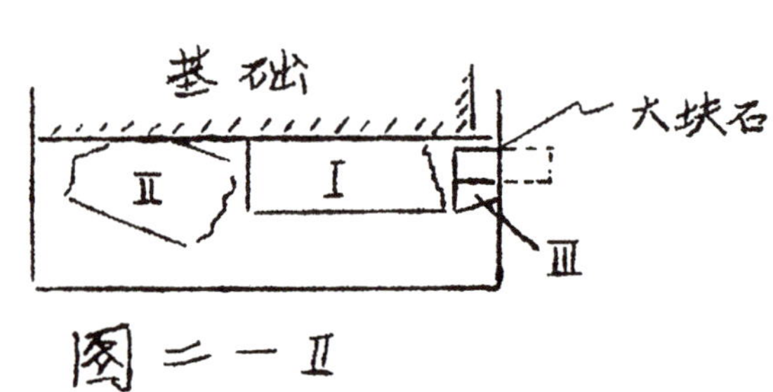

插图 2– Ⅱ

（见附图一），桥址地层构造见附图二、三、四。各地质孔取土样运回北京进行室内分析（桥管所亦留样准备进行展览）其实验结果见附表 1、2、3。

关于安济桥的工程地质情况：

1. 水文：桥址隶属冀中平原，且处于洨河的中游，经宁晋县汇入滏阳河。现在洨河经常干涸，排泄石家庄地区工业废水，仅在雨季有洪水通过，本次勘察中地下水位已经下降到 15m 左右（标高 24.7m），如从河床表面计算亦有 7m 之多。

2. 桥址地层构造：自上而下可分为六层。

①$_1$ 人工填土：呈褐黄色，硬塑、湿，含砖头石块等。分布在河床西侧台地 3~4m 以上的部分。桥下（地 2# 孔）河床表层约 3m 土呈黑灰色，软塑，饱和黏性土中混砂，考虑过去这部分曾经进行过人工发掘，定为人工填土。

②$_2$ 亚黏性土冲填土：呈黄褐～褐黄色，软塑～硬塑，湿～饱和，混砂性土，含砖头、石块、江石、贝壳。仅分布在桥的上、下游河床表层约 3.5m 的范围内。

①$_3$ 中、粗砂冲填土：呈褐黄色，中下密，湿～饱和，混黏性土，含砖头、石块、江石、螺壳等，一般分布在①$_2$层以下，或为①$_2$的夹层，层厚约 1~2m。

② 亚黏土：呈褐黄色，硬塑，湿，含江石、植物根。分布在河床两侧台地的人工填土层以下，厚约 3.5m。

③ 轻亚黏土：呈褐黄色，硬塑，湿～饱和，含江石。分布在桥台基底及以下，层厚在 7m 左右，是桥台主要持力层。土的物理、力学性质指标（算术平均值）如下：天然容重 $\overline{r}$=1.95T/m^3，饱和度 $\overline{G}$=0.76，液性指数 $\overline{I}_l$=-0.41（当 $\overline{G}$=1 时，计算 $\overline{I}_l$=0.41），天然孔隙比 $\overline{e}$=0.63，室内压缩模量 $\overline{E}_{1-2}$ =192kg/cm^2（当 G=1 时，$\overline{E}_{1-2}$ =149kg/cm^2）。

③$_1$ 黏土：呈棕黄光，硬塑，湿。仅分布在标高 29.0m 附近，为③层轻亚黏土中的夹层，层厚仅 0.15~0.5m，尽管层厚不大，本次勘察全都钻孔在相近标高均可见该层。

④ 亚黏土：呈褐黄色、硬塑、跑和、含江石，分布在③层以下，厚约 3 米，为桥台地基之下卧层。土的物理、力学性质指标（算术平均值）如下：天然容量 $\overline{r}$=1.98T/m^3，饱和度 $\overline{G}$=0.93，液性指数 $\overline{I}_l$=0.39，天然孔隙比 $\overline{e}$=0.69，室内压缩模量 $\overline{E}_{1-2}$ = 91kg/cm^2（当 G=1 时，$\overline{E}_{1-2}$ = 87kg/cm^2），土试原始数据见土分析结果报告。

⑤ 粉、细砂：呈褐黄色，中密，饱和，厚约 1.5m 左右，分布在距桥台基底以下约 9m。

⑥ 亚黏土：呈褐黄色，硬塑，饱和，勘探至标高 17.68m 该层仍未穿透（见附图二、三）。

3. 地基评价

（1）轻亚黏土天然地基：通过野外鉴定和室内分析，可以断定安济桥采用浅埋天然地基。持力层并非粗砂而是轻亚黏土，（即③层）鉴定其分类的指标，塑性指数 I_p=6.8，颗粒组成 0.25~0.1^{mm} 占 15%，0.1~0.05^{mm} 粒径占 45%，0.05~0.005^{mm} 粒径上占 40%。土的天然孔隙比 $\overline{e}$=0.63，（$\overline{e}$max=0.69）。饱和土液性指数$\overline{I}_l$ = 0.41，地基土的基本承载力 σ_0 = 34T/m^2。

罗英先生所提安济桥地基为粗砂问题，我们在现场进行了认真的分析，并为此在桥上游 20m 位置垂直河道布设浅层地质剖面（见附图三），以探明粗砂层的分布情况，从钻探结果可知，河床浅层确实分布有中、粗砂层，但不够稳定，厚度亦不大，该层中含有砖头、贝壳等，属于近代冲填土。而《中国石桥》一书中，所引用的河床地质剖面图（插图 3），从图中看出河床表层为细砂、粗砂所组成，河床的地质孔，在基底标高处和岸上的土质是不同的。为进一步研究这个问题，1979 年 6 月初我们又专程拜访了张家口地区公路局郭瑞恒工程师。他是 1955 年安济桥修复的施工主要负责人，据郭瑞恒工程师谈，罗英先生所著《中国石桥》一书中关于安济桥的技术资料主要是他提供的。根据他回忆，桥基下是否是粗砂，并没有确切的把握。当时在北桥台东北角处挖了一个探坑，坑内地下水很多，用手取了些土，发现含砂较多，就初步认为是砂土，但究竟是哪一类土质，并未进行试验（现场或室内）鉴定。在河床上的钻孔，是用手钻（麻花钻），钻探深度 5~6m，经现场目测，认为河床下 3m 左右有砂土，（也未做实验鉴定工作）。当时这些工作并非正规进行，亦受条件所限，个人出于工程技术情况作了粗浅的调查，当时未做正式记录。后罗先生来信要时，整理了一份寄给了他。从以上现场勘察、试验、分析、访问，我们认为：桥基并非建在粗砂层上，而是建在比砂更老的轻亚黏土层上。

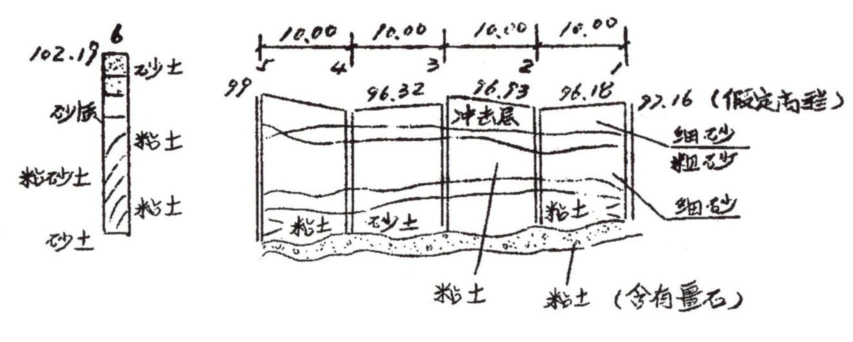

插图 3

（2）地基抗震：安济桥修建一千三百多年来，历经战争、水灾、地震等灾害。尤其是地震，据记载大的地震就有 10 余次，桥梁工程的震害往往是由于砂基液化而地基失效，造成基础发生倾斜或下沉。安济桥地基土主要是轻亚黏土③与亚黏土④层，砂层很少，地下水位（现在）深达 15m（自河床算起亦有 7m 之多），因此振基础不会产生震动液化。从 1955 年修复时的现场测量来看，并无大的走动亦说明了这一点。当然在高烈度、历史高地下水位以下时是否一定不会液化尚难肯定。

五

初步结论，考察工作结束后，经过初步的分析和必要的试验，以及计算工作，查阅资料我们认为：

（1）安济桥的桥台为低拱脚、短桥台，浅基础。桥台的长度约为 5m，宽度为 9.6m，桥台高约 6.6m。基础的宽度为 9.6m，长度为 5.5m，高度为 1.6m。基础的埋置深度约为 2~2.5m。

（2）桥台基础的持力层为轻亚黏土③层，并非粗砂，其地基上的基本承载力为$\sigma_0 = 34\mathrm{T/m^2}$，其下卧层为亚黏土。

（3）安济桥没有采用人工地基，桥台基础直接砌筑在天然地层上。桥位于老土（河床 3.5m 以下）为一般第四纪冲击层，地层稳定，土质均匀，是良好的天然地基。

（4）经验算：地基应力为$\sigma_{\substack{\max\\ \min}} = \dfrac{4.4\mathrm{kg/cm^2}}{3.1\mathrm{kg/cm^2}}$，桥台的抗滑稳定性为 K_c=0.7。

安济桥在技术上的伟大成就，绝不仅仅在于上部构造。在亚黏土的天然地基上，这样大跨的石拱桥采用如此小的桥台，在古今中外的桥梁史上亦是罕见的，它为我们研究古建筑，发展我国桥梁建筑事业提供了宝贵的经验。

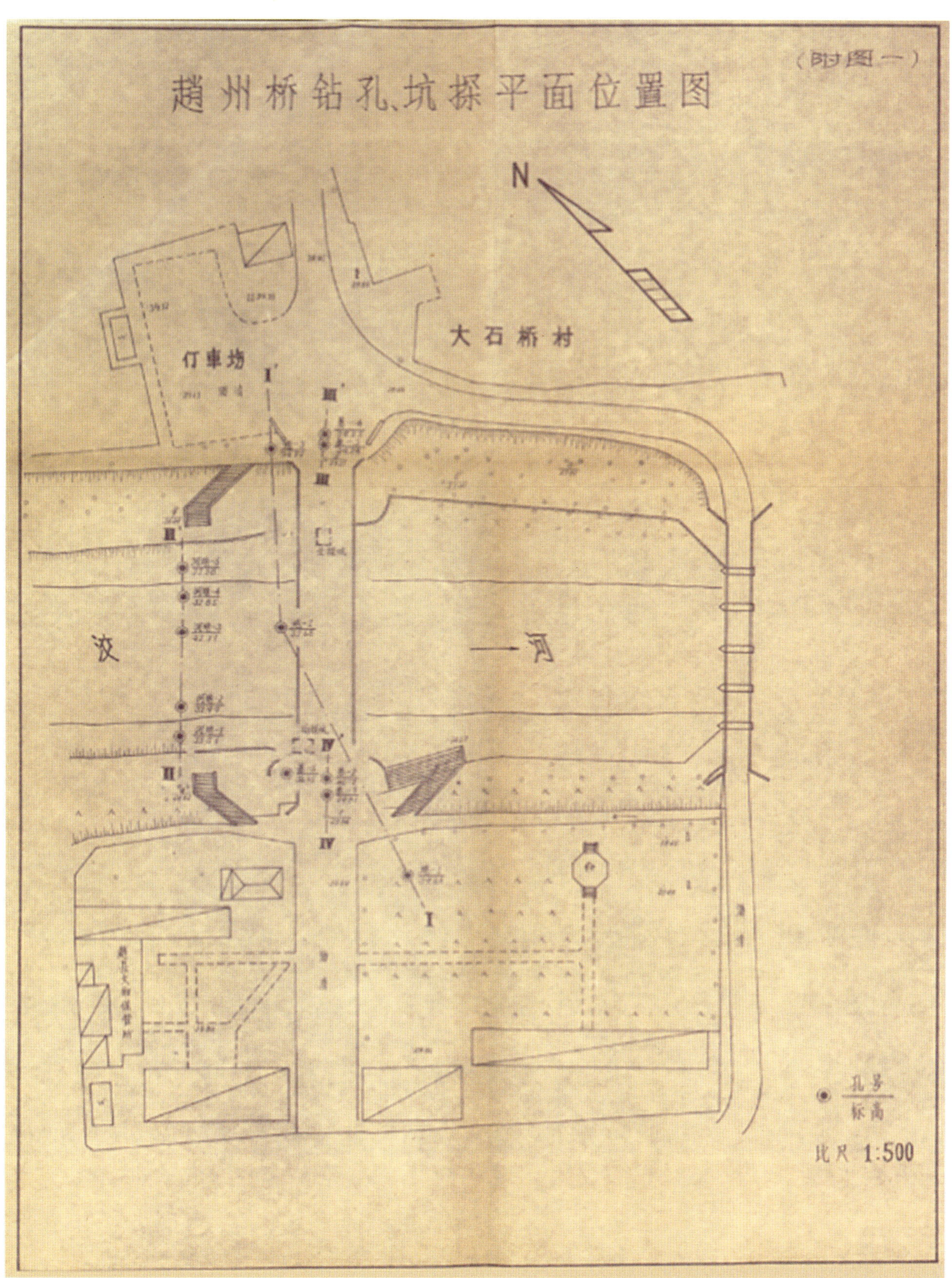

附图一

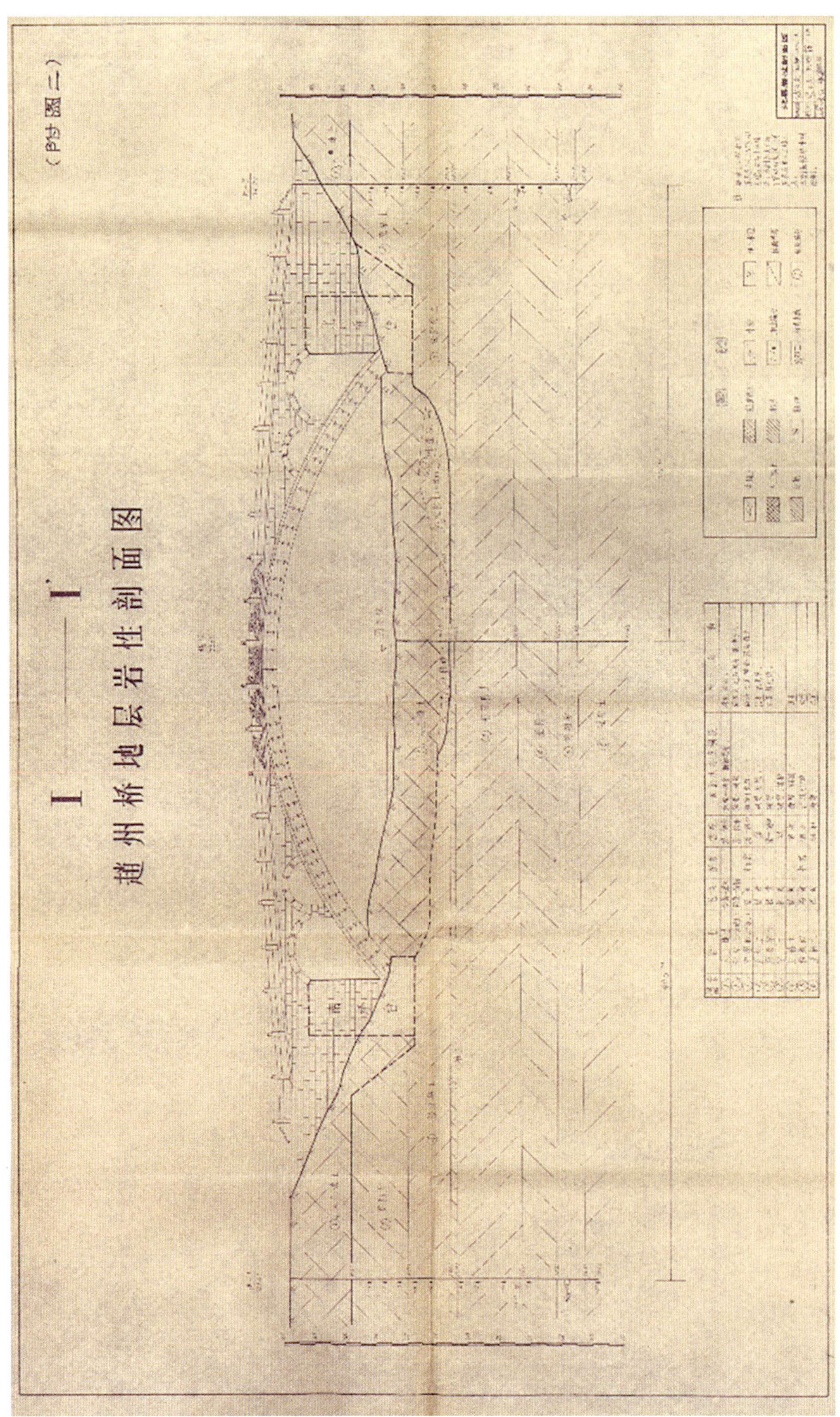

附图二

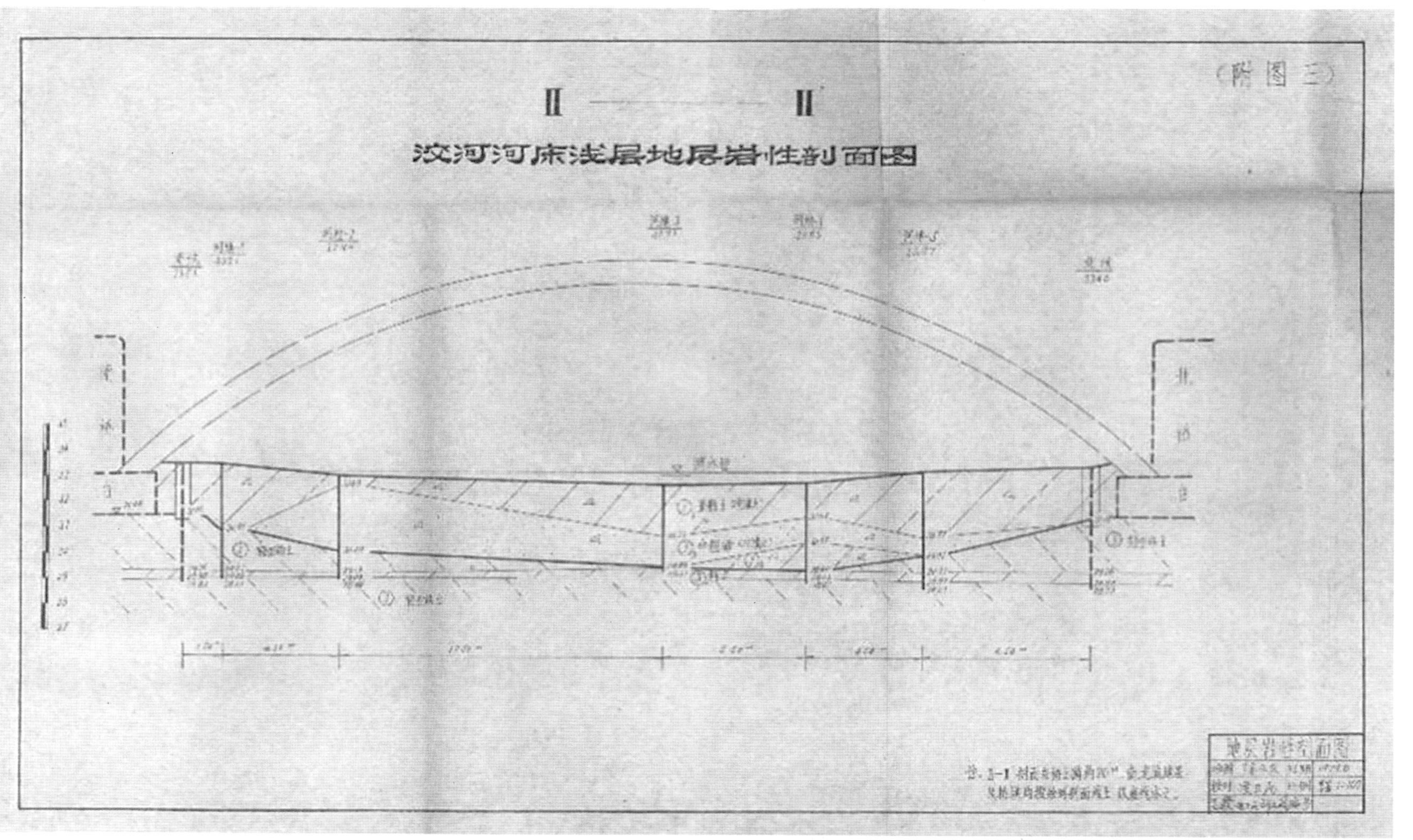

附图三

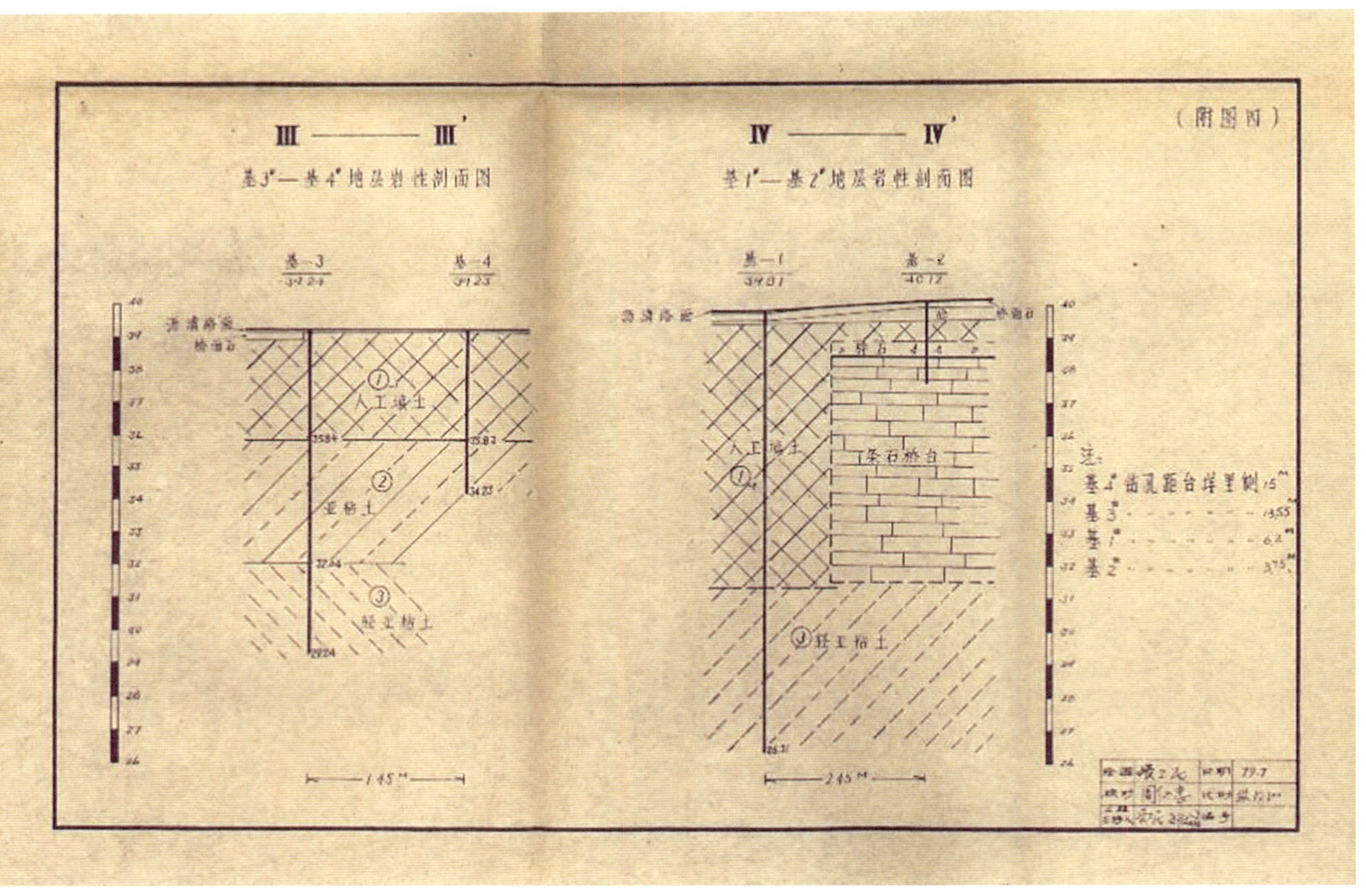
（附图四）
III —— III′
基3#—基4#地层岩性剖面图
基-3
基-4
① 人工填土
② 亚粘土
③ 轻亚粘土
145M
IV —— IV′
基1#—基2#地层岩性剖面图
基-1
基-2
条石桥台
245M
注：
基4#孔距台洋里侧15M
基3# 13.55M
基1# 6.2M
基2# 3.75M

附图四

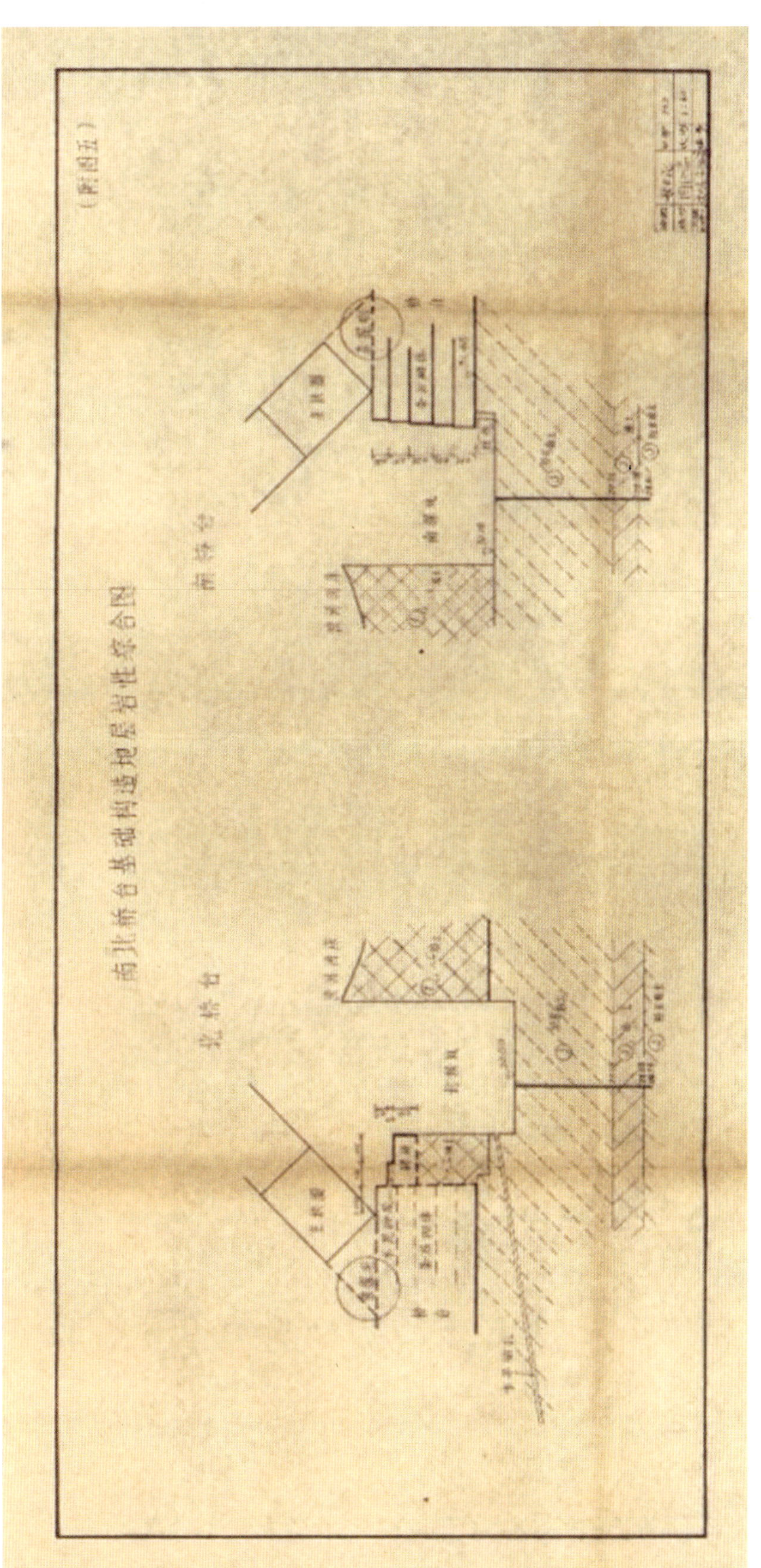

附图五

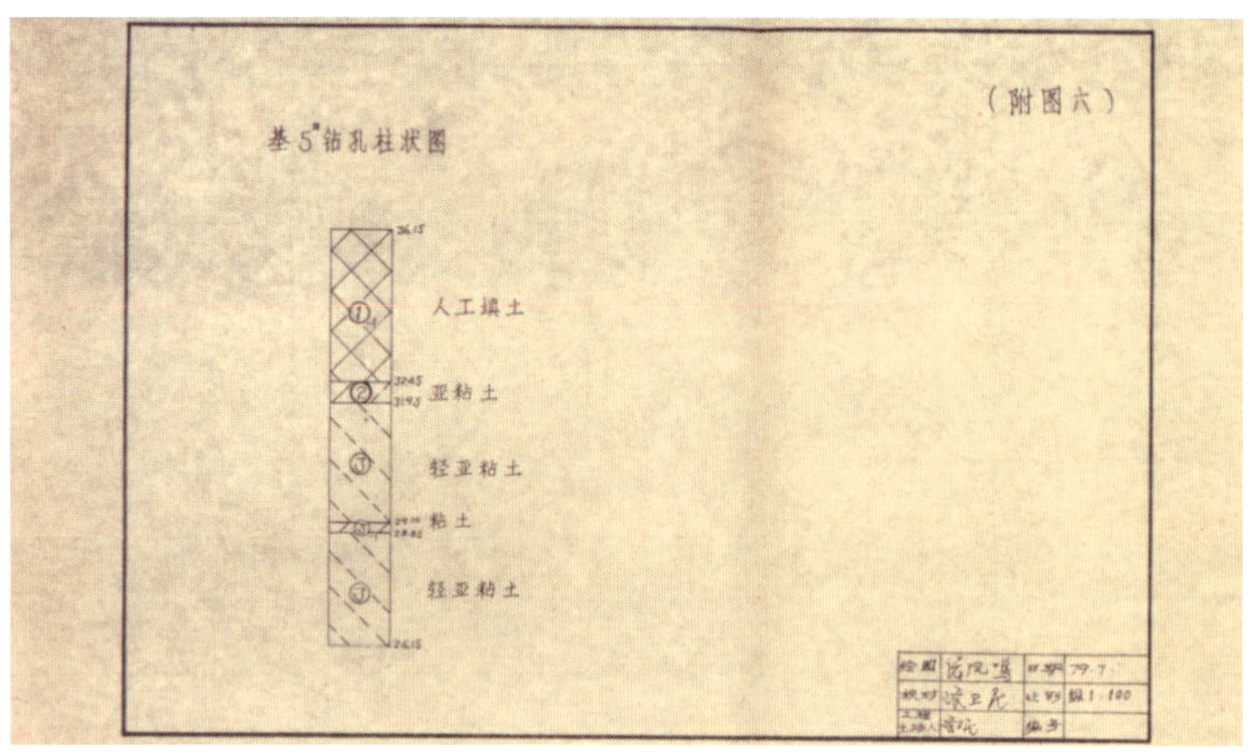

附图六

工程名称 赵州桥　　工程编号　　地层岩性及土的物理力学性质综合统计表　　工程主持人

土层编号	野外描述：岩性	色泽	密度	湿度	碎石状态级配	含有物	野外强度	贯入锤数 $N_{63.5}$	综合统计指标	W	γ	S_r	e	W_p	I_L	$E_{0.5}$	E_{1-2}	E_{2-3}	E_{3-4}	im	θ	C	φ	土块数	尖锥贯入 N_{10}	次数	供沉降分析之 E_s
②									平均值		2.08	0.81	0.50		-0.37		196	264	370					3-5			
									平均最大小值		2.04	0.89	0.34		-0.19		159	230	308								
									最大值		2.17	0.97	0.57		-0.01		276	322	483								
									最小值		1.99	0.61	0.42		-0.74		122	196	245								
									平均值							饱和状态时	131	207	259			0.36	27°50′				
									平均最大小值								130	200	237			0.33	25°40′				
									最大值								137	216	321			0.40	31°30′				
									最小值								128	192	214			0.29	23°30′				
③									平均值		1.95	0.76	0.63		-0.41		192	254	372					5			
									平均最大小值		1.92	0.84	0.69		-0.41		170	233	324								
									最大值		2.06	0.92	0.75		0.19		245	321	490								
									最小值		1.99	0.57	0.55		-1.14		148	212	275								
									平均值						0.41	饱和状态时	149	219	284			0.10	33°30′	5			
									平均最大小值						0.52		131	190	249								
									最大值						0.63		195	276	386								
									最小值						0.25		113	160	213								
④									平均值		1.98	0.93	0.69		0.39		91	125	152					3			
									平均最大小值		1.95	0.93	0.75		0.65		78	103	125								
									最大值		2.02	0.94	0.81		0.50		128	174	213								
									最小值		1.92	0.92	0.63		0.20		65	81	97								
									平均值							饱和状态时	37	130	141					3			
									平均最大小值								70	103	117								
									最大值								122	195	195								
									最小值								53	75	93								

抄表人　　日期 79.8

表一　地层岩性及土的物理力学性质综合统计表

土分析结果报告

表二　土分析结果报告（一）

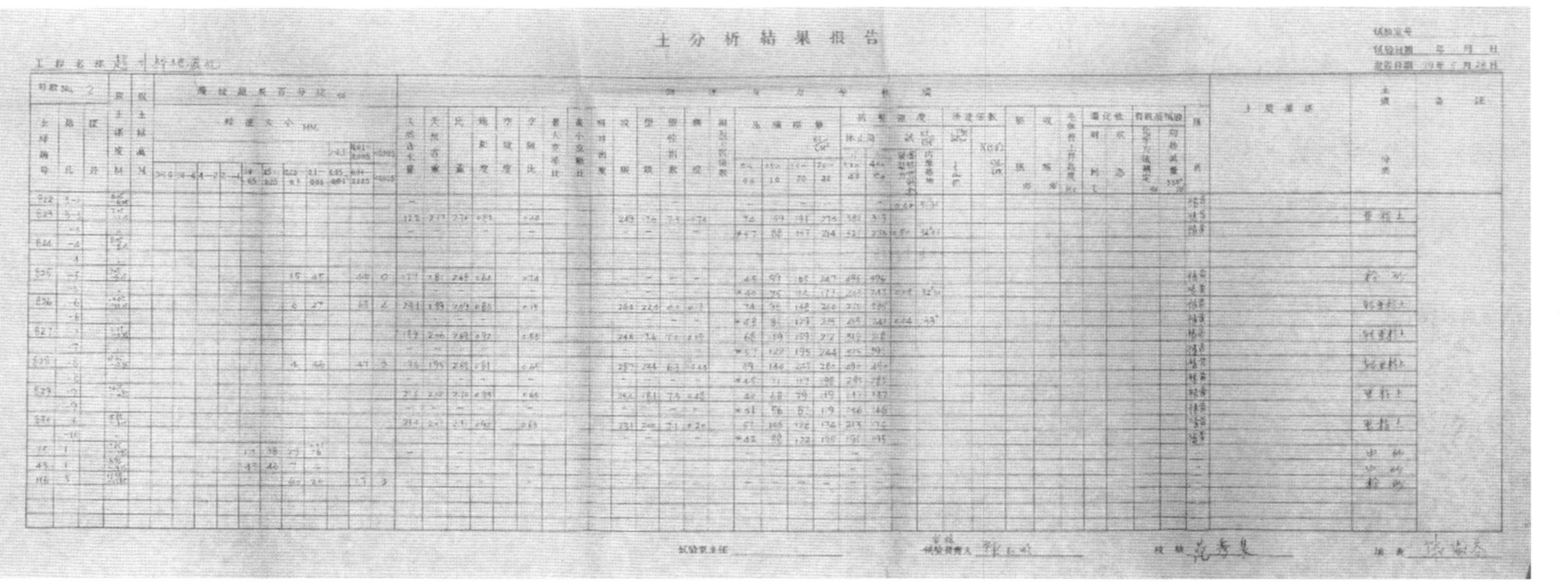

表三　土分析结果报告（二）

第九章　安济桥修缮工程技术资料

第一节　河北省赵县安济桥（俗称大石桥）勘察工作日志（1952 年 11 月 25 日）

［附：赵县大石桥（安济桥）修缮计划和概算总表］

十一月五日（星期三）晴

上午准备行装测绘用具等，乘中午十二时五十分车由北京出发。此行共十一人，除本会祁英涛、余鸣谦、李良娇、孔德垿、王月亭、孔祥珍、周俊贤、酒冠五八位同志外，并有社管局罗哲文同志、清华大学刘致平教授、天津大学卢绳教授同行，于当日下午四时二十分到达保定河北省府文化局，与申局长会谈此行工作任务。当晚分住于文化局与戏改会中。

十一月六日（星期四）晴

上午早饭后，研究修缮大石桥工作，在技术上推由刘致平教授负责，关于设计原则初步有两种意见：

1. 改用钢筋混凝土伏石。

2. 用石块加铁榫。

最后决定到现场根据实际情况再决定，于当日下午二时许乘火车出发去石家庄。省文化局里正同志及交通厅张玉坤同志同行辅助工作，当日晚七时到达石家庄专署，与王专员会谈后，即住招待所。

十一月七日（星期五）晴

早八时乘汽车向赵县出发，专署建设科付顺新同志随行，罗哲文同志因局方有工作乘车返京。

于十时许到达赵县县府与曹副县长会谈，县方并派文教科、建设科三位同志陪同乘大车至大石桥村，下午四时许到达，下榻于该村文化馆。稍息后即去安济桥进行初步勘察，并向群众了解关于大石桥的事情。当晚即研究明日工作，计划分三方面进行：

1. 测量校对原有图样之尺寸。

2. 调查研究工程细部手法。

3. 勘察石桥破坏情况。

研究做法后，又与当地村干部座谈关于修桥的意见，据反映群众都愿意修复这座历史上有名的石桥，并希望将桥南端的关帝阁照原样修复，并且说：“阁中的三个泥像就不要修了。”因为群众认为有了桥头关帝阁，大石桥就更显得壮观些，并不是为封建迷信而要求修复此阁。最后并请村干部代为解决梯子、测量木桩及挖土工人等准备工作。

十一月八日（星期六）晴

早饭后即按昨日工作计划分三部分进行勘测，原计划先掘开桥墩两端积土，测量地基是否下沉。当时因土中积石太重，移动不便，又经大家研究认为石桥东面塌陷三道券，系因桥面漏水，灰浆被冲，再遇大的震动而倒下，并非地基松软所致，因此上午即停止此项工作。中午曹副县长来看望并会同勘察周围地形，选定预修便桥之位置。经查后，并根据村干部的建议，决定位置在大石桥东面约六十公尺处。午饭后继续工作，日落时工作已大致完成。晚间将勘察底稿详细校对，发现有几处遗漏，决定明早补测。

十一月九日（星期日）晴

今日为大石桥村集日，为了我们测量方便，村里决定桥上桥下禁止摆货交易。我们认为这样有些妨碍群众生产，因此在天亮时即开始补测。九时许测完，集市照常恢复。用早饭后即乘大车至宋村济美桥参观，中午至县府稍息，由曹副县长陪同去柏林寺、文庙，文庙内建筑全毁，只余古碑数座。内有唐大历九年石碑一座，正面为宋刻蔡京篆额，甚为名贵。惜尚有一些古碑，被该占用单位（赵县榨油厂）埋入新建房屋地基中。

然后至南街勘察宋幢，该幢为宋景祐五年造，为国内最大之经幢，雕刻精美，但下部被铺房遮盖，应急速加以整理。晚间与专署及县府干部召开会议，由卢教授谈大石桥计划大纲。刘教授并提出该县柏林寺、文庙、石碑及宋幢之保护意见，并提出对文庙之占用单位应加强教育，注意保护古代文物。曹副县长并提出该县有老匠人于修大石桥关帝阁时曾详记尺寸，待整理后可供参考。

十一月十日（星期一）阴雨

起床后即在县府参观出土文物。早饭后，收拾行装，顺路至小石桥勘察。十一时乘汽车去石家庄，中途细雨淋淋，车又无棚，大家衣衫全湿。下午一时至石家庄，即到火车站，于三时乘火车返保定，晚七时到达，分住于省文化局、戏改会及复兴客栈内。

十一月十一日（星期二）阴雨

上午大家在文化局研究大石桥设计原则，下午请省交通厅总工程师楚润德同志及张玉坤同志座谈修缮大石桥原则，并对施工技术问题交换一些意见，结果如下：

1. 恢复大石桥原有二十八道券，其中拆砌东面二道券，新修三道券，其余不动，勾抹齐整，个别酥碱过甚之石块替换。

2. 大券之小券之伏石，改用钢筋混凝土板，露明处照样用石料补作。

3. 大券伏石以上全部拆砌，重新归安。

4. 路面加铺钢筋混凝土板，表面仍用旧石铺墁，中间凸起处，经了解系后来所改，仍落平。桥面上神话传说之驴迹车印保存。

5. 桥上栏杆采用小石桥式样，望柱头根据历史记载，全刻狮子石料，根据民间传说及雕刻技术，改用汉白玉石。

6. 关帝阁照原样修复，详细结构再议。

7. 便桥在大石桥东面约六十公尺处，因将来桥下河道只为灌溉用，桥身可尽量缩短。

8. 大石桥施工由各单位联合组成，但技术领导由何单位负责，未能解决。

9. 大石桥所用石料，拟由石家庄专署去娘子关一带采集，送样品检验后再作决定。

晚间，即开始分工，分绘图、估算、写做法说明书三部分，并做一些准备工作。

十一月十二日（星期三）小雪

晨起，即开始工作，卢绳教授因假期已满，于上午十时返津。午后交通厅张同志参加估算工作。

十一月十三日（星期四）阴

继续进行绘图等工作，晚间图说预估说明书等全部完成。佟泽泉同志持社管局函件来保，即根据局方意见加以研究。所提各项皆已照做，唯大石桥伏石问题。将图送交通厅楚总工程师，请提意见，最后他仍是赞成上次座谈的决定，因此设计没变更。

十一月十四日（星期五）阴

晨与申局长会谈大石桥设计情况，并对拨款问题交换意见，九时乘火车去正定，里正同志同去。佟泽泉同志及王月亭同志于同日携带测量仪器返京，午后二时到达正定县府，与杨秘书及文教育科李峰同志会谈，专署派文教科刘捷民同志前来照料。饭后即去隆兴寺慈氏阁做初步勘察，晚间研究工作，分四组进行。

1. 测大木
2. 测斗栱装修
3. 勘查残破情况
4. 摄影

并由县方代为找扎杉，工人搭测量架子，并由县方供给杉槁。当日里正同志即返保定，大家均住于县府。

十一月十五日（星期六）晴

上午先去天宁寺，木塔勘察，经李峰同志提议去看“重应寺”？因未带介绍信，未能如愿，但该寺已为军用制鞋厂拆改，原貌已无存。至隆兴寺，因架木尚未搭好，只得改变计划，先去青塔、华塔、开元寺、砖塔勘察，归来已暮色茫茫。

十一月十六日（星期日）晴

晨起即去隆兴寺按计划测绘慈氏阁，午后三时工作完毕。在寺内其他各殿参观后，即返县府用饭，饭后正定县委组织部智部长来谈。晚七时乘大车至车站，在县信托公司候车，十时五十四分即乘车返京。

十一月十七日（星期一）晴

晨六时到达北京。

附：赵县大石桥（安济桥）修缮计划

一　工程范围

赵县大石桥在县南大石桥村，隋建单孔石券造，为我国最大最古之拱桥。现在桥东侧石券三道无存，两道闪裂欲坠，大券及空撞券，券石多有酥碱、风化，桥面、石栏板一部无存。除大券二十三道不动，其余大小券石、石栏板、石桥面一律拆落归安及补配，加筑铁筋混凝土板。

桥东西侧原有泊岸一部，为积土掩埋，酥碱甚巨，需清除积土。泊岸拆落归安及补配，并增砌一部泊岸，以资保固。

桥南原有关帝阁三间，布瓦歇山顶，矗立城台上。现在阁本身为战火摧毁无存，仅余城台，亦残破不堪，需将城台砖墙拆砌，重建关帝阁。

（二）修缮概要

项目	名称	现状	修缮概要
（甲）	石桥及泊岸		
一	石栏板及望柱	东面石栏大部无存，代以砖砌女墙，西面石栏小有残缺。	全部改用新石料雕作安装
二	石桥面	原有桥面坷坎不平，桥中心凸起人行道，一条系后来加作。	桥面石翻修灌浆，下加作铁筋混凝土板路基，凸起行人道落平。
三	空撞券四孔	券石大部酥碱风化，券伏石均有残缺。	四孔券石全部拆落归安，伏石改用铁筋混凝土造。
四	大券	东侧三道无存，两道闪裂，其余券石间有酥碱风化处。	东侧残缺处补配，闪裂处拆落归安，其余券石酥碱过甚者剔换。伏石改用铁筋混凝土造（南北二孔空撞券下部分仍旧加用原来伏石）
五	泊岸	桥南北侧原有护坡，泊岸石大部酥碱。	原有泊岸全部拆落重砌，酥碱过甚者换新。
（乙）	关帝阁及城台		
一	城台	城墙闪裂/木骨糟朽。	城墙门券全部拆砌，木骨糟朽者换新，马道照图示位置做齐。
二	关帝阁	无存	依图示样式重建复原。

三　主要材料规范：

甲、石料：添配石料用娘子关附近采石，需质地坚实，纹色均一者为合格，凡石层松脆，不耐风化者不得用做伏石券石。

乙、铁筋：铁筋混凝土中所用铁筋，以东北鞍钢为准，需不锈不裂，能经冷弯者。

丙、砂子：混凝土中所用砂子，需颗粒均匀，不含杂质者为合格。

丁、石子：混凝土用碎石作粗粒料，大小均匀最大不过五公分，用前清水洗净。

戊、洋灰：混凝土及灌缝用洋灰，均以唐山马牌为准，凡受潮凝结成块者禁止使用。

四　施工准则：

甲、桥基清理：施工之先将坠落河床上之石块清理码放一处，发现旧刻石活，需注意保存完好。钻探河床部分，检查水位置高低，有无海墁基础，若河基土质松软不足承重，需加栽木桩夯实基土，以备支搭桥架。

乙、桥架：大券下方，依约二公尺中距支搭桥架六道，需选用坚实松木料，铁活钉固，桥架结构务须足以承担石桥之重量。桥架之空间，用土袋分层填实，上面铺钉楞木托住石券下皮，桥架下部东西向须砌出一公尺直径砖涵洞五道，以备雨季流水之用，空撞券四孔下方依同法支搭桥架托住券石。

丙、石桥上部之拆落：先将桥栏、桥面石卸下，然后自中心向两侧顺序将空撞券四孔拆除，再将大券东侧闪裂之两道拆落，拆除时须记住石块部位，以便装安。其原有文字或蹄印、车轮印之石块，均须特别注明。

丁、券石灌浆及归安：

1. 大券西侧二十三道券石石缝隙大小不等，一律灌足一三洋灰砂浆。缝宽超过三公分时，即依混凝土打做，其风化过甚之石块须换整齐。

2. 大券东五道及空撞券均照原样对称归安，石活灌入一三洋灰砂浆，石活不足之处，用新石料裁做。露明之面均须分别依原貌剁斧见平，剔出线道或雕作龙首。石面原来按照铁锔者仍照原样上下排装铁锔两行，铁活上防锈油两道。

3. 券石底皮用洋灰砂勾凹缝，注意不得毁损原来石块之外观。

戊、铁筋混凝土板：

1. 桥面路基、空撞券及大券伏石部分均用铁筋混凝土板造。

2. 伏石部分在打筑混凝土之前，须将铁攀卧入券石石缝中，每行下四道四公厘厚、十公分宽之铁攀，行中距约一公尺为度。

3. 本工程用混凝土板厚约十五公分，为防止温度影响，分段筑打，混凝土缝用油膏灌实。

4. 混凝土成分，依一份洋灰、二份砂子、四份碎石配合，搅拌均匀后立即打筑坚实，另酌用避水粉，以资防水。

5. 凡混凝土部分上面加抹一三洋灰砂罩一层抹平、轧光，以期水流畅利。

6. 用作桥面路基之混凝土板下方，加打三七灰土一步作基础，虚铺二十五公分打成十五公分。

己、空撞券之三角地带：空撞券之混凝土打筑十天以后，经检查无误，在三角地带分层夯铺碎石，两端留出水口。

庚、桥面泊岸之归安：

1. 桥面泊岸之石活一律重新用一三洋灰砂浆，归安平实。

2. 桥面石勾平缝、泊岸勾凸缝均用一二洋灰砂勾抹。

辛、石栏板：

1. 石桥上两侧栏板一律换用白玉石料，依指定详图雕作，望柱枕石一并做齐，接合处灌一三洋灰砂浆，并用白洋灰勾缝平齐。

2. 原有栏板改装于南北泊岸上。

壬、关帝阁及城台

1. 大木，依图示位置堆砌磉墩、柱顶石，用干直无裂之木料砍作檐柱，按立正直，然后柱上架柁，柁上按檩，枋垫瓜柱一并按齐，举架、出檐均依图示。檩上铺钉七・五公分方椽，中距十五公分，前后檐加作飞椽，椽上横铺一・五公分望板。

2. 装修：用完好无大裂疤痕之木料，锯作门窗槛框安装牢固。

3. 瓦顶：望板上刷臭油一道，粘三七灰泥背一层，抹饰平滑，然后用三七灰泥宼筒板瓦顶，再用百比五麻刀灰裹陇压实。

4. 砖工：关帝阁檐坎山墙及城墙均用青砖、一三白灰砂浆，依三顺一丁法垒砌（砖块尺寸从旧）。门券须支搭横架，用一二洋灰砂（浆）堆砌。

5. 抹灰刷浆：外墙用一二洋灰砂（浆）勾缝，内墙插灰泥打底，抹麻刀灰一道，盖面刷大白浆两道见新。

6. 油饰彩画：所有露明木活木楔实，全部上粗中油灰两道衬平，然后外檐柱子装修、椽望上细坭子一道，漂广红油两道见新，内檐掏空，椽望木架漂广红油一道断白。外檐桁枋上胶矾水一道，做雅五墨彩画。

五　附则

甲、本工程中一切原有旧刻均须小心拆装，以免损坏。

乙、本工程中所用架木无论承重或交通均需注意绑扎坚固，以免发生危险。

丙、本工程中拆下旧残石料可以尽量改造用于不承重部分或作碎石用。

丁、工程进行中，工地须断绝交通，另搭临时桥一座，以便车马往来，工竣后为维护文物，本桥只供人行，一切载重车辆禁止通行。

概算总表

工程名称：河北赵县安济桥修缮工程 1952 年 11 月 13 日

项目	工程项目	数量	单位	单价（元）	合价（元）	备注
（一）	桥基清理	850	M^3	5,000	4,250,000	
（二）	石桥上部拆落	833	M^3	140,000	116,620,000	
（三）	券石灌浆及归安					
1	大券 23 道整理	330	M^2	70,000	23,100,000	
2	大券 5 道归安	20	M^3	1,100,800	22,016,000	
3	小券 4 孔归安	168	M^3	746,800	125,462,400	
4	券石勾缝	2,076	M^2	12,800	26,572,800	
（四）	钢筋混凝土					
1	钢筋混凝土板	183	M^3	1,863,100	340,947,300	
2	拌洋灰面	1162	M^2	20,500	23,821,000	
3	空撞券填充	152	M^3	370,000	56,240,000	
4	路面灰土地基	71	M^3	67,000	4,757,000	
（五）	桥面泊岸海墁					
1	桥面归安	145	M^3	376,000	54,520,000	
2	添建泊岸	60	M^3	796,000	47,760,000	
3	添建海墁	21	M^3	1,096,000	23,016,000	
4	勾缝	754	M^2	12,800	9,651,200	
（六）	石栏板					
1	新添石栏板	53	块	1,570,400	83,231,200	
2	新添望柱	53	个	341,200	18,083,600	
3	原有栏杆拆安	96	M	20,400	1,958,400	
（七）	关帝阁					
1	墩台		项		93,770,000	
2	关帝阁	150	M^2	1,000,000	150,000,000	
（八）	桥架		项		200,000,000	
（九）	运输杂费	约 5%	项		71,200,000	
（十）	管理费	约 5%	项		71,200,000	
	总计				1,568,176,900	

第二节　赵县安济桥勘察记（1952 年 11 月）

执笔：刘致平

勘察人：刘致平　卢绳　罗哲文　祁英涛　余鸣谦　李良姣　孔德垿　周俊贤　酒冠五　孔祥珍

勘查时间：1952 年 11 月

河北赵县安济桥，俗称大石桥，就是隋代木匠李春用石造的单孔弧券大桥。这桥距现在已有一千三百多年，但还未十分损坏。它不但是国内唯一的古代伟大精巧的工程，在全世界说来也是少有的奇迹。它的大券背上两端有小石券各二。小券的应用比起外国要早到千年以上。大桥整个的形制就是今天用钢骨水泥来做也并不简单。现代的工程师们凡是看见这座桥的可以说没有不喜爱至极，将它看做祖国文化的优美标志；友邦人士们看了这桥更是极口称赞，惊叹我国文化艺术的高深悠久的伟大成就。我们这次参加修理保存这大石桥的工作同志们都感到非常荣幸；但这任务是相当艰巨的，因为修理这桥要有极大的耐心和高度的技术，要细心的保持该桥的原有形状，使它不再毁坏。每块石头的原来位置及铭刻等都不能弄乱、弄破；要仔细拆下，仔细安上。这桥在七七事变前已由中国营造学社拟定计划修理，奔走请款，但是未及动工，日军即发动侵略战争，因而停顿。现在人民政府拨出巨额款项来修理保护这千余年前祖国劳动人民创造的奇迹，让民族的伟大的艺术遗产得能继续保存，这该是多么令人兴奋啊！

在 1952 年 11 月 5 日，我们一行十人，由北京出发到河北省保定文化事业管理局，会同里正同志及交通厅张同志往石家庄专署接洽，然后乘汽车开往赵县。抵县府后乘大车南行五里即到大石桥。在大石桥勘测了两天多，然后经由济美桥返县府。次日又测绘小石桥。小石桥原名永通桥，在县西门外护城河上，是明代建的，式样与大石桥同，不过整个要较大石桥小得多。它的斗子蜀柱栏板及托神等式样是很老的做法，很可能是仿自大石桥的原有栏板做的。是日十一时乘大卡车赴石家庄乘火车回保定，工作二日，并与河北省文化事业管理局申局长及交通厅褚润德总工程师等座谈。14 日我们赴正定勘测隆兴寺慈氏阁，阁后半部已坏，必须大事修理。我们工作二日，并检查城内其他古建筑，于 16 日夜车北返，17 日早六时抵达北京。这次工作，由于各处负责同志的热情帮助，使能得到极大便利，很快地完成了任务，是我们衷心感谢的。现将勘测情况叙述如下：

（一）地点

安济桥即大石桥，在河北省赵县南五里。那里原有一道河叫洨河，发源于井陉县以西，东流经赵县入滹沱河。早年水势很大，涨落可差七八公尺（有时高到大石桥的小券上部），为了便利人行，所以修了这座大石桥，取名安济。现在此河已干旱很多年，只是伏天雨水多的时候有一些小的水流。

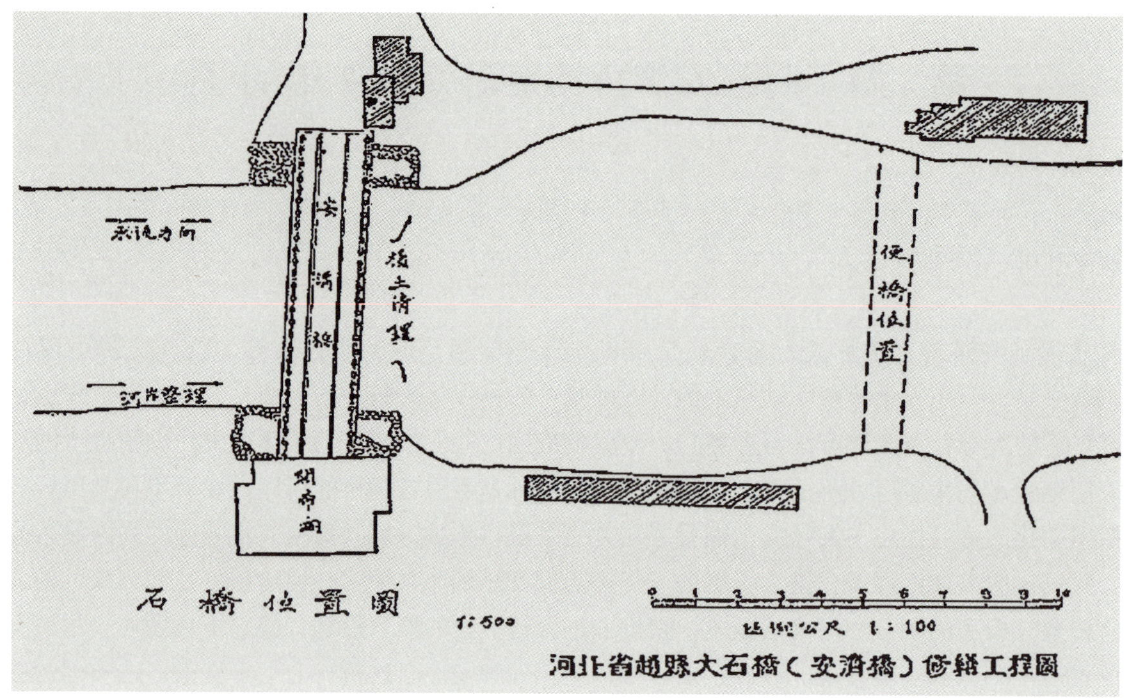

（二） 历史

桥的创始见光绪赵州志所载唐中书令张嘉贞［唐玄宗开元八年（公元 702 年）为中书令］安济桥铭。铭载：

“赵县洨河石桥，隋匠李春之迹也；制造奇特，人不知其所以为。试观乎用石之妙，楞平砧所，方版促郁，缄穹隆崇，豁然无楹，吁可怪也！又详乎叉插骈毕，磨砻致密，甃百像一，仍糊灰莹，腰铁拴蹙。两涯嵌四穴，盖以杀怒水之荡突。虽怀山而固护焉，非夫深智远虑，莫能创是。其栏板华柱，锤斫龙兽之状，蟠绕拏踞，眭盱翕欻，若飞若动，又足畏乎。大通济利，涉三才一致，故辰象昭回，天河临乎析木，鬼神幽助，海若倒乎扶桑……”

由这段记载可以知道桥是隋匠李春修的，并且所描为桥石的精工，以及大券及四个小券的构造，全和桥的现在形状相同。在桥的大券两端小券券石上，又有些宋代大观、宣和，金代天会，元代至元等年代的刻字，所以我们可以断定这桥是由隋代保留下来未动，仅是明代曾加修葺，见张居敬重修大石桥记。现在桥西侧有五道大券是新配的，据当地人说是清初修理的。

（三） 结构及现状

安济桥的构造是用石材建造的一座单孔大弧券桥，并不是一个半圆形券桥。假设将弧券规划成半圆，那么它的半径足有 27.7 公尺，可算作全世界唯一的古老大券了。现在弧券，此端到彼端的跨度长 37.47 公尺。大券石的高是 1.03 公尺（见方），每块石重约 1 吨。按清式规定应高至 2.5 公尺，而此桥券石的高还不到清式的一半，若拿现在一般工程上的石券算法来计算，那么大券石的高应在

1.8 到 2.1 公尺之间，也是比它高了一倍左右。所以我们知道大石桥券石的做法是如何的富有创造性了。每块券石与券石之间用铁银锭榫相连接，不过铁榫厚不过 3 公分，力量有限。大券的砌法与现在的砌法不同，它是用二十八道单券拼成一个大券，每道单券厚不过 35 公分，共宽 9 公尺。这次调查发现单券与单券的券背上有铁银锭榫互相勾结联络，每隔五尺左右有铁条一根横拉单券。单券之间的彼此团结是如此的。至于券背上伏石有时伸出一钩状物，将大券扣住，似乎起不了多大作用。这次并用经纬仪仔细观测桥券中断是否较西端稍窄，结果并不如此。单券是直的，并无细腰倾向，仅西侧新配的五道大券在南端出了毛病，券脚向外凸出少许。又因券石南北通直，所以也可以断定桥两端地脚完好未动。这种二十八道单券拼成一个大券的做法，它的用意是假设坏了一道单券，还有其他的来支撑。这种做法在古代的巴比伦等处也常有砖砌成窄长的过道，并且砖券是斜着摆，一层靠一层摆成尖券，如此便可省去搭架子的麻烦。不过桥梁终不比过道，在工程上是不许地脚有丝毫走动下陷的，不许有一道单券先坏的，所以宁可做整券而不可用单券拼成整券。这桥虽然在单券与单券之间用了铁榫及铁条等物加强团结的力量，但是年代久远，风雨侵蚀，铁已生锈，石多风化；再加上桥上面千余年来不断地通行大车，券石受震，所以单券与单券之间已裂开了大缝，有的竟达十几公分（是修理时要小心修理的）。假设使用整券做法便没有这种弊病了。不过这个弱点并不足以掩蔽它的优点。

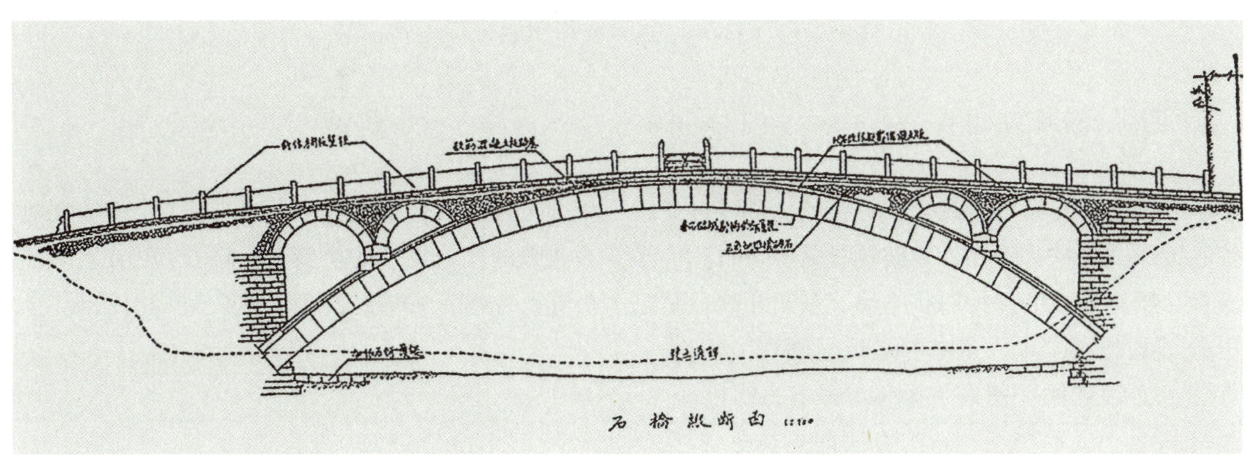

石桥纵断面

在大券背上各安二小券。小券的用途：一则可以免水涨时石桥被水冲击；再则可以减轻大券的荷重及桥墩地脚的荷重；三则与大桥的外观增添了无限的玲珑生动，远望真是姿态美妙，凌空飞动，这种大手笔无怪古今同赞了。

现在桥多残破，大券只余二十五道，西侧五道是清初重砌的，在南端已略呈曲扭，并且券面石多折裂，是因为施工不精，相接两券石的石缝不能密合所致。在大券东侧有三券石已倒塌，另有两道大券已开裂外倾二十余公分，摇摇欲坠。又因桥面渗水，所以券石底皮多风化酥碱，两侧桥墩风化更甚，南端桥墩西侧石块已挤出，大券背上小券石风化更多，所以如果不急速修葺，一旦桥券全部崩毁，则损失必更大。现在桥东侧是砖砌栏杆外抹洋灰，西侧则是清代石板栏杆，雕刻简陋。栏杆柱头有狮子、葫芦、火珠等，与桥大不相称。桥面中间路面因走车太多，后来加铺一层石桥面，所以较两侧路面凸出二三十公分。

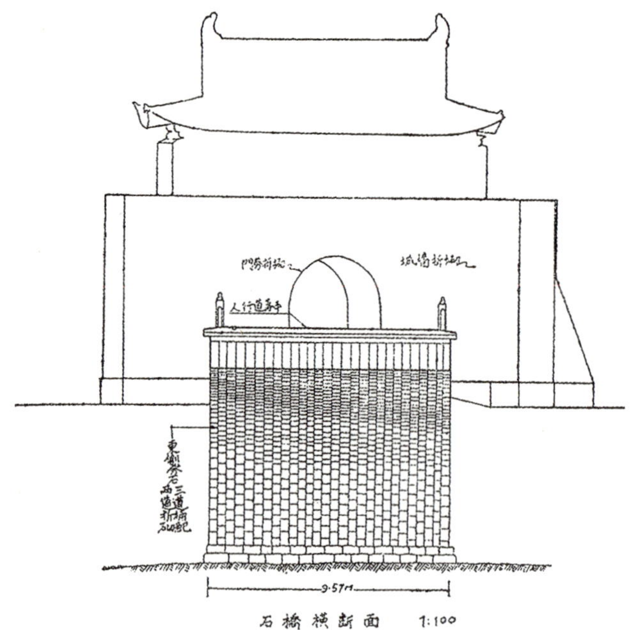

石桥横断面 1:100

桥南端在桥头上，原有明代关帝阁一座，下面是楼墩台，砖表土心。阁是三开间歇山单檐后带卷棚，现在阁及卷棚全毁，墩台砖券也摇摇将落，墩面砖也残破得很厉害。

（四） 修葺方针

以极力保持桥的外观为主旨。风化残毁过甚的石块须更换新石，东侧大券及小券倒塌三道单券须扶起按原式加铁榫重砌，残破券石更换新石。大小券石残毁约三分之一的换新石，略有残毁的用水泥镶补，稍有残缺的保持原状不动。东侧开裂欲坠之大小券石二道，须重新安砌，俱按原式用铁活。大小券石既是用二十八道单券组成，则在券背上必须加固，使成一整体。最有效最易施工，最不伤大券石的方法即是在券背上“伏石”的地方改做钢骨水泥的伏券，不过要多加几道伸缩缝（如果动工时发现大券石尚坚致时，也可有数段用伏石加铁榫做，不过以少凿大券石为是），原有伏石仅保留露出桥面部分，桥面上亦用钢骨水泥路面，上铺石板保持原状，仅将突出部分落平。凡水泥内均酌用避水粉，以防潮防水。最要小心的就是券底皮石缝仍然要露出二十八道券来，不能让水泥灰浆将券石底皮玷污。单券间的灰缝要勾进很深为好。

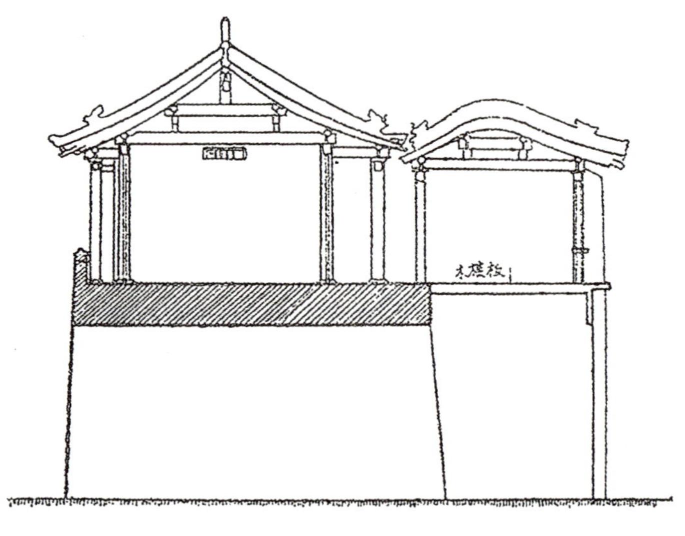

関帝阁断面 1:100

栏杆部分原来是什么样子已是不得而知，不过据《朝野佥载》上谓“赵州石桥其工磨砻密致如削，望之如初月出云，长虹饮涧，上有勾栏皆石也。勾栏并为石狮子，龙朔中高丽谍者盗二石狮子去，以后募匠修之，莫能相类者”。《朝野佥载》大致是唐人作品，所载石勾栏、石狮子或是像卢沟桥的狮子之类。栏板雕刻也可能像小石桥那样。不过原样如何，希望在动工时清理桥下积石里可以得到一些原有勾栏的片断残余，然后再行恢复原式。栏板石料如能找到原来栏杆的石材最佳，不然则拟用汉白玉。

至于桥南端关帝阁，据当地人反映意见，极愿修复，可为该村镇生色不少，即对于桥本身来看，也是一个很好的配合物。并且阁很早就有，至近是明代就有，所以也拟将它修复原状。

此外就是此桥修好之后，只能走人，不能再走大车，以后交通车辆须另修便桥，便桥位置以在大石桥东六十公尺处最合适，一则彼处无甚障碍，易于将马路改线，二则在新桥上又可以纵览大石桥全貌，所以选定此位置。以后洨河可能放水作灌溉用，因之新桥跨度并不需太大，所费有限。

第三节　安济桥栏板初步设计说明（1954 年 8 月）

古代建筑修整所

一　设计内容

（一）栏板之分布：在桥东西面，每面用三组，每组七间。各依龙、马、狮、凤之次序对称排列，中组中央的“龙”栏板，正好位于拱桥顶螭首之上。

（二）“龙”栏板，依掘出遗物文样是对称图形，故本设计中将其放在每组的中央。

（三）“马”“凤”栏板，均依掘出遗物纹样仿造。

（四）掘出“凤”栏板遗物上并刻有：“在州南城厢故？通引高贵妻王氏施此勾栏石一间，合家同增福寿。”其布局是将栏板用腰线分为上下两档，上档中央刻斗子卷叶，下档刻飞凤，与“龙”“马”不分档者异，依照通行官名考证，似是唐末五代之物，其为后人增建无疑。但在现在看具有一定史艺价值，故放在每组的末尾，以减免排列上的单调。

（五）“狮”栏板曾见文献，《朝野佥载》有“……勾栏并为石狮子……”之句，惜未掘得，本设计中狮栏板位置只好空白，他日得有资料再为补充。

（六）栏板断面均依掘出遗物做成上锐下丰之状；望柱均依掘出遗物做成八角断面葫芦形柱头，唯遗物中尚有竹节柱一种，故在凤栏板侧改用竹节式柱以备一格。

（七）栏板相交处加用垫石，此种制度济美桥（明建）犹可见到，垫石尺寸亦以掘出之物为准，上外两侧加做莲花纹样。

（八）栏板材料依遗物观察似与伏券石同属石灰石，本设计中暂订依 700 号石灰石成做，色泽注意与券石同。

（九）栏板数量及尺寸：

1. 栏板 90cm × 30cm × 220cm 共四十二块；

2. 望柱 30cm × 30cm × 150cm 共四十四块；

3. 垫石 80cm × 30cm × 110cm 共四十四块。

注：上开尺寸系雕凿后成活尺寸，买荒料依具体情况另加。

二　其他意见

（一）本设计中各种栏板纹样权衡，均系依据1953年冬、1954年夏两次发掘之遗物，但此项工作尚未终了，需继续完成之。

（二）赵县之北藁城县据乡老谈，城东有一桥也是空撞券桥做法，应争取在最近勘查之，以供安济桥修缮工作的参考。

（三）在掘出栏板与券石的泥层中发现"崇宁通宝""熙宁通宝""祥符元宝"等北宋钱币多枚，推测北宋末年战火频仍，桥上原有栏板遂被拆毁，明后始重配栏板，并建关帝阁，目前非独关帝阁已荡然无存，即阁下城台亦因久失修葺，仅余两堆土丘，阁台方向且和桥方向相错，若重建阁台之款不在少数，建成后价值除供桥头风景点缀外，并无甚大之史艺价值，似可暂缓恢复？

（四）桥上现有栏板均后配，如何处理是一问题，若全依本设计改造，则桥上栏板连同掘出遗物应另行保存，石活露天极易崩裂，似可在大石桥村文化站院内修建几间陈列室，以供观摩及研究？

第四节　赵县安济桥修缮计划草案（1955年4月）

安济桥修缮委员会编

一　安济桥概述：

安济桥在河边赵县大石桥乡，为隋炀帝时石匠李春所修建，迄今已有一千三百余年，仍能通行车辆。该桥为单孔圆弧拱桥，净跨37.02公尺，靠主拱拱脚处各有两个小拱弧，互相对称，十分壮丽，为我国现存最大最古的石拱桥。拱圈均为纵向并列式，主拱计二十八道，各道拱圈本身并无连接，仅拱背有腰铁，两侧及拱脚处有护拱石，并有几块勾石和几根横列铁条，连接力不够故有向外倾塌的倾向。在明末清初之际，西侧五道塌倒，并经修复，石质新鲜可辨，东侧三道又于清中叶倒塌，迄今尚未修理，现东侧外面两道亦略向外倾，有倒塌危险。而大小拱圈石料均因年久，局部风化疏松，尤其是四个小拱圈，甚为杂乱危险，桥上栏板均非原物。南桥头有关帝阁，大约为元末明初所建，现亦为战火所毁。

二　修缮意义：

安济桥在建造时间、桥型和尺寸诸方面，均为我国独一无二的大石桥，在全世界上也可以说是最优美古石桥之一。主拱有四个，小拱既可以减轻桥自身重量，加大排水量，又可以减少水流推力，增加美感，完全合乎现代科学原理。我国在一千几百年前科学方面已达到如此成就，足证中华民族文化的伟大悠久。主拱圈石料每块重达1吨，当时施工并无机械，但修建得十分美观整齐，足见当时技术水平也十分高，但目前部分主拱已有走动，四个小拱尤其危险万状，若不尽早加以修缮，则这一有实用价值，并代表祖国伟大科学遗产的大石桥，即有倒毁可能，故拟即在1955年和1956两年，加以修缮。由于现在国家正在过渡时期，其总线路是实现国家的社会主义工业化，尤其是要集中主要力量发展重工业，在文化事业上，我们不能占用很大资金，所以即就是在这一重点文化古迹的修缮上，我们也应严格遵守节约原则，能加固者即不重建，式样也要忠实的保持原状，不求华丽。

三　修缮计划纲要：

1. 主拱圈：东面现存外倾二道拆除重砌，东侧已坍塌三道，原貌无存，拟参照捞起旧石和西侧现状，设计全圈及分块详图，依图琢鉴修复。石料尽量利用旧拱石，用 80# 水泥砂浆砌筑，不足之石料，按原色泽质地开采运来补足，但新旧石料分开使用，以免影响观瞻。西边二十三道现有拱圈用压力水泥砂浆灌注加固。

2. 护拱石及护拱盖板：原桥仅西侧及两岸小拱上有护拱石，酌情拆除重砌，东侧坍塌部分，亦照西侧恢复，中部护拱石之间用 140# 钢筋混凝土浇筑成与护拱石同厚的护拱盖板，以加强横向联系。

3. 小拱圈：全部拆除，能使用的旧拱石尽量利用，大部分拱石已疏松破裂，不堪使用，须另开采或改制新拱石以 80# 水泥砂浆照原样重新砌筑。两侧护拱石之间，用 140# 钢筋混凝土盖板加强横向联结。

4. 侧墙西侧：全部拆除，尽量利用旧料石以 80# 水泥砂浆重新照原样砌筑，东侧侧墙亦利用旧料石照西侧式样重建。

5. 拱腔填料及防水设备：拱腔填料用 90# 混凝土，加 20% 块石填充，在填充料上加铺油毛毡及沥青防水层。

6. 桥面：全部拆除，利用旧有石料以 80# 水泥砂浆重新铺砌，原行车道高出部分取消，今后石桥仅准行人，车辆可由下游便桥通行。

7. 桥台：桥台石料的疏松倾裂部分拆除重砌，其基础部分在拱架搭好后进行挖掘检查及加固。

8. 栏板：参照桥底捞出的古栏板式样重新设计并刻制安装。

9. 两桥头加做驳岸：西南端驳岸可延伸至西侧第一道拱圈脚下，把风化的拱脚石包围加固，为了对称西南端也做同样延伸。

10. 关帝阁及城台：关帝阁早毁，城台也残破不堪，阁之建筑式样无存，复原实无根据，其建造年代较晚并非与桥同时代遗物，故不拟恢复，另建陈列室一所，以符实际应用。

四　施工方法及步骤：

1. 准备阶段：1955 年 4 月至 6 月，恢复下游便桥引道，石桥禁止通行，把河水改在北侧，打捞坍塌在河床泥土中的石料。研究旧有资料，拟订修缮具体方案，并测绘图表编制预算。

2. 砌筑拱架墩台：为了安全起见，在加固的二十三道拱圈及拆除重砌的二道和恢复三道拱圈下面，全面搭设拱架。拱架基础由于不能打桩，决定砌筑砖墩，下面浇筑 50 公分高的碎砖混凝土基础，再砌青砖身，上面为 50 公分高的 110# 混凝土墩帽，砖墩共五个，中部三墩，墩身高 4 公分，两侧边墩墩身高 80 公分。5 月底打捞完河底石料后，首先在桥下南端砌筑三个砖墩，6 月底完成，然后把河道改在桥下南边，继续抢修北岸两拱架砖墩台。如遇洪水，不能施工即改为九月再砌筑北端二墩。

3. 主拱下部勾缝工作：7、8 月份，在安装拱架之前要作主拱下部勾缝工作，先在拱下搭架适当脚手架，然后用钢丝刷或特种形状刀子刮刷缝内灰土，等到认为干净后再用清水冲洗。冲洗方法可用胶皮管一端在桥上加水，由水本身压力向上冲入缝内。勾缝时，在较大缝隙用坚硬石子先挤托一部分砂浆入缝内，使石子大致排满，然后在石子下部勾入一部分砂浆，并用木板条卡入缝内托着砂浆以免坠落，待其初凝即取去木条，另行勾抹平整。勾缝砂浆使用 80# 水泥砂浆，厚度至少为 10 公分，勾成阴缝，其深度为 1 公分。勾缝 24 小时以后用钢丝刷将施工中遗留在拱圈上的砂浆污迹洗刷干净以不伤原圬工的外形为原则。

勾缝时必须留下注浆孔，注浆孔位置均设在拱圈错缝之交点处，纵向距离在 0.7—1.1 公尺之间。

4. 制造及安装主拱拱架：拱架设十排，西部七排 1.3 公尺，东部三排中距 1.0 公尺，东起第三第四两排并列于重砌五圈与其他二十三圈缝处之下，互相紧靠。在拆除东侧外倾二圈时，十排连成一气，而在重砌东侧五圈时，则东侧三排与其他七排分离，或作可以上下移动之结合，不使因东三排拱架沉落而影响其他各排拱架，各部尺寸及式样详计算书及设计图。

6 月份采购全部木料，运至工地。7、8 月份预制各部构件，并预行装拼。9 月份在雨季即将终了时，即安装拱架。安装办法是在拉梁底的水平面搭平脚手架，在平面上按节点分五份片预先装妥，然后分别拉起，用千斤顶起至规定位置后将各片再连成一起。各排全部立起后，再在弓形桁上插入横梁，由于拱的不平，横梁高度可以在适当范围内变化或局部衬垫或削除，使与拱腹密切接触。

为使拱架本身各部件及拱架与拱石均紧密接触，并使拱架预先承担拱圈重量 20% 的压力，以便将来拱圈万一坍塌，对拱架不致发生冲击力，以致压毁拱架，发生危险。必须在五个墩上用十字千斤顶将各排拱架分别起顶，拱架下镫木处的压力是 33.9 吨，20% 计 6.8 吨。每墩用两个 5~10 吨的带压力表油压千斤顶，分几次起顶，每次每个千斤顶上加同样压力，最后至每个千斤顶的压力是 3.4 吨为止。在加压千斤顶时于注意压力表的同时，并须随时测量拱圈各部标高，不得使拱圈有丝毫变动。起顶空隙在拉梁与镫木之间垫入铁板或木楔，然后慢慢松落千斤顶，拱架吃力虽然减少，但仍然与拱圈密切结合。起顶拱架由一侧开始，逐排进行，至中心后，再由另侧向内进行，每排拱架起顶时，均应将其邻排联结的螺栓松落，改用把锯钉联结联络木与部件，起顶完毕后再拧好螺栓，在邻排正起顶时螺栓不可很紧，邻排起顶完毕后重行拧紧。

重砌五道拱圈之下的拱架，为了做出施工抬高度，及为了施工方便，横梁上加铺模板，并调整横梁高度使之全部适合于施工抬高，将来拱架拆除后，重砌五道才能与西部二十三道齐平。在灌浆期间主拱两侧外面，拱架上加钉支戗方木以防灌浆压力后拱圈外散。

5. 预制石料工作：石拱桥修建工作最费时间的是石料的关键必须提前预制，才能保证按时完工。六月份开始利用打捞出旧拱石，首先预制东三圈拱石，然后逐步预制栏板，小拱石等，并预先在山场订购一批毛料，分批运来加工。

6. 拱圈下部灌浆：将拱圈划分成 3 公尺左右的方块，分段进行灌浆，在横的方向，二十三道拱圈分成三份，两边各八道计七缝，中间七道计八缝，三分各约宽 7.9/3 公尺，在纵的方向可分为十三分，各长约 3.11 公尺，灌浆工作两端拱脚开始，施工顺序如下图所示：

6	8	6
7	5	7
4	2	4
1	3	1

灌浆施工顺序图

下部灌浆工作，在拱架搭好后于 10 月初开始进行，灌浆温度宜在 15℃至 25℃之间，如气温低于 3℃即停止进行。

用 1—1.5 个大气压力清水将注浆孔冲洗十至二十分钟，再用 1.5 个大气压力的空气吹风二十至三十分钟，后以 2 个大气压力的清水冲洗，直至孔中流出清水方为止，如孔中有积水，可再用压缩空气吹风压出。

用 120# 水泥砂浆（其稠度为 3—5）以压注器灌注。所用压力不能太大，约为 0.5—2 个大气压力，只要能用砂浆压力灌注器即可，避免用太大的压力将勾缝砂浆挤脱。

压注前应检查拱圈上部之孔隙，如压注时有流出砂浆之可能时，即用麻刀堵塞之。

用 2 个大气压力灌注砂浆至停止吸收时即可暂停，注浆孔仍应继续保存，留作下一次注浆之用。

7. 拱桥上部拆除工作：下部灌浆完毕或停止后一个月，于 12 月中旬，开始谨慎小心地将原栏杆、桥面、小拱圈侧墙部分拱石和外倾之两道拱圈拆除，拆除前两侧应搭好脚手架。所拆石料可按将来能使用情况，编号注明，运至指定储料场，以便加工改制。其不能使用者，留作填料或锤成碎石，凡拆除带有刻字或花纹的石料块，即不再使用，留作陈列品。至于不拆除的带有刻字石块则应尽量保持，勿因施工致损，二道主拱圈石料，其能使用者即放在附近，免去往返运输困难，不能使用者方可运出改制其他构件。

8. 主拱拱圈上部灌浆工作：于 1956 年 3 月下旬开始依照下部灌浆所定尺寸和办法，编订施工顺序，检查拱圈下部注浆孔。如有填塞现象时，应加扩钻，如同拱圈下面一样，用小片石或小石子将上部较大缝隙塞紧，然后用 1—1.5 个大气压力的清水冲洗，再以 1—2 个大气压力的压缩空气吹风十至十五分钟，再以 1—1.5 个大气压力的清水冲洗至流出清水为止。如塞石子有困难，亦可仅将缝隙依上法冲洗之，冲洗完毕后即用 80# 水泥砂浆勾缝，其厚度不得小于 15 公分，勾缝时亦需留出注浆孔，必要时加以扩钻。勾缝七天或砂浆应力达 75% 后，即在注浆孔（包括上下方）用 2—4 个大气压力的清水冲洗约十至二十分钟，再以 2 个大气压力的空气吹风二十至三十分钟，后以 2—4 个大气压力的清水冲洗，直至孔中清水流出为止，此次冲洗工作应拱顶至拱脚方向进行。

凡表面的裂纹或较大的缝隙应用砂浆勾缝，或用前法之小石子填塞后用砂浆勾缝或用麻刀紧密填塞，均用 80# 水砂浆进行之。

压注工作应先从拱脚开始然后以次到达拱顶，在上下方面来说则先由拱圈下方开始作第二次灌注，必须在每段完毕后七十二小时以后，再压注拱圈上方相对一段的孔隙，这次由下向上灌注，一律使用纯水泥浆，其稠度在压注开始宜使用水泥重量为水重 10% 至 15% 的水泥浆，以后逐渐增加至 25%、50% 至 100%，由上向下灌注时用 1∶1 水泥浆，其稠度应视施工之难易决定之，如施工困难可改用 50% 至 100% 水泥浆代替之，压注水泥浆的压力不得超过 6 个大气压力，每一阶段的压注工作应不间断，并在水泥初凝前完成，如需中断时，则其相邻部分的压注，须待以前压入的水泥浆经七十二小时后方可进行。

如施用压力不大，而注入圬工水泥浆消耗甚大时，应停止压注，并仔细检查，查明水泥浆消耗的原因和漏浆的所在，待漏隙填塞后，再行继续压注。如漏浆处难以查出，应暂时停止灌浆工作，待漏浆的通路凝结堵塞后，再以较低的压力继续压注。

当注浆孔上部或周围孔眼上的木塞和缝隙中所填嵌之麻刀呈现潮湿现象或注浆孔于最大压力下停止吸收水泥浆时，可认为水泥浆已经填满，从此时起宜保持 1—1.5 个大气压力约二小时，以便孔中多余水分压出并使水泥浆更加坚实。然后用 1∶1∶0.67（水泥∶砂∶水）的水泥砂浆填塞各注浆孔。

9. 东侧五道圈修复工作：与注浆工作同时在 1956 年 3 月下半月起，将拆除两道拱圈连同原坍塌三道，共计五道依原样修复。

10. 预制全部石料：根据拆除下来的石料情况，能原样使用者尽量原样不动重新使用，能改制小料者改成较小料石，不足部分全部由山场采购毛料，运工地加工。一切石料必须按使用前后于使用前全部制妥，不得停工待料，此项工作应于 1956 年 6 月底以前完成。

11. 浇注钢筋混凝土护拱盖板：西侧护拱石的破裂部分和不对称部分加以更换，东侧于五道拱圈修复后，照西侧原样铺砌护拱石，其宽度平均各为 0.75 公尺，两岸端小拱下的护拱石，亦将破裂和走动部分更换或重砌。

在桥中部护拱石之间，浇筑 140# 钢筋混凝土盖板，其厚度与护拱石同，横向钢筋使用 2.5 公分直径的单排钢筋，其间距为 40 公分，钢筋中心在盖板顶面下 10 公分，两端插入护拱石上预先打好的孔眼中，插入深度 10 公分，孔眼空隙用 120# 砂浆灌注，纵向钢筋使用 1.6 公分直径的按中距 25 公分排列，用细铅丝捆与横向钢筋之下，两端各弯回 10 公分，由于拱顶圈部并不十分齐平，故各道拱圈与盖板之间不再加做人工联结。

12. 拆除主拱拱架：于钢筋混凝土护拱盖板浇注完毕后的二十八天后约在 6 月下旬即拆卸主拱拱架，卸落程序根据拱架设计说明进行，砖墩清除至河床 0.5 公尺处。

13. 补修桥台：两岸桥台上部有部分石料已风化严重，南桥台西侧墙倾斜均拆除重砌在上部注浆之时即行补修，于 6 月底以前完成。

14. 砌筑小拱墩安装小拱拱架：在浇注护拱盖板后十四天即砌筑两小拱间的墩子，随即安装四个小拱拱架，小拱拱架均使用拆除时所用拱架，只将弓形桁的曲度加以调整，做出适当的抬高。两种拱架尺寸及式样详见计算书及设计图。

15. 砌筑四个小拱：在 1956 年 7 月于小拱拱架搭好后，即砌筑拱桥两侧小拱，砌筑程序，先砌筑两端较大小拱，再砌筑两个较小小拱，掌握两端进度，注意对称，使主拱两端所增加的重量随时都相等。每拱的砌筑是由中心向两侧分道进行，各道拱圈的各接缝应与邻道拱圈的各接缝至少错开 10 公分。在各小拱上，两侧均砌筑平均宽约 0.75 公尺的护拱石，厚度 16 公分，中间均浇筑 140# 钢筋混凝土护拱盖板，横向钢筋直径 1.9 公分，间距 20 公分，钢筋中心位于盖板顶面下 10 公分，纵向钢筋用直径 1.3 公分，间距 25 公分，置于横钢筋之下用细铅丝捆紧，横钢筋弯入拱石预制的孔眼中，孔深 10 公分。

16. 修复侧墙及填充拱腔：侧墙石料一律与帽石平行，使用 80# 水泥砂浆砌筑，拱腔填料使用 90# 混凝土加 20% 块石，表面抹平与部分护拱盖板，一同作为防水层的垫层。

17. 防水层：防水层为两层油毛毡铺在前面铺石之下和护拱盖板及拱腔填料之上，在两层油毛毡的中间和其上下各涂以薄层 3# 沥青。防水层在横断面上由两侧向中心汇水，坡度为 1.5%，在纵的方向，防水层随桥面曲度向两端排水，至路面铺砌层以外之处，即用盲沟排入河中。防水层上筑有 4 公分厚的混凝土保护层。

18. 铺砌桥面及帽石：在防水层上面铺砌桥面石厚度 30 公分，表面平整光滑，横向水平，纵向则随拱桥曲度与两端引道相接。两侧帽石与桥面石齐平，上面刻有栏板及望柱座槽，以便安装栏板及望柱。帽石在两侧各伸出侧墙外 20 公分，其雕饰部分见设计详图。

19. 安装栏板及望柱：桥面修好后，即将预制成的栏板和望柱，安装入帽石槽内并用 80# 水泥砂浆灌注榫槽。

20. 修筑锥形溜坡驳岸：锥形溜坡的坡脚下，设置高度为 1 公尺的驳岸，驳岸用 80# 水泥砂浆砌块石基础，高为 1.5 公尺，用 50# 砂浆砌块石，锥形溜坡的坡度为 1∶1 干铺片石，所有石料均利用修桥剩余旧料小块。

21. 木便桥改建：原木桥仅有 6 公尺，两孔排水量不足，曾于 1954 年被洪水冲毁引道，拟于 1956 年秋增修一孔并将砖基用水泥罩面，桥面加铺石板，材料尽量利用修桥旧料。

22. 修建陈列室房屋：为了保管石桥，陈列发掘出的古文物，更好的宣传其伟大价值，拟在桥南选择空地修建房屋一所，材料尽量利用修桥剩余木料及砖石。

23. 环境整治和绿化：在桥身修缮完毕后，即可着手整理桥梁附近的河道，使桥下流水顺畅，清理废土堆，整齐附近地面、街道及房屋，并在适宜地方栽种大量树木，绿化周围环境。整修大石桥乡至公路线的道路，使一千三百余年的历史文化古迹有适应的环境来陪衬。

全部修缮工作计划于 1956 年 10 月底完成，施工期限共 19 个月，完工后即成立文化站保护石桥，保管并陈列旧栏板和有关古物，招待外来参观人员，宣传安济桥历史情况及伟大意义。

1955 年 4 月

第五节　赵县安济桥修缮计划（1955 年 8 月）

安济桥修缮委员会编

《安济桥修缮计划》是根据文化部文物管理局和交通部公路总局对安济桥修缮计划（草案）所提意见把原草案加以修改而成的。以前所送预算是根据原草案精神编制的，故其内容与修缮计划有出入之处（如栏板和陈列室等）均以此计划为准。

一　赵县安济桥修缮计划

（一）安济桥概述

安济桥在河北省赵县大石桥乡，为隋炀帝时石匠李春所建造，迄今已有 1300 余年，仍能通行车辆。该桥为单孔圆弧拱桥，净跨 37.02 公尺，靠主拱拱脚处，各有两个小弧券，互相对称，十分壮丽，为我国现存最大最古老的石拱桥。拱券均为纵向并列式，主拱计 28 道，各边拱券本身并无连接，仅拱背有腰铁，两侧及拱角处有护拱石，并有几块勾石和几根横列铁条，连接力不够，故有向外倾坍的倾向。在明末清初之际，西侧五道坍倒，并经修复，石质新旧可辨。东侧三道，又于清中叶倒坍，迄今尚未修复。现东侧外面两道亦向外倾，有倒坍危险，而大小拱券石料均因年久局部风化疏松，尤其是四个小拱券，甚为杂乱危险，桥上栏板均非原物，南桥头有关帝阁，大约为元末明初所建，现已为战火所毁。

（二）修缮意义

安济桥在建造时间、桥型和尺寸诸方面，均为我国独一无二的大石桥。在世界上，也可以说是最优最古石桥之一。主拱上有四个小拱，既可以减轻桥身重量加大排水量，又可以减少水流推力增加美感，完全合乎现代科学原理。我国在一千几百年前科学方面已达到如此成就，足见中华民族文化的伟大悠久。主拱圈石料每块重达 1 吨，当时施工并无机械，但修建得十分美观整齐，足见当时技术水平也十分高。但目前部分主拱已有走动，四个小拱尤其危险，前状若不尽早加以修缮，则这一有实用价值并代表祖国伟大科学遗产的大石桥，即有倒毁可能。故拟即在 1955 年和 1956 年两年加以修缮。由于现在国家正在过渡时期，其总路线是实现国家的社会主义工业化，尤其是要集中力量发展重工业，在文化事业上，我们不能占用很大的资金，所以就是在这一重点文化古迹的修缮上，我们也应严格遵守节约原则，能加固者即不重建，式样也要忠实地保持原状，不求华丽。

（三）修缮计划纲要

1. 主拱圈：东面现存外倾二道拆除重砌，东侧已坍塌三道原貌无存，拟参照捞起旧石和西侧现状设计全圈及分块详图，依图琢凿修复。石料尽量利用旧拱石，用 80# 水泥砂浆砌筑，不足之石料按原色泽质地开采运来补足，但新旧石料分开使用，以免影响观瞻。西边二十三道现存拱券用压力灌注水泥砂浆加固。

2. 护拱石及护拱盖板：原桥仅西侧及两岸小拱上有护拱石，均拆除重砌，东侧坍塌部分，亦照西侧恢复。中部护拱石之间用 140# 钢筋混凝土浇筑成与护拱石同厚的护拱盖板，以加强横向联系。

3. 小拱圈：全部拆除，能使用的旧拱石尽量利用，大部分拱石已疏松破裂，不堪使用，须另开采或改制新拱石，以 80# 水泥砂将照原样重新砌筑，两侧护拱石之间也用 140# 钢筋混凝土盖板加强横向联结。

4. 侧墙两侧：全部拆除，尽量利用旧料石，以 80# 水泥沙浆重新照原样砌筑，东侧侧墙亦利用旧料石照西侧式样重建。

5. 拱腔填料及防水设备：拱腔填料用 1：1：5：10 之水泥石灰混凝土，加 20% 块石填充，在填充上加铺油毛毡及沥青防水层。

6. 桥面：全部拆除，利用旧有石料以 80# 水泥砂浆重新铺砌，原行车道高出部分取消，今后石桥仅准行人，车辆可由下游便桥通行。

7. 桥台：桥台上部石料的疏松倾裂部分拆除重砌，其基础部分在拱架搭好后进行挖掘检查及加固。

8. 栏板：参照桥底捞出的石栏扳式样重新设计，在本次修缮期间，图案尚难做出决定，拟暂做临时砖栏，以保行人安全。

9. 两桥头加做驳岸：西南端驳岸可延伸至西侧第一道拱圈脚下，把风化的拱脚石包围加固。

10. 关帝阁及城台：关帝阁早毁，城台也残破不堪，阁之建筑式样无存，复原实无根据，其建造年代较晚，并非与桥同时期遗物，故不拟恢复，将来可在附近修建陈列室一所，以待实际应用。

（四）施工方法与步骤

1. 准备阶段：1955 年 4 月—6 月恢复下游便桥引道，石桥禁止通行，把水改在北侧，打捞坍塌在河床泥土中的石料，研究旧有资料，拟订修缮具体方案，并测绘图表，编制预算。

2. 砌筑拱架砖墩：为了安全起见，在加固的二十三道拱圈及拆除重砌的二道和恢复的三道拱券下面，全面搭设拱架，拱架基础由于不能打桩，决定砌筑砖墩，下面浇筑 50 公分高的碎砖混凝土基础，再砌青砖墩身，上面为 50 公分高的 110# 混凝土墩帽。砖墩共五个，中部三墩墩身高 3 公尺，两侧边墩墩身高 50 公分。5 月底打捞完南端河底石料后，首先在桥南端砌筑三个砖墩，6 月底完成，然后把河道改在桥下南半边，继续抢修北岸两拱架砖墩。

3. 主拱下部勾缝工作：7、8 月份在安装拱架之前要做主拱下部勾缝工作，先在拱下搭架适当的脚手架，然后用钢丝刷或特种形状刀子刮刷缝内灰土，等到认为干净后再用清水冲洗，冲洗可用胶皮管一端在桥上加水，由水本身压力向上冲入缝内，勾缝时在较大缝隙用坚硬石子先剂托一部分砂浆入缝内，使石子大致排满，然后，再在石子下部勾入一部分砂浆，并用木板条卡入缝内，托着砂浆以免堕落，俟其初凝即取去木条，另行勾抹平整。勾缝砂浆使用 80# 水泥砂浆，厚度至少为 10 公分，勾成阴缝，其深度为 1 公分。勾缝 24 小时以后，用钢丝刷将施工中遗留在拱圈上的砂浆污迹洗刷干净，以不伤原来的外形为原则。

勾缝时可在每条纵缝南北两端各留一个出水口，以便将来上部冲洗。

4. 制造及安装主拱拱架：拱架设九排，西部六排中距 1.5 公尺。东部三排，其中二承重排架中距 1.3 公尺。边排拱架木料断面较小，间距 0.8 公尺。东起第三、第四两排并列于重砌五圈与其他二十三圈交缝处之下，互相紧靠，在拆除东侧外倾二圈时九排连成一气；而在重砌东侧五圈时，则东侧三排与其他六排分离，或做可以上下移动之结合，不使因东三排拱架沉落而影响其他各排拱架。各部尺寸及式样详见计算书及设计图。

6、7 月份采购全部木料，运至工地；8、9 月份预制各部件并预行装拼，9 月下旬在雨季即将终了时，即安装拱架。安装办法是在拉梁底的水平面搭平脚手架在平面上，按接点分五份片预先装妥，然后分别拉起，用千斤顶起至现定位置后，将各片连成一起。每两排立起后，即在弓形桁上插入横梁。由于拱的不平，横梁高度可以在适当范围内变化或局部衬垫或削除，使与拱腹密切接触。拱腹的较大高差，则由各排横架，弓形桁弧度的略加变更来调整（拱架各部断面不变）。

为使拱架本身各部件及拱架与拱石均紧密接触，并使拱架预先承担拱圈重量的 40% 的压力，以便将来拱圈万一坍塌，对拱架不致发生冲击力，以致压毁拱架发生危险，在原有二十三道主拱圈下方排架必须用带表油压千斤顶分次起顶。全桥应分三次起顶（即全桥顶高三分之一后，再进行全桥顶高三分之二，最后一次全桥顶足），至承受主拱圈净重 40% 时为止。每次起顶按下列办法进行：（1）位于同一砖墩上之大排拱架应同时起顶。（2）每次起顶顺序应自两端之砖墩开始而逐步向中墩，由于千斤顶数量之限制，不能两端对称起顶，计划首先起顶北端边墩、再起顶角端边墩，然后再起顶北端第二墩，及南端第二墩，最后起顶中墩。（3）起顶后随即将楔入之螺栓旋紧，由压力表上指针下降为标示，以承受规定压力。在第三次起顶至拱架已承受主拱圈净重的 40% 后，在中间三墩上各角两个带压力表的千斤顶以便随时查检拱架受力情况。

重砌五道拱圈之下的拱架，为了做出施工高度，及为了施工方便，横梁上加铺模板，并调整横梁高度使之全部适合于施工抬高，将来拱架拆除后，重砌五道才能与西部二十三道齐平。

5. 预制石料工作：石拱桥修建工作最费时间的是石料的开凿，必须提前预制，才能保证按时完工，六月份开始利用打捞出旧拱石，首先预制东一圈拱石及小拱石等，并预先在山场订购一批毛料，分批运来加工。

6. 安装四个小拱拱架：8、9 两月购备四个小拱木料，计划在 10 月份锯制并安装四个小拱拱架。

7. 拱架上部拆除工作：主拱及四个小拱拱架搭好后，约于 11 月初旬，开始谨慎小心地将原栏杆、桥面、小拱圈、侧墙、护拱石，和外倾之两道拱圈拆除，应早注意防止拱圈走动，拆除前两侧应搭好脚手架，所拆石料可按将来能使用情况，编号注明，运至指定备料场，以便加工改制。其不能使用者，留作填料或锤成碎石。凡拆除带有刻字或花纹的石料，即不再使用，留作陈列品，至于不拆除的带有刻字的石块，则应尽量保持，毋因施工致损。两道主拱圈石料，其能使用者即放在附近，免去往返运输困难；不能用者方可运出改制其他构件。在冬季停工期间，应在拆除面上用席覆盖并随时扫雪，以免冻裂风化。

8. 主拱拱圈上部灌浆工作：于1956年3月下旬开始二十三道拱圈上部加固工作，首先用水冲洗使各缝间的泥土由拱腹两端出水孔流出，然后用特制刀件把较大缝隙间附于石料上的白灰杂物刮刷干净，并再用清水冲洗。为使冲洗干净，使用适当压力至出水口流出清水为止。再以1—2个大气压力的压缩空气吹风十至十五分钟，把缝中存水压出，用80# 水泥砂浆和小石子填满各道并列拱圈间之大缝，然后在拱圈上面勾缝，填塞细缝并留出注浆孔。注浆孔设于纵横缝相交之处，使每条横缝有一侧没有注浆孔。横缝（细缝）用纯水泥浆进行压注，水泥浆稠度可用水泥为水的50%至100%，压力不得超过6个大气压力，以免下部勾缝挤脱。每条横缝压注工作应在相邻纵缝灌浆后至少32小时以后进行。

如施用压力不大而注入圬工的水泥浆消耗甚大时，应停止压注，并仔细检查，查明水泥浆消耗的原因和漏浆的所在，俟漏隙填塞后，再行继续压注，如漏浆处难于查出，应暂时停止灌浆工作。俟漏浆的通路凝结堵塞后，再以较低的压力继续压注。

当注浆孔上部或周围孔眼上的木塞和缝隙中所填嵌之麻刀呈现潮湿现象或注浆孔于最大压力下停止吸收水泥浆时，可认为水泥浆已经填满。从此时起，宜保持1—1.5个大气压力约2小时，以便孔中多余水分压出并使水泥浆更加坚实，然后用1∶1∶0.67（水泥、砂、水）的水泥砂浆填塞各注浆孔。

9. 东侧五道拱圈修复工作：与注浆工作同时在1956年3月下半月起将拆除两道拱圈连同原坍塌三道，共计五道依原样修复。原主拱两侧收分约7公分，即拱顶宽较两拱脚少7公分，为了对称并符合原建桥者防止拱圈外倾之意图，东侧亦收7公分，即修复后全桥中部较两端少14公分。为了对称东侧外露一道拱圈表面仍用腰铁联结，其余四道可不用腰铁联结拱石。

10. 预制全部石料：根据拆除下来的石料情况，能原样使用者尽量原样不动重新使用，能改制小料者改成较小料石，不足部分全部由山场采购毛料运工地加工，一切石料必须按使用前后于使用前全部制妥不得停工待料。此项工作应于1956年6月底以前完成。

11. 浇注钢筋混凝土护拱盖板：西侧护拱石的破裂部分和不对称部分加以更换，东侧于五道拱圈修复后照西侧原料铺砌护拱石，其宽度平均各为0.75公尺，两岸端小拱下的护拱石亦拆除重砌。

在桥中部护拱石之间，浇筑140# 钢筋混凝土盖板，其厚度与护拱石同。横向钢筋使用19公厘直径的单排钢筋，其间距为30公分。钢筋中心在盖板顶在下10公分，两端弯回成钩状。纵向钢筋使用12公厘直径的中距也按30公分排列，用细铅丝捆于横向钢筋之下，两端各弯回10公分。由于拱圈顶部并不十分齐平，故各道拱圈与盖板之间不再加作人工联结，两侧护拱石与盖板之连结采取下列两种办法：

（1）在桥中部10公尺范围内将护拱石内上角打去一部分，计高10公分、宽20公分，浇制盖板时可沿伸其上，以资连结接头处混凝土中按设钢筋，横向钢筋长60公分，其直径与间距与主筋同，纵向方面可用二根12公厘直径的捆扎于横筋之下。

（2）两端部分的联结办法可在护拱石及护拱盖板接缝上加打一条钢筋混凝土，其高度为30公分（等于一层石料厚度），宽度为80公分，外面尚留有50公分可砌侧墙石一层。加打混凝土中亦加入钢筋，横筋长1公尺，长纵筋3根，直径及间距均与盖板钢筋同。

12. 拆除主拱拱架：于钢筋混凝土护拱盖板浇注完毕的 28 天后，约在 6 月下旬即拆卸主拱拱架，卸落程序根据拱架设计说明进行，砖墩清除至河床下 0.5 公分处。

13. 修补桥台：两岸桥台上部有部分石料已风化严重，南桥台西侧墙倾斜，均拆除重砌，在上部注浆之时即行补修，于 6 月底以前完成。桥台内侧相等成阶梯式，以期更加稳固。

14. 砌筑小拱墩安装小拱拱架：在浇注护拱盖板后 14 天即砌筑两小拱间的墩子，随即安装 4 个小拱拱架。小拱拱架均使用拆除时所用拱架，只将弓形桁的曲度加以调整，做出适当的抬高。两种拱架尺寸及式样详见计算书及设计图。

15. 砌筑 4 个小拱：在 1956 年 7 月于小拱拱架搭好后即砌筑拱桥两侧小拱。砌筑程序，先砌筑两端较大小拱，再砌两个较小小拱。掌握两端进度，注意对称，使主拱两端所增加的重量随时都相等。每拱的砌筑也是由中心向两侧分道进行。拱圈道数及总宽按照原数砌筑。各道拱圈的各接缝，应与邻边拱圈的各接缝至少错开 10 公分。在各小拱上两侧均砌筑平均宽约 0.75 公分的护拱石，厚度 16 公分。中间的浇注 140# 钢筋混凝土护拱盖板，纵横向钢筋直径均采用 12 公厘，间距 30 公分，横钢筋中心位于盖板顶面下 10 公分，纵向钢筋位于横钢筋之下，用细铅丝捆紧。小拱的护拱盖板与护拱石的联结在拱顶部分，因护拱石很薄，不能搭接，故在中部 2 公分范围内用平接办法即可。其两端则使用主拱两端的连结办法。接头上混凝土宽 60 公分、高 20 公分，纵向位置二道钢筋 ，横筋长 70 公分，两端弯回其直径均与盖板中相同。

16. 修复侧墙及填充拱腔：侧墙石料一律与帽石平行使用 80# 水泥沙浆，砌筑侧墙内侧修成阶梯式，以期更加稳固。拱腔填料使用 1：1：5：10 水泥石灰混凝土加 20% 块石，表面抹平与部分护拱盖板一同作为防水层的垫层。

17. 防水层：防水层为两层油毛毡铺在桥面铺石之下，和护拱盖板及拱腔填料之上，在两层油毛毡的中间和其上下各涂以薄层 3# 沥青。防水层在横断面上由两侧向中心汇水坡度为 1%，在纵的方向防水层随桥面曲度向两端排水至路面铺砌层以外之处，即用盲沟排入河中，防水层上筑有 4 公分厚的混凝土保护层。

18. 铺砌桥面及帽石：在防水层上面铺砌桥面石，厚度 28 公分，表面平整光滑，横向水平，纵向则随拱桥曲度与两端引道相接。桥面原有驴蹄车沟痕迹仍保留在原位置，两侧帽石与桥面石齐平，上面刻有栏板及望柱座槽，以便安装栏板及望柱。帽石在两侧各伸出侧墙外 20 公分，其雕饰部分见设计详图。

19. 安装临时栏板及望柱：由于栏板和望柱的雕刻图案一时设计不出，在桥面修好后，为了保证行人安全，先做临时性的砖砌栏板和望柱。其式样尺寸均按现在两侧砖砌栏板望柱制作，并加水泥罩面。

20. 修筑驳岸：根据现存驳岸式样使用 1：3 白灰砂浆砌块石，修筑驳岸，连同基础共高 3 公尺。所有石料均利用修桥剩余旧料、小料，并用 80# 水泥沙浆勾缝。

21. 木便桥改建：原木桥仅有 7 公尺两孔，排水量不足，曾于 1954 年被洪水冲毁引道。拟于 1956 年秋在南端增修一孔并将砖基用水泥罩面，桥面加铺石板，材料尽量利用修桥旧料。

22. 场地整理：在桥身修缮完毕后，即可着手整理桥梁附近的河道，使桥下流水畅通，清理废土堆和因修桥在桥附近所余存杂物，并开放行人。

全部修缮工作计划于 1956 年 10 月底完成，施工期限共 19 个月（1956 年 1、2 两个月因天冷中途停工），完工后即报请验收，将剩余材料、工具和杂项物件交给文化部指定接收部门或人员，并编制决算，办好结束事宜。

一九五五年八月

第六节　赵州桥记初稿（1956 年 3 月 7 日）

余鸣谦

一　前言

河北省赵县南门外的安济桥建自隋炀帝时期，是古代劳动人民在桥梁建筑上的一个伟大成就。因桥已有一部分残毁，乃于 1955 年开始修整。本文就勘察施工当中的发现体会做一个介绍以供研究的参考。

二　桥史

桥的创建年代是在隋炀帝大业间（605—618）。由于交通上的需要，赵州桥各县村集合财资建造了这座石拱桥。桥结构是天才石工李春所设计，主拱净跨达 3702cm 之大，折合木尺 12 丈。这说明当时在桥梁建筑技术上是有了相当的进步，李春设计的大石桥正是一个代表作品。

约二百年后在唐贞元九年（793）的时候，桥的坟岸上排簉均有残坏。成德节度参谋侍御史知赵州事卢公加以修葺。

明代在桥的经营上也是下了一番功夫，嘉靖甲子（1564）、嘉靖癸亥（1563）都有修缮，隆庆六年（1572）在桥南兴建关帝阁，万历二十五年（1597）张居敬等人又募款修桥添配勾栏，崇祯二年（1629）复在关帝阁南添建了卷棚过楼。

到了清代大石桥仍为南北交通的要道，修缮记载虽无可考，但从西侧五道主拱石的石质新鲜可想象到这五道是清代所修，清道光元年（1821）在桥上建鲁班庙、柴王庙左右对立在关帝阁城台之北。

安济桥经过了历代的修缮，石料殊多更易，所存旧物以今天我们的水平考察，恐怕仅仅是中央二十道主拱石和两座桥台，自小拱以上则是已经多代重修的了。

三　桥的外形——平面与立面

（一）立面

桥东面三道主拱圈已在清末倒塌不可见，现在只能看到它西面的立面情况，主拱拱脚南北净距 3702cm、矢度 722cm、拱度 1∶5.13，是一个坡度比较平缓的拱桥。拱脚之上有矩形桥台，高约 340cm、深约 400—500cm，通体以条石砌成，借以与自拱圈传来的巨大推力相抵。

拱与拱之间又用宽约 50cm 的条石砌成不很规则的侧墙上承桥面石。

（二）平面

桥面用厚 30cm 左右的条石铺成，中央 380cm 宽度部分因石块坎坷特甚不便往来车辆，在清末又加铺红砂石板一层，以致较两侧高起 10—20cm 左右。

桥面东西侧栏板之下，各用帽石一行探出于侧墙之外。

在矩形桥台的外方的引道，由于侧墙稍向外张出故其宽度略大出约 5cm。

（三）比较

桥名	小拱数	主拱拱圈数	主拱拱脚净跨度（L）	净矢度（h）	拱度 h/L
安济桥	4	28	3702cm	722.3cm	1/5.13
永济桥	4	20	2260cm	430cm	1/5.27
凌空桥	2	22 24	2562cm	625cm	1/4.20

在赵县附近手法与安济桥极为相似的石拱桥还有两个，一个是赵县西门外的永通桥，创建年代是金明昌（1190—1195）中，一个是栾城东门外的凌空桥，创建年代是金泰和（1201—1208）中。上表指示其一般尺度，供此比较参考。

四　桥细部之一——主拱

（一）收分（或蜂腰）

此地“收分”二字是指“桥身东西总宽度在桥中部（或桥顶部分）略狭，而在桥两端（即南北桥台部分）略宽”而言，在张嘉贞石桥铭中有“腰纤铁蹙”一语恰似符合。在梁思成先生的《赵县大石桥调查报告》中，认为这桥的建造设计者预见到各个单券有向外倾倒的危险，故将中部宽度特意减小 51—74cm 使各道有向内的倾向来抵制它。本次施工当中我们也注意到这一问题，勘测的结果约可申述如下列几点：

（1）以中央 18 道主拱圈为限，其总宽度（包括灰缝石厚在内）是：拱顶 624.5cm，南 275 小拱内脚下 632.5cm，北 275 小拱内脚下 624cm，南中墩下 638cm，北中墩下 628cm。中墩下的主拱部分是全拱最容易变形的地方，依上测数字考察北中墩下与拱顶相差 3.5cm，在 15m 长度中 3.5cm 不过是施工误差。南中墩下与拱顶相差 13.5cm，差数较大，这是因为南部已经向西发生扭闪现象所致。

（注）西侧 5 道后修，现存东 2 道已向外鼓闪，均不足为据。25-（5+2）=18，故依 18 道测量。

（2）以西侧 5 道主拱圈计，共总宽度分别是：拱顶 149cm，南 275 小拱内脚下 149cm，北 275 小拱内脚下 156cm，南中墩下 160cm，北中墩下 157cm，最大差数是南中墩与拱顶差 11cm，其原因可能是券脸石向上逐渐减薄之故（详后）。

（3）综合（1）（2）二项主拱拱圈似乎没有所谓“收分”，张嘉贞所说的腰纤可能指的桥面稍具中狭端宽之状，但这种“收分”是不会发生抵制外倾作用的。

（二）券脸石

（1）券脸石厚度较大，虽然东侧券脸石已坠失，拱脚尚存几块，以北拱脚比较，中部 26 道石块较薄，最大不过 37.5cm，但券脸石两块则厚 39cm 和 40.5cm。

（2）券脸石自下而上逐渐减薄，依据西侧后修者而论，拱脚厚 39cm，龙门石只厚 31cm（但浮雕螭首部分未计在内）。

（3）铁榫：无论西侧后修或河床中挖出旧物都做双榫并无二致。

（4）起线：西侧后修部分均上下各起双线，但西侧南拱脚两块旧石和河床中挖出旧物，都各起三线似属原制？

（三）并列式结构

安济桥的主拱是由 28 道拱圈并列而成，其中每道拱圈都可以独立担负荷重，拱圈之间除去背面的铁榫并无紧密联系，每道拱石之间用小面相接，即 30cm × 100cm 的面，因而石块的大面露明，使外观比较悦目。

并列式结构缺乏紧密的联系，因而在保固方面就比不上纵联式结构，但采用这种形式也有些方便的地方，即在修理或改建上比纵联式结构简单，只要把崩散的几圈修好即可不必牵连全局。

为什么产生了这种结构形式的石拱桥？这是一个有兴趣的问题，从历史方面考察，现在资料还很少。在汉墓中的发券结构可以得到这一种形式！（如望都汉墓）另外在地理方面，我有一个不成熟的揣测意见：

并列式石拱桥可能源自山区，使我产生这种想法的实例就是井陉苍严山的桥楼殿拱桥。在山区中常常有一些悬崖峭壁为解决其间的交通运输问题，除架设临时性的木桥外，其次就属平缓的石拱桥，特别是在多石山区，一方面有的是现成石料，一方面悬崖峭壁正是拱桥的天然坚实的基础，平拱桥的应用是较合理的，最初的石拱桥可能只是二圈或四圈，如所谓独木桥之状，渐而圈数加多，乃成为并列形式。

古人记载建造这横跨洨河上的大石桥经过中说“制造奇特，人不知其所以为”，暗示我们安济桥可能是这种形式的拱桥，从偏僻山区移到平地来的一个尝试。尝试成功博得了古今中外的赞赏。“初月出云，长虹饮涧”，说明了桥外形的优美。“两涯嵌四穴，盖以杀怒水之荡突”，又说明桥的结构完全符合现代治桥的原则精神。

（四）护拱石

（1）从现存情况看，自金刚墙脚至 275 小拱内脚一段来看护拱石是内外兼用，自 275 小拱内脚以上护拱石只用在外沿，内部因不露明，直接将黄土掺碎石的填料放在拱石之上。

（2）护拱石和拱石并用的形式和我国一般砖发券上伏券并用手法正好相符，这是一个传统习惯，一方面替拱石分担了上部结构传来的荷重，一方面也是拱石的保护层。

（3）护拱石的厚度，就西面重修后的情况看颇不一致，拱脚厚达 32—37cm，而拱顶厚仅 16cm，拱顶部分就钻纹石料看，后换成分很大暂不考虑，只以拱脚厚度为准则护拱石厚与拱石厚的比例约为 1 : 3。

五　桥细部之二——桥面桥栏

（一）发掘情况

在 1953 年 10 月中旬修建木便桥的时候，因整理河床乱石发现一块一面刻飞马一面刻走马的栏板

〈6〉，石质雕刻手法都和桥上现存栏板迥乎不同，这事引起了大家搜寻遗物的兴趣，便在桥东西侧开始了发掘，掘到地下水面处（约距河床土面 2m 左右）为止，这年除掘出〈6〉〈8〉〈9〉三块栏板还有几块八瓣花的帽石。

1954 年 6 月继续发掘，掘出了两块斗子卷叶式栏板和斗子竹节式望柱，可惜因为遇到洪水仓促中停。

1955 年 5 月结合施工，在桥东西 26m 的范围内进行了比较全面的发掘，发掘深度至距桥顶拱石下皮 10m 的砂层，估计这当是早日水流的冲刷面层。发掘结果得到八瓣花帽石 27 块（累计），龙类栏板 9 块（累计），另望柱题石多块。

同年 11 月开始桥面拆除，在拆除过程中又拆出了故事类栏板 3 块，金代小栏板 3 块，十六瓣花帽石 2 块。

（二）对遗物的初步认识

1. 栏板按照时代和画题大致区分成下列五种：

（1）龙兽类栏板：在半圆形寻杖和方形地栿之间刻作马龙头（饕餮？）或游龙。这和唐中书令张嘉贞石桥铭上所说的“栏槛华柱鎚斫龙兽之状”很相符合，其中以游龙雕刻掘出较多，或单或双或刻出鳞甲或用花叶衬托。

栏板断面上窄而下宽呈显著的收分，栏板两端是一条凸出的带状榫和望柱的凹榫相接。

其龙头一块自成对称图形，和朝鲜庆州四天王寺鬼瓦有相似处。

从这一类栏板中我们体会到各块各面尽管雕刻的母题相同，细部则常变化，具有一般古典作品中“形象相似但又不尽相同”的意味，可以认为它们是隋大业年间的原制栏板。

（2）斗子卷叶类栏板：这一类栏板的断面收分情况和带状出榫，都和龙兽类同，所不同者在寻杖地栿之间又用盆唇一道，盆唇之上刻出斗子卷叶，叶数二三四不等交错使用，刻法也很圆到，盆唇之下只砧做三角钻文，未做画题钻工较粗糙。

（1）（2）两类栏板的高度尚统一最小 87cm、最大 91cm，长度自 185 至 227cm 不等。

只从斗子卷叶样式手法来看试和天龙山响堂山等石窟中的雕刻比较，似也可以远溯六朝，但和龙兽类栏板是否同时制成实无确证，可能性是不大的。

（3）金代小栏板：这种栏板很矮，一共从桥面和小拱中拆出来三块，高度变化在 47 至 50cm 之间，画题有人物也有龙云山石，其中一块写有“本州西关刘皋等众开店维那另施构栏贰间，大定二年四月黄山石匠杨志造”，大定年号显系金代无疑。

这里再对第〈8〉栏板稍加叙述，〈8〉号栏板是比较特殊的具有如下的几点特征：

①上面有题记是“在州南城厢故通引高贵妻王氏，施此勾栏石一间合家同增福寿”几个字，这说明是一块个别的修补上的栏板，不同于龙兽类和斗子卷叶类具有一般性。

②全体布局是和斗子卷叶类基本相同，但在和望柱相接处，已加上一道大边，风格就和明式的故事类栏板相近。

③斗子卷叶的轮廓是凹线刻成和（二）类的斗子卷叶是整个突起在栏板地上者迥异。

④在盆唇之下采用凤和山石的画题，山石的应用恐怕早不过宋，晚不过明。

⑤石质苍白和（一）（二）两类的青润显著不同。

虽然通引官名可能用在五代，但依上列五点分析〈8〉号栏板以宋的可能性较大。

（4）故事类栏板：1955 年 5 月在北桥台西侧掘出两通明碑，在嘉靖甲子岁“重修大石仙桥记”碑文中记有：“……所修南北码头栏槛柱脚锥断龙兽□□旧制耳，增崇故事，形象备极工巧，焕然维新，境内改观矣，……”可知明代在大石桥上增用了许多故事类栏板，现在连同桥上原存和桥身拆除，桥下清理所得大小共 9 块，画题内容不外是赵颜求寿一类的传奇故事。

在这一类栏板的断面虽仍保存上窄下宽的收分手法，但寻杖地栿的痕迹已不像（一）（二）两类那样鲜明了。

（5）清式栏板：即指现存桥上西侧的栏板而言，断面收分已不显著，栏板两端用两个方榫，而不是带状榫与望柱相接，这都和前几种形式不同，栏板画题或用龙虎麒麟，或用卷草荷叶，技法是比较拙劣的。

2. 望柱：粗略的划分望柱可以分成下列两类：

（1）华柱类：先后从河床中清理出的几根斗子竹节式望柱，就是此处所说的华柱，柱头做单宝珠，宝珠之下是覆钵一层，再下则斗形，撮项及竹节 3 节，最下是地栿一层。这种排列次序大体符合于宋《营造法式》中的勾栏作法。

有一种斗子竹节式望柱，在撮项与竹节间用盆唇一道（并带卷叶的叶茎），尺寸式样和斗子卷叶式栏板大体一致，应是同时代的作品。

另有一根望柱在盆唇、地栿之间用蟠龙代替了竹节，蟠龙的刻工精致到与龙兽类栏板的技法相近，覆钵上有凹槽可能为了安装狮子或其他装饰所用？

这一类望柱的柱脚榫做圆柱状，尺寸式样和掘出的八瓣帽石柱槽颇相符合。

（2）方柱类：桥上西侧现存和桥下掘出的一部分可属此类。柱头做双宝珠，柱身方正不做雕饰，间有在柱之四角斜抹小棱，柱脚做方榫，尺度比华柱柱脚小得多。

除华柱、方柱两种类型的望柱而外，从河底还挖出两个狮形，一带莲座，一个不带，尺寸相近均高约 45cm，但刻工形态则有出入，似非同期作品。

3. 帽石（仰天石）：由于桥下河床发掘，和桥身拆除先后发现了 30 块帽石，其中雕八瓣的 21 块，雕十六瓣花的 3 块。这些新发现的帽石和桥上现存有几点显著的不同：

（1）关于圆花饰：桥上现存没有雕饰，新发现者 30 块中即有 24 块雕圆花，圆花饰常常成对出现，一个刻在上皮面靠前，直径较小，一个则刻在前直面上居中，直径较大，同时可以看到，这圆花饰的排列既不对望柱中，也不对栏板中，可能它自己依照一个规律安装在桥的两侧。

（2）关于石面加工：桥上现存看不出加工痕迹，但新发现者凡是露明部分都所为交错方向的斜纹，这种斜纹和桥主拱拱石的下皮面以及南北桥台方石看面所见基本上是同一的手法风格。

（3）探出度：探出度就是帽石下皮探出侧墙以外的水平距离，在桥上现存所测最大约 20cm，新发现者达 34cm，这一探出将在桥立面投以宽大的阴影。

（4）立面线条：桥上现存帽石的立面殊为单简，仅一垂直平面而已，新发现者除八瓣圆花饰外，线条也比较丰富些，在圆花饰之上有宽约 4cm 的突出小边，作为花饰面的遮护，圆花饰之下与侧墙相接处，也单做出一直面，宽度自 0 至 9cm 很不统一，估计当初侧墙垒砌或不够工整，借以尺寸以作调整侧墙和桥面的关系用。

（5）栏板槽：桥上现存帽石的栏板槽较浅约 2cm。新发现者则较深，一般在 4cm 以上。

4. 仙迹石：除去车沟印石，驴蹄印石已为大家熟知者外，从河床中并发掘出一块方石，长 142cm、宽 88cm，上有一个圆凹槽，直径约 13cm，依明人鲍捷在北桥台金刚墙上刻有驴迹辨一文，开头写有“石桥片石上有驴足迹四，前有石坑凹一处，世传张果老在此？驴，其坑凹处盖其笠迹也。”推测这块方石就是鲍捷所说的笠印石。

六　桥细部之三——铁活

桥上用两种铁活，一是铁条，一是铁笋（铁鼓）。

（一）铁条：铁条共九道，断面长方形，东西使用以加强东西向拱石间的横向联系，远在唐代李翱的石桥铭中说“……九津九星悬河中……”所谓九星，似即九道铁条的圆铁头而言。

从西面现状看，这九道铁条中，四道用在四个小拱的龙门石上，其余五道分布在主拱拱顶南北约 10m 范围内。施工当中扫除了主拱上面的填土后，发现这五道铁条已非通长，而是由 4 或 5 根短铁条铆接而成，另外有三道铁条似通长，用在中部 20 道拱石上，此外还有许多小短的弯头铁条分布在东侧。综合全部铁条分布情况来看分析如下列几点：

（1）西面露出圆铁头的五根铁条，第一小段都在西起第五道第六道拱石接缝处断开，说明这五根铁条是修配西五道拱石时所配，或利用旧料所改成。

（2）露出圆铁头的五根铁条只是浮摆在拱石上，而通长的三道铁条则深嵌入石中，其年代较早，当无疑问，同时提供另一可能即中部 20 道拱石，还是创建原状未经改动过。

（3）较早的五道铁条分布位置可能原来是依 5 公尺强的等距配置，最外的两道恰位于 275 小拱内拱脚下。

（二）铁笋：全桥各部石料接缝多有铁笋相连，分述如下：

（1）拱石铁笋：不独是每道拱石大面上下用双榫相连，主拱（西面龙门石並用三榫）拱石上顶面也是纵横用铁笋嵌接牢固，这上顶面的铁笋，不消说，也是和铁条一样，为了加强拱圈的横向联系而使用者。

（2）伏石铁笋：只有西五道拱石上的伏石上皮才用铁笋相连，中部伏石不见榫迹，这使人怀疑伏石铁笋是重修西五道拱圈时才加用上去，原来伏石上皮是没有铁笋的。

（3）拱石铁棒北部小拱的西侧五道，在拱石内部并依拱身方向用铁棒串接，此铁棒的使用年代可能也是重修西五道拱圈时所增。

七　桥细部之四——关帝阁与鲁班庙柴王庙

（一）关帝阁在桥南方，由前后两部合成，后部是正殿和城台，前部是前殿，据当地老人谈这前后两部并非同时建成，正殿和城台建自明隆庆六年，有明碑可考，此碑原嵌西马道女墙间，因墙塌不知去向，而前殿是明崇祯二年增建，现在明崇祯二年修建的提名碑尚存于桥南岸。

城台结构是砖墙身条石墙基，墙基深度约在桥面下 3m 处。城台长方形平面，方向并不与桥方向正交，其北面与桥轴线成 94 度角，在城台拐角处每隔 20–22 行砖并纵横用木板以资连结，城门洞的上口用白石砌成椭圆形，上嵌“辑宁”题石，刻得较浅平，应是明原物，城台之上原有一座三间歇山顶的正殿，现已无存。

前殿分上下两层，下层是过道与城台门洞连接，上层是三间卷棚挑山顶的建筑。

（二）在关帝阁城台之北部桥上又有小屋两排，东西相向一坡顶，据当地老人谈东面的叫柴王庙，西边的叫鲁班庙，建自清道光元年，分祀柴荣和鲁班。

（三）古人对关帝阁的记载诗文也常在歌颂石桥之余同时提到，例如王懿诗中的“……棘山疏矗凝朝岫，帝阁窿崇起夜潮……”，又如王悃诗中的“……势凌霄汗蛟龙起，地接楼台风雨多……”。这都是明人诗句，明以前则少提到帝阁楼台的字样，可能隆庆以前桥南是没有这样一个大建筑存在的。

第七节　安济桥修缮工程主拱灌浆施工规范（1956 年 5 月 10 日）

赵县安济桥修缮委员会

（一）主拱灌注水泥砂浆目的，是用砂浆填充砌缝和裂缝中之空隙。原主拱西 23 道砌缝中之灰土杂物，均予清除后以砂浆灌注，使圬工结成整体，坚固和不透水。

（二）主拱拱腹用 80# 水泥砂浆勾缝，砂浆厚度 1 公寸，勾成阴缝，缝深 1 公分。

（三）主拱上部拆除后，西 23 圈砌缝中的灰土杂物加以清除，并用水冲洗干净，直至流出清水为止。

（四）拱背也用 80# 水泥砂浆勾缝，深度亦为 1 公寸，勾缝办法是用铅丝吊挂碎石，然后再其上填塞水泥砂浆。

（五）注浆孔留在拱背上，在各道纵缝上，孔距为 1~2 公尺，孔眼位置尽量设在横缝与纵缝相交之处，以便横缝内吸收砂浆，如果砌缝距离不够大时，加以扩钻，相邻两缝之注浆孔尽量错开。

（六）为了防止灌浆时拱圈横向走动，在主拱两侧设注五道夹木，夹木用 Ø36/2，其上使用 Ø19mm 钢筋互相连结，并拉紧，两侧每块砌石下的两侧，在拱架上各钉顶木二块，以保安全。

（七）全主拱（长 42 公尺、宽 9.6 公尺）分八个区段灌注砂浆，分段办法（如图）是用纵向第十五圈主拱分成东西二部分，西面 14 道砌缝、东面 13 道砌缝，横向在拱顶和南北各 1/4 处将每道拱圈用砂浆隔断，把每一纵缝分成四部分。

东

<table>
<tr><td rowspan="2">北桥台</td><td>4</td><td>8</td><td>7</td><td>3</td><td rowspan="2">南桥台</td></tr>
<tr><td>2</td><td>6</td><td>5</td><td>1</td></tr>
</table>

西

（八）本工程灌浆是使用鞲鞴式灰浆输送泵进行，每次灌注开始时，先加入清水，使管壁润湿，然后接着加水 1∶1 水泥砂浆，等水完全流出后，注浆嘴才可插入孔眼。

（九）灌浆顺序按 1 至 8 顺序分段进行（见上图），每段都是由内向外逐缝压注，而每缝各孔则是由下向上灌注下面灌浆孔，计孔周围已经注满，在 4 个大气压力再不能压入砂浆时，即移到同缝较上孔眼灌注，直到本段中全缝注满为止，然后在本段最上的一个孔眼保持 1.5 个大气压力半小时，使砂浆中多余水分压出，并使圬工中之砂浆更加坚实。

（十）砂浆所用砂子要特别干净，颗粒要细，水泥用 400# 矽酸盐水泥（即硅酸盐水泥），配合比是重量比 1∶1，体积比是 3 桶水泥、4 桶砂子。砂浆用水量是每缝初灌时在 3 桶水泥、4 桶砂子中掺加 5 桶水灌到约一半时改用较稠的砂浆，即在同样灰砂中少加入一桶水。共预备 4 个大桶，两个搅拌砂浆两个盛拌好砂浆，一稠一稀，根据需要使用。

（十一）为使用压力不大而注入圬工的砂浆消耗量很大时，应停止这道缝压注，改注他缝，仔细检验查明水泥砂浆消耗原因和漏浆的所在，俟漏缝填塞后，再继续压注，如漏浆所在不易找到则可等已流入漏缝内的砂浆凝固（约 48 小时）再用低压力继续压注。

（十二）压注砂浆所用压力，开始时用 0.5~1 个大气压力，以后随圬工吸收砂浆的减少和砂浆稠度的增加而加大压力至 4 个大气压为止。

（十三）当使用最多压力圬工已不再吸收砂浆，同时注浆孔上部或周围孔眼上木塞和隙缝中所填嵌的麻刀呈现潮湿现象，即表示砂浆已压注妥当。

（十四）各段的每缝的压注工作不得中断，并在砂浆初凝以前完成，如不得已必须中断在三十分钟以上时，即须在已注砂浆充分坚硬，但不早于 48 小时再继续压注砂浆。

（十五）每缝的注浆工作完毕后，孔洞以 1∶2 砂浆用手捣填塞。

（十六）注浆工作必须作出详细记录，以备检查，本工程记录使用下表：

<table>
<tr><td rowspan="3">注浆缝</td><td rowspan="3">月日</td><td rowspan="3">压注时间</td><td colspan="5">注浆缝</td><td colspan="2">砂浆成分体积比</td><td colspan="2">使用压力</td><td>水泥砂浆用量 M^3</td><td>备注</td></tr>
<tr><td rowspan="2">长度（公尺）</td><td rowspan="2">宽度（公尺）</td><td rowspan="2">深度（公尺）</td><td colspan="2">临缝距离</td><td rowspan="2">开始</td><td rowspan="2">终了</td><td rowspan="2">开始</td><td rowspan="2">终了</td><td></td><td></td></tr>
<tr><td>东</td><td>西</td><td></td><td></td></tr>
<tr><td>1–5</td><td></td><td></td><td></td><td></td><td></td><td></td><td></td><td></td><td></td><td></td><td></td><td></td><td></td></tr>
</table>

注：注浆缝 1–5 是表示第一段由西数第五道纵缝。

（十七）每次注浆完毕后应把机器及胶管内砂浆冲洗干净，以免堵塞。

（十八）注浆劳动组织如下：一人管理机器，二人搅拌砂浆，一人往泵内注砂浆，二人掌握注浆嘴，二人运砂，一人运水，一人运水泥，共为 10 人，壮工 9 人，机工 1 人。

（十九）施工开始时，由二人领工，一人管压浆之稀稠，压力的大小和注浆孔移动，另一人掌握各项记录，俟各种动作协调一致后，只由一人掌握施工指挥和记录。

第八节　安济桥栏杆恢复第五方案（1957 年 1 月 21 日）

在《文物参考资料》1956 年三期发表的安济桥栏杆恢复的四个方案及仰天石方案，已征求各方面的人民来信十件，这些宝贵的意见，我们已经把它综合了起来为一个方案，提请研究和考虑。另外关于仰天石的恢复，因施工的关系，已按第一个方案以新石料安装，每边通常用一百〇八块，一端挑出三十四公分。仰天石花的分配根据张心正同志的勘查和记录，花的距离为八十二公分，按购来石料尺寸的分配，须相距八十公分，否则花即落在接缝处。所以由一花坐中向两边分，每边共计八十一个花，花的大小仍是按原花样尺寸。仰天石的挑出处理，根据刘致平先生的仔细查考的八点理由：（一）按已知的习惯，如小石桥唐宋书上的桥栏等的挑出，已成定例。（二）仿木结构时，亦必须挑出。（三）挑出时可避免桥侧面墙（即撞券墙）有水痕（雨水淋的痕迹）也明确美观。（四）石底全做三十四公分，而且钻细。如是整齐划一，应非埋在桥内的做法。（五）至于是否挑出一半还是全部挑出的问题，显然是以全挑为是，因为（六）仰天石底下花纹新旧程度一致，如挑出一半便有一半有石灰痕迹，一半则无石灰痕迹，但事实上无石灰痕迹。（七）如挑出一半则仰天石下必有⌙形石，经我等仔细寻找，并无此种石料，而仰天石则甚多，所以全挑为是。（八）此外即是小台的问题，小台钻纹粗糙似藏于桥身内部之物，但细查年代古老的侧面撞券石，石面多系粗糙钻纹的一公分，此种现象亦见于小石桥，所以根据以上种种理由，则仰天石应以全部挑出为是。

栏杆恢复问题人民来信意见很不统一。有的同意第二方案，有的拟以新中国为体裁的另一方案。这两个还是占少数的。仍是赞同第一方案者居多，但局部还有些不同的见解。基本上同意以龙栏板集中在桥的中间，两边用斗子卷叶，但在第一方案两边的马均不同意使用。外端的抱鼓石也因年代较晚不用，有的从美观实用出发，虽然年代较晚，仍将它用上，似有所收拢，这是单独的见解。

恢复第一方案的理由，根据现在所掘出的龙、斗子卷叶都是隋物或较早的东西，全部用上，尽量按原制恢复，兹综合起来说明第五方案设计。

一　栏板及望柱的配置

桥中间用龙栏板每边十三块，以正面龙头坐中。其余两边的用斗子卷叶六块，比第一方案每端增加一块，共计每边用二十五块。正面龙头一间及两尽端仍均用龙望柱，其余诸间均用竹节望柱。栏板的里外面应按栏板被磨光滑及地栿被人脚踏成圆棱的作为里面，望柱亦如此。

二　施工做法

施工做法有两种，或以新石按样雕刻，或以洋灰翻做。第一种以新石雕刻，质感相同，不过现在石工雕刻技术不太高，费工，工期也较长。另一种以洋灰翻做，这种做法较比经济，能翻出真实纹样，在翻做技术上是可以，就是表面处理是个问题。

第九节　赵县安济桥挖掘栏板及其他工作的初步计划（1957年3月18日）

一　概述

为了赵县安济桥勾栏的复原设计，搜集资料，决定在桥下附近除1955年已经挖掘的部分外，在今年雨季洪水前再进行一次挖掘工程。同时将去年剩余工程之桥下拱架的砖墩拆除，以使环境美观。关于仿雕栏板拟先按照原掘出之中间的“饕餮”栏板试雕两块，视其效果，以便计划将来勾栏的恢复。

二　工程项目

（一）挖栏板：

（1）工作范围，在桥身下的河床上，除1955年已进行挖掘的部分外（详见附图）再进行一次挖掘。其深度2~4公尺不等，视具体情况决定之。

（2）施工方法和步骤，先将河道之水排除，分段利用拱架的砖墩接改河道，并利用去年工程的一部分短杉木作木桩，和掺和麦秸根黄土等进行挡堤。在挖掘中利用抽水机一台进行抽水，待水干后挖掘时，先用短钢棍进行简单的钻探，根据钻探的结果再进行挖掘。凡挖掘出来的石料，均用清水冲洗干净，有雕刻和花饰者，运送到指定地点外，其余的破碎石，暂时就地码放留作回填挖坑用。

（3）劳动力供应和工期要求：除掌握抽水机的机工随抽水机由外地调用外，其一般工人均由当地乡政府订立短期合同供应之。其工程进度要求在4~6月三个月的期间进行完了。由于发洪水的规律无法掌握，尽可能争取提前完成。

（4）记录：凡挖掘出带有雕刻和花饰的石料以及其他文物等均按先后次序和分类，用红磁漆进行标号，并随时把发掘的位置简单地记录下来，同时测绘出草图和进行拍照，然后运送到指定地点，妥为保管。

（二）拆除砖墩：

在每段进行挖掘完了后，为防止反复的抽水和不影响修改河道的情况下，及时地予以拆除，其拆除的方法分段利用钻子破劈，就地把它回填到挖掘栏板的坑内。

（三）雕刻栏板：

先试雕中间栏板——“饕餮”两块。除地栿和与望柱相交的榫卯待复原设计方案确定后再于凿做外，其两面的花纹采用“点线机”仿照原掘出的栏板进行雕刻。所用石工建议安济桥修缮委员会与首都人民英雄纪念碑兴建委员会建立关系，先由该处供调技术较好的石工3~4名（供调时间约3个月）。

（四）附则：

（1）挡堤所用的黄土、购价及所需数量经与当地研究后再做决定。又由于缺乏抽水工具所需费用的资料，这些均须到当地了解后才能做出预算。因此整个的预算计划到安济桥后再做。

（2）为了人力的配备和时间节省起见，计划整个的工程进度由4~6月三个月的期间进行完。

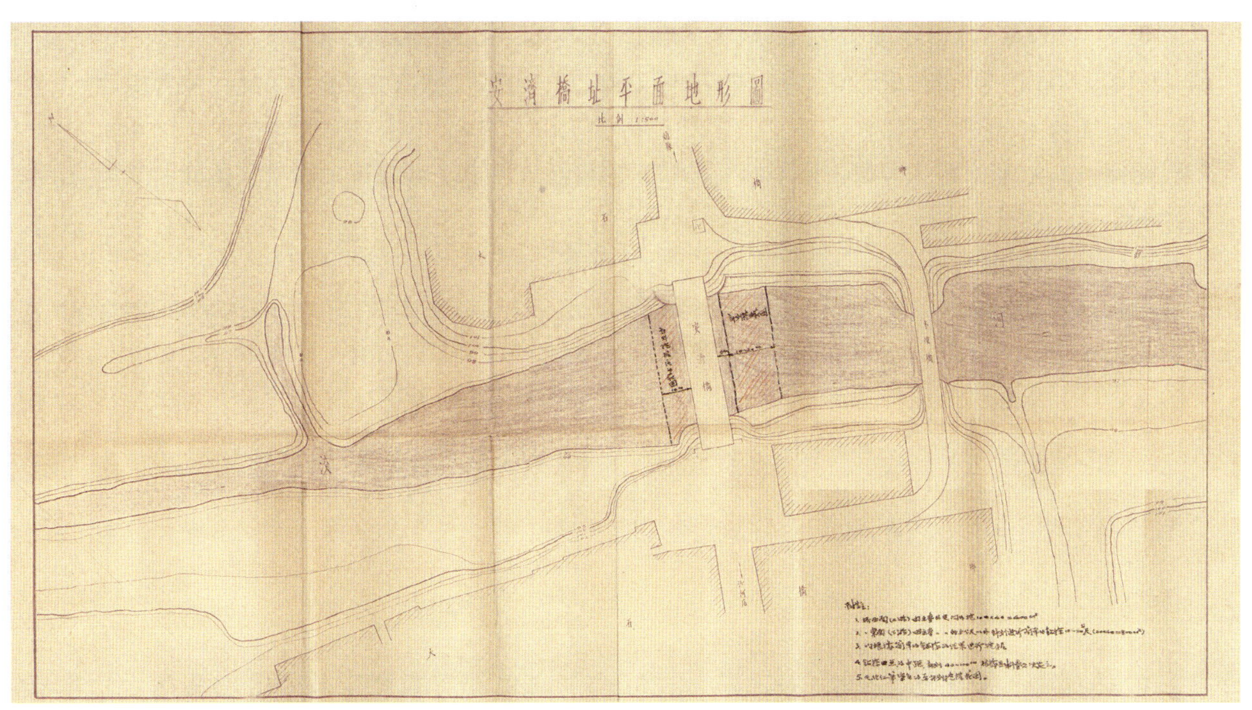

赵县安济桥挖掘栏板平面图

第十节　赵县安济桥挖掘栏板工作计划（1957 年 4 月 24 日）

一　概述

为了安济桥勾栏的复原设计，搜集资料，决定在桥下附近除 1955 年已经挖掘的部分外，在今年雨季洪水前再进行一次挖掘工程。同时将去年剩余工程之桥下拱架的砖墩拆除，以使环境美观。

二　工程项目

（一）挖栏板

1. 计划挖掘的面积和深度：在桥身下的河床上，除 1955 年已经挖掘的面积部分外，在桥上游由主拱券脸石外皮向外挖 10 公尺、南北长 40 公尺桥。下游由主拱券脸石外皮约 5 公尺以外（5 公尺以内 1955 年已挖掘）向外挖 10~20 公尺宽、南北长 40 公尺，深度约 2~4 公尺。共约计 1200 平方公尺，2400~4800 立方公尺。

2. 施工方法和步骤：分两次利用中间拱架砖墩接改河道，使上游河水靠挡堤而向下流。挡堤工程利用去年工程的一部分短杉木和板表打桩，并用附近黄土掺和滑秸进行挡堤，堤做好后利用 45 马力的拖拉机带动 10" 水泵和三节胶管子进行抽水，由于面积大工期短，和对拖拉机进行抽水没有把握的情况下，更为了争取在雨季前完成，因此再租用一部 12 马力的柴油机带动 6" 铁管子同时进行抽水。在水抽干后挖掘前，先用短钢棍进行简单的钻探，根据钻探的结果，再进行挖掘。凡挖掘出来的石料均用清水冲洗干净，有雕刻和花饰者运送到指定地点外，其余的破碎石料，就地码放，留作回填挖坑用。

3. 记录：凡挖掘出带有雕刻和花饰的石料以及其他文物等，均按先后次序和分类，用红磁漆进行标号，并随时把发掘的位置简单的做好记录，同时测绘出草图和进行拍照，然后运送到指定地点，妥为保管。

（二）拆除砖墩

在每段进行水抽干后，为防止反复的抽水和不影响修改河道的情况下及时予以拆除，其拆除的方法分段利用钻子破劈就地把它回填到挖掘栏板的坑内。

（三）劳动力供应

除掌握抽水机的机工，随机械调用外，一般的壮工均由当地政府劳动部门根据工程需要供应之，其工资标准为 ________。并签订劳动力供应合同。

（四）工程进度

因抽水设备发生了困难，开工较晚，原计划 4~6 三个月完成，由于洪水的规律无法掌握，计划缩短为 5、6 两个月把它完成并在可能条件下争取提前完成。

（五）抽水机械租赁的来源

1. 拖拉机（45 马力）由赵县拖拉机站租赁，其 10" 水泵和 10" 三节胶管子由河北省交通厅租赁的，其租约均为两个月。

2. 12 马力的柴油机一台由赵县南解町农业社租赁的，租约暂订 5 月份一个月，工程进行中视具体情况再延期或撤销。

（六）其他

1. 关于试雕栏板工程，因较好的技术工人近日找不到，其计划暂时不予考虑。

2. 本工程所需材料工具本着节约原则精神尽量利用旧的和代用品。

3. 本计划在执行当中，必须根据河水涨落的具体情况和本着节约原则的精神随时进行修改。

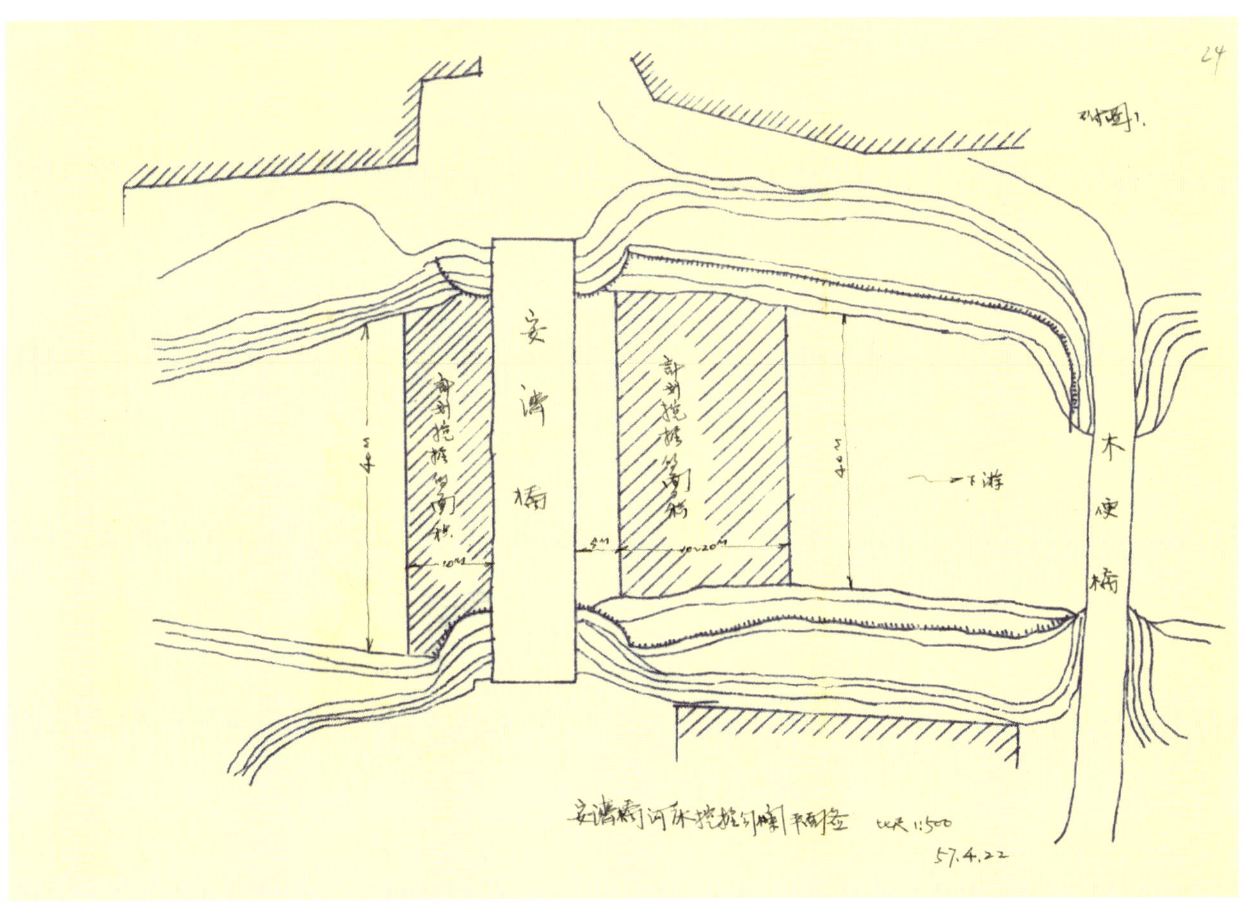

附图1　安济桥河床挖掘勾栏平面图

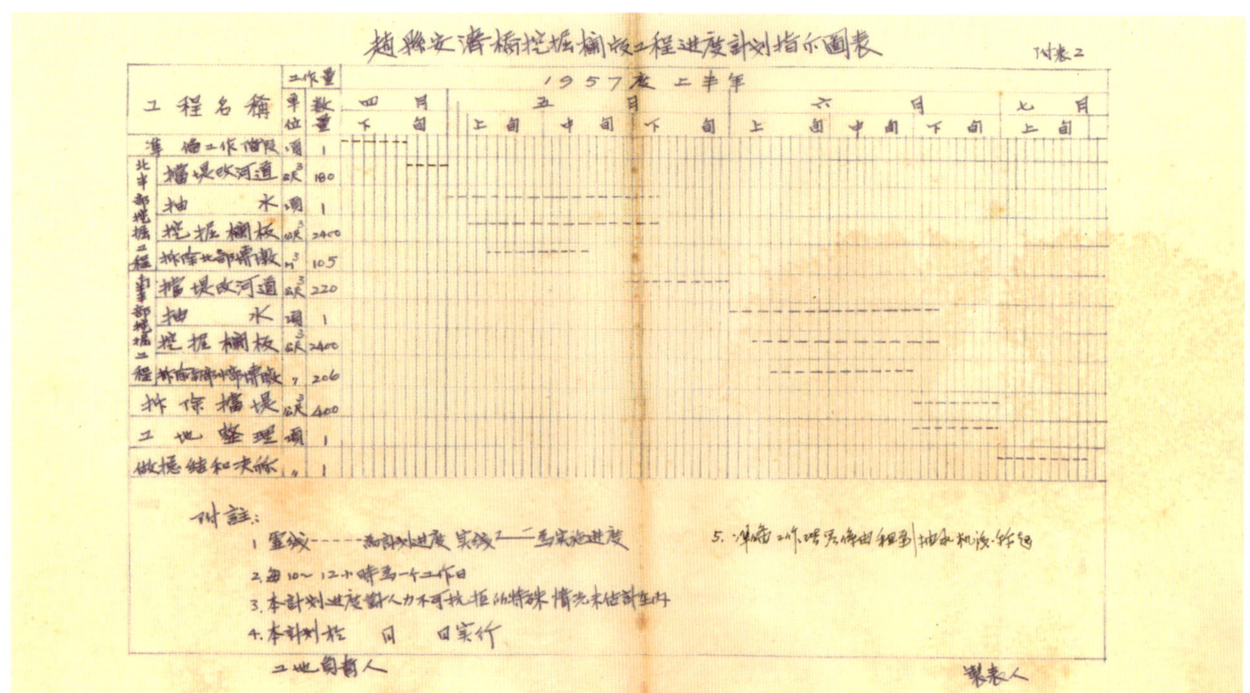

趙縣安濟橋挖掘欄板工程进度計划指示圖表　附表2

工程名稱		單位	數量	1957度上半年：四月下旬；五月上旬、中旬、下旬；六月上旬、中旬、下旬；七月上旬
準備工作階段		項	1	
北半部挖掘工程	擋堤改河道	公尺³	180	
	抽水	項	1	
	挖掘欄板	公尺³	2400	
	拆除北部帽墩	M³	105	
南半部挖掘工程	擋堤改河道	公尺³	220	
	抽水	項	1	
	挖掘欄板	公尺³	2400	
	拆除南部小帽墩	〃	206	
拆除擋堤		公尺³	400	
工地整理		項	1	
做總結和決算		〃	1	

附註：

1. 虛線----為計劃进度 實線——為實施进度
2. 每10～12小時為一个工作日
3. 本計划进度對人力不可抗拒的特殊情况未估計在内
4. 本計划於　月　日實行
5. 準備工作、購買修理租到抽水机等[illegible]

工地負責人　　製表人

附表 2　赵县安济桥挖掘栏板工程进度计划指示图表

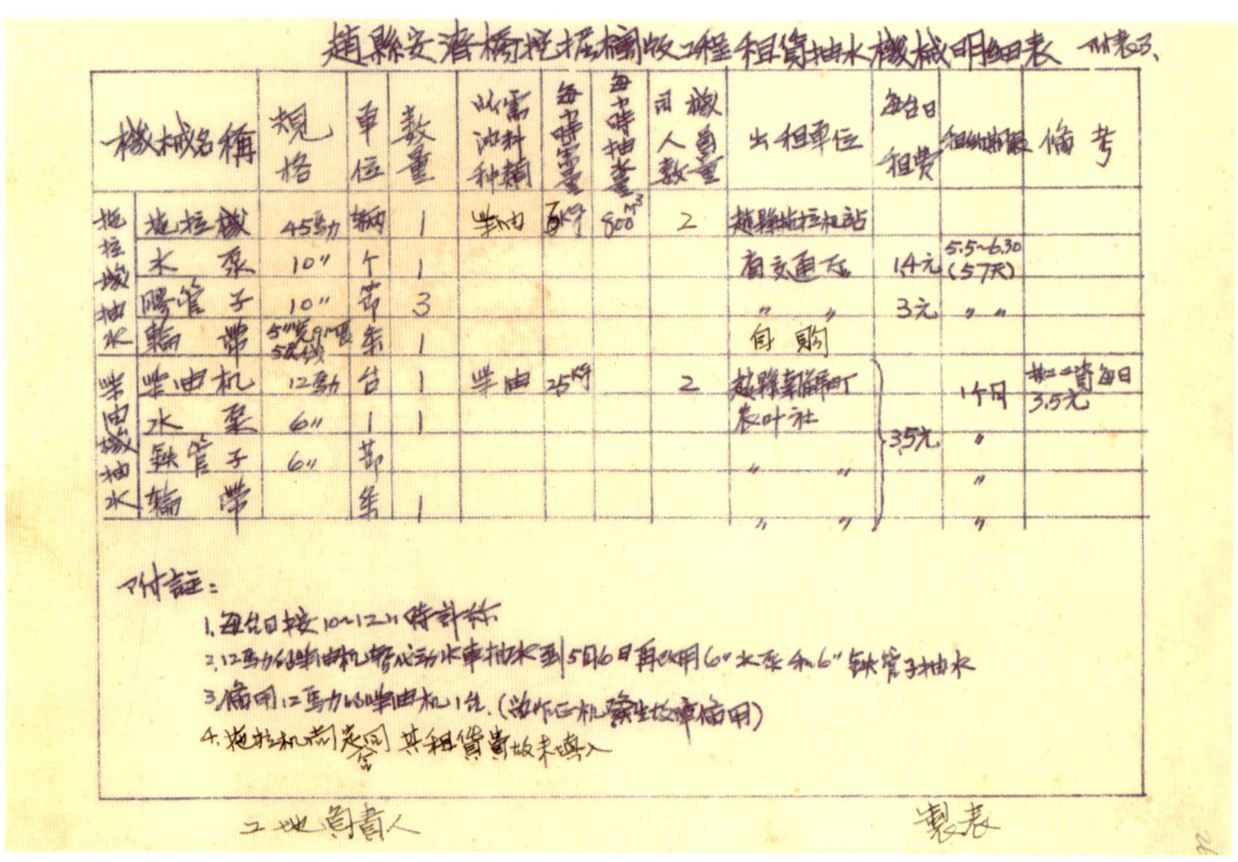

趙縣安濟橋挖掘欄板工程租賃抽水機械明細表　附表3、

	機械名稱	規格	單位	數量	所需油料種類	每小時需量	每小時抽量	司機人員數量	出租單位	每台日租費	租用期限	備考
拖拉機抽水	拖拉機	45馬力	輛	1	柴油	5kg	800M³	2	趙縣拖拉机站			
	水泵	10"	个	1					商交通厂	1.4元	5.5~6.30（57天）	
	膠管子	10"	節	3					〃　〃	3元	〃　〃	
	輸帶	5"寬9M長5层线	条	1					自購			
柴油機抽水	柴油機	12馬力	台	1	柴油	25kg		2	趙縣新[illegible]農叶社	3.5元	1个月	按工資每日3.5元
	水泵	6"	1	1							〃	
	鉄管子	6"	節						〃　〃		〃	
	輸帶		条	1					〃　〃		〃	

附註：

1. 每台日按10～12小時計標
2. 12馬力的柴油机暫代為水車抽水到5月6日再改用6"水泵和6"鉄管子抽水
3. 備用12馬力的柴油机1台（站作ㄈ机發生故障備用）
4. 拖拉机尚未定合同 其租賃費故未填入

工地負責人　　製表

附表 3　赵县安济挖掘栏板工程租赁抽水机械明细表

第十一节　赵县安济桥模型复原工程计划（1957 年 12 月 7 日）

一　目的与要求

为了对古代建筑艺术的研究，兹依据 1956 年复原后的形状，做一个缩小 1/50 的模型。在制作中的尺寸比例和细部结构，要求准确细致，以达到研究资料的效果。至于石质尽量采用与实物相符合的石料。

二　制作方法

为制作便利及省工起见，把整个桥分成七段：计桥身分三段，四角驳岸各分别做。先以每段分别加完工后，再安装成为整体。其每段与每段的接缝均以斜向的直缝衔接，为了桥身的分段衔接牢固，并做上暗榫。

从模型中为了能看到它的基础结构，因此把东北角的主拱起点的基础和驳岸分成两段制作，欲看基础结构时可以把驳岸挪开。

三　材料

整个模型所用的材料，除栏板由于缩小后尺寸太小，即不易雕刻又多用工，所以改用滑石制作外并随实物的色泽刷色，其桥身及两端的驳岸均用与实物相同色泽的获鹿石料。至于腰铁、铁梁出头、驳岸土质的锥形溜坡和河两岸的土坡均用石料制作，并照实物的颜色刷色。

四　细部做法及主要尺寸

1. 桥面接缝，中间宽为 2.70 公分，横向由每块 90 × 90 公分的三块砌筑，纵向直缝横向交错。其两边的小桥面，横向每块 60 公分，纵向尺寸不一，横向直缝纵向交错，桥面与帽石的后尾，以交错衔接。桥面的总长度为 60 公尺。大桥面两边并做出 20 公分宽的两道路牙石，上面与桥面成水平。

2. 帽石（仰天石）每面 108 块 60 公分宽，并随桥面缓和的收分，挑出 34 公分帽石排列中间一块坐中，南端为 53 块，北端 54 块，垂直与水平方向的花饰中－中为 80 公分。

3. 两小拱的券脸石均由侧墙、护拱石及中墩的外皮向里退收 4 公分，其拱脚的起点均由金刚墙及中墩的外皮向里退收 4 公分。其看面的上下各起两条线。

4. 主拱券脸石均上下各做出三条起线，主拱中间的横向断面由于有收分，拱顶尺寸为 9.50 公分，拱腹尺寸为 9.60 公分，两端的均为 9.60 公分，拱腹接 28 圈做出接缝。

5. 接缝除两小拱拱腹接缝及两小拱下护拱石的接缝，以及中墩和金刚墙的接缝，由于操作困难，于边沿做一部分外，其侧墙桥台、护拱石、各拱看面拱石及驳岸均按实物做出接缝。再勾石挑出 5 公分。

6. 桥面收分：按两端大、中间小的尺寸做出缓和的收分。中间宽度由帽石外皮－外皮为 10.22 公尺，两端的宽度为 10.32 公尺。

7. 驳岸：最下层由金刚墙向外推出 60 公分，上层由金刚墙向里退收 54 公分，共砌筑 10 层，每层退收 12 公分。

8. 栏板望柱尺寸由于原设计未肯定暂时不予考虑。

五　工料预算及工程进度

人工、材料、工具总预算为 565 元（见附表 1），进度计划为 4 个月另 10 天（见附表 2）。

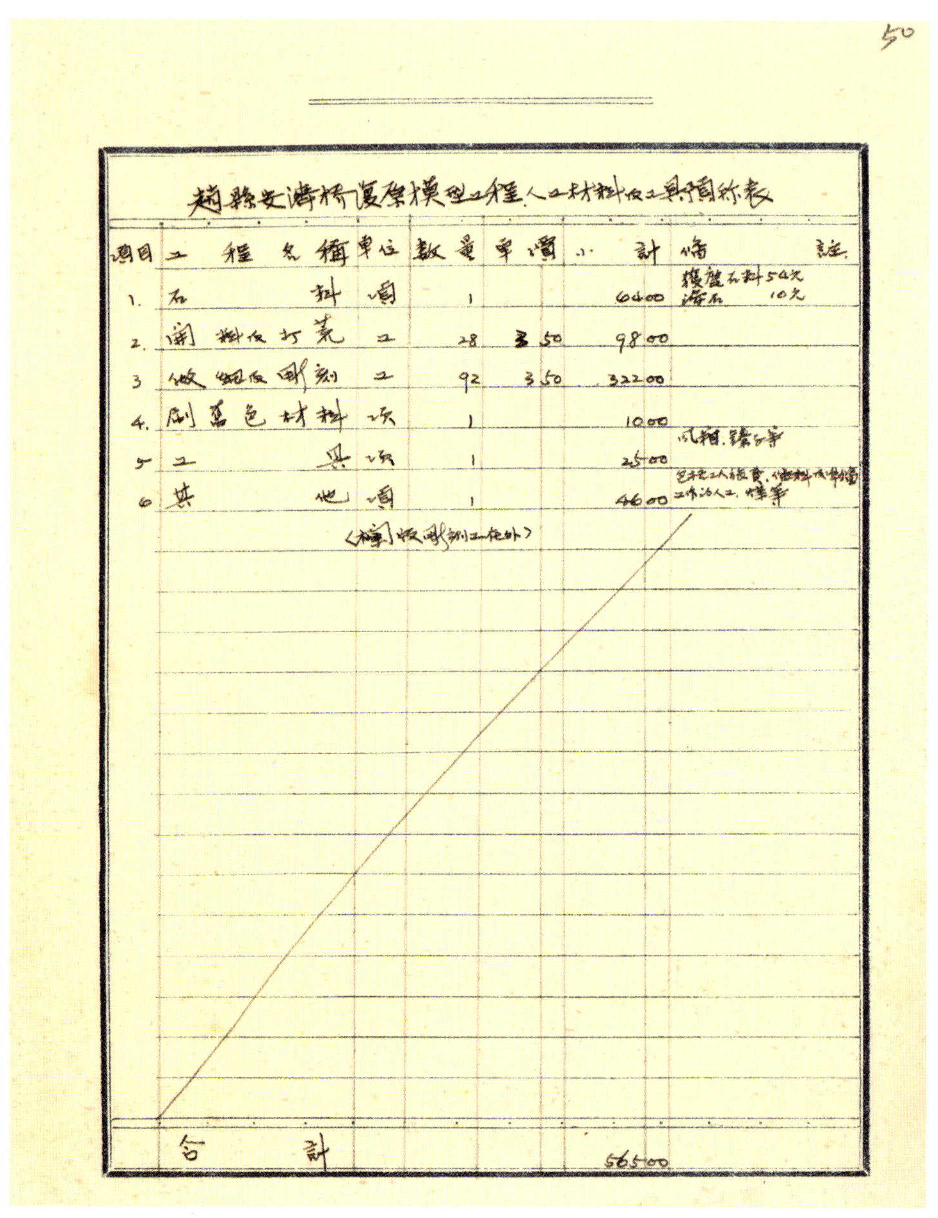

50

趙縣安濟橋復原模型工程人工材料及工具預算表

項目	工程名稱	單位	數量	單價	小計	備註
1.	石料	項	1		64.00	模盤石料 54元 滑石 10元
2.	欄料及打荒	工	28	3.50	98.00	
3	做細及雕刻	工	92	3.50	322.00	
4.	刷舊色材料	次	1		10.00	
5	工具	次	1		25.00	風箱、鑽子等
6	其他	項	1		46.00	[illegible]
	（欄板雕刻工在外）					
	合計				565.00	

01　赵县安济桥复原模型工程人工材料及工具预算表（附表 1）

趙縣安濟橋復原模型工程进度計划表（由1956年11月下旬～1957年3月底）

1956.12.6.

工程进度 / 工程名稱	1956年				1957年									備註
	11	12			1			2			3			
	下	上	中	下	上	中	下	上	中	下	上	中	下	
備料及購置工具														
開料及打荒														
做細及雕刻														
按原物色澤刷色														

02 赵县安济桥复原模型工程进度计划表（附表2）

03 赵县安济桥模型

第十二节 安济桥试雕栏板工作计划（1957年12月30日）

为了对技术操作方法和对技术工人的组织管理找出经验，给将来大批雕刻栏板时打下基础，因此拟先试雕一部分。

一 种类及数量

第一、二两号两面龙头（似饕餮纹）栏板两块，第三号一面双龙交缠头相背、一面两龙穿钻两头相背栏板一块共计三块。

二 主要尺寸

除两面的龙及花纹的尺寸仿照原样制作以及寻杖（扶手）地栿的宽度照图示尺寸制作外，其长度及垂直的斜度以及地栿的“钻码”榫子等俟方案确定后再做并须留出荒料（附草图）。

三　残破栏板复原

原栏板凡有残缺部分用以石膏补配整齐，并将残缺的龙及花纹依照本身相对的花纹的形态、风格以及刀法予以复原，然后经有关人员检验后再进行雕刻。

四　用料及检查料

用料均用 2.30 公尺长的料，因该栏板料荒料太大，为防止在进行雕刻时打大荒发现急残造成损失起见，在选料和检查料的同时把荒料剥落到距离需要尺寸 2 公分。

五　施工步骤和操作方法

为防止一次把各部花纹的尺寸打落到需要的高度和深度时一有差错无法补救起见，决定了如下的几个操作步骤：

1. 将原栏板的残缺部分用石膏复原后，随即将由数种拼配的原栏板用木箍及螺栓箍紧并以支平垫稳，新栏板料剁斧找平后亦予支平垫稳。

2. 固定点线机位置：在新旧两块栏板支平垫稳后并在两块栏板相同的位置上用石膏把点线机固定住，栏板每面做四个点线机的位置。

3. 雕刻：

①用点线机点出轮廓线后进行雕刻龙及花饰最高点，留荒 1cm 低点大于 1cm，其寻杖（扶手）和地栿为了防止翻跤磨损留 2-3mm 的荒（地栿的宽度），这一工序基本上把轮廓线做好。在地栿上每面两端各留翘台一个，俟安装后把它打平。

②这一工序最高点留荒 2-3mm 低点大于 2-3mm，龙及各部花纹的线条仍是基本轮廓，因该石料性太脆易起坑又加荒料尺寸小，为防止做坏，因而规定使用刀子和锯齿的钻子以及极小的钻子进行剥荒。

③最后一层荒：用点线机完全仿照原样的形态及风格以及刀法做好。应注意由于荒小防止起坑应用锯齿式的钻子打一遍后（爪一遍后）再用刀子细做。再就是用点线机都找不出来的如风格刀法等应用眼力进行检查和细做。

六　质量要求及注意事项

1. 完全仿照原样的形态和风格以及刀法进行雕刻丝毫不准掺杂个人的意思来改动。
2. 做完后各部不准露有刀子扁子等印。
3. 操作前应对石料进行细致的检查，以免在操作种发现隐残不能应用。
4. 打荒时应根据石料的性质和厚度的大小进行操作，防止把料打伤打坏。
5. 每面雕刻工序分三步，每步工序做完后经有关人员进行检查后再开始下一步工序。

6. 旧栏板的花纹等丝毫不准修改。

7. 在操作过程中如有做错或做坏应及时向工地负责人报告，以免造成更大的浪费和影响工程质量。

七　施工期限

按现在每天五个人做这三块栏板需由现在到 1958 年 8 月中旬才能竣工。（详见附表 1）

八　估计人工定额

这三块栏板每块 4 平方米，共 12 平方米，需人工 990 个，合人民币为 2970 元，其详细情况详见附表 2，估计人工定额只是预算的一部分，其详细预算另行造报。

补充：做石膏活时工棚内夜间与白天应保持一定的温度以免石膏被冻坏。

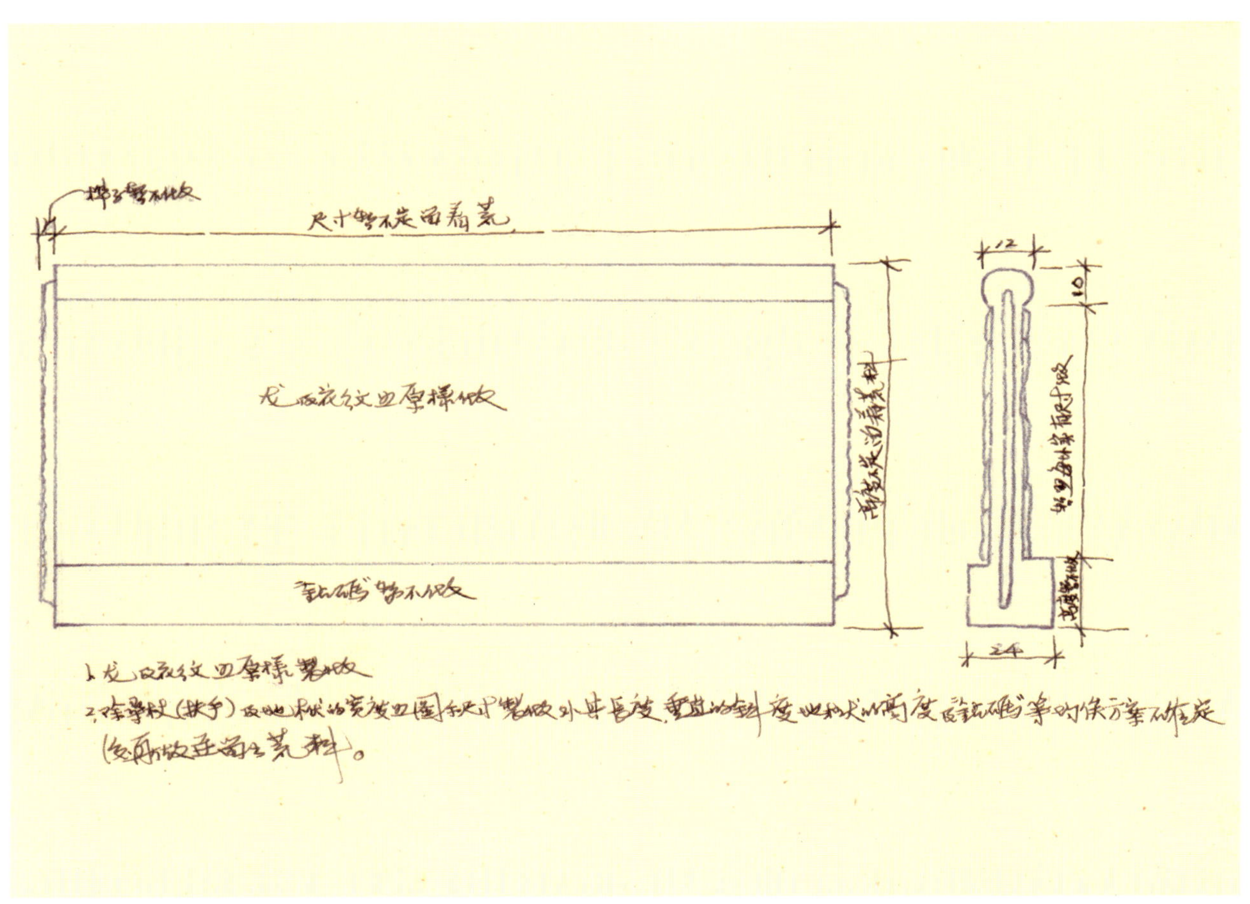

01　栏板设计图（草图）

赵县安济桥试雕栏板施工进度计划指示图表

估计定额	5级	6级	工序名称	单位	工程数量	一月上	一月中	一月下	二月上	二月中	二月下	三月上	三月中	三月下	四月上	四月中	四月下	五月上	五月中	五月下	六月上	六月中	六月下	七月上	七月中	七月下	八月上	八月中	八月下
	14	10	横直料剔凿及刮磨找平	m²	12																								
	8	4	做木箍、最缝及支稳	〃	12																								
	14	10	残缺部分复原	〃	12																								
	90	60	固定点线机位置	〃	12																								
	96	64	雕刻 第一工序	〃	12																								
	132	88	雕刻 第二工序	〃	12																								
	240	160	雕刻 最后工序	〃	12																								

附记：
1.每月除四天星期全月按26天计算
2.本表由57年12月28日起实行
3.虚线----为计划进度 实线——为实施进度。

02　安济桥试雕三块栏板估计人工定额（附表 1）

安济桥试雕三块栏板估计人工定额

工序名称	单位	数量	第一号两面龙头栏板（蟠龙纹）	第二号两面龙头栏板（蟠龙纹）	第三号背面双龙交缠正面双龙穿[illegible]的龙头背栏板	小计		
横直料剔凿及刮磨找平	m²	4	8	8	8	24		
做木箍、最缝及支稳	〃	4	4	4	4	12		
残缺部分复原	〃	4	8	12	4	24		
固定点线机位置	〃	4	50	50	50	150		
雕刻第一步工序	〃	4	60	60	40	160		
〃 第二步工序	〃	4	80	80	60	220		
雕刻第三步工序	〃	4	140	140	120	400		
人工小计	工		350	354	286	990		
工资率			300	300	300	300		
合计			1050	1062	858	2970		
每平方公尺需人工及款数	工/款		87.5 / 262.5元	88.5 / 265.5元	71.5 / 214.5元			

附记：①工资计两种6级工3.20元 5级工2.82元 上列数按平均3.00元计算的。③栏板号为按雕刻时间的前后排列
②此表所列均是直接费用——人工 其管理费等未计算在内。

03　赵县安济桥试雕栏板施工进度计划指示图表（附表 2）

第十三节　赵县安济桥栏板方案的说明（1958 年 7 月 11 日）

一　总的考虑

作为建筑纪念物的复原，首先应以本身情况为复原的基础。历史资料的多寡，对复原工作起着决定性作用，就赵州大石桥的栏板而论，我们也只能在已得资料的基础上进行修复，对于时代性美术性可以适当地照顾，但不宜过分强调某一方面，有条件的历史上的存真，不能不是修复纪念物的中心环节。

1. 母题：提出来的各种龙栏板及斗子卷叶式栏板和其他栏板比较，今天可以认为在时代上是最早的，在技法上是最好的，他们是否同时完成虽然还没有得到佐证，但从发掘的情况来看，斗子卷叶栏板大部在河床深约 2.50—4.00 公尺，与雕龙栏板相同深度上发掘出来的，所以把这两种式样混合使用，比较相宜。

2. 排列及数量：龙栏板和斗子卷叶栏板，在式样上繁简精粗有很大程度的不同，而龙栏板中的（1）（2）两块又比较可靠的是桥中央的原物，所以在排列上宜于将龙栏板在桥的中央而把斗子卷叶式栏板分列在两侧。

在数量方面龙栏板的遗物资料共计九种，其中两种是不完整的，考虑到目前具体条件，龙栏板大多数每种式样只宜采用一件，具体说来 42 块栏板中只雕刻 10 块龙栏板，其余 32 块都利用斗子卷叶的图案，而在卷瓣数上适当地加以变化。

3. 材料：掘出的栏板无论是刻龙或斗子卷叶都碎裂为 3 块或 5 块，如果把这些残块用钢楔连结安装在桥两侧，技术上是可能的，但原有数量不能满足现有桥长的要求，势必要新配一部，况且各栏板的原有位置也难于肯定，更考虑到桥身部分大多是新配材料或新加工的石面，为了上下配合仍以全部换用新料为宜。

二　栏板望柱的具体排列

为了说明方便把桥栏分做两部分：以龙栏板为母题的栏板群名为中央部分，以斗子卷叶为母题的栏板群名为两侧部分。

（一）中央部分

中央部分栏板 10 块均以龙为雕刻母题，图中（ ）内号数示其摹刻的原物编号（1957 年编）（1）（2）两块形象手法相似板端面又未见做出倾斜，放在桥中心是比较相宜的，中央部分的两卷叶栏板相接也较为合适。（1）（2）与（6）之间分别以（3）（4）（5）（7）填充，因为这四种都是较完整的。

望柱：因雕龙栏板没有盆唇，在中央部分的六根望柱拟用单片竹节望柱，以区别于代盆的竹节望柱。

自（6）栏板以外则一律用带盆唇的竹节望柱以与斗子卷叶栏板相接。

（二）两侧部分

两侧部分每边每侧用 8 种栏板上刻斗子卷叶，叶瓣数变化仍以遗物做根据，遗物中以全刻四瓣和中间三瓣、边端两瓣者最多，所以修复中的每侧把这两种各用一半。详见设计图。

三 人工预估

根据上述设计方案的要求和现在试雕栏板工作效率的情况，依这个工率除已试雕的四种龙栏板外预计人工如下列：

项目	数量	单位	每种、根工数	小计	工资率		小计	
雕龙栏板	6	块	300	1800	7	00	12600	00
斗子卷叶栏板	32	块	60	1920	7	00	13440	00
竹节望柱	44	根	30	1320	7	00	9240	00
刻勾栏槽	105.19	M	1	105	7	00	735	00
塔架	1	项	60	60	7	00	420	00
安装栏板	42	块	3	126	7	00	882	00
安装望柱	44	根	1	44	7	00	308	00
杂费							1000	00
合计							38625	00

注：表中的工资数是目前试雕阶段的北京雕型艺术工厂工人工资

第十章　安济桥修缮工程工作计划和报告

第一节　关于保护修缮安济桥座谈会记录摘要（1955年1月4日）

会议地址：文化部社会文化事业管理局会议室

出席人：蔡方荫（第二轻工业部）、周家模（铁道研究所）、黄京群、庞大为（公路总局）、吕书元、王思武（河北省交通厅）、俞同奎、和良弼、祁英涛（文整会）、张珩、陈滋德、陈明达

主持人：陈滋德

一、一致认为安济桥是我国伟大文化遗产之一。不仅在建筑艺术上有崇高的价值，而且在建筑结构上也说明了一千二百年前我国就在力学应用上有了重大成就，因此必需予以保护修缮。

二、在进行修缮的原则和办法上尚有两种不同的意见：

1. 要尽可能完全恢复一千二百年前的原来面貌，具体办法是全部重新修砌复原。不必采用灌浆的方法。

2. 现状保存，以“压力水泥砂浆”灌注的办法加固，同时认为重新修砌等于重造新桥是违反保护古建原则。

以上两种意见牵掣到了古建筑修缮的原则问题，是保存现状还是恢复原状？或者是根据具体情况分别对待？尚需继续研究。

三、根据目前的具体情况全部重新修砌在技术上有困难，而该桥又亟待施工修缮。因此，讨论的初步肯定意见，是以现状加固为主，予以适当的整理，尽可能地恢复原状，暂不全部重拆重砌。具体的办法是：

1. 根据苏联专家的建议为安全起见，要搭拱架，但是全部搭架需款十亿元（旧币）左右开支有困难。因此可考虑部分搭架随着工程转移而拆移，以节省搭架的材料经费。

2. 由于现在桥基有下沉倾向及各道拱圈间的接合不强以致已有三道倾塌，在修缮恢复时，必须注意加强横向联系和加固基础的工作。

3. 使用“压力水泥砂浆灌注法”，因缺乏经验，事先必须慎重研究，在必要时可先作适当试验。

4. 在修缮之前及进行中要加强勘察记录工作，期能进一步了解我国古代在建筑结构上的重大成就，必要时建议由文化部组织有关专家，前往实地勘察。

5. 具体设计施工请公路总局和河北省交通厅负责，一九五五年上半年仍进行调查研究工作，争取在一九五五年下半年开始施工。

6. 修缮经费目前所知明年预算只有六亿元（旧币），在进行设计施工时必需本精简节约精神尽量节省开支。

7. 栏板设计由文整会负责，根据发掘的原栏板及文献记载设计尽可能予以复原。桥头观音阁也予以恢复作为将来的陈列室。

文化部社管局

第二节　为报告赵县安济桥修缮委员会自一九五五年六月三日正式成立（1955 年 6 月 11 日）

一九五五年六月三日在赵县人民委员会举行了“赵县安济桥修缮委员会”第一次会议，出席代表有河北省文化局、河北省公路局、赵县人民委员会、中共赵县委员会宣传部、赵县文化科、赵县公安局、赵县第一区公所、大石桥乡人民委员会等八单位，缺席代表有中央文化部文物局、中央交通部公路局、北京文整会、石家庄专属文化科四单位。在会上选举了赵县副县长曹拔翠为主任委员，省公路局驻工地工程师郭瑞恒为副主任委员，赵县文化科科长张同昌为秘书，其余各单位为委员，并决定在全体委员会闭会期间，由赵县人民委员会、北京文整会、赵县文化科、省公路局、大石桥乡人民委员会五单位代表组成驻会委员会，执行工作会议决定。全体会议每三个月召开一次，必要时由驻会委员会临时召集之，驻会委员会每月二十五日左右召开一次，总结本月工作、研究困难问题，并讨论下月工作计划，并向委员会组成单位做出月报。

由于中央文化部文物局陈处长、罗秘书和中央交通部公路总局吕工程师前来视察修桥工作，故于六月九日上午召开了临时全体会议，除专署文化科而外全体委员均出席了会议。

两次会议都对“赵县安济桥修缮计划草案”作了充分讨论，除对草案个别部分作了修改和补充而外，大部分同意原草案内容。

会议并决定刻制直径四公分圆章一枚，自六月十日起使用，兹随文附上修改后的“赵县安济桥修缮计划草案一份请鉴核赐覆为荷”。

赵县安济桥修缮委员会

一九五五年六月十一日

附：安济桥修缮委员会简则

一、安济桥修缮工程系由文化部委托河北省公路局代办工程。为了工作上取得密切联系，各方面意见上及时求得统一，成立安济桥修缮委员会。

二、修委会由下列成员组成——（1）赵县人民委员会（2）赵县文化科（3）赵县公安局（4）赵县一区区公所（5）大石桥乡人民委员会（6）河北省文化局（7）河北省公路局（8）交通部公路总局（9）文化部社管局（10）文化部文整会。由赵县副县长任主任，省公路局驻工地工程师任副主任，赵县文化科长任秘书。

三、修委会定期召开会议，听取工地汇报，研究解决工作问题，比较重要议案，经省、中央批准后执行。

四、在工程准备期间，暂由驻在工地单位成立筹备会（文化部文整会、省公路局、赵县人民委员会、赵县文化科、大石桥乡人民委员会）代行修委会职务。

在简则报转有关单位同意并指派专人后，修委会正式成立，筹备会即行取消。

一九五五年五月

大石桥工程已自四月开始备料及河床修理工作，为了深入检查设计细则和施工中具体问题，订在六月一日开第一次修委会，附上修委会简则一份，请指派专人参加为荷。 此致

赵县人民政府
五月十三日

第三节　赵县安济桥修缮委员会一九五五年六月至九月工作计划和工作报告

一　赵县安济桥修缮委员会六月份工作报告

1. 六月三日召开了修缮委员会的第一次会议，选举了委员会的主任、副主任、秘书。修桥工作即由筹备转入正式施工，六月九日由于中央文化部和公路总局派人来工地视察，曾召开了委员会的临时会议，研究了赵县安济桥修缮计划草案，修正后的计划草案业已报送各有关单位审批。

2. 在桥下南部的挖掘石料工作，六月初旬继续进行。到九号为止，共挖出大小能使用石料约七百块，连河底表面拉出石料前后共达一千块。因石料大致捞完，由十号起开始砌筑南部三个拱架砖墩，并回填河床到月底，除三个墩帽须在七月初浇制而外均按计划完成了任务。

3. 主拱拱架设计根据公路总局意见，重新计算绘制。本月下旬连同两个小拱拱架设计图书一并报送公路总局。

4. 改制主拱圈拱石七十三块。

5. 预算编制工作进行中，预计七月中旬可以完成。

一九五五年七月五日

二　赵县安济桥修缮委员会七月份工作计划

1. 月初于南部三个墩帽混凝土浇筑后，把河道改在南部，北部河床即行开挖，计划于月底前打捞出宋代沉船，并拉出北部坍塌在河床底石料，随即砌筑北部两个拱架砖墩，同时回填河底。

2. 七、八月份进行主拱拱腹勾缝工作，七月中旬搭脚手架准备工具及材料，下旬起正式勾缝。

3. 购运主拱拱架木料，放制拱架大样，已运到的木料加工制成部件。

4. 中旬作出全桥预算，分送有关单位。

5. 为了分工明确，并加强责任制，本委员会内拟分设工程、行政、财务、材料四股。

一九五五年七月五日

三　赵县安济桥修缮委员会七月份工作报告

1. 本月份继续编制安济桥修缮工程预算，现已编制完竣，正刻印中，月底可以送出，总工作量共三十万元。

2. 于月初浇筑完桥南端三个拱架砖墩墩帽后随即开挖桥北端，河床打捞石料计共拉出能用石料二百五十块，连前总共一千二百五十块，现打捞石料工作已经结束，正砌筑北部二砖墩中，估计下月十号可以砌完并将河床填好。

3. 主拱圈拱腹勾缝工作由于从微水所调的架子工来得较晚，于二十五日开始搭脚手架八月初才能正式勾缝，较原计划推迟了十天。

4. 主拱拱架方木料已经备齐，原木由开平调拨，八月中旬可到，现已放出大样并拟于制作一排样板在桥下，试验后于下月初正式开始锯制。

5. 改制主拱拱石二块、护拱石五十二块，共计五十四块。

四　八月份工作计划

1. 继续砌筑桥北端两个拱架砖墩并回填河床，争取于八月十日前完成。

2. 开始主拱拱腹勾缝工作使用80# 水泥砂浆，厚度十公分，勾成阴缝，缝深为一公分，八月底勾完。

3. 锯制主拱拱架，并装配成片，每排由五片组成，以便安装。

4. 赴获鹿山场定购各种石料毛料，并增雇石工大量琢制各型石料。

七月廿九日

五　赵县安济桥修缮委员会八月份工作报告

1. 本月初已将桥北端两个拱架砖墩砌筑完竣，回填土方虽已基本完成，但因临时于桥东侧北面约十公分处发现朽木五根在河床下约三公尺，因省文化局来人检查较迟，致使回填土方未能在洪水前全部完成，现在于首次洪水尚未降至正常水位前又来二次洪水，短时内无法填覆。

2. 月初主拱圈拱腹勾缝工作正式开始，并已按原计划于月底全部完成，并将四处主拱腹缺落部分凿眼，安设钢筋浇制混凝土填补整齐。

3. 锯制并装配主拱架工作，因连日阴雨并以拱腹曲度杂乱须修改部分拱架，因而将原计划推迟至月底始开始锯制。

4. 石料定购工作已赴获鹿山场，除主拱圈外其他主要部分先定购毛料百分之五十并雇石工十五人，月底可到，下月即可开始大量琢制各型石料。

5. 在石家庄选购小拱拱架材料待运。

6. 改制拱石计打制四公尺小拱石六十块，计八立方公尺；护拱石二块，计零点五立方公尺；主拱石九块，三点一一立方公尺；合计七十一块计十一点六一立方公尺。

六　九月份工作计划

1. 月初拆除主拱勾缝之脚手架。
2. 锯制并安装主拱拱架。
3. 石料加工增加劳动力十五人，大量琢制各型石料，并有计划地推行计件工资制。
4. 石家庄选购之小拱材料，争取月底运齐。获鹿山场之石料亦分批运来。
5. 回填土方于洪水降落后抓紧时间完成。
6. 作好拆除旧桥之准备工作，并做好推石用之平车及工具等。
7. 整理料场。
8. 详细测量四个小拱拱腹各部曲度，作好小拱架各排标高设计，以便于十月份制作安装。

八月三十日

第四节　安济桥修缮委员会一九五五年第三季度工作总结（1955年9月25日）

一　工作情况

1. 七月份继续编制安济桥修缮工程预算，月底编竣于八月初送局。

2. 继续砌筑主拱拱架的五个砖墩，于八月初全部砌完，河床也大致回填完毕，只东北角一部，由于打捞五根旧木料，听候处理而未填完，即遇洪水。

3. 桥北端河床下，在七月份打捞出有用积石250块，连上季度打捞出的共计1250块。

4. 主拱拱腹勾缝工作大部完成，只拱脚部分因洪水未勾，也可于九月底完成。

5. 本季度共凿制各种石料284块，计45.34立方公尺。

6. 主拱拱架锯制约60%，两个四公尺小拱拱架也锯制了约60%。

7. 在获鹿山场订购毛石料100立方公尺，现正陆续开采运输中。

二　人员动态

大部职工都能努力工作，并爱护国家资财，八月十四日大雨冲毁了临时挡水土堤，在细雨水中夏炳臣、刘海鹏等六人抢修了三个半小时挡死了缺口保证了工作。八月十六日夜，河中发水大部职工都参加了抢捞材料，拉运机器工作。由夜二时至天明六时，在大家的积极努力下，使国家财产未受任何损失。工人们对工作也十分关心，提了不少合理化建议，如苏万年同志提出改造现场烧水锅炉，改装前每天烧60斤煤，改装后烧同样多的开水只用40斤煤，他尚开动脑筋想出起重用的捲杨机架子，并亲自制作模型，经检查可以使用。但也有个别同志表现不好，如瓦工王振英起初当检工员使用，工作不负责，后直接生产时，又常借口有病要求休养，个人利益看得太重。因他儿子在现场待遇问题及后来的解雇都有很大意见。五个临时雇用的警卫员也因闹待遇而不安心工作（他们的薪金由县规定每月27元至28.5元）。

三 节约与浪费积压情况

在锯制拱架过程中由于注意到锯下来的小料，少购买了方木料四立方公尺计八百元，由于减少了里圈小拱石厚度，在第一批一百立方公尺购料中即节省了十立方公尺，料价加运费计节约一千元，两项共节约一千八百元。由于预算未定即行购料估计偏高，致积压青砖四万九千块，水泥二十四吨，共积压三千一百九十四元，明年才能使用。

四 经验教训

今年雨季初期雨水不大，同时我们对打捞积石和砌筑拱架砖墩抓得较紧，在八月中旬连续洪水之前，完成了基础工作，给二年完成修缮安济桥工程创造了良好的条件，足见关键工程必须掌握时机。如果我们洪水前完不成拱架基础工程，明年洪水前即很难完成拆除旧桥及主拱圈加固和重砌工程，不能保证于明年洪水前拆除拱架，则整个修缮工程势必推迟。我们对修缮工程的复杂性和细致性认识不足，设计拱架时按统一尺寸计划，而在施工时才发现拱腹内部由于多年走动而高低不平，每排拱架尺寸都必须适当调整，才能不用衬垫过多并与拱圈密切接触。经请示准许变更拱架尺寸，并重新详细测量才能分排锯制。但因时间较晚，桥南端尺寸未能在洪水之前复测好，并因洪水很深无法试测，主拱架只锯制了桥北端的每排的半片，南端的只有等洪水稍退后筑堤掏水才能试样锯制，因而延误了施工进度影响了拆除工程。

第五节 安济桥修缮委员会一九五五年第四季度工作计划（1955年9月25日）

一、十月上旬安装两个四公尺小拱拱架，中下旬安装主拱拱架，两个2.75公尺小拱拱架，由于拱内容积过小施工不易，但木料在将来重砌时尚须补充，故计划在拆除时改用填土夯实办法代替拱架，如经批准即不安装拱架。

二、十一月份于拱架安装完毕后即开始拆除栏板，桥面侧墙拱腹填料及四个小拱，拆下石料根据风化破裂情况将能使用与不能使用者分别堆置，以便加工。至十二月底，因天短气寒，拟即暂时停工两个月，于三月初复工。

三、本季度由于石料供应充足，拟再增雇一些石工，连前雇共达四十名凿制各型石料，计划于本年内将大小拱石、护拱石全部制好。

1955年9月25日

第六节　安济桥修缮委员会第二次会议工作报告
（1955年10月19日）

安济桥修缮委员会第二次会议所以延期召开这次会议，以前大概情况已由曹主任报告过，现在我报告一下施工以来的工程进展，财务开支和劳力使用情况：

一　工作情况

1. 工程概况：自四月初来大石桥以后，我们即一面勘测设计，一面筹备施工。首先填复了便桥引道，石桥禁止了通行，随即改水桥北端。在南端抽水挖河，打捞积石，在河床下约2.5公尺之处，打捞出大批可用石料。南端石料大致捞完之后，于六月中旬随即砌筑南端的三个桥墩，七月中旬于南端砖墩砌完。河床填复后即改水桥南端，在桥北端开挖河床，打捞石料，计先后共打捞出大块石料约1250块。七月下旬及八月上旬，砌筑了桥北端两个砖墩，填复了河床，在打捞北端积石时，尚在桥西北角2.5公尺深处挖出沉船一艘，船上仅有少量石灰，时代不可考。八月中旬在桥东北角挖出旧木料五根，由于听候处理，东北角大坑未能于洪水前填复，因为对施工影响不大，拟于明年枯水期再填。

在这次打捞积石之同时，尚挖出石栏板15块，望柱12根，石狮子两个，石佛二尊，铜钱多枚，其中以蛟龙栏板最有价值，可做修复工程之参考，并供陈列展览，可惜为数不多。

七月底进行主拱拱腹勾缝工作，八月份基本完成，只两桥脚在洪水中部分被水淹没而未勾完，直到最近于十月初才行补勾，在勾缝时并将五个拱腹残缺之处用钢筋混凝土修补整齐。

主拱拱架的锯制是由八月底开始的，怕直接按图锯制不合适，先做了样板试验，结果发现拱腹各处凹凸不平，如按统一尺寸锯制，有的地方安装不过去，有的地方则缝隙过大，必须分排根据拱腹现状锯制才行。于是又到北京请示，批准在不变形式及断面尺寸之下，用伸缩斜撑及支柱来改变拱架的曲度，于是重新详细丈量拱腹各部尺寸，重新用样板试验。结果由于阴雨连绵，洪水不退，只试验了北端各排一半的样板进行锯制，南端则等水退后再行试样锯制，故在九月份主拱架不能全面锯制情况下，开始锯制4公尺跨径小拱拱架，九月下旬并进行安装。现在两个4公尺小拱架已安装完毕，而主拱拱架南端试样工作也于南端筑堤抽水后于月初试样，现在即将锯制完毕。主拱架安装工作也开始进行，这一工作在我们修缮工程中是比较困难的一个工种，它片大量重，起立不易，而起立后的衬垫起顶也是一件细密而复杂的工作，希望中央和省来的同志能予以具体指导。

2.75公尺小拱的拱内空间很小，施工不易，原拟改为填土夯实，总局意见还是做拱架为宜，现拟于主拱架锯制完毕。十一月中旬以后即开始拆除，计划于十二月底左右将桥上部大致拆完，在1956年一、二月份因天气过冷，拟暂停工两个月，于三月份重新开工。

由六月份起开始凿打旧料石，现已打成主拱石84块，护拱石54块，小拱石284块，共计422块，共计约68立方公尺，与总数480立方公尺的数字相差过远，除催运已订购的一百立方毛料外，并拟再加雇十几名石工连前共计40名，加工赶制。

2. 财务开支：安济桥的全部预算是266,000多元，我们计划今年用十六万元，明年用十万余元。目前文化部已拨来十二万元，石家庄存四万余元，预备支付木料价款，该项木料早已运来工地，但省建委会尚未计算出应付价款总价，致延迟至今，现已派人去催，估计有石门所存款数即可足用。赵县银行及库存在九月底是四千元，现在则所存无几，如再不拨款来，不用说石料价款及运费不能支付，即工资也成问题，目前采运石料正紧张阶段，运费不预付就不给起运，石料料价也不能拖延过久，而我们计划在九月份请拨的三万元直到现在也未拨来，如再延误即对工程发生影响。

3. 劳力使用：劳力使用上本会依据新近招雇与优先使用灾民的两个原则，并且不论壮工、技工也不论在哪里招雇都通过劳动部门解决，所以几月来，在劳力供应与使用上没有发生问题，壮工我们与县工商科商妥，一律由大石桥雇用，这样工人仍在家吃饭，不用我们预备伙房炊具雇用伙夫，也解决了工棚困难问题。工人数量可以根据工程需要随时增减，虽然工人居住分散不便管理教育，但总的说来还是利多弊少。壮工选择方面除了体格上我们有所限制而外，完全由乡政府决定，乡根据去年农民受灾情况，并照顾到先合作社后单干的原则选择工人，技工方面除了公路局派来八名长期工人外，大部亦系临时招雇，石工完全由曲阳县招雇，瓦工一半由石门找来，一半由赵县各地找来，木工完全由赵县解决，架子工则由微水工地调来，到九月底为止，共使用壮工 26156.8 工日，技工 1594.4 工日，哪个工程项目使用多少详见附表。

二　经验教训

1. 战胜洪水是修桥的关键问题：今年雨季初期，雨水不大，同时我们对打捞积石和砌筑拱架砖墩，抓得较紧，重要关头——打基础时曾增加了夜班，故于八月初旬五个砖墩全部完工，走在连续洪水之前，给修缮安济桥工程打下了有利的基础，只要以后没有特殊情况，二年修完安济桥没有问题，因为我们争取到必要时间，来拆除旧桥，加固和重砌主拱圈，以及砌筑护拱石和浇筑钢筋混凝土护拱盖板，使在明年雨季前拆除主拱拱架有了时间保证，否则我们就要在冬季不间断的施工或者改为三年工期。

2. 依靠当地政府是顺利施工的必要条件：安济桥修缮委员会是根据文化部文物管理局的指示，由有关的十二个单位于六月初正式成立的，委员的半数是当地有关部门，这样就加强了地方上对修缮工作的支持与领导。无论在劳动力的招雇、材料的采购、粮食供应、现场保卫等方面都得到了有关部门的大力协助，尤其是当地各委员单位的协助，所以几月来施工尚属顺利，今后我们仍当进一步依靠当地党政的领导来搞好我们的工程。

3. 文物修缮是一项复杂而细致的工作：我们对安济桥修缮工程的复杂性和细致性认识不足，设计拱架时均按统一尺寸计划，而在施工时方发现拱腹内部由于多年走动高低不平，不论主拱小拱，每排拱架的弧度都必须做适当的调整，才能不致放不进横梁和不用衬垫过多，可见修缮工程尤其是对于文物修缮必须根据具体情况，妥善而缜密的分别对待，方能安全施工，并不损文物原状。

4. 不论大小工程均需有准确计划：安济桥工程在开头时，是一面测设一面施工，根据估计备料，形成了材料的积压，拱架砖墩原计划做 5 公尺高，故青砖、洋灰按这个尺寸备了料，后根据下流便桥基础深度及河床土质水流情况，改为 4 公尺高，因而本年度剩余了青砖四万九千块，水泥二十四吨到明年才能使用，积压了资金，可见“没有正确的设计，就不能施工”的基建规定是完全正确的。

三　现存问题：

第一类问题：（结构施工）

1. 主拱的 4 公尺小拱下部分拱面，在洪水期间，如何防止水渗入？

2. 西南角主拱拱石残甚，如何用混凝土包围以求加固？是否影响美观？

3. 主拱拱架下木楔高度可否较原设计降低 2 公分，以求安装横梁方便？

4. 主拱混凝土盖板全长约 30 公尺，有无设伸缩缝分段打筑的必要？

5. 全桥各部基础检验修缮计划中曾提及，但如何进行，用何工具，何时间始，现在似应具体考察之！

6. 主拱在 4 公尺小拱下部分的护拱石，原来局部有铁榫相连，可起些联系作用，本次修复是否仍用铁榫？

7. 东侧应拆除重砌的两道拱圈，可否在今年随同其他部分，一并拆落（原计划明年三月拆除）以便备料加工，以及西 23 道拱圈横向螺栓的设置。

第二类问题：（样式）

1. 小拱撞拱石看面，是依一般拱石做上下起线还是照大拱撞拱石做螭首饰？

2. 东侧新做主拱石外侧看面的雕琢形式。

（1）钻码依 20 个 /10 公分还是 15 个 /10 公分？（现在西面主拱石和打捞出的拱石都是 20 个 /10 公分，西南角旧石是 15 个 /10 公分。）

（2）在起线以外部分所作直纹还是斜纹？（现在西面拱石是直纹，打捞旧石和西南角石则直纹、斜纹都有。）

3. 东面新做小拱拱石看面如何起线挖榫（打捞旧石是二道起线单铁榫，西面现存是一道起线双铁榫）。

4. 东面新做护拱石和拱石交待关系需否划一（主拱小拱分别将护拱石突出于拱石外 13 公分、5 公分）。

5. 桥面石做法原计划尽量利用旧料，只在横缝找齐，若利用 1 公尺见方的护拱石原大做桥面是否可以？

6. 桥四角护基泊岸依原计划连基础在内，只做 3 公尺高，依目前了解文献资料似宜加高令泊岸上平面大致水平。

7. 帽石的槽形状和帽石的图饰位置与数量，再研究（望都汉墓陶楼栏杆圆饰的比较）。

第三类问题（其他）：

1. 依本年预算批准情况栏板暂不考虑施工但：

（1）栏板设计问题是否由修委会继续考虑进行。

（2）栏板底宽及望柱槽可否先行决定（与帽石的雕作有关）。

2. 桥上现存栏板，计划十一月即行拆除，其中哪些需保存？哪些可改作他用提出研究之。

3. 木船及五根木料如何处理？需否保存？

4. 由于工作关系可否曾聘工商科为本会委员之一。

5. 石料开采运转很费手续，现在已自获鹿订购了一批，需否往尧山、唐山再调查了解一下，如有条件同时分订不独时间，运费也可节省一部。

103

收支对照表

[illegible]修缮委员会　　1955年第三季度　　单位：元

借方	摘要	贷方
	1.由省公路局拨入（系指文化部投资数）	120,000.00
	2.由省公路局资金调拨（系指省局垫付材料工具款）	948.44
	3.银行存款利息（4～6月份）	52.79
30866.45	1.主要材料（包括水泥木材青砖五金等）	
392.93	2.燃料（包括柴油机油汽油煤炭等）	
8.20	3.其他材料（系指有助于工程完成的一切材料）	
7724.04	4.低值及易耗品（包括工程用工具总务上用炊具等）	
702.29	5.运输及装卸	
5810.85	6.在产品（指旧料大小拱石券拱石加工等的一切费用）	
511.56	7.临时建筑及设备（系指盖伙房用）	
2036.52	8.基本工资（系指生产工人用的工资）	
21222.57	9.未完投资（包括主拱、栏杆、墩帽、墩身、墩基石、测	
	量设计费等）	
3971.11	10.银行存款（系指本会9月30日存款数）	
122.97	11.库存现金（系指本会9月30日库存数）	
42216.72	12.预付器材购置款（系指北京购置千斤顶款	
	2600.00元房山石料款2200.00元石家庄採购组用	
	木料款37,416.72元）	
70.00	13.暂付款（系指本会行政人员临时出差用旅费）	
50.00	14.应收[illegible]款（系指交邮电局用电话押金）	
204.77	15.商用支（系指本会伙房用款）	
3699.65	16.行政管理费	
1390.60	17.其他间接费	
121,001.23	合计	121,001.23

——附表1——

表一　收支对照表

102

工程完成数量及使用工数统计表

施工单位：灌河桥修委会　　1955年开工到9月底止　　55.10.　　附表二

顺序	工程项目	工程细目	单位	完成数量	完成%	计划全部工数		已使用工数		备考
						技工	普工	技工	普工	
1	勘測設計	測量	M	37.37	100%			10	11.7	
2		鉆探	台日	30	100%			37	193.5	
3	主拱拱架	拱架	M³	3.692	70%	788.53	352.38	221	86	
4		墩帽	〃	35.25	100%	37.41	48.41	21	46	
5		墩身	〃	272.6	100%	109.00	436.16	63.5	346.9	
6		墩基础	〃	93.7	100%	94.96	135.51	33.5	130	
7		橋基土方回填	〃	2317.6	78.31%	—	1576	15	1304	
8		改河土方	〃	354	100%	—	254.88	15	548.5	
9		防水工程	式	60%	60%	—	500	21	466.5	
10	大小拱拱架	4公尺拱架	M³	3.666	10%	131	44	81.5	21	
11	拆除关帝阁	土方	〃	487.18	100%	—	157.85	5	181.5	
12	修復工程	主拱勾縫	M²	297.95	64.98%	360.85	397.27	111.5	195.5	
13	便桥改建工程	引道修復土方	M³	650.49	100%	—	272.56	—	372.5	
14	小計					1721.79	4154.92	638.1	3957.6	
15	其他工作	橋架臨時工棚	工日	—				4.5	28	搭工作棚及臨時工人及干部休息
16		場地整理	工日	—				4.5	143	
17		裝卸材料	工日	—				6.5	46.5	
18	小計							15.5	217.5	
19	材料加工	大拱拱石加工	M³	27.04				274.9	412.96	此項石料係由河中打撈並就地進行加工(旧料)包括打撈工，抽水工，起重工等及石工在內。
20		小拱拱石加工	〃	29.757				566	658.38	
21		薄拱拱石加工	〃	10.93				99.4	402.96	〃
22		砂子	〃	167.875				—	208.5	就地自採
23		碎石	〃	35.46				—	99	拆坊加工
24		碎磚	〃	111.16				—	93	〃
25		卸新料石	〃	18.765				0.5	8.5	新购料石
26	小計							940.8	1881.7	
27										
28										
29										
30	合計							1594.4	6156.8	

单位负责人　　　　制表人

表二　工程完成数量及使用工数统计表

6. 石料实验（包括原有与新购）与研究、工程都有关系需否在最近进行之。

7. 现在散处的栏板等石刻需否集中于桥南民居？桥南民居可否即收买过来作为相当长时期内的石刻保存陈列处所（其周围有空地尚可发展）。

第七节　安济桥修缮委员会第二次全体会议总结报告（1955 年 10 月 19 日）

一　会议情况

安济桥修缮委员会第二次会议是在十月十九日举行的，出席委员七人（刚过半数，有北京文整会、省文化局、省公路局、县人民委员会、县文化科、县委宣传部、公安局等单位），列席五人。会上首先由曹主任致辞，说明由于九月份正在雨季，工程时段时续，同时各机关工作较忙，故决定延至十月份召开。同时概况的叙述了委员会的工作情况，随即由郭工程师报告了工程进展、财务开支和劳动力使用等情况，并就几个月来工作结果提出了四点经验教训。然后由余工程师根据工程需要，提出了结构施工、式样和其他二十一项现存问题（详见工作报告），下午会议逐题进行了讨论，对大部问题都提了初步意见，会上认为两个领导单位（文物局和公路总局）未能出席这次会议，使很多问题不能做出决定，建议就有关问题分别批示，以利施工。

二　问题讨论结果

第一类问题（结构施工）：

1. 主拱在 4 公尺小拱下部拱背面，在洪水时期的防水问题，大家认为每年洪水次数不多也不一定进入小拱，不设专门防水设备也不要紧，最好请示公路总局看有无适当办法？

2. 西南角一堆主拱石，残甚，加固时如坚固与美观不能兼顾，应以坚固为主，有的委员提出这一圈可否拆除重砌。

3. 主拱拱架下木楔高度，在安装时可以考虑降低 2 公分，安装完横梁后，即分片起顶到原设计高度，以便安装横向联络木。

4. 主拱混凝土盖板有无伸缩问题，会上认为盖板不如混凝土路面，不受风雨阳光之直接侵融，温度变化没有路面那样快，但研究须否设伸缩缝可由公路总局研究决定。

5. 检验基础问题，会上认为在主拱架安装完毕后，可在西北角进行挖探。

6. 主拱在 4 公尺小拱下的护拱石背，西部有铁榫（后补修的），东部没有。会上认为应按原样办理，进一步找根据，如无新的发现，即不设铁榫。

7. 东侧两道拱圈原则上可以尽早拆除，现场可根据实际情况办理。

第二类问题（式样）

1. 小拱撞拱石看面，现在西侧并无螭首饰，河中也无发掘，认为依一般拱石上下起线即可。

2. 东侧主拱石外侧看面钻码采用 20 个 /10 公分，起线以外部分用直纹。

3. 小拱外侧拱石看面依打捞起来的式样双起线单铁榫。

4. 护拱石飞边问题，小拱现已按西侧现状护拱石下口突出拱石 4 公分，上口与侧墙齐平刻制。主拱护拱石需否飞边，如飞边突出若干公分？请文物局指示。

5. 桥面砌筑按原计划尽量利用旧石料，拆桥后可根据拆下旧料数量尺寸，再行研究，以定桥面石尺寸及其排列。

6. 护基泊岸过高，则埋没了美观的桥台石，认为可以加高泊岸 0.5 公尺。

7. 帽石的圆饰设计数较少，望都汉墓陶楼栏杆圆饰在望柱位置，帽石槽在栏板槽外之浅槽究作何用？应进一步研究。

第三类问题（其他方面）：

1. 栏板在本次修缮中虽未批准施工，但设计工作仍应抓紧进行。栏板底宽及望柱槽可先行决定以利帽石刻制。

2. 和 3. 两题由修委会迅速提出具体计划，报文物局请示。

4. 一致同意增聘县工商科（代表劳动科）为本会委员。

5. 唐山尧山石质较差，但运距近，以后备料时可进一步比较。

6. 即行凿制新旧石料式样，以后有人去北京时带公路总局试验。

7. 栏板石刻可以集中，但民居暂不购买。

三　其他

会议既决定聘请工商科为本会委员，在下午的会上就请该科派人参加了会议，会议并决定请求全体委员单位，在以后开会时，均能按期出席才好，如因故不能按时出席，最好提早联系，以便改变会期，使会议人员充实有力，对现场施工能起到应有的检查与指导作用。

第八节　赵县安济桥修缮委员会一九五五年十月至十二月工作计划和工作报告

一　安济桥修缮委员会十月份工作报告

1. 主拱拱架十八号锯制完毕，二十号开始安装，到月底可以起立五排。

2. 四公分的两个小拱拱架于十三号安装完毕。二点七五公尺两小拱拱架，根据公路总局指示，于下半月开始制作，并已安装完毕。

3. 在获鹿山场续订毛石料二十三立方公尺，前订购之一百立方公尺亦陆续运到。月中新来石工十八名，运前共三十六名，加工赶制小拱石、桥台石，计本月共雕制小拱石 214 块，桥台石 17 块，合计 28 立方公尺。

4. 学习和讨论了交通部和公路运输工会号召展开劳动竞赛的文件，并根据文件精神，整顿了竞赛委员会，组织召开了竞赛动员会议，现在各小组纷纷制定竞赛保证条件，各工序和各股之间也互相订立联系条件，保证按计划完成修桥任务。

5. 本月十九日召开了安济桥修缮委员会第二次全体会议，会上报告了工作情况，总结了这一期间工作方面的经验教训，并讨论了现存问题二十一条，其工作报告和总结均已分送各委员单位。

二　安济桥修缮委员会十一月份工作计划

1. 十一月上旬将主拱拱架安装完毕，并用油压千斤顶分三次起顶，使拱架承担拱圈静重的20%。

2. 十一月中旬开始拆除旧桥，除二十三道主拱圈之外，全部拆除，由中间向两端分拆，计划于十二月底拆完。

3. 继续运输毛石料，雕制小拱石，桥台石并开始雕制主拱东侧面层拱圈。

4. 加强劳动竞赛的检查和指导，根据安济桥是文物古迹的特点，着重要求注意安全和质量。

一九五五年十月廿八日

三　安济桥修缮委员会十一月份工作报告

1. 安装主拱拱架：本月份继续安装主拱拱架，计安装和起立了拱架三排，安装了全部横梁和纵横联络木，并分三次用带压力表油压千斤顶起顶拱架，使拱架承受主拱圈静重的20%的重量，十二日全部拱架安装起顶完毕。

2. 拆除旧桥：原计划十四日开始拆桥，因文化部来人，要求丈量原桥详细尺寸，每块石料之形状及尺寸全要用五十分之一详图记录下来，故推迟了原计划，从十七日方开始拆桥，到本月底可以拆完栏板、望柱、桥面石、侧墙，及二个2.75公尺跨径小拱。

3. 石料加工：本月份完全加工由获鹿采购石料，计凿打桥台石115块，小拱石139块，主拱石1块合32.448立方公尺。

4. 财产清查：成立了清查小组，由八日至十五日做好了准备工作，十六日至月底，进行清查，现在清点工作已基本上完成，正整理表册。

5. 评模工作：拱架安装完毕后，本工小组进行了总结鉴定，在检查工作的基础上，评出模范四名，计甲等模范刘德山一名，乙等模范刘凯、贾贵林二名，丙等模范任海深一名。

四　安济桥修缮委员会十二月份工作计划

1. 本月份继续拆除旧桥，计划拆除两个四公尺跨径小拱、主拱圈二圈全部、护拱石和部分桥台石。

2. 继续进行石料加工，计划凿打主拱圈东侧看面，四个小拱圈看面和桥台石护拱石等。

3. 财产清查工作上半月整理表报，总结经验，并建立材料、检发简易制度。

4. 下半月着手整理资料，编制年度总结，廿五日停工，开会检查全年工作并分组鉴定干部，除留小部职工继续采购运输石料和看守现场而外，大部职工暂时回局继续进行室内工作，计划于明年三月初再回赵县复工。

1955年12月3日

第九节 赵县安济桥修缮委员会一九五五年度工作总结报告

安济桥修缮工程连测量设计包括在内，是计划二年内完成的。本年度上半年主要是测量设计，下半年主要是修复的准备工作，包括安装拱架、拍完原桥等，正式砌筑安装是预备在 1956 年度来进行。兹将 1955 年度已完工作总结如下：

一 工作情况

1. 测量工作：自四月初来大石桥乡后，首先测量了安济桥附近的地形，绘制了桥址地形图，然后结合着施工，测量并绘制了平面图、东西两侧立面图和部分构件大样图，北京文整会的同志们测绘拍照了残部现状和字迹花纹等。六、七月份设计了主拱和两种小拱拱架并绘制了设计图，同时根据原桥残存情况，河中打捞石料数量以及补充石料料价、运费等情况，编制了施工预算，原拟预算总数是 294,722.52 元，经核销减了栏板、房屋两项，批准预算总款为 268,924,94 元。在拆除中，为了记录下原桥的结构情况和残破现状以便进行文物研究，把每块石料的尺寸都加以丈量，并绘制了结构详图，主要地方尚照有相片，在拆除完毕后，将留存二十三道主拱圈和部分桥台的原来隐蔽部分加以测量，以便于冬季停工期间绘制施工详图。

2. 工程情况：为了便于测量和施工，到工地后即首先填复了便桥引道，石桥禁止了通行，打捞塌落河床石料工作分两次进行，先改水于桥北端，石桥南端开挖河床，打捞积石；桥南端打捞完毕，河床填复后，改水于桥南端再打捞北端石料。在河床下约二公尺半之处共打捞出大块积石约 1350 块，其中有一半尚未破裂，已改制成重砌时使用各种石料，其余一半只能用作碎石材料。拱架基础由于原桥障碍不能打桩，决定砌筑砖礅，为了节约和争取时间，砌筑墩基和捞石料工程结合着进行，南北端各于打捞完积石之后，随即浇筑碎砖混凝土基础，并分层砌筑砖墩，然后回填河床，于八月初旬五个砖墩砌筑完毕。拱架由于阻水关系，必须在本年雨季以后安装并于次年雨季前拆除，因而在这期间必须作完原桥拆除及主拱圈护拱石和护拱盖板的砌筑和加固等工作。主拱架和四个小拱架的锯制工作是从八月底开始的，而安装工作则因河水关系于十月中旬才开始，计主拱架共安装了九排，四个小拱架各安装了八排于十一月中旬完成。拆除工作于十一月十七日开始依栏板、望柱、桥面、侧墙、2.35 公尺跨径小拱、四公尺跨径小拱、桥台、两道拱圈的次序逐步拆除，于十二月二十日拆完，所留二十三道主拱圈拟用压力灌浆法加固，桥台下部完整部分也予保存。

3. 财务开支：本工程系由中央文化部委托省公路局代办，开支方面实报实销，而财务制度亦完全按省公路局规定执行，本年度共由文化部拨来工程款 16 万元，共使用 158,397.21 元，计工费 8,774.46 元、材料费 73,858.01 元、间接费 17,515.73 元、固定资产购置 2,621.88 元、预付款 12,525.10 元、预购以及年度器材款 35,511.10 元，未使用材料占款 5,426.85 元，结余款 1,602.79 元。

4. 劳力使用：劳力使用以就地招雇为原则，赵县各区群众都愿意来做工，但我们为了管理方便，壮工全部由大石桥乡解决，他们都在家居住吃饭，不用设备工棚、购买炊具、雇用伙夫且工人数量可以根据工程需要随时调整。我们向乡要工条件是青年体壮，不能任意轮替，而乡则根据农业生产情况，一方面照顾到先合作社后单干，一方面还要照顾到灾民和困难户，使农业合作社的剩余劳力得到安排，而灾户、困难户也因做工而维持了生活，技工除由公路局配备部分作为骨干外，也尽可能先由赵县解决，不足之数由外地招雇，木工完全由县解决，瓦工由石家庄临时雇用了几名，石工则完全由曲阳县招雇，不论技工或壮工均通过当地政府劳动部门雇用，计全年使用壮工 8351 工日、技工 4471 工日，合计 12,822 工日。

5. 安全卫生：本工程修缮旧石桥，大石块重达 1 吨，不论在河底打捞积石或拆除原桥均易发生事故，而都是当地农民没有施工经验，更应注意安全问题，卫生与工人健康有关，同时安济桥是我国文化古迹，施工期间，前来参观者很多，必须注意清洁卫生以重观瞻，故本会正式施工之后即成立了安全卫生委员会，除工地有关人员参加外，尚吸收了乡卫生委员和委托诊疗的医生参加委员会，着重安全宣传和技术操作的常识指导，使临时雇用农民很快即能安全操作，现场设置了足够的厕所并经常的清扫，以重卫生，所以全年只发生过两次工伤共有三名工人轻伤，没有出过重大事故，职工患病的较少，现场上没有随地便溺情况。

6. 劳动竞赛：在主要工种施工时曾展开劳动竞赛，石料加工分组进行，每半月公布一次工效，分组安每石工的工作数量、质量评定分数，列表公布平均分数，最高的小组即夺得本期流动红旗。这样就激发了个人与个人、小组与小组的竞赛热情，提高了石工们的劳动生产率，用新购石料加工小拱（约七块一立方），每块由三个工提高到两个半工，个别的只用两个多一点的工，桥台石每块（约八块一立方）由四个多工提高到两个半工。

安装主拱拱架时依装拼、起立和连结的工序，把木工分组按流水作业法进行施工，装拼小组保证供上起立，起立及连结小组马上安装纵横联络木，在二十二天时间内共安装九排拱架计用木料 180 余立方公尺，按期完成了任务。拆除原桥时，按桥南北两端分两组进行，两组工作数量和人力均相等，都挖潜力、找窍门争取先完成任务，在一个月零四天的拆除期间，两组进度或前或后形成拉锯形式，合计提前三天完成了任务。

全年共评出劳动模范 28 名，停工时召开了发奖大会，分甲、乙、丙三等发给奖品。

7. 节约浪费：

（1）节约方面：根据上级号召曾召开了节约会议制订计划，但由于缺乏检查总结，有些地方未能统计节约数字（如由石工提高工效即省工数），另外易于计算者有以下两项：甲，工人工棚全部利用民房，当地人可回家吃饭，节省了临时工棚和炊具费共 1,000 元；乙，主拱架弓形桁剩余边角原木计划利用，经职工提合理化建议，用锯锯下使用在小拱架上，利用了小料，节省木料 5.5 立方，合计 962 元。两项共计 1,962 元。

（2）浪费和积压：由于计划不周，造成积压浪费不小，属于浪费者有：甲，主拱石初期加工不当，返工浪费计 50 工日，合款 120 元；乙，石料在大材小用浪费石料 1.1 立方，合款 120 元；丙，抽水机设备利用率低，在 94 天中累计使用了 29 个台日，浪费了闲置费 200 元；丁，由石家庄招雇 4 名瓦工，工期短作用小，浪费了招募费 9.92 元，以上四项共浪费 449.92 元。

属于积压者：甲，青砖 47,855 块，合款 1,244.23 元；乙，水泥 24.625 吨，合款 2,048.19 元。丙，柴油 676 公斤，合款 360.64 元；机油 86 公斤，合款 118.05 元。共计积压 3,771.11 元。

二　经验教训

1. 边设计边施工造成了材料的积压，上半年一面设计一面施工，未经探测即决定拱架砖礅基础共高5公尺，后来根据地质情况改为4公尺高，以致积压了大批水泥青砖，足见没有正确设计就不能施工是完全正确的。

2. 设计不周：由于计划不周，施工预算编制得很不准确，对施工中的浪费现象难以检查。

3. 预见性不够：工作中的预见性不够，不能在前一工程项目施工时即做好后一项的准备工作，如在请求改变各排拱架尺寸时，没有预先布置拱腹测量，以致后来在深水中试验北端拱架，样板不够准确，形成了东北端有二排拱架不合适返工修改，有的弓形桁因拱腹过近搁不下横梁，因而拉了很多小槽。

4. 会议制度不健全：没有开过碰头会致各职能单位对当前工作心中无数，工作被动。

5. 和文化部驻工地工程师联系不够密切：文化部驻工地工程师不常在工地，对文化部的联系有时通过驻工地工程师，有时直接去部联系，对驻工地工程师之作用未能充分发挥，今后拟请较长期地驻在工地，而工地有问题均就地商酌解决，如需请求则由该工程师办理。

表一　资产负债表

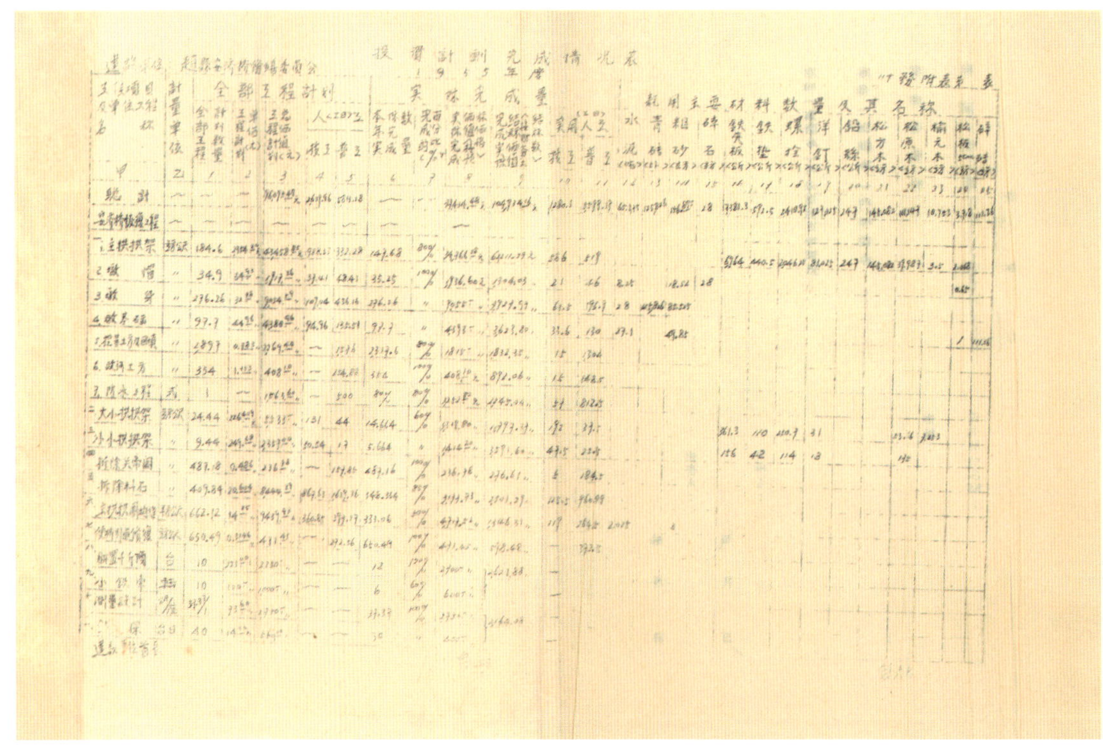

表二　投资计划完成情况表

第十节　赵县安济桥修缮委员会一九五六年三月至六月工作计划和工作报告

一　安济桥修缮委员会一九五六年三月份工作计划

1. 三月一日正式复工，石工四十九名继续石料加工，壮工开始在桥的两端抽水，以便清理拱脚，安装主拱。（用水车抽水）

2. 五道主拱和桥台的安装，如气候条件允许，计划在三月中旬开始，四月底完成。

3. 计划加固的两侧二十三道主拱，本月份开始清除砌缝杂物，并用水加压力（使用灰浆输送泵）冲洗以便四月份勾缝、五月份灌浆。

4. 冬季备料工作进行的不好，二百余立方石料（获鹿、元氏两处）办生产四十余方，本月份拟大力推动，减少因材料供应不上对施工的影响。

一九五六年三月四日

二　安济桥修缮委员会三月份工作报告

（一）石料加工

1. 新料加工 232 块合 40.9 立方公尺。

2. 因设计变更，修改去年已加工之石料 105 块，合 28.58 立方公尺。

（二）石料砌筑

1. 西南侧桥台已砌筑 5.12 立方公尺。

2. 主拱已于三十日开始砌筑。

（三）其他

1. 主拱灌浆工程开始清理和冲洗原缝内之灰土杂物。

2. 东侧拱架施工抬高已全部订制完成。

三　四月份工作计划

1. 继续进行石料加工，并大力催运石料。

2. 继续砌筑桥台石与东侧主圈主拱。

3. 继续清理和冲洗原缝内之灰土杂物，清理完毕后，使用水泥砂浆勾缝并琢制压力灌浆的注浆孔。

4. 下半月开始修筑驳岸。

一九五六年四月三日

四　安济桥修缮委员会五月份工作计划

1. 安装主拱第二十八圈预计二十日以前全部主拱安装完毕。

2. 下半月在主拱圈砌缝内压注一比一水泥砂浆。

3. 继续驳岸挖槽和砌筑。

4. 开始便桥加长加固工程。

5. 继续进行石料加工、并大力催运石料。运输公司答允五月七日派三十几辆胶轮大车运石料，赵县人民委员也已通知各区统计车数预备支持运输。

五　四月份工作报告

1. 主拱圈共砌筑 142 块合 44.702 立方公尺。

2. 主拱拱缝已清理完毕，主拱拱背勾缝已完成 260 平方公尺。

3. 驳岸工程已开始进行西侧两处原驳岸拆除和基上挖掘。

4. 石料运输问题未曾解决，只在获鹿农村社找了七辆胶车四天运一次存料日少。

五月八日

六　安济桥修缮委员会五月份工作总结

1. 砌筑主拱拱石 23.548 立方公尺，主拱砌筑于 5 月 22 日全部完成。

2. 砌筑驳岸 146.00 立方公尺，驳岸砌筑于 5 月 29 日全部完成。

3. 主拱拱背勾缝 71.06 平方公尺，已全部完成。

4. 主拱压力灌浆于 5 月 17 日开始，共灌注 409.30 立方公尺（主拱体积）于 5 月 23 日已全部完成。

5. 便桥改建工程于 5 月 29 日开始动工，已挖除引道土方 150.0 立方公尺。

6. 安装 4.0 小拱内之护拱石于 5 月 28 日开始，共已安装 5.76 立方公尺。

7. 整理桥上游的河床土方。

8. 继续石料加工与石料运输。

七　六月份工作计划

1. 安装 4.0 小拱内及东西两侧之护拱石。

2. 安装两小拱间之中墩。

3. 浇筑主拱钢筋混凝土盖板。

4. 拆除主拱拱架

5. 便桥改建工程，继续挖除引道土方及墩台基础土方，并砌筑墩台基础及墩台。

6. 继续石料加工，与石料运输。

1956 年 6 月 4 日

第十一节　安济桥修缮委员会一九五六年上半年工作总结（1956 年 7 月 17 日）

本工程系跨年度工程，去年上半年主要是勘测设计，下半年安装拱架，拆除旧桥，进行备料和石料加工，本年度正式修复。将上半年工作情况分述如下：

1. 安装主拱——东侧拆除的两圈主拱和原塌毁三圈，于四月初进行安装，因邻圈主拱弧度各处不同，故所备拱石大部须临时修理，加以块大重量，移动不易，安装进度很慢，平均十天安装八圈，于五月二十日才全部砌完。

2. 清理拱缝和拱背勾缝：保留的二十三圈主拱缝内，有很多层土杂物，为了灌注水泥砂浆，必须清除砌缝内杂物，反复掏挖冲洗，直至流出清水，计前后清除 3 个多月，然后在拱背用 80# 水泥砂浆勾缝，在从缝上每距离 15~20 公尺之处，设一注浆孔。

3. 压力灌浆：使用灰浆运送泵向主拱缝内压注了 1∶1 水泥砂浆。于 5 月 17 日开始，23 日完成，共灌注了新旧主拱 409 立方公尺。由于压力不易掌握及就主拱残破的关系，未能保持一定压力，故横缝及裂纹中，未注满灰浆。

4. 安装护拱石：4.0 公尺小拱下，全面铺砌了一层 30 公分厚的护拱石，在小拱中墩上东西两侧也各铺砌了一层护拱石，计由五月底开始，六月底完成，共安装了 35 立方公尺。

5. 安装小拱中墩及桥台：三月底开始安装桥台上部的残破拆除部分，四月底完成共安装了 54 立方公尺，六月中下旬安装小拱中墩共安装了 18.6 立方公尺。

6. 修建驳岸：五月初开始修建桥四角驳岸，月底完成，计四处共砌块石 146 立方公尺。

7. 便桥改建：五月下旬开始便桥改建工程，由两孔改成三孔。并加高 40 公分，加宽 1.5 公尺，但六月初以来连续大雨，所挖基槽数次被洪水淹没，直至六月二十六日才浇筑了基础混凝土，未能按期完成。

8. 拆除主拱拱架：六月下旬开始拆除主拱拱架，到月底才拆了东侧两排的中间一部分。

9. 石料加工：由三月初开工以来即雇用了五十名石工，进行各项石料加工，现在除桥面石和侧墙石而外都已预制完毕。上半年的工作，按进度计划来说，约推迟了半个月，原因是各季备料未抓紧，开工以来又遇运输困难，运力不足，急用石料有时未能及时运到。六月份雨季提前来临，对便桥及拆除拱架均有很大影响。

第十二节　赵县安济桥修缮委员会一九五六年七月至十月工作计划和报告

一　安济桥修缮工程七月份工作计划

1. 继续拆除主拱拱架并安装四个小拱拱架。

2. 浇筑主拱背钢筋混凝土盖板。

3. 下半月开始安装四个小拱。

4. 继续改建便桥，计划于二十号以前完成。

5. 继续石料加工和运输石料。

二　安济桥修缮委员会一九五六年七月份工作报告

1. 主拱钢筋混凝土盖板于八日开始浇注，十日完毕共浇注料55.5立方公尺。

2. 主拱拱架已于上旬全部拆除完毕，并整修归垛。

3. 4公尺跨径的两个小拱已于二十九日开始安装，到月底共安装了6.5立方公尺。

4. 4公尺跨径小拱拱架已安装完毕，2.75公尺小拱拱架也已整修完毕，现在正安装中，预计在八月五日可以完成。

5. 便桥工程已基本完成，并于二十八日通车，所余栏杆和人行道板可于八月初安装油刷完毕。

三　八月份工作计划

1. 继续安装2.75公尺小拱拱架，和使桥栏杆人行道板，上旬完成。

2. 继续安装4.0公尺跨径的两个小拱，并开始安装2.75公尺跨径的两个小拱，四个小拱计划于月底前安装完毕。

3. 开始清理河道，首先整修拱桥与便桥间的河道。其中包括干砌块石护岸和护道加宽清除土方。

4. 继续石料运输和加工。

1956年8月3日

三　安济桥修缮工程八月份工程进度报告

1. 2.75公尺跨径拱架，已在本月上旬安装完工。

2. 便桥改建工程已在本月中旬竣工。

3. 安装4.0公尺跨径小拱在本月下旬完工。

4. 安装2.75公尺跨径小拱在本月底可基本完成。

5. 下旬开始安装4.0公尺跨径小拱护拱石，及安装桥台上之侧墙石。

6. 本月初曾进行之河道整理工程，因受洪水影响，至今水位尚高已无法进行，须待水位下降后再进行。

7. 继续石料加工与运输。

四　九月份工作计划

1. 继续安装4.0跨径小拱之护拱石，并开始安装2.75公尺跨径小拱之护拱石，均计划在上旬完成。

2. 砌筑桥台上部及主拱上东西两侧之侧墙石，月底完成。
3. 浇筑四个小拱之钢筋混凝土墙板，及主拱上之碎砖混凝土填料，月底可以完成。
4. 根据水位下降情况，进行河道整理工程。
5. 继续石料加工。

1956 年 8 月 26 日

五　安济桥九月份工程进度报告

1. 2.75 跨径小拱已于上旬全部安装完成。
2. 4.0 跨径小拱及 2.75 跨径小拱之护拱石已于上旬全部安装完成。
3. 4.0 跨径小拱及 2.75 跨径小拱上的 140# 钢筋混凝土盖板已在中旬全部浇筑完。
4. 砌筑侧墙石预计在月底可全部砌筑完。
5. 1 : 5 : 10 水泥碎砖混凝土拱腔填料在月底可全部完成。
6. 进行河道环境整理工作。
7. 继续进行石料加工。

六　十月份工作计划

1. 铺筑防水层及防水层上的保护层，上旬完成。
2. 中旬开始砌筑桥面石及帽石。
3. 继续进行河道环境整理工作。
4. 继续进行石料加工。

1956 年 9 月 24 日

七　安济桥修缮工程十月份工程进度报告

1. 上旬铺装了防水层，并浇筑量防水层上之水泥豆粒石混凝土保护层。
2. 中旬开始安装帽石及桥面，安装帽石在月底可全部完成，桥面可完成 80%。
3. 中旬开始拆除四个小拱之拱架，下旬已全部拆除完毕。
4. 继续进行河道整理与环境整理。
5. 继续进行石料加工。
6. 下旬进行了四个小拱拱腹修理和勾缝，月底可以完成。

八　十一月份工作计划

1. 继续进行桥面安装，在上旬可全部完成。

2. 继续进行河道环境整理，上旬完成。

3. 准备在11月5日召开安济桥修缮委员会全体会议，以解决工程的验收，移交等结束工作。

4. 进行材料的整理与处理。

5. 编制工程决算及绘制竣工图，月底完成。

1956年10月25日

第十三节　安济桥修缮委员会第四次全体会议情况报告（1956年11月8日）

11月5日召开了安济桥修缮委员会第四次全体会议，出席机关有中央文化部文物局、古代建筑修整所、河北省文化局、河北省交通厅、赵县人民委员会、赵县县委宣传部、赵县公安局、赵县文化科等八个单位，缺席有交通部公路总局、石家庄专署文化科、赵县工商科、大石桥区公所、大石桥乡人民委员会五单位。

5日上午首先由负责施工的河北省交通厅工程师郭瑞恒作了一年来的工作报告，报告内容分工程情况、财务开支、材料供应、安全竞赛、经验教训和现存问题与解决意见等项目，详见所附报告原文。

下午讨论所提出问题兹将讨论结果报告如下，请有关单位参考：

1. 修缮委员会的改组，由河北省交通厅代办之安济桥修缮项目虽已完工，但栏板望柱尚未安装，大家认为修缮委员会应仍存在，由原十三单位组成，但籍于河北省交通厅参加施工干部调走，修委会负责单位应加改组除仍由县人民委员会曹县长任主任、县文化科张科长任秘书原职不动外，原副主任河北交通厅郭瑞恒由于任务已完返回原单位，拟辞去副主任，只担任委员。但大家认为交通厅经二年来施工，对桥情况很熟悉，虽然不能继续参加实际工作，可仍任副主任职，以便今后工作中的联系和研究。为了便于今后工程的具体领导，大家一致加选古建所余鸣谦工程师为副主任，负责栏板的设计、雕刻安装事宜。

2. 验收问题：委员会同意在这次会议期间一并验收已完工程，并选举文物局赵杰同志为验收委员会主席，古建所余鸣谦、省文化局戴书泽为副主席，余为委员，6日上午到桥作了检查验收，下午根据验收情况，开会总结了工程优缺点，并提出了一些意见，详细文字图表，以后专文报送。

3. 移交问题：委员会决定河北省交通厅代办期间所余剩之工具材料均交由赵县文物保管所代管，款项则转交赵县文化科代管。

4. 桥的交通问题：会议决定在未安装栏板前，石桥仍暂不通行，行人车马一律由下游便桥行走。

5. 保管所房屋问题：会议认为保管所房屋亟需修建，并一致推选古建所余工程师负责设计，明春即拟动工。

6. 纪念章问题：会议同意制作纪念章，形式是长方形，上有石桥全景，下写赵州桥或赵州大石桥均可，制成后分散有关单位及个人100枚，另多制一些存保管所以备赠送来桥参观的国际友人和政府首长。

7. 杉杆问题：工程中所耗损之一部分杉杆，既然无法购还，可由施工现场将损耗数量报文物局，由局与古建所考虑，是注销抑留款待购，以利编制决算。

除讨论上述问题而外，会上并拟出了关帝阁问题。大石桥乡和县的意见，桥南关帝阁仍应恢复，请文物局考虑。保管所房址和环境整理应拆除房屋及绿化所购树木共合款四千三百余元，有的已和原主订立契约，如有改变，群众影响不好，且耽误房屋修建，会议拟请文物局速做决定，以使房主早日拆建。有的委员提出修缮桥面全用新料或旧料加工，没有把原旧料不加工砌上去，有失古物旧料的外表，可作为古物修建百家争鸣题目来加研究。

以上所讨论的问题，请有关单位参考，并提出意见或决定通知本会，以利上期工程结束和下期工程筹备开展。

1956 年 11 月 8 日

第十四节　赵县安济桥修缮工程工作报告（1956 年 11 月 5 日）

安济桥修缮委员会

安济桥修缮工程是由去年正式开工的，去年四月初旬开始勘测设计，编制预算，同时筹备施工，七月底编妥并报送了预算，全部工程共二十九万四千多元，经中央文化部核减了栏板、房屋工程，共批准预算额为二十六万六千余元。

在勘察设计的同时，就进行了施工。首先挖掘了河床中所沉落的积石，由五月至八月初共打捞出比较大块的积石一千二百余块，其中有栏板、望柱、石狮子、栏板座刻字等雕刻，也有大小拱石侧墙石，桥面石等有用石料。在挖完积石后，随即砌筑了拱架基础和砖墩，在八月中旬洪水之前五个砖墩均抢筑完成，雨季过后即开始安装大小拱架，从十一月十七日开始拆除需要重砌部分的石料，计有桥面、侧墙、四个小拱、两圈主拱和部分桥台石，于十二月中旬拆除完毕，因无防寒设备，且石料准备不齐，暂时停工。

在去年施工期间曾雇用了一部石工，对打捞出石料和预备一百方新石料进行了加工。在拆除后，我们检查了旧料可用部分，不足石料一次由获鹿、元氏两地订购。

以上是去年工作的简单回顾，但去年只是整个修缮工程的准备阶段，而正式安装则由今年开始，现在我把今年的工程情况、材料供应、财务开支以及工作中的一些经验教训、现有问题和对今后意见分述如下：

一　工程情况

1. 主拱的安装：东侧重新安装的主拱，包括原塌毁的三圈和这次拆除的两圈共为五圈，由三月底开始至五月下旬完成。安装时只使用了一台手摇卷扬机在拱架上绞运石料，其余工作全用人力，而每块石料重约一吨，移动十分不易。为了和旧拱取平，拱架弧度不能按原计划安装，大部随旧拱曲度做了一些修改，致原加工拱石也大部须在安装前进行修理，有的拼缝修理三次之多。加以工作面不大，不能分层同时安装，遂使主拱安装进度比较迟慢。这里技术上的问题：①首先各圈厚度问题：由于原主拱扭曲很严重，第 23 圈拱顶和偏南部分，向西倾约 15 公分，而北端的 1/4 处则向东鼓出 2 公分。如果新砌各圈的每圈均用同一厚度，则新旧主拱之间即有 15 公分以上大缝，这显是不妥当的，所以在去冬经和文化部研究，所调整第 24、25 两圈厚度办法来弥补由所形成的大缝。第 24 圈两端为 36 公分厚，而中部和偏南部分逐步增为 43 公分，第 25 圈两端为 30 公分而中部则逐步增加到 36 公分，这样新旧拱圈的接缝虽然仍宽于其他各缝，但又不大显著。第 28 圈根据原桥收分精神，拱顶厚度两端减少了 7 公分。②重砌五圈拱脚所需几块拱石，都因多年走动或受塌毁时影响而有很大倾斜，有的移动了位置。新砌部分必须逐步校正并纳归原位，所以在两端接头处，都有成块两头厚度不同的拱石，一方面与旧拱石的接头的差别不致太大，同时又可以逐步调整斜度位置。③施工抬高方面，原计算是 3.7 公分，估计到拱架构件间接缝比较精细紧密，非弹性沉落值可比规定小一些，同时部分实用构件也比计算稍大。因而在施工时实际抬高 2.9 公分，结果新旧拱圈接缝大致尚可，看不出明显差别。④新砌第 24 与原 23 圈之接缝的拱顶约 3 公尺长，曾发生了发状裂纹，在卸落拱架时并未扩展，考察原因接缝一侧是旧拱圈完全刚性，而新砌部分则逐步沉落。虽然灌浆较晚，在灌浆时可能仍未停止沉落致中部几公尺灰缝超过了砂浆初期应力，其他各缝均未发生裂纹。

2. 主拱压力灌浆：主拱西侧第 23 圈并未拆除重砌，只清除了纵缝灰土上下勾缝，内注水泥浆加固，每纵缝用灰浆隔墙分成四段，每段在拱背勾缝时都留有几个注浆孔。灌浆先拱脚后拱顶，先内部后外部，分段分期进行。砂浆比例是 3 桶水泥、4 桶砂子、2.8 桶水，在池中搅拌后使用灰浆输送泵用压力灌注。由 5 月 17 日开始至 23 日灌完，共灌注了主拱 409 立方公尺（包括 5 圈新砌主拱）。

压力灌浆工程，在施工中发生了很大困难，并几乎发生了危险，按书籍文献中规定每孔注浆应保持压力两小时。我们因时间不够，计划改为半小时，但所用灰浆输泵，不能保持压力。压浆刚满压力即直线上升，开始灌注时在不到一分钟时间即上升到 30 个大气压，所注拱缝上下勾缝压裂，裂缝开裂速度很快，虽然速拔除注浆嘴，已压裂拱缝约 5 公尺。以后即不敢再把注浆嘴插入孔内，以便及时移开。又籍于不能保持压力，不能把多余水分压出。改用每段缝分两次灌注办法，第一次注一半，隔一日使多余水分析出，再灌注另一半，最后每段缝顶部由于水分吸收后所空出小量空隙则用人工注满。

虽然采取了比较谨慎步骤，但由于机器注浆速度过快，注浆管及嘴笨重移动不便，在灌注东侧边圈时，曾压歪了三块主拱石上口，各压出约 5 公厘，幸有预先安装的加固夹板和拱石底部固定位置木楔，影响面不大，稍加修理并未重砌。

因为不能保持压力，细小横缝和裂缝未能渗入灰浆，在浇注护拱盖板时，大部旧拱石尚能渗水，而新料砌筑部分则无此现象。

3. 拆除主拱拱架：主拱拱架原拟在浇筑完钢筋混凝土护拱盖板后拆除，但由于主拱安装和灌浆推迟，又考虑到先打盖板后拆拱架会使新旧两部主拱上的盖板受力不均，故经公路总局同意提前拆除拱架。在六月下旬，首先将拱架卸落，七月份拆除卸落时根据技术操作规程，由中间向两侧分三次松动木楔的螺栓，结果在卸落后，测量拱顶仅沉落 2 公厘，纵横砌缝未开裂。拆除拱架原拟安装相反程序每排分五片放到，然后松动螺栓逐件拆卸。后因没有卷扬机同时模板横梁钉结坚固，不易先行拆去，遂采纳职工合理化建议，逐件零拆。先拆弓桁再拆斜立柱，然后再拆悬空横梁和模板。西侧六排保固用拱架之横梁没有钉在拱架上，所以先拆横梁后拆拱架。拱架拆除后不久即遇 40 年一次的大洪水，得免于由拱架阻水而引起之危险。

4. 主拱钢筋混凝土盖板：七月上旬浇筑量 140# 主拱钢筋混凝土盖板 55.5 立方公尺。横向主筋使用 Ø1.9 公分钢筋，纵向副筋是 Ø1.2 公分的，纵横钢筋间距是 30 公分。盖板与两侧护拱石的连结使用倒齿咬接，每齿孔之混凝土中各有钢筋一根伸入其中。加强其拉应力。55 方混凝土共浇筑量三天半，然后经充分时间的养生加强了 28 圈主拱的横向连结。

5. 四个小拱：七月下旬开始安装 4 公尺跨度的两个小拱，八月中旬开始安装 2.75 公尺两个小拱，九月上旬先后完成四个小拱。各小拱均28圈，中间一部分利用旧料加工，两侧各圈均为新料。各圈厚度不同，由25公分至28公分，薄者在中间，厚者则分置两边。

安装是采取由里向外，南北对称，每圈安装完随机合拢，故两种小拱均未设施工抬高。各小拱外圈厚65公分，内部各圈平均为55公分。由于主拱扭曲关系，两小拱中墩长度不同，南边的长9.71公尺，北边的长9.54公尺，相差17公分，而小拱南北桥台则约为9.6公尺。如果要求小拱面层与桥中线平行，则小拱墩台必有一端长出很大一部分，十分难看。如果要求墩台两侧留下的边一样宽，则小拱宽带即须南北各不相同。经与古建所研究，采用了改变各拱最外侧一圈或两圈宽度使各拱南北脚总宽度不同，来调整墩台之差，使外露收分部分大致相同，以迁就原桥扭曲情况。

6. 小拱护拱石的钢筋混凝土盖板：四个小拱的护拱石都是16公分厚，于八月下旬开始安装，九月上旬完成，九月中旬浇筑四个小拱的140# 钢筋混凝土盖板。由于小拱内部各圈的厚度比边圈小约10公分，故混凝土盖板厚度增加成平均25公分，小拱盖板的钢筋纵横全是Ø1.2公分，间距全是30公分。盖板与护拱石连结也采取齿榫咬接法，横筋也伸入齿榫内。

7. 桥台与侧墙：桥台石由三月底即开始安装，于四月下旬完成。由于临时发现需要拆换数量的增加和砌筑厚度的增加，桥台数量由原计划的19立方公尺变为53立方公尺，约增加了近两倍数量。侧墙石由八月下旬开始安装，于九月下旬完成。共安装了36立方公尺，桥台上面的侧墙的下三层是水平的，上边几层则随桥面坡度向两端缩小，各层两端厚度各不相同，这样就减去了三角形石块，并且增加了美观作用。各拱间的侧墙，都是按平行于桥面设计的，其目的也是尽量减少三角形石料长度并增加美感。

8. 拱腔填料：原计划是使用90# 混凝土加20% 块石，后来为了减轻桥梁自重，改用1∶5∶10碎砖混凝土，计142立方公尺，混凝土共减轻了重约50吨。这项工序于九月下旬完成。

9. 防水层：防水材料是使用防水亚麻布和3# 石油沥青按三油二布的规定铺设的。十月初天气突然转寒，头层沥青涂刷不开，遂采用了先涂冷底子油办法，在沥青中加入了适量煤油，把沥青融化稀释然后涂刷。前是涂刷两次一次冷底子油，一次不加煤油的沥青，后感觉所涂过厚，改为一次涂刷，减少了煤油用量。中层和上层沥青都未渗入溶剂但中层约因气候关系，两层油布在个别地方黏结不紧，上层改由小油桶提来马上洒泼，乘热涂刷，效果较好。亚麻布下层横向铺设上层纵向铺设各层压边5—7公分，防水层在纵向是顺着桥面厚坡度排水，而横向作成约1% 坡度向桥中心倾斜，南北两端各设盲沟排除渗水。盲沟断面是70×70公分，用片石铺砌，北端排入桥下游，南端则排入渗井中。防水层上之保护层是200# 豆粒石混凝土，两边厚4公分，中部厚8公分，浇筑后有部分发生了裂纹，检查可能发生裂纹的原因有二：一是保护层比较薄的关系，一是在中午浇筑时沥青微有融化，加上混凝土凝结中所放出的热量，使防水层原来粘结不好之处发生了变形，因而发生了裂纹。经用水泥浆填注和五天养生，在铺设桥面时未再发现裂纹。

10. 帽石和桥面：帽石和桥面石均于十月中旬开始铺砌，帽石于十月底完成，桥面则于十一月初完成，帽石出檐平均是34公分，但因原桥扭曲和主拱收分与帽石收分起点不同等原因，各处出檐由22—39公分不等，小部分帽石在快安装时，发现有隐残恐将来刻制栏板槽时发生断裂现象，遂将这十几块有折断及隐残的帽石调至南北两端，将来不安栏板部分，个别因花的位置不能设在不安栏板的位置，也都安装在砌于土地上部分，以使将来易于更换。帽石每块都是60公分宽，两边各108块，故桥面总长度是64.8公尺。南桥台前口比北桥台窄3公分，后口由于我们施工不慎又少了2公分共5公分，致东南桥台后部帽石出檐达39.3公分，如按栏板距帽石边36公分计，则有3公尺多一段帽石上栏板外边有0—3.3公分在侧墙之外，这一段栏板重心虽然仍在侧墙以里，但微有跨空总是不妥，栏板距帽石边之距离可考虑略向内移。两侧帽石之间，桥中央有三道各 90 公分大桥面板，纵缝直通横缝错开，其两边是与帽石同宽的小桥面石，横缝直通纵缝相错，大小桥面石之间加入 20 公分宽的路牙石，形成桥面中心的甬道形式。

11. 便桥改建工程：原木便桥为两孔，排水量不足，原计划加长一孔，于五月底开工。因当地政府要求加宽，经各方面研究协商决定只加宽桥面不加基础，但由于等候决定和六月份雨季提前到来，桥基一再被淹没，经过几次停顿于八月下旬才算完工改建。结果桥面加宽为 5.5 公尺，桥墩台提高 0.4 公尺，原砖墩台均加水泥砂浆罩面，基础并抛圈块石护底，故经八月 40 年一次大洪水，水漫过桥面约半公尺，而墩台及桥面均安然如故。

12. 河道整理：河道整理的重点是石桥与便桥之间，由石桥驳岸顶至便桥翼墙端在河两岸用旧块石砌筑护岸。护岸之上下土方均经整修平整两岸上方作出平台，以便栽植花木，绿化安济桥环境。石桥上游之两岸所多土方也加以清理，使河道与驳岸顺接两岸也作出平台。水平部分由于八月初以后水位一直很高，无法施工，计有一部分原改水堤埝，和三个砖墩未及拆除，明年挖栏板尚可利用，挖后一并整理。

二　财务开支

安济桥预算总额是 26.66 万多元，去年共拨来 16 万元，主要使用于挖掘积石、拱架基础和木料铁件以及石料订购的预付款等项。今年共拨来 11 万元，全部预算额都拨来外，尚有 3000 多元是代购保管所房屋地基和代购栏板石料的款项。到十月底为止尚有 22,190.87 元现款，除以后工资和工资改革补发共估计为 11,520.00 元外，尚可剩余 10,670.87 元，内有剩余及返还材料处理款 6,022.87 元，合计实用款额约为 233,327.59 元。两年来不论在工程开支或管理费上都是本着节约原则，能不用者不用，能少用者少用，根据现在初步估计直接费用占全部工程款 79%，间接费用占 21%。

三　材料供应

二年来除石料外，材料的供应是及时的、充足的，这保证了工程的顺利开展。石料供应问题初期是获鹿山场，没有重视这一任务，未能合同生产影响了及时运输，后来生产不成问题了，而运输又感到困难。石料运输虽未间断，但数量总是赶不上需要，后来县人民文员会动员了数十辆农业车参加了运输，才扭转了缺料局面。总计两年来共使用了水泥 200 吨，青砖 15 万块，石料 462 立方（内有旧石加工 83 立方），木料 280 立方公尺，铁料 8 吨多。现在剩余材料除已拨出木料 75 立方公尺，水泥 36 吨外，各项材料尚都有一部分剩余，根据古建所意见不另做处理，都留下来（详细情况见附表）。

四　劳动竞赛和安全卫生

在安装驳岸、主拱、小拱、侧墙、帽石、桥面工程中，都是按对称原则分南北东西四组，每组工程量工人数开始时间都一样，条件相同，容易开展竞赛。每天在墨板上公布上日各组工作成绩，并且经常张贴大字报黑板报，表扬好人好事，批评坏人坏事。在各阶段中，工人们也常发动提出挑战应战，所以各组工人都争取先进，不愿落后。每一工序结尾时都能提高工效，加快进度，比如安装小拱石平均由开头每日每组 3—5 块提高到每日每组 5—8 块。安装帽石由每组每日 3 块提高到 5 块，在石料加工中我们都登记了工效，定期公布也起到刺激劳动热情提高工效的作用。

本桥所用石料多重达 1 吨，不论加工、运输或安装都易发生事故，所以我们一贯重视安全生产，组织安全卫生委员会，加强安全生产教育。二年来没有发生过重伤事故，在卫生方面除了我们设有保健员和购置保健药箱，注意职工日常卫生和治疗一般病症外，并和乡保健站、县医院订有诊病关系，保证了职工健康。夏日炎热时常大量供应开水外，并经常散发避暑药品，故工地没有发生过流行性的传染病。

五　经验教训

1. 计划的重要性：我们这一工程虽然是修缮性质，计划不易十分精确，但越是这样越需要有详细计划，否则必然造成浪费，比如主拱石原计划按原状拱腹不做弧度，雕刻钻纹方面也无统一规定，后感觉拱腹无弧度安装困难，钻纹方面不一致有碍观瞻，致使已加工好的 85 块主拱石又重新加工，浪费了人工 235 个，合款 471 元。主拱护拱石亦有 36 块由于前后计划厚度花纹不同，重新加工约浪费 100 元。南端 4 公尺小拱原拟按原状 27 圈砌筑，后改为 28 圈，原加工石料的一部必须改薄返工浪费约 100 元。小拱圈石料初生产时认为块数需要很多，大量按石料可能来生产的，没有适时加以控制，又因排圈错缝关系约 30 块已加工石料不能使用，后来重新加工改作他用，约浪费 200 元。帽石原计划下边出台 4 公分，所订购石料较厚，后来又不要出台，致每块帽石去荒很大，料价运费人工都有浪费。计划的改变和迟迟不能肯定，除了经济上的浪费而外，在施工方面也感到不少困难。石料交货期已到，我们需要尺寸尚未肯定已加工石料必须留下，未肯定部分分两次做完。

2. 材料供应要及时：石桥修建的关键问题在于石料的开采、运输和加工，在这方面我们做得不够好。去年因桥未拆除不敢大批订购，只订购 3100 立方公尺，而冬季订料后又遇上运输困难。今年施工以来一直感到石料供应不充分，虽然现场没有停工待料，但以此代彼，大材小用情况是有的。

3. 理论要与实践相结合：在安济桥修缮工程中我们始终是参考各种理论书籍的，但理论必须与实践结合，不能生搬硬套。有两个技术问题说明了这一点：在主拱拱架的施工抬高上，我们根据理论计算出来的是 3.7 公分，但考虑到大石桥砌法上的不同和拱架接缝施工比较精细，减为 2.9 公分，结果正合适。而在压力灌浆工程中没有考虑到主拱残破情况与压浆输送泵的性能，生硬地按书上办法执行如前所述几乎发生了危险。

4. 基层生产必须有详细任务图表：今年我们石料加工和安装，都根据每个工序情况绘制了草图和数量尺寸表交给生产小组，并指定专人放线，各石料规格复杂但没有发生重大错误。

5. 在雨季修桥应对洪水提高警惕：为了两岸互运材料在河中搭有便道，在六月份每次发水时都临时拆除，后来看到洪水不大，拆装费工费料，有一两次没有拆除也未发生问题，遂滋生了麻痹大意的思想，致八月初大洪水时冲走脚手板十几块，拆断杉槁几根，遭到了不应有的损失。

六　现存问题和解决意见

1. 修委会的结束或改组：本桥修委会是由各有关单位组成的，现在工程已基本上完竣，修委会是结束或继续存在而加以改组，必须在这次会上做出决定。按我们意见，明年还安挖栏板和雕刻栏板望柱，修委会还应继续存在，但随施工人员的更换，委员会的组成也必须加以调整。河北省交通厅今后只能改为普委员，由以后负责施工单位担任主任、副主任和秘书的职务，究如何办法？请大家考虑决定。

2. 工程的验收问题：现在工程已基本上完成，各有关单位工作都很忙，来一次很不容易，我们意见可以在这次会议期间一并对工程加以验收，如有可以修补改还的地方也可以就手做完，验收报告图表以后补送，请大家考虑是否可以。

3. 这期工程工具材料款项如何移交：河北省交通厅代办期间所余工具材料和现款，交与哪个单位，由何人负责点收，也请会议上加以肯定，以便马上清点移交。

4. 在未安装栏板前石桥是否放行问题：前与文化部联系说先修临时栏杆放行，但工地同志和县政府意见是暂不放行，理由是修了两年只安装了个临时栏杆，群众易生误会，保管所管理也有困难，临时栏杆修不久又须拆除也是浪费，究如何办法，请大家研究。

5. 保管所房屋修建问题：现在保管所的干部已经配备，保管所的房屋地基已选妥，而河中挖出古栏板望柱等石刻则尚放置在露天地方，所以保管所的房屋应于明年春季建妥，以利陈列保管，但房子如何盖法？由哪里设计？应由所决定，以便明年备料施工。

6. 制作纪念章问题：大石桥是我国有名的文化古迹，修缮工程之参加者和将来的参观，都愿有个纪念章，请大家考虑看可否在最近制作一批纪念章。除分发有关单位和个人以外留下一大批存保管所，卖给将来的参观者，如可以制作其形式如何亦请考虑。

7. 杉杆问题：本工程由正定龙兴寺转借古建所之杉杆，有一部分在工程中损失或损耗，但市场无货，无法购还，请大家考虑。是否留一部分款项以便由古建所购料时一并补购？祈如何办理？

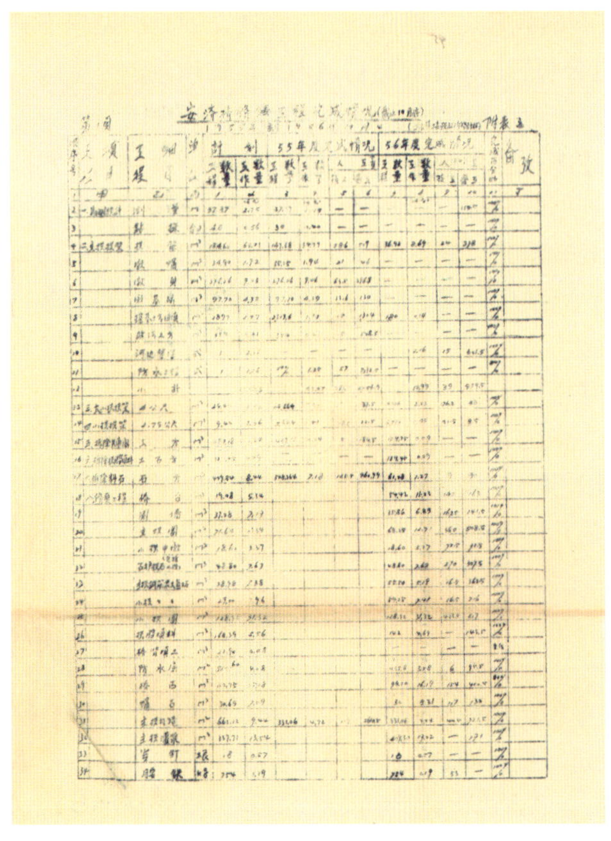

表 1　安济桥修缮工程完成情况（一）

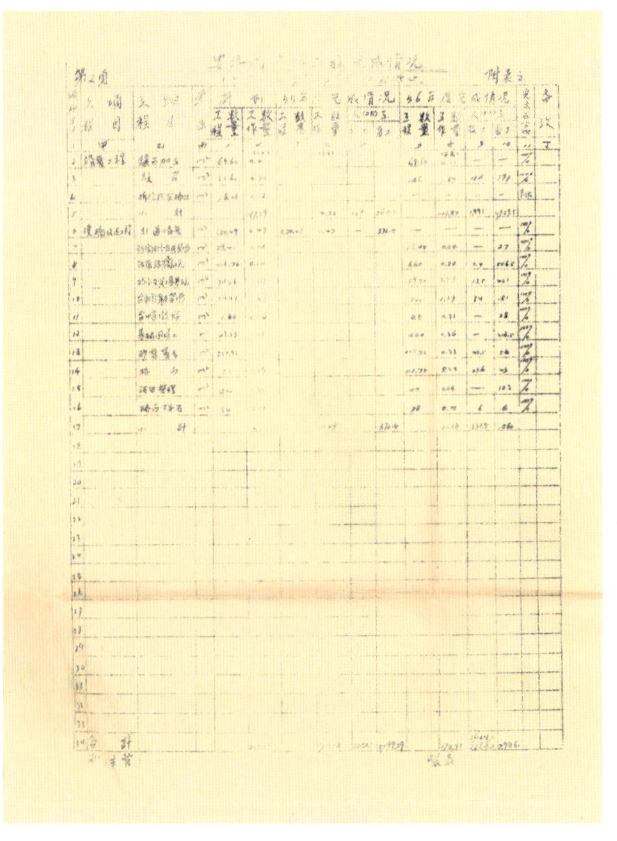

表 2　安济桥修缮工程完成情况（二）

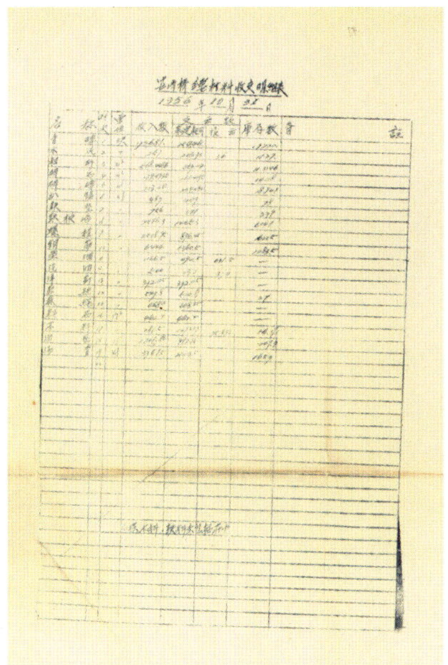

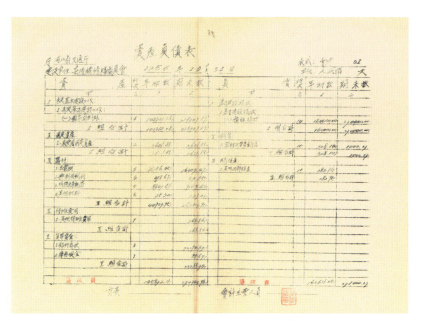

表 3　安济桥主要材料收支明细表

表 4　资产负债表（一）

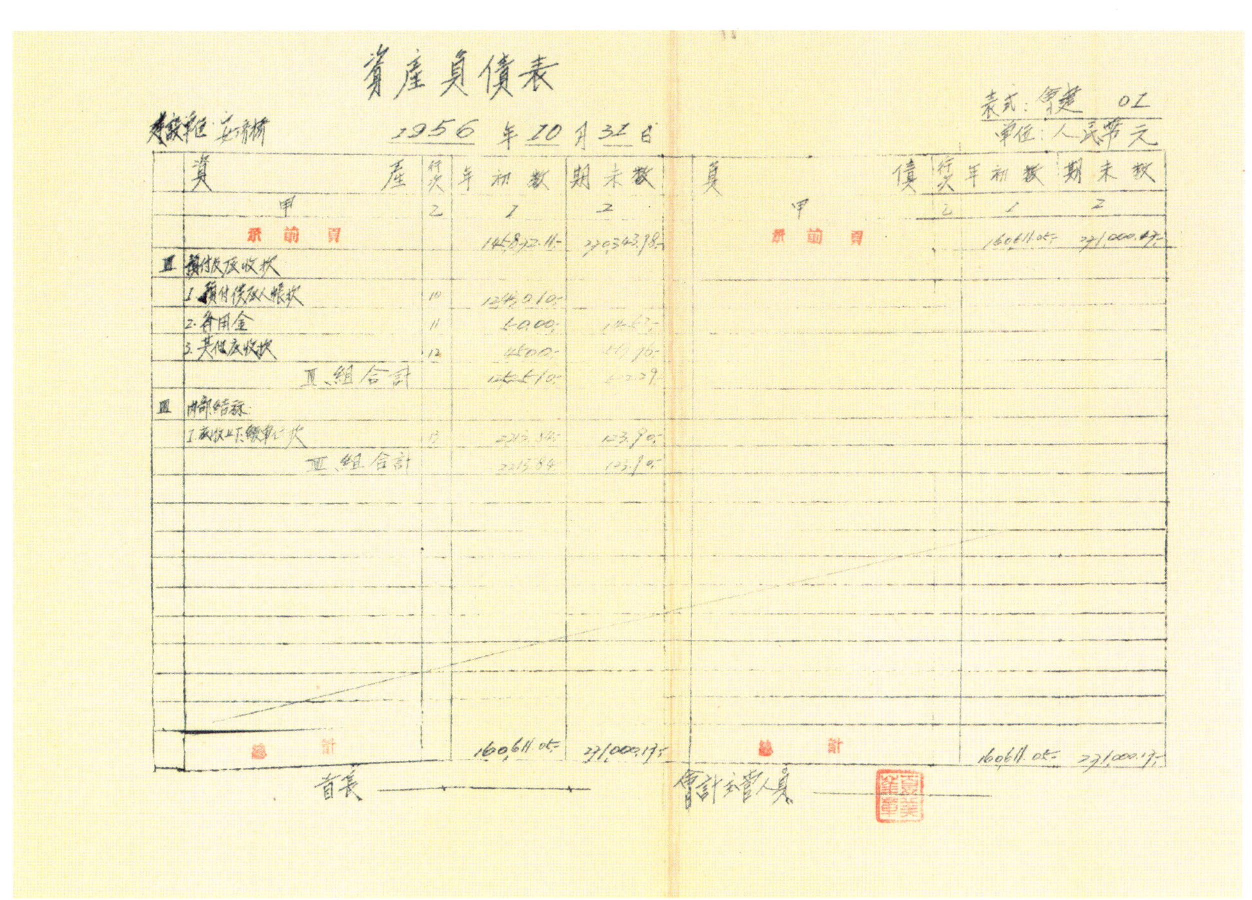

資産負債表

建設單位：安濟橋　　1956 年 10 月 31 日　　表式：會建 01　單位：人民幣元

資産	行次	年初數	期末數	負債	行次	年初數	期末數
甲	乙	1	2	甲	乙	1	2
承前頁		145,872.11	220,343.78	承前頁		160,611.05	221,000.47
IV 預付及應收款							
1. 預付供應人帳款	10	124,210.					
2. 备用金	11	600.00	[illegible]				
3. 其他應收款	12	4500.	[illegible]				
IV 組合計		[illegible]	[illegible]				
V 内部結算							
1. 應收上下級單位款	13	[illegible]	123.90				
V 組合計		2215.84	123.90				
總計		160,611.05	[illegible]	總計		160,611.05	221,000.47

首長　　會計主管人員

表 5　资产负债表（二）

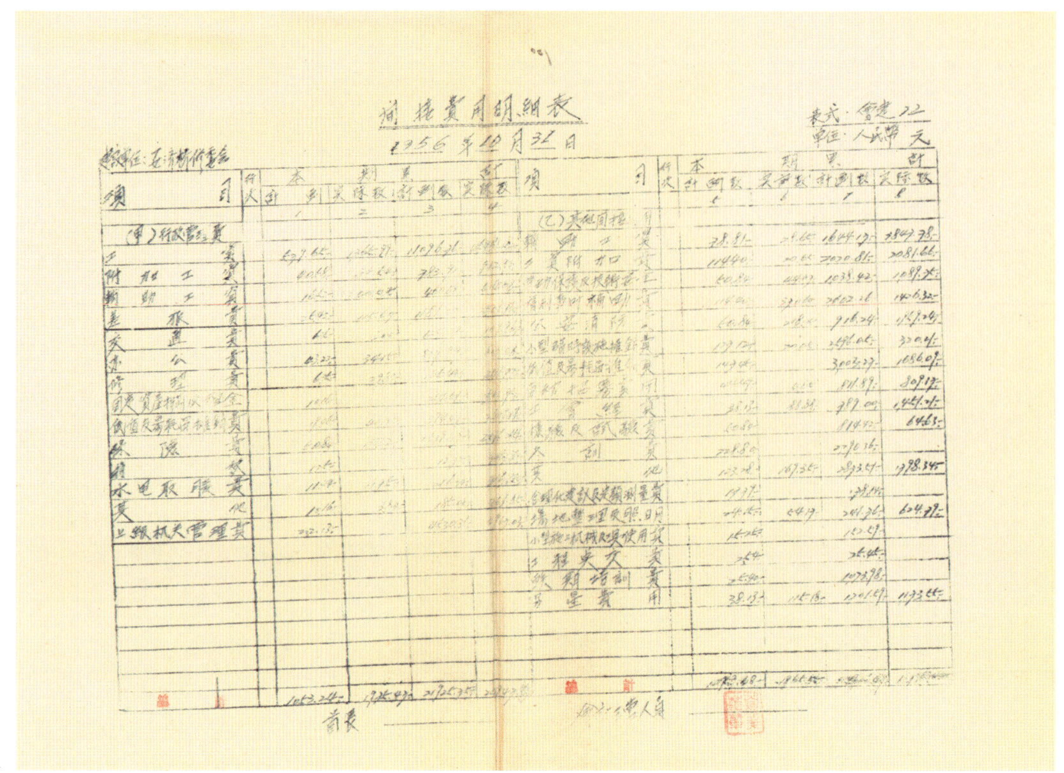

间接费用明细表

1956 年 10 月 31 日

表式：會建 22
單位：人民幣 元

项目	行次	本期累计 计划数	本期累计 实际数	计划数	实际数
(甲) 行政管理费					
工资		[illegible]	[illegible]	[illegible]	[illegible]
附加工资		[illegible]	[illegible]	[illegible]	[illegible]
辅助工资		[illegible]	[illegible]	[illegible]	[illegible]
差旅费		[illegible]	[illegible]	[illegible]	[illegible]
交通费		[illegible]	[illegible]	[illegible]	[illegible]
办公费		[illegible]	[illegible]	[illegible]	[illegible]
行政管理费合计		[illegible]	[illegible]	[illegible]	[illegible]
水电取暖费		[illegible]	[illegible]	[illegible]	[illegible]
上级机关管理费		[illegible]	[illegible]	[illegible]	[illegible]
(乙) 其他间接费用					
辅助工资		28.81	[illegible]	1604.17	2849.78
工资附加		114.40	[illegible]	2020.81	2081.66
[illegible]		60.84	[illegible]	1033.42	1089.74
[illegible]		[illegible]	[illegible]	2802.26	1406.32
保安消防		[illegible]	[illegible]	916.24	[illegible]
小型临时设施摊销费		[illegible]	[illegible]	2596.06	320.45
[illegible]		[illegible]		3002.27	1086.09
[illegible]		[illegible]	[illegible]	811.89	809.17
[illegible]		[illegible]	[illegible]	287.00	[illegible]
检验及试验费		[illegible]		814.42	64.63
[illegible]		[illegible]		2710.36	
[illegible]		[illegible]	[illegible]	[illegible]	1998.345
[illegible]		[illegible]		[illegible]	
场地整理及照明		[illegible]	64.19	[illegible]	604.39
小型施工机械及工具使用费		[illegible]		[illegible]	
工程交叉费		[illegible]		[illegible]	
职工培训费用		[illegible]		1073.98	
其他费用		38.13	[illegible]	1201.59	1173.55
总计		[illegible]	[illegible]	[illegible]	[illegible]

表 5　间接费用明细表

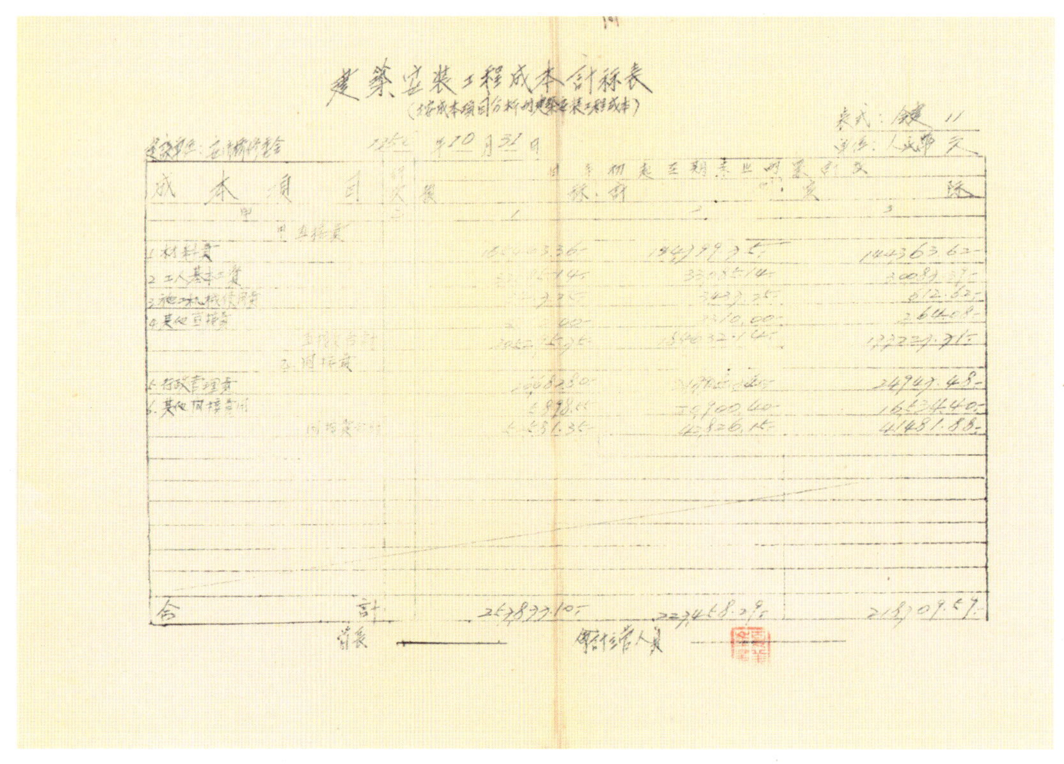

建築安装工程成本計算表

（按成本项目分析的建築安装工程成本）

表式：會建 11
單位：人民幣 元

1956 年 10 月 31 日

成本项目	行次	计划	实际	[illegible]
甲		1	2	3
甲 直接费				
1 材料费		[illegible]	194179.35	144363.62
2 工人基本工资		[illegible]	33085.14	30089.37
3 施工机械使用费		[illegible]	[illegible]	612.62
4 其他直接费		[illegible]	[illegible]	2640.8
直接费合计		[illegible]	[illegible]	[illegible]
乙 间接费				
5 行政管理费		[illegible]	[illegible]	24947.48
6 其他间接费用		[illegible]	[illegible]	16534.40
间接费合计		[illegible]	[illegible]	41481.88
合计		[illegible]	[illegible]	[illegible]

表 6　建筑安装工程成本计算表

第十一章　安济桥修缮工程原始档案选编

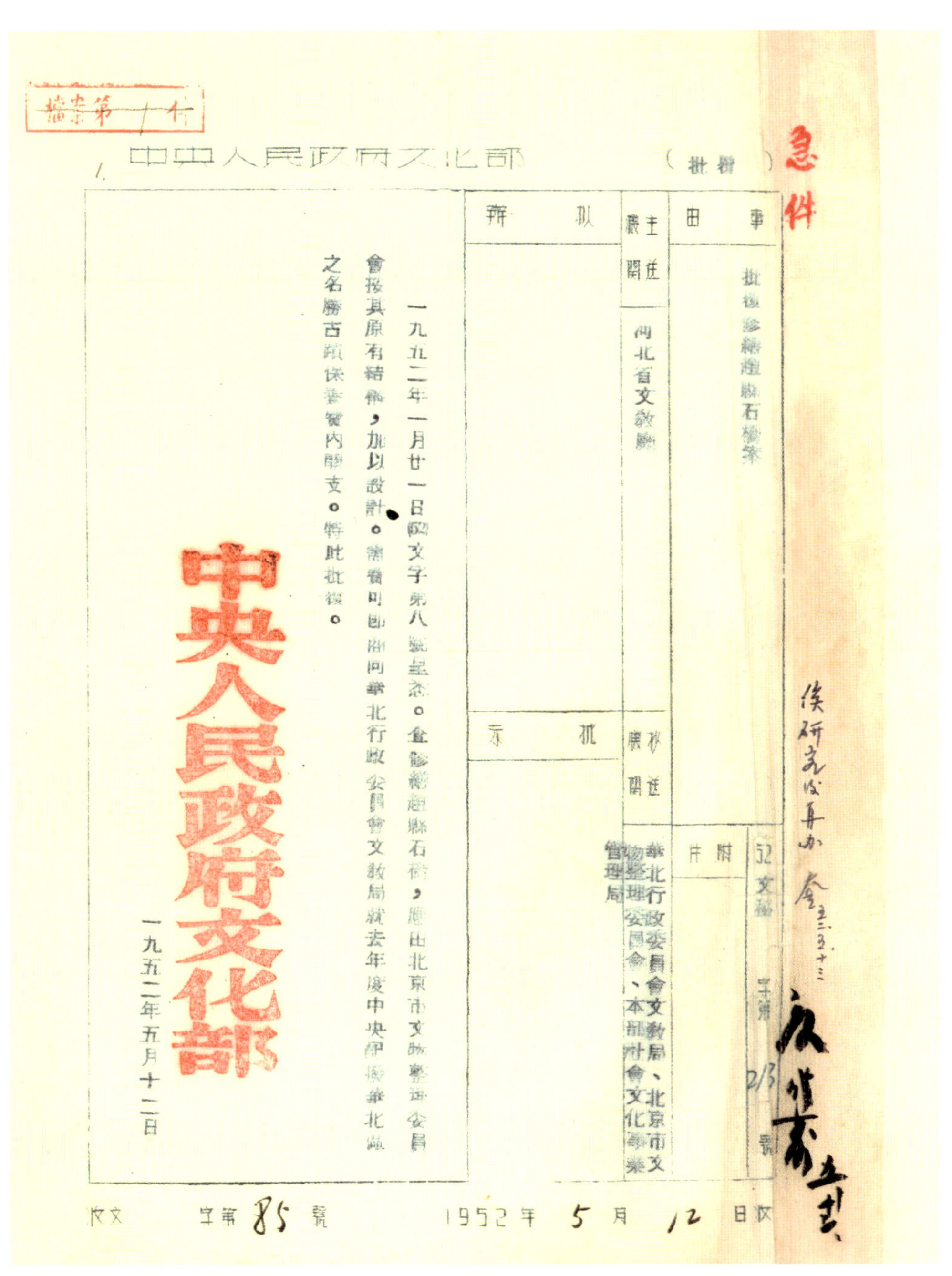

檔案第 1 件

1. 中央人民政府文化部 （批復）

急件

事由	批復修繕趙縣石橋案
主送機關	河北省文教廳
抄送機關	華北行政委員會文教局、北京市文物整理委員會、本部社會文化事業管理局
附件	

一九五二年一月廿一日(52)文字第八號呈悉。所請修繕趙縣石橋，應由北京市文物整理委員會按其原有結構，加以設計。所需經費可由本部向華北行政委員會文教局就去年度中央補助華北區之名勝古蹟保養費內開支。特此批復。

中央人民政府文化部

一九五二年五月十二日

文字第 85 號　1952 年 5 月 12 日

01. 1952 年 5 月 12 日，中央人民政府文化部下发河北省文教厅《批复修缮赵县石桥案》的文件。

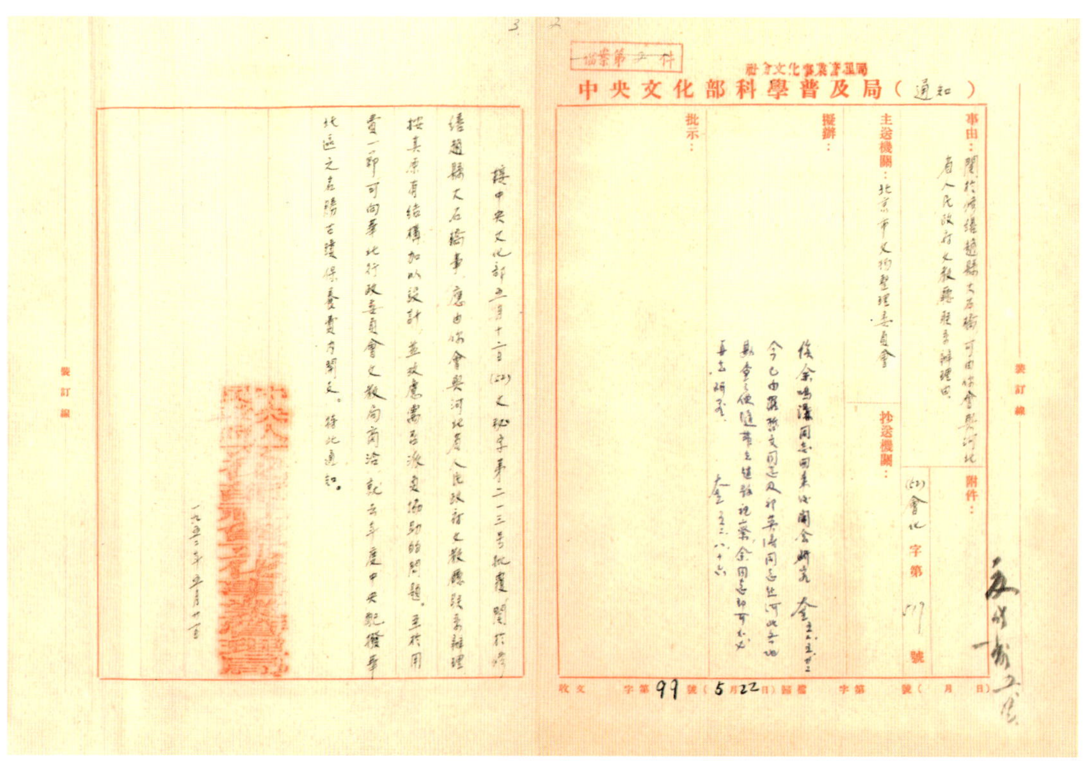

中央文化部科學普及局（通知）

事由：關於修繕趙縣大石橋可由你會與河北省人民政府文教廳聯系辦理由

主送機關：北京市文物整理委員會

抄送機關：

(52)會化字第 號

擬辦：

批示：

接中央文化部五月十三日(52)文秘字第二一三号批覆：關於修繕趙縣大石橋事，應由你會與河北省人民政府文教廳聯系辦理。按其原有結構加以設計，並徵詢當地政府協助的問題。至於用費一節，可向華北行政委員會文教局商洽，就本年度中央配撥華北區之名勝古蹟保養費內開支。特此通知。

一九五二年五月廿一日

收文 字第97號（5月22日）

02. 1952年5月21日，中央人民政府文化部社会文化事业管理局下发北京文物整理委员会关于联系河北省人民政府文教厅办理修缮安济桥的通知，及北京文物整理委员会内部工作安排。

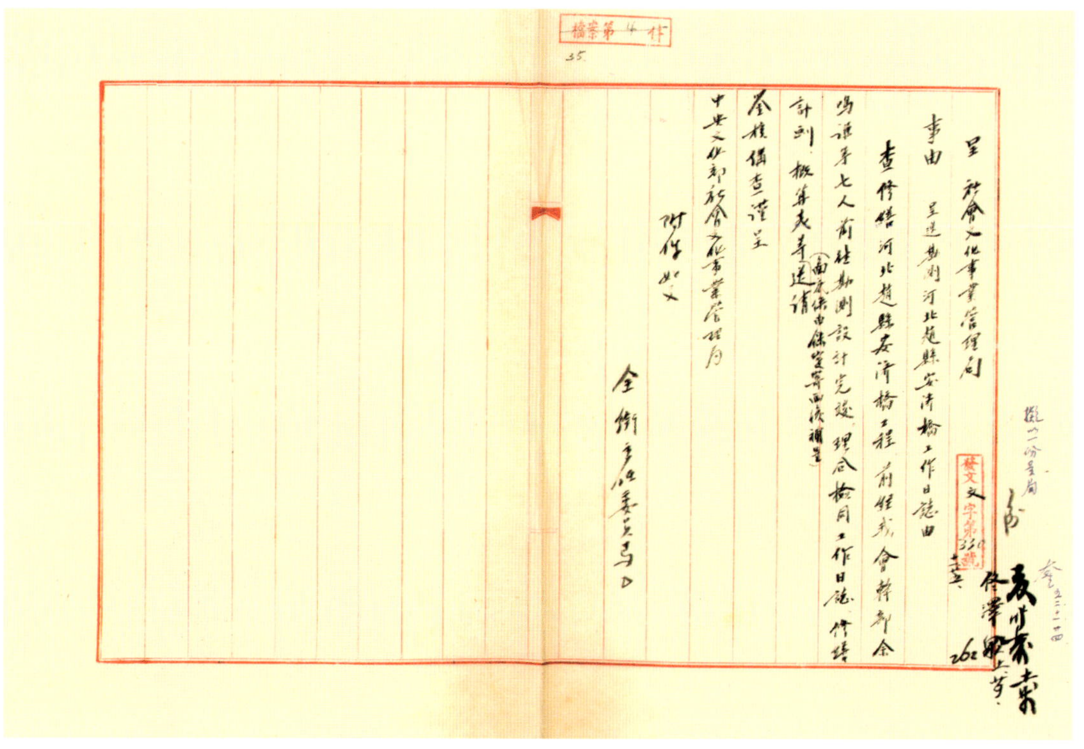

呈 社會文化事業管理局

事由 呈送勘測河北趙縣安濟橋工作日誌由

查修繕河北趙縣安濟橋工程，前經我會幹部余鳴謙等七人前往勘測設計完竣，理合檢同工作日誌、修繕計劃、概算表等（圖表俟由保定寄回後補呈）送請鑒核備查。謹呈

中央文化部社會文化事業管理局

附件如文

全衡 主任委員 馬衡

03. 1952年11月15日，北京文物整理委员会马衡主任委员向中央文化部社会文化事业管理局呈报赵县安济桥勘测工作日志、做法说明、概算表和工程图的文件。

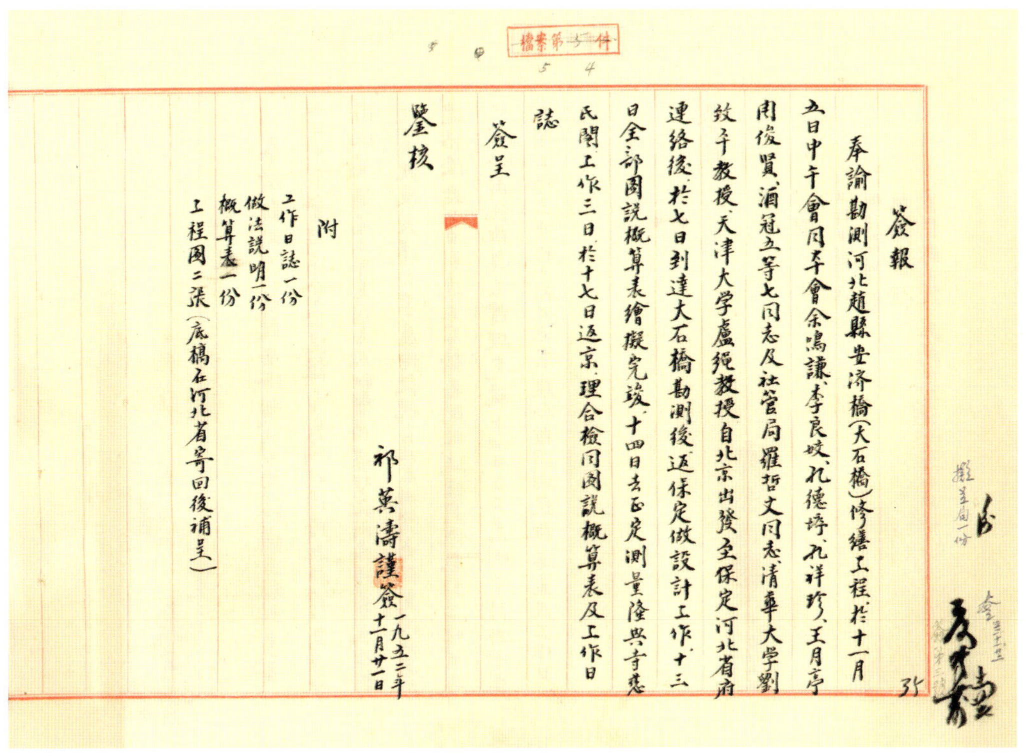

簽報

奉諭勘測河北趙縣安濟橋(大石橋)修繕工程，於十一月五日中午會同本會余鳴謙、李良姣、孔德垿、孔祥珍、王月亭、周俊賢、酒冠五等七同志及社管局羅哲文同志、清華大學劉致平教授、天津大學盧繩教授自北京出發至保定河北省府連絡後，於七日到達大石橋勘測後返保定做設計工作，十三日全部圖說概算表繪擬完竣，十四日去正定測量隆興寺慈氏閣工作三日，於十七日返京。理合檢同圖說概算表及工作日誌

簽呈

鑒核

祁英濤謹簽 一九五二年十一月廿一日

附

工作日誌一份

做法說明一份

概算表一份

工程圖二張(底稿在河北省寄回後補呈)

04. 1952 年 11 月 21 日，北京文物整理委员会祁英涛签署关于赵县安济桥勘测工作日志、做法说明、概算表和工程图的签报。

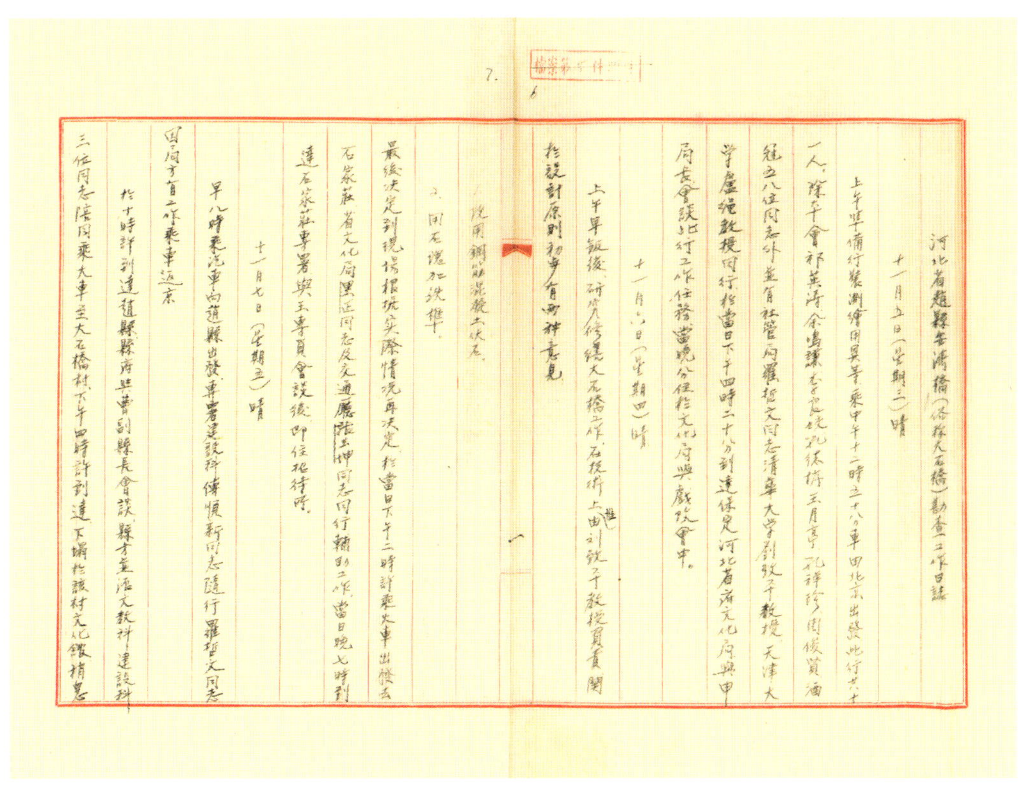

河北省趙縣安濟橋(俗稱大石橋)勘查工作日誌

十一月五日(星期三)晴

上午準備行裝測繪用具等，乘中午十二時五十八分車由北京出發，此行共十一人：除本會祁英濤、余鳴謙、李良姣、孔德垿、王月亭、孔祥珍、周俊賢、酒冠五八位同志外，並有社管局羅哲文同志、清華大學劉致平教授、天津大學盧繩教授同行，於當日下午四時二十八分到達保定，河北省府文化處與申局長會談此行工作任務，當晚分住於文化處與戲改會中。

十一月六日(星期四)晴

上午早飯後，研究修繕大石橋工作，在技術上由劉致平教授負責，關於設計原則初步有兩种意見

1. 改用鋼筋混凝土代石。
2. 用石構加鐵件。

最後決定到現場根據實際情況再決定，於當日下午二時許乘火車出發去石家莊，省文化局黑延同志及交通廳張玉坤同志同行輔助工作，當日晚七時到達石家莊專署與王專員會談後，即住招待所。

十一月七日(星期五)晴

早八時乘汽車向趙縣出發，專署建設科傅恒新同志隨行，羅哲文同志因局方有工作乘車返京。

於十時許到達趙縣縣府與曹副縣長會談，縣方並派文教科、建設科三位同志陪同乘大車至大石橋村，下午四時許到達，下榻於該村文化館楨恩

05. 河北省赵县安济桥勘查工作日志（一）

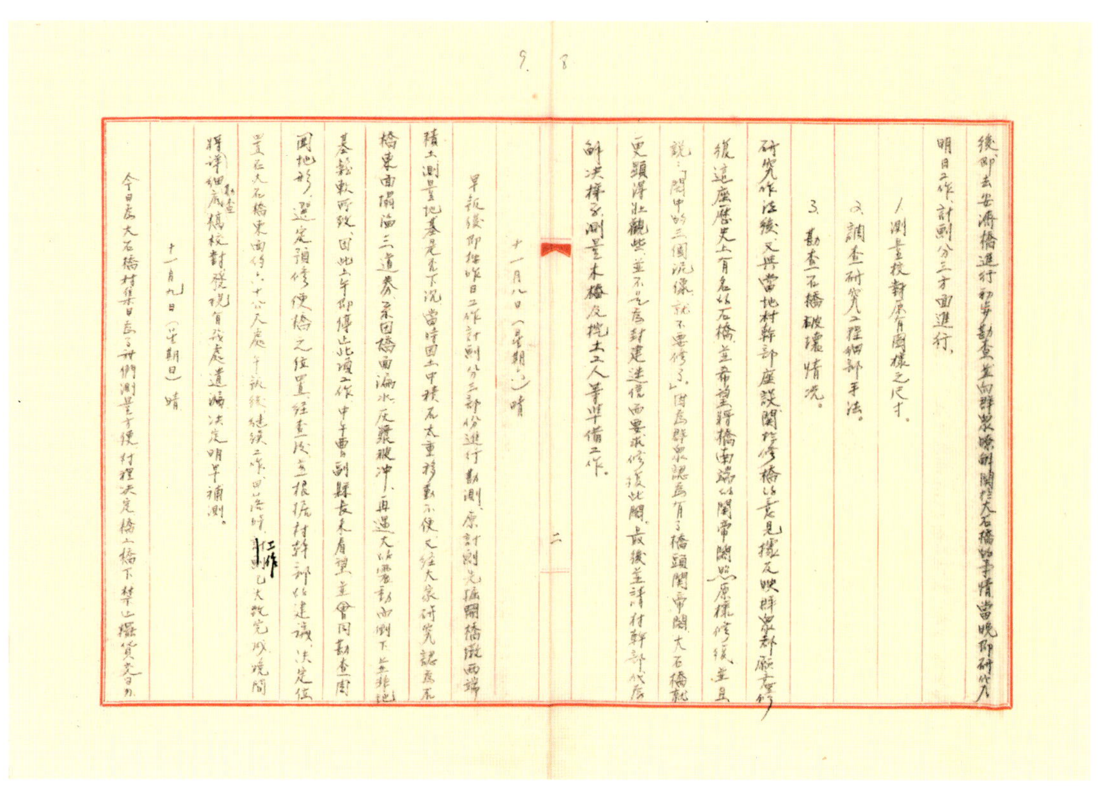

後即去安濟橋進行初步勘查，並向群衆瞭解關於大石橋的事情，當晚即研究入
明日工作，計劃分三方面進行。
1. 測量校對原有圖樣之尺寸。
2. 調查研究人工程細部手法。
3. 勘查小石橋破壞情況。
研究作法後，又與當地村幹部座談關於修橋的意見，據反映群衆都願意修
復這座歷史上有名的石橋，並希望將橋南端的關帝閣照原樣修復，並且
說：「閣中的三個泥像，就不要修了」。因為群衆認為有了橋頭關帝閣，大石橋就
更顯得壯觀些，並不是為封建迷信而要求修復此閣。最後並請村幹部代為
解決擇定測量木梯及挑土工人等準備工作。

二

十一月八日（星期六）晴
早飯後即按昨日工作計劃分三部份進行勘測，原計劃先掘開橋址西端
積土測量地基，見土下泥，當時因土中積石太重，移動不便，又經大家研究認為石
橋東西兩端三道券，系因橋面漏水灰漿被沖，再遇大的震動而溯下，並非地
基鬆軟所致，因此上午即停止此項工作。中午曹副縣長來看望，並曾同勘查周
圍地形，選定預修便橋之位置，經查後並根據村幹部的建議，決定位
置在大石橋東面約六十公尺處。午飯後繼續工作，四點時工作已大致完成，晚間
將詳細勘查稿校對，發現有幾處遺漏，決定明早補測。
十一月九日（星期日）晴
今日為大石橋村集日，為了我們測量方便，村裡決定橋上橋下禁止擺貨交易

06. 河北省赵县安济桥勘查工作日志（二）

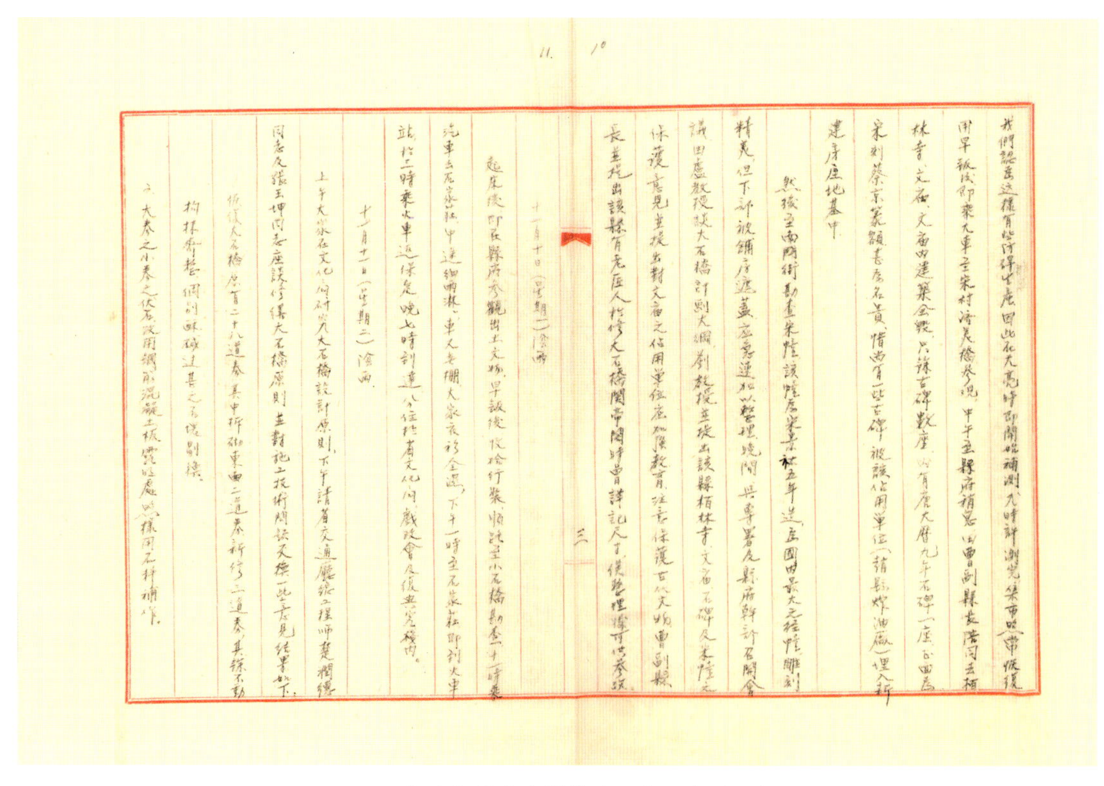

我們認為這樣有些浮土底面，因此在天亮時即開始補測，九時許測完，集市照常舉行。
用早飯後即乘大車至宋村濟美橋參觀，中午至縣府稍憩，由曹副縣長陪同去柏
林寺、文廟，文廟內建築全毀，只餘古碑數座，內有唐大曆九年石碑一座，石面為
宋刻蔡京篆額書，名貴，惜尚有一些古碑被該地佔用單位（縣炸油廠）埋入新
建房屋地基中。
然後至南關街勘查宋幢，該幢為宋景祐五年造，在國內最大之經幢，雕刻
精美，但下部被鋪房遮蓋，應急速加以整理。晚間與專署及縣府幹部召開會
議，由盧教授談大石橋計劃大綱，劉教授並提出該縣柏林寺、文廟、石碑及經幢之
保護意見，並提出對文廟之佔用單位應加強教育，注意保護古代文物。曹副縣
長並提出該縣有老匠人於修大石橋關帝閣時曾詳記尺寸，俟整理後可供參考。

三

十一月十日（星期一）陰雨
起床後即在縣府參觀出土文物，早飯後收拾行裝，順路至小石橋勘查。十一時乘
汽車出發，在途中細雨淋淋，車又是棚車，大家衣衫全濕，下午一時至元氏，在那到火車
站，於三時乘火車返保定，晚七時到達，入住於省文化局戲改會及復興宿舍內。
十一月十一日（星期二）陰雨
上午大家在文化局研究大石橋設計原則，下午請省交通廳總工程師楚耀緒
同志及張玉坤同志座談修繕大石橋原則並對施工技術問題交換一些意見，結果如下：
1. 保護大石橋原有二十八道券，其中拆砌東西二道券，新修三道券，其餘不動。
2. 橋上欄杆，仍照過去之石欄刻樣。
3. 大券之小券之伏石，改用鋼筋混凝土板，露明處照樣用石料補作。

07. 河北省赵县安济桥勘查工作日志（三）

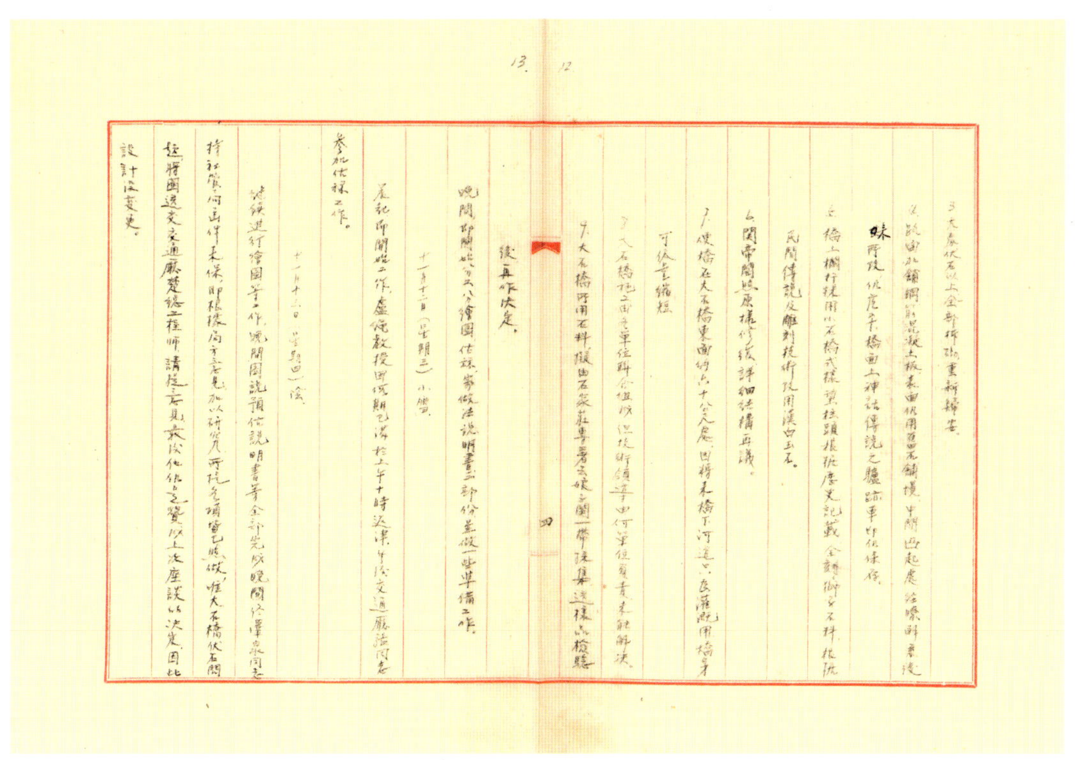

08. 河北省赵县安济桥勘查工作日志（四）

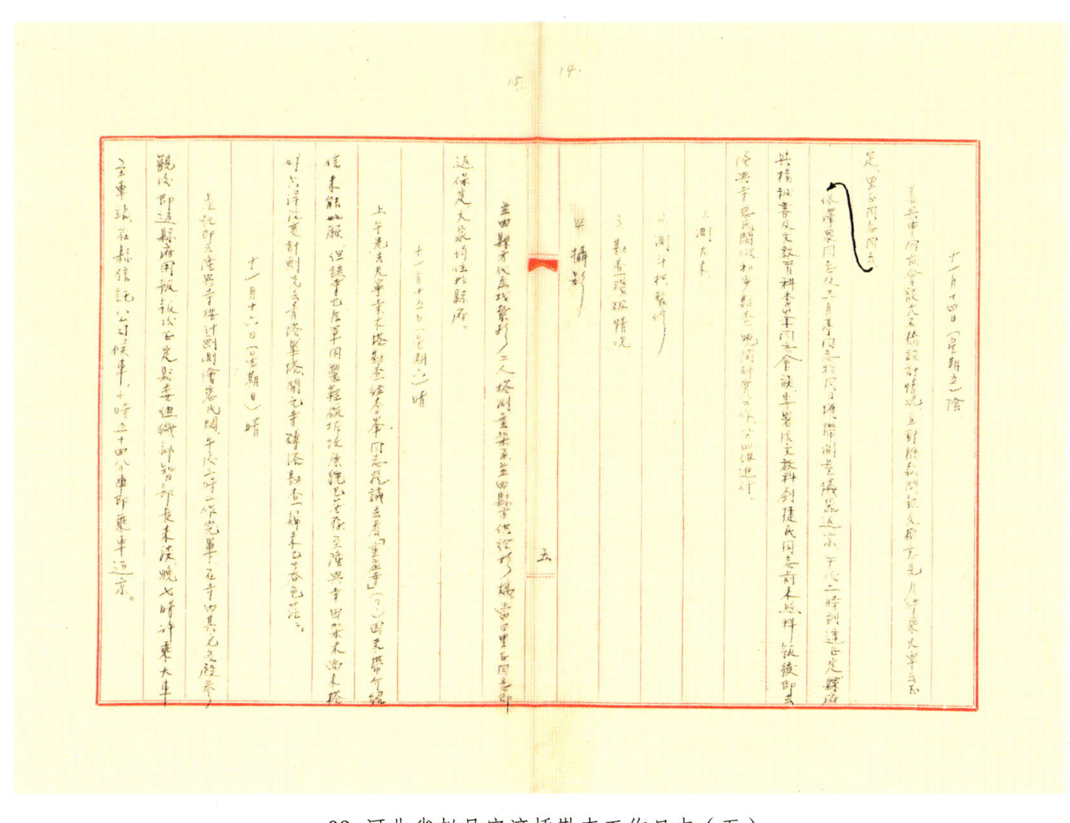

09. 河北省赵县安济桥勘查工作日志（五）

十一月十七日（星期一）晴
是日下午到達北京。
（完）

10. 河北省赵县安济桥勘查工作日志（六）

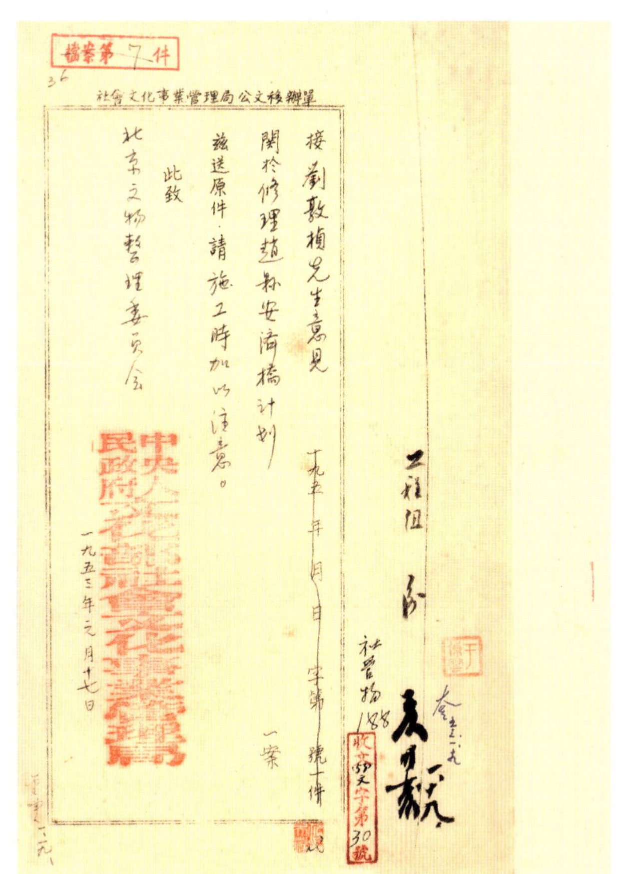

社會文化事業管理局公文移辦單

接劉敦楨先生意見
關於修理趙縣安濟橋計劃
茲送原件，請施工時加以注意。
此致
北京文物整理委員會

一九五三年元月十七日

11. 1953 年 1 月 17 日，文化部社会文化事业管理局向北京文物整理委员会转发刘敦桢先生关于安济桥修缮意见的函。

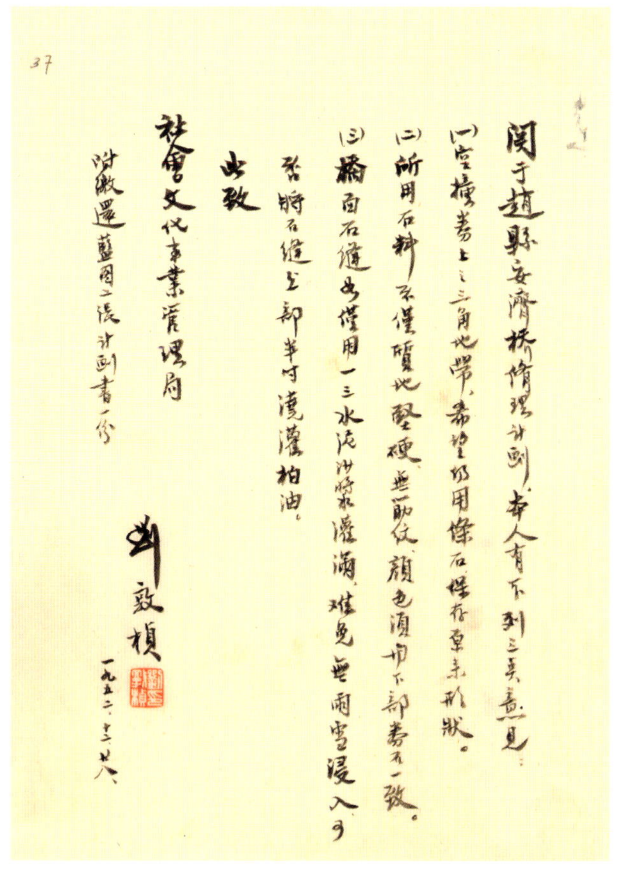

關于趙縣安濟橋修理計劃，本人有下列三點意見：
(一)空撞券上之三角地帶，希望仍用條石，保存原來形狀。
(二)所用石料不僅質地堅硬、無筋紋，顏色須與下部券石一致。
(三)橋面石縫如僅用一三水泥沙漿灌滿，難免無雨雪浸入，務將石縫上部半寸澆灌柏油。
此致
社會文化事業管理局
劉敦楨
一九五二、十二、廿八
附繳還藍圖二張、計劃書一份

12. 1952 年 12 月 28 日，刘敦桢先生致信文化部社会文化事业管理局“关于赵县安济桥修理计划的意见”。

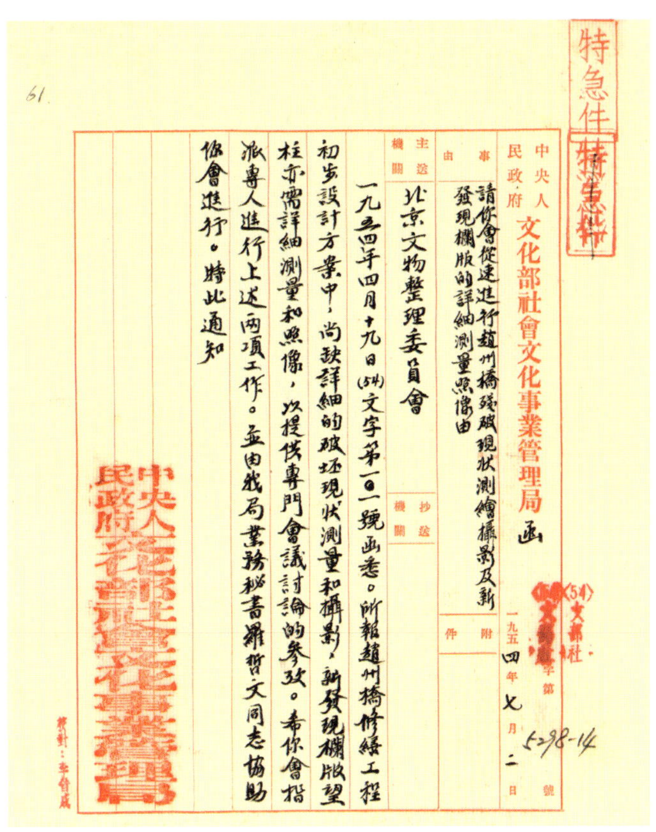

特急件

中央人民政府 文化部社會文化事業管理局 函

事由：請你會從速進行趙州橋殘破現狀測繪攝影及新發現欄版的詳細測量照像由

主送機關：北京文物整理委員會

抄送機關：

附件：

(54)文部社字第5298-14號 一九五四年七月二日

一九五四年四月十九日(54)文字第一○一號函悉。所報趙州橋修繕工程初步設計方案中，尚缺詳細的破坏現狀測量和攝影，新發現欄版望柱亦需詳細測量和照像，以提供專門會議討論的參考。希你會指派專人進行上述兩項工作。並由我局業務秘書羅哲文同志協助你會進行。特此通知

中央人民政府文化部社會文化事業管理局

13. 1954年7月2日，文化部社会文化事业管理局致函北京文物整理委员会，要求从速进行赵州桥残破现状测绘摄影及新发现栏板的详细测量和照相。

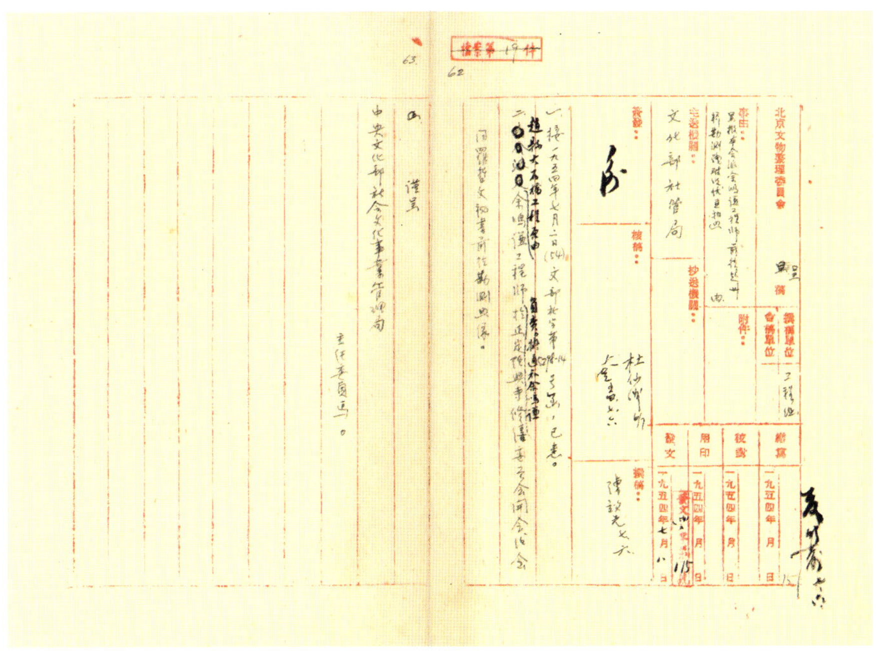

檔案第19件

北京文物整理委員會 呈稿

事由：呈報本会派余鳴謙工程師前往趙州橋勘測殘破現狀及拍照由

主送機關：文化部社管局

抄送機關：

附件：

擬稿單位：工程組

會稿單位：

簽發：

核稿：

擬稿：陳……

繕寫 一九五四年 月 日　校對 一九五四年 月 日　用印 一九五四年 月 日　發文 一九五四年七月八日

一、接一九五四年七月二日(54)文部社字第5298-14號函，已悉。

二、趙州大石橋工程，本會即派余鳴謙工程師……会同羅哲文同志前往勘測照像。

謹呈

中央文化部社會文化事業管理局

14. 1954年7月8日，北京文物整理委员会呈报文化部社管局，关于本会派余鸣谦工程师会同罗哲文，前往赵州桥勘测残破状和拍照的事宜。

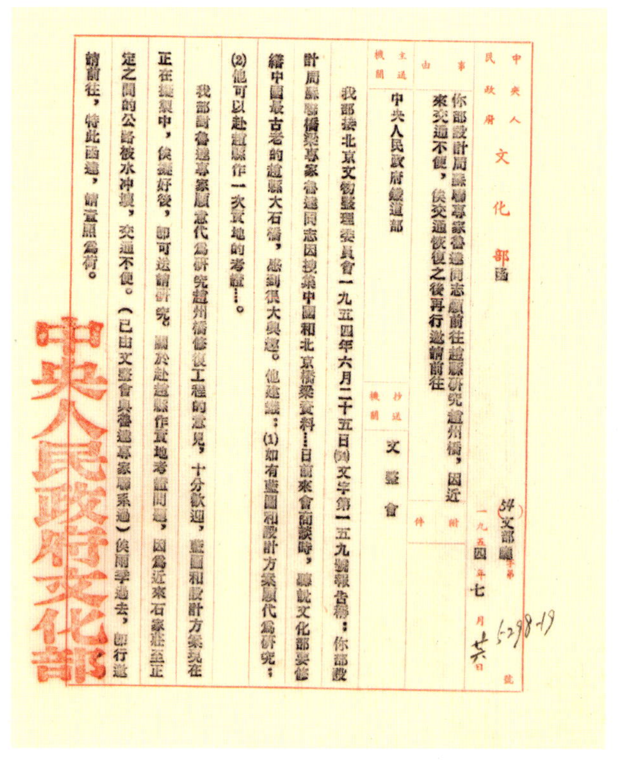

中央人民政府 文化部函

(54)文部廳字第　號

一九五四年七月廿六日

事由：你部設計局蘇聯專家魯達同志願前往趙縣研究趙州橋，因近來交通不便，俟交通恢復之後再行邀請前往

主送機關：中央人民政府鐵道部

抄送機關：文整會

附件：

我部接北京文物整理委員會一九五四年六月二十五日(54)文字第一五九號報告稱：「你部設計局蘇聯橋樑專家魯達同志因搜集中國和北京橋樑資料……日前來會商談時，聽說文化部要修繕中國最古老的趙縣大石橋，感到很大興趣。他建議：(1)如有藍圖和設計方案願代為研究；(2)他可以赴趙縣作一次實地的考證……。」

我部對魯達專家願意代為研究趙州橋修復工程的意見，十分歡迎，藍圖和設計方案現在正在擬製中，俟擬好後，即可送請研究。關於赴趙縣作實地考證問題，因為近來石家莊至正定之間的公路被水冲壞，交通不便。（已由文整會與魯達專家聯系過）俟雨季過去，即行邀請前往，特此函達，請查照為荷。

中央人民政府文化部

15. 1954 年 7 月 26 日，文化部社会文化事业管理局致函铁道部，关于苏联专家鲁达同志前往研究赵州桥一事因交通不便再行邀请的事宜。

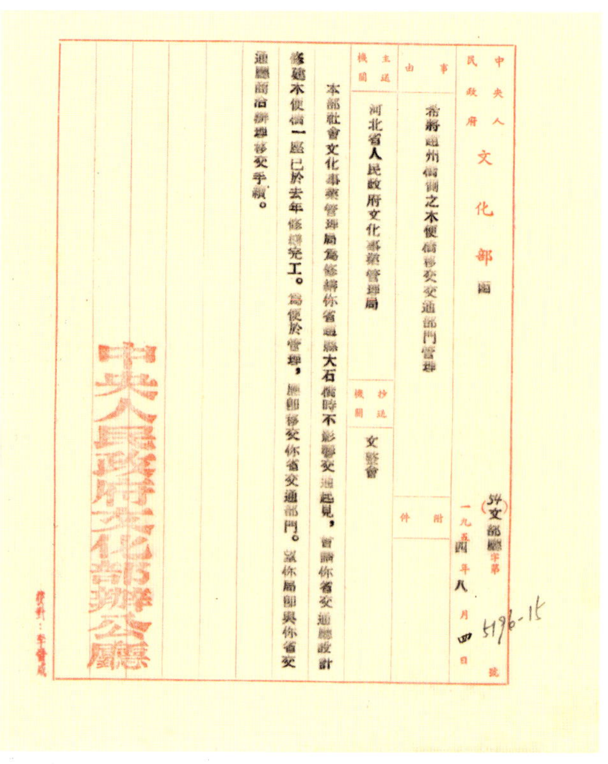

中央人民政府 文化部函

(54)文部廳字第　號

一九五四年八月四日

事由：希將趙州橋側之木便橋移交交通部門管理

主送機關：河北省人民政府文化事業管理局

抄送機關：文整會

附件：

本部社會文化事業管理局為修繕你省趙縣大石橋時不影響交通起見，曾請你省交通廳設計修建木便橋一座，已於去年修建完工。為便於管理，應即移交你省交通部門。望你局即與你省交通廳商洽辦理移交手續。

中央人民政府文化部辦公廳

16. 1954 年 8 月 4 日，文化部致函河北省文化局，关于“将赵州桥侧之木便桥移交交通部门管理”的事宜。

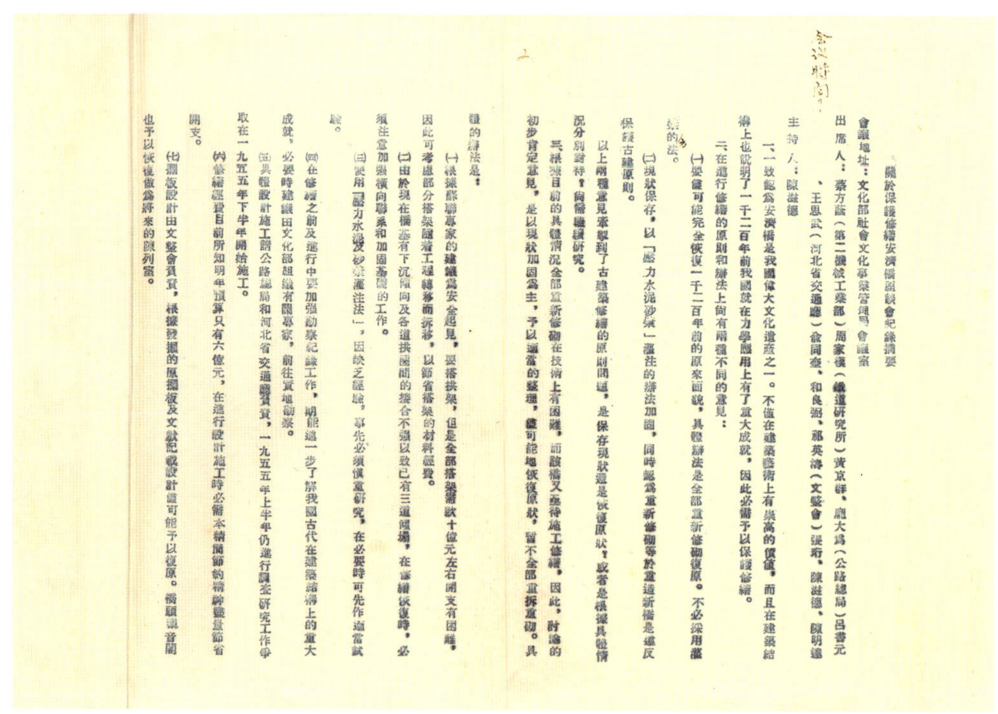

關於保護修繕安濟橋座談會紀錄摘要

會議地址：文化部社會文化事業管理局會議室

出席人：薛方蔭（第二機械工業部）周家模（鐵道研究所）黃京群、鹿大為（公路總局）呂書元、王思武（河北省交通廳）俞同奎、和良弼、祁英濤（文整會）張珩、陳滋德、陳明達

主持人：陳滋德

一、一致認為安濟橋是我國偉大文化遺產之一。不僅在建築藝術上有崇高的價值，而且在建築結構上也說明了一千二百年前我國就在力學應用上有了重大成就，因此必需予以保護修繕。

二、在進行修繕的原則和辦法上尚有兩種不同的意見：

(一)要儘可能完全恢復一千二百年前的原來面貌，具體辦法是全部重新修砌復原。不必採用灌漿的辦法。

(二)現狀保存，以「壓力水泥沙漿」灌注的辦法加固，同時認為重新修砌等於重造新橋是違反保護古建原則。

以上兩種意見牽涉到了古建築修繕的原則問題，是保存現狀還是恢復原狀？或者是根據具體情況分別對待？尚需繼續研究。

三、根據目前的具體情況全部重新修砌在技術上有困難，而該橋又亟待施工修繕，因此，討論的初步肯定意見，是以現狀加固為主，予以適當的整理，儘可能地恢復原狀，暫不全部重拆重砌。具體的辦法是：

(一)根據蘇聯專家的建議為安全起見，要搭拱架，但是全部搭架需款十億元左右開支有困難，因此可考慮部分搭架隨着工程轉移而拆移，以節省搭架的材料經費。

(二)由於現在橋基有下沉傾向及各道拱圈間的接合不强以致已有三道傾塌，在修繕恢復時，必須注意加强橫向聯系和加固基礎的工作。

(三)使用「壓力水泥及砂漿灌注法」，因缺乏經驗，事先必須慎重研究，在必要時可先作適當試驗。

(四)在修繕之前及進行中要加强勘察紀錄工作，期能進一步了解我國古代在建築結構上的重大成就，必要時建議由文化部組織有關專家，前往實地勘察。

(五)具體設計施工請公路總局和河北省交通廳負責，一九五五年上半年仍進行調查研究工作爭取在一九五五年下半年開始施工。

(六)修繕經費目前所知明年預算只有六億元，在進行設計施工時必需本精簡節約精神盡量節省開支。

(七)欄板設計由文整會負責，根據發掘的原欄板及文獻記載設計盡可能予以復原。橋頭觀音閣也予以恢復做為將來的陳列室。

17. 1955 年 1 月，北京文物整理委员会收到文化部社会文化事业管理局，“关于保护修缮安济桥座谈会纪录摘要”。

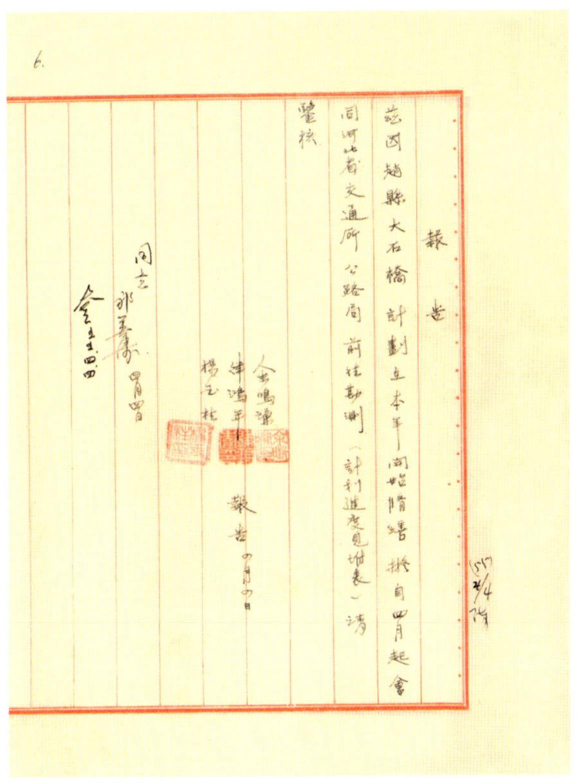

报告

兹因赵县大石桥计划在本年开始修缮，拟自四月起会同河北省交通厅公路局前往勘测（计划进度见附表），请

鉴核

余鸣谦

谨呈 四月四日

同意 祁英涛 四月四日

18. 1955 年 4 月 4 日，北京文物整理委员会关于因修缮安济桥拟会同河北省交通厅公路局前往勘测的请示报告。

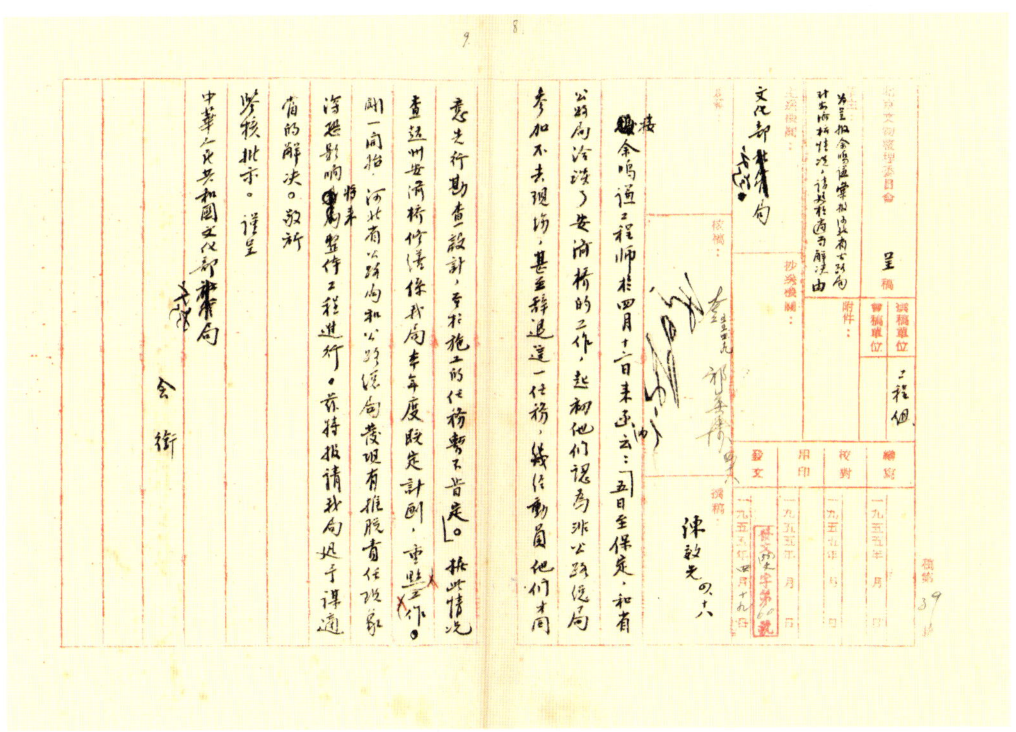

北京文物整理委员会 呈稿

事由：为呈报余鸣谦汇报与河北省公路局商讨安济桥情况，请我局予解决由

撰稿单位：工程组

受文机关：文化部文物局

撰稿：陈效先 四、十六

接余鸣谦工程师于四月十六日来函云：“五日至保定，和省公路局洽谈了安济桥的工作，起初他们认为非公路总局参加不去现场，甚至辞退这一任务，几经动员他们才同意先行勘查设计，至于施工的任务暂不肯定。”据此情况查赵州安济桥修缮系我局本年度既定计划，重点工作。刚一开始，河北省公路局和公路总局发现有推脱责任现象，深恐影响将来整修工程进行。兹特报请我局迅予谋适当的解决。敬祈

鉴核批示。谨呈

中华人民共和国文化部文物局

会衔

19. 1955 年 4 月 19 日，北京文物整理委员会呈报文化部文物局，关于余鸣谦汇报与河北省公路局商讨安济桥修缮工作情况，请文物局适当解决的事宜。

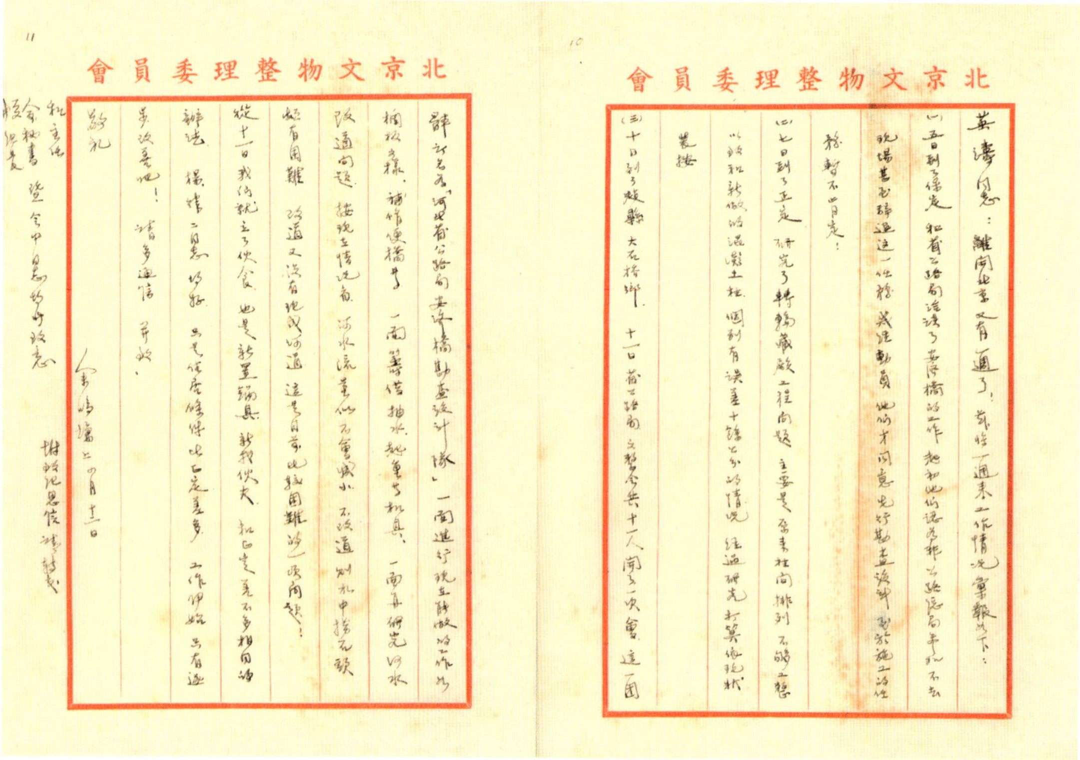

20. 1955 年 4 月 12 日，余鸣谦致信祁英涛，汇报会同河北省公路局开展安济桥勘测工作的情况。

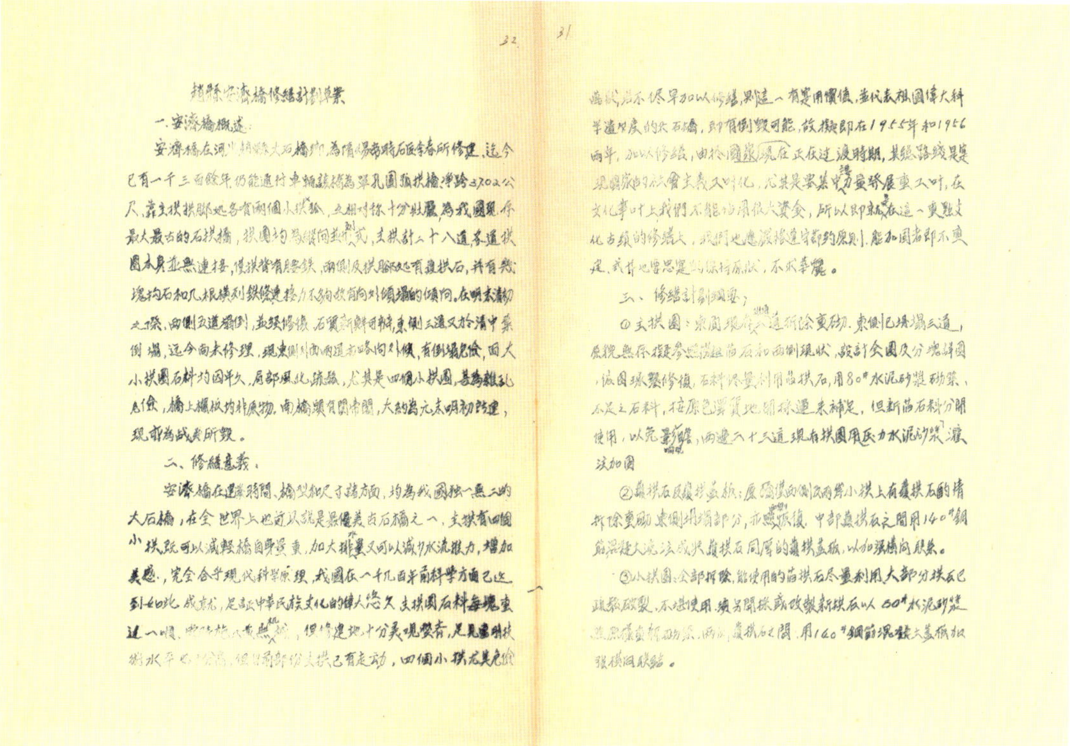

趙縣安濟橋修繕計劃草案

一、安濟橋概述：

安濟橋在河北趙縣大石橋鄉，為隋煬帝時石匠李春所修建，迄今已有一千三百餘年，仍能通行車輛。該橋為單孔圓弧拱橋，淨跨37.02公尺，靠主拱拱腳處各有兩個小拱券，文相對稱十分壯麗，為我國現存最大最古的石拱橋，拱圈均為縱向並列式，主拱計二十八道，各道拱圈本身並無連接，僅拱背有腰鐵，兩側及拱腳處有鉤拱石，并有幾塊鉤石和几根橫列鐵條連接力不夠，故有向外傾塌的傾向。在明末清初之際，西側五道塌倒，並經修復，石質新鮮可辨，東側三道又於清中葉倒塌，迄今尚未修理，現東側外面兩道亦略向外傾，有倒塌危險，四大小拱圈石料均因年久，局部風化疏鬆，尤其是四個小拱圈，甚為鬆弛危險，橋上欄板均非原物，南橋頭有關帝閣，大約為元末明初所建，現亦為戰火所毀。

二、修繕意義：

安濟橋在建造時間、橋型和尺寸諸方面，均為我國獨一無二的大石橋，在全世界上也可以說是最優美古石橋之一，主拱有四個小拱既可以減輕橋自身負重，加大排水量又可以減少水流推力，增加美感，完全合乎現代科學原理，我國在一千几百年前科學方面已達到如此成就，足証中華民族文化的偉大悠久。主拱圈石料每塊重達一噸，雕刻精美無比，但修建地十分美觀整齊，足見當時技術水平也很高，但目前部份主拱已有走動，四個小拱尤其危險，倘若不儘早加以修繕，則這一有實用價值，並代表祖國偉大科學道路的大石橋，即有倒毀可能，故擬即在1955年和1956兩年，加以修繕，由於國家現在正在過渡時期，其總路線是實現國家的社會主義工业化，尤其是要集中力量發展重工业，在文化事业上我們不能使用很大資金，所以即就在這一重點文化古蹟的修繕上，我們也應該遵守節約原則，能加固者即不重建，或者也需盡量的保持原狀，不求華麗。

三、修繕計劃綱要：

①主拱圈：東面現存二十三道拆除重砌，東側已塌塌三道，原貌無存擬參照拱石和西側現狀，設計全圈及分塊詳圖，依圖樣整修復，石料儘量利用舊拱石，用80#水泥砂漿砌築，不足之石料，按原色澤質地開採運來補足，但新舊石料分開使用，以免影響觀瞻，兩邊二十三道現有拱圈用壓力水泥砂漿灌注加固

②鉤拱石及護拱蓋板：原橋從西側及兩肩小拱上有鉤拱石的情拆除重砌，東側坍塌部分，亦照原樣恢復，中部鉤拱石之間用140#鋼筋混凝土澆注成與鉤拱石同厚的護拱蓋板，以加強橫向聯繫。

③小拱圈：全部拆除，能使用的舊拱石盡量利用，大部分拱石已疏鬆破裂，不堪使用，須另開採或改製新拱石，以80#水泥砂漿砌築，兩邊鉤拱石之間，用140#鋼筋混凝土蓋板加強橫向聯結。

21. 1955 年 4 月《赵县安济石桥修缮计划草案初稿》（部分）

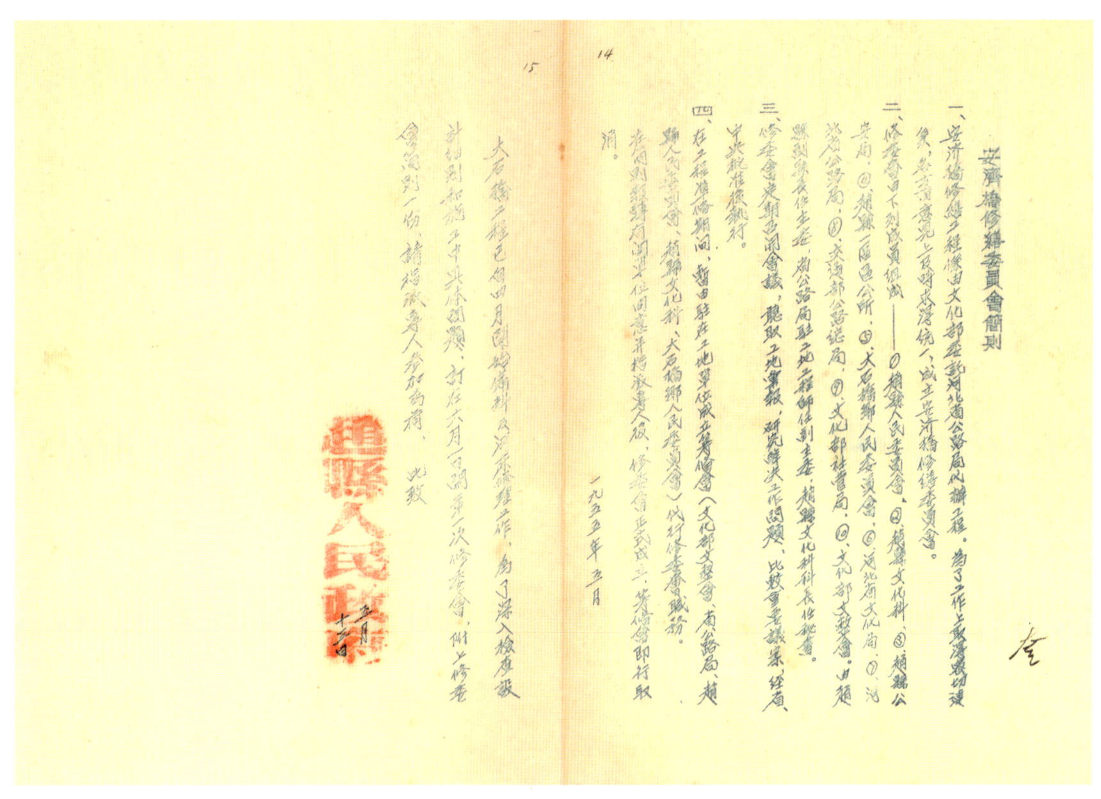

安濟橋修繕委員會簡則

一、安濟橋修繕工程係由文化部委託河北省公路局代辦工程。為了工作上取得密切聯繫，交換意見及時求得統一，成立安濟橋修繕委員會。

二、修委會由下列成員組成——①趙縣人民委員會、②趙縣文化科、③趙縣公安局、④趙縣一區區公所、⑤大石橋鄉人民委員會、⑥河北省文化局、⑦河北省公路局、⑧交通部公路總局、⑨文化部社會局、⑩文化部文整會。由趙縣副縣長任主委，省公路局駐工地工程師任副主委，趙縣文化科科長任秘書。

三、修委會定期召開會議，聽取工地彙報，研究解決工作問題，比較重要議案，經省、中央批准執行。

四、在工程準備期間，暫由駐在工地單位成立籌備會（文化部文整會、省公路局、趙縣人民委員會、趙縣文化科、大石橋鄉人民委員會）代行修委會職務。在徵得有關單位同意並指派負責人後，修委會正式成立，籌備會即行取消。

一九五五年五月

大石橋工程已於四月開始備料及准備修理工作，為了深入檢查設計細則和施工中具體問題，訂在六月一日召開第一次修委會，附上修委會簡則一份，請指派負責人參加為荷。此致

趙縣人民政府

22. 1955 年 5 月 13 日，赵县人民政府签发“安济桥修缮委员会简则”。

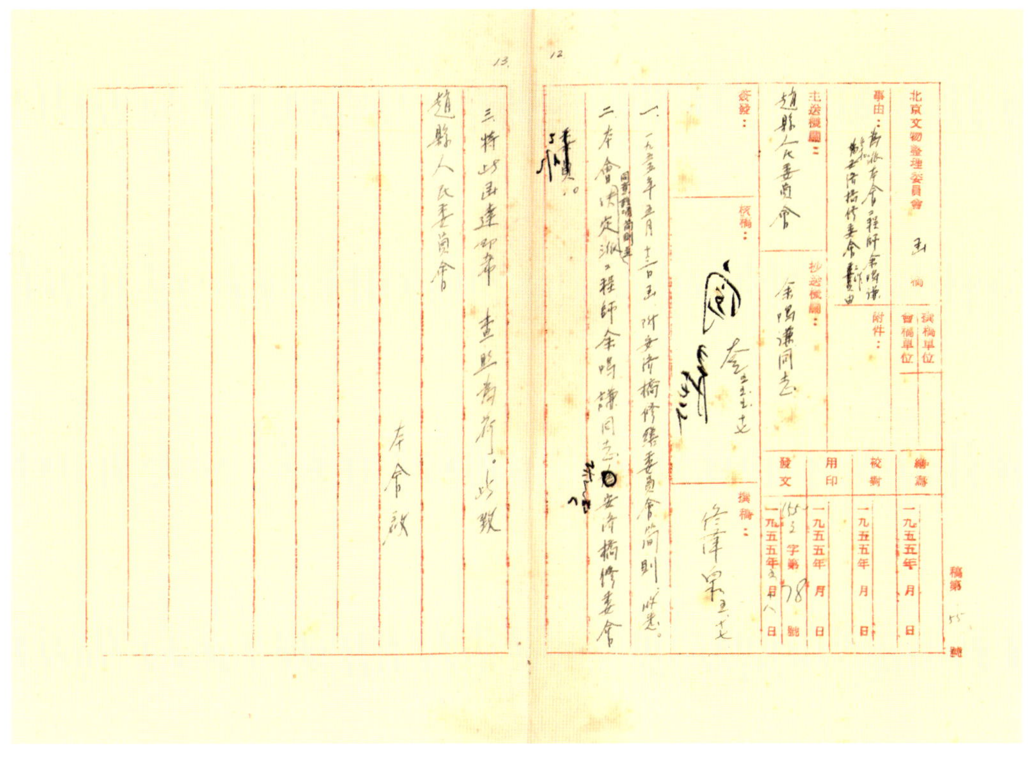

北京文物整理委員會 函稿

事由：為派本會工程師余鳴謙參加安濟橋修委會工作事由

主送機關：趙縣人民委員會

抄送機關：余鳴謙同志

一、一九五五年五月十三日函，附安濟橋修繕委員會簡則，均悉。

二、本會決定派工程師余鳴謙同志參加安濟橋修委會。

三、特此函達，即希查照為荷，此致

趙縣人民委員會

本會啟

發文：一九五五年五月十八日 字第78號

稿第55號

23. 1955 年 5 月 18 日，北京文物整理委员会致函赵县人民委员会，关于派本会工程师余鸣谦参加安济桥修缮委员会工作的事宜。

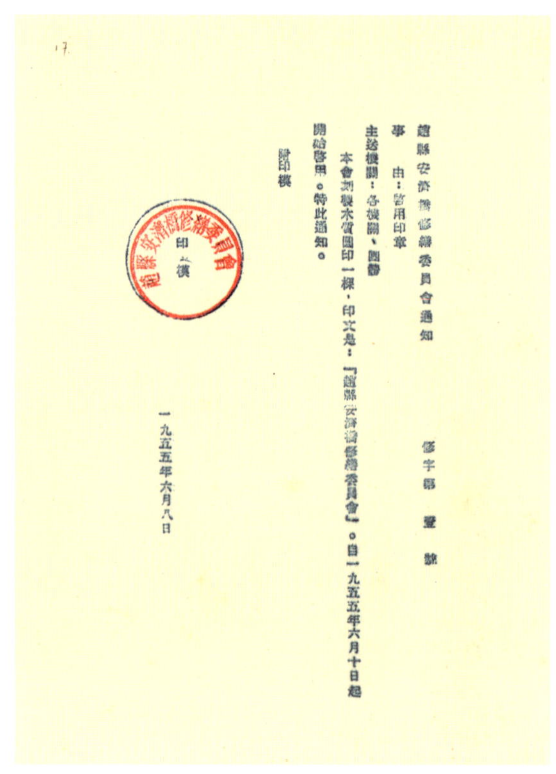

17

趙縣安濟橋修繕委員會通知　　修字第 壹 號

事　由：啓用印章

主送機關：各機關、團體

本會刻製木質圓印一棵，印文是：「趙縣安濟橋修繕委員會」。自一九五五年六月十日起開始啓用。特此通知。

附印模

趙縣安濟橋修繕委員會 印模

一九五五年六月八日

24. 1955 年 6 月 8 日，赵县安济桥修缮委员会关于启用印章的通知。

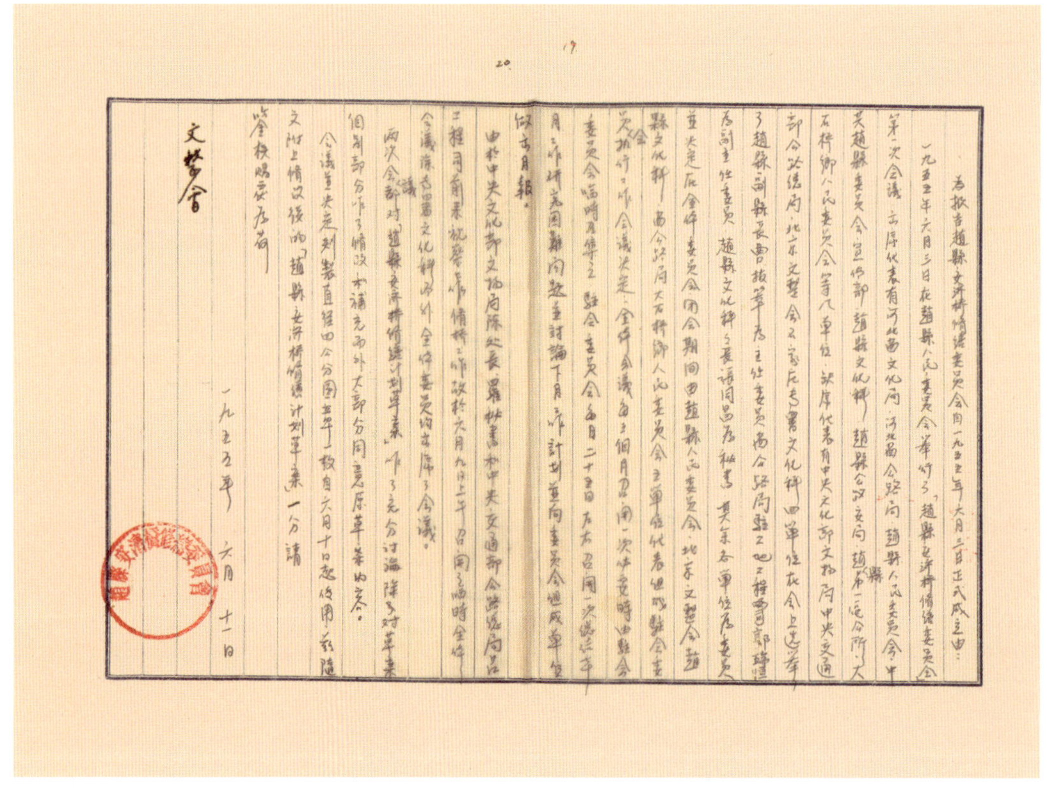

20　17

為报告趙縣安济桥修缮委员会自一九五五年六月三日正式成立由：

一九五五年六月三日在趙縣人民委员会举行了"趙縣安济桥修缮委员会"第一次会議，出席代表有河北省文化局、河北省公路局、趙縣人民委员会、中共趙縣委宣传部、趙縣文化科、趙縣公安局、趙縣第一区公所、大石桥鄉人民委员会等八单位，缺席代表有中央文化部文物局、中央交通部公路总局、北京文整会。会上選举了趙縣副縣長曹振華為主任委员、河北省公路局駐工地工程師郭增桂為副主任委员、趙縣文化科科長謝同昌為秘書，其余各单位為委员，並决定在全体委员会闭会期间由趙縣人民委员会、北京文整会、趙縣文化科、河北省公路局、大石桥鄉人民委员会五单位代表組成駐会委员会执行工作。会議决定：全体会議每三個月召開一次，必要時由駐会委员会臨時召集之。駐会委员会每月二十五日左右召開一次總結本月工作研究困難問題並討論下月工作計划，並向委员会組成单位做書面月報。

由於中央文化部文物局陳处長、罗哲文和中央交通部公路总局吕工程司前来视察工作情况，工作故於六月九日上午召開了臨時全体会議，除外全体委员均出席了会議。

兩次会議都对"趙縣安济桥修缮計划草案"作了充分討論，除了对草案個别部分作了修改和補充外，大部分同意原草案的内容。

会議並决定刻製直径四公分圓形木質印章一枚，自六月十日起使用。兹随文附上会議以後的"趙縣安济桥修缮計划草案"一分，請鉴核賜予存查。

文整会

趙縣安濟橋修繕委員會（印）

一九五五年六月十一日

25. 1955 年 6 月 11 日，关于成立"赵县安济桥修缮委员会"的报告。

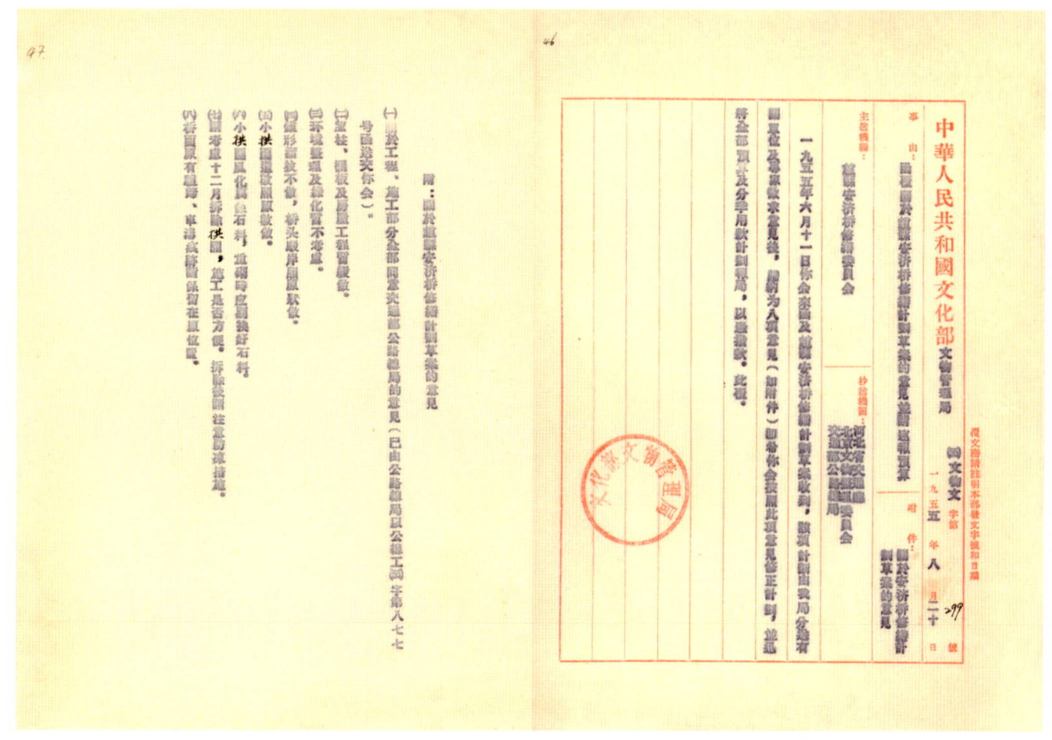

中華人民共和國文化部文物管理局

(55)文物文字第299號

一九五五年八月二十日

事由：函復關於趙縣安济桥修缮計劃草案的意見並請速報預算

主送機關：趙縣安济桥修缮委員会

抄送機關：河北省交通廳 北京文物整理委員会 交通部公路總局

附件：關於安济桥修缮計劃草案的意見

一九五五年六月十一日你会來函及趙縣安济桥修缮計劃草案收到，該項計劃由我局分送有關單位及專家徵求意見後，歸納為八項意見（如附件）函希你会按照此項意見修正計劃，並速將全部預算及分季用款計劃報局，以憑撥款。此復。

附：關於趙縣安济桥修缮計劃草案的意見

(一)關於工程、施工部分全部同意交通部公路總局的意見（已由公路總局以公橋工(55)字第八七七号函送交你会）。

(二)望柱、欄板及勾欄工程暫緩做。

(三)环境整理及綠化暫不考慮。

(四)雲形[illegible]不做，桥头駁岸照原狀做。

(五)小拱[illegible]照原[illegible]做。

(六)小拱圈風化嚴重石料，重砌時应調換好石料。

(七)請考慮十二月拆除拱圈，施工是否方便。拆除後[illegible]注意防凍措施。

(八)券面原有題跡、車轍痕跡應保留在原位置。

26. 1955 年 8 月 20 日，文化部文物局函复赵县安济桥修缮委员会，关于赵县安济桥修缮计划草案的意见并请速报预算的事宜。

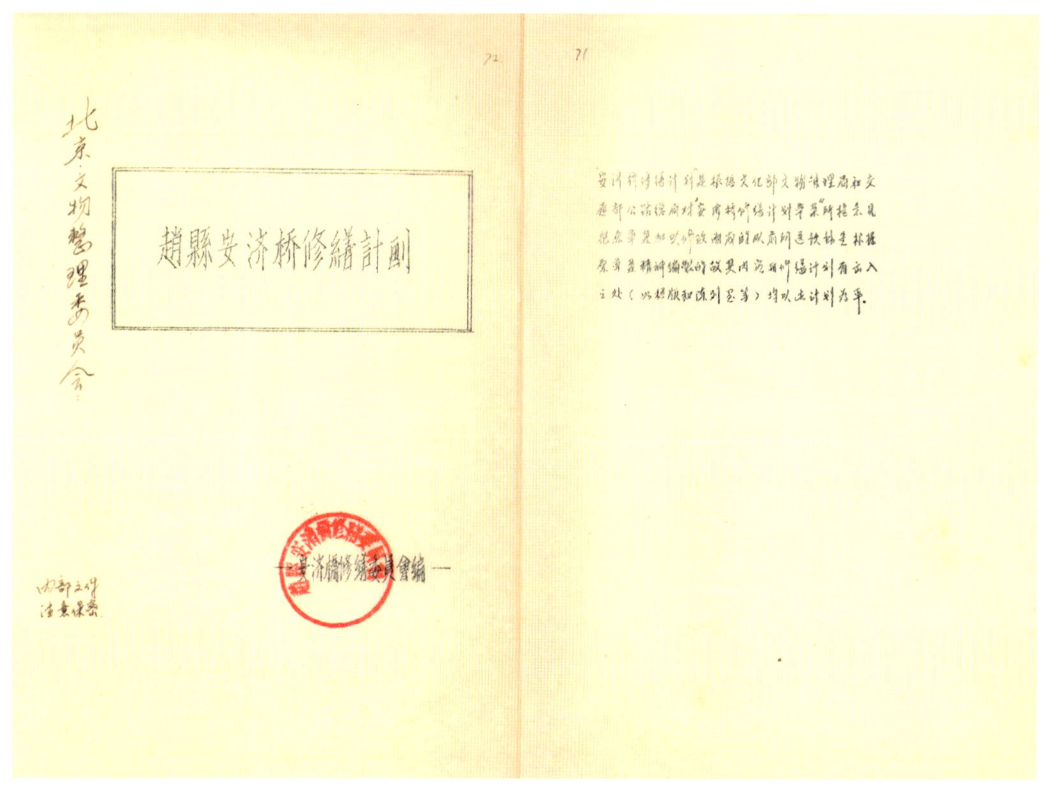

北京文物整理委员会

趙縣安济桥修繕計劃

—安济橋修繕委員會编—

"安济桥修缮计划"是根据文化部文物管理局和交通部公路总局对"安济桥修缮计划草案"所提意见，[illegible]原草案加以修改[illegible]，并根据原草案精神编制的，故其内容与修缮计划有出入之处（如栏板和[illegible]等）均以此计划为准。

27. 1955 年 8 月《赵县安济桥修缮计划》封面

趙縣安濟橋修繕計劃

28. 1955 年 8 月《赵县安济桥修缮计划》正文（部分）

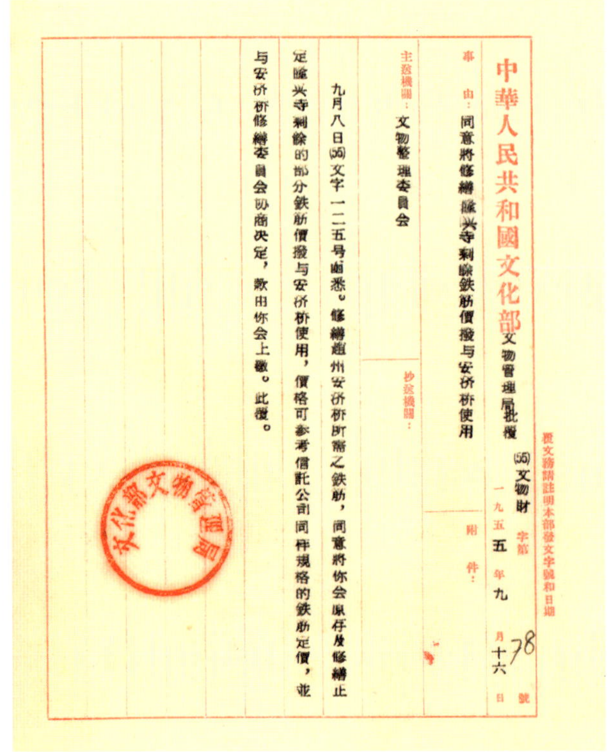

中華人民共和國文化部文物管理局批覆

(55)文物財字第78號

一九五五年九月十六日

事由：同意將修繕隆兴寺剩餘鉄筋價撥与安济桥使用

主送機關：文物整理委員会

抄送機關：

附件：

九月八日(55)文字一二五号函悉。修繕趙州安济桥所需之鉄筋，同意將你会原存及修繕正定隆兴寺剩餘的部分鉄筋價撥与安济桥使用，價格可參考信託公司同样規格的鉄筋定價，並与安济桥修繕委員会协商决定，款由你会上繳。此覆。

29. 1955 年 9 月 16 日，文化部文物局批复北京文物整理委员会，“同意将修缮隆兴寺剩余铁筋价拨与安济桥使用”。

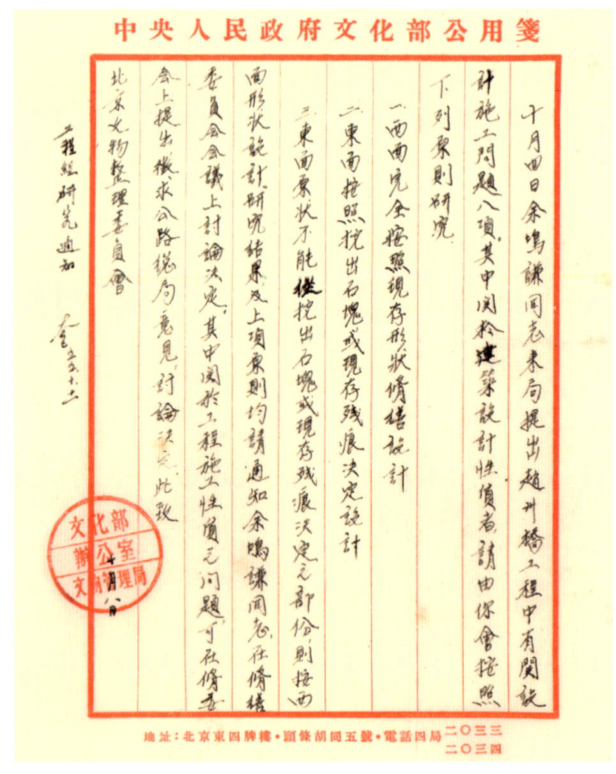

中央人民政府文化部公用箋

十月四日余鳴謙同志來局提出趙州橋工程中有關設計施工問題八項，其中關於建築設計性質者，請由你會按照下列原則研究

一、西面完全按照現存形狀修繕設計

二、東面按照挖出石塊或現存殘痕決定設計

三、東面原狀不能從挖出石塊或現存殘痕決定之部份，則按西面形狀設計，研究結果及上項原則均請通知余鳴謙同志在修繕委員会会議上討論決定，其中關於工程施工性質之問題，可在修委会上提出，徵求公路總局意見，討論決定，此致

北京文物整理委員會

工程組研究通知

地址：北京東四牌樓·頭條胡同五號·電話四局二〇三三 二〇三四

30. 1955 年 10 月 11 日，文化部文物局致函北京文物整理委员会，关于根据余鸣谦汇报有关安济桥修缮技术问题所研究确定的几项原则。

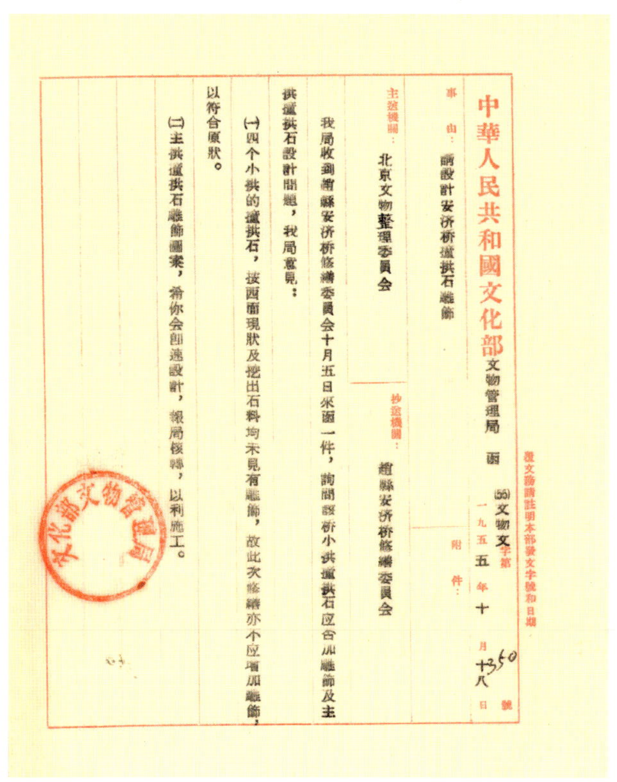

中華人民共和國文化部文物管理局 函

(55)文物文字第1350號

一九五五年十月十八日

發文務請註明本部發文字號和日期

事由：爲設計安济桥撞拱石雕飾

主送機關：北京文物整理委員会

抄送機關：趙縣安济桥修缮委員会

附件：

我局收到趙縣安济桥修缮委員会十月五日來函一件，詢問該桥小拱撞拱石应否加雕飾及主拱撞拱石設計問題，我局意見：

(一)四个小拱的撞拱石，按西面現狀及挖出石料均未見有雕飾，故此次修缮亦不应增加雕飾，以符合原狀。

(二)主拱撞拱石雕飾圖案，希你会即速設計，報局核轉，以利施工。

31. 1955 年 10 月 18 日，文化部文物局致函北京文物整理委员会，关于设计安济桥撞拱石雕饰的事宜。

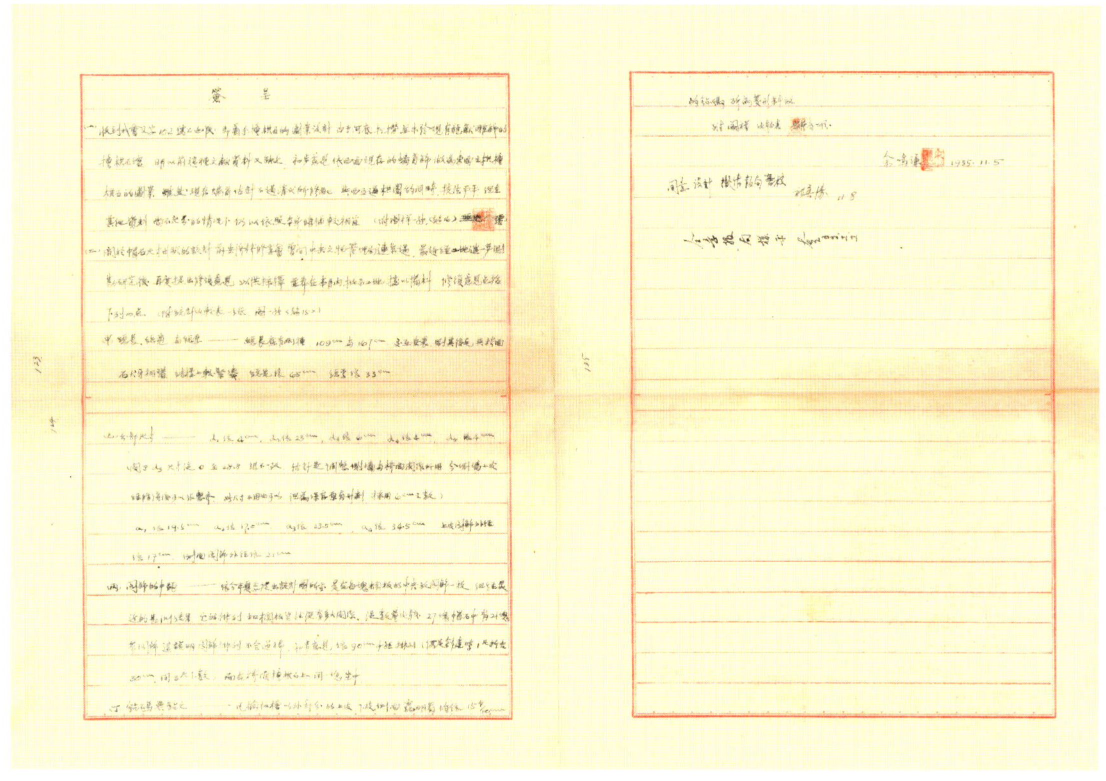

簽呈

32. 1955 年 11 月 5 日，余鸣谦提交关于安济桥撞拱石和帽石设计的签呈。

33. 1955 年 11 月 28 日，余鸣谦提交的“安济桥工作汇报”。

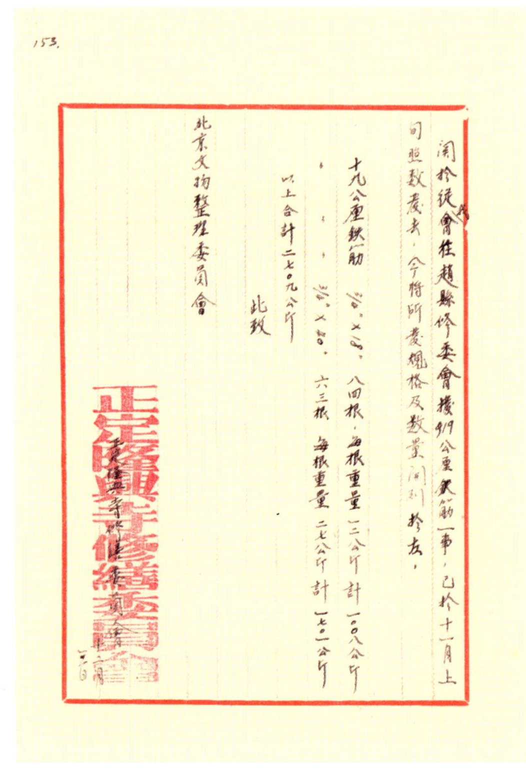

153.

關於統會往趙縣修委會撥9/9公重鐵筋一事，已於十一月上旬照數發去，今將所發規格及數量開列於左，

十九公厘鐵筋 [illegible]，八四根，每根重量一二公斤 計一〇〇八公斤

〃 〃 〃 [illegible]，六三根 每根重量二七公斤 計一七〇一公斤

以上合計二七〇九公斤

此致

北京文物整理委員會

正定隆興寺修繕委員會

34. 1955 年 12 月 3 日，正定隆兴寺修缮委员会至函北京文物整理委员会，关于从隆兴寺修缮工程中转拨铁筋的事宜。

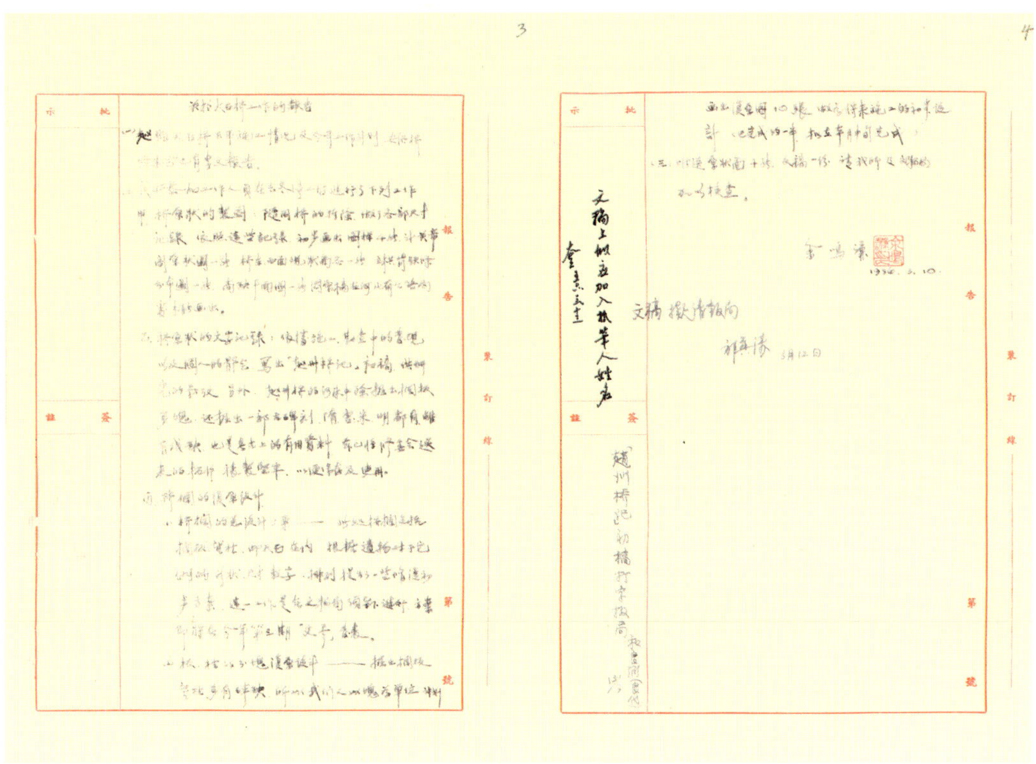

35. 1956 年 3 月 10 日，余鸣谦提交《关于大石桥工作的报告》

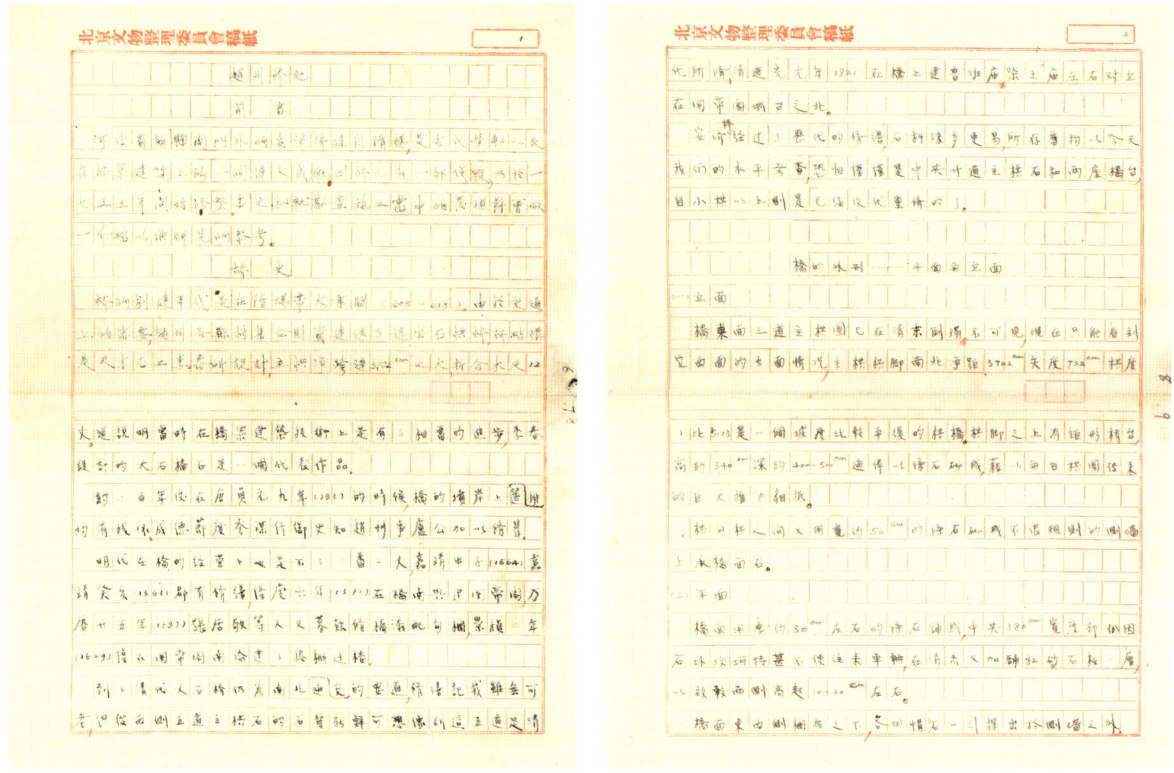

36. 余鸣谦先生 1956 年 3 月《赵州桥记初稿》手稿（部分）

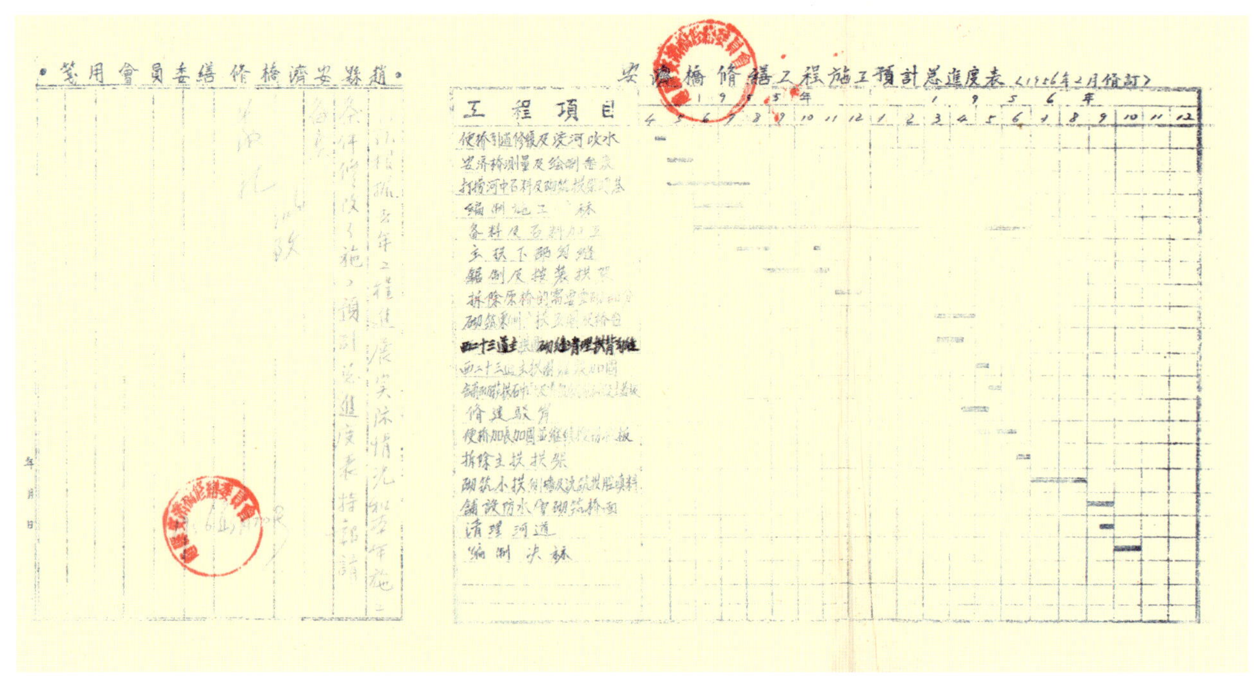

安济桥修缮工程施工预计总进度表（1956年2月修订）

37. 赵县安济桥修缮委员会编制的“安济桥修缮工程施工预计总进度表”

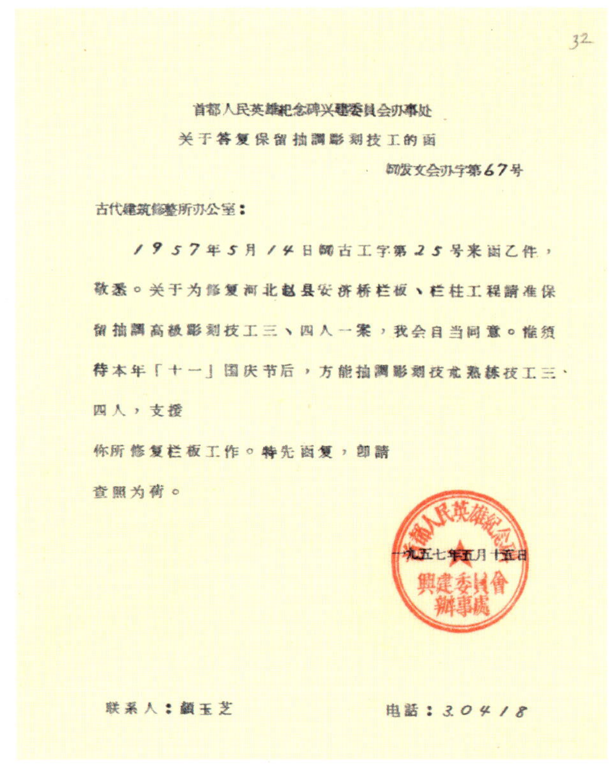

首都人民英雄纪念碑兴建委员会办事处
关于答复保留抽调彫刻技工的函

(57)发文会办字第67号

古代建筑修整所办公室：

1957年5月14日(57)古工字第25号来函乙件，敬悉。关于为修复河北赵县安济桥栏板、栏柱工程请准保留抽调高级彫刻技工三、四人一案，我会自当同意。惟须待本年「十一」国庆节后，方能抽调彫刻技术熟练技工三、四人，支援你所修复栏板工作。特先函复，即請查照为荷。

一九五七年五月十五日

联系人：顧玉芝　　电話：30418

38. 1957 年 5 月 15 日，首都人民英雄纪念碑至函古代建筑修整所，关于答复为安济桥修缮工程保留和抽调雕刻技工的事宜。

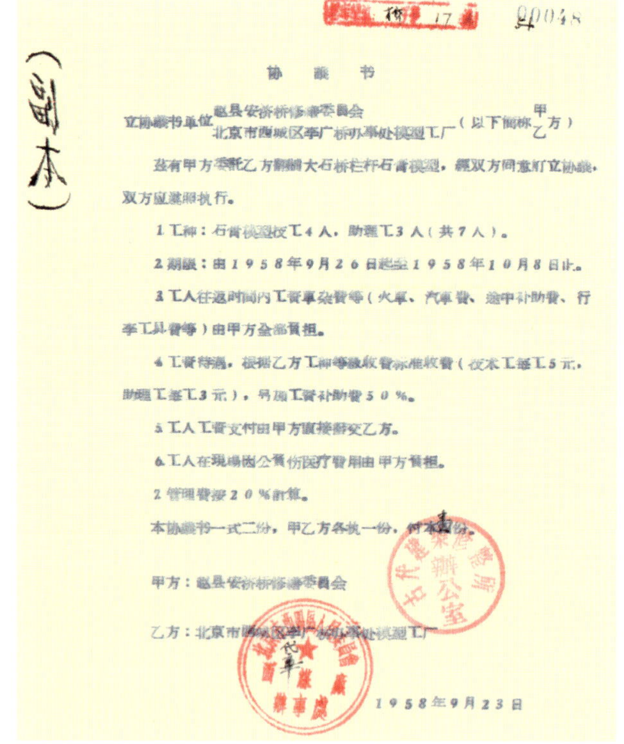

（副本）

协议书

立协议书单位 赵县安济桥修缮委员会 / 北京市西城区李广桥办事处模型工厂（以下简称甲/乙方）

兹有甲方委託乙方翻制大石桥栏杆石膏模型，经双方同意訂立协议，双方应遵照执行。

1 工种：石膏模型技工4人，助理工3人（共7人）。

2 期限：由1958年9月26日起至1958年10月8日止。

3 工人往返时间内工资車杂费等（火車、汽車費、途中补助费、行李工具費等）由甲方全部負担。

4 工资待遇，根据乙方工种等級收费标准收費（技术工每工5元，助理工每工3元），另加工資补助費50%。

5 工人工资支付由甲方直接撥交乙方。

6 工人在现場因公負伤医疗費用由甲方負担。

7 管理費按20%計算。

本协议书一式二份，甲乙方各执一份，付本壹份。

甲方：赵县安济桥修缮委員会

乙方：北京市西城区李广桥办事处模型工厂

1958年9月23日

39. 1958 年 9 月 23 日，赵县安济修缮委员会与北京市西城区李广桥办事处模型工厂科室的翻制安济桥栏杆石膏模型的协议书，由古代建筑修整所和北京市西城区西煤厂办事处分别代章。

第十二章　安济桥铭文碑刻编录手稿

安济桥铭文牌刻编录手稿，是由王世襄先生以北京文物整理委员会旧存档案为基础加以整理的成果，收录在文化部文物保护科学技术研究所专家们于1974年3月编制完成的《安济桥科学纪录档案》第七部分附录中，共计122条。

安济桥附录

甲、解放前部分

附唐张嘉贞《石桥铭序》译文及注释

引用文献图书简称、全称对照

乙、解放后部分（目录）

丙、外文部分　（目录）

甲．解放前部分

目录

1 隋唐山石工李通开皇十口年题名 591－599

原石及拓片均未见，据清吴式芬金石汇目分编卷三补遗叶25及赵之谦补寰宇访碑录卷二叶21著录。光绪畿辅通志卷151称续寰宇访碑录李通题名所据为《赵州石刻全录》的乙丑年尧山镇李题名，但该题名既无开皇年号又无李通字样，谓是一石，难令人信。原石及拓片仍待查访，吴式芬所据也待进一步查考。关于大石桥现有的文献材料，以此为最早。

2 修桥主题名之一（廮陶县苏道口等） 拓片 约605－？

3 修桥主题名之二（苏防难等） 拓片 约605？

第 页

4 修桥主题名之三（大女马等） 拓片 约605？

5 修桥主题名之四（曹行元等） 拓片 约605？

6 修桥主题名之五（孙难和等） 余记（拓片待补） 约605？

以上五石如原非一石，亦为同时所刻。俞文据前三石的地名及字体考为修桥时所刻。

7 廮陶县令于瑾刻石 拓片 709

俞文考证刻于唐景龙三年。

8 崔恂石桥诗刻石之一 拓片 720

9 崔恂石桥诗刻石之二 拓片 720

俞文考证刻于唐开元八年。之一对桥有较详的描绘。

10 张嘉贞石桥铭序 柳涣石桥铭 唐文粹67 隆志2/9 全唐文299/15

全唐文298/20 古今图书集成考工典32 [illegible] 725

俞文考证张序作于开元十三年任定州刺史时。孙贯文认为定为十三年无确据，而当作于开元十三年为定州刺史至十七年就迁东都数年之中。

第 页

張、柳为同时人，据《全唐文》的编次可知。《唐文粹》在張序末有"河东柳涣继为铭曰"语，可见序铭系两人合作，分别撰写，故亦可视为一篇。

張序讲到石桥为隋匠李春所作，后来文献均以此为据。序对石桥有很详细的描写，是现存有关大石桥的最重要的文献之一。

11 赫赫張公石桥铭　拓片　725后

俞文考证所谓"赫赫張公"即張嘉贞，是谈读張嘉贞石桥铭序的一篇文字，为唐人所作。

12《朝野佥载》赵州石桥条　此书集成初编本　约730

此书作者張鷟，唐玄宗时人。

13 赵郡南石桥铭并序　文苑英华788　唐文粹67　隆志2/9

全唐文516/6　782

張彧在序中提到李公晟北定河朔，据为建中三年。

铭中讲到："鸠瑞英算，爰纪方就"（或作"纪方就"），是说花了大易物力，用了整二十二年才把桥修成，是对石桥修建施工的重要记载。

14 刘超然新修石桥记　拓片　793

作于贞元九年。记称"隋人建石梁，二百祀"如从793年上推，亦在隋开皇、大业间。

15 检校僧释寂乐题名　赵目149（拓片待补）　793后

刻在《新修石桥记》刻石的侧面。

16 赵州石桥铭　隆志2/9　全唐文　约785－804

作者李翱 贞元时人。

17 胡世用等题名　拓片　793?

俞文考证疑是贞元九年修桥时所刻。

18 太中大夫刻石　拓片　唐

俞文考证为唐代刻石

19 覃李上明刻石　拓片　俞文考记为唐代刻石　唐

20 故通引高赟妻布施构栏刻石　拓片　俞文据官制考为五代刻石　五代

21 平棘县西村李法奇布施构栏刻石　拓片　俞文考证为五代刻石　五代

22 王安石治平三年刻石　余记　1066

23 荒山镇李乙丑年题名　赵志下/40

俞文考指宋熙宁至元祐间刻石　1073—1086?

24 尤冥寺残石　赵志下/41　宋元祐四年　1089

25 元祐四年刻石　赵目154　拓片修补　1089

26 尹中行等题名　赵志下/41　宋绍圣三年　1096

27 谭甫诸甲申刻石　赵志下/37　拓片　1104

赵志考记："甲申一石，后有政和字，并访公具读其字。绎其文义，从政和前推之，应是宋徽宗崇宁三年。俞文考记甲申为宋孝宗隆兴三年，似未见赵志中政和字样。

28 王革大观刻石　赵志下/39　梁志20　大观三年　1109

第　页

29 君仁政和刻石　赵志下/37　政和元年　1111

30 宽城政和刻石　赵志下/39　政和四年　1114

31 陈隆寿政和刻石　赵志下/39　政和七年　1117

32 安阳宣和刻石　赵志下/39　宣和六年　1124

33 天水赵定夫宣和刻石　赵志下/39　梁志20　宣和六年　1124

34 安仲功平棘石桥诗刻石　拓片　宣和七年　1125

35 洪皓渡石桥诗　鄱阳集卷一　作于建炎三年　1129

在现有的文献中讲刻石桥驴蹄的以此为最早

36 通判赵州军州刻石　拓片　宋

37 五灯会元正觉禅师条　五灯会元　宋

作者普济，此宋末人

38 天会刻石　赵志下/32　梁志19　天会十四年　1136

39 青德固天德刻石　赵志下/41　天德三年　1151

40 刘阜昔施构栏刻石　余记　拓片　大定二年　1162

第　页

41 洪适 次韵赵州石桥诗 盘洲集卷三 隆兴二年 1164

42 楼钥 北行日录 2/26-27 攻媿集卷70 乾道五年 1169

43 范成大 赵州石桥诗 石湖诗集 12/7 乾道六年 1170

44 周辉 北辕录 说郛卷54 淳熙四年 1177

讲到大石桥命名为安济桥在元祐年间(1086-93)

45 张襄大定丙午刻石 赵录下/34 大定廿六年 1186

46 怀远会刻石 赵录下/34 金承安二年 1197

47 泰和刻石 赵录下/32 金泰和元年? 1201?

48 泰和五年石桥诗刻石 赵录下/34 1205

49 刘百熙诗刻石 赵录下/34 隆志 2/9 淳祐三年 1243

50 柳城刻石 赵录下/35 1243?

51 杨奂诗刻石 赵录下/34 县志20 隆志2/9 余记 元宪宗二年 1252

52 青克禄大夫刻石 赵录下/41 宋理宗宝祐四年? 1256?

53 郝经 赵州石桥诗 陵川集卷十 1258-59

第 页

诗作于宪宗八、九年间(1258-59)

54 浦社侯勋等布施构栏刻石之一 拓片 宋、金

55 浦社侯财等布施构栏刻石之二 余记 "

56 守镇邢台刻石 县录21 余记 "

57 赵州禅定院刻石 赵录下/41 "

58 栢乡残石 " "

59 杨村残石 " "

60 迷客残石 " "

61 济南残石 " "

62 北韩村残石 " "

63 东明刻石 赵录下/39 "

64 师刹刻石 " "

65 使北刻石 赵录下/37 "

66 马英刻石 " "

第 页

67 隆字刻石　赵录 下/37　宋金?

68 一游刻石　赵录 下/37　"

69 良工刻石　赵录 下/37　畏录23　余记　"

70 东山刻石　赵录 下/37　"

71 大钧刻石　赵录 下/32　"

72 天宗刻石　赵录 下/32　畏录19　"

73 孟夏刻石　赵录 下/32　"

74 李豫贤壬寅刻石　赵目 141　拓片待补　"

75 季合残石　赵目 142　拓片待补　"

76 其尤残石　赵目 143　拓片待补　"

77 元氏县令屋巳酉刻石　赵目 152　拓片待补　"

78 城台残石　赵目 153　拓片待补　"

79 汪如莊刻石　赵目 155　拓片待补　"

自蒲託侯勋施 栏楣刻石以下，年代均待考，应为宋金时人。

第　页

80 杜英安济桥诗　隆志 2/10　元初

81 王恽赵州石梁诗　秋涧先生大全集卷七十　至元十三年　1276

82 湖海新闻夷坚续志·赵州桥条　后集卷二　元初或宋　约1280

83 杜德源诗刻石　隆志 2/9　赵录 下/32　至元廿七年　1290

赵录考证："此为一石中有庚寅春末奴曼州字，"年号不可考。隆志标明杜德源为"宋刺史"。今据石刻中有"杜公之子如璋，至治改元，来尹滦平"字样。至治为公元1321年，则德源当为元初人。上推庚寅当为至元廿七年。隆志 15/9 没有发现德源与如璋两父子关系，隆庚寅上推到元太宗二年(1230)，显然也是错误的。

84 陈宗安济桥诗　隆志 2/10　元至元、大德间人　约1300

85 宋史方技传下·怀丙传　宋史卷 462　至正三年修宋辽金史　1343

86 纳新(迺贤)河朔访古记　卷上　至正五年　1345

87 大元残石　余记　元

88 姚凤石桥诗刻石(?)　余记　畏录18　元、明

第　页

原刻在鲍捷诗前，鲍诗为和此而作，姚当元、明时人。

89 寰宇通志 卷四 安济桥　景泰七年　1456

90 大明一统志 卷三 安济桥　天顺五年　1461

91 永世社[illegible]施石柱刻石　桥目68　拓片待补　天顺六年　1462

92 赵州志 卷一 安济桥　弘治六年　1493

93 顾氏刻石　拓片　正德二年　1507

94 王得才刻石　拓片　正德二年　1507

95 葛钊造构栏刻石　拓片　正德二年　1507

96 赵氏造构栏刻石　拓片　正德二年　1507

97 鲍捷安济桥诗（七古）光志16/13　四录18　余记　正德十三年　1518

98 鲍捷安济桥诗（五律）光志16/13　四录18　余记　1518?

99 鲍捷驴蹄辨　四录19　1518?

鲍捷正德三年（1508）任赵州知州，见光志5/18

100 蔡叆安济桥诗　光志16/13　嘉靖乙丑（1529）进士　约1530

第　页

101 陆健古桥仙踪诗　光志16/5　约1543

陆健嘉靖二十二年（1543）任赵州州判，见光志5/18

102 孙人学重修大石桥记　拓片　嘉靖四十二年　1563

103 翟汝明重修大石仙桥记　拓片　嘉靖四十三年　1564

104 太监赵芬等题名　拓片　嘉靖四十三年　1564

105 长芦司太监王旦等题名　拓片　嘉靖四十三年　1564

106 赵州志桥梁条　隆志2/9　隆庆元年　1567

隆庆元年修赵州志，蔡懋昭纂辑

107 李国仪刻石　余记　万历十年　1582

108 张居敬重修大石桥记　光志14/22　万历廿五年　1597

张居敬隆庆元年丁卯科举人，见光志7/15。

109 在城社信士施石柱题名　桥目69　拓片待补　明

110 何补妻郭氏施构栏题名　桥目27　拓片待补　明?

111 韩宁残石　桥目144、145　拓片待补　明

第　页

原嵌关帝庙城门上方，由三块拼合

112 王龍 安济桥记 县志16/14 约1660

113 祝万祉 安济桥记 县志16/13 约1663

114 张光昌 安济桥记 县志16/14 约1670

115 王惆 安济桥记 县志16/14 约1670

116 康熙十年题名碑 赵目157 拓片待补 1672

117 王基宏 安济桥记 县志16/14 约1673

118 钱梦铭 安济桥记 县志16/18 清

119 张士俊 咏安济桥 县志16/17 清

120 傅振商 咏安济桥 县志16/17 清

121 王履泰 畿辅安澜志 宁晋河 桥渡 安济桥条 嘉庆十四年撰 1809
引水经注甚多，认为该河流古有桥，是春国连续之誤。

122 赵州志卷十一 王元治传 光绪廿三年修 1897

123 梁思成 赵县大石桥 中国营造学社汇刊第五卷第一期 1934

（原文未完）

第 页

隋唐山石之李通题名 正書 開皇十口年 安濟橋下

吴式芬金石汇目分编卷三补遗叶二十五

刻於開皇十贰年，不能肯定，年代当在公元591（開皇十一年）至599（開皇十九年）之间。

參 高
修 橋 主 蘊
廣 陶 縣 道 蘊

修橋主題名之一 拓片

據俞文考証当為修桥時刻 （约605）

六
師明
王雲漢
村
修橋主蘊祖之
修橋主蘇伯尚
修橋主程士二
修橋主馬牛仁
修橋主　心安
修橋主蘊道希妻孟

李村
修橋主李容子
修橋主李君迪
修橋主李阿買
修橋主李子順
修橋主李文舉
修橋主郝信乂
修橋主李繼澄

修橋主蘊阿名
修橋主蘊阿難
修橋主蘊君亍
修　不遵
修橋主蘊長宗
修橋主驍騎尉蘊祖卿
修橋主蘇阿明
修橋主　彥
修橋主蘊阿、

修橋主李義道
修橋主李祖興
修橋主李二朗
修橋主趙叵陵
修橋主李師威
修橋主賈孝威
修橋主史承祖

修橋主題名之二 拓片（約605）

修橋主李彦二
修橋主大女馬
李村
修橋主李伏頭
修橋主孟武愛
修橋主成公旦
修橋主校尉李君永
修橋主禮海
修橋主李臺
修橋主李伏行
修橋主李祖
修橋主李立
修橋主雲騎尉李雄
修橋主大女趙聃妃

修橋主李顏二
修橋主校尉成僧念
修橋主李公弁
修橋主成義寬
修橋主李行徵
修橋主李薩塘
修橋主李阿毛
修橋主李演
修橋主李甘露
修橋
修橋主□君幹

修桥主题名之三　拓片　（约605）

脩橋主曹行充
脩橋主李國興
脩橋主范阿雪
陳村
脩橋主陳祇闍
橋主趙毛朗
脩橋主陳明政
橋主陳毛緒
脩橋主李烏安
橋張阿師
橋主馬阿玉
行珉
趙村
橋主旦
主阿宗
畜主程彳遊
橋主程劉鬻
脩橋主馬行負
陳村
橋主陳
橋主陳
橋主善護
主君
主陳長戟
橋主陳奇
德壽
主陳領志
主陳解脫
大寫
思照

脩橋主李
脩橋主李
脩橋主陳ナ
脩橋主陳
脩橋主陳淨安
脩橋主趙阿
脩橋主張君師
脩橋主陳希
脩阿君
脩橋主陳
脩橋主趙元衡
脩橋主張元
脩橋主陳文
脩橋主趙言
脩橋主馬周
橋主王、文
脩橋主李餘慶
脩橋主平大師
脩橋主鄧善行
脩橋主陳文
脩檣主趙相
脩橋主陳長弋
脩橋主陳嚴
脩橋主江婆
脩主鄭行貞
脩橋主道丶
脩橋主馬石頭
陳智明
陳鬼

脩橋主題名之四　拓片　（约605）

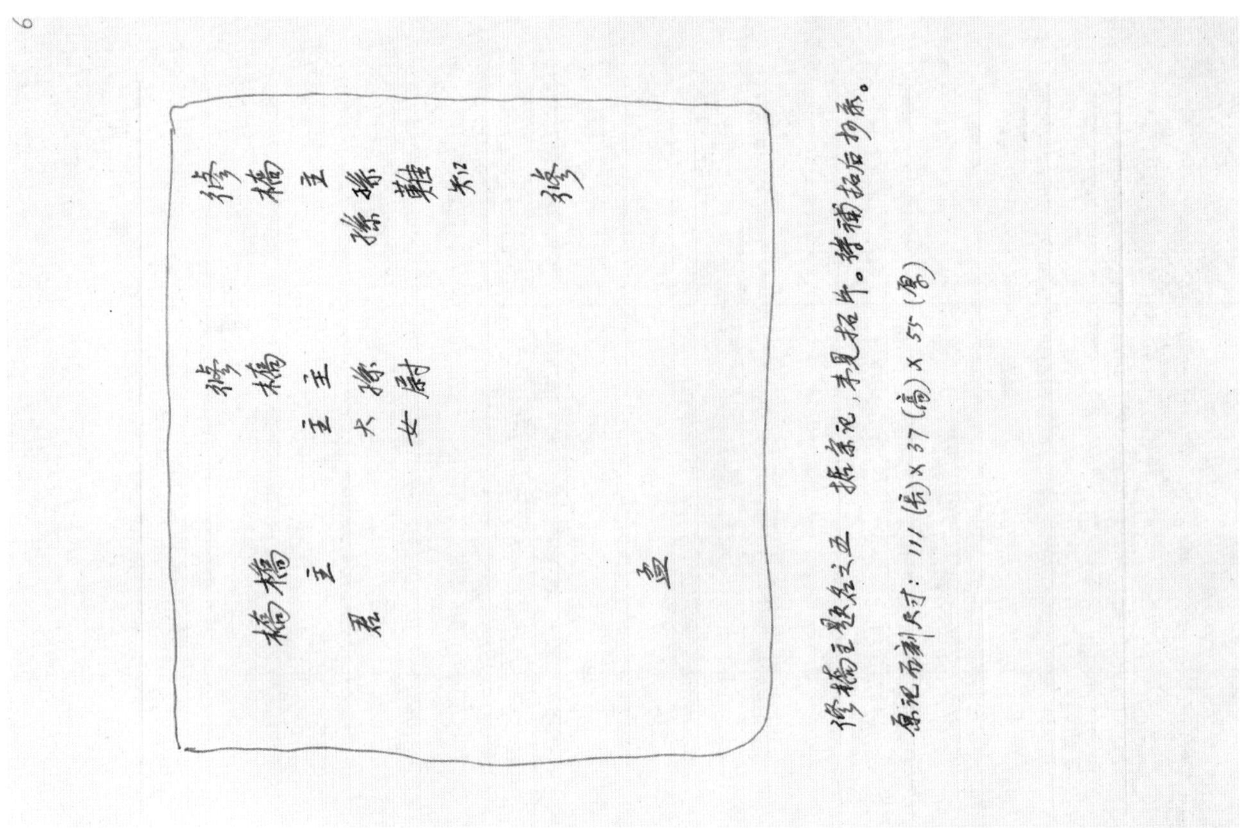
修橋主題名之五　據宋記，未見拓片。特補拓后抄录。
原記石刻尺寸：111（長）×37（高）×55（厚）

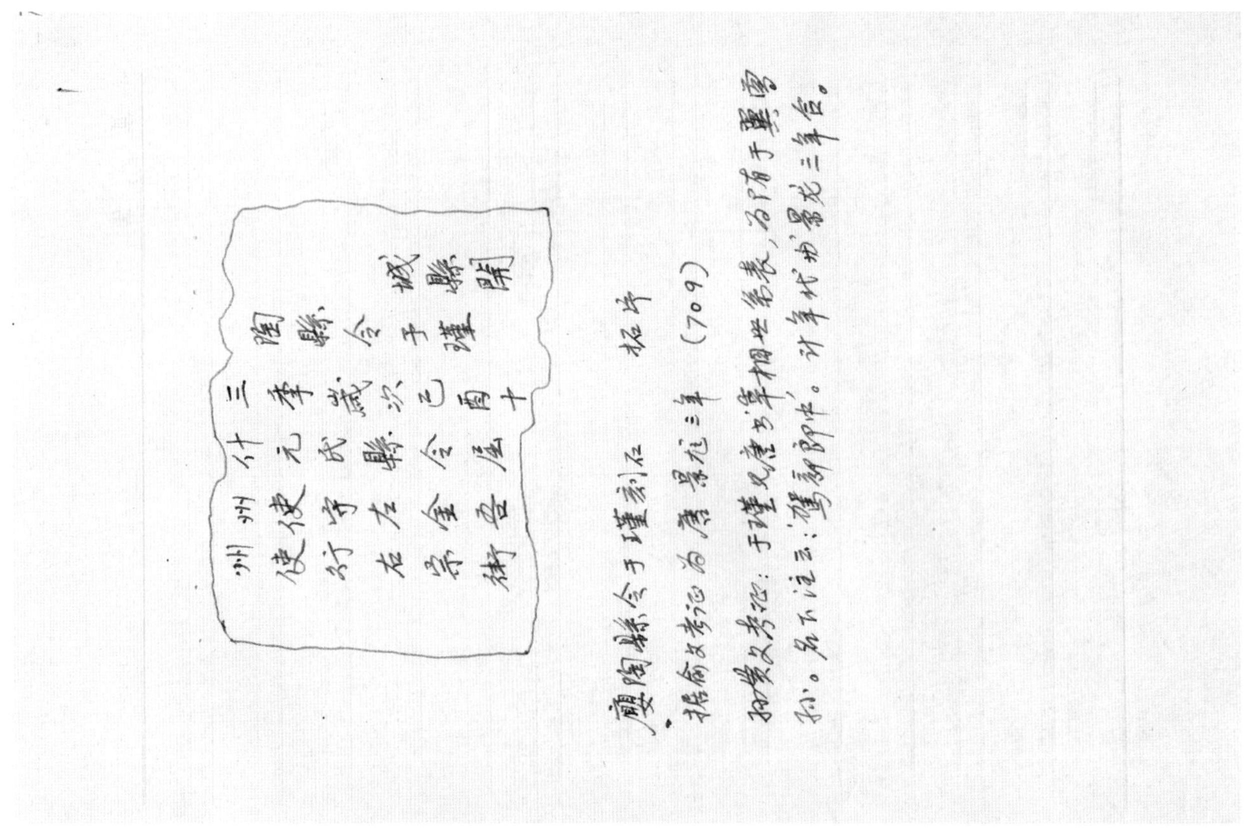
慶陶縣令于瑾刻石　拓片
據俞文考证為唐景龍三年（709）
批黄文考证：于瑾见唐书宰相世系表，為隋于翼曾孙。名下注云：'駕部郎中'。计年代为景龙三年合。

石橋詠 趙州長史崔恂作
巨川橫廣路褰涉本艱危
巧思侔神經途變險戲
石梁全架鐵鑛竟何以①
昔有黿留②異今看結構奇
疑因女𡚸③補似迴祖龍移
跨水聲峯見淩虛鷁翼垂
寧勞浮柱設詎假造舟爲
代久④隄維固年深砌不隳
虫⑤常偃蹇雲鹿差⑥
物三方會傳名四海LT
鐫起花葉摸寫躍蛟⑧
直平踰砥下穹圓甚相⑨
如丹洞出窓類白巖窺
鶴臨華表⑩詞人訪古碑
仙山⑪ 郢越亘南馳
無濡足千秋長若⑫
四口
崔長史公石橋 [illegible]
詶 官魏州司功參軍劉義
走壯雄規 蜀在
付空歇減砥
雍山 波 文

唐崔恂石桥咏刻石之一　拓片　俞文考证　刻於開元八年（720）

① 当为"資"。　② 当为"鼉"。　③ 当为"媧"　④ 当为"久"。
⑤ 当为"虹"。　⑥ 当为"池"。　⑦ 当为"知"　⑧ 当为"螭"。
⑨ 当为"規"。　⑩ 当为"表"　⑪ 当为"幽燕"　⑫ 当为"斯"。

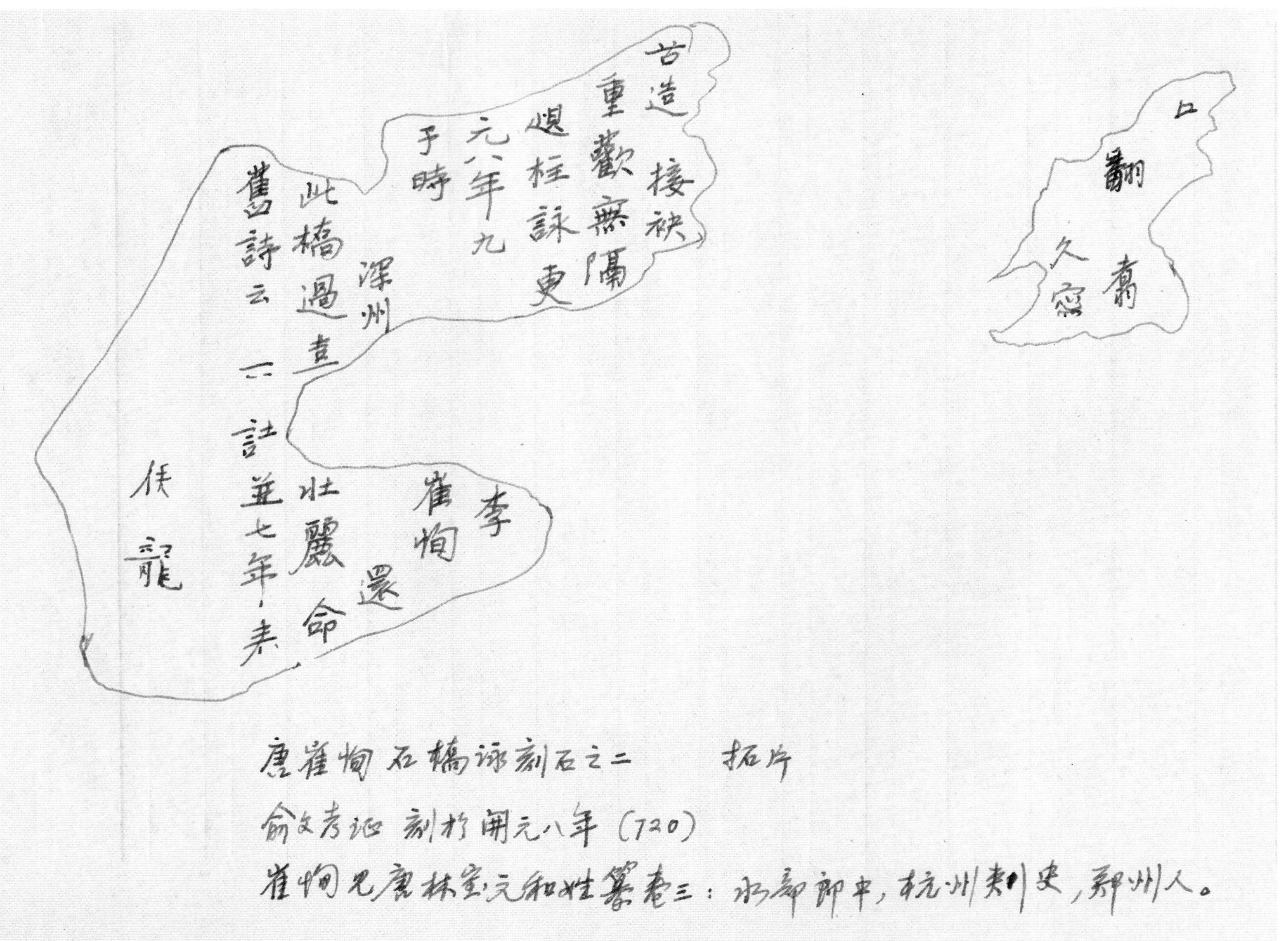
唐崔恂石桥咏刻石之二　拓片

俞文考证　刻於开元八年（720）

崔恂见唐林宝元和姓纂卷三：水部郎中，杭州刺史，郑州人。

石橋銘并序　　張嘉貞

趙郡洨河石橋，隋匠李春之跡也。製造奇特，人不知其所以為。試觀乎用石之妙，楞平碪斲①，方版促郁，緘②穹隆崇，豁然無楹，吁可怪也。又詳乎叉插駢𨰻，磨礱緻密，甃百象一，仍餬灰釁，腰鐵鐵蹙③，兩涯嵌四穴，蓋以殺怒水之蕩突，雖懷山而固護焉。非夫深智遠慮，莫能㪅是。其欄檻華④柱，鎚斲龍獸之狀，蟠繞拏踞，睢⑤盱翕欻⑥，若飛若動，又足畏乎。夫通濟利涉，三才一致，故辰象昭回，天江⑦臨乎析木，鬼神幽助，海石⑧到乎扶桑。亦有停杯⑨渡河，羽毛填塞，引弓擊水，鱗甲攢會者，徒聞于耳，不覯于目。目所覯者，工所難者，比於是者，莫之與京。勑河北道推勾租庸兼覆囚使判官衛州司功參軍河東柳渙繼為銘曰⑩：

於繹工妙，沖訊靈若。架海維河，浮黿役鵲。
伊制或微，並⑪模蓋略。析⑫堅合異，超涯截壑⑬。
支堂勿動，觀龍是躍。信梁而奇，在⑭啟為博。
北走燕薊⑮，南馳溫洛。騑騑壯轅，殷殷雷薄。
攜斧拖繡，騫騘視鶴。藝入侔天，財豐頌閣。
斲輪見嗟，錯石惟作。並固良球，人斯瞭⑯聊。

24

唐文粹卷67　四部丛刊初编缩本 页460　以上据唐文粹

隆志8/9

全唐文 299/15 张嘉贞石桥铭序　　298/20 柳涣赵郡洨河石桥铭

古今图书集成考工典32

①"斲"隆志作"斷"。

②"緘"隆志作"緎"；全唐文双行注"一作鍼"。

③"腰鐵鐵蹙"隆志作"腰鐵栓蹙"；全唐文作"腰纖鐵蹙"（一作鐵栓蹙）

④"華"全唐文双行注"一作華"。集成作"檻"。集成作"腰鐵栓蹙"。

⑤"睢"全唐文作"睢"。集成作"睢"。

⑥"欻"隆志作"歘"。

⑦"江"隆志作"河"；全唐文作"河"。

⑧"石"隆志作"若"。

⑨"杯"全唐文双行注"一作林"。

⑩隆志全唐文均无"勑河北道推勾租庸兼覆囚使判官衛州司功參軍河東柳渙繼為銘曰"28字。

⑪"並"隆志、全唐文均作"兹"。

⑫"析"隆志作"折"。

⑬"超涯截壑"隆志作"趙涯截壑"。

⑭"在"隆志作"右"。

⑮"薊"隆志、全唐文均作"蓟"。

⑯"瞭"隆志作"聊"。

张嘉贞唐书、新唐书均有传。柳涣事迹见旧唐书租柳亨传后，开元初为中书舍人，后历任潭州都督。

25

張嘉贞《石桥铭序》译文

赵州洨河的大石桥，是隋代工匠李春留下的作品。这座桥造得很奇特，人们看了不知道它是怎样修成的。

我们试看它运用石料的技巧是何等的精妙：边棱平直，一块块象砥石似的砌在一起，方方地，排列得既多密、又整齐，构成一个又大又高的主拱，开朗敞亮，连一根桥柱都没有。嗬，可真够奇怪的！

让我们再来仔细看看主拱券石和一道道交错并列的拱圈吧：它们都被磨琢得非常精密细致，数以百计的石头竟砌得象一整块石头一样，还调了灰浆把缝子勾抹好，用银锭式的"腰铁"嵌塞到券石里，把它们紧紧

第　页

地联结在一起。

桥的两边嵌着四个小拱，这是用来减弱洪水的激荡和冲击，所以虽然遭遇泛滥到山陵的特大洪水也能保住桥的巩固安全。

要不是工匠们有高超的智慧和深远的思虑，是不可能创造出这样好的桥来的。

桥上的栏杆、栏板和华美的柱子，雕刻出龙兽的形状，有的回盘，有的缠绕，有的伸爪有的蹲坐，有的张目怒视，有的变化迅疾。它们好象在飞舞，好象在游动。看了这样高超的雕刻艺术，真叫人叹服！

架设桥梁，以便利渡河涉水，是天上、人间都要解决的问题。日、月、星辰在不停地运转着，传说银河到了析木星的地方才可以通渡。

第　页　过去

秦始皇造桥，得到神仙的帮助，驱石下海，把桥一直架到了日出的扶桑。在南朝还有个和尚乘木杯渡河的故事。神话中牛郎会织女是用乌鹊填河搭成的桥。扶余国王东明出逃，要过大河时，鱼鳖浮起来成桥，他才得以渡河免遭杀害。

不过以上这些桥的故事都只是听到的，谁也没有看见过。眼睛能见到的，工程又极为艰巨的，有哪一座桥梁比得上这座石桥的宏伟呢！

第 28 页

注释

1 楞，同棱，亦作稜。物体上不同方向的两个平面接连的部分。

2. 碪，同砧。捶或砸东西时垫在底下的器具叫砧。古代指捣衣服用的石头。

3. 鬭，现在简写作"斗"，接合、拼斗的意思。

4. 促，紧凑、靠近、严密的意思。郁郁，盛多貌，有文章貌，文采显著的意思。促郁是指排比得紧密而有章法。

5. 緘，封闭不开口的意思。此字《唐文粹》本作"緎"。按"緎"，缝的意思，或缝的意思，或指丝织品中表面起绉纹的织物。緘字用在这里费解，疑是错字。

穹，即天空，或指天的形状，中间高四周下垂的样子，

第 2 页

或指高起或拱形的东西。缄穹指石桥的主拱，即中间的大桥洞。缄字似用来形容拱券完整如環，没有缺口的形态。

6. 楹，堂屋前的柱子叫楹。

7. 叉插，交错、交插的意思。《广雅疏证》："手指相错谓之叉"。

8. 骈坐，凡物并列叫骈。坐通比。骈坐，密接貌，一个挨着一个的意思。左思《吴都赋》有"贾骈坐"的。

9. 礱，磨的意思。

10. 甃，用砖砌井壁叫甃。

11. 餬，同糊。古代建桥用糯米浆调石灰砌砖石或勾填缝隙。

12. 璺，通纹（音問），裂缝的意思，如陶瓷上的裂

第　页

璺。这里指石块与石块之间的缝隙。

13. 此句《唐文粹》本作"腰鐵鐵蹙"；明隆庆《赵州志》本作"腰铁栓蹙"；《全唐文》本作"腰纖鐵蹙"；今从《古今图书集成·考工典》本"腰铁栓蹙"。

"腰铁"是嵌在主拱券石之间的银锭式（⋈）的铁构件，它起着扣牢拉紧的作用。栓是木钉，见《玉篇》。蹙是紧迫，缩紧的意思。所以此句的意思就是：钉嵌腰铁，把券石扣牢拉紧。《全唐文》本的"腰纖铁蹙"也可讲得通。古代称银锭式的木榫叫"小腰"，"腰纖"也是对"腰铁"形状的描写。

14. 四穴，指主拱上面的四个小桥洞，即四个敞肩小拱。

第　页

15. 懷山。《尚书·尧典》"湯湯洪水方割，蕩蕩懷山襄陵"。注："湯湯流貌洪大。割，害也。言大水方為害。""懷包，襄，上也。包山上陵，浩浩盛大若漫天"。《尚书》这两句讲的是山被包围，丘陵被淹没的浩大洪水，而"懷山"也就成了洪水的代名词。

16. 刱，同創。

17. 華，通花，即有装饰花纹的意思。

18 鎚斲。鎚，通錘，也有击的意思。斲，砍削的意思。鎚斲就是雕刻的意思。

19. 拏，同拿，抓攫、抓拿的意思，或伸爪作抓状。

20. 踞，蹲或坐的意思。

21. 睢盱。《莊子·寓言》"而睢睢盱盱，而谁與居"。郭璞注："睢睢盱盱，跋扈之貌"。張衡《西京賦》"睢睢拔扈"。注："睢，仰目也。"

第　页

所以睢盱是張目怒视的意思。

22. 翕欻。欻通忽。左思《吴都赋》"神化翕忽"。注"翕忽，变化疾速貌"。《东观馀论》"張旭所书，殆出劍器交光飞刃，欻忽若神"。翕欻，翕忽，欻忽都是迅速倏忽的意思，在这里是形容动作迅疾。

23. 三才，指天、地、人。

24. 辰象，指日、月、星辰等天体。

25. 昭回 《诗经·大雅·雲漢》"倬彼雲漢，昭回于天"。朱注："雲漢，天河也。昭，光，回，轉也。言其光隨天而轉也"。这里指天河运转的意思。

26. 《廣文粹》本作"江"。今從《全唐文》本。

27. 析木 《尔雅·释天》"析木謂之津，箕斗

第　页

3

之间汉津也"。《疏》："析别水木以箕斗之间，是天汉之津也。天汉即天河也。天河在箕斗二星之间。箕在东方木位，斗在北方水位。分析水、木以箕星为隔，隔河须津梁以渡，故谓此次为析木之津也"。按析木位在箕星和斗星之间，古人以为这里是~~天汉之津也就~~是天河的津梁。~~开33此产生了桥梁的概念。~~

28. 鬼神出助，海石到平扶桑。《太平御览》卷882引《齐略记》："始皇作石桥，欲过海观日出处。于时有神人能驱石下海。城阳一山石尽起立，嶷嶷东倾，状似相随而行云。石去不速，神人辄鞭之，皆流血，石莫不悉赤，至今犹赤"。又《述异记》："秦始皇作石桥于海上，欲过观海日出处。有神人驱石，去不速，神人鞭之，皆流血。

第　　页

今石桥其色犹赤"。

29. 停杯渡河　梁慧皎《高僧传》："南朝僧，不知姓名，常乘木杯度水，故人以'杯度'呼之"。

30. 羽毛填塞。《白孔六帖》："乌鹊填河成桥而度织女"。《尔雅翼》："涉秋七日，鹊首无故皆髡。相传是日河鼓与织女会于汉东，役乌鹊为梁以渡，故毛皆脱去"。

31. 引弓击水，鱼甲攒會。《论衡·吉验篇》："橐离国王侍婢有娠，后产子名东明。东明善射，王恐夺其国也，欲杀之。东明走南至掩淲水，以弓击水，鱼鳖浮为桥，东明得渡，因都王夫余"。

32. 觏，见到或遇见的意思。

33. 莫之与京。《左传·庄公二十二年》："八世之后，莫之与京"。注："京，大也"。"莫之与京，言无与之比大"。

第　　页

浩矣難名救惟赫赫張公　聖朝良弼笤季
賢相　朝野沃心懷我知音緋細羽翼方
我佛種張也粹氏之維摩富彼遺流李也

匹
也見推盛美孰曰
悌之淳和包温良之
居部仁聲先路　翔出　手賢清國

物忘情大　木　岩　傷魄
詞訇

人祠之跡卓亣三絶笞冠萬方者何獨有
仙臺望清雲閣而還飛吐鳳近山懷蛟埠

赫赫張公石柱銘　　拓片

俞文考证 張公當即張嘉貞，刻石年代在公元725年以后。

36

趙州石橋，其工磨礱密緻如削，望之如初月出雲，長虹飲澗。上有勾欄，皆石也。勾欄並為石獅子，龍朔中，高麗諜者盜二石獅子去，后復募匠修之，莫能相類者。天后時，默啜破趙州，欲南下，至石橋，馬跪地不進，但見一青龍臥橋上，奮迅而怒，默啜乃遁去。

光志卷17 引唐張鷟《朝野僉載》

張鷟唐玄宗時人，約公元730。

37

趙郡南石橋銘 并序　　　張彧

閹茂歲、我御史大夫李公晟、奉詔總禁戎
三萬、北定河朔、冬十月、師次趙郡、郡南石
橋者、天下之雄勝、乃揆厥績、度厥功、皆合
於自然、包我造化、儻散客也、狀而銘曰、
泛水伊何、諸川互湊、秋霖夏潦、奔突延袤、
杇材蔵制、樸斲紛糅、幹地泉開、盤根玉甃、
虹舒電拖、虎步雲構、截險橫亘、乘流迴透、
抉軋匠造、琳琅鏃篷、敞作洞門、呀為石竇、
窮琛莫筭、一作莫算賒盈 盈 一作一 紀方就、力將岸
爭勢、與空鬬、吞齊跨趙、警夜防晝、丹桂虛
蟾、星羅伏獸、謂之鈴鍵、撮我宇宙、謂之關
梁、扼我 一作本道 戎寇、郡國襟帶、河山領袖、經
途者安、逸軌者覆、東南一尉、西北一候、萬
里、書傳、三作 遞檄奏郵亭控引、事物殷富、夕
發薊、一作蒯 壖朝趨禁靈、贊含冰碧、文輝藻
繡、花影全芳、苔痕半舊、天啓大壯、神功罕
究、勤銘巨橋、敢告豪右。

文苑英华 卷788　中华书局编印本　页4165　以上据文苑英华

唐文粹 卷67　四部丛刊初编缩印本　页460

隆志 2/9

全唐文 卷516/6

38

① "次" 唐文粹 作"癸"。
② "績" 唐文粹、隆志 作"跡"；全唐文 作"蹟"。
③ "泛" 唐文粹、隆志、全唐文 均作"泜"。
④ "何" 隆志作"河"。
⑤ "互" 隆志作"牙"。
⑥ "蔵" 唐文粹、全唐文 作"藏"。
⑦ "幹" 唐文粹、全唐文 作"斡"。
⑧ "地" 隆志作"也"。
⑨ "拖" 隆志作"施"。
⑩ "軋" 隆志、全唐文 作"扎"。
⑪ "窮琛莫筭" 隆志作"窮莫筭盈"；唐文粹作"賒莫筭盈"。
⑫ "盈" 唐文粹 作"一"。
⑬ "盈紀方就" 隆志 作"琛記萬就"。
⑭ "岸" 全唐文 作"崖"。
⑮ "警" 唐文粹、隆志 作"儆"。
⑯ "桂" 唐文粹、隆志、全唐文 均作"挂"。
⑰ 隆志無"襟帶河山領袖經途者安逸軌者覆東南一尉西北一候萬里"24字。
⑱ "薊" 唐文粹、隆志 作"蒯"。
⑲ "輝" 唐文粹、隆志 作"耀"。
⑳ "繡" 唐文粹、隆志、全唐文 均作"繍"。

建中三年（782）

3

新修石橋記

川人建石梁歲二百祀壬申歲七月大水方割陥于梁北之左趾下壙岸以崩蕩上排篷又嵌敧則修之尚可成德節度參謀侍御史知趙州事盧公應在往來利濟爲事速攻石其菁復仍累土以負茲補構植柱糜不永固俾壯急不墜於遠近敢書之貞元九年四月十九日大理司直兼史劉超然述

唐刘超然新修石桥记　　拓片

唐贞元九年（793）

識志 151/42：謹案唐书無張彧傳。李晟傳有裨將張彧，晟表爲劍州刺史，後假京兆少尹。又案：文苑英华載此銘全文，其序云"閬茂歲御史大夫李公晟奉詔總禁戎三萬，北定河朔，冬十月師次趙郡。郡南石橋，天下之雄勝，僕散客也，狀而銘曰"云云。晟傳稱建中二年魏博田悅反，晟爲神策先鋒，攻之，乘冰度洺水，破悅。又戰洹水，悅大敗，遂进攻魏。朱滔王武俊圍康日知於趙州，晟建言以兵趋定州，圍范陽，則武俊當捨趙。帝壮之，授御史大夫。晟自魏引而北，武俊果引去。晟留趙三日。據此，事迹与石刻同。唐德宗建中二年岁次辛酉，三年壬戌，石刻稱閬茂乃三年事，蓋列傳載出师之年月，以後事迹連類及之，不暇详其时也。又案彧假刺史在晟与李懷光合兵之後，立石时蓋尚为晟幕客，未授職，故自稱散客也。……

4

16

九津九星横河中、天下有道津梁通、石
穹隆兮與天終、

唐李翱 趙州石桥銘　　隆志9/9
李翱贞元進士（约785—804），趙州人。

检校僧釋常樂

釋常乐题名
刻在 新修石橋记 侧面
见趙目149
原石拓片待补
唐

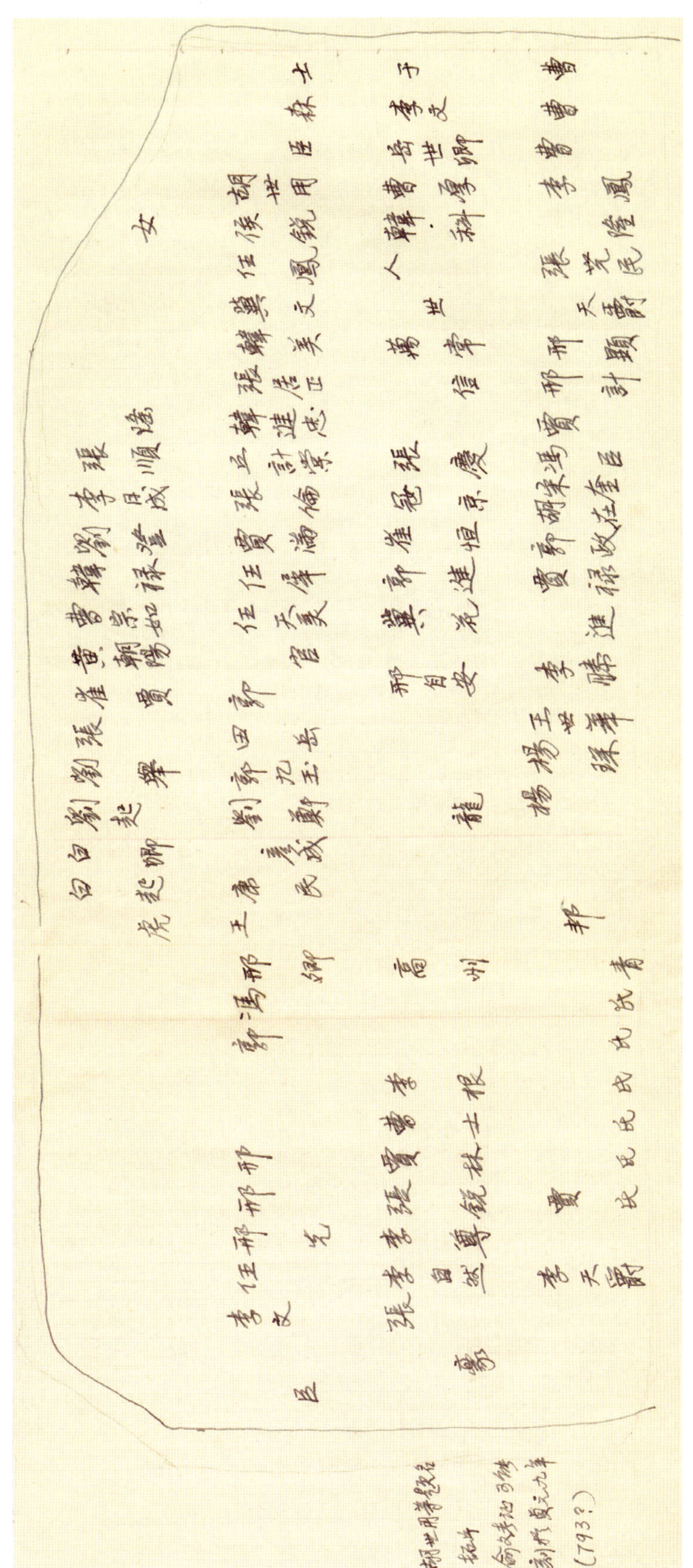

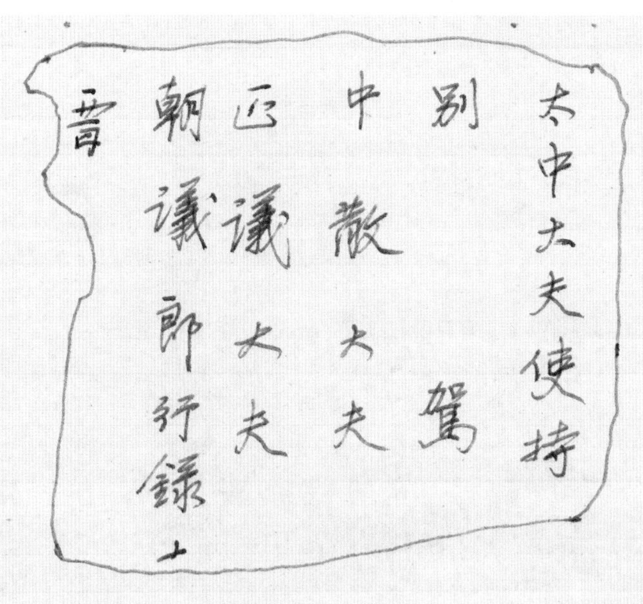

太中大夫使持
别　駕
中散大夫
正議大夫
朝議郎行錄上
晉

太中大夫刻石　　拓片

俞文孝记 当为唐代刻石

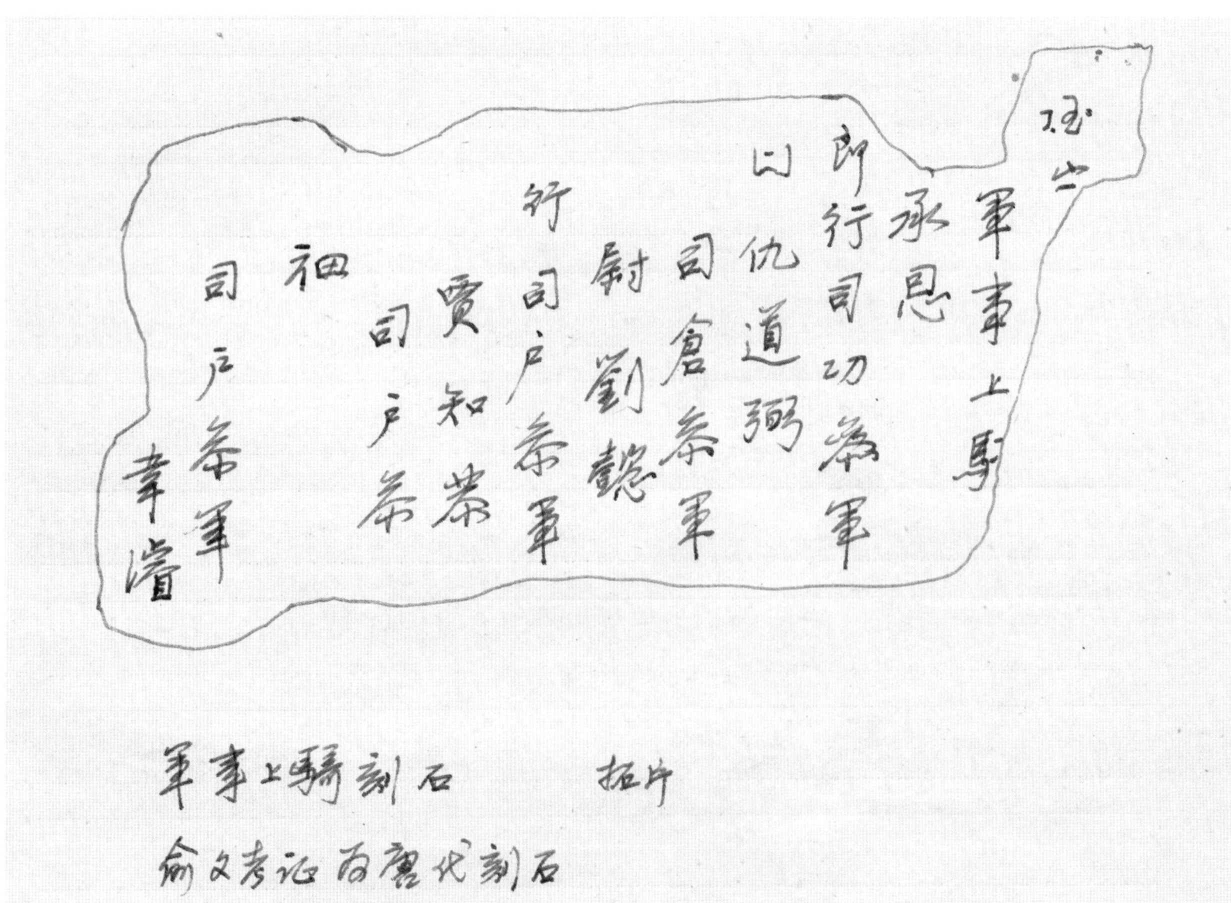

军事上骑刻石　　拓片

俞文孝记 为唐代刻石

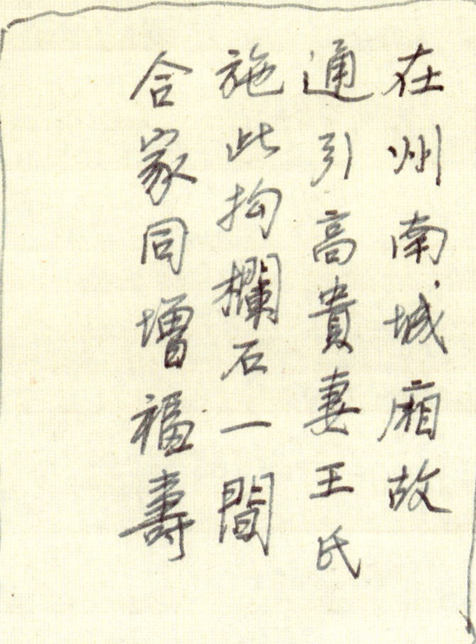

在州南城廂故
通引高貴妻王氏
施此拘攔石一間
合家同增福壽

故通引高贵妻王氏施拘欄刻石　　拓片

俞文考记　为五代刻石

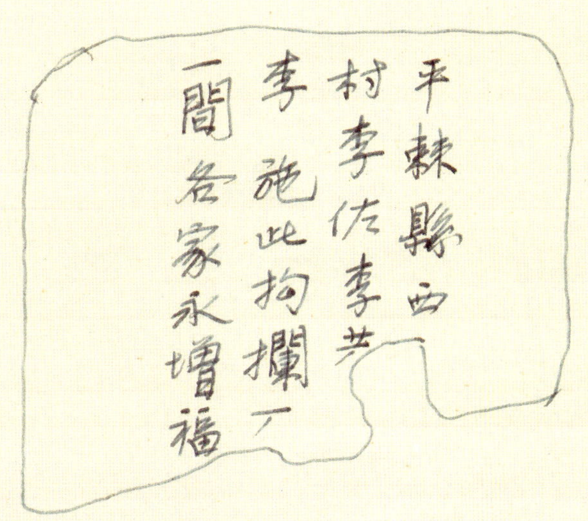

平棘縣西
村李佑李共
李施此拘攔丁
一間各家永增福

平棘縣李佑等施拘欄刻石　　拓片

俞文考记　为五代刻石

正月二日
治平三年
翊題
王與安公
至之同游
上臣夏臻
隨孟忠良

余記　自此275小拱拱石中拆出

宋治平三年（1066）

□石
石匠人趙
□臣
□□之堯山鎮老
□乙丑記
人趙下作句刊

趙系下/40："按此在桥北洞下，石为水所冲激，光滑可愛，字迹漫灭，惟存此数字。考州志桥乃隋时巧匠李春所建，此石有乙丑字，应是炀帝大業元年。"（605？）

藏志：　唐张嘉贞石桥铭云：赵郡洨河石桥，隋匠李春之迹也，州志之说，盖本于此，而此刻既无隋时纪年，及李春姓氏，赵州石刻录仅据乙丑纪三字，定为大业元年，未免臆断。续访碑录（按疑即补寰宇访碑录）及碑目（按疑即畿辅碑目）以石中尚存李宇之半，遂题为李通题名，开皇十口年立，尤属牵强。今据石刻尚有赵州字，定为赵州题名，又以张嘉贞称此桥为隋时所造，仍附于隋刻之后，以期核实。

孙贯文考证：此刻无纪年，藏志仅据石桥为隋时建附之隋后，亦未免臆断。此刻有尧山镇字，据宋会要辑稿八册一八八，方域五之卅四（7400上开），尧山县，熙宁六年废为镇，隶内丘县，元祐元年复。宋王存等元丰九域志卷二，邢州内丘，下小字注云：州北七十里，五乡，尧山一镇。宋史地理志：内丘，熙宁六年四月尧山县入焉，元祐元年复。然则此刻为熙宁六年至元祐元年十三年中（1073－1086）所刻欤。

51

趙州龍興寺安聖院講經律
賜紫口門師安口以紀口力口
畢功時大安元祐四年九月
押蕭在城巡檢

趙录下/41　"在石柱上"
元祐四年（1089）
按"大安"当为"大宋"之误。

是橋建於大業之間

元祐四年

石柱刻石

見趙目154

原石拓片待補

元祐四年(1089)

紹聖丙子九月旦

嚴中行陸明未遊

趙系下/41 "在石柱上"

紹聖三年(1096)

本路走□□□□
崇　題安濟□□□
時甲申季秋旦□
從南第一虹下□
僧居爲曰澄心□
諶[2]甫
安濟橋通官道□□
心洞裏有間人長流
不斷東西水□□□
馳南此塵
前[3]本路承受□公有□留□
全趙石橋之□心洞□孝[4]□
調火山椽時
公典[5]是軍見遇數厚□日公
退從宮□繹此詩□巳款服
麗□而□識于[6]胄□□□秋
□[7]東來□
外甥出□□邦□□之暇因
與訪
公具[8]績于壁□觀□[9]再三□
□然若[10]提
□之聲采蓋□孝
恩奬知薦
以政和
諸
即□火

趙录 下/37 "在桥南洞南壁"
以上据趙录
拓片

梁录 22—23　空白较多，文字亦有出入。
①"南"梁作"雨"，疑误。②"諶"梁作"諶"，疑误。③"前本路"梁作"州人口"，误。④"孝"梁作"考"，误。
⑤"典"梁作"興"，疑误。⑥"于胄"梁作"丁丑"，误。⑦"□"据拓片当为"满"字。⑧"具绩"梁作"真蹟"。
⑨"□"据拓片当为"講"字。⑩"若"梁作"石"，误。
趙录考记："考甲申一石，後有政和字並訪公具绩等字，繹其文義，從政和前推之，应是宋徽宗崇寧三年。"（1104）

吴式芬金石彙目分编卷三补遗第25著录大石橋廿九种题刻中有"王諶甫诗"。諶甫姓王，不知何据。

陳安文曹游
王革¹賓君文將
命廷客過此大觀
三年八月廿五日

趙志 下/39 "在橋南洞北壁"
梁志 20　　　余記
① "革"梁、余均作"華"。
大觀三年（1109）

鐵志 151/52：謹案：此刻"王革、賓君文將命廷客過此，大觀三年八月二十五日"二十字，考大觀三年，宋遼無特遣使事。按宋生辰在十月，遼使遣賀當在前一二月，此王革所迓之客，蓋係生辰使也。又案王革政和七年為開封尹，與蔡攸等同加顯謨閣待制，見宋史。

鐵志 151/53：謹案：趙州石刻錄載王革題名之前有"陳安本曹游"五字，雖同列一石，而字大小迥殊，況一過往，一游覽，當是同而人異，未必其一時也。石刻錄不為分列，蓋誤。

按趙志為"陳安文"，鐵志誤作"陳安本"。

鐵志 151/55：謹案：此在崇寧三年譙甫詩刻後。其文存云："口孝口調火山掾時，以典是軍，見過數厚，口日公退，從容舉口此詩。"又云"口秩口來口外罷出口口郡口口之暇，因以訪公異續於壁。"又第十四行有"政和"字，末行題銜僅存"郎口大"字。案孝當其人之名，其姓已泐，不可考。火山宋時軍名。馬端臨輿地考：劉崇雄勇鎮，本嵐州地，宋太平興國七年，建為火山軍，屬河東道。又職官考：宋太祖命朝臣王守列郡，號權知軍州事，州為民政，軍為兵政，文稱典軍，即此。又司功參軍宋載三官掾，宋無。又錄事參軍宋載政和三年尚書省言參軍之稱，起於行軍之際，恐不當襲，奉聖旨參軍改為掾文，稱火山掾，即火山宋事參軍。此刻在政和間，故從新稱，其時正符也。職官考又載崇寧初定選階以通事郎換錄事參軍，以登仕郎換知錄事參軍，政和間改通事為從政，登仕為修職者官，火山掾其階應從此二者，則郎字上泐當是從政修職等字。若火字下泐則為山掾及姓名無疑。地理志今釋宋火山軍今山西保德州河曲縣東北。案保德為山西邊邑，東距趙州千里而近，此云東來，於地形亦合。據此則譙甫於甲申季秋過趙，題詩於前。此知火山軍曾為僚屬譜述。政和間掾口孝秩滿東來過趙，訪其詩得之，復題記於後也。王外罷出口口郡句，既不傳名氏，不可復考矣。

七 政
和 仁 君
元

趙录下/37 "在桥南洞南壁"

趙录考证为宋徽宗辛卯政元(1111)

時季冬 筦武
府奏觀政冬至比餞城
和初 時
甲

趙录下/39 "在桥南洞北壁"

趙录考证："考筦城一石有政和甲□字，应是四年甲午"。(1114)

識志151/53：謹案，此第三行仅存餞字，五行有冬至字。当是冬至日去此餞别之記。

彦　使
還
朝政和七
日　二
過
温陵陳隆壽
知單州事
維促
司户

趙錄下/39　"在橋南洞北壁"

政和七年（1117）

識志：15/53：謹案此刻存"彦使還朝政和七口日過温陵陳隆壽知單州事維促司户"二十三字。彦下泐一字，蓋其人名，使下泐一字，应是北字，七二下皆有泐字，則為年月及日無疑。其餘泐字不可考。案是年金遼交構，至秋七月，金之苏州汉兒高藥師等始浮海至風潭至宋界，而通金议起。此云北使，當是與遼往還。当时交聘之礼，自元旦、冬至、聖节之外，泛使甚多，史不载者，以此密故略之耶？又出使正副各一人，其下三节，从从各自无異。此题名之彦口為何人，不可考見。

孙贯文认為字迹大小不同，疑是二刻同在一石。陈隆寿見范成大吴郡志卷七提举常平茶盐司条。

60

後儀向仲
安陽周施
□□□□
□□□□
□□□□
□□□□
□宣和甲□
秋十一日

趙錄下/39　"在橋南洞北壁"

趙錄考证："考安陽一石，有宣和甲口字，应是六年甲辰"。（1124）

識志 15/56：謹案此刻仅存首尾各二行："後从向仲安陽周施，宣和甲口秋十一日"共十六字，餘皆泐，不可讀。又案浚儀此作後儀。地理志今釋：浚儀自北魏以前属陈留，隋属滎陽，唐属汴州，皆從浚，不从後，其南北朝係置在他郡者亦然。又元豐九域志称大中祥符二年，改浚儀為祥符，是时久無浚儀之称。此云云，蓋其人欲襲旧名，误以浚為後也。

61

天水趙延①
夫被
詔赴
闕過此時
宣和甲辰
季冬十八
日題

梁示20 南旁山壁 以上据梁示

余记 與上相同。

趙示下/39

①"延"趙作"口"。孙贯文据北京大学藏拓本认为係"正"。

宣和六年（1124）

汲郡安汝功出使
东路宣和乙巳歲
重陽後三日携家
過平棘石橋還留
廿字男持時詩墻
李勸詩行
天橋蒼虬脊橫波
百步長迎心堅不
①萬古作津梁

安汝功平棘石橋诗刻 石 拓片

隆志2/10

①"口"隆志作"轉"。

宣和七年（1125）

孙贯文据楼鑰攻媿集卷七十跋安光远所藏祖詹访诗跋及沈与求龟溪集卷三安次山挽词，认为次山即安汝功之字。出使东路乃真定府路，当时府帅为刘韐，安汝功係其属官。

洨河建石桥，可但驴马渡，長耳留歸涔，嗟爾來何暮。四陽桂干霄，停驂俯一顾。上镌过客名，旁镌海怪怖。開元双桂析，隸画尚坚固。神物久護持，趙人建鸞謹。東南应伯仲，松江無说處。引领渺烟波，恨不奋飞去。

洨河石桥诗　宋洪皓 鄱陽集卷一 同治三瑞堂刊本

孙贯文考证：据建炎以来繫年要录、宋史高宗纪及鄱阳集后洪适跋，知此诗作建炎三年（1129）使金途中作。

据在现存的文献中讲到石桥驴跡的以此为最早。

64

通判趙州軍州事管内

大知趙州軍州事管内

一桥柱題辰陋壞而功利不及於　不如　人之善得盛名於世
小桥也以石为桥遍海内不下矣晋江之洛陽廬山之三峡偏物

通判趙州軍州刻石　拓片

俞文考证当为北宋人刻石

回謝大[1]齊國信
使興義軍節度使完顏槩
副使游騎將軍知東上[2]門門使劉君詔
天會十四年十一[3]月二十八日過此

趙录下/32："在橋北洞北壁"　　梁录 19

① 梁录"大齊"作"天齊"。

② 梁录"東上門"作"東北門"。孙贯文作"上東閤门"。

③ 梁录"十一月"作"十月"。

金天會十四年（1136）

藏志15/2：謹案此刻"回谢大齐國信使興義軍節度使完颜槩，副使遊騎將軍知上东门门使刘君诏，天会十四年十一月二十八日過此"四十五字，字全存，無泐處。案興義軍

正覺禅师晚見五祖演和尚于海會，出问："未问関捩子，難過趙州橋"。

宋释普济《五灯会元》

普济此宋末人，约1125

节度州游骑将军，金史地理，百官两志皆漏载。宣徽院属有东上閤门使正五品，赵州石刻未载此全文，称东上门门使，误，盖脱文也。完颜概、刘君语皆未登列传。本纪称金始祖居完颜部，遂为完颜氏，概殆其宗族。國语解完颜汉姓曰王。又案熙宗纪天会十四年十月甲寅，以萧仲恭为齐豫国谢其生日正旦使，与此年月正符，而使人姓名，迥然各别。但此石当时题，史乃从未追述，当以此为确。又按熙宗嗣位第四年始改元，故称天会十四年。

68

司□□□□李德固昨自天德改元十二月二十有一
汴京平章行臺尚書省事道過趙郡今已罷省
平府總管乃本鄉也欣然迴歸復過是橋節使度
柱今重記耳時天德辛未仲春中旬後一日紀

趙录下/41 "在石柱上"
天德三年（1151）

畿志152/4：谨案此刻共四行，行首皆有泐字，辭语不復贯串。案其残句，知石刻者为李德固，以天德元年自汴京行臺平章尚书省事過此，後以罷省

69

改官□平总管，天德三年再过汾石题记。李德固金史无传，惟海陵本纪天德四年有以咸平尹李德固为平章政事语，与此所谓天德三年为□平府总管，时事皆同，即其人也。□平府上泐为咸字无疑。金地理志咸平路辽咸州，天德二年八月升为咸平府，设为总管府。李德固以三年春为咸平总管，盖升府后旋改总管也。又案金百官志都总管与府尹官职不同，乃此称为咸平府总管，本纪则称咸平尹，乃记其谬。又案熙宗本纪皇统九年十二月己酉朔，海陵本纪是月己未改元为天德元年，以朔日己酉推之，则己未当是十一日。此称李德固以是月二十一日为汴京平章行台尚书事，盖亦预谋废立，因之得官者。又案本纪天德二年十二月罢行台尚书省，与此文称辛未仲春，因罢省回归过赵，时事亦符。金百官志尚书省平章政事二员，属尚书令，天眷三年复置行台尚书省于汴，而于天德二年罢省，绝不载及，本纪与石文所记皆同，足征志之阙漏。又案此刻有今重记一语，疑天德元年已有留题，故云然也。

70

本州西関劉皐等
衆関店維那　易施构欄貳
大定二年四月
間　黄山石匠楊志造

余记　金代刻云龙栏板题记，自撞务填土中掘出。

金大定二年（1162）

据初贤文考证，维那本僧官，凡兴造倡首之人，皆可称维那，不尽为僧人（用清沈涛说，見常山贞石志卷一，白石神君碑跋）。黄山在曲阳县南十八里，一名少容山，出白石，村多石工。黄山杨姓石工，由宋迄元，屡见刻石，亦見常山贞石志。

71

十八日己亥，晴，東行六十里，柏鄉縣，早頓，舊曰堯山，即柏人也。漢高祖心動不宿之地，六十里，宿趙州。……去趙州五里，使副以下觀石橋。橋有石欄，高二尺餘，上分三道，下為洞，橋兩馬頭，又各為二洞，傍有小亭，板閣以入。石理堅緻，題刻甚衆，多是昔時奉使者。有云建鵬軍使大金至絕域，實居肩選。宣和六年八月。亦有大書中國謝大齋使人留題，不能盡讀。橋上片石有張果老驢迹四。……

宋樓鑰北行日錄卷上葉廿六至廿七，知不足齋叢書本。

乾道五年（1169）

某頃以假吏过石桥，色深碧而累甚坚緻，中为大洞跨水，两旁桥基，各为小洞三若品字。洞中多前良题刻，不能详记。

樓鑰攻媿集卷七十 跋安先之所藏祖庵访诗跋

73

（汶）

访古汶河上，聊忘道路遥。仙踪留策蹇，海怪或镌鳌。济远徒杠小，凭虚乱石牢。何时冠盖集，一洗犬羊臊。

次韵趙州石桥　宋洪适 盤洲集卷五（四部丛刊本）

孙贵文考证：据宋史孝宗纪，此诗於隆兴二年（1164）十二月出使贺金主生辰途中作。

7

赵州石桥 在城南洨河上，以铁笋卯贯石，楼（捲）篷不数人工。

石色如霜铁色新，洨河南北尚通津。
不因再度皇华使，谁洗奚车塞马尘。

范成大《石湖诗集》12/7 四部丛刊本

乾道六年（1170）

未至城五里渡石桥，石桥从空架起，工极坚致，南北长十三丈，阔四之一，为隋人李春所造，元祐间赐名安济，有张果老驴迹。

宋周辉北辕录。周辉於淳熙四年（1177）至赵州

晦宗文辑 说郛卷五十四 涵芬楼排印本

据此条讲到大石桥命名为安济桥在元祐年间（1086–93）。

中山楊口
廣平張震
大定丙午歲
寓居汶川
暇日仝來

趙志下/34："在桥北洞南壁"。

金大定廿六年丙午（1186）

懷遠令口
行汶州平棘
縣令白霫
高國忠重
建口紀
旹口安口
六月

趙志下/34："在桥北洞南壁"

趙志考记："考懷远令一石，有汶州字，乃金人手筆，有口安六月字。考章宗有承安年号，主永濟有太安年号，未知孰是？" （金1196－1211）

孙贯文据拓本，后三行为："建南北二司(洞)，旹承安二年，六月望题。"(1197)

畿志152/7：谨案此刻懷远令口行汶州平棘县令白霫高国忠在陽口纪时口安口六月望题"，共存二十四字。考金史无高国忠傳。地理志东京路渖州为遼懷远軍，金明昌四年降为刺史。又鳳翔路德顺州有懷远寨而无所谓懷远县者。乃此明明刻作懷远令，其非知军知寨可知。疑志有脱漏处。白霫地名即大定县故地，在遼属中京道，在金属北京路，見遼史地理志。然白霫之名，在遼时已改为大定，此循沿其旧称。又案懷远令为平棘令，带行字，又与百官志所載散官高於職事者带行字例不合。

77

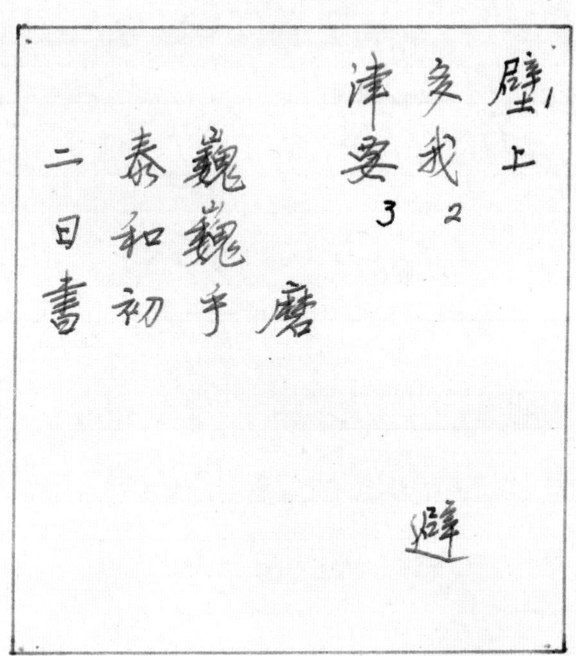
壁上
爻我
津要
磨
巍巍手
泰和初
二日書
避

趙东下/32：“在桥此洞此壁” 梁东19

①“壁上”梁作“至”

②“我”下梁有“再”字

③孙贵文据拓本要下有“他”字。

趙东考记：“年号中泰和初□连写，如係，初元，岁次辛酉，即宋宁宗嘉泰元年。（1201？）

近蒙
上司委你相驗河水利□□
從弟翹□烏古論德銳道□[1]
川偶聞南來[2]遺使
賀
誕遐邇方
接伴副使者廼
家兄檢院同知也奉侍南游橋
下排徊偶得一絶聊誌其來
州[3]信翹縣令烏古論忠武德隣司
吏董璞從行時泰和五年閏□
月十四日永紀
仆石壘□跨瀟流
何必□□問濟舟
爪溢驚湍雖拘岸
肯教使者勉爲憂
德銳勉次□□高讀
一見危机□□□
猶疑瀑布半描□
天涯羈旅行無□
免得舟人來往□

趙录下/34　"在桥北洞南壁"

梁录 21

金泰和五年（1205）

①孙贯文作"渡"　②孙贯文作"宋"　③孙贯文州上有"冀"字

畿志152/7：谨案：此以泰和五年刻，前为乌古论德昇游石桥记，后刻七绝一首，最后乌古论德锐和诗七绝一首。考金史乌古论氏为金朝世族，载入列传者十有三人，而德锐、德昇皆无其名。乌古论三合傳，称为曷懒路爱也窟河人，後徙真定，当即其族類也。又案國語解姓氏類称乌古论汉姓曰商，次在完颜氏后。百官志尚书省吏部详列氏族封号，乌古论列在白号之姓，盖为金巨族也。又案章宗本纪泰和五年九月天寿节，宋、高丽、夏遣使来贺，此与来遣使贺诞辰正脗合。而交聘表是年详列夏及高丽使人，独不載宋使，此可证其缺。第七行、八行云接伴副使者通家兄樞院同知，称官而不称名。金百官志有同知签書樞院，此称樞院同知，盖即是官。第十行乌古论德昇列衔□州信都县令。金地理志信都屬河北东路冀州。此州字上泐，当是冀字。又第十行司吏董璞從行，金百官志诸县令條下注中县司吏八人，下县六人。第十一行泰和五年閏月，閏下有泐字。章宗本纪有泰和五年閏八月朔，则是年閏月为閏八月也。

孙贯文考证：据宋史寧宗纪，開禧元年（泰和五年）六月己亥遣李壁賀金主生辰。畿輔通志失考。

僕壯年嘗往來燕趙
間每過此橋未嘗不
周覽山川形勢縱細
不忍去今老矣遺值
喪亂迺復過此慨然
有懷因作是詩以寓
意焉　房山劉百熙
誰知千古媧皇石解初①
人間地不平半夜移來
山鬼泣一虹橫絕海神
驚水從碧玉環中過人
在蒼龍背上行日暮凭
欄望河朔不須擊楫壯
心生　癸卯歲六月中澣日
宣差真定等五路萬户史公命工刊

趙志下/34 "在橋北洞南壁"。

隆志2/9 只收詩，無序及年月。

梁志 20　　余记

① "初"隆志作"補"。

趙志考证："考刻百熙詩一石紀癸卯六月。按序中語，似是宋理宗淳祐三年"，（1243）元太宗后乃馬真氏称制之二年。

畿志152/12：謹案：此房山劉百熙七言詠橋律詩一首并序，後題"癸卯歲六月中澣日宣差真定等五路萬户史公命工刊"。劉百熙無可考，史公者史天澤。永清县有史秉直及史进道神道碑，皆乙巳年立，後皆有題名，曰："宣差真定等五路萬户天澤立石"。又史進道神道碑首云："歲在壬寅嘉平望宣差鎮定等五路萬户史侯行下。"

壬寅即癸卯之前一年，乙巳即癸卯之後二年，則当癸卯年史天澤正官真定萬户时也。又案癸卯乃六皇后称制之二年。

元郝经陵川先生集卷卅五房山先生墓銘："先生諱伯熙，字善甫，以中山靖王之后，唐盧龙节度使仲之裔孙也。……先生年十六七入国学，善为詩文，卓犖有声，有雷御史希顏款齐名，号曰"雷刘"。崇庆之变，遂不就举。……貞祐初，從秉與入汴，金亡而復归燕，往来燕趙之间廿余年。岁丙辰復如汴，卒于旅次，年七十四。……房山其自号也。……其书法二王，尤善其行和楷。

柳城石建中
水滿石梁高構
檝半月弦初上千長
西山暮雨
何為補
章石晉之後
少工時喜
句學交遊皆
與真定
史公尋東平安
里西至
迷遇也天
呂
樓詩章有
識
侯服去習
此廿尤
可貴也後子章
之為人士河
東張肅子敬
宣善真定等五路
諸石日
劉刊

趙示下/35　"在桥北洞南壁"。
趙示考记："考柳城一石，年月已阙。中有真定史公字，似与刻西熙诗同時。"
（1243？）

柳城石建中

水　清漪石梁高構

機事　月弦初上千長

西山　暮雨

何　為稱

遁　弓

子章　石晋之後

少工　喜　喜

句学交游皆

两真定

史工　尋东平每

里而至

迷遇也天

樓　詩　章有

識

庆　服　素習

比甘尤

可貴也後　子章

之為人　士　河

东張肃子敢

宜善兵定等五路　遇

諸石　日

劉　刊

祁英文据拓本释録如上，与赵本不同。

畿志152/12　谨案：此石剥蚀过甚，首行柳城石建中五字，石建中当是题诗人名。柳城今属永平府，盖其乡贯也。二行以下皆断缺，细玩其字义，前数行尚存叶韵字，当亦是题橘之诗。第七行以下有石晋之後步工（下缺）句，学史游皆（下缺）尚真定史公（下缺）此甘允可贵也（下缺）子章之为人（下缺）河东张肃子敬等数十字。其辞虽不可贯串，然大率赞美之词。疑前为石建中诗，後为张肃题跋，子章即建中之字也。碑文有宣差真定等五路字，即为史天泽题衔，盖即天泽命之刻石，当刻石熙诗同一事也。

据孙贯文考证：石建中即元曲家石子章，元曲选有竹坞听琴杂剧一种。据此刻，知建中乃其名，柳城乃其籍，石晋乃其先。王国维宋元戏曲考元戏曲家小传，始定其人与元遗山、李显卿同时。元遗山集卷九有答石子章因送其行诗，李庭寓庵集卷二有送石子璋北上诗。

壬子秋九月被
名過此
口千¹口²石極堅頑陌上行
人得往還月魄半輪沉水
底虹口³千尺駕口⁴間鄭卿
車渡心應愧秦帝鞭驅血
口⁵殷為間長江深幾許雪
風吹馬下天山
前河南漕長楊奐題
宣差真定等路万戶夫人姪渤海石口
宣差同知趙州節度
使事高添祿命工刊
洨川口石匠張題口

趙录 下/34 "在桥北洞南壁"。 梁录 20 余记

① "口千" 余作 "五丁"。 ② "口" 梁、余均作 "鑿"。
③ "口" 梁、余均作 "腰" ④ "口" 梁、余均作 "雲"。
⑤ "口" 余作 "尚"。 ⑥ "涕" 梁、余均作 "天"。?行
⑦ "刊" 梁、余均作 "刻"。 ⑧ "口" 梁、余均作 "造"。

趙录考证："考壬子一石乃知趙州節度使事高添禄刊。考金建柏林寺碑有高题名，係壬寅年立。此紀壬子应是金章宗明昌三年。"

隆志 3/9 收此诗：

安濟桥　　漕長楊奐

五丁鑿石極堅頑，陌上行人得往還。月魄半輪沉水底，虹腰千丈駕雲間。鄭卿車渡心应愧，秦帝鞭驅血尚殷。西向長江深幾許？雪風吹着下天山。

8[illegible]

畿志：152/14：謹案：此首二行题壬子秋九月被名过此，後刻七言律詩一首，詩後刻前河南漕長楊奐题，宣差真定等路萬户夫人姪渤海石口宣差同知趙州节度使事高添禄命工刊，後又有石匠题名一行，不具録。楊奐不可考，永清县史氏庆源碑史天澤夫人石抹氏，此石下渤文当是"抹"字，其名则亦不可考矣。高添禄如见陳时可柏林禅院碑及元好问州学记，其题衔正同。趙州石刻録以为見金柏林院碑，遂定为明昌年所刻，誤也。壬子为元憲宗二年，即宋理宗淳祐十二年。……

元憲宗二年（1252）

楊奐元史卷一百五十三有傳。元遗山文集卷廿三有神道碑，碑文见金石萃编卷一五九。元姚燧为楊奐婿，牧庵集卷廿一亦有关于楊奂的材料。嘉靖初宋廷佐曾採刊楊氏还山遗稿。

88

青光禄大夫试兵部尚书安东　胡同
年岁次丙辰正月
奉使官属古赵北大虹
四年正月二十一日
之

赵志下/41 "在石柱上"
赵志考证："考光禄石中有四年及岁次丙辰字，考惟宋理宗宝祐四年係丙辰，殆是年欤？"（1256？）

畿志：151/58：谨案：……碑记中所列皆南朝官职，安东县淮南东路，为宋所属地，其为南朝之使人误名无疑。……

孙贤文认为宝祐四年金亡已逾廿年，不可能有遣使贺正事，而疑此丙辰为庆元二年，但"二"又与"四"字不合，或因拓片容易致错误之故。

89

輪囷太古跨玉月，半捧水面不挂天，一石二一跨数十丈，大业至今七百年。深镌密匝无罅隙，嵌磨安贴坚且圆。仰视压面势飞动，动欲拔起疑堕颠。鬼功神力古来有，地维欲绝還钩连。蛟龙辟易渗水伏，细纹参错如新镌。晴虹不散结元氣，海摔漂渺缠紫烟。衔风倒景鲸背摇，金澜滉漾青环偏。乾坤壮观金赵雄，我因笑杀秦人鞭。往来细读张相碑，直与此石相轾轩。先君有诗不忍看，摩挲华表空泫然。

赵州石桥　元郝经　郝文忠公陵川集卷十（北图芷星馆影印）
诗作于宪宗八、九年间（1258–1259）。

90

浦社男善人侯勛
男侯斌等布施拘欄
一間合
十

浦社男善人侯勛等布施拘欄刻石　拓片
宋金時人？

趙州□□社男善人侯勛
男侯斌等布施拘欄
石一間合家永增福壽
年十月　造

余记
五四年春 掘出
宋金時人？

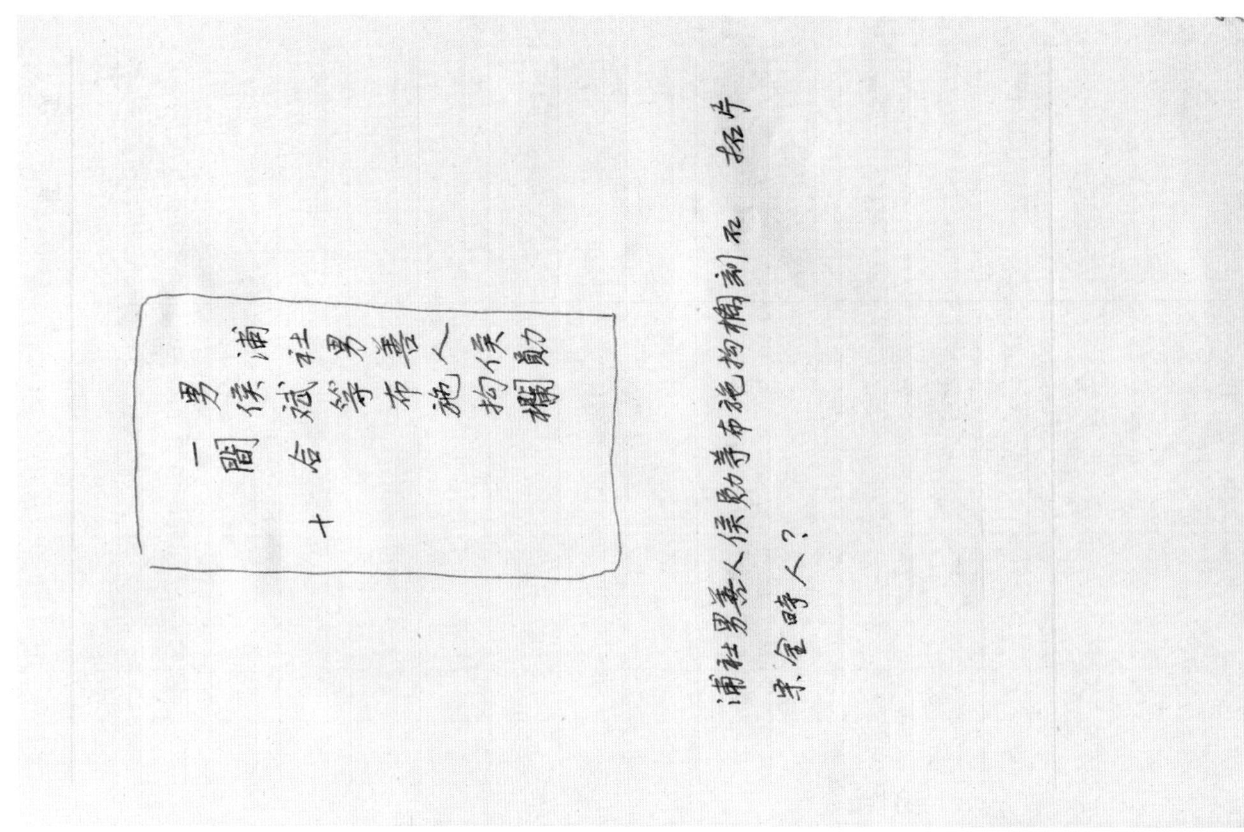

金 1 西
守鎮邢台□□歲餘
真定2 全
3亭盤但
二年歲
休前4

梁帝 21　　余記　　以上据梁录

①余记在"金"、"西"两字之间有"上将"二字。

~~宋金時人?~~

② 孙贯文未考定下有"公"字

③ 孙贯文未考此行作"此亭盤桓少憩"

④ 孙贯文未考前下有"一日"二字。

趙州禪定院講□□論□
化□□石橋功德主賜紫
同勾當典座僧□資□□

趙県下/41　　"在石桥上"。

宋金時人

楊村
天張趙村李

趙志下/41　"在石柱上"。

識志151/49：謹案此有楊村、趙村字，當亦村民題名。

9

柏鄉縣進德鄉西
維那口友平
王卞
功德維那

趙志下/41　"在石柱上"。

宋金時人？

識志151/48：謹案此有"維那口友平"、"功德維那"等字，當爲鄉民助修石橋題名。

95

濟南衛采口口十一月
過此口口江浙

趙录下/41　"在石柱上"

畿志15/58：谨案：此与前题名（指青光禄大夫题名）同刻一柱，字已剥蚀，仅存济南衛采下缺十一月过此下缺江浙共十一字。细绎其义，当亦是南朝使人过此留题之作，其年不可考，以数附宋末。

98

惟邦
年冬迓客過趙之石橋

趙录下/41　"在石柱上"。

此韓村　馮柏　馮二翁
郝小夫等衆人口樂施此石
住一條兼　載至橋各家永智移

趙帝下/41 "在石柱上"。

畿志 15 2/5：謹案此題名三行，行字不等，字尚完，共題"此韓村、馮柏、馮二翁、郝小夫等衆人口乐施此石住一條，兼載至橋各家永智移"都三十字。当是修橋时村民施助之记。住乃柱字之误。

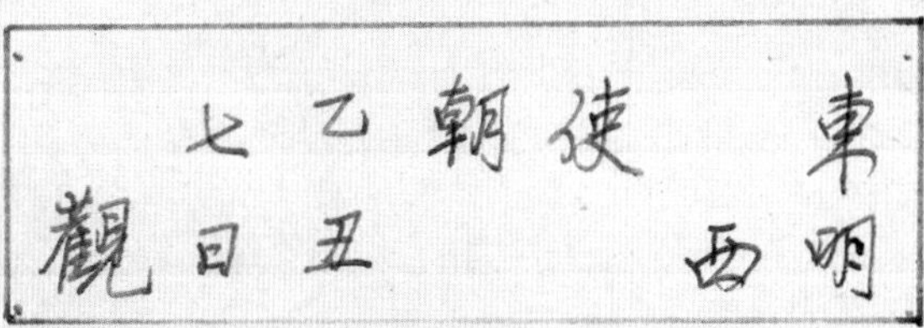

趙录下/39 "在桥南洞北壁"

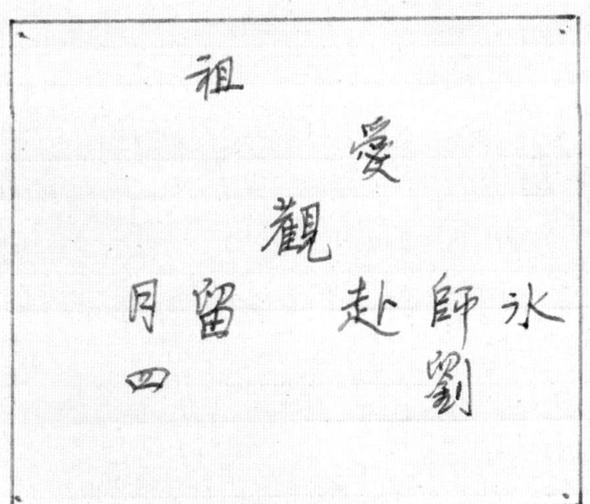

趙录下/39 "在桥南洞北壁"

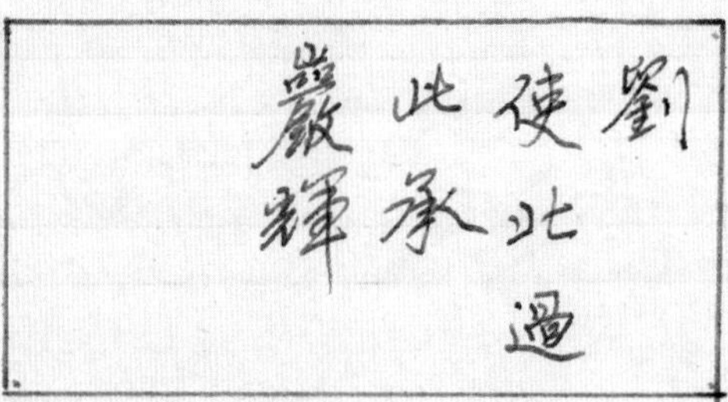

趙系下/37 "在桥南洞南壁"

趙系下/37 "在桥南洞南壁"

趙系下/37 "在桥南洞南壁"

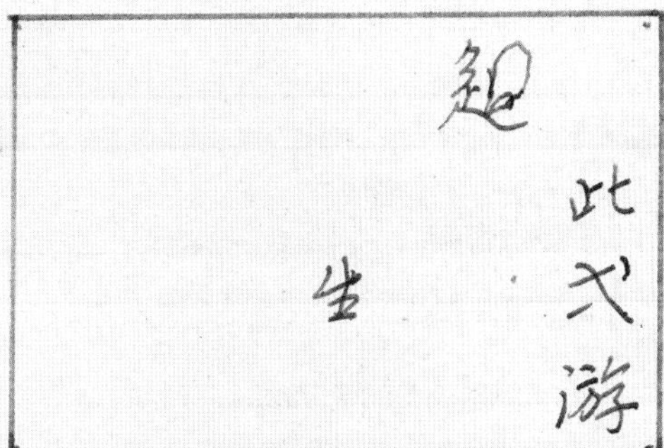

趙系下/37 "在桥南洞南壁"

此朝檢
舟

良工範化工匠成橋
龍鱗蓮低合
高躍空壓
會容順
適輪歸使從
不通

歲權臨城縣令張公說遊

斬

江範化□匠成桥
繼□蓮□合
高□壓
會容□□順
何從
舟□□不□
歲□臨城縣令張□□

赵示5/37　在桥南洞南壁
孙贯文据拓本审视末行为"張说述遊"。
张说事迹见宋会要稿册90.职官51之32，
曾充接伴金国报问使副。

梁示23　　余记
梁、余所記基本相同，而
赵示有出入。

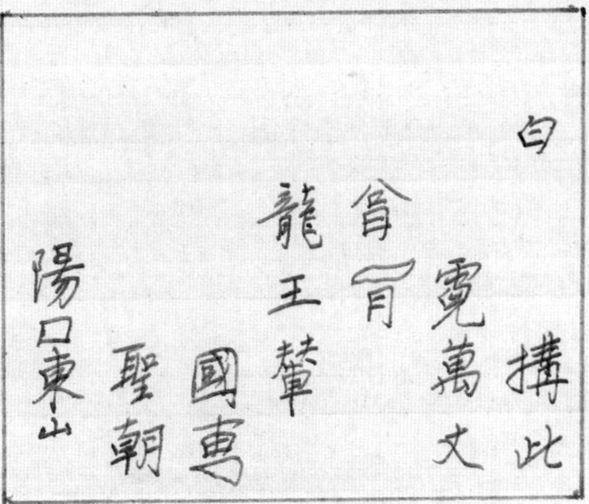

趙杀下/37 "在桥南洞南壁"

大鈞富
之
謨古
鈞韶之
布
朝還
過
丑
後

趙杀下/32 "在桥北洞北壁"

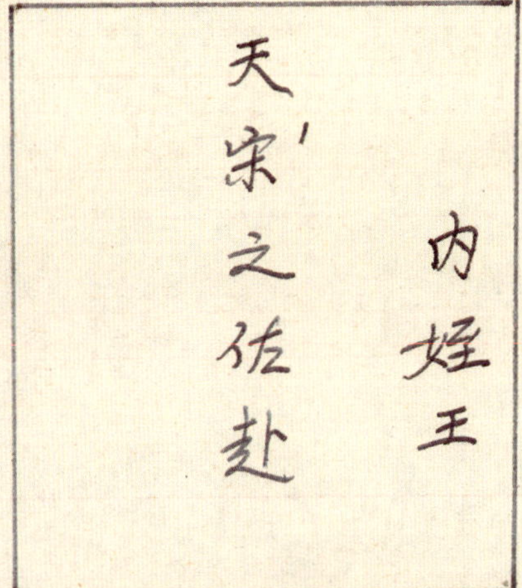
内姪王
天宗[1]之佐赴

趙系下/32 “在橋北洞北壁” 梁系19

① “天宗”梁作“至元”。

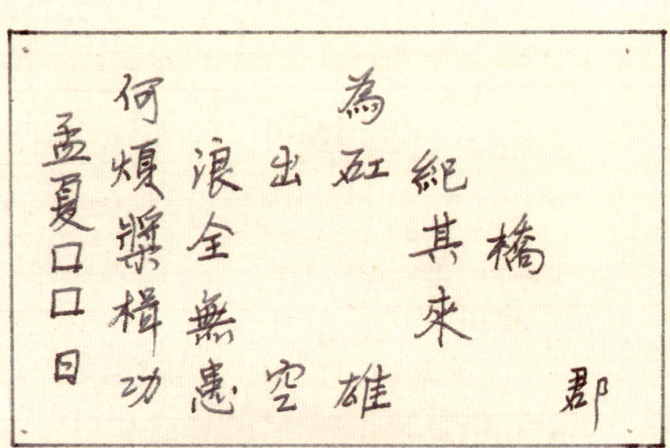
郡
橋
紀其來
為砿雄
出空
浪全無惠
何煩槳楫功
孟夏□□日

趙系下/32：“在橋北洞北壁”

李弥贤郑嗣宗钱韩宗彦于此

壬寅上巳日题

李弥贤等题名

见赵目 141

原石拓片待补

年代待查

李冬時改……

李冬时改刻石

见赵目 142

原石拓片待补

年代待查

其尤……

其尤刻石

見趙目 143

原石拓片待补

年代待查

城縣開令子里三年歲次己酉

元氏縣令屈 右宗衛

元氏縣令刻石

見趙目 152

原石拓片待補 （已有拓片）

年代待查

城台西口其愛

城台殘石

1957年6月掘出　見趙目 153

原石拓片待補

年代待查

託好莊　賤物貴

託好莊六字刻石

1957年5月掘出　見趙目 155

原石拓片待補

年代待查

维山杜英詩曰：龍卧蒼江勢欲飛。馬銜寒雨淨無泥。影沉雲掩半邊月，路險天橫千丈寬。人世變更仙跡在，水神畏避浪頭低。憑欄灑盡傷時淚，落日太行山色西。

隆志2/10

~~按杜英時代待考，詩意似為南宋或元代人。~~

杜瑛（亦作英）金末元初人，元史卷一九九有傳。

据孙贯文教授，杜英事迹并見：胡祗遹紫山大全集卷十八緱山先生杜君墓志銘，蘇天爵滋溪文稿卷廿二元故徵士贈翰林學士謚文獻杜公行狀，馬祖常石田先生文集卷十一皇元敕賜贈翰林學士杜文獻公神道碑。

华表亭亭擁石麟，車书万里此通津。天垂螮蝀横千尺，月吐蟾蜍隐半輪。片石鞭来能济海，大臣当用合横身。征鞍归路明年事，一片春風柳色新。

趙州石梁　　王恽 秋涧先生大全集卷十七（四部丛刊本）

孙贵文考证：此詩为至元十三年（1276）按试河南，途经趙州时作。

趙州城南有石桥一座，乃鲁般所造，极坚固，意谓古今無第二手矣。忽其州有神姓張，騎驴而过桥。張神笑曰：此桥石坚而柱壮，如我过，能无震动乎！于是登桥，而桥摇动若倾状。鲁般在下，以两手托定而坚壮如故。至今桥上則有張神所乘驴之头尾及四足痕，桥下則有鲁般两手痕。此古老相传，他文未載，故及之。

湖海新闻夷坚續志后集卷二

编者孙贵文考证續志編於元代初年（約1280）

趙
李 此 大夫
日[1]有 亊於 庚
寅春來牧是洲謾爲賦[2]
晦齋雪[3]中□直源彥□題
駕石飛梁盡一虹蒼龍驚
蟄背摩空坦途箭直千□
過驛使風馳万[4]國通雲吐
月輪高拱北雨添春水去□
東休誇世俗遺仙跡自□
神丁役此工
燕南貢士許□[5]志道司[6]
太清觀王[7]于道□[8]命工刊
杜公之子如璋至治改元
來尹隆平民服廉政
本□石匠戴[9]瑄刊

趙志 下/32："在桥北洞北壁。" 梁志 18。 余记

① "日"梁、余均作"廿"。
② 余在"賦"下有"此"字。
③ "雪"梁、余均作"雲"。
④ "万"梁、余均作"萬"。
⑤ "許□志"梁、余均作"許子志"。
⑥ "司"余作"同"。
⑦ "王"梁、余均作"玉"。
⑧ "□"梁、余均作"判"。
⑨ "瑄"梁作"垣"。

按从至治改元（1321）上推庚寅，当为至元廿七年（1290）。畿志 152/9 考杜德源题诗之庚寅为元太宗二年（1230），去至治元年太远，误。

孙贯文考记：前诗乃杜德源于庚寅春收赵时所作，至至治元年，德源子如璋来尹隆平，赵人既刻父诗，又颂子政。庚寅为前至元廿七年，至至治元年，其子尹隆平时，前后相距卅一年。石刻第二行：有"晦斋云中口惠源彦口题"，因知晦斋乃其号，云中乃其籍，彦口乃其字，赵州志之所以作直源者，当由于德作惠而误也。此刻主题为杜惠源题诗，所谓"民服廉政"，乃因父及子遂併刻于石。如书为颂杜如璋之政事，其辞不应如是简略，亦不应刻之于赵而不在其所治之地。

翰林陳孚詩曰：晋家曲沃舊池臺，無數行人去又來。可惜石橋三百尺，只留驢跡印青苔。

隆志 2/10

光志 16/4 亦收此诗，题陈孚为"元翰林"。

按陈孚为元至元、大德間人，約公元 1300。

陈孚以至元廿九年副梁曾使越南，有陈刚中诗集，北京大学图书馆有其本。

趙州洨河鑿石為橋，鎔鐵貫其中，自唐以來，相傳數百年，大水不能壞。歲久，鄉民多盜鑿鐵，橋遂欹倒，計千夫不能正。懷丙不役衆工，以術正之，使復故。

《宋史》卷462《方技下》记释懷丙修大石桥事。
见開明书店影印本页1176。
宋史，元托克托等撰，约1343。
吴曾能改斋漫录卷十三："英宗时有真定僧怀丙。"

123

趙州城南平棘县境通津有大石橋曰安濟，長虹高跨，通衢上分作三道，下為環洞，兩傍復各為兩洞，制作精偉，闌楯刻蹲獅，细巧奇绝。華表柱上，宋臣使金者，刻題甚多，不能盡讀。有刻曰：連鵬舉使大金，至绝域，实居首选，宣和八年八月壬子题。橋上片石有驢足跡四，所世傳神仙張果老之跡。或云當时匠者之戏。匠者曰李春，隋时人也。張果老列仙傳云：果真定蒲吾人，隐封龙山，唐高宗召不赴，明皇迎入禁中，赐号通玄先生，後不知所终。今真定平山县东十三里有蒲吾古城，即果老居也。

元纳新河朔访古记卷上葉六 守山阁丛书本
至正五年（1345）
按此条部分字句似録自宋樓鑰北行日録。

124

赵州西门外平棘县境有永通桥，俗谓之小石桥，方之南桥差小，而石工之制，华丽尤精。清洨二水，合流桥下，此则金明昌间赵人裒钱而建也。建桥碑文，中宪大夫致仕王革撰，右复有小碣刻桥之图，金儒题咏併刻于下。

元纳新（延贤）河朔访古记卷上 （1345）

孙贯文据此条考证："可知小石桥者，乃对大石桥而言，以一地有形制相同之二桥，易滋混淆，故于南门外之石桥，加大字以别之。是大石桥之名，乃始于明昌间。"

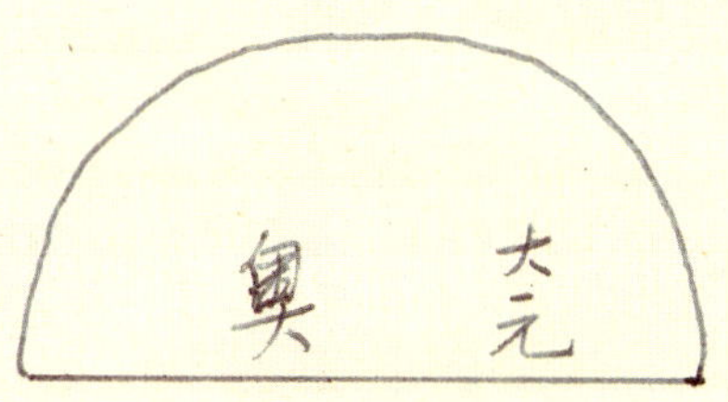

余记　　橋面石中掘出

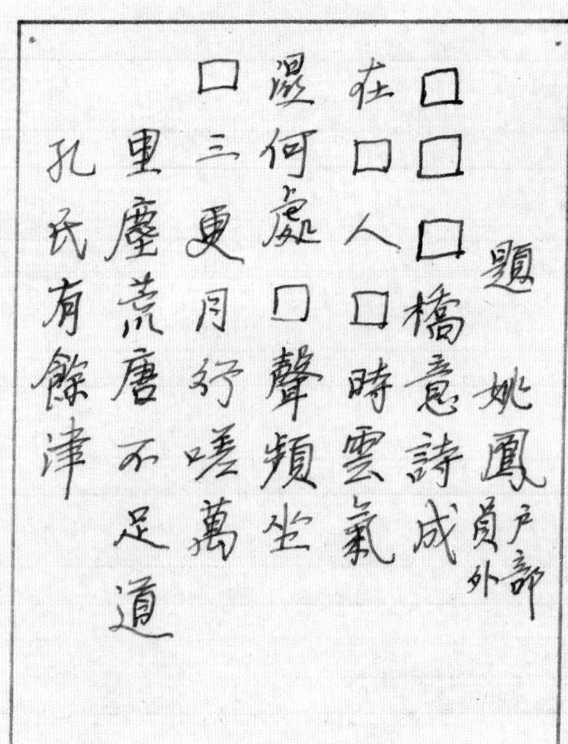
题 姚鳳 户部员外
□□□橋意詩成
在□人□時雲氣
還何處□聲頻坐
□三更月行嗟萬
里塵荒唐不足道
孔氏有餘津

余记 在此券北壁 梁东18 以上据余记

姚当为元、明時人

安济桥在趙州城南五里洨河上，一名大石桥，李春造。相傳唐人張果老嘗騎驴过此，驴迹尚存。有元杜瑛诗："人世豈无仙迹在，水神畏避浪头低"。

寰宇通志卷四 景泰七年（1456） 玄览堂丛书影印本

安济桥在赵州南五里洨河上，即大石桥，相传昔张果老尝骑驴过此桥，所踏迹尚存。

大明一统志卷三　天顺五年（1461）明刊本

赵州永安社李敬同室……

共施石柱。

天顺六年

李敬施石柱题名

1956年6月挖出，見趙目68

原石拓片待补

天顺六年（1462）

桥名安济，在城南五里，即大石桥也，随人李春所造，规制奇妙。世传张果老骑驴过此，有遗迹在石上，故名。

赵州志卷一　弘治六年(1493)　天一阁藏弘治刻本

宜人顧氏本州刺史妻

男程渡　程維山

甥程啓　程十八

程聖　女蔺□□

州縣人

正德丁卯仲秋吉　同□

顾氏刻石　　　　拓片

正德丁卯(1507)

本州西街居住捨財
信人王得丁 一間
修造善人 馬隆
正德二年八月 吉日立

王得丁造构欄刻石　拓片
正德二年（1507）

本州西關廟居住捨財
信人萬釗造构欄壹間
修造善人馬隆
正德二年八月十九日立

萬釗造构欄刻石　拓片
正德二年（1507）

游石橋偶成　舒城鮀捷
淀河之水清且瀰口[1]往征人
急於蟻誰移雲根口[2]掌平
穹窿讋窑如生成一口[3]長虹
何處墮偃蹇蒼龍口[4]澥
卧嗟哉溱清爽興勞滹沱
舟子頻呼指任渠車馬紛
於織往口[5]來續無病涉百
代奇勛誰爲鐫區區驢跡今
浪傳　口口戊寅正月既望

梁西18　　余记　　以上据余记　　在此寿心壁

光志16/13 收此诗，无末行年月。

①"口"光志作"来"。　　②"口"光志作"一"。

③"口"光志作"飛"。　　④"口"光志作"氷"。

⑤"口"光志作"遥"。

戊寅为正德十三年（1518）

本州西関廂居住信人
自捨构楠壹間
　安覩趙氏
修造善人馬隆
正德二年　月　日

趙氏造构楠刻石　　　　拓片

正德二年（1507）

135

千載口口蹟閱盡
古今口口〻程逢迴
駢〻口口口劉雲通
綠口口口絕紅塵
如口口口何須更
問津 鉢城鮑捷作

余记 在此寺北壁 梁示18 以上据余记

光志16/13 收鲍诗如下：

安濟橋 鮑捷

千年留石蹟，閱盡古今人。坦坦程逢迴，駢駢車馬頻。劃雲通綠水，補地絕紅塵。如矢堂堂去，何須更問津？

约1518？

137

驢跡辨
石橋片石上有驢足跡四前有
口石坑凹一處世傳張果老在此
口驢其坑凹處蓋其登跡也嗟
老乘驢當凡前經歷處皆
何獨立於一石而止果老
果僊必不乘驢乘驢必不至墜
乘驢 着地俱有形跡
石橋口於清匝李青果
在口口口隱於中條往來汾
開絳於口口往來此橋屢矣
更再無一跡口留於他處耶夫
口間奇巧險怪偶然近似者甚多
此蓋石痕偶有形似好事者附
會為此說以欺人雖明智達者
口口經自取信也噫
口口中隱鮑捷辨

梁示19

约1518？

138

安濟橋　　　蔡鑁

郡南高有渡仙橋，水逝雲飛換六朝。
遠客重來值秋暮，疎林寒雨晚蕭蕭。

光志16/13

按蔡鑁嘉靖己丑(1529)進士，見光志。

139

趙州十景詩之一　古橋仙跡

明州判陸健

車馬人千里，乾坤此一橋。良工元绝代，□□□殊標。斤落青虹冷，天空白鶴遥。□□□□□，泯泯帶春□。

光志16/5

按陸健嘉靖二十二年(1543)任趙州州判。見光志5/18。

140

重脩大石橋記

重脩大石橋記

大石橋在趙郡南五里許隋大業間石工李春所造也余少聞其規制奇特上有石凹世傳為張果老騎跡難擬而恒山之陽言橋之勝槩者必以大石為特異嘗欲觀其跡而不可得嘉靖辛酉□余由大理謫□郡□一觀之然後知橋之奇特為以仙跡得名者非誣而李春創構之功若有神授其機者果為趙郡之勝槩不虛□□□地勢接恒嶽之雄湍流杳洨清之水南運諸省東注漕河北達燕冀為京西一上遊且用石結構之妙縣□聯洞門敞豁石竇穹窿月輪沉露虹架飛雲舟楫輿馬輻輳交馳於其間自隋至今越數千百年餘矣不知水之□□衝突也之經歷磨礱者何限而橋之堅窒無璅如初馬非神機糾結恐不至此抑亦仙跡所留必有陰為之呵護□余于是益信李春創構之功為奇特矣哉橋之上轍跡深處積三十餘年為一易石以利馳驅餘仍故製無事脩□□□其期矣生員田錦張時泰鄉人魏賔馮蒼等俾僧悟成募緣重為脩飾以永其勝余亦捐俸助工經始□于壬□□夏落成癸亥之春適余稍遷順德廼重趙人之來請遂記之以為茲橋彰往跡□□功云

嘉靖四十二年歲次癸亥四月朔旦

賜進士第前大理寺右評事判順德府事承直郎山陰孫人學撰

孙人学重修大石桥记
拓件
嘉靖四十二年（1563）
下部据记录，缺补拓。

重脩大石仙橋記

賜進士出身户部廣東清吏司政北海樓村翟汝孝撰
奉直大夫工部屯田清吏司員外郎螺川南山李明篆
脩職郎鴻臚寺主簿直内閣姑蘇孫繼申書

易曰地險山川丘陵也茲利涉大川履險如夷匪資橋梁曷濟哉是故公孫僑濟人於溱洧光於史册尤所以成天地之能　順兆人
之欲而收弘濟之勳也何其偉哉粵稽趙郡南五里許洨河大石橋北通京師南接梁楚驛傳旁午悉由其間誠勝跡也按
皇明一統誌并州誌重脩碑記始爲隋李春所建唐仙人張果老墮驢之跡今存焉唐文粹所載中書令張嘉貞司功參軍柳渙散容張
彧之銘可考也近歲輙跡所躡已逺橋之鐵脊矣覺橋之穹窿處懸一石約丈餘一道人曾謀脩飭未有施者忽一日黑霧覆其上
且聞橋下有錐斵鑿頌之雲霧開霽好事者入視之所懸石已完飭端整厥跡尚濕道人跡隱去噫嘻百世永賴神亦相之嘉靖已
未郡守沈公應元勒文於石注意郡人脩繕魏中丞子太學生　遂繹其橋之中路得八尺許嘉靖甲寅郡人
御用監太監西津趙公芬祇奉
勅命賫香幡赴武當道經此橋見其圮壞志欲重脩甫歸即　使朝鮮事完還京復有守備鳳陽之
命暇日與兄東瀛公登謁及梓里事閑魏君力竭遂捐
賞賚及田產之資卜嘉靖壬戌冬十一月興工至次年癸亥　四月十五日告成所脩南北馬頭及欄檻柱腳錐斵龍獸悉如舊制且增
故事形象備極二巧煥然維新□内改觀矣噫嘻建功立業弘濟艱難竟謂古今人不相及哉維昔商高宗命傅說汝相曰若濟巨
川用汝作舟楫誠望其建爽理之□施博濟之仁也西津公讀書秉禮爲
天子内輔相仰體
聖懷惠施重脩仙橋俾兆人利涉誠出舟楫之上矣康時相業寧不與傅說並美哉茲徵文于予以紀盛舉歲月且勒石萬垂不朽予忝
賢昆季通家之末何敢以不能文辭遂爲之銘曰
辰星璀璨通地靈識爲河海分坤精□彼洨河梗征人中常侍者□安情烏鵲助役耆天京海神驅石來蓬瀛如跨飛梁瞻青冥中
流砥柱功平成當年仙跡流芳名長逢此日坦然行華我驛使忻
王程商旅不憚風波驚險功必逺子孫葉安車馳馬傳崢嶸
嘉靖甲子歲孟夏之吉

欽差守備鳳陽兼管盧淮揚徐滁和等處地方御用監太監趙　芬

錦衣衛鎮撫司帶俸百戶趙　登

錦衣衛衣所精節司見任實□百戶趙秉錄

錦衣衛鎮撫司前百戶趙興

錦衣衛□　帶　舍　人趙宗柱

兵部職方清吏司歷事監生趙宗亻

錦衣衛應襲舍人趙宗借

兵部武選清吏司歷事監生趙宗位

董工善人郭時安　郭時泰

盖工陰陽生朱世威　睦　强

刘然　侯世科

趙坤　張紳

老人趙世黃

趙世玄　趙秉陽

袁廷㚤　袁列

石匠袁福榮　袁威

明太監趙芬修橋題名　拓片
嘉靖四十三年（1564）

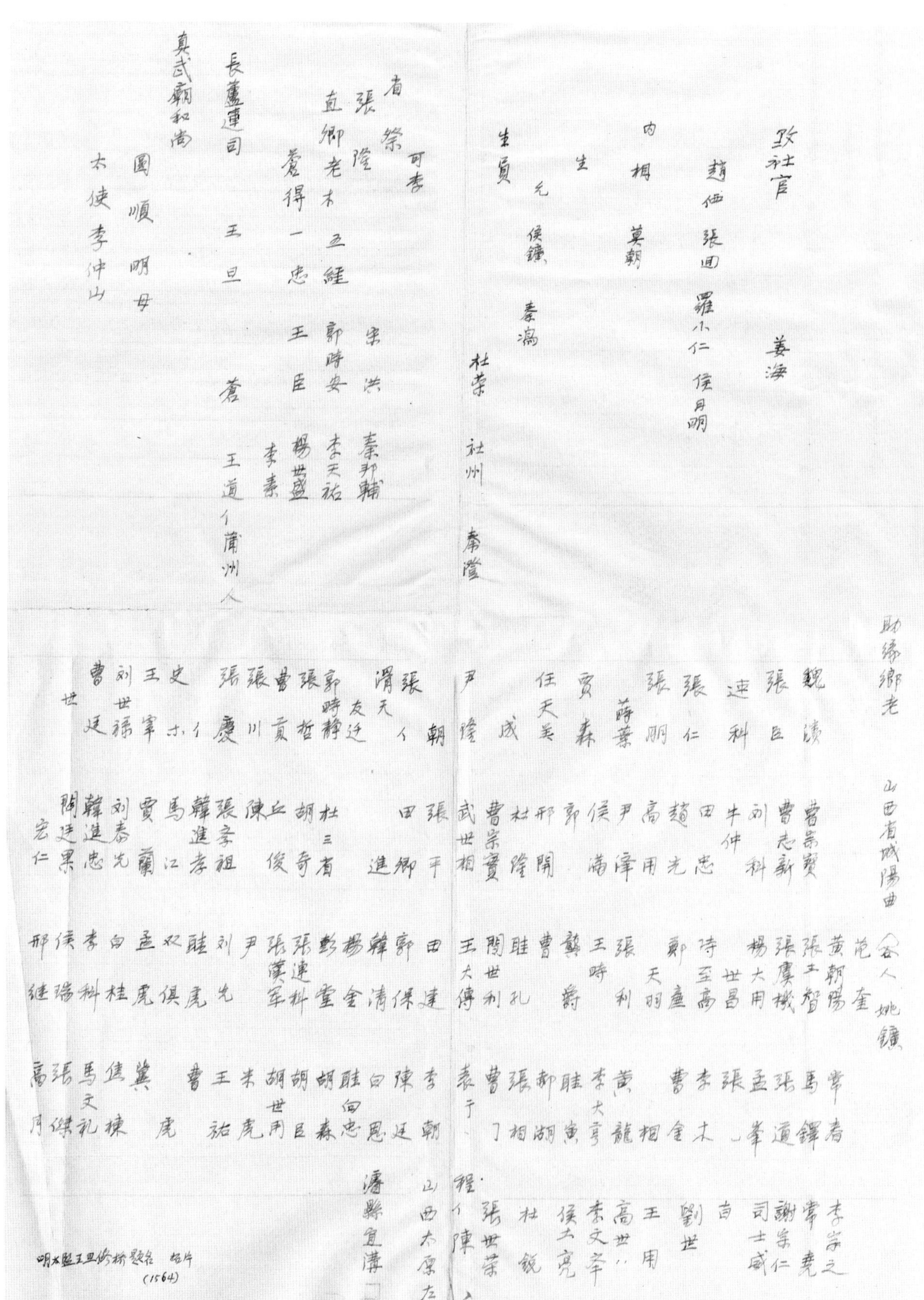

明太监王旦修桥题名 照片
（1564）

欲題仙跡圖
登涉到趙城
工功皆云妙
華表盡馳名
萬曆十年正月初九日
陝西三原李國信書
寧夏正千戶石□□□

余记 在此旁壤
萬曆十年（1582）

安濟橋在州南五里洨河上，一名大石橋，乃隋匠李春所造，奇巧固護，甲於天下。上有驢跡，相傳是張果老倒騎驢處，未知是否。按果老隱中條山，往來汾晉間，得長生秘術，又常見於恆山中，則其偶過於此，亦或有之，而後人欲神其事，因為之傳會云。

隆志 2/9

隆庆趙州志修於隆庆元年（1567），蔡懋昭等修。

以上引文，隆志是否从弘治趙州志或更早的趙州志抄录，待查。

145

重修大石橋記

郡舉人張居敬

余趙城南距五里有洨河、河有橋名安濟、一名大石、石乃隋匠李春所造云、橋跨截河流、揣比長二十丈、石費磨礱、備極固護、翼以扶欄、如其長之數而兩之、其製穴竇、缺空不楹、而架中一空如斷環、可十五丈、兩腋二大穴、摩頂二小穴、用以殺怒水蕩突、昔人謂如初月出雲、長虹飲澗、此得橋之槩者也、蓋趙為畿輔要區、雄於河朔、其在幅員、所稱四通之域也、往來肩摩轂擊、而洨水匯四泉之流、夏秋間雨潦霖霪、眾流則俱赴、泛濫汪洋渚涯間、屋沓特甚、假令津梁不通、則郵傳檄奏之馳驅、貨殖車輿之輻輳、將不勝單渡之嗟、而誰其致濟人於濠瀆者耶、惟是歲作葺修、俱不可廢、世廟初有鬻薪者、以航運置橋下、火逸延焚、致橋石微隳、而腰鐵因之剝鎖、且上而轄重穿敝、先大夫目擊而危之曰、弗葺將就頹也、以癸亥歲、率里中杜銳等庀其役、垂若而①年、石敝如前、余兄弟復謀請李縣尊觀工而董之、令僧人明進、緣募得若干緡、而郡守王公、實先而督勒、經始於丁酉秋、而冬告竣、勝地飛梁、依然如故、毋敢縱為殘毀者、則又今守曹公禁諭保護之力也、張居敬曰、陵谷滄桑、相為遷變、神工密緻、亦際缺厄、以余所覩記、茲橋已一敝於逸火、兩敝於積潦、則累土先計、信存乎人也、河水上流波漪、至橋下則湛然淵停、風景自殊、堪輿家謂當更鍾英毓秀、豈[illegible]有見於地靈人傑云乎哉、

光志14/22

①"而"疑为"千"之误。

萬曆二十五年丁酉（1597）。

趙州在城社信士男……

施此石柱

在城社信士施石柱題名

1956年6月挖出　見趙目69

原石拓片待补

明

贊皇縣清河村何祐妻郭氏……

施此构㮰一间

何祐妻郭氏施构㮰題名

1957年6月挖出，見趙目27

原石拓片待补。

年代待查。明？

7
韓寧

韓寧刻石

原嵌関帝廟城门上方，由三塊拼合。

見趙図144，145

原石拓片待补

明

安濟橋　　　　　　　　　　　　王懿

趙州南去駕橫橋，洨水西來湧勢迢。
萬竈合烟籠短棹，長虹嵌石跨青霄。
林山疎矗凝朝岫，帝闕崔崇起夜潮。
仙跡茫茫何所見，白驢飛渡有人謠。

光志16/14

王順治十一年（1654）举人，康熙三年（1664）進士，見光志卷7。

安濟橋　　祝萬祉

公餘攬轡過仙橋，隋跡傳來歷幾朝。
百尺長虹橫水面，一彎新月出雲霄。
恆山北接千峰秀，驛路南來萬國遙。
春早桑麻勞灌溉，民家廬舍半蕭條。

光志16/13

祝康熙二年(1663)任趙州知州，修州志。

安濟橋　　張光昌

登臨放眼太行西，水拍欄杆煙樹齊。
懸向地中偃日月，陡從天外落虹蜺。
雲游隱見青龍卧，苔蝕依稀白衛蹄。
最笑秦人癡并趙，邱墟一樣夕陽低。

光志16/14

光志列張於王基宏前，王於康熙十二年(1673)參加修趙州志。

安濟橋　　　　王悃

長虹百尺鎖關河，新月一灣泛水波。
兩岸烟光楊柳嫩，千家燈火客槎過。
勢凌霄漢蛟龍起，地接樓臺風雨多。
隱隱仙帆何處去？石梁猶頌白驢歌。

光志16/14

光志列王悃於王基宏前。王於康熙十二年（1673）参加修趙州志。

康熙十一年題名碑

康熙十一年題名碑
1955年4月挖出　見趙目157
原石拓片待补
康熙十一年（1672）

安濟橋　　　　王基宏

安濟石橋日月留，龍蟠虎踞汶河洲。
無楹自奪天工巧，有數能分地景幽。
豈是長虹吞皓月？故教半魄隱清流。
不言果老多神異，況剩白驢嵌石頭。

光志16/14

王於康熙十二年(1673)參加修趙州志，見光志卷首。

趙州十二景雜咏

國朝学正饒夢銘

誰到橋頭問李春？仙驢仙跡幻成真。
長虹應捲濤聲急，似向殘碑說故人。
橋本隋匠李春所造，
後為驢迹，以神其說。

光志16/18

按上为雜咏第二首《安濟橋》

咏安濟橋　　　　張士俊
誰擲瑶環不記年，半沉河底半高懸。
從來興廢如河水，只有長虹上碧天。

光志 16/17
張应为清代人。

咏安濟橋　　　　侍御傅振商
石橋碧影駕長虹，流水無心夕照中。
千載乘驢人不見，徘徊學步愧青驄。

光志 16/17
傅应为清代人。

谨案 太平寰宇记 赵州平棘县下引汶水水经注云：汶水又东迳平棘县南，有石桥跨水，阔四十步，長五十步，桥东有两碑。汶当洨字之譌，其所引水经，今本無之。豈向来有桥，而李春因遺蹟而重修之欤？

清王履泰 畿辅安澜志 宁晋泊、桥渡、安济桥条。
（嘉庆十四年（1809）撰）

水经注逸文見 宋史 太平寰宇记卷六十。據此可知平棘县南洨水上在隋前已有石桥，李春总结了前代匠人的经验，重新修建，故能有此惊人的成就。这一材料可为茅以昇同志认为此处古已有桥而李春后来居上的观点提出一条文献的論证。

王元治西章侣村庠生。…… 道光元年城南修大石桥，州守李命董其役。元治先捐钱数十緡为倡。工竣，賜急公好义匾额。

王元治傳 赵州志卷十一 光绪廿三年（1897）

附录

甲、解放前部分

文献来源（简称全称对照）

隆志：赵州志十卷　1962年11月上海古籍书店据宁波天一阁藏明隆庆刻本影印

光志：赵州志十六卷　卷首卷末各一卷　光绪丁酉重修本

赵录：赵州石刻全录　陈钟祥订　蔡春[illegible]　查铭辑　同治间刊本

梁录：梁思成安济桥券壁刻字录　《赵县大石桥即安济桥》一文后附录，载中国营造学社汇刊五卷一期

余记：余鸣谦记录

赵目：1955年修桥时所发现的赵州大石桥桥石目录

畿志：畿辅通志　金石略　光绪刊本

孙贯文：赵州大石桥史料[illegible]考　稿本

乙、解放后部分

目录

（原文不录）

刘致平：《赵县安济桥勘查记》　《文物参考资料》1953年3期

郭瑞恒：《在参加赵县安济桥修缮工程中的几点体会》　《文物参考资料》1955年11期

余哲德：《赵州大石桥栏板的发现及修复的初步意见》　《文物参考资料》1956年3期

俞同奎：《安济桥的补充文献》　《文物参考资料》1957年3期

潘泰封：《华北名胜短篇》　《旅行家》1957年4期

唐寰澄：《中国古代桥梁·河北赵县安济桥》　1957年12月　文物出版社

梁思成：《一千三百多年前的石桥》　《人民画报》1958年
8期
余鸣谦：《最近竣工的赵县安济桥》《历史建筑》
1959年1期
李全庆：《赵县安济桥工程施工记略》《历史建筑》
1959年1期
李全庆：《赵县安济桥续发现的栏板及其他石刻》
《历史建筑》1959年1期
余鸣谦：《中国古代科学家·李春》1959年9月
科学出版社
李全庆：《赵州石桥修复工程竣工》　《文物》
1959年2期
罗英：《中国石桥》第三章第二节《赵州安济桥》
1959年11月人民交通出版社

第　　页

164

张彬：《赵州桥》　《中国历史小丛书》第99种
1962年9月 中华书局
建工部中国建筑史编辑委员会：《中国建筑简史》
第四章第五节《陵墓、桥梁及其他》1962年
10月中国工业出版社
茅以升　《重要文物保护单位中的桥》《文物》1963年
9期
孙贯文　赵州大石桥史料丛考　　稿本

第　　页

16

丙. 外文部分

目录

1 Andrew Boyd: Chinese Architecture and Town Planning, London, 1962
P. 155－157, Plates 24－25

2 Nelson I. Wu: Chinese and Indian Architecture, London, 1963
Plate 116

3 Joseph Needham: Science and China's influence on the World, Plate 24
The Legacy of China Edited by Dawson
Oxford University Press, 1964

4 William Willets: Foundations of Chinese Art, 1965 Thames and Hudson,

第　页

16

London.
P 404－405

此书讲到18世纪欧洲工程师艾德华兹於两次失败之后於1746年才造成一座每端有三个敞肩小拱的桥，而中国在一千多年以前早已造成。它对李春的大石桥给了极高的评价。

5 Joseph Needham: Clerks and Craftsman in China and the West.
1970, Cambridge University Press.
P. 61, 133

6 Joseph Needham: Science and Civilization in China.
Vol. IV : 3 P 178－184, Fig. 835, 837
1971, Cambridge University Press.

第　页

16

现在所查到的外文有关大石桥的文献以此为最详。对石桥的历史、科学价值、艺术价值，对世界桥梁的影响等方面，均有论述。

第　　页

第四部分

工程技术探讨和大事记

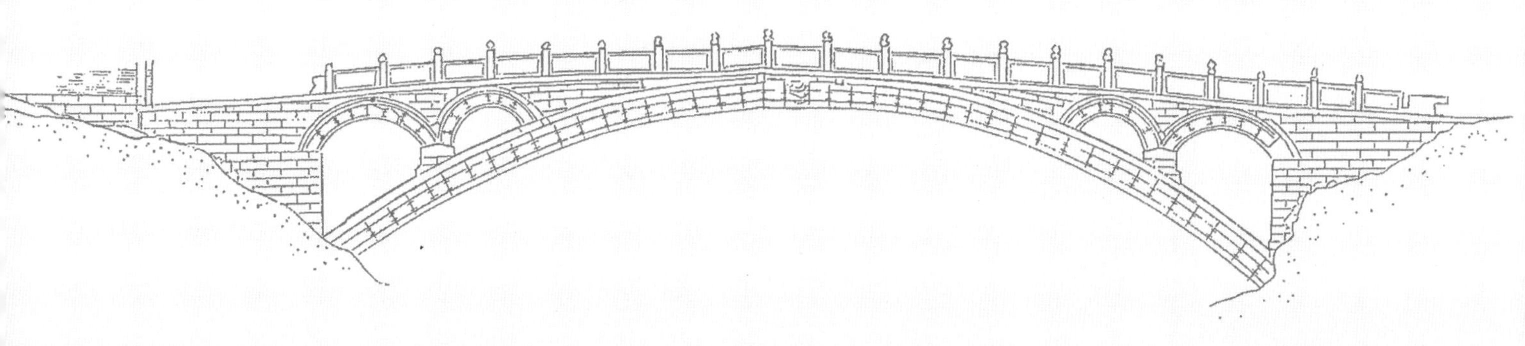

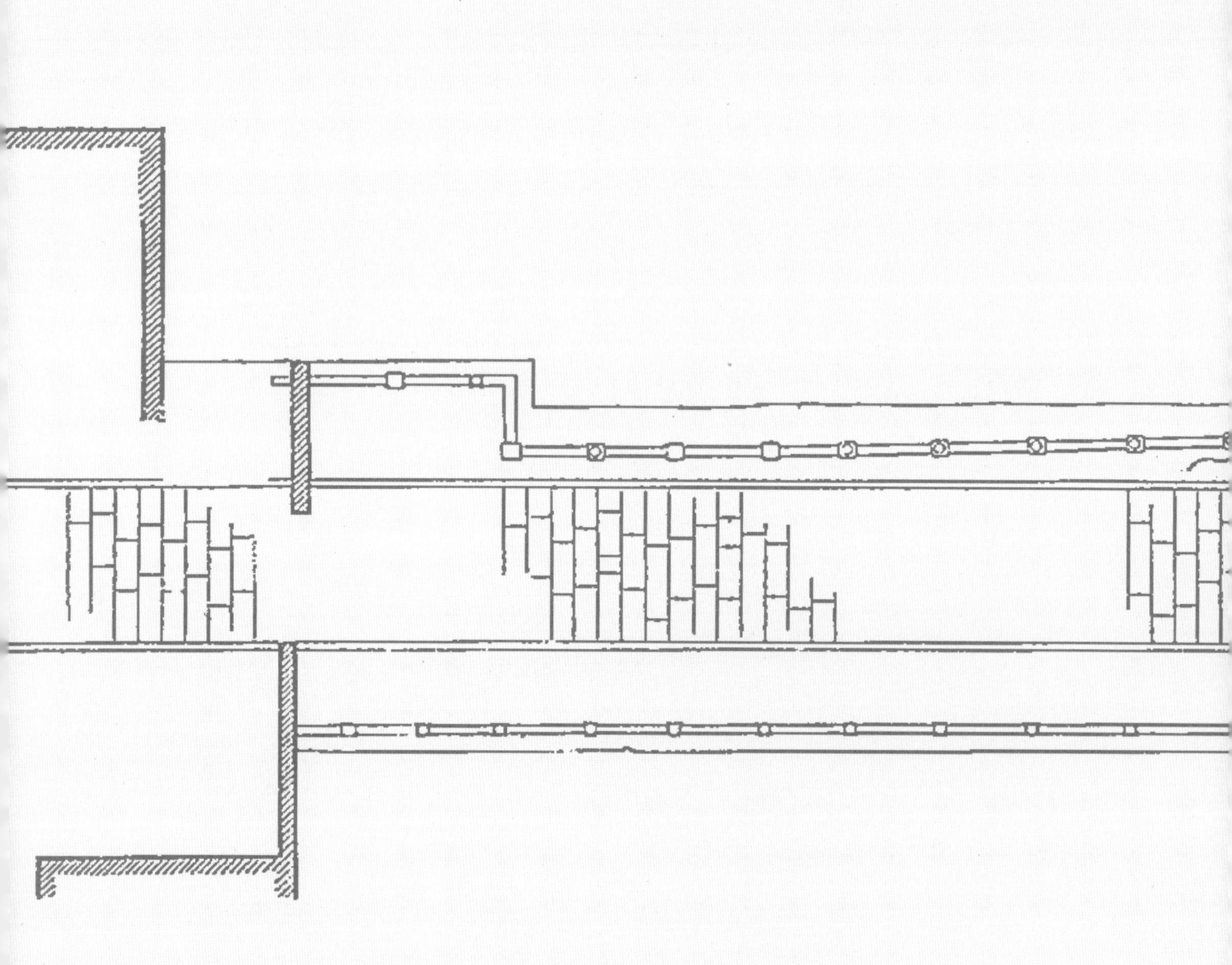

1952—1958 年赵县安济桥修缮工程回顾和工程技术探讨

中国文化遗产研究院　顾军

1952—1958 年实施的河北省赵县安济桥修缮工程，是新中国成立之初开展的重大古建筑修缮项目，在我国文物保护史上具有重要的影响，由中央人民政府文化部指派北京文物整理委员会开展工程前期勘察设计、河床发掘和工程组织策划工作。赵县人民政府为此成立了"赵县安济桥修缮委员会"，由河北省公路局负责桥体的结构加固设计和施工，北京文物整理委员会负责栏板的调研和设计，余鸣谦先生作为北京文物整理委员会的技术负责人全程参与修缮委员会的工作，并担任副主任。赵县安济桥修缮工程的修缮技术和从中取得的经验，为后世留下了许多有益的借鉴，而同时关于其修复的效果也存在长期的争议。

一、安济桥独特的造型创造出卓越的艺术成就

安济桥又名赵州桥，俗称大石桥，位于河北省赵县城南 5 里的洨河上，建于隋大业年间（605—618 年），为隋炀帝时期的石匠李春所建造，迄今已有 1300 余年。安济桥是世界上现存最古老、跨度最大、保存最完整的敞肩圆弧石拱桥，对后世桥梁建造有着十分深远的影响。茅以升先生评价说："以安济桥为代表的敞肩圆弧石拱桥首创于我国，这一桥型的出现，给予拱桥的发展以巨大的生命力。"[1]

（一）创新的"两涯嵌四穴"的敞肩圆弧拱造型

所谓敞肩，是指拱上建筑由实腹演进为空腹，以一系列小拱叠架于大拱之上。这样可以减轻石拱桥的自重，从而减小拱券厚度和墩台的尺寸，同时又可增大桥梁的泄洪能力。所谓圆弧，是采用小于半圆的弧段，作为拱桥的承重结构。其特点是，在相同的跨度情况下，可以较半圆拱大幅度地降低桥梁高度，并且在相同高度的情况下，得到较半圆拱更大的跨度，安济桥的桥拱净跨达 37.02 米、净矢高 7.23 米，桥面更加平缓。两者结合，使拱桥技术产生了飞跃。

安济桥采用的是"两涯嵌四穴"的形式，最大限度地将四个小拱分列于石桥两侧。安济桥主拱过水面积 210 平方米，而四小拱过水面积达到 32 平方米，在洪水期增加 15% 的过水量，从而增大了石桥的安全度，同时比实肩拱减轻了 770 吨的桥体自重，降低了基础所需承托力，并减少石料 290 立方米。

---

〔1〕 茅以升（主编）：《中国古桥技术史》，明文书局，1991 年 3 月。

（二）并列式拱券结构提高了施工的灵活性

安济桥的拱券结构由28道独立的券体并列砌筑，要求每道券石对接处的加工要精细、紧密，每券单独操作比较灵活，若发生不均匀沉降，每个拱券均可独立成拱，不致影响桥梁整体安全，同时施工中可节省拱架材料且便于维修。并列式拱券结构存在横向联系不足的缺陷，通常采用护拱石、勾石、铁梁、腰铁等方式，加强各券之间的横向联系。

（三）稳固的桥基确保了桥体的安全

安济桥为“低拱脚、浅基础、短桥台”，承托主拱下的桥台由五层石块砌成、总厚度1.55米，桥台直接砌置在天然亚黏土地层上，承载力为34吨/平方米，受力均匀、坚实稳定，出现地震时能避免不均匀沉降，至今赵州桥仍基本上保持原状。

（四）优美的造型展现了卓越的艺术美学价值

安济桥纤美的造型，匀称的体态，似彩虹横跨洨河两岸，达到力与美的完美结合，是中国古代工匠创造出的伟大艺术作品。安济桥的栏板浮雕，“神态飞躍，想象力丰富，刻工精细，珠联璧合”〔1〕，具有极高的艺术美学价值。

二、亟待修缮的千年古桥

安济桥自隋代建成后，频繁遭受洪水、地震的冲击和战争的破坏，历代曾多次进行修缮。唐代两次洪水造成两岸桥台石的崩落，小拱券开裂、倾斜。到宋代，用于锚固的“腰铁”锈蚀脱落，引起拱石错动。明万历年间，一场大火造成券石出现缝隙，“腰铁”随之脱落，整座桥“弗葺将就颓也”〔2〕。到清代，安济桥出现更为严重损坏，拱桥的西侧靠外五道拱圈坍塌并进行了修复，到清代乾隆年间，拱桥的东侧靠外三道拱圈坍塌。在历年修缮中，不断地修复崩落的桥石。同时，因桥两侧券石不断坍塌，栏板也随之落入河中，桥栏也不断更新。在1953年到1957年的河床发掘中，发现了不同时代的栏板和望柱。

新中国建立初期，安济桥损毁已极为严重：原28道拱券尚存25道，东侧3道拱券坍塌，另有两道已开裂外倾约20厘米，行将坍塌，而西侧靠外的5道拱券为清代重砌，也就是说只有二十道拱券有可能为隋代原物。同时，整座桥体已出现扭曲，券面石多处风化、酥碱；大券背上的四道小券石早已大部分严重风化残损；南桥墩西侧石块已挤出，且大量桥墩石风化更为严重。桥上西侧石栏为清代补配，雕刻粗陋，东侧则是砖砌栏杆、外抹水泥砂浆，而桥面中央因车辆行驶过多，已不堪重负，在后期加铺一层石面。

三、在争论和不断完善中形成的安济桥修缮设计方案和工程实施

（一）初步修缮工程设计方案的形成

1933年11月，中国营造学社对安济桥进行考察，梁思成先生撰写了《赵县大石桥即安济桥》（载

---

〔1〕茅以升（主编）：《中国古桥技术史》，明文书局，1991年3月。
〔2〕（明）张居敬：《重修大石桥记》。

入《中国营造学社汇刊》5卷1期，1934年）。在1935年提交的《重修赵县大石桥计划大纲》中，提出："修补方法，首先须将已崩倒之东面三券，及其次已倾斜之数券，恢复原位，然后将各券之间加以联络，或用钢铁，或用钢骨水泥。石缝之间，全部用水泥灌满，使桥身成为一整体。桥上所缺石栏等等，亦宜补加，以保障行人安全。"

1952年5月根据河北省人民政府文教厅的报告，中央人民政府文化部下发了《批复修缮赵县石桥案》，安济桥修缮工程开始启动。

1952年11月，文化部社会文化事业管理局罗哲文同志约请刘致平、卢绳二位教授，和北京文物整理委员会余鸣谦、李良姣、孔德垿、孔祥珍、王月亭、周俊贤、酒冠五等七位同志赴赵县开展安济桥勘测工作。勘察结束后，考察组完成了《河北省赵县安济桥勘察工作日志》，并在此基础上，由刘致平教授主笔完成了《赵县安济桥勘察记》一文。在文中的修缮方针中，刘致平教授提出了"以极力保持桥的外观为主旨，风化残毁过甚石块需更换新石，东侧大券及小券倒塌三道单券须扶起，按原式加铁榫重砌……东侧开裂欲坠之大小券石二道，须重新安砌，俱按原式用铁活。大小券石既是用二十八道单券组成，则在券背上必须加固使成一整体。最有效最易施工，最不伤大券石的方法即是在石券背上（伏石）的地方，改做钢骨水泥的伏券，不过要多加几道伸缩缝"。由此可以看出，安济桥最初的修缮思路就确定了在确保桥体原状的前提下，采取在大券伏石处筑打钢筋混凝土以提高其整体性的措施，同时补配缺失的券石、更换严重酥碱的石料；对于栏板的修缮，提出了"希望在动工时清理桥下积石里可以得到一些原来勾栏的片段残余，然后再行恢复原式"。

1952年12月，刘敦桢先生致函文化部社会文化事业管理局，就赵县安济桥修缮工作提出三点意见：1. 空撞券上之三角地带，希望仍用条石保存原来形状；2. 所用石料不仅质地坚硬、无筋纹，颜色须与下部券石一致；3. 桥面石缝如仅用一三水泥砂浆灌满，难免无雪浸入，可否将石缝上部半寸浇灌柏油。刘敦桢先生在提出应保持桥体原状和使用与原券石同质地石料的要求以外，还强调应增加防水层。

1953年10月30日，文化部社会文化事业管理局张珩处长陪同交通部公路总局何福照、中央设计院黄强、北京市建设局林是镇到安济桥勘察，认为桥的主拱拱石残破不是十分严重，可采用"压力灌浆"方法注入水泥砂浆加固。

（二）修缮的基本原则之争

在北京文物整理委员会提出的初步修缮方案之后，出现了两种截然相反的修缮意见。

根据孔庆普先生的回忆，1954年6月下旬在赵县召开了一次安济桥大修工程技术研讨会，参加会议的代表来自文化部、北京市和河北省交通部门。在讨论过程中，"有人提出应该按照梁思成'整旧如旧'的原则修复，大修古桥应该按照'修旧如旧'的原则施工，应该将添配的新石件进行'特殊技术处理'，使得古桥大修以后依然像是一座千年古桥"。来自北京市和文化部的代表坚决反对，认为"'整旧如旧'的意思是，古代建筑在修理过程中一定要保持古建的原结构、原形式，'整旧如旧'并非'修旧如旧'"。来自北京文物整理委员会的俞同魁指出，"古代建筑修缮工程，讲究历史的纪实性和可读性，在古代桥梁修理工程中也应该遵循这个精神"。河北省公路局的负责人则认为"从长远考虑，可换可不换的旧石件尽量更换，所有新石件一律不进行'作旧处理'，但是总体上要保持古桥的原样即可"[1]。

---

〔1〕 孔庆普：《中国古桥结构考察》，东方出版社，2015年5月。

1955年1月，文化部邀请有关单位召开座谈会，讨论安济桥保护修缮问题。主持会议的是文化部社会文化事业管理局的陈滋德处长，参加会议的代表分别是蔡方荫（第二轻工业部）、周家模（铁道研究所）、黄京群、庞大为（公路总局）、吕书元、王思武（河北省交通厅）、俞同奎、和良弼、祁英涛（文整会）、张珩、陈滋德、陈明达。根据座谈会记录，在这个会议上出现了"现状保存"和"全部重新修砌复原"两种不同的意见，这应该是文物专家和公路桥梁专家就修缮原则上的争论焦点，支持"现状保存"的专家认为，重新修砌等于重造新桥，是违反古建保护原则的。座谈会最终形成的初步意见是，"以现状加固为主，予以适当的整理，尽可能地恢复原状，暂不全部重拆重砌"。会议决定，由公路总局和河北省交通厅负责安济桥修缮工程的具体设计和施工，而栏板设计由北京文物整理委员会负责。

从两次座谈会的召开情况可以看出，公路桥梁专家希望按原样建一座新桥，而文物专家认为这是违背古建筑修缮原则。按常理当然应以文物专家的意见为主导，但文物专家无法回避的现实问题是，具体如何对桥梁结构进行现状加固和对残损部分进行修补，是长期以传统技术实施古建筑修缮的文物专家们所面对的新课题。北京文物整理委员会的工程技术人员虽然提出了技术方案，包括"压力水泥砂浆灌注法"、恢复东侧三道倾塌拱圈、加强拱券横向联系和加固基础等，但对于具体的施工工艺，就需要依靠有丰富建桥经验的公路桥梁专家去解决，但很明显这些桥梁专家也没有把握，甚至一度提出重建新桥的意见。不过，座谈会最终达成的以现状加固为主的共识，最大限度地尊重了文物部门的意见。

（三）修缮工程最终技术方案和工程实施

1955年6月3日，"赵县安济桥修缮委员会"成立，以该委员会名义拟定的《赵县安济桥修缮计划草案》确定了"修缮计划纲要"，基本内容概括起来是：主券东侧裂开的两道拱券拆除，连同已塌毁无存的三道一并修复，主券采用压力灌浆法加固；西侧主券及小券券顶上使用的伏石酌情拆砌，东侧比照西侧新配伏石，并在东西伏石之间，加用140号钢筋混凝土，浇筑成与伏石同厚之护拱券盖板以加强横向联系；大部分小券的券石疏松破裂，无法再用，需换用新石依原做法砌筑，在小券顶部东西伏石之间用140号钢筋混凝土盖板加强整体联系；拆除侧墙西侧，以80号水泥砂浆砌筑复原，尽量使用旧石，修复已无存的东面侧墙；拱腔部分以90号素混凝土加20%的块石作为填料，其上加铺亚麻布及沥青防水层；以及修复和加固金刚墙和砌筑雁翅泊岸等。1956年11月，安济桥的桥体修缮工程完工。

"修缮计划纲要"所涉及的工程内容是公路局负责的桥体修缮部分，很明显这个修缮方案是遵循了北京文物整理委员会制定的最初设计思路，最大限度地尊重文物保护专家提出的"现状保护"的要求，并最终得到文化部文物局的批准。然而，在实际的工程实施过程中，仍然无法做到完全"现状加固"，虽没有"全部重拆重砌"，但也更换了大量的原石构件：

1. 将主券东侧裂开的两道拱券拆除，并与塌毁的3道拱券一并修复，以恢复拱券的完整性，修缮后的西侧券石仍保持原有状态，而东侧都是由新石料复原。

2. 以高强度水泥砂浆灌注法加固已出现变形的主拱券，同时为加强整体性，在大券和小券顶部的伏石之间铺140号钢筋混凝土，同时为防雨水渗入加铺了一道亚麻布及沥青防水层，这一技术措施是在对安济桥开展调查时就确定的方案，并不断加以完善。

3. 由于大部分小券的券石疏松破裂，于是小拱石几乎全部被更换，且以水泥砂浆砌筑，伏石、仰天石和桥面石全部换新石料。最终整个桥体只有23道原主券得以保留，其中有18道为隋代拱券，另西侧5道拱券为清代所修复。

（四）栏板设计方案和施工

1952年，北京文物整理委员会对安济桥开展勘察过程中，就在考虑桥栏板的维修是否按照现存石雕样式修复的问题。在刘致平先生在《赵县安济桥勘察记》一文中提出："《朝野佥载》大致是唐人作品，所载石勾栏石狮子，或是像卢沟桥的狮子之类。栏板雕刻也可能像小石桥那样。不过原样如何，希望在动工时清理桥下积石里可以得到一些原来勾栏的片段残余，然后再行恢复原式。"当时安济桥的西侧石栏为清代补配，雕刻粗陋，东侧则是砖砌栏杆，历代雕栏都落入桥下河中，不知具体情况。

从1953年到1957年，北京文物整理委员会的技术人员经过多次的发掘和整理，挖掘出大量隋代、唐代、宋代和清代等不同时期的石栏板和石望柱，这些栏板在发掘出来后已是支离破碎。根据余鸣谦先生的回忆，"文物局陈滋德处长、罗哲文同志曾来工地拍照及指导工作，依局方指示，把这些支离破碎的石雕拼凑整合，实在费了不少精力，幸亏这些龙栏板具有古典作品中'形象相似，又不尽相同'的特点，1955年下半年总算大体拼全（有很少部分，1957年又拼上）"。从1953年到1956年，从河床中挖出大小桥石共计1200多块，工程技术人员对其中支离破碎的栏板碎块分别进行了鉴别、拼对、绘制出图样，并结合文献判断栏板的制作年代，这些工作为后来的栏板复原设计奠定了基础。

关于栏板的恢复设计，由余鸣谦、罗哲文和陈滋德三位先生联名以"余哲德"的笔名所撰文章《赵州大石桥石栏的发现及修复的初步意见》中提出了四种方案：一是把发掘出来的历代栏板都安装在桥上，但会显得题材过于杂乱；二是全部采用雕龙栏板和龙柱，但由于发掘出的实物较少，不免要有更多的重复；三是雕龙栏板与斗子卷叶栏板间隔使用；四是所有栏板、望柱均不做雕刻，但有似这座古桥穿上了未加剪裁的衣服[1]。另外，还有一种意见是，既然桥栏恢复条件远不够充分，另外设计一套新题材，代替现在的桥栏，但明显与古桥的风格不协调。

经过北京古代建筑修整所（北京文物整理委员会更名为"北京古代建筑修整所"）根据"人民来信意见"，制定了《安济桥栏杆恢复第五方案》，确定每边25块栏板，中间13块为雕龙栏板，以正面龙头（饕餮栏板）坐中，其余两边各用斗子卷叶栏板6块。以此方案为基础，通过对挖掘栏板的分析和有关文献的研究，确定了栏板的排列方式。关于栏板的材料问题，在1958年7月制定的《赵县安济桥栏板方案的说明》中提出："掘出的栏板无论是刻龙或斗子卷叶都碎裂为3块或5块，如果把这些残块用钢楔连结安装在桥两侧，技术上是可能的，但原有数量不能满足现有桥长的要求，势必要新配一部，况且各栏板的原有位置也难于肯定，更考虑到桥身部分大多是新配材料或新加工的石面，为了上下配合仍以全部换用新料为宜。"因此，所有栏板、望柱全部使用新石料制作安装。

根据档案记载，1957年4月，北京古代建筑修整所委托人民英雄纪念碑兴建委员会制作两台点线仪用于栏板的制作，同时借调3到4名技工支援安济桥栏板的修复工作。1958年5月，赵县安济桥修缮委员会从北京市建筑艺术雕塑工厂借调7名工人，着手开展安济桥栏板的雕刻工作。同年9月，又从北京市西城区李广桥办事处模型工厂借调7名石膏模型技工，对残缺栏板、望柱进行翻制工作，以配合栏板的雕刻。1958年11月，安济桥栏板制作和安装任务全部完成。

---

〔1〕 余哲德：《赵州大石桥石栏的发现及修复的初步意见》，《文物参考资料》1956年第3期。

四、关于安济桥修缮工程“新”与“旧”的争议

安济桥修缮工程完工后，其维修措施和修复效果便饱受各方争议，一直持续至今。最具代表性的是梁思成先生在 1963 年发表的《闲话文物建筑的重修与维护》一文，提出了“整旧如旧与焕然一新”的问题，指出：“把一座古文物建筑修得焕然一新，犹如把一些周鼎汉镜用擦铜油擦得油光晶亮一样，将严重损害到它的历史、艺术价值。这也是一个形式与内容的问题。”他进一步分析说：“在这次（安济桥）重修中，要保存这桥外表的饱经风霜的外貌是完全可以办到的。它的有利条件之一是桥券的结构采用了我国发券方法的一个古老传统，在主券之上加了缴背（亦称伏）一层。我们既然把这层缴背改为一道钢筋混凝土拱，承受了上面的荷载，同时也起了搭牵住下面二十八道平行并列的单券的作用，则表面完全可以用原来券面的旧石贴面。即使旧券石有少数需要更换，也可以用桥身他处拆下的旧石代替，或者就在旧券石之间，用新石‘打’几个‘补丁’，使整座桥恢复‘健康’、坚固，但不在面貌上‘还童’、‘年轻’。今天我们所见的赵州桥，在形象上绝不给人以高龄 1300 岁的印象，而像是今天新造的桥——形与神不相称。”[1] 梁思成先生通过对安济桥修缮工程提出的意见，进一步阐释了“整旧如旧”的思想，强调要保持文物建筑的“品格”和“个性”。傅熹年先生对安济桥修缮工程曾做如下评述：“（安济桥）五十年代修缮时，为求坚固、壮观和表现对古桥的修缮成绩，尽管桥两侧和桥面尚有部分旧石存在，却全部换用新石材，把若干道原有拱券包在其中，只有站在桥洞下仰观才可看到，以致外观宛如一座新桥，极大地损害了它的历史风貌。”[2]北京建筑大学的夏树林教授也谈到，“赵州桥的修复，突出的问题是桥面和栏板全部用了新材料，这个不妥”[3]。

五、关于安济桥修缮工程技术问题的探讨

安济桥修缮工程已过去六十多年了，关于它的争议长期存在。但如何看待一项古建筑修缮工程的技术措施和最终效果，应站在时代的角度去分析和认识。安济桥的修复方式含有西方“风格性修复技术”的思想，可以从技术的层面作如下的分析：

（一）现状加固、恢复原状作为修缮工程的指导思想

刘致平教授提出的“以极力保持桥的外观为主旨”，但在具体方法上，出现了“全部重新修砌复原”和“现状保存”两种不同的意见，而最终形成的初步共识是，“以现状加固为主，予以适当的整理，尽可能地恢复原状，暂不全部重拆重砌”。这个共识虽然很大程度上尊重了文物部门提出的古建筑维修基本原则，但在实际操作中却很难把控。而在石桥的结构加固上如何实现这一思路，只能依靠拥有桥梁建设和加固经验的公路部门。很明显面对如此复杂的修缮工程，不论对于文物保护专家还是公路桥梁专家来说，都是一个全新的课题。而工程技术的难点不仅在于如何对严重风化酥碱和存在扭曲的主拱券进行压力灌浆和浇筑钢筋混凝土板，更为困难的是在实施上述加固措施之前，势必要将主拱券以上部分全部拆解，从而对桥体造成非常大的扰动，而这些被拆解的石块已经风化、破损严重，还

〔1〕 梁思成：《闲话文物建筑的重修与维护》，《文物》，1963 年第 7 期。

〔2〕 傅熹年：《中国历史建筑遗产保护面面观》，《小城镇建设》，2002 年第 8 期。

〔3〕 艾江涛：《赵州桥：千年石拱桥的“旧”与“新”》，《三联生活周刊》，2020 年第 10 期。

能否归回原位和重复使用，则存在极大的不确定性。

（二）采用压力灌浆和钢筋混凝土加固桥体是基本共识

无论是梁思成先生最早提出的修缮计划，还是1952年北京市文物整理委员会专家组提出的修缮方针，以及交通部专家的意见，都提出了“压力灌浆”和“钢骨水泥”加固的方法。这是针对安济桥的拱券存在严重变形和构件破损的状况而提出的，安济桥在维修前除东侧桥券崩落外，整座桥体已出现扭曲，拱石之间出现不同程度的空隙，存在较大的险情。采取向主券内灌注高强度水泥砂浆的措施，可以有效地加强券石之间的结合。同时在主券顶部、伏石的位置加筑一道钢筋混凝土板，又可进一步提高主券的整体性。

在20世纪50年代，采用水泥砂浆和钢筋混凝土加固技术完整地修复古建筑，曾是西方古迹修复的常用手段。灌入高标号水泥砂浆后，实际上使拱券的干摆砌筑方式改为水泥砂浆粘接，极大地提高了拱券的整体性，但也改变了原建造工艺，且水泥砂浆对石材具有腐蚀性，桥底长年出现泛碱现象。同时，混凝土盖板直接浇筑在石拱券顶部，进一步加强了拱券的整体性，并使拱券上部所承受的纵向荷载从拱券各处受不同力作用，转为拱券整体承受均布荷载。

（三）桥身两侧补配的石料使桥身显得崭新

安济桥在修缮前，东侧三道拱券全部坍塌，西侧是清代补配，而上部的小拱券石不仅缺失较多，且“大部分风化严重”。这就意味着除西侧券脸石是清代旧物外，其余补配的券石（包括东侧券脸石）均需用新石料制作。梁思成先生曾提出券石“表面完全可以用原来券面的旧石贴面”，以及“也可以用桥身他处拆下的旧石代替”[1]，这个意见是基于在形象上要给人以高龄1300岁的印象，而不在面貌上“还童”“年轻”。然而，很明显这个建议是过于理想化了，因为主券是石桥主要承重结构，这就需要每块券石的形态完整、有足够的抗压强度并确保其各个方向上的受力牢靠，而“旧石贴面”或“旧石代替”，用今天的技术也许可以办到，而在当时以传统修缮手段的技术条件下，要将风化残损严重的旧石料在加工后能紧密贴靠，建起完整的券状受力体系，明显存在一定的困难。

（四）对残损构件的修补存在较大的技术难度

在对残损严重的古建筑修缮的经验中，建筑原构件拆解下来后将会有一大部分无法再继续使用，主要原因是建筑构件糟朽或风化极度严重，在拆解后便出现严重破损或成不规则状，进而无法再予复位。在最初的设计方案中曾提出，“大小券石残毁约三分之一的换新石，略有残毁的用水泥镶补，稍有残缺的保持原状不动”，因此受技术条件的制约，当时对石构件的维修方法只是用水泥修补，而我国在20世纪50年代还未广泛使用高分子聚合材料的石材粘接技术。安济桥的修缮工程只保持23道原主券石未予拆除，而要进行灌浆和筑打钢筋混凝土盖板则需将主券以上的石构件全部拆解，特别是4个小拱的券石拆下后很难再予归位，则全部更换了新石料。

（五）桥面石残损严重已无法重复使用

由于常年车辆的碾压，桥面石早已碎裂不堪，在历史上不断地进行更换，或在桥面上再铺一层地面石，使得桥面已是面目全非。在最初的设计方案中，刘致平先生曾提出“桥面上亦用钢骨水泥路面，上铺石板保持原状，仅将突出部分落平”。而在残损严重的桥面石被揭开并筑打了混凝土垫层以后，将桥面石再予归位明显也面临很大的难度，更何况对于仍要再继续使用的石桥，残破和坑洼不平的桥面

---

〔1〕 梁思成：《闲话文物建筑的重修与维护》，《文物》，1963年第7期。

不利于人员和车辆的行走。

（六）严重残缺的栏板难以配置

本次维修的一大遗憾，是未使一些发掘出的原栏板归回原位，所有栏板、望柱均为新制构件。根据栏板设计方案，从河中挖掘出的栏板数量有限，大量的栏板需要新配，同时考虑到桥身已是大部新配石料，则决定“上下配合仍以全部换用新料为宜”。同时，这些旧栏板都是多个碎块拼接而成，同样受缺乏对破损石构件粘接技术的制约而难以修复，特别是栏板缺失部分只能用石膏进行修补复原。虽然考虑可以采取“把这些残块用钢楔连结安装在桥两侧”的方法，明显从观感上过于残破和不协调，这也是旧栏板无法重新安装的原因。

六、结语

赵县安济桥修缮工程是新中国在国家经济正在恢复时开展的一项重要的古建筑保护工程，充分体现了中央人民政府对文物保护的高度重视。在文化部的直接领导和支持下，指派最高文物保护机构负责安济桥的前期勘察和初步设计工作，并成立专门的“赵县安济桥修缮委员会”，成员来自中央和地方各级行政机构和专业工程技术单位，组建起高水平的专业队伍是实施修缮工程的重要保证。详尽细致的勘察为修缮设计方案的制定奠定了基础，修缮技术措施的确定是集体决策、多方论证的结果，而在整个勘察和施工中形成的档案资料为后人留下了重要的历史文献，充分体现老一代文物保护工作者严谨的作风，为新中国文物保护事业留下了极为宝贵的财富。安济桥修缮工程是在特定技术条件和历史背景下实施的一项古建筑修缮工程，为之后的文物保护工作提供了借鉴和启示。

（本文发表于中国文化遗产研究院主办的《中国文化遗产》2022年第2期，作者对原文略作修改，编辑部张双敏执行主编对文章校核斧正）

赵县安济桥修缮工程相关主要文献

1. 梁思成:《赵县大石桥即安济桥》,《中国营造学社汇刊》5 卷 1 期，1934 年。

2. 刘致平、卢绳、罗哲文、祈英涛、余鸣谦、李良娇、孔德垿、周俊贤、酒冠五、孔祥珍:《赵县安济桥勘查记》,《文物参考资料》1953 年第 3 期。

3. 郭瑞恒:《在参加赵县安济桥修缮工程中的几点体会》,《文物参考资料》1955 年第 11 期。

4. 余哲德:《赵州大石桥石栏的发现及修复的初步意见》,《文物参考资料》1956 年第 3 期。

5. 俞同奎:《安济桥的补充文献》,《文物参考资料》1957 年第 3 期。

6. 唐寰澄:《中国古代桥梁》，文物出版社，1957 年 12 月。

7. 梁思成:《一千三百多年前的石桥》,《人民画报》1958 年第 8 期。

8. 余鸣谦:《最近竣工的赵县安济桥》,《历史建筑》1959 年第 1 期。

9. 李全庆:《赵县安济桥工程施工记略》,《历史建筑》1959 年第 1 期。

10. 罗英:《中国石桥》，人民交通出版社，1959 年 11 月。

11. 梁思成:《闲话文物建筑的重修与维护》,《文物》，1963 年第 7 期。

12. 茅以升:《重点文物保护单位中的桥》,《文物》，1963 年第 9 期。

13. 茅以升（主编）:《中国古桥技术史》，明文书局，1991 年 3 月。

14. 李晋栓:《安济桥桥台基础勘探获新成果》,《文物春秋》1996 年第 4 期。

15. 胡达和、夏树林:《安济桥桥台基础及地基的考察报告》,《市政技术》1997 年第 3 期。

16. 傅熹年:《中国历史建筑遗产保护面面观》,《小城镇建设》2002 年第 8 期。

17. 孔庆普:《中国古桥结构考察》，东方出版社，2015 年 5 月。

18. 艾江涛:《赵州桥：千年石拱桥的“旧”与“新”》,《三联生活周刊》2020 年第 10 期。

19. 高雪娜:《1952—1957 年赵州桥修缮工程》（上、下篇）,《档案天地》2020 年第 8 期、第 9 期。

赵县安济桥修缮工程大事记

1933 年 11 月，中国营造学社赴赵县考察安济桥，梁思生先生撰写了《赵县大石桥即安济桥》（载《中国营造学社汇刊》5 卷 1 期，1934 年），并附安济桥的实测图和多张照片。1935 年 5 月，梁思成先生拟定《重修赵县大石桥计划大纲》，由中央古物保管委员会委员李济代为提交国民政府。由于 1937 年全国抗战的爆发，安济桥修缮工程未能实现。

1952 年 1 月 29 日，河北省人民政府文教厅报请中央人民政府文化部《关于赵县石桥的破坏情况并请派员勘测修整的报告》。

1952 年 5 月 12 日，中央人民政府文化部向河北省文教厅发文《批复修缮赵县石桥案》（52 文秘字第 213 号），同时抄送华北行政委员会文教局、北京文物整理委员会、文化部社会文化事业管理局等单位，文件批准实施赵县安济桥修缮工程，要求“由北京文物整理委员会按其原有结构，加以设计。需费可即商同华北行政委员会文教局就去年度中央配拨华北区之名胜古迹保养费内开支”。

1952 年 5 月 21 日，文化部社会文化事业管理局向北京文物整理委员会下发《通知》（52 会化字第 519 号），要求由该会与河北省人民政府文教厅联系办理赵县大石桥修缮事宜。

1952 年 8 月，文化部社会文化事业管理局罗哲文和北京文物整理委员会祁英涛赴赵县勘察安济桥保存状况。

1952 年 11 月 5 日，文化部社会文化事业管理局罗哲文同志约请刘致平、卢绳二位教授，和北京文物整理委员会余鸣谦、李良姣、孔德埒、孔祥珍、王月亭、周俊贤、酒冠五等七位同志赴赵县开展安济桥勘测工作。同月 13 日，勘测工作组在保定完成设计工作的图说和概算表等。同月 21 日，北京文物整理委员会向文化部社会文化事业管理局提交安济桥勘测的工作日志、做法说明、概算表各一份，以及工程图二张。在本次勘测工作的基础上，由刘致平教授执笔完成《赵县安济桥勘察记》一文，测图由北京文物整理委员会绘成，发表在《文物参考资料》1953 年第 3 期。

1952 年 11 月 25 日，北京文物整理委员会致函北京地质学院，送去安济桥所用石料和修缮工程拟采用的新石料各三块，委托北京地质学院进行检测和研究。

1952 年 12 月 28 日，刘敦桢先生致函文化部社会文化事业管理局，就赵县安济桥修缮工作提出几点意见。1953 年 1 月 17 日，文化部社会文化事业管理局将刘敦桢先生来信转发北京文物整理委员会，要求“施工时加以注意”。

1953 年 10 月，为修缮安济桥做准备，在安济桥东 60 米处新建木便桥一座，由河北省交通厅设计，石家庄专区建筑公司施工，于 11 月底竣工。同时对安济桥下河床进行考古发掘。

1953 年 10 月 30 日，文化部社会文化事业管理局张珩处长陪同交通部公路总局何福照、中央设计院黄强、北京市建设局林是镇到安济桥勘察，认为桥的主拱拱石残破不是十分严重，可采用“压力灌浆”方法注入水泥砂浆加固。

1953 年 11 月，在安济桥的环境清理中，发现一块两面刻马的石栏板，半个月后又挖出三种早期石栏板。

1954 年 4 月 19 日，北京文物整理委员会报送文化部社会文化事业管理局关于安济桥的修缮初步设计方案，初步设计提出了三种方案，拟交专门会议审查决定：第一方案，以注射水泥混合灰浆的办法加固桥身，修复倒塌部分，恢复桥头建筑（关帝阁）及整理桥基、泊岸；第二方案：以钢筋混凝土板分段筑打桥大券及小券券背，加固桥身的办法，余同第一方案；第三方案，将现在桥身各部（包括大券、小券、伏石、金刚墙等）酥碱残缺之石块照原样重新补配，余同第一方案。

1954 年 6 月，北京文物整理委员会派汪德庆同志到赵县安济桥继续发掘工作，掘出了一些残缺的望柱和斗子卷叶栏板，工作不足一月因遇洪水仓促中止。

1954 年 7 月 2 日，文化部社会文化事业管理局致函北京文物整理委员会，要求该会“从速进行赵州桥残破现状测绘摄影及新发现栏板的详细测量和照相”。同月，北京文物整理委员会工程师余鸣谦会同文化部社会文化事业管理局业务秘书罗哲文，赴赵县开展安济桥详细测量和照相工作。

1954 年 8 月 4 日，文化部致函河北省人民政府文化事业管理局，“希将安济桥侧之修木桥移交交通部门管理”。

1954 年 8 月 26 日，北京文物整理委员会完成赵县安济桥栏板初步设计说明书及图样等资料，呈报文化部社会文化事业管理局。

1955 年 1 月，文化部邀请有关单位召开座谈会，讨论保护修缮安济桥问题。出席人：蔡方荫（第二轻工业部）、周家模（铁道研究所）、黄京群、庞大为（公路总局）、吕书元、王思武（河北省交通厅）、俞同奎、和良弼、祁英涛（北京文物整理委员会）、张珩、陈滋德、陈明达（文化部社会文化事业管理局）。在讨论过程中，出现“全部重新修砌复原”和“现状保存”两种不同意见。考虑到各种具体因素，会议最后讨论的初步意见是：以现状加固为主，予以适当的整理，尽可能地恢复原状，暂不全部重拆、重砌。同时，决定具体设计施工由公路总局和河北省交通厅负责，栏板设计由北京文物整理委员会负责。

1955 年 4 月 10 日，北京文物整理委员会余鸣谦、杨玉柱、律鸿年等抵达赵县，会同河北省公路局组建的“河北省公路局安济桥勘察设计队”，开展安济桥修缮工程的相关准备工作。主要工作内容包括两个部分：一是请有桥工经验的河北省交通厅工作组编制施工计划，筹备工程材料；二是由北京文整会小组到栾城、宁晋两地了解古桥情况。在这两项工作完成后，集中力量勘察安济桥，完成桥下旧石的发掘。

1955 年 6 月 3 日，赵县安济桥修缮委员会正式成立，委员会由十个单位组成：赵县人民委员会、赵县文化科、赵县公安局、赵县一区区公所、大石桥乡人民委员会、河北省文化局、河北省公路局、北京文物整理委员会、交通部公路总局、文化部社会文化事业管理局。同日，安济桥修缮委员会召开第一次会议，选出曹拔萃为主任委员，郭瑞恒为副主任委员，张同昌为秘书，其余各单位为委员，并由赵县人民委员会，办理日常工作。会议讨论了《赵县安济桥修缮计划草案》，拟定并原则通过了修缮纲要。文化部核准该桥修缮经费 266652059 元（1955 年前人民币旧币）。

1955 年 6 月 8 日，“赵县安济桥修缮委员会”公章开始启用。

1955 年 6 月，继续在桥下南部的挖掘石料工作，共挖出能使用的各种规格石料约 700 块，连河底表面拉出石料前后共达约 1000 块。因石料大致捞完，从 10 日起开始砌筑南部三个拱架砖墩。同时，改制主拱券拱石 73 块。

1955 年 7 月，安济桥修缮工程预算编制完成，总工程量共 30 万元；石料打捞工作结束，共捞石料 1250 块；浇筑完成桥南端三个拱架砖墩帽；改制主拱拱石 2 块、护拱石 52 块。

1955 年 8 月 20 日，文化部文物局征求各单位对“赵县安济桥修缮计划草案”意见，归纳出八条要求并通知赵县安济桥修缮委员会遵照办理。

第一条：关于工程、施工部分同意交通部公路总局的意见。

第二条：望柱、栏板及房屋工程暂缓做。

第三条：环境整理及绿化暂不考虑。

第四条：锥形溜坡不做，桥头驳岸照原状做。

第五条：小拱圈道数照原数做。

第六条：小拱圈风化腐蚀石料，重砌时应剔换好石料。

第七条：请考虑十二月拆除拱圈，施工是否方便，拆除后请注意防冻措施。

第八条：桥面原有驴蹄印、车沟痕迹请保留在原位置。

1955 年 8 月，桥北端两个拱架砖墩砌筑完成；完成主拱券拱腹勾缝工作；改制拱石计打制 4 米，小拱石 60 块计 8 立方米，护拱石 2 块计 0.5 立方米，主拱石 9 块 3.11 立方米，合计 71 块计 11.61 立方米。

1955 年 9 月 3 日，北京文物整理委员会向赵县安济桥修缮委员会报送经修改完善的《赵县安济桥修缮计划》。

1955 年 9 月，主拱拱腹勾缝工作基本完成，并拆除勾缝脚手架，锯制主拱和小拱拱架约 60%，三季度共凿制各种石料 284 块，计 45.34 立方公尺。

1955 年 10 月 4 日，北京文物整理委员会余鸣谦前往文化部文物局汇报安济桥修缮工程中有关设计施工问题，文化部文物局就有关建筑设计性质问题做出批复：（1）西面完全按照现存形状修缮设计。（2）东面按照挖出石块或现存裂痕设计。（3）东面原状不能从挖出石块或现存残痕决定之部分，则按西面现状设计。

1955 年 10 月 18 日，文化部文物局致函北京文物整理委员会，就安济桥撞拱石设计问题提出意见：（1）4 个小拱的撞拱石，按西面现状及挖出石料均未见有雕饰，故此次修缮也不应加雕饰，以符合原状。（2）主拱撞拱石雕饰图案，要求北京文物整理委员会即速设计，并报文化部文物局核转。

1955 年 10 月 19 日，安济桥修缮委员会召开第二次会议，曹拔萃报告委员会的工作情况。郭瑞恒报告工程进度、财务开支和劳力使用等情况，余鸣谦报告工程结构施工、式样和其二十一项现存问题。根据工作需要，会议一致同意聘请赵县工商科（代表劳动科）为本会之委员。参加会议的各方人员在充分讨论《安济桥修缮委员会第二次会议工作报告》的基础上，形成了《安济桥修缮委员会第二次全体会议总结报告》。

1955 年 10 月，主拱拱架锯制完毕，4 米的两个小拱拱架安装完毕；在获鹿山场续订毛石料 23 立方米，前订购之 100 立方米亦陆续运到。月中新来石工 18 名，运前共 36 名，加工赶制小拱石、桥台石，计本月共雕制小拱石 214 块，桥台石 17 块，合计 28 立方米。

1955 年 11 月 5 日，北京文物整理委员会余鸣谦完成撞拱石和帽石的雕饰设计方案，并于同月 14 日呈报文化部文物局。12 月 3 日，文化部文物局批复，要求对现有资料再详细研究，连同栏板、望柱等的设计同时提出正式设计图，再部局审核。

1955 年 11 月，开始拆除旧桥面，发现主拱和小拱背上共有九道矩形断面铁梁，已锈蚀不堪。主拱拱背各道拱石间均有腰铁相连，以资横向连系。在小拱石中陆续发现旧栏板 12 件，形状不规整，题材为龙兽和人物故事，还发现一块治平三年游人题石。

1955 年 12 月 12 日，文化部文物局通知北京文物整理委员会，将价拨赵州桥钢筋改为无价调拨。

1955 年下旬，经过从 4 月开始的发掘工作，发掘出几块修桥主题名石、多块隋代雕龙栏板和斗子卷叶栏板、20 多件仰天石及一只木质沉船。其中，题刻名石包括隋大业年间的题刻、唐刘超然撰写的《新修石桥记》八角石柱、赵州长史崔恂的《石桥咏》刻石。同年，在拆除关帝阁城台当中发现一块柱顶石，其顶背刻有唐代张嘉贞、张彧、刘涣三人的石桥铭文。

1956 年 3 月 10 日，北京文物整理委员会余鸣谦完成安济桥原状制图、文字记录和桥栏板复原设计的工作报告，在文字记录的基础上编写了《赵州桥记》初稿，并于 3 月 22 日呈报文化部文物局。

1956 年 3 月，新料加工 232 块合计 40.9 立方米，因设计变更而修改去年已加工之石料 105 块合计 28.58 立方米；西南侧桥台已砌筑 5.12 立方米，并于 30 日开始砌筑主拱。

1956 年 5 月 10 日，为即将在主拱拱背上实施的压力灌浆工作，赵县安济桥修缮委员会编制了《安济桥修缮工程主拱灌浆施工规范》，以作施工中的指导方向。

1956 年 5 月，在 4 月份完成主拱拱缝清理工作的基础上，完成主拱拱背的全部勾缝工作，拱背勾缝采用 80# 水泥砂浆，并在纵缝上每距离 1—2 米之处，设一注浆孔。22 日，修缮主拱东侧原坍毁的三券，同时将相邻的裂闪两券也拆落，五券全部重砌，自 3 月 30 日至 5 月 12 日全部砌完，共砌筑拱石 142 块，合 44.702 立方米。17 日至 23 日，完成主拱压力灌浆，共向拱缝内灌注了 1：1 水泥砂浆 409 立方米。29 日，驳岸砌筑完成，共砌筑 146 立方米；同日，便桥改建工程动工。

1956 年 6 月，古代建筑修整所（原北京文物整理委员会改名“古代建筑修整所”）祁英涛和清华大学刘致平到安济桥对帽石的排列进行了调查研究。

1956 年 7 月 8 日至 10 日，完成主拱钢筋混凝土盖板浇注，共浇注混凝土 55.5 立方米，并于上旬将主拱拱架全部拆除。

1956 年 8 月 5 日，赵县连日大雨，洨河水上涨，下午安济桥上的两个小拱也开始过水，桥台上水深 0.17 米。此次水位比 1954 年水位高出 1.61 米。

1956 年 8 月中旬，便桥改建工程完工，同月下旬两个 4.0 米跨径小拱安装完成。

1956 年 9 月上旬，两个 2.75 米跨径小拱安装完成，同时 4 个小拱之护拱石也全部安装完成。同月中旬，4 个小拱上的 140# 钢筋混凝土盖板全部浇筑完成。

1956 年 10 月上旬，桥面防水层铺装完成，并在防水层上浇筑水泥豆粒石混凝土保护层。同月下旬，小拱拱架全部拆除。

1956 年 11 月 5 日，赵县安济桥修缮委员会召开第四次全体会议，出席会议有来自中央文化部文物局、古代建筑修整所、河北省文化局、河北省交通厅、赵县人民委员会、赵县县委宣传部、赵县公安局、赵县文化科等八个单位的代表，交通部公路总局、石家庄专署文化科、赵县工商科、大石桥区公所和大石桥乡人民委员会等五单位缺席。

会议由郭瑞恒报告一年来安济桥修缮工程情况，向会议提交了《赵县安济桥修缮工程工作报告》。会议议决事项如下：

（1）增选古代建筑修整所余鸣谦为修委会副主任，负责安济桥栏板设计，雕刻安装事宜。

（2）修委会同意在此会议期间验收已完成工程，并选出文化部文物局赵杰为主席，余鸣谦、戴书泽为副主席，其余为委员，决定六日验收。

（3）决定将工具、材料均交赵县文物保管所代管，款项移交文化科代管。

（4）安济桥在栏板未安装前，暂不通行。

（5）同意赵县文物保管所增建房屋。

（6）同意制作修桥纪念章。

（7）工程期间所耗杉杆拟请注销。

（8）关帝阁恢复、保管所房址和环境整理应拆房屋及绿化等问题，拟请文物局速作决定。

1956年11月6日，文化部文物局专家组对安济桥修缮工程（不包括栏板）验收，认为工程质量符合要求。

1956年11月，河北省人民委员会公布赵县安济桥、永通桥、陀罗尼经幢等为河北省重点文物保护单位。

1956年11月24日，文化部文物局对赵县安济桥修缮委员会第四全体会议讨论问题所形成报告的批复：

（1）保管所修建房屋，收购房屋地亩及绿化问题，可以在不超出原工程预算总数内酌量解决。如不能全部解决，请由河北省文化局列入年度计划及预算予以解决。

（2）为适应参观群众需要，可以制造赵州桥游览纪念章发售。并由工程杂费中购置若干枚，分送有关单位工作人员，以留纪念。

（3）工程中耗费杉杆，请点清数量报送古代建筑修整所注销。

（4）恢复关帝阁问题，因限于预算，暂不考虑。

1957年1月21日，古代建筑修整所“根据原来初步方案和人民来信意见”，拟就赵县安济桥栏杆恢复设计的第五方案，并于同月26日呈报文化部文物局。

1957年3月5日，文化部文物局对古代建筑修整所呈报的“安济桥栏杆恢复第五方案”的批复意见：1. 可以肯定的如正中龙头栏板及望柱可以雕制安上，其余不能肯定部分待继续发掘研究，待较有充分根据时再行确定；2. 目前为了行人安全和外观完整可制成素石栏板，其尺寸可大一些，以备将来仍可加以雕刻使用；3. 为了保证雕塑复制的正确性，可以进行一些翻模及点线机的试验工作。

1957年5月14日，古代建筑修整所致函首都人民英雄纪念碑兴建委员会办事处，商请为安济桥栏板、望柱修复任务保留抽调高级技工事宜。同月15日，人民英雄纪念碑兴建委员会办事处复函，同意在本年“十一”国庆节后，抽调雕刻技术熟练技工三四人支援修复安济桥栏板工作。

1957年5月，北京文物整理委员会李全庆、单少康和赵县的同志又组织了一次河床发掘工作，发掘范围在桥的上、下游各15米距离，共约1200平方米，陆续发掘出早期的雕龙栏板、斗子卷叶栏板、望柱、仰天石和拱石等。

1957年8月，在安济桥南新建办公室、接待室并栽树绿化。

1957年12月7日，古代建筑修整所李全庆编制完成“赵县安济桥模型复原工程计划”，安济桥模型开始制作。

1958年5月14日，赵县安济桥修缮委员会和北京市建筑艺术雕塑工厂签订“借用工人协议书”，着手开展安济桥栏板试雕工作。

1958 年 7 月 11 日，赵县安济桥修缮委员会向文化部文物局报送安济桥栏板恢复方案。同月 12 日，文化部文物局电话通知，同意安济桥栏板恢复方案。

1958 年 9 月 10 日，古代建筑修整所报请将间有雕龙栏板的 12 根竹节望柱改雕龙望柱，同月 27 日文化部文物局批复同意。

1958 年 11 月 4 日是，文化部文物局罗哲文、古代建筑修整所纪思等专家组验收安济桥栏板工程，工程通过专家验收。

1959 年，经河北省文化局同意，在安济桥东南侧修建了亭子和文物陈列室。

1961 年 3 月 4 日，安济桥被列入第一批全国重点文物保护单位名录，总编号为第 58 号。

1962 年 2 月，古代建筑修整所会同河北省文化局往安济桥检查修缮后的情况并写了记录报告。检查人有祁英涛、杜仙洲、李全庆、李竹君、赵仲华、朱希元、孔祥珍、王汝蕙、梁超、何凤兰、尤熹、李方岚、孟浩、申天等 14 人。

1963 年 2 月 11 日，文化部文物局王书庄、陈滋德、罗哲文和古代建筑修整所姜佩文、祁英涛、余鸣谦等人座谈安济桥修缮工程，并建议邀请有关专家去赵县安济桥参观检查。

1963 年 3 月 16—18 日，文化部徐平羽、黄洛峰、王冶秋、王书庄及古代建筑修整所祁英涛、李全庆陪同梁思成、茅以升、汪季琦、郭黛姮往赵县安济桥参观检查修缮工程。

1963 年 3 月 26 日，文化部邀请梁思成、茅以升、汪季琦、郭黛姮座谈安济桥修缮工程。会上茅以升对安济桥从科学上进行了分析和讲解，对石桥的工程、结构给予了很高的评价。梁思成认为，安济桥修缮以后，从形象上看来“返老还童”了，他提出对古建筑的修缮应当“整旧如旧”，并将相关论述写进《闲话文物建筑的重修与维护》一文，发表在《文物》期刊 1963 年第 7 期。汪季琦则认为，新添材料和旧有材料在修缮中应有区别。

1972 年，赵县革命委员会在安济桥南头西侧新建接待室一栋，用款 21000 元。

1974 年 1 月 10 日至 16 日，文物保护科学技术研究所派李竹君、贾瑞广、姜怀英赴赵县开展安济桥勘测工作，对维修后的安济桥进行测绘和拍照，为建立安济桥档案做准备。

1974 年 3 月，文物保护科学技术研究所完成《安济桥科学记录档案》，档案内容包括安济桥的历史沿革、工程技术成就、建筑艺术造诣、修缮工程实况与探讨和古为今用的安济桥，以及相关实测图、照片、拓片和挖出石刻目录等。

1979 年 5 月 8 日至 14 日，为编写《中国桥梁技术史》，在国家文物局和茅以升同志的支持下，由自然科学史研究所主持，北京建工学院市政工程系和北京市勘察处在赵县文物保护所的配合下，对安济桥开展水文地质调查，通过对河床和桥基进行坑探、钻探的方式，探明桥台的基本尺寸和地基基础情况，并于同年 9 月编写完成《安济桥考察报告》（也称《安济桥水文地质报告》）。在进行坑探过程，又发现了三块平置的刻有鳞甲蛟龙的栏板。

1980 年 7 月，黄克忠和余鸣谦先生赴赵县，勘察和记录摆放于安济桥管理和陈列用房后院内的石栏板，整理编辑完成《赵县安济桥文物校核勘察照片——安济桥陈列室后院堆放文物》。

后 记

河北省赵县安济桥修缮工程是在1952年至1958年，由中央人民政府文化部具体领导，在北京文物整理委员会（以下简称“文整会”）制定的总体设计和工程策划下，组织开展的一项重大文物保护工程项目。为配合安济桥修缮工程的组织实施，赵县人民政府成立了以曹拔萃副县长为主任委员的“赵县安济桥修缮委员会”（以下简称“修委会”），成员由来自中央人民政府文化部、河北省及赵县各相关管理机构和技术单位组成。余鸣谦先生作为文整会的技术代表，全程参与修缮工程并担任修委会副主任，同时担任栏板设计的技术负责人。修委会在文整会的指导和协调下，先后从人民英雄纪念碑兴建委员会、北京市建筑艺术雕塑工厂、北京市西城区李广桥办事处模型工厂聘请的石工和石膏模型技工，及赵县当地的工人师傅们是完成修缮施工的骨干力量。以修委会副主任、河北省公路局郭瑞恒工程师为负责人，和卞锦根、刘海鹏等同志组成的技术团队，承担了安济桥结构加固设计和施工组织。清华大学刘致平先生、天津大学卢绳先生参与了前期勘察和初步设计方案的制定，刘敦桢先生与梁思成先生在修缮工程前后分别提出中肯建议与意见。

赵县安济桥修缮工程倾注了文整会领导和专家的大量心血，体现了重大项目集体决策、全员参与的工作机制。在不同时期领导和参与修缮工作的文整会领导和专家有马衡、俞同奎、罗哲文、和良弼、祁英涛、余鸣谦、杜仙洲、王世襄、单少康、李良姣、孔德垿、孔祥珍、王月亭、周俊贤、佟泽泉、李竹君、杨烈、酒冠五、律鸿年、杨玉柱、李全庆、汪德庆、贾瑞广、张放、姜怀英、黄克忠、纪思、朱希元、梁超、王汝蕙、何凤兰、唐群芳、何国基、李宗文和赵杰等先生，余鸣谦先生在20世纪70年代末编写初稿时，得到了文化部文物保护科学技术研究所蔡学昌、姜锡爵两位所长的支持。

本书的整理和编辑，是在余鸣谦先生对赵县安济桥修缮工程的回顾总结文稿基础上，依托中国文化遗产研究院基本科研业务费课题《赵州桥保护工程技术分析研究》，开展相关的资料收集、编录和研究工作，由顾军、永昕群、崔明等同志负责整理。纳入本书的所有文件、图纸和照片均为中国文化遗产研究院收藏的工程档案资料。

本书的立项与出版首先要感谢中国文化遗产研究院张廷皓、顾玉才、刘曙光、柴晓明、李六三历任院长的持续关心与坚定支持。在本书的整理过程中，得到了中国文化遗产研究院图书馆的大力协助，王小梅同志当时正在对院藏老图纸进行整理，她将安济桥图纸整理工作提前并提供给本书整理编辑组，鲁民、尚利成同志先后积极协助查找和提供资料，杨树森同志完成对老图纸的照相工作，郑子良同志在本书成稿阶段提供技术咨询。文物出版社责任编辑李睿与整理编辑组多次沟通，对书稿反复调整和修改，责任校对陈婧认真、负责地校对文稿，付出了大量心力。赵县文物局为整理编辑组在现场的工作提供支持。在此一并谨致谢忱。

本书经余鸣谦先生寓目首肯；由顾军搭建总体架构，并负责工程档案搜集与编辑整理，撰写“整理和编辑说明”“回顾和工程技术探讨”和“大事记”专文；永昕群协助开展编辑整理工作，校对“安济桥保护工程整理铭文碑刻选录”文稿，编录《石桥铭序》及译文与安济桥相关文献目录；崔明完成对余鸣谦先生撰写的“河北省赵县安济桥修缮工程”和“安济桥保护工程整理铭文碑刻选录”两部分手稿的整理和编录。在整理过程中，王林安参与了调查和评估，金昭宇、林筱筱和马千钧等做了大量繁杂的电脑录入工作。天津大学建筑学院吴葱教授团队采用三维激光扫描技术对安济桥进行了测绘。

本书作为余鸣谦先生对赵县安济桥修缮工程的回顾和总结，体现了老一辈古建筑保护工作者在新中国文物保护事业中严谨求实的探索，同时为赵县安济桥的相关研究提供了第一手资料。将这些珍贵文献呈献给读者，是我院文物保护技术人员多年的心愿。希望本书的出版，能对我国古建筑保护工作发挥启迪和参考的作用。本书的编辑整理工作一直得到余鸣谦先生的悉心指导，遗憾的是先生已于2021年8月以百岁遐龄仙逝，值此付梓之际，愈加感念先生风徽永存。

谨以本书向余鸣谦先生及参与赵县安济桥修缮工程的前辈们致敬！

《河北省赵县安济桥修缮工程》整理编辑组

2022年10月